수산업협동조합법

이상복

박영사

머리말

　　이 책은 수산업협동조합법이 규율하는 수산업협동조합 등에 관하여 다루었다. 이 책은 다음과 같이 구성되어 있다. 제1편에서는 수산업협동조합법의 목적과 성격, 수산업협동조합법 관련 법규, 수산업협동조합 예탁금에 대한 과세특례 등을 다루었다. 제2편 조합에서는 설립, 신용사업 등 주요업무, 진입규제, 조합원, 출자, 지배구조, 사업, 건전성규제 등을 다루었다. 제3편에서는 어촌계의 설립, 어촌계원, 기관, 사업, 지도와 감독 등을 다루고, 제4편 조합공동사업법인에서는 설립, 회원, 출자, 지배구조 등을 다루고, 제5편 중앙회에서는 설립, 회원, 출자, 지배구조, 사업, 건전성규제 등을 다루었다. 제6편에서는 수협은행을 다루고, 제7편에서는 감독, 검사 및 제재 등을 다루었다.

　　이 책의 특징을 몇 가지 들면 다음과 같다.
　　첫째, 이해의 편의를 위해 법조문 순서에 구애받지 않고 수산업협동조합법뿐만 아니라, 동법 시행령, 동법 시행규칙, 상호금융업감독규정, 상호금융업감독업무시행세칙상의 주요 내용을 반영하였으며, 수산업법도 필요한 부분을 반영하였다.
　　둘째, 이론을 생동감 있게 하는 것이 법원의 판례임을 고려하여 대법원 판례뿐만 아니라 하급심 판례도 반영하였다. 특히 현실에서 어촌계의 중요한 기능을 감안하여 어촌계 관련 주요 판례를 최대한 반영하였다.
　　셋째, 실무에서 많이 이용되는 지구별수산업협동조합정관(예), 업종별수산업협동조합정관(예), 수산물가공수산업협동조합정관(예), 어촌계정관(예), 조합공동사업법인 정관(예), 수산업협동조합중앙회정관, 상호금융 예탁금업무방법(예), 상호금융 여신업무방법, 수산업협동조합법에 따른 조합등과 중앙회 감독규정, 중앙회의 회원조합 감사규정, 회원조합징계·변상업무처리규정(예)의 주요 내용을 반영하였다.

　　이 책을 출간하면서 감사드릴 분들이 많다. 금융감독원 한홍규 국장님과 신협중앙회 이태영 변호사님에게 감사드린다. 한홍규 국장님은 신용협동조합법 등 상호금융업법 실무를 오랫동안 다룬 분으로 바쁜 일정 중에도 초고를 읽고 조언과 논평을 해주었고 교정작업도 도와주었다. 이태영 변호사님은 신협중앙회 사내변호사로 근무하면서 익힌 상호금융업법 관련 실무를 반영할 수 있도록 조언을 해주었고 교정작업도 도와주었다. 박영사의 김선민 이사가 제작 일정을 잡아 적시에 출간이 되도록 해주어 감사드린다. 출판계의 어려움에도 출판을 맡아 준 박영사 안종만 회장님과 안상준 대표님께 감사의 말씀을 드리며, 기획과 마케팅에 애쓰는 최동인 대리의 노고에 감사드린다.

2023년 6월

이 상 복

차 례

제 1 편 서 론

제1장 수산업협동조합법의 목적과 성격

제2장 최대 봉사의 원칙 등

제3장 수산금융채권

제4장 과세특례

제 2 편 조 합

제1장 설 립

제2장 조합원

제3장 출 자

제4장 지배구조

제5장 사 업

제6장 건전성규제

제7장 구조조정 관련 제도

제3편 어촌계

제1장 설 립

제2장 어촌계원

제3장 기 관

제4장 사 업

제5장 재 산

제8장 지도와 감독

제 4 편 조합공동사업법인

제1장 설 립

제2장 회 원

제3장 출　자

제4장 지배구조

제5장 회 계

제 5 편　중앙회

제1장 설　립

제2장 회 원

제4장 지배구조

제5장 사 업

제 6 편 수협은행

제1장 설 립

제2장 임원 및 이사회

제3장 업무 등

제7편 감독, 검사 및 제재

제1장 감독 및 처분 등

제2장 감 사

제3장 징계변상

제
1
편

서 론

수산업협동조합법의 목적과 성격

제1절 수산업협동조합법의 목적

수산업협동조합법("법" 또는 "수협법")은 어업인과 수산물가공업자의 자주적인 협동조직을 바탕으로 어업인과 수산물가공업자의 경제적·사회적·문화적 지위의 향상과 어업 및 수산물가공업의 경쟁력 강화를 도모함으로써 어업인과 수산물가공업자의 삶의 질을 높이고 국민경제의 균형 있는 발전에 이바지함을 목적으로 한다(법1).

수산업협동조합("수협")의 계통조직은 크게 지역조합과 수산업협동조합중앙회("중앙회" 또는 "수협중앙회")라는 2단계로 되어 있다(법2 및 법4). 지역조합에는 지구별 수산업협동조합("지구별수협"), 업종별 수산업협동조합("업종별수협") 및 수산물가공 수산업협동조합("수산물가공수협")이 있다. 수협중앙회는 지역조합을 회원으로 참여하는 전국적인 단일 조직이다.

수협과 같은 협동조합은 어업인 등의 자조조직이지만 그 수행하는 사업 내지 업무가 국민경제에서 상당한 비중을 차지하고, 국가나 국민 전체와 관련된 경제적 기능에 있어서 금융기관에 준하는 공공성을 가진다.[1]

---

1) 헌법재판소 2017. 6. 29. 선고 2016헌가1 전원재판부.

제2절 수산업협동조합법의 성격

수산업협동조합법은 민법에 대하여 특별법적 성격을 갖는다. 또한 수산업협동조합법은 행정법적 성격을 갖는다. 즉 조합 및 중앙회에 대한 감독 및 처분에 관한 규정, 행정제재인 과태료에 관한 규정을 두고 있다. 그리고 수산업협동조합법은 형사법적 성격을 갖는다. 즉 조합 및 중앙회에 대하여 여러 가지 준수사항과 금지사항을 정해 놓고, 이에 위반한 경우 형벌인 징역형과 벌금형의 제재를 가하는 규정을 두고 있다.

수산업협동조합법은 수협을 법인으로 하면서(법4), 공직선거에 관여해서는 아니 되고(법7), 조합의 재산에 대하여 국가 및 지방자치단체의 조세 외의 부과금이 면제되도록 규정하고 있어(법8) 이를 공법인으로 볼 여지가 있다. 그러나 수협은 조합원의 경제적·사회적·문화적 지위의 향상을 목적으로 하는 어업인과 수산물가공업자의 자주적 협동조직으로, 조합원 자격을 가진 20인 이상이 발기인이 되어 설립하고(법16), 조합원의 출자로 자금을 조달하며(법22), 조합의 결성이나 가입이 강제되지 아니하고, 조합원의 임의탈퇴 및 해산이 허용되며(법29, 법31), 조합장은 조합원이 총회 또는 총회 외에서 투표로 직접 선출하도록 하고 있어(법46), 기본적으로 사법인적 성격을 지니고 있다.

조합과 중앙회는 업무수행에 있어 조합원 또는 회원을 위하여 최대한 봉사하는 협동조합이므로 스스로를 위해 이익을 추구하거나 이익의 분배를 목적으로 하지 못하는 비영리법인이다. 수협법은 조합과 중앙회는 설립취지에 반하여 영리 또는 투기를 목적으로 하는 업무를 수행하여서는 아니 된다고 하여 비영리성을 명문으로 규정한다(법5③). 따라서 수협은 영리를 목적으로 하는 단체가 아니므로 상인이 될 수 없고, 그 결과 상법의 규정이 수협에 적용되지 않는 것이 원칙이다. 수협이 비영리단체가 되는 근거는 설령 조합이 사업을 행하여 이익을 얻는 경우가 있다 하더라도 그것은 수협 자체의 것이 되지 못하고 조합원에 귀속되는 것이기 때문이다. 즉 수협의 이익은 시간적으로 조합 내에 유보되어 있다 할지라도 곧 사업이용량에 따라 구성원에게 환급되어야 할 성질의 것으로 간주된다.

제3절 수산업협동조합법과 다른 법률과의 관계 등

Ⅰ. 다른 법률의 적용 배제 및 준용

1. 조합과 중앙회의 사업에 대한 적용 배제 규정

조합과 중앙회의 사업에 대하여는 보험업법, 해운법 제24조(사업의 등록), 석유 및 석유대체연료 사업법 제10조(석유판매업의 등록 등), 여객자동차 운수사업법 제4조(면허 등)·제8조(운임·요금의 신고 등)·제81조(자가용 자동차의 유상운송 금지) 및 화물자동차 운수사업법 제56조(유상운송의 금지)를 적용하지 아니한다(법12①).

2. 조합과 중앙회의 보관사업에 대한 준용 규정

조합과 중앙회의 보관사업에 대해서는 수산업협동조합법에서 정한 것 외에 상법 제155조부터 제168조까지의 규정(창고업에 관한 규정)을 준용한다(법12②).

3. 조합공동사업법인의 사업에 대한 적용 배제 규정

조합공동사업법인의 사업에 대해서는 화물자동차 운수사업법 제56조(유상운송의 금지)를 적용하지 아니한다(법12③).

Ⅱ. 근로복지기본법과의 관계

중앙회와 수협은행은 근로복지기본법을 적용하는 경우 동일한 사업 또는 사업장으로 보고 같은 법 제50조(사내근로복지기금제도의 목적)에 따른 사내근로복지기금을 통합하여 운용할 수 있다(법12의2①).

법 제12조의2 제1항에서 정한 것 외에 중앙회와 수협은행을 사업 또는 사업장으로 하여 설립하는 근로복지기본법 제50조에 따른 사내근로복지기금의 통합·운용을 위하여 필요한 사항은 해당 사내근로복지기금법인의 정관으로 정한다(법12의2②).

Ⅲ. 판로지원법과의 관계

조합등이 공공기관(판로지원법=중소기업제품 구매촉진 및 판로지원에 관한 법률 제2조 제2호에 따른 공공기관)에 직접 생산하는 물품을 공급하는 경우에는 조합등을 판로지원법 제33조 제1항 각 호 외의 부분에 따른 국가와 수의계약의 방법으로 납품계약을 체결할 수 있는 자로 본다(법12의3).

제4절 수산업협동조합법 및 관련 법규

Ⅰ. 수산업협동조합법

수산업협동조합법은 "어업인과 수산물가공업자의 자주적인 협동조직을 바탕으로 어업인과 수산물가공업자의 경제적·사회적·문화적 지위의 향상과 어업 및 수산물가공업의 경쟁력 강화를 도모함으로써 어업인과 수산물가공업자의 삶의 질을 높이고 국민경제의 균형 있는 발전에 이바지함"(법1)을 목적으로 하는 수산업협동조합에 관한 기본법률이다. 수산업협동조합법의 구조는 그 목적과 수산업협동조합과 수산업협동조합중앙회 등에 대한 정의를 규정하고, 조합 및 중앙회에 관한 규정, 감독에 관한 규정, 벌칙 등에 관한 규정을 두고 있다.

Ⅱ. 관련 법규 및 판례

1. 법령 및 규정

(1) 법령

수산업협동조합법 이외에 수산업협동조합과 관련된 법률로는 신용협동조합법, 금융소비자보호법, 금융위원회법, 금융회사지배구조법, 금융실명법, 협동조합기본법 등이 있다. 또한 법률 이외에 시행령과 시행규칙이 있다.

(가) 신용협동조합법

1) 신용사업과 신용협동조합 의제

지구별수협(법률 제4820호 수산업협동조합법중개정법률 부칙 제5조에 따라 신용사업을 하는 조합을 포함)이 신용사업(신용협동조합법39①(1))을 하는 경우에는 신용협동조합법에 따른 신용협동조합으로 본다(신용협동조합법95①(1)).

이 경우 신용협동조합중앙회의 사업은 수산업협동조합중앙회가 각각 수행한다(신용협동조합법95②).

2) 사업의 구분

지구별수협과 수산업협동조합중앙회가 신용협동조합 사업을 하는 경우에는 다른 사업과 구분하여야 한다(신용협동조합법95③).

3) 조합 및 중앙회의 사업과 신용협동조합법 적용 규정

지구별수협과 수산업협동조합중앙회의 사업에 관하여는 신용협동조합법 제6조(다른 법률과의 관계) 제3항·제4항, 제39조(사업의 종류 등) 제1항 제1호(신용사업)·제6호(국가 또는 공공단체가 위탁하거나 다른 법령에서 조합의 사업으로 정하는 사업), 제42조(동일인에 대한 대출등의 한도), 제43조(상환준비금), 제45조(부동산의 소유 제한), 제45조의3(금리인하 요구), 제78조(사업의 종류 등) 제1항 제3호(조합의 신용사업에 대한 검사·감독만 해당)·제5호(신용사업), 제78조(사업의 종류 등) 제6항, 제79조의2(금리인하 요구의 준용), 제83조(금융위원회의 감독 등), 제83조의2(경영공시), 제83조의3(경영건전성 기준), 제84조(임직원에 대한 행정처분), 제89조(중앙회의 지도·감독) 제3항,[2] 제96조(권한의 위탁), 제101조(과태료) 제1항 제1호의3[3] 및 같은 조 제3항[4]을 제외하고는 신용협동조합법을 적용하지 아니한다(신용협동조합법95④).

(나) 금융소비자보호법

수산업협동조합은 금융소비자보호법의 적용을 받지 않는다(명문규정 없음). 수협은행은 금융소비자보호법의 적용을 받는다(금융소비자보호법2(6) 바목, 동법 시

---

2) ③ 중앙회장은 제1항에 따라 조합으로부터 제출받은 자료를 금융위원회가 정하는 바에 따라 분석·평가하여 그 결과를 조합으로 하여금 공시하도록 할 수 있다.

3) 1의3. 제45조의3 제2항(제79조의2에 따라 준용되는 경우를 포함)을 위반하여 금리인하를 요구할 수 있음을 알리지 아니한 경우

4) ③ 제1항 및 제2항에 따른 과태료는 대통령령으로 정하는 바에 따라 금융위원회가 부과·징수한다.

행령2⑥(6), 금융소비자 보호에 관한 감독규정2① 라목).

(다) 금융위원회법

수협은행은 금융위원회법에 따라 금융감독원의 감독·검사를 받는 기관에 해당한다(금융위원회법38(8)).

(라) 금융회사지배구조법

수협은행은 금융회사지배구조법상 금융회사에 해당한다(금융사지배구조법2(1) 사목, 동법 시행령2(3)).

수산업협동조합법은 금융회사지배구조법상 "금융관계법령"에 해당하므로 (금융회사지배구조법2(7), 동법 시행령5(25)), 개별법에 따라 "벌금 이상의 형을 선고 받고 그 집행이 끝나거나(집행이 끝난 것으로 보는 경우를 포함) 집행이 면제된 날 부터 5년이 지나지 아니한 사람"은 다른 금융회사의 임원이 될 수 없다(금융회사 지배구조법5①(1)). 또한, 금융위원회, 금융감독원장, 개별법에 의한 중앙회로부터 문책경고 또는 감봉요구 이상에 해당하는 조치를 받은 사실이 있는 경우에는 5 년간 금융회사의 준법감시인이나 위험관리책임자가 될 수 없다(금융회사지배구조 법26①(1)), 동법28③(1)).

(마) 금융실명법

수산업협동조합과 그 중앙회 및 수협은행은 금융실명상의 금융회사에 해당 (금융실명법2(1) 자목)하기 때문에 실지명의(實地名義)에 의한 금융거래를 실시하고 그 비밀을 보장하여 금융거래의 정상화를 꾀함으로써 경제정의를 실현하고 국민 경제의 건전한 발전을 도모함을 목적으로 하는 금융실명법의 적용을 받는다.

(바) 협동조합기본법

협동조합기본법은 "다른 법률에 따라 설립되었거나 설립되는 협동조합에 대 하여는 협동조합기본법을 적용하지 아니한다"고 규정하고 있다(협동조합기본법13 ①). 따라서 수산업협동조합법에 의하여 설립된 수협은 협동조합기본법의 적용을 받지 않는다. 다만, 협동조합의 설립 및 육성과 관련되는 다른 법령을 제정하거 나 개정하는 경우에는 협동조합기본법의 목적과 원칙에 맞도록 하여야 한다(협동 조합기본법13②).

(2) 규정

법령 이외에 구체적이고 기술적인 사항을 신속하게 규율하기 위하여 금융위원회 등이 제정한 규정이 적용된다.

(가) 상호금융업감독규정

상호금융업감독규정(금융위원회 고시 제2022-49호)은 상호금융의 감독에 관한 세부사항을 정하고 있으며, 신용협동조합뿐만 아니라 수산업협동조합(수산업협동조합법에 의하여 설립된 지구별수협(법률 제4820호 수산업협동조합법중 개정법률 부칙 제5조의 규정에 의하여 신용사업을 실시하는 조합을 포함))에도 적용된다(상호금융업감독규정3②).

(나) 금융기관 검사 및 제재에 관한 규정

금융기관 검사 및 제재에 관한 규정(금융위원회고시 제2022-8호)은 금융감독원장이 검사를 실시하는 금융기관에 적용되며, 필요한 범위 내에서 금융위원회법 및 금융업관련법에 따라 금융위원회가 검사를 실시하는 금융기관에 준용한다. 또한 관계법령 등에 의하여 금융감독원장이 검사를 위탁받은 기관에 대한 검사 및 그 검사결과 등에 따른 제재조치에 대하여는 관계법령 및 검사를 위탁한 기관이 별도로 정하는 경우를 제외하고는 이 규정을 적용한다(동규정2).

수산업협동조합법(동규정3(1) 너목)은 금융업관련법에 해당하므로, 동 규정이 준용된다.

(다) 수산업협동조합법에 따른 조합등과 중앙회 감독규정

수산업협동조합법에 따른 조합등과 중앙회 감독규정(해양수산부 고시 제2019-211호)은 수산업협동조합법에 따라 설립된 지구별·업종별·수산물가공협동조합("조합")과 수산업협동조합중앙회("중앙회")에 적용한다(동규정2①). 조합공동사업법인과 수산업협동조합협의회("조합협의회")에 관하여는 해양수산부장관이 별도로 정한 지침이 있는 경우를 제외하고는 이 고시에서 정한 조합에 관한 조항을 준용한다(동규정2②).

이 고시에서 감독기관이란 해양수산부와 중앙회를 말한다(동규정3①).

(라) 자치법규

1) 의의

수산업협동조합은 조합원들이 자신들의 이익을 옹호하기 위하여 자주적으로 결성한 임의단체로서 그 내부 운영에 있어서 조합 정관 및 다수결에 의한 자치가 보장된다.

조합의 자치법규는 정관, 규약, 규정, 세칙, 예규의 순으로 적용된다.

2) 정관

정관은 법인의 조직과 활동에 관하여 단체 내부에서 자율적으로 정한 자치
규범으로서, 대내적으로만 효력을 가질 뿐 대외적으로 제3자를 구속하지는 않는
것이 원칙이고, 그 생성과정 및 효력발생요건에 있어 법규명령과 성질상 차이가
크다.[5]

정관은 수산업협동조합이 제정한 자치법규로서 실질적으로 수산업협동조합
의 조직, 운영, 사업에 관한 최고의 자치법규이다. 그 내용이 강행법규에 반하지
않는 한 내부관계에 관한 최고법규범으로서 발기인뿐만 아니라 출자자인 조합원
및 그 기관을 구속하는 효력이 있다. 정관은 법인의 조직, 활동 등에 대하여 기
본적인 사항을 정한 것으로 법인의 성립요건이며 존속요건이므로 정관 없이는
법인이 설립되거나 존속될 수 없다. 정관은 하위 자치법규(규약, 규정, 준칙, 업무
방법 등)의 작성에 대한 수권(위임)을 한다.

조합 정관의 규정에 따라 조합이 자체적으로 마련한 임원선거규약은 일종의
자치적 법규범으로서 수산업협동조합법 및 조합 정관과 더불어 법적 효력을 가
진다.[6]

3) 정관례

정관례는 주무부처의 장관이 협동조합 관련법에 근거하여 작성·고시한 모
범 정관안을 말한다. 정관례는 행정법규이며, 정관은 아니다. 협동조합은 정관례
를 참고하여 조합의 정관(안)을 작성한 후 총회에서 의결하여 정관을 제·개정하
게 된다.

2. 판례

판례는 미국과 같은 판례법주의 국가의 경우에는 중요한 법원이지만, 우리
나라와 같은 대륙법계 국가에서는 사실상의 구속력만 인정되고 있을 뿐 법원은
아니다.

---

5) 헌법재판소 2010. 7. 29. 선고 2008헌바106 전원재판부.
6) 대법원 2003. 7. 22. 선고 2003도2297 판결.

최대 봉사의 원칙 등

제1절 최대 봉사의 원칙

Ⅰ. 최대 봉사 의무

조합과 중앙회는 그 업무 수행 시 조합원이나 회원을 위하여 최대한 봉사하
여야 한다(법5①).

Ⅱ. 업무의 공정성 유지

조합과 중앙회는 일부 조합원이나 일부 회원의 이익에 편중되는 업무를 하
여서는 아니 된다(법5②).

Ⅲ. 영리 또는 투기 목적의 업무 금지

조합과 중앙회는 설립 취지에 반하여 영리 또는 투기를 목적으로 하는 업무

를 하여서는 아니 된다(법5③). "영리 또는 투기 목적의 업무"라고 함은 조합 자체의 이윤획득 또는 잉여금 배당목적의 업무를 말하고, 이는 조합원을 대상으로 하여 조합의 영리목적으로 사업을 해서는 안되는 것과 조합원과 관계없는 사업경영으로 조합 자체의 영리를 도모하는 것을 금지하는 취지라고 할 것이다.[1]

IV. 관련 판례

** 대법원 2006. 2. 10. 선고 2004다70475 판결

수산업협동조합을 상인으로 볼 수 있는지 여부(소극): 원심은, 그 채용 증거들을 종합하여 김제수산업협동조합("김제수협")이 1992. 3. 3. 망 소외 1("망인") 등의 연대보증 아래 소외 2에게 2천만 원을 대여한 사실, 망인은 1992. 12. 22. 사망함으로써 피고(선정당사자, 이하 "피고"라고만 한다) 및 선정자들(이하 "피고 등"이라고 한다)이 공동상속인이 된 사실, 김제수협은 2002. 10. 11. 위 대출금 채권을 원고에게 양도한 사실을 각 인정한 다음, 김제수협이나 소외 2가 상인이므로 이 사건 대출금 채권의 소멸시효는 5년으로 보아야 한다는 피고의 항변을 그 판시와 같은 이유로 배척한 뒤, 피고 등에 대하여 망인의 상속인으로서 책임을 묻는 원고의 이 사건 청구를 전부 인용하였다.

구 수산업협동조합법(1994. 12. 22. 법률 제4820호로 개정되기 전의 것)에 의하여 설립된 조합이 영위하는 사업은 조합원을 위하여 차별없는 최대의 봉사를 함에 그 목적이 있을 뿐이고, 조합은 영리 또는 투기를 목적으로 하는 업무를 행하지 못하는 것이므로(제6조 제1항, 제2항: 현행 제5조 제1항, 제3항), 김제수협을 상인으로 볼 수는 없다 할 것인바(대법원 2001. 1. 5. 선고 2000다50817 판결 참조), 같은 취지인 원심의 판단은 정당하고, 거기에 상고이유로 주장하는 바와 같은 법리오해 등의 위법이 없다.

---

1) 대법원 1993. 5. 14. 선고 92누10630 판결.

제2절 중앙회등의 책무

Ⅰ. 건전한 발전을 위한 노력 의무

중앙회는 회원의 건전한 발전을 도모하기 위하여 적극 노력하여야 한다(법6①).

Ⅱ. 공동이익을 위한 사업 수행의 원칙

중앙회는 회원의 사업이 원활히 이루어지도록 돕고, 회원의 공동이익을 위한 사업을 수행함을 원칙으로 하며, 회원의 사업과 직접 경합되는 사업을 하여 회원의 사업을 위축시켜서는 아니 된다(법6② 본문). 다만, 중앙회가 회원과 공동출자 등의 방식으로 회원 공동의 이익을 위하여 사업을 수행하는 경우에는 회원의 사업과 직접 경합하는 것으로 보지 아니한다(법6② 단서).

Ⅲ. 자기자본 충실 및 경영 건전성 확보

중앙회는 자기자본을 충실히 하고 적정한 유동성을 유지하는 등 경영의 건전성 및 효율성을 확보하여야 한다(법6③).

Ⅳ. 수산물 및 그 가공품의 유통 등 추진

중앙회 및 중앙회가 출자한 법인(수협은행은 제외한다. 이하 "중앙회등"이라 한다)은 회원 또는 회원의 조합원으로부터 수집하거나 판매위탁을 받은 수산물 및 그 가공품의 유통, 가공, 판매 및 수출을 적극적으로 추진하고, 수산물 가격안정을 위하여 수급조절에 필요한 조치를 하여야 한다(법6④).

제3절 공직선거 관여 금지

I. 조합 등 및 중앙회의 특정 정당 지지 등 금지

조합, 조합공동사업법인("조합등") 및 중앙회는 공직선거에서 특정 정당을 지지하는 행위와 특정인이 당선되게 하거나 당선되지 아니하도록 하는 행위를 하여서는 아니 된다(법7①).

II. 조합등과 중앙회 이용행위 금지

누구든지 조합등과 중앙회를 이용하여 제1항에 따른 행위를 하여서는 아니 된다(법7②).

III. 위반시 제재

법 제7조 제2항을 위반하여 공직선거에 관여한 자는 2년 이하의 징역 또는 2천만원 이하의 벌금에 처한다(법178①(1)).

제4절 부과금의 면제

I. 내용

조합등, 중앙회 및 수협은행의 업무 및 재산에 대하여는 국가 및 지방자치단체의 조세 외의 부과금을 면제한다(법8 본문). 다만, 그 재산이 조합등, 중앙회 및 수협은행의 사업(제60조 제1항, 제107조 제1항, 제112조 제1항, 제113조의8, 제138조 제1항 및 제141조의9 제1항에 따른 사업에 한정) 외의 목적으로 사용되는 경우에는 그러하지 아니하다(법8 단서).

Ⅱ. 관련 판례

① 대법원 1997. 2. 14. 선고 96누8314 판결

수산업협동조합 소유의 택지가 초과소유부담금 부과대상에서 제외되는지 여부(소극): 법의 적용제외 또는 초과소유부담금의 면제에 관한 택지소유상한에 관한법률(1989. 12. 30. 법률 제4174호로 제정된 것) 및 같은법 시행령의 특별규정들이 법인인 수산업협동조합을 법의 적용제외 단체로서 열거하고 있지 아니하고, 수산업협동조합 소유의 택지에 대하여 일정한 경우에 한하여 초과소유부담금을 부과하지 아니한다는 취지로 규정하고 있는 점에 비추어 볼 때, 위 규정들은 수산업협동조합 소유의 택지도 원칙적으로 초과소유부담금 부과대상으로 포함한 취지로 해석하여야 하고, 따라서 그 규정들은 수산업협동조합이 소유하는 모든 재산에 대하여 부담금 등 부과금을 면제한다는 수산업협동조합법(1970. 8. 12. 법률 제2239호로 개정된 것) 제9조(현행 제8조)의 특별규정과 상호 모순·저촉되는 관계에 있으나, 신법우선의 원칙에 따라 택지소유상한에관한법률 및 같은법시행령의 특별규정들이 수산업협동조합법 제9조(현행 제8조)보다 우선적으로 적용된다.

② 대법원 1997. 2. 14. 선고 96누7298 판결

수산업협동조합이 개발부담금의 면제대상이 될 수 있는지 여부(소극): 어민의 자주적인 협동조직인 수산업협동조합 및 그 중앙회의 육성과 발전을 도모하기 위하여 "조합과 중앙회의 업무 및 재산에 대하여는 국가나 지방자치단체의 세금과 부과금을 면제한다. 다만 관세와 물품세는 예외로 한다."라고 규정한 수산업협동조합법(1970. 8. 12. 법률 제2239호로 개정된 것) 제9조의(현행 제8조) 규정은 부과금의 일종인 개발부담금 부과의 일반법인 개발이익환수에관한법률 제3조, 제5조, 제6조, 제13조에 대한 특별규정이고, 한편 국가·지방자치단체, 수산업협동조합 등 특정한 주체에 대하여 개발부담금의 전부 또는 일부를 감면하도록 한 개발이익환수에관한법률(1993. 6. 11. 법률 제4563호로 개정된 것) 제7조, 같은법 시행령(1993. 8. 12. 대통령령 제13956호로 개정된 것) 제5조의 각 규정 역시 개발부담금 부과의 일반법에 대한 특별법의 성격을 가지는 것으로서 위 각 규정들은 상호 모순·저촉되는 관계에 있으나, 신법우선의 원칙에 따라 개발이익환수에관한법률 제7조, 같은법 시행령 제5조의 각 규정이 수산업협동조합법 제9조(현행

제8조)의 규정보다 우선적으로 적용되는바, 개발이익환수에관한법률 제7조 제2
항, 같은법 시행령 제5조 제2항, 제3항에서 수산업협동조합이 시행하는 특정개발
사업에 대하여 개발부담금의 100분의 50을 경감하도록 규정하고 있는 이상 수산
업협동조합은 개발부담금의 면제대상이 될 수 없다.

③ 부산고등법원 1996. 5. 10. 선고 95구2661 판결
수산업협동조합법 제9조(현행 제8조)는 수산업협동조합의 업무 및 재산에 대
하여는 국가나 지방자치단체의 세금과 부과금을 면제한다고 규정하고 있으며,
초과소유부담금은 수산업협동조합법 소정의 부과금에 해당한다 할 것이므로 수
산업협동조합에 대하여 부과금을 면제하도록 규정하고 있는 수산업협동조합법
제9조(현행 제8조)는 초과소유부담금 부과근거규정인 택지소유상한에관한법률 제
19조 제2호의 특별법 규정에 해당한다 할 것이다. 그런데, 수산업협동조합법 제9
조(이 법은 1962. 1. 20. 법률 제1013호로 제정·시행되었다) 시행 이후인 1990. 3. 1.
부터 시행된 택지소유상한에관한법률 제20조 제1항 제8호에는 대통령령이 정하
는 택지에 대하여는 부담금 부과대상택지에서 제외하도록 규정되어 있고, 이에
근거하여 제정된 그 시행령 제26조 제1항 제9호에는 부담금 부과대상택지에서
제외되는 택지로서 수산업협동조합이 구매사업 또는 판매사업을 수행하기 위하
여 소유하는 택지를 들고 있는바, 이 법규정도 부담금부과대상 택지에서 제외되
는 수산업협동조합 소유의 택지를 규정하여 둔 것으로 택지소유상한에관한법률
제9조 제2호의 특별법 규정이라 할 것인데, 이 법 규정은 수산업협동조합이 특별
한 사업을 수행하기 위하여 소유하는 택지에 한하여 초과소유부담금을 면제한다
는 것으로, 수산업협동조합이 소유하는 모든 재산에 대한 부과금을 면제한다고
규정하고 있는 수산업협동조합법 제9조(현행 제8조)와 상호 모순·저촉된다고 할
것이다. 그러나, 택지를 소유할 수 있는 면적의 한계를 정하여 국민이 택지를 고
르게 소유하도록 유도하고 택지의 공급을 촉진함으로써 국민의 주거생활의 안정
을 도모하고자 하는 목적(택지소유상한에관한법률 제1조 참조)에서 법인의 택지소유
를 원칙적으로 금하고 있는(같은 법 제8조 참조) 같은 법의 취지 및 후법우선의 원
칙이라는 법령효력 우열의 일반법칙 등에 비추어 볼 때, 후법인 택지소유상한에
관한법률 제20조 제1항 제8호에 근거하여 제정된 그 시행령 제26조 제1항 제9호
가 먼저 제정·시행된 수산업협동조합법 제9조(현행 제8조)에 우선하여 적용된다

고 할 것이어서, 원고조합과 같은 수산업협동조합이 소유하는 택지 중에서 구매
사업 또는 판매사업을 수행하기 위하여 소유하는 택지만이 부담금 부과대상 택
지에서 제외된다고 해석함이 상당하다고 할 것이다.

제5절 국가 및 공공단체의 협력 등

Ⅰ. 경비 보조 또는 융자 제공

국가와 공공단체는 조합등과 중앙회의 사업에 적극적으로 협력하여야 한다
(법9① 전단). 이 경우 국가와 공공단체는 조합등과 중앙회의 사업에 필요한 경비
를 보조하거나 융자할 수 있다(법9① 후단).

Ⅱ. 자율성 존중

국가와 공공단체는 조합등과 중앙회의 자율성을 침해하여서는 아니 된다(법
9②).

Ⅲ. 중앙회 회장의 의견 제출 및 반영

중앙회의 회장은 조합등과 중앙회의 발전을 위하여 필요한 사항에 관하여
국가와 공공단체에 의견을 제출할 수 있다(법9③ 전단). 이 경우 국가와 공공단체
는 그 의견이 반영되도록 노력하여야 한다(법9③ 후단).

제6절 다른 협동조합 등과의 협력

조합등과 중앙회는 조합등 간, 조합등과 중앙회 간 또는 다른 법률에 따른 협동조합 및 외국의 협동조합과의 상호협력·이해증진 및 공동사업 개발 등을 위하여 노력하여야 한다(법10).

수산금융채권

제1절 수산금융채권의 발행

I. 중앙회 또는 수협은행의 발행

중앙회 또는 수협은행은 필요한 자금을 조달하기 위한 채권("수산금융채권")
을 발행할 수 있다(법156①).

II. 발행 한도

중앙회 및 수협은행은 자기자본(중앙회는 제164조에 따른 자기자본[1]을 말하고,
수협은행은 은행법 제2조 제1항 제5호[2]에 따른 자기자본)의 5배를 초과하여 수산금융

---

1) 중앙회의 자기자본은 신용사업특별회계 외의 사업 부문의 자기자본과 신용사업특별회계
의 자기자본으로 구분한다(법164①). 이의 구분에 따른 자기자본은 우선출자금(누적되지
아니하는 것만 해당), 납입출자금, 회전출자금, 가입금, 각종 적립금, 미처분 이익잉여금,
자본조정, 그리고 기타포괄손익누계액을 합친 금액(이월결손금이 있으면 그 금액을 공제
한다)으로 한다(법164②).

채권을 발행할 수 없다(법156② 본문). 다만, 중앙회가 교육·지원 사업 또는 경제 사업을 수행하기 위하여 필요한 경우에는 그러하지 아니하다(법156② 단서).

Ⅲ. 차환발행과 상환

중앙회 또는 수협은행은 수산금융채권의 차환(借換)을 위하여 그 발행 한도를 초과하여 수산금융채권을 발행할 수 있다(법156③ 전단). 이 경우 발행 후 1개월 이내에 상환 시기가 도래하거나 이에 상당하는 이유가 있는 수산금융채권에 대하여 그 발행 액면금액에 해당하는 수산금융채권을 상환하여야 한다(법156③ 후단).

Ⅳ. 할인발행

중앙회 또는 수협은행은 수산금융채권을 할인하는 방법으로 발행할 수 있다(법156④).

Ⅴ. 발행 방식

중앙회 또는 수협은행은 수산금융채권을 발행할 때마다 그 금액, 조건, 발행 및 상환의 방법을 정하여야 한다(법156⑤).

제2절 채권의 명의변경 요건 등

Ⅰ. 채권의 명의변경 요건

기명식 수산금융채권의 명의변경은 그 채권 취득자의 성명과 주소를 그 채

---

2) 5. "자기자본"이란 국제결제은행의 기준에 따른 기본자본과 보완자본의 합계액을 말한다.

권 원부(原簿)에 적고 그 성명을 증권에 적지 아니하면 중앙회, 수협은행 또는 그 밖의 제3자에게 대항하지 못한다(법157).

Ⅱ. 채권의 질권설정

기명식 수산금융채권을 질권의 목적으로 할 때에는 질권자의 성명과 주소를 그 채권 원부에 등록하지 아니하면 중앙회, 수협은행 또는 그 밖의 제3자에게 대항하지 못한다(법158).

Ⅲ. 상환에 대한 국가 보증

수산금융채권은 그 원리금 상환을 국가가 전액 보증할 수 있다(법159).

Ⅳ. 소멸시효

수산금융채권의 소멸시효는 원금은 5년, 이자는 2년으로 한다(법160).

제3절 채권의 발행방법 등

Ⅰ. 채권의 발행방법

중앙회장, 사업전담대표이사 또는 수협은행장이 수산금융채권을 발행할 때에는 모집, 매출 또는 사모의 방법에 따른다(법161, 영42).

Ⅱ. 채권의 형식

중앙회 또는 수협은행이 발행하는 채권은 무기명식으로 한다(법161, 영43 본문). 다만, 청약인 또는 소유자의 요구에 따라 무기명식을 기명식으로, 기명식을 무기명식으로 할 수 있다(법161, 영43 단서).

Ⅲ. 채권의 모집

1. 채권청약서와 기명날인

채권모집에 응하려는 자는 채권청약서 2부에 청약하려는 채권의 매수(枚數)·
금액과 주소를 적고 기명날인하여야 한다(법161, 영44①).

2. 채권청약서 포함사항

채권청약서는 회장, 사업전담대표이사 또는 수협은행장이 작성하되, ⅰ) 중
앙회 또는 수협은행의 명칭(제1호), ⅱ) 채권의 발행총액(제2호), ⅲ) 채권의 권종
별 액면금액(제3호), ⅳ) 채권의 이율(제4호), ⅴ) 원금상환의 방법과 시기(제5호),
ⅵ) 채권의 발행가액 또는 그 최저가액(제6호), ⅶ) 채권의 차환(借換)을 위하여
발행하는 경우 이에 관한 사항(제7호), ⅷ) 이미 발행한 채권의 미상환분이 있는
경우 그 총액(제8호), ⅸ) 이자 지급 시기와 방법(제9호), ⅹ) 신용사업특별회계를
제외한 중앙회 또는 수협은행의 자기자본(제10호)이 포함되어야 한다(법161, 영44
②).

3. 최저가액과 청약가액 기재

채권발행의 최저가액을 정한 경우에는 청약인은 채권청약서에 청약가액을
적어야 한다(법161, 영44③).

Ⅳ. 계약에 따른 채권인수

계약에 따라 채권의 총액을 인수하는 경우에는 제44조를 적용하지 아니한
다. 채권모집을 위탁받은 자가 스스로 채권의 일부를 인수할 때에도 또한 같다
(법161, 영45).

Ⅴ. 채권발행의 총액 등

1. 채권발행의 총액

회장, 사업전담대표이사 또는 수협은행장은 채권을 발행하는 경우로서 실제로 청약된 총액이 채권청약서에 적힌 채권발행총액에 미치지 못한 경우에도 채권을 발행한다는 표시를 할 수 있다(법161, 영46 전단). 이 경우 채권발행총액은 청약총액으로 한다(법161, 영46 후단).

2. 모집발행채권의 기재사항

채권을 모집의 방법으로 발행할 때에는 제44조 제2항 제1호부터 제5호까지 및 제9호의 사항과 채권번호를 적어야 한다(법161, 영47).

3. 채권의 납입

채권의 모집을 마쳤을 때에는 회장, 사업전담대표이사 또는 수협은행장은 지체 없이 각 채권 발행가액 전액을 납입시켜야 한다(법161, 영48①).

채권은 매출발행하는 경우를 제외하고는 전액을 납입한 후가 아니면 그 증권을 발행할 수 없다(법161, 영48②).

4. 채권모집의 위탁

채권모집을 위탁받은 자는 자기명의로 제48조에 따른 행위를 할 수 있다(법161, 영49).

5. 채권의 매출발행

채권을 매출의 방법으로 발행할 때에는 회장, 사업전담대표이사 또는 수협은행장은 ⅰ) 매출기간(제1호), ⅱ) 영 제44조 제2항 제1호부터 제6호까지 및 제9호의 사항(제2호)을 공고하여야 한다(법161, 영50①). 이에 따라 발행하는 채권에는 영 제44조 제2항 제1호·제3호부터 제5호까지 및 제9호의 사항과 채권번호를 적어야 한다(법161, 영50③). 이 경우에는 채권청약서가 필요하지 아니하다(법161, 영50②).

Ⅵ. 매출채권의 총액 등

1. 매출채권의 총액

채권의 매출기간 중에 매출한 채권총액이 제50조 제1항에 따라 공고한 채권의 총액에 달하지 아니할 때에는 그 매출총액을 채권의 총액으로 한다(법161, 영51).

2. 채권원부

(1) 기재사항

회장, 사업전담대표이사 또는 수협은행장은 주된 사무소에 채권원부를 갖춰두고 ⅰ) 채권의 권종별 수와 번호(제1호), ⅱ) 채권의 발행일(제2호), ⅲ) 영 제44조 제2항 제2호부터 제5호까지 및 제9호의 사항(제3호), ⅳ) 각 채권에 대한 납입금액 및 납입 연월일(제4호), ⅴ) 채권이 기명식인 경우에는 채권소유자의 주소·성명 및 취득 연월일(제5호)을 적어야 한다(법161, 영54①).

(2) 열람 제공

회장, 사업전담대표이사 또는 수협은행장은 회원과 채권자가 요구하면 업무시간에는 언제든지 채권원부를 열람시켜야 한다(법161, 영54②).

3. 채권의 매입소각

회장, 사업전담대표이사 또는 수협은행장은 이사회의 의결을 거쳐 채권을 매입하여 소각할 수 있다(법161, 영55).

4. 통지와 최고

(1) 통지 또는 최고 장소

채권청약인에 대한 통지와 최고는 채권청약서에 적힌 청약인의 주소로 하며, 그 청약인이 따로 주소를 회장, 사업전담대표이사 또는 수협은행장에게 통지한 경우에는 그 주소로 통지와 최고를 하여야 한다(법161, 영56①).

(2) 기명식 채권의 채권자에 대한 통지 또는 최고

기명식 채권의 채권자에 대한 통지와 최고는 소유자가 따로 그 주소를 회장, 사업전담대표이사 또는 수협은행장에게 통지한 경우를 제외하고는 채권원부에 적힌 주소로 한다(법161, 영56②).

(3) 무기명식 채권의 소지자에 대한 통지와 최고

무기명식 채권의 소지자에 대한 통지와 최고는 공고의 방법으로 한다(법161, 영56③).

5. 질권설정

기명식 채권에 질권을 설정한 경우에는 상법 제338조(주식의 입질) 및 제340조(주식의 등록질)를 준용한다(법161, 영58).

6. 이권의 흠결

이권(利權) 있는 무기명식 채권을 상환하는 경우에 이권이 흠결된 것에 대해서는 그 이권에 상당하는 금액을 상환액에서 공제한다(법161, 영59①).

이에 따라 그 이권에 상당하는 금액이 상환액에서 공제된 이권의 소지인은 언제든지 그 이권과의 상환으로 공제된 금액의 지급을 청구할 수 있다(법161, 영59②).

제
4
장
/

과세특례

제1절 서설

우리나라 협동조합은 특별법으로 설립된 협동조합[1]과 협동조합기본법에 의한 협동조합 두 가지로 나눌 수 있다. 이 중 협동조합기본법으로 설립된 협동조합은 조세특례의 적용 범위가 일반법인과 크게 다르지 않다. 하지만 특별법에 의해 설립된 협동조합에 대해서 각종 비과세·감면 등의 과세 혜택을 부여하여 그 설립목적을 달성하도록 지원하고 있다.[2]

수산업협동조합은 특별법에 의해 설립된 조합으로서 그 고유목적사업(법60)의 원활한 수행을 지원하고 어업인이 안정적인 영어(營漁)활동을 지원하기 위하여 세제상 비과세·감면 혜택이 주어지고 있다. 이러한 비과세·감면 혜택은 국세의 감면 등 조세특례에 관한 사항을 규정한 조세특례제한법과 지방세의 감면

---

1) 우리나라는 9개의 특별법으로 각 협동조합의 설립 및 지원 근거를 규정하고 있다. 구체적으로 중소기업협동조합법, 신용협동조합법, 농업협동조합법, 수산업협동조합법, 산림조합법, 새마을금고법, 엽연초생산협동조합법, 소비자생활협동조합법, 염업조합법이 있다.
2) 박경환·정래용(2020), "협동조합 과세제도에 관한 연구: 과세특례 규정을 중심으로", 홍익법학 제21권 제2호(2020. 6), 516쪽.

또는 중과 등 지방세특례에 관한 사항을 규정한 지방세특례제한법에서 법령으로 규정하고 있으며, 각각의 조문은 일몰조항을 두어 일정 기간마다 특례조항의 유지 여부를 놓고 입법적 검토를 하고 있다.[3]

제2절 조합법인 등에 대한 법인세 과세특례

Ⅰ. 관련 규정

수산업협동조합(어촌계 포함) 및 조합공동사업법인의 각 사업연도의 소득에 대한 법인세는 2025년 12월 31일 이전에 끝나는 사업연도까지 해당 법인의 결산재무제표상 당기순이익(법인세 등을 공제하지 아니한 당기순이익)에 기부금(해당 법인의 수익사업과 관련된 것만 해당)의 손금불산입액과 업무추진비(해당 법인의 수익사업과 관련된 것만 해당)의 손금불산입액 등 "대통령령으로 정하는 손금의 계산에 관한 규정을 적용하여 계산한 금액"을 합한 금액에 9%[해당금액이 20억원(2016년 12월 31일 이전에 조합법인간 합병하는 경우로서 합병에 따라 설립되거나 합병 후 존속하는 조합법인의 합병등기일이 속하는 사업연도와 그 다음 사업연도에 대하여는 40억원)을 초과하는 경우 그 초과분에 대해서는 12%]의 세율을 적용하여 과세("당기순이익과세")한다(조세특례제한법72①(4)). 다만, 해당 법인이 대통령령으로 정하는 바에 따라 당기순이익과세를 포기한 경우에는 그 이후의 사업연도에 대하여 당기순이익과세를 하지 아니한다(조세특례제한법72① 단서).

이는 경제 및 사회가 발전함에 따라 정부의 재정지출만으로는 공익사업의 수요를 충당하는 것이 매우 어렵기 때문에 공익사업을 수행하는 공익법인에 대해서는 낮은 세율로 과세하는 조세유인책을 사용하고 있는 것이다.[4]

---

3) 백주현(2021), "수산업협동조합 및 어업인 관련 조세특례 제도개선에 관한 연구", 건국대학교 행정대학원 석사학위논문(2021. 8), 1쪽.
4) 백주현(2021), 19~22쪽.

Ⅱ. 당기순이익과세

조세특례제한법 기본통칙 72-0…1에 의하면 결산재무제표상 당기순이익이라 함은 기업회계기준 또는 관행에 의하여 작성한 결산재무제표상 법인세비용차감전순이익을 말하며, 이 경우 당해 법인이 수익사업과 비수익사업을 구분경리한 경우에는 각 사업의 당기순손익을 합산한 금액을 과세표준으로 하고 아울러, 3년 이상 고유목적사업에 직접 사용하던 고정자산 처분익을 과세표준에 포함하도록 한다. 또한 당해 조합법인 등이 법인세추가납부세액을 영업외비용으로 계상한 경우 이를 결산재무제표상 법인세비용차감전순이익에 가산하도록 하고 있다.

Ⅲ. 조합법인의 세무조정사항

조세제한특례법 제72조 제1항 각 호 외의 부분 본문에서 "대통령령으로 정하는 손금의 계산에 관한 규정을 적용하여 계산한 금액"이란 법인세법 제19조의2 제2항, 제24조부터 제28조까지, 제33조 및 제34조 제2항에 따른 손금불산입액(해당 법인의 수익사업과 관련된 것만 해당)을 말한다(조세제한특례법 시행령69①).

따라서 당기순이익과세를 적용하는 조합법인은 결산재무제표상의 당기순이익에 해당 조합법인의 수익사업과 관련하여 발생된 ⅰ) 대손금의 손금불산입(법인세법19의2), ⅱ) 기부금의 손금불산입(법인세법24), ⅲ) 업무추진비의 손금불산입(법인세법25), ⅳ) 과다경비 등의 손금불산입(법인세법26), ⅴ) 업무와 관련없는 비용의 손금불산입(법인세법27), ⅵ) 업무용승용차 관련 비용의 손금불산입(법인세법27의2), ⅶ) 지급이자의 손금불산입(법인세법28), ⅷ) 퇴직급여충당금의 손금산입(법인세법33), ⅸ) 대손충당금의 손금산입(법인세법34②)을 가산한 금액을 합산한 금액을 과세표준으로 한다(조세제한특례법 시행령69①⑤).

Ⅳ. 당기순이익과세의 포기

당기순이익과세를 포기하고자 하는 조합법인은 당기순이익과세를 적용받지 않으려는 사업연도의 직전 사업연도 종료일(신설법인의 경우에는 사업자등록증 교부

신청일)까지 당기순이익과세 포기신청서(별지 제53호 서식)를 납세지 관할세무서
장에게 제출(국세정보통신망에 의한 제출을 포함)하여야 한다(조세제한특례법 시행령
69② 및 조세특례제한법 시행규칙61①(54)).

　서면인터넷방문상담2팀-274(2006. 2. 3)에 의하면 조합법인이 당기순이익과
세 포기 등의 사유로 당기순이익과세법인에서 제외된 경우 당기순이익과세법인
에서 제외된 사업연도 이후에 발생한 결손금에 대하여만 각 사업연도의 소득에
서 공제할 수 있다.

제3절 조합등 출자금 등에 대한 과세특례

Ⅰ. 관련 규정

　농민·어민 및 그 밖에 상호 유대를 가진 거주자를 조합원·회원 등으로 하
는 금융기관에 대한 "대통령령으로 정하는 출자금"으로서 1명당 1천만원 이하의
출자금에 대한 배당소득과 그 조합원·회원 등이 그 금융기관으로부터 받는 사업
이용 실적에 따른 배당소득("배당소득등") 중 2025년 12월 31일까지 받는 배당소
득등에 대해서는 소득세를 부과하지 아니하며, 이후 받는 배당소득등에 대한 원
천징수세율은 ⅰ) 2026년 1월 1일부터 2026년 12월 31일까지 받는 배당소득등:
5%(제1호), ⅱ) 2027년 1월 1일 이후 받는 배당소득등: 9%(제2호)의 구분에 따른
세율을 적용하고, 그 배당소득등은 종합소득과세표준에 합산하지 아니한다(조세
제한특례법88의5).

　이는 어업인으로 하여금 수산업협동조합에 대한 출자를 장려함과 동시에 출
자배당소득을 비과세함으로써 어업인에 대한 소득보전에 기여하기 위함이다.[5]

---

5) 백주현(2021), 22-25쪽.

Ⅱ. 조합등 출자금의 비과세 요건 등

조세제한특례법 제88조의5에서 "대통령령으로 정하는 출자금"이란 ⅰ) 농업협동조합(제1호), ⅱ) 수산업협동조합(제2호), ⅲ) 산림조합(제3호), ⅳ) 신용협동조합(제4호), ⅴ) 새마을금고(제5호)에 해당하는 조합 등의 조합원·준조합원·계원·준계원 또는 회원의 출자금으로서 앞의 제1호부터 제5호까지의 조합 등에 출자한 금액의 1인당 합계액이 1천만원 이하인 출자금을 말한다(조세제한특례법 시행령82의5).

따라서 출자배당의 비과세 요건은 조합원 1인당 1천만원 이하의 출자금에서 발생하는 배당소득을 말하며, 이는 수산업협동조합에 국한되는 것이 아닌 수협, 농협, 산림조합, 신협 새마을금고의 상호금융기관 전체를 포괄하는 개념이다. 예를 들어 수협, 농협, 산림조합, 신협 새마을금고에 각각 1천만원씩 총 5천만원의 출자를 하였다 하더라도 각각의 상호금융기관으로부터 비과세를 받는 것은 아니다.

Ⅲ. 출자배당 비과세 적용례

조합등 출자금에 대한 과세특례 적용시 조합 등에 출자한 금액이 1천만원을 초과하는 경우 1천만원 이하의 출자금 배당소득에 대하여는 소득세가 과세되지 아니하며(기획재정부 소득세제과-138, 2015. 3. 13), 1천만원 초과분에 대한 배당소득에 대하여만 소득세가 과세된다. 아울러, 지방세에 있어서도 1천만원 이하의 비과세 되는 출자배당에 대해서는 소득세가 면제되므로 개인지방소득세가 면제되나, 1천만원 초과분에 대해서는 소득세의 10%만큼은 개인지방소득세가 과세된다.

제4절 조합등 예탁금에 대한 저율과세 등

Ⅰ. 관련 규정

농민·어민 및 그 밖에 상호 유대를 가진 거주자를 조합원·회원 등으로 하는 조합 등에 대한 예탁금으로서 가입 당시 19세 이상인 거주자가 가입한 대통령령으로 정하는 예탁금(1명당 3천만원 이하의 예탁금만 해당하며, 이하 "조합등 예탁금")에서 2007년 1월 1일부터 2025년 12월 31일까지 발생하는 이자소득에 대해서는 비과세하고, 2026년 1월 1일부터 2026년 12월 31일까지 발생하는 이자소득에 대해서는 소득세법 제129조에 불구하고 5%의 세율을 적용하며, 그 이자소득은 소득세법에 따른 종합소득과세표준에 합산하지 아니하며, 지방세법에 따른 개인지방소득세를 부과하지 아니한다(조세특례제한법89의3①).

2027년 1월 1일 이후 조합등 예탁금에서 발생하는 이자소득에 대해서는 100분의 9의 세율을 적용하고, 종합소득과세표준에 합산하지 아니하며, 개인지방소득세를 부과하지 아니한다(조세특례제한법89의3②).

이는 수산업협동조합을 비롯한 농업협동조합, 산림조합, 신용협동조합, 새마을금고에 예탁한 예탁금에 대하여 이자소득를 비과세함으로써 농어민과 서민의 재산형성을 지원하기 위한 것이다.[6]

Ⅱ. 조합등 예탁금 이자소득의 비과세 요건 등

조세특례제한법 제89조의3 제1항에서 "대통령령으로 정하는 예탁금"이란 농업협동조합, 수산업협동조합, 산림조합, 신용협동조합, 새마을금고 중 어느 하나에 해당하는 조합 등의 조합원·준조합원·계원·준계원 또는 회원의 예탁금으로서 농업협동조합, 수산업협동조합, 산림조합, 신용협동조합, 새마을금고에 예탁한 금액의 합계액이 1인당 3천만원 이하인 예탁금을 말한다(조세특례제한법 시행령83의3①).

---

6) 백주현(2021), 22-25쪽.

예탁금에 대한 비과세 요건은 조합원은 물론이고 출자배당과 달리 준조합원에 대한 이자소득에 대해서도 비과세 되며, 조합원·준조합원 1인당 3천만원 이하의 예탁금에서 발생하는 이자소득을 말한다. 이 역시 출자배당과 동일하게 수산업협동조합뿐만 아니라 5개 상호금융기관 전체를 포괄하는 개념으로 1인당 합계액이 3천만원 이하인 예탁금이다.

Ⅲ. 이자소득 비과세 적용례

수산업협동조합의 조합원 및 준조합원이 3천만원 이하의 비과세 예탁금에 가입한 후 저축계약기간 중 조합원 및 준조합원의 자격을 상실한 경우 당해 예탁금의 저축계약기간 만료일까지는 비과세가 적용될 수 있다.

또한 예탁금 이자소득 비과세의 적용시점은 가입당시 전기간에 걸쳐 비과세가 가능한 것이 아니며, 각 연도별로 발생한 이자소득에 대해서만 적용받는다. 예를 들어 2024년에 5년만기 예탁금을 가입하였다 하더라도 비과세 종료가 2025년이기 때문에 2025년까지 발생한 이자소득에 대해서만 비과세되고 2026년 발생분은 5%로, 2027년 이후 발생분 이자는 9%로 과세하게 된다. 다만, 2021년부터는 가입연령이 20세에서 19세로 낮아지게 되어 가입대상이 확대되는 반면, 조세특례제한법 제129조의2가 신설되어 금융소득종합과세대상자에 해당될 경우에는 가입이 제한되도록 개정되었다.

제5절 수산업협동조합 등의 어업 관련 사업 등에 대한 감면

Ⅰ. 중앙회 등의 구매·판매 사업 등에 사용하기 위한 부동산 취득

수산업협동조합중앙회가 구매·판매 사업 등에 직접 사용하기 위하여 취득하는 ⅰ) 구매·판매·보관·가공·무역 사업용 토지와 건축물(제1호), ⅱ) 생산 및 검사 사업용 토지와 건축물(제2호), ⅲ) 농어민 교육시설용 토지와 건축물(제3호)의 부동산(농수산물유통 및 가격안정에 관한 법률 제70조 제1항7)에 따른 유통자회사에 농수산물 유통시설로 사용하게 하는 부동산을 포함)에 대해서는 취득세의 25%를,

과세기준일 현재 그 사업에 직접 사용하는 부동산에 대해서는 재산세의 25%를 각각 2023년 12월 31일까지 경감한다(지방세특례제한법14①).

대표적인 예로 수협중앙회의 경제사업에 해당하는 시설물로써 노량진수산물도매시장과 전국의 공판장등이 이에 해당한다. 과거 2016년 12월 31일까지는 수협중앙회의 교육·지도·지원사업과 공동이용시설사업에 사용하는 부동산에 대하여도 취득세의 25% 감면하였으나, 현재는 일몰기한이 종료되어 감면받지 못하고 있다.

II. 조합의 고유업무용 부동산 취득세 특례

1. 관련 규정

수산업협동조합(어촌계 및 조합공동사업법인 포함)이 고유업무에 직접 사용하기 위하여 취득하는 부동산(임대용 부동산은 제외)에 대해서는 취득세를, 과세기준일 현재 고유업무에 직접 사용하는 부동산에 대해서는 재산세를 각각 2023년 12월 31일까지 면제한다(지방세특례제한법14③).

수협중앙회에 대해서는 해당 감면 규정을 적용하지 아니한다(지방세특례제한법14⑤).

2. 고유업무

고유업무란 법령에서 개별적으로 규정한 업무와 법인등기부에 목적사업으로 정하여진 업무를 말하며(지방세특례제한법2①(1)), 법령상의 목적사업이란 특수법인인 수산업협동조합의 경우 수산업협동조합법에서 규정하고 있는 업무내용이나 개별법령에서 규정하고 있는 목적사업들을 당해 법인이 법인등기부상의 목적사업에 이를 등기하지 아니한 경우라도 고유목적으로 인정되며, 법인등기부상의 목적사업이란 법인설립시 등기한 목적 사업과 정관상의 목적 사업을 변경하여 이를 등기한 경우의 변경된 목적사업을 말한다. 따라서 법인이 내부적인 정관변경절차를 이행한 경우라도 정관변경등기를 하지 않는 한 고유목적으로 인정받을

---

7) ① 농림수협등은 농수산물 유통의 효율화를 도모하기 위하여 필요한 경우에는 종합유통센터·도매시장공판장을 운영하거나 그 밖의 유통사업을 수행하는 별도의 법인("유통자회사")을 설립·운영할 수 있다.

수 없다.8)

3. 직접 사용

직접 사용이란 부동산·차량·건설기계·선박·항공기 등의 소유자(신탁법 제2
조에 따른 수탁자를 포함하며, 신탁등기를 하는 경우만 해당)가 해당 부동산·차량·건
설기계·선박·항공기 등을 사업 또는 업무의 목적이나 용도에 맞게 사용(이 법에
서 임대를 목적 사업 또는 업무로 규정한 경우 외에는 임대하여 사용하는 경우는 제외)하
는 것을 말한다(지방세특례제한법2①(8)).

4. 관련 판례

** 대법원 1998. 5. 22. 선고 97누10604 판결

[1] 법인이 채권보전용 토지의 매각을 그 유예기간 내에 포기하였다면 그
토지를 매각하기 위하여 진지한 노력을 다하였다고 볼 수 없어 그 토지가 유예
기간 내에 매각되지 아니한 데 대하여 정당한 사유가 있다 할 수 없다.

[2] 수산업협동조합이 조합원과 관계없는 사업경영으로 조합 자체의 영리를
도모할 목적으로 채권보전용 부동산을 유예기간 내에 매각하지 않고 생선회 식
당영업을 하고 있다면, 위 영업은 조합의 고유업무에 속하지 아니한다 할 것이
고, 따라서 조합이 고유업무에 사용하기 위한 별다른 노력을 함도 없이 위 부동
산을 고유업무가 아닌 용도로 사용하고 있는 이상, 구 지방세법시행령(1995. 12.
30. 대통령령 제14878호로 개정되기 전의 것) 제84조의4 제1항이나 구 지방세법
(1994. 12. 22. 법률 제4794호로 개정되기 전의 것) 제128조의2 제1항 소정의 유예기
간 내에 위 부동산을 조합의 고유업무에 직접 사용하지 아니하는 데 대하여 정
당한 사유가 있다고 볼 수 없다.

---

8) 백주현(2021), 28-32쪽.

제
2
편

조 합

제
1
장 /

설 립

제1절 설립목적

수산업협동조합법 제1조에 따르면 "수산업협동조합은 어업인과 수산물가공업자의 자주적인 협동조직을 바탕으로 어업인과 수산물가공업자의 경제적·사회적·문화적 지위의 향상과 어업 및 수산물가공업의 경쟁력 강화를 도모함으로써 어업인과 수산물가공업자의 삶의 질을 높이고 국민경제의 균형 있는 발전에 이바지함"을 목적으로 설립되었다(법1).

수산업협동조합은 어업인과 수산물가공업자의 지위 향상과 어업의 경쟁력 강화를 위해 어업인과 수산물가공업자 스스로가 주체가 되어 만든 협동조합이다. 수산업협동조합이 어업인과 수산물가공업자의 자주적인 조직이라고 해서 모든 어업인과 수산물가공업자의 이익을 보호하는 단체가 되는 것은 아니다. 왜냐하면 수산업협동조합은 조합에 출자자로 참여하는 조합원과 준조합원의 이익을 보호하는 비공익법인으로 되어 있기 때문이다.

수산업협동조합은 일정한 사업을 협동으로 영위함으로써 조합원의 권익을 향상하고 지역사회에 공헌하고자 하는 사업조직인 협동조합(협동조합기본법2(1)[1])

---

1) 1. "협동조합"이란 재화 또는 용역의 구매·생산·판매·제공 등을 협동으로 영위함으로써

에 속하고, 신용협동조합, 산림조합, 새마을금고와 마찬가지로 신용사업과 공제사업을 영위하는 상호금융기관에 속한다.

** 관련 판례: 대법원 1992. 2. 25. 선고 90누9049 판결

[1] 협동조합이 그 조합원들이 고용하고 있는 근로자들로 구성된 노동조합과 단체교섭을 하고 단체협약을 체결할 수 있는 경우: 협동조합은 다수결 원리에 의하여 그 조합원을 통제할 수 있고 임금 기타 근로조건의 표준화를 통하여 조합원 사이의 부당한 경쟁을 방지함으로써 조합원의 이익을 도모할 수 있으므로 협동조합도 일정한 요건하에서는 그 조합원들이 고용하고 있는 근로자들로 구성된 노동조합과 단체교섭 및 단체협약체결을 할 수 있다고 할 것인데 원래 협동조합은 조합원들의 경제적 지위의 향상을 위하여 설립된 경제단체로서 노동조합에 대응하는 단체가 아니라는 본질에 비추어 보면 그 정관에서 정하고 있는 경우나 조합원들의 위임이 있는 경우 등에 한하여 노동조합과의 단체교섭 및 단체협약체결을 할 수 있다.

[2] 수산업협동조합인 원고조합이 그 정관의 규정 등에 비추어 단체교섭 기타의 단체협약의 체결을 그 목적으로 하고 있고 그 조합원을 조정 또는 규제할 권한이 있다고 보여져 노동조합법 소정의 사용자단체에 해당된다고 한 사례: 수산업협동조합인 원고조합이 그 정관상 조합사업의 하나로 규정한 "조합원의 경제적 이익을 도모하기 위한 단체협약의 체결"에는 노동조합법상의 단체협약이 포함된다고 보아야 할 것이어서 단체교섭 기타의 단체협약의 체결을 그 목적으로 한다고 할 것이고, 한편 그 구성원에 대하여 다수결 원리를 통한 통제력을 가지고 있는 데다가 정관에 조합원의 제명에 관하여 규정하고 있는 점 등에 비추어 보면 노동관계에 관하여도 그 조합원을 조정 또는 규제할 권한이 있다고 보여지므로 결국 노동조합법 소정의 사용자 단체에 해당된다.

** 관련 판례: 대법원 1977. 12. 13. 선고 77누91 제4부판결

수산업협동조합은 그 설립목적과 정관에 비추어 볼 때 본법상의 비영리내국법인에 해당되지 아니한다는 사례: 수산업협동조합법은 어민과 수산제조업자의

조합원의 권익을 향상하고 지역 사회에 공헌하고자 하는 사업조직을 말한다.

협동조직을 촉진하여 그 경제적 사회적 지위의 향상과 수산업의 생산력증강을 도모함으로써 국민경제의 균형있는 발전을 기함을 목적한다(제1조) 하여 수산업 협동조합("조합")의 설립을 규제하고 조합은 영리 또는 투기를 목적으로 하는 업무를 행하지 못하도록(제6조 2항: 현행은 제5조 제3항) 규정하고 있으나 한편 제65조(현행 제60조)에 의하면 조합은 그 목적을 달성하기 위하여 구매사업, 보관판매사업, 신용사업, 운송사업등 수익사업을 할 수 있고, 또 제67조(현행 제64조)는 조합은 조합원의 공동이익을 위하여 어업 및 그에 부수하는 사업을 경영할 수 있도록 규정하고 제142조(현행 제71조)에서는 조합의 회계연도에 있어서의 손실을 보전하고 법정적립금 사업준비금 및 이월금을 공제하고 잉여금이 있으면 정관의 정하는바에 의하여 년 10푼을 초과하지 아니하는 범위 안에서 납입출자에 따라 이를 조합원에 배당하고 그리고도 잉여가 있을 때에는 조합원의 사업이용분량의 비율에 의하여 이를 배당한다 하고 제77조(현행 제88조)에는 조합해산의 경우 잉여재산이 있을 때에는 정관의 정하는 바에 의하여 처분하도록 규정한점을 볼 때 조합은 동법이 규정한 외의 영리 또는 투기사업을 할 수 없다고 해석될 뿐 아니라 기록에 의하면 위법의 규정에 의하여 설립된 원고조합은 조합원의 공동이익을 추진하여 그 경제적 사회적 지위를 향상시키고 생산력의 증강을 도모하여 국민경제발전에 기여함을 목적하고(정관 제2조) 정관 제2조의2(봉사의 원칙), 제5조(사업의 종류)에 위법 제6조 및 제65조와 거의 유사한 규정을 두고 있으며, 잉여금의 배당은 매회계년도 말에 있어 납입완료한 출자액에 비례하여 이를 행하고 그 율은 연5푼 이내로 하며 그리고도 잉여가 있을 때에는 그 회계연도에 있어 취급한 물자의 수량 가액 기타 사업의 분량을 참작하여 조합원의 사업이용분량에 응하여 이를 행한다(정관 80조).

조합해산의 경우 잉여재산을 지분비율에 의하여 조합원에 분배한다(정관 90조)고 규정하고 있는 점을 아울러 고찰할 때 원고조합이 법인세법 제1조(현행 제2조 제2호 나목)에서 말하는 "특별법에 의하여 설립된 법인으로서 민법 제32조의 규정에 의한 법인과 유사한 설립목적을 가진 법인"(동세법에선 비영리 국내법인이라 한다)에 해당한다고 할 수 없다고 할 것이다. 조세감면규제법에서 수산협동조합에 대한 법인세와 영업세를 감면(제4조)하고 있다 하여 조합이 위 법인세법에 규정된 비영리 내국법인이라고 단정할 근거로는 삼을 수 없고 법인세법 제22조가 공개법인에 대한 법인세율을 경감하고 있으나 이는 주식공개를 권장하는 정책적 의도에서 한 조치라 할 것이니 이런 결과로 조합과의 세율에 불균형을 초래한다 하여 조합을 비영리내국법인이라고 해석할 수도 없다.

** 관련 판례: 대법원 1966. 4. 26. 선고 66누27 판결
　지구별 어업협동조합은 사법상의 사단법인이므로 그 조합원을 부당하게 면직시켰다 하더라도 이는 행정소송의 대상이 될수 없다.

제2절 연혁

　수산업협동조합의 역사는 한일합방 이전인 한말에 경남통영과 거제지역에 단체의 일본식 표현인 조합이라는 명칭을 쓴 3개의 수산단체가 있었다. 이들은 거제한산가조어기조합, 거제한산모곽전조합, 거제한산조어기모곽전조합 등 3개 조합으로 우리나라 어업자들에 의해 자생적으로 설립된 것이며, 이 중 거제한산가조어기조합은 1908년 7월 당시 농상부 대신의 인가로 설립된 우리나라 최초의 수산단체로 거제도, 한산도 및 가조도 일대의 정치망어업자들이 자신들의 어업권 보호와 어획물 판로 개척 등을 위해 자율적으로 조직한 것이다.[2]
　1910년 한일합병을 계기로 수산제도의 기본법인 어업령을 1911년 6월에 공포하였으며, 부속법령으로 수산단체제도도 창설하여 식민지어업 수탈에 본격적으로 나섰다. 이 어업령에 의하여 비로소 어업조합이 출현하기 시작하였고, 1912년 11월 30일 최초로 거제어업조합 설립되었으며, 업종별 수산조합은 1914년 7월에 설립된 목표해조수산조합과 같은 시기에 설립된 경남해조수산조합 등 5개 조합이 있었다. 1930년 5월 1일 조선어업령이 시행되면서 일제는 수합조합제도를 정비하는 한편 수산조합의 설립을 장려하여 정어리어업과 기선저인망어업 및 잠수기어업 등 여러 어업분야에서 수산조합이 설립되기 시작하였다.
　일제강점기의 조선어업령과 그 부속법령은 미군정청이 발표한 1945년 10월 4일 군정법령 제11호에 의해 그 효력이 계속되었으며, 정부수립 5년만인 1953년

---

2) 수협중앙회(2022), 수협 60년사 참조.

9월 9일 일제강점기의 조선어업령을 폐지하고 새로운 수산업법을 제정 공포하였
다. 이에 따라 1954년 1월에 수산업협동단체법안을 작성하여 법제처에 심의를
제안하였으나 농업협동조합과 농협은행의 분리를 기본으로 하는 농협법이 국회
에서 진통을 거듭하면서 본격적으로 심의도 하지 못한 채 지연이 되었고 5.16 군
사정변이 일어나자 이 법안을 보완하여 수산업협동조합법으로 다시 상정되어
1962년 4월 1일 현행 수협법이 탄생하였다. 이에 의거하여 당시 산재해 있던 어
업조합, 수산조합 및 대한수산중앙회는 수산업협동조합에 편입이 되었고, 법 시
행과 동시에 전국적으로 84개의 지구별 어업협동조합과 10개의 업종별 어업협동
조합을 설립하였다. 여기에 이들 조합을 회원으로 하는 단일의 중앙기관인 수산
업협동조합중앙회를 설립함에 따라 단기간에 중앙회를 정점으로 하는 2단계 구
조의 계통조직을 완성하였다. 그리고 지구별 어업협동조합 아래에는 어촌계라고
하는 어촌단위의 소규모 협동단체를 설립하여 어촌 전역으로 수협운동을 조직적
으로 전개하게 되었다. 어촌계는 수협운동의 대상임과 동시에 주체로서도 역할
을 하는 수협계통의 말단 조직이다. 어촌계는 지구별 수협에 소속된 어촌을 조직
단위로 하여 설립된 공식적 수협 조직의 하나이며, 2021년 현재 전국적으로
2,044개가 설립되어 있다.

특히 1997년 들어서는 IMF 금융위기 등으로 회원조합의 부실규모가 계속
증가함에 따라 수협중앙회는 회원조합의 자구노력만으로는 경영정상화에 한계가
있다는 판단 하에 어촌경제 붕괴 및 예금지급 불능 사태를 사전에 방지하기 위
해 '회원조합 경영정상화 방안'을 추진하였다. 그 일환으로 부실(우려)조합에 대
해 경영개선자금을 지원하는 한편 2003년 9월 부실조합의 효율적 구조개선 및
지원체계 확립을 위한 "수산업협동조합의 구조개선에 관한 법률"을 제정하여 5
개 조합을 통폐합하는 등 대규모 구조조정을 실시하였다. 그 결과 2022년 말 현
재는 지구별수협 70개, 업종별수협 21개 등 총 91개 조합이 있다.

한편 수협은행은 1965년 5월 한국은행법과 은행법에서 "수산업협동조합중
앙회와 그 회원인 수산업협동조합의 신용사업부문은 하나의 금융기관으로 본다"
라고 명시함에 따라 그동안 수협중앙회 내의 신용사업 전담부서로서 그 기능을
수행해 왔으나 IMF와 금융기관의 구조조정 등을 계기로 수협중앙회의 신용사업
부문 분리문제가 제기되었고 2000년 1월 신용대표이사제도를 도입하는 한편
2000년 12월에는 공적자금 지원을 전제로 신용사업과 경제사업을 별도 법인에

준하는 독립경영체제로 전환(신경분리)하였으며, 2001년 4월 예금보험공사로부터 공적자금 1조 1,581억원을 지원받으면서 경영정상화 이행약정(MOU)을 체결하였다.

이후 2010년 12월 국제결제은행(BIS)의 바젤은행감독위원회(BCBS)는 2008년에 시작된 글로벌 금융위기를 경험하면서 은행의 자본규제를 보통주 중심의 더욱 강화된 바젤Ⅲ 도입 방침을 발표하였고 국내 은행도 2013년 12월부터 바젤Ⅲ가 적용하기로 함에 따라 예금보험공사로부터 지원받은 공적자금은 상환의무가 있는 출자금으로서 바젤Ⅲ에서는 부채로 분류되어 자본으로 인정받지 못하게 되었다. 이에 정부에서는 수협은행의 자본구조 특수성을 감안하여 바젤Ⅲ 적용을 3년간 유예하는 한편 2015년 8월 수협은행을 수협중앙회에서 분리하고 수협중앙회가 예금보험공사의 공적자금 상환의무를 부담키로 하는 정책적 결정이 이루어졌고 2016년 5월 수협법 개정을 통해 2016년 12월 1일 수협 창립 54년 만에 수협은행(신용사업부문)이 수협중앙회에서 자회사로 분리되는 사업구조개편을 완성되게 되었다.

2022년 말 현재 수협중앙회는 자회사로 수협은행뿐만 아니라 경제사업의 일환으로 어민들의 판매사업, 구매사업, 이용가공사업, 가격안정화사업 등을 지원하기 위해 수협노량진수산, 수협유통, 수협사료, 위해수협국제무역유한공사 등을 두고 있다.

제3절 종류 및 신용사업 영위 여부

Ⅰ. 종류

수산업협동조합("조합")에는 지구별 수산업협동조합("지구별수협"), 업종별 수산업협동조합("업종별수협") 및 수산물가공 수산업협동조합("수산물가공수협")이 있다(법2(4)).

1. 지구별수협

지구별수협은 지구명을 붙인 수산업협동조합의 명칭을 사용하여야 한다(법3 ①(1)).

지구별수협은 조합원의 어업 생산성을 높이고 조합원이 생산한 수산물의 판로(販路) 확대 및 유통의 원활화를 도모하며, 조합원에게 필요한 자금·자재·기술 및 정보 등을 제공함으로써 조합원의 경제적·사회적·문화적 지위 향상을 증대시키는 것을 목적으로 한다(법13).

2. 업종별수협

업종별수협은 업종명(양식방법을 포함) 또는 품종명을 붙인 수산업협동조합의 명칭을 사용하여야 한다(법3①(2) 전단). 이 경우 주된 사무소의 소재지가 속한 지방자치단체의 명칭을 함께 사용할 수 있다(법3①(2) 후단).

업종별수협은 어업을 경영하는 조합원의 생산성을 높이고 조합원이 생산한 수산물의 판로 확대 및 유통 원활화를 도모하며, 조합원에게 필요한 자금·자재·기술 및 정보 등을 제공함으로써 조합원의 경제적·사회적·문화적 지위 향상을 증대함을 목적으로 한다(법104).

3. 수산물가공수협

수산물가공수협은 수산물가공업명을 붙인 수산업협동조합의 명칭을 사용하여야 한다(법3①(3)).

수산물가공수협은 수산물가공업을 경영하는 조합원의 생산성을 높이고 조합원이 생산한 가공품의 판로 확대 및 유통 원활화를 도모하며, 조합원에게 필요한 기술·자금 및 정보 등을 제공함으로써 조합원의 경제적·사회적·문화적 지위 향상을 증대함을 목적으로 한다(법109).

Ⅱ. 신용사업 영위 여부

지구별수협은 신용사업을 영위할 수 있으며(법60①(3)), 업종별수협(법107① 참조)과 수산물가공수협(법112① 참조)은 신용사업 및 어업통신사업을 영위할 수 없다.

제4절 주요업무

Ⅰ. 서설

수산업협동조합법은 수산업협동조합의 설립목적을 달성하기 위하여 각종 사업을 규정하고 있다.

수산업협동조합법은 조합이 목적 달성을 위해 수행할 수 있는 사업의 종류를 제한적으로 열거하고 있다(법60①, 법107①, 법112①). 지구별수협의 경우 대표적으로 신용사업이 규정되어 있으며, 영위할 수 있는 신용사업의 범위에 대해서도 구체적으로 열거하고 있다(법60①(3)).

조합은 그 목적을 달성하기 위하여 다음 사업의 전부 또는 일부를 수행한다(법60①, 법107①, 법112①).

Ⅱ. 신용사업

1. 의의

신용사업은 수신과 여신을 수단으로 하여 조합원간 자금의 유통을 꾀하는 상호금융의 성격을 가진 업무이다. 조합원의 자금을 예탁받아 이를 조합원에게 융자하여 조합원간 원활한 자금 흐름을 꾀하는 것이 상호금융의 중요한 역할이다.

지구별수협(법률 제4820호 수산업협동조합법중개정법률 부칙 제5조에 따라 신용사업을 하는 조합을 포함)이 신용사업을 하는 경우에는 신용협동조합법에 따른 신용협동조합으로 본다(신용협동조합법95①(2)).

2. 신용사업의 내용

지구별수협은 그 목적을 달성하기 위하여 신용사업의 전부 또는 일부를 수행한다(법60①(3)). 여기서 신용사업은 ⅰ) 조합원의 예금 및 적금의 수납업무(가목), ⅱ) 조합원에게 필요한 자금의 대출(나목), ⅲ) 내국환(다목), ⅳ) 어음할인(라목), ⅴ) 국가, 공공단체 및 금융기관 업무의 대리(마목), ⅵ) 조합원의 유가증권·귀금속·중요물품의 보관 등 보호예수 업무(바목)를 포함한다.

3. 신용사업의 한도와 방법

지구별수협이 신용사업을 수행할 때에는 ⅰ) 신용협동조합법 제83조의3에 따른 경영건전성기준(제1호), ⅱ) 수협구조개선법 제4조의2 제2항 후단에 따른 적기시정조치기준(제2호)에서 정하는 한도와 방법에 따라야 한다(법60③, 영18④).

4. 여수신업무방법

(1) 중앙회장의 제정

상호금융업감독규정("감독규정")에 의하면 조합의 신용사업과 관련한 예탁금·적금 또는 대출등의 업무방법("여수신업무방법")에 관한 사항은 중앙회장이 이를 정한다(감독규정4①). 이에 따라 중앙회는 조합 여수신업무방법서를 제정하여 운영하고 있다.

(2) 여수신업무방법의 필요적 포함사항

여수신업무방법에는 ⅰ) 예탁금·적금 및 대출등의 종류에 관한 사항(제1호), ⅱ) 예탁금·적금 및 대출등의 이율, 결산방법 및 기간에 관한 사항(제2호), ⅲ) 예탁금·적금 및 대출등의 원리금의 지급 및 회수방법에 관한 사항(제3호), ⅳ) 기타 여수신업무에 관한 중요사항(제4호)이 포함되어야 한다(감독규정4②).

(3) 여수신업무방법 제정 또는 변경의 금융감독원 신고

중앙회장이 여수신업무방법을 제정 또는 변경하고자 하는 경우에는 미리 금융감독원장("감독원장")에게 신고하여야 한다(감독규정4③).

(4) 여수신업무방법 변경 요구와 수용 의무

금융감독원장은 신고받은 여수신업무방법의 내용을 심사하고 조합 이용자 보호, 건전한 금융거래질서의 유지를 위하여 여수신업무방법 내용의 변경이 필요하다고 인정하는 경우 중앙회장에 대하여 당해 여수신업무방법의 변경을 요구할 수 있다(감독규정4④ 전단). 이 경우 중앙회장은 이에 응하여야 한다(감독규정4④ 후단).

5. 신용사업의 종류

(1) 예금 및 적금

신용사업에는 조합원의 예금("예탁금") 및 적금의 수납업무가 포함된다(법60①(3) 가목).

(가) 예금(예탁금)의 의의

예금과 적금("예탁금")은 조합의 자금형성 수단이며, 조합원 및 조합원이 아닌 자("조합원등")의 여유자금에 대한 일시적인 보관, 출납, 재산증식 수단으로 예치받는 자금을 말한다. 예금은 "예금자가 은행 기타 수신을 업으로 하는 금융기관에게 금전의 보관을 위탁하되 금융기관에게 그 금전의 소유권을 이전하기로 하고, 금융기관은 예금자에게 같은 통화와 금액의 금전을 반환할 것을 약정하는 계약"이다. 지구별수협은 예탁금 등의 명칭으로 수신업무를 하고 있다(상호금융 예탁금업무방법(예) 참조). 상호금융 예탁금업무방법(예)는 예탁금의 명칭을 사용하고 있다.

(나) 예탁금의 분류

상호금융 예탁금업무방법(예)는 예탁금을 별단예탁금, 입출금이 자유로운 예탁금, 거치식·적립식 예탁금, 통장식 예탁금 등으로 분류하고 있다.

(2) 조합원에게 필요한 자금의 대출

신용사업에는 조합원에게 필요한 자금의 대출이 포함된다(법60①(3) 나목).

(가) 대출의 의의

대출(loan)은 지구별수협이 이자 수취를 목적으로 원리금의 반환을 약정하고 고객(=차주, 채무자)에게 자금을 대여하는 행위를 말한다. 대출은 지구별수협의 여신(=신용공여)의 한 종류이다. 지구별수협 이외에도 은행(은행법27), 보험회사(보험업법106), 여신전문금융회사(여신전문금융업법46), 상호저축은행(상호저축은행법11), 새마을금고(새마을금고법28), 대부업자(대부업법2(1)) 등도 각 관련 법률이 정한 범위 내에서 여신·대출 업무를 수행한다.

(나) 대출의 분류(여신의 분류)

「상호금융 여신업무방법(예)」에 의하면 여신은 대출, 어음할인 등을 모두 포

함하고 다음과 같이 분류된다.[3)]

1) 일반적인 분류

가) 담보의 유무에 따른 분류

ⅰ) 담보여신: 동산·부동산(의제 부동산 포함), 유가증권, 신용보증서, 지급보증서, 정부 및 지방자치단체의 채무보증서, 공제증권(보험증권 포함), 예·적금, 기타 채권 등을 담보로 한 여신을 말하고, ⅱ) 보증여신: 담보가 없거나 담보가액을 초과하는 여신으로서 보증인을 세우고 취급하는 여신을 말하며, ⅲ) 신용여신: 담보여신 이외의 여신과 담보비율을 초과한 여신으로 보증인을 세우지 않고 채무자 자신의 신용에 의해 취급하는 여신을 말한다.

나) 거래방식에 따른 분류

ⅰ) 개별거래: 일정금액의 여신을 일정시점에서 실행하여 약정기간 동안 계속 사용토록 하고 상환기일에 일시에 회수하는 거래형태로 여신이 조기에 상환되더라도 동일 약정하에서는 추가로 대출을 실행할 수 없다. 다만, 시설자금대출과 같이 당초부터 분할 실행이 예정되어 있는 경우에는 정해진 조건에 따라 분할 실행할 수 있으며, 분할상환대출처럼 분할상환이 예정되어 있는 경우에는 동 상환계획에 따라 분할상환할 수 있다.

ⅱ) 한도거래: 여신의 약정시 여신최고한도와 거래기간을 미리 약정하고, 그 한도와 기간범위 내에서 원칙적으로 언제든지 여신을 받거나(실행하거나) 상환(회수)할 수 있는 거래형태로 거래기간 만료일에는 전액 상환되어야 한다. 한도거래기간 중에 취급한 여신의 기일은 그 한도거래기간을 초과할 수 없다.

ⅲ) 포괄한도거래: 차주에게 일정 한도의 신용공여를 하여 서로 다른 계정과목의 대출을 포괄적으로 한도산정하고 약정 체결하여 운용한다.

다) 대출재원에 따른 분류

ⅰ) 상호금융자금 대출: 자본금·예탁금·비정책성차입금 등 고유재산을 재원으로 하는 대출을 말하고, ⅱ) 정책자금대출: 정부의 자금을 지원하거나 정책적으로 정하여진 조건등에 의하여 취급하고 정부로부터 이차보전을 받는 대출을 말한다.

---

3) 수산업협동조합중앙회 상호금융본부(2023), 「상호금융 여신업무방법」(2023. 2. 28), 101-110쪽.

라) 차주에 따른 분류

ⅰ) 기업자금대출: 정부관리기업을 포함한 영리법인 및 개인기업(사업자등록증을 소지한 자 포함)에 대한 영리목적을 위한 모든 대출(그 기업의 규모에 따라 중소기업대출과 대기업대출로 분류)을 말한다.

ⅱ) 가계자금대출: 개인에 대한 주택자금, 소비자금 등 비영리목적을 위한 대출 및 사업자로 등록되지 않은 개인에 대한 부업자금 대출을 말한다.

ⅲ) 공공 및 기타자금대출: 지방자치단체, 정부기업 등 공공기관과 학교 법인 등 비영리단체에 대한 대출을 말한다.

마) 자금용도에 따른 분류

ⅰ) 운전자금대출: 기업의 생산, 판매활동에 소요되는 자금에 대한 대출을 말하고, ⅱ) 시설자금대출: 기업설비의 취득, 신설, 확장, 복구 등 일체의 시설에 소요되는 자금에 대한 대출을 말한다.

2) 형식에 따른 분류

가) 어음대출

어음대출은 금융기관이 대출금채권의 지급확보를 위하여 차주가 발행한 약속어음을 받고 취급하는 대출로서 법적 성질은 금전소비대차계약이다. 이때 약속어음은 첫째 금전소비대차증서 대용이라는 구실과 둘째 대출금채권의 지급확보, 즉 채권담보의 구실을 겸하게 된다.

나) 증서대출

차주로부터 어음이 아닌 약정서를 받고 취급하는 대출로서 증서대출의 종류는 다음과 같다.

ⅰ) 일시상환대출: 단기대출과 장기대출이 있다. ⅱ) 할부상환대출: 원금균등 할부상환대출, 원금불균등 할부상환대출, 원리금균등 할부상환대출, 혼합상환대출이 있다.

3) 상환방법에 따른 분류

대출의 상환은 기일에 일시상환하거나 대출기간 중에 분할상환하는 방법이 있으며, 분할상환방법은 원금균등분할상환, 원금불균등상환, 원리금균등분할상환, 혼합상환방법으로 구분한다.

(다) 관련 판례

** 대법원 2017. 6. 29. 선고 2015다203622 판결(보증채무금)

[1] 구 수산업협동조합법(2000. 1. 28. 법률 제6256호로 개정되기 전의 것) 제65조(현행 제60조 참조)는 지구별수협이 행할 수 있는 사업의 범위에 조합원에 대한 상호금융업무와 함께 은행법에 의한 은행업무도 포함되어 있었으나, 개정 수산업협동조합법(2004. 12. 31. 법률 제7311호로 전부 개정되기 전의 것) 제65조(현행 제60조 참조)는 지구별수협이 행할 수 있는 사업범위에서 은행법에 의한 은행업무를 제외하였다. 이에 따라 지구별 수협의 신용사업부문은 수산업협동조합법 개정 전에는 구 한국은행법(1999. 9. 7. 법률 제6018호로 개정되기 전의 것) 제11조 제2항(현행 삭제)에 따라 금융기관으로 간주하였으나 그 개정 후에는 신용협동조합법 제95조 제1항 제2호에 따라 신용협동조합으로 간주하게 되었으므로, 한국은행법상의 금융기관을 적용대상으로 하는 금융기관여신운용세칙("운용세칙")은 더 이상 지구별수협이 조합원에 대하여 시설자금을 대출하는 신용사업에 관하여 적용되지 아니한다. 그럼에도 원심이 지구별수협인 원고가 금융기관임을 전제로 하여, 이 사건 대출 실행에 관하여 "시설자금 취급 시에는 관계 증빙서류 및 현물 또는 시설을 확인하는 등의 방법을 통하여 계획된 용도 및 시기에 맞추어 대출을 취급함으로써 시설자금 지원에 적정을 기하여야 한다"는 운용세칙 제4조 제2항이 원고에게 적용된다고 보고 이를 원고가 준수하지 아니하였다고 인정한 것은 잘못이다.

[2] 그렇지만 지구별수협인 원고는 조합원을 상대로 시설자금을 대출할 경우에, 신용협동조합법 및 이에 근거한 상호금융업감독규정에 따라 수산업협동조합중앙회장이 제정한 상호금융 여신업무방법서를 준수하여야 한다. 그런데 상호금융 여신업무방법서 제19조는 시설자금에 대하여는 계획된 용도에 따라 기성액을 기초로 분할하여 지급하는 것을 원칙으로 정하고 기성액을 증빙서류에 의하여 확인하도록 하는 한편 그 지급 후에도 수시로 관계 증명서류의 징구 또는 공사 진척상황을 확인하여 자금의 유용을 방지하도록 함으로써, 운용세칙 제4조 제2항과 실질적으로 같은 내용을 규정하고 있다.

앞에서 본 것과 같이 이 사건 신용보증서에 "이 사건 조선소 부지에 건설되는 공장건물 4건 준공 즉시 1순위 추가 담보 취득하여 본 신용보증을 전액 해지"한다는 내용의 이 사건 담보취득특약이 있었고 이 사건 담보취득특약을 위반하였을 때에는 보증책임의 전부 또는 일부에 대하여 책임을 지지 아니한다는 이 사건 면책조항이 적용되는 이 사건에서, 시설자금이 채무자에 의하여 유용되어 해당 시설이 준공되지 아니할 경우에는 대출 기관이 위 특약에 따른 담보를 취득하는 것이 원천적으로 불가능하게 되므로, 운용세칙 제4조 제2항이 적용되는 금융기관의 경우와 마찬가지로 같은 내용의 상호금융 여신업무방법서 제19조가 적용되는 지구별 수협인 원고의 경우에도 신용보증기금으로서는 상호금융 여신업무방법서 제19조를 준수하여 대출을 실행한 부분에 대하여만 신용보증책임을 지고 이를 준수하지 아니하고 대출을 실행한 부분에 대하여는 신용보증책임을 지지 아니하기로 하는 취지였다고 봄이 타당하며, 원고는 이 사건 대출금이 유용되지 않도록 관계 증빙서류뿐만 아니라 직접 현물 또는 시설을 확인하는 방법으로 기성고를 조사하고 그 기성고에 대응하여 대출을 실행할 주의의무가 있다(대법원 1998. 8. 21. 선고 97다37821 판결 등 참조).

그런데 원심이 인정한 사실관계 및 사정들을 종합하여 보면, 원고가 시설자금에 해당하는 이 사건 대출을 취급하면서 이 사건 도급계약에서 정한 건축물 공사가 전혀 이루어지지 아니하였음에도 그 공사가 진행되었고 기성 비율이 100.08%라는 내용의 허위의 확인·조사 서류를 작성하는 등 이 사건 대출에 관한 기성고를 제대로 조사하지 아니하고 이 사건 대출금 전액을 고려중공업에 지급함으로써 상호금융 여신업무방법서 제19조에 따른 의무를 중대하게 위반하여 대출을 실행한 잘못이 있고, 그 결과 원심 인정과 같이 이 사건 대출금 전부에 대하여 위와 같은 의무를 준수하지 아니하고 대출을 실행하였다고 봄이 타당함을 알 수 있으므로, 피고는 그 의무 위반을 이유로 이 사건 담보취득특약 등에 따라 이 사건 대출금 전부에 대하여 보증책임을 면할 수 있다.

[3] 따라서 원심의 이유 설시에 일부 잘못된 부분이 있으나, 원고가 이 사건 담보취득특약 등에 따라 이 사건 대출금 전부에 대하여 보증책임을 지지 아니한다는 취지의 원심의 결론은 수긍할 수 있고, 거기에 지구별 수협에 관한 법적 성격 및 운용세칙의 적용 범위, 피고의 면책범위 등에 관한 법리를 오해하고 필요한 심리를 다하지 아니하며 이유가 모순되거나 논리와 경험의 법칙에 반하여 자유심증주의의 한계를 벗어나는 등의 사유로 판결에 영향을 미친 위법이 없다.

(3) 내국환

신용사업에는 내국환 업무가 포함된다(법60①(3) 다목). 내국환 업무는 금융기관이 중개자가 되어 국내의 격지자 사이의 채권채무를 현금 수수에 의하지 아니하고 결제하는 업무를 말한다. 일반적으로 환업무란 송금, 대금추심, 타행환공동망업무, CD공동망 이용업무 등을 말한다.

(4) 어음할인

신용사업에는 어음할인 업무가 포함된다(법60①(3) 라목). 어음할인이란 할인어음 신청자("할인의뢰자")가 상거래에 수반하여 취득한 만기일("지급기일")이 도래하지 않은 어음을 약정 한도금액 범위 내에서 할인료("이자")를 받고 지구별수협이 매입하는 것을 말한다. 어음할인 대상자는 지구별수협과의 거래실적이 양호하고 신용이 확실한 사업자등록증을 교부받은 개인 및 법인으로 한다.

(5) 국가, 공공단체 및 금융기관의 업무 대리

신용사업에는 국가, 공공단체 및 금융기관 업무의 대리가 포함된다(법60①(3) 마목). 업무 대리에는 신용사업을 주로 수행하는 조합의 성격상 국세·지방세의 수납, 전기요금, 전화요금 등의 수납업무가 포함될 것이다.

(6) 보호예수 업무

신용사업에는 조합원의 유가증권·귀금속·중요물품의 보관 등 보호예수 업무가 포함된다(법60①(3) 바목).

Ⅲ. 교육 · 지원 사업

1. 지구별수협

지구별수협은 그 목적을 달성하기 위하여 교육·지원 사업의 전부 또는 일부를 수행한다(법60①(1)). 여기서 교육·지원 사업은 ⅰ) 수산종자의 생산 및 보급(가목), ⅱ) 어장 개발 및 어장환경의 보전·개선(나목), ⅲ) 어업질서 유지(다목), ⅳ) 어업권·양식업권과 어업피해 대책 및 보상 업무 추진(라목), ⅴ) 어촌지

도자 및 후계어업경영인 발굴·육성과 수산기술자 양성(마목), ⅵ) 어업 생산의
증진과 경영능력의 향상을 위한 상담 및 교육훈련(바목), ⅶ) 생활환경 개선과 문
화 향상을 위한 교육 및 지원과 시설의 설치·운영(사목), ⅷ) 어업 및 어촌생활
관련 정보의 수집 및 제공(아목), ⅸ) 조합원의 노동력 또는 어촌의 부존자원(賦存
資源)을 활용한 관광사업 등 어가(漁家) 소득증대사업(자목), ⅹ) 외국의 협동조합
및 도시와의 교류 촉진을 위한 사업(차목), ⅺ) 어업에 관한 조사·연구(카목), ⅻ)
각종 사업과 관련한 교육 및 홍보(타목), ⅹⅲ) 그 밖에 정관으로 정하는 사업(파
목)을 포함한다.

2. 업종별수협

업종별수협은 그 목적을 달성하기 위하여 교육·지원 사업의 사업의 전부
또는 일부를 수행한다(법107①). 여기서 교육·지원 사업은 ⅰ) 수산종자의 생산
및 보급(가목), ⅱ) 어장 개발 및 어장환경의 보전·개선(나목), ⅲ) 어업질서 유
지(다목), ⅳ) 어업권·양식업권과 어업피해 대책 및 보상 업무 추진(라목), ⅴ)
어촌지도자 및 후계어업경영인 발굴·육성과 수산기술자 양성(마목), ⅵ) 어업
생산의 증진과 경영능력의 향상을 위한 상담 및 교육훈련(바목), ⅶ) 생활환경
개선과 문화 향상을 위한 교육 및 지원과 시설의 설치·운영(사목), ⅷ) 어업 및
어촌생활 관련 정보의 수집 및 제공(아목), ⅸ) 조합원의 노동력 또는 어촌의 부
존자원을 활용한 관광사업 등 어가 소득증대사업(자목), ⅹ) 외국의 협동조합 및
도시와의 교류 촉진을 위한 사업(차목), ⅺ) 어업에 관한 조사·연구(카목), ⅻ)
각종 사업과 관련한 교육 및 홍보(타목), ⅹⅲ) 그 밖에 정관으로 정하는 사업(파
목)을 포함한다.

3. 수산물가공수협

수산물가공수협은 그 목적을 달성하기 위하여 교육·지원 사업의 사업의 전
부 또는 일부를 수행한다(법112①(1)). 여기서 교육·지원 사업은 ⅰ) 생산력 증진
과 경영능력의 향상을 위한 교육훈련(가목), ⅱ) 조합원에게 필요한 정보의 수집
및 제공(나목), ⅲ) 신제품의 개발·보급 및 기술 확산(다목), ⅳ) 각종 사업과 관
련한 교육 및 홍보(라목), ⅴ) 그 밖에 정관으로 정하는 사업(마목)을 포함한다.

Ⅳ. 경제사업

1. 지구별수협

(1) 내용

지구별수협은 그 목적을 달성하기 위하여 경제사업의 전부 또는 일부를 수행한다(법60①(2)). 여기서 경제사업은 ⅰ) 구매사업(가목), ⅱ) 보관·판매 및 검사 사업(나목), ⅲ) 이용·제조 및 가공(수산물의 처리를 포함) 사업(다목), ⅳ) 수산물 유통 조절 및 비축사업(라목), ⅴ) 조합원의 사업 또는 생활에 필요한 공동시설의 운영 및 기자재의 임대사업(마목)을 포함한다.

(2) 관련 판례

** 대법원 1991. 8. 13. 선고 91다14970 판결

원심판결 이유에 의하면 원심은 피고(Y수산업협동조합)는 어민의 이익을 위하여 어민이 생산한 수산물을 위탁받아 판매하는 자이고 원고는 피고로부터 수산물을 경락받아 소매상에 판매하는 중매인으로서 10여년간 새우젓의 경매에 관여하여온 사실, 원고는 1987.11.4. 피고의 야적위판장에서 피고로부터 새우젓 103드럼을 경락받아 소외 1 등 소매상에게 판매하였으나 위 새우젓 중 일부에 심한 석유냄새가 나서 식용으로 사용할 수 없음이 소매과정에서 발견되어 그 중 40드럼이 위 경매일로부터 3, 4일간에 걸쳐 원고에게 반품되어 왔고 원고는 같은 달 9. 이러한 사실을 피고에게 통지하고 그 무렵 위 새우젓을 피고에게 반품한 사실, 새우를 어획하여 선상에서 소금에 절여 운반선으로 운반하여 입항하는 과정에서 빈 석유 드럼통의 마개가 잘 감겨져 있지 않거나 하면 뒤섞여져 실려 있는 새우젓드럼통 속에 석유가 혼입될 수 있는 사실, 원고는 그 후 위 새우젓 대금 11,722,300원을 모두 피고에게 지급한 사실을 인정한 다음, 피고에게 위 새우젓의 매도인으로서 그 매도한 새우젓에 석유가 혼입되어 식용으로 사용될 수 없게 된 하자가 있음으로 인하여 위 새우젓 대금 상당 금 11,722,300원의 손해를 입었다고 하여 그 배상을 구하는 원고의 이 사건 청구에 대하여, 피고는 어민과 수산제조업자의 이익을 위하여 수산업협동조합법에 근거하여 설립된 법인으로서 농수산물 유통 및 가격안정에 관한 법률 제39조(현행 제43조), 제43조(현행 제45

조), 위 법 시행규칙 제13조에 따라 농수산부장관(현행 시·도지사)의 승인을 얻어 농수산물공판장을 개설할 수 있고 그 개설승인신청시공판사업규정 및 운영관리계획서를 제출하도록 정하여져 있으며 위 법률 제33조(현행 제39조)에서는 도매시장에 상장된 농수산물의 매수인은 매매가 성립한 즉시 그 농수산물을 인수하여야 하고 매수인이 정당한 사유 없이 인수를 거부, 또는 태만히 한 때에는 그 매수인의 부담으로 농수산물을 일정기간 보관하거나 그 이행을 최고하지 아니하고 그 매매를 해제하여 다시 매매할 수 있고 이로 인한 차손금은 당초의 매수인이 이를 부담하도록 규정하고 있으며 위 법률에 기한 피고의 공판사업규정인 판매및이용가공사업규정 제19조는 위탁물의 경락 후 매수자는 인수를 거부할 수 없고 다만 매수자가 정당한 사유로 인수를 거부코자 할 때에는 경매현장에서 즉시 이의를 신청하여야 하며 그 경우 정당한 사유라 함은 육안으로 식별할 수 없었던 불량품, 또는 저질품의 다량혼입으로 매수자에게 현저하게 손해를 끼친다고 인정될 경우를 말한다고 규정하고 있으며, 원고는 원·피고 사이의 중매인거래약정서 제8조에 따라 위 약정 및 피고의 정관, 총회 및 이사회의 결정 기타 위 약정 이외의 사업수행상 필요한 피고의 지시를 준수하여야 하도록 되어 있고 위 경매일에 피고는 경매를 하기 위하여 야적장에 약 270드럼의 새우젓을 상장하였고 원고는 다른 중매인들과 경매시작 전에 2, 3시간 동안 그곳에 비치된 감별기로 이물질의 투입여부나 드럼통 깊숙한 곳의 새우젓의 상태 등을 감별한 후 그 중 3드럼의 새우젓에서 석유냄새가 난다고 하여 가려 놓기도 한 사실이 인정되므로 따라서 피고조합과 중매인간의 수산물매매에 있어서는 거래의 신속한 결제를 위하여 매수인이 목적물인 수산물을 수령한 때에는 현장에서 이를 검사하여야 하며 하자 또는 수량의 부족을 발견한 경우(하자 또는 수량의 부족정도는 육안으로 식별할 수 없었던 불량품 또는 저질품이 다량혼입되어 현저한 손해를 입힐 경우이어야 한다)에는 매매현장에서 매도인인 피고에게 그 통지(이의신청)를 하지 아니하면 이로 인한 계약해제, 대금감액 또는 손해배상청구를 하지 못하도록 되어 있고 한편 원고는 다년간 새우젓의 경매에 관여하여 온 중매인으로서 위 경매당일 3드럼의 새우젓에서 석유냄새가 나는 것이 발견되기도 했던 점에 비추어 경매시에 석유냄새가 나는 새우젓을 다 가려내지 못했더라도 위 경매 후에라도 지체없이 위 새우젓들을 검사하였더라면 석유냄새가 나는 새우젓을 감별해 낼 수 있었을 것이고 위 인정의 공판규정에 따라 육안으로 식별할 수 없었던 불량품임을 주장하여 현장에서 즉시 이의하고 그 인수를 거부할 수 있었을 터인데 위에서 인정된 바와 같이 위 경매 후 아무런 검사도 하지 아니하고 바로 소매상 등에게 위 매수한 새우젓들을 판매해 버렸기 때문에 위 경매 후 여러 날이 지나서 소매상들로부터 반품이 있고서야 뒤늦게 위 하자를 알게 되어 피고에게 이의함으로써 원고가 준수하여야 할 위 공판규정상의 즉시이의신청규정을 위배한 것이어서 원고는 피고에게 위 하자로 인한 손해배상을 청구할 수 없게 되었다고 판시하고, 당시 날씨가 추웠으므로 새우젓 고유의 냄새 외에 드럼통 깊숙한 내용물 속에 혼입된 석유로 인한 석유냄새를 맡을 수는 없었던 것이고 이러한 하자는 상법 제69조 제1항 소정의 숨은 하자에 해당되므로 6개월 내에 이를 발견하고 반품한 원고에게는 위 법에서 정한 바의 손해배상청구권이 있다는 주장에 대하여는 농수산물의 유통 및 가격안정을 기하기 위하여 제정된 위 농수산물유통및가격안정에관한법률이 농수산물의 거래에 관한 한 일반법인 민법 및 상법의 특별법의 위치에 있다고 하여 이를 배척하였는바, 기록에 의하여 살펴보면 원심의 위와 같은 사실인정과 판단은 원심판결이 설시한 증거관계에 비추어 모두 수긍이 되고 거기에 소론과 같은 증거법칙을 위반한 위법, 채증법칙위반으로 인한 사실오인, 하자담보책임에 관한 법리오해 또는 위 판매 및 이용가공사업규정 제19조 등의 법률적 성질을 오해하였거나 법률해석을 잘못한 위법이 있다고 할 수 없다.

2. 업종별수협

업종별수협은 그 목적을 달성하기 위하여 경제사업의 전부 또는 일부를 수행한다(법107①(2)). 여기서 경제사업은 ⅰ) 구매사업(가목), ⅱ) 보관·판매 및 검사 사업(나목), ⅲ) 이용·제조 및 가공(수산물의 처리를 포함한다) 사업(다목), ⅳ) 수산물 유통 조절 및 비축사업(라목), ⅴ) 조합원의 사업 또는 생활에 필요한 공동시설의 운영 및 기자재의 임대사업(마목)을 포함한다.

3. 수산물가공수협

수산물가공수협은 그 목적을 달성하기 위하여 경제사업의 사업의 전부 또는 일부를 수행한다(법112①(2)). 여기서 경제사업은 ⅰ) 구매사업(가목), ⅱ) 보관·판매 및 검사 사업(나목), ⅲ) 이용·제조 및 가공 사업(다목), ⅳ) 유통 조절 및 비축사업(라목)을 포함한다.

V. 공제사업

조합은 그 목적을 달성하기 위하여 공제사업의 전부 또는 일부를 수행한다(법60①(4)), 법107①(3)), 법112①(3)).

1. 공제규정 인가

조합이 공제사업을 하려면 공제규정을 정하여 해양수산부장관의 인가를 받아야 한다(법60의2① 전단, 법108, 법113). 공제규정을 변경하려는 때에도 또한 같다(법60의2① 후단, 법108, 법113).

2. 공제규정 기재사항

공제규정에는 공제사업의 실시, 공제계약 및 공제료와 공제사업의 책임준비금, 그 밖에 준비금 적립에 관한 사항 등이 포함되어야 한다(법60의2②, 법108, 법113).

(1) 공제규정 필요적 포함사항

공제규정에 포함되어야 하는 사항은 다음과 같다(시행규칙9의2①).

(가) 공제사업의 실시에 관한 사항

공제규정에는 공제사업의 실시에 관한 사항인 ⅰ) 공제사업의 종목(가목), ⅱ) 공제를 모집할 수 있는 자(나목), ⅲ) 공제상품 안내 자료의 기재사항(다목), ⅳ) 통신수단을 이용한 모집 시 준수사항(라목), ⅴ) 공제 모집 시 금지행위(마목), ⅵ) 공제 모집 시 불법행위로 인한 공제계약자 등에 대한 손해배상에 관한 사항(바목)이 포함되어야 한다(시행규칙9의2①(1)).

(나) 공제상품에 관한 사항

공제규정에는 공제상품에 관한 사항인 ⅰ) 공제상품 개발기준(가목), ⅱ) 사업방법서, 약관, 공제료 및 책임준비금 산출방법에 관한 사항(나목)이 포함되어야 한다(시행규칙9의2①(2)).

(다) 공제계약에 관한 사항

공제규정에는 공제계약에 관한 사항인 ⅰ) 공제계약자 및 피공제자(被共濟者)의 범위(가목), ⅱ) 공제계약의 성립 및 책임 개시에 관한 사항(나목), ⅲ) 공제계약의 체결 절차(다목), iv) 공제금의 지급 및 지급 사유에 관한 사항(라목), ⅴ) 공제계약의 무효에 관한 사항(마목), ⅵ) 공제계약의 변경에 관한 사항(바목), ⅶ) 공제료의 수납 및 환급에 관한 사항(사목), ⅷ) 공제계약의 해지·부활·소멸에 관한 사항(아목), ⅸ) 공제자의 의무 범위 및 그 의무 이행의 시기에 관한 사항(자목), ⅹ) 공제자의 면책사유에 관한 사항(차목)이 포함되어야 한다(시행규칙9의2① (3)).

(라) 공제자산 운용의 범위 및 방법에 관한 사항

공제규정에는 공제자산 운용의 범위 및 방법에 관한 사항이 포함되어야 한다(시행규칙9의2①(4)).

(마) 공제회계에 관한 사항

공제규정에는 공제회계에 관한 사항인 ⅰ) 결산, 재무제표 작성, 사업비 집행 등의 회계처리에 관한 사항(가목), ⅱ) 책임준비금 등의 적립 및 배당에 관한 사항(나목)이 포함되어야 한다(시행규칙9의2①(5)).

(바) 재무건전성 및 공시에 관한 사항

공제규정에는 재무건전성 및 공시에 관한 사항인 ⅰ) 지급여력(支給餘力)의 산출 기준 및 방법(가목), ⅱ) 자산건전성 기준 및 위험관리에 관한 사항(나목), ⅲ) 경영공시 및 상품공시의 방법·절차 등에 관한 사항(다목)이 포함되어야 한다(시행규칙9의2①(6)).

(사) 공제 회계처리 및 손해사정에 관한 사항

공제규정에는 공제 회계처리 및 손해사정에 관한 사항이 포함되어야 한다(시행규칙9의2①(7)).

(아) 공제분쟁심의위원회의 설치 및 운영에 관한 사항

공제규정에는 공제분쟁심의위원회의 설치 및 운영에 관한 사항이 포함되어야 한다(시행규칙9의2①(8)).

(자) 조합의 재공제 및 중앙회의 재보험에 관한 사항

공제규정에는 조합의 재공제 및 중앙회의 재보험에 관한 사항이 포함되어야 한다(시행규칙9의2①(9)).

(차) 공제사업 감독기준에서 정한 사항과 그 밖에 공제사업을 위하여 필요한 사항

공제규정에는 공제사업 감독기준에서 정한 사항과 그 밖에 공제사업을 위하여 필요한 사항이 포함되어야 한다(시행규칙9의2①(9)).

해양수산부장관은 조합과 중앙회의 공제사업의 건전한 육성과 계약자의 보호를 위하여 금융위원회 위원장과 협의하여 감독에 필요한 기준을 정하고 이를 고시하여야 한다(법169⑧). 이에 따라 「수산업협동조합 공제사업 감독기준」(해양수산부 고시 제2022-21호)이 시행되고 있다. 공제사업 감독기준은 수산업협동조합법 제169조 제8항에 의하여 공제자가 영위하는 공제사업을 감독하기 위하여 필요한 사항을 정함으로써 어업인의 경제적·사회적 지위향상 및 공제계약자 보호를 통해 공제사업의 건전한 육성을 도모함을 목적으로 한다(제1조).

(2) 기타 포함사항

공제규정에는 위의 포함사항 외에 공제상품의 표준사업방법서 및 표준약관이 공제규정 부속서로 포함되어야 한다(시행규칙9의2②).

3. 책임준비금의 적립기준

책임준비금 등은 해양수산부령으로 정하는 기준에 따라 매 회계연도 말에 공제사업의 종류별로 계산하여 적립하여야 한다(법60의2③, 법108, 법113).

(1) 원칙

공제사업을 하는 조합은 공제사업의 종류별로 다음의 금액을 책임준비금으로 적립한다(시행규칙9의3①).

1. 매 회계연도 말 현재 지급 사유가 발생하지 아니하였으나 장래에 지급할 공제금 및 환급금에 충당하기 위하여 공제료 및 책임준비금 산출방법서에서 정하는 바에 따라 계산한 공제료 적립금과 미경과(未經過) 공제료
2. 매 회계연도 말 현재 지급 사유가 발생하였으나 신청 지연 또는 지급금액 미확정 등의 사유로 아직 지급하지 아니한 공제금 및 환급금에 대하여 지급하여야 할 것으로 추정되는 금액
3. 공제계약자에게 배당하기 위하여 적립한 계약자배당준비금
4. 공제사업 감독기준에서 정하는 바에 따른 비상위험준비금 및 공제기금

(2) 예외

공제사업을 중앙회에 전액 재공제하는 조합의 경우에는 책임준비금을 적립하지 아니할 수 있다(시행규칙9의3②).

VI. 후생복지사업

1. 지구별수협

지구별수협은 그 목적을 달성하기 위하여 후생복지사업의 전부 또는 일부를 수행한다(법60①(5)). 여기서 후생복지사업은 ⅰ) 사회·문화 복지시설의 설치·운영 및 관리(가목), ⅱ) 장제사업(葬祭事業)(나목), ⅲ) 의료지원사업(다목)을 포함한다.

2. 업종별수협과 수산물가공수협

업종별수협 및 수산물가공수협은 그 목적을 달성하기 위하여 후생복지사업의 사업의 전부 또는 일부를 수행한다(법107①(4), 법112①(4)). 여기서 후생복지사업은 ⅰ) 사회·문화 복지시설의 설치·운영 및 관리(가목), ⅱ) 의료지원사업(나목)을 포함한다.

VII. 운송사업

조합은 그 목적을 달성하기 위하여 운송사업의 전부 또는 일부를 수행한다(법60①(6), 법107①(5), 법112①(5)).

VIII. 어업통신사업

지구별수협은 그 목적을 달성하기 위하여 어업통신사업의 전부 또는 일부를 수행한다(법60①(7)).

국가나 공공단체는 어업통신사업을 하는 과정에서 발생하는 비용을 지원할 수 있다(법60⑤).

IX. 기타 위탁 또는 보조 사업

조합은 그 목적을 달성하기 위하여 국가, 공공단체, 중앙회, 수협은행 또는 다른 조합이 위탁하거나 보조하는 사업의 전부 또는 일부를 수행한다(법60①(8), 법107①(6), 법112①(6)).

1. 국가 등의 위탁사업의 계약체결방법

국가나 공공단체는 사업을 위탁하는 경우에는 조합과 위탁계약을 체결하여야 하는데(법60④, 법108, 법113), 위탁계약을 체결할 때에는 i) 위탁사업의 대상과 범위(제1호), ii) 위탁기간(제2호), iii) 그 밖에 위탁사업의 수행에 필요한 사항(제3호)을 구체적으로 밝힌 서면으로 하여야 한다(영19).

2. 국가 등의 비용지원

국가나 공공단체는 사업을 하는 과정에서 발생하는 비용을 지원할 수 있다(법60⑤, 법108, 법113).

3. 수산물 위탁판매사업 등

조합등은 수산물 위탁판매사업을 할 수 있다(영20①). 이에 따라 위탁판매사업을 하는 조합등은 정관에서 정하는 바에 따라 위탁자가 소속한 조합에 위탁판매수수료 중 일부를 위탁판매조성금으로 지급하여야 한다(영20②).

4. 관련 판례

** 서울고등법원 1999. 4. 14. 선고 97나41938 판결

피고는, 먼저 원고조합의 비영리법인적 성격상 영리를 목적으로 수산물 위탁판매장을 운영하는 것이 불가능하므로 원고가 비록 수산물 위탁판매사업을 영위하면서 소속 조합원들로부터 위탁판매수수료를 지급 받았어도 이는 위탁판매라는 용역제공의 대가로 지급받은 것이라기보다는 수협법 제26조의2(현행 제21조) 제2항 및 원고 조합의 정관 제27조 제1항을 근거로 조합원의 공동이익 증진과 그 경제적·사회적 지위의 향상이라는 목적을 달성하기 위한 비영리사업으로서 수산물 위탁판매장을 운영하면서 그 사업수행에 필요한 경비명목으로 징수한

것에 불과하므로, 피고의 위 간척매립사업으로 위 조암·사강 위탁판매장이 폐쇄됨에 따라 그 사업대상지역의 조합원으로부터 더 이상 위탁판매수수료를 지급받을 수 없게 되었어도 이는 헌법 제23조 제3항에서 규정한 손실보상의 대상에 해당되지 아니한다는 취지의 주장을 한다.

그러므로 살피건대, 일반적으로 원고조합과 같은 비영리법인이라도 반드시 적극적으로 공익을 목적으로 비영리사업만을 수행하여야 하는 것은 아니라 그 목적을 달성하는데 필요한 범위 내에서 주된 목적인 비영리사업에 부수하여 영리사업을 수행할 수 있고, 그로 인한 수익을 비영리사업의 목적에 충당하는 이상 비영리법인으로서의 본질에 반하지 않는다고 할 것이며, 이러한 내용을 확인하는 의미에서 수협법 제65조(현행 제60조), 같은 법 시행령 제38조(현행 제20조) 제1항도 영리 또는 투기를 목적으로 하는 업무의 금지를 규정한 같은 법 제6조 제2항(현행 제5조 제3항)에 대한 예외로서 수산업협동조합이 그 목적을 달성하기 위하여 위탁판매사업 등의 영리사업을 수행할 수 있다고 규정하고 있다.

따라서 원고는 목적을 달성하는데 필요한 범위 내에서 위탁판매사업을 영리사업의 일환으로 적법하게 영위할 수 있고(원고조합의 주무관청인 해양수산부의 견해도 동일하다. 갑 제13호증 참조), 위에서 인정한 바와 같이 원고가 위탁판매수수료 수입을 조합원의 이익을 위한 각종 지도·교육사업에 필요한 비용으로 충당하였더라도 이는 조합원의 공동이익 증진과 그 경제적·사회적 지위의 향상이라는 원고조합의 목적과 비영리법인의 본질에 부합하는 것일 뿐이고 이러한 위탁판매수수료의 현실적인 사용목적 때문에 위탁판매업의 영리성을 부정할 수는 없다고 할 것이므로, 원고가 영리사업의 일환으로 위탁판매사업을 영위할 수 없음을 전제로 한 피고의 위 주장은 이유없다.

X. 다른 경제단체·사회단체 및 문화단체와의 교류·협력 등

1. 다른 경제단체·사회단체 및 문화단체와의 교류·협력

지구별수협은 그 목적을 달성하기 위하여 다른 경제단체·사회단체 및 문화단체와의 교류·협력의 전부 또는 일부를 수행한다(법60①(9), 법107①(7), 법112①(7)).

2. 기타 공동사업 및 업무의 대리

조합은 그 목적을 달성하기 위하여 다른 조합·중앙회 또는 다른 법률에 따른 협동조합과의 공동사업 및 업무의 대리의 전부 또는 일부를 수행한다(법60①(10), 법107①(8), 법112①(8)).

3. 타법령에서 정하는 사업

지구별수협은 그 목적을 달성하기 위하여 다른 법령에서 지구별수협의 사업으로 정하는 사업의 전부 또는 일부를 수행한다(법60①(11), 법107①(9), 법112①(9)).

4. 상기 사업에 관련된 대외무역

조합은 그 목적을 달성하기 위하여 앞의 사업에 관련된 대외무역의 전부 또는 일부를 수행한다(법60①(12), 법107①(10), 법112①(10)).

5. 차관사업

조합은 그 목적을 달성하기 위하여 차관사업의 전부 또는 일부를 수행한다(법60①(13), 법107①(11), 법112①(11)).

6. 부대사업

조합은 그 목적을 달성하기 위하여 앞의 사업에 부대하는 사업의 전부 또는 일부를 수행한다(법60①(14), 법107①(12), 법112①(12)).

7. 중앙회 회장의 승인 사업

지구별수협은 그 목적을 달성하기 위하여 그 밖에 지구별수협의 목적 달성에 필요한 사업으로서 중앙회의 회장의 승인을 받은 사업의 전부 또는 일부를 수행한다(법60①(15), 법107①(13), 법112①(13)).

조합등 또는 중앙회의 임원·집행간부·일반간부직원·파산관재인 또는 청산인이 법 제60조 제1항 제15호에 따른 감독기관의 승인을 받지 아니한 경우 3년 이하의 징역 또는 3천만원 이하의 벌금에 처한다(법177(4)).

제5절 업무구역

Ⅰ. 지구별수협

지구별수협의 구역은 시·군의 행정구역에 따른다(법14① 본문). 다만, 해양수산부장관의 인가를 받은 경우에는 그러하지 아니하다(법14① 단서). 여기서 시·군의 행정구역은 시·군의 토지나 해면에 대한 행정구역을 뜻한다.[4] 지구별수협은 정관으로 정하는 바에 따라 지사무소를 둘 수 있으며(법14②), 정관에서는 지사무소 설치에 관한 사항을 규약에서 정하도록 하고 있다.

지구별수산업협동조합정관(예)("지구별수협정관예") 제3조는 영업구역을 규정하고 있다.

** 관련 판례: 대법원 1970. 4. 28. 선고 70누8 판결

지구별 어업협동조합의 업무구역은 시, 군의 행정구역에 의하여 결정되는 것으로서 그 업무구역을 침범하여 한 양식어업면허처분은 법률상 불능의 사항을 포함한 것으로서 무효이다: 수산업협동조합법 제16조 제2항(현행 제14조 제1항)에서 말하는 시, 군의 구역은 시, 군의 토지나 해면에 대한 행정구역을 뜻하는 것임으로 지구별 어업협동조합의 업무구역도 시군의 위 행정구역에 의하여 결정지워져야 하는 것인바, 원심은 이 사건에서 이와 같은 견해 아래에서 피고가 면허한 1964년 전남 어업면허 제355호는 해남군 북평면의 지구별 어업협동조합의 업무구역인 해남군 구역에는 14,450평방미터뿐이고 원고조합의 업무구역인 전남 완도군 군외면의 구역을 1,560,350평방미터나 침범하여 양식어업 면허처분을 한 것을 증거에 의하여 인정하고 수산청장의 인가를 얻었다고 볼 수 없는 이 사건에 있어서는 피고의 위 행정처분은 법률상 불능의 사항을 포함한 것으로서 그 행정행위의 내용에 중대한 흠결이 있다고 판단하고 있는바, 기록에 의하여 이를 검토할지라도 거기에 소론이 지적하는 바와 같은 위법한 점이 있다고는 볼 수 없으며 소외 북평어업협동조합이 해남군의 행정구역도 아닌 이 사건 어업면허구

---

4) 대법원 1970. 4. 28. 선고 70누8 판결.

역을 소론 관행에 의하여 취득하였다는 피고의 주장은 수산업협동조합법 제16조 제2항(현행 제14조 제1항)에 저촉되는 것으로서 원심이 이 주장을 배척한 것은 당연하고 감정인 K가 이 사건 어장을 실측함에 있어서 소론 군계선을 중심으로 한 것 또한 정당하다고 할 것이니 이와 반대의 견해를 피력하는 상고 논지는 채용할 수 없다.

Ⅱ. 업종별수협

업종별수협의 구역은 정관으로 정한다(법105①). 업종별수산업협동조합정관(예)("업종별수협정관예")에 따르면 어업권역별·경제권 등을 중심으로 수개의 시·도 또는 시·군으로 구역을 정할 수 있다(업종별수협정관예3).

업종별수협은 정관으로 정하는 바에 따라 지사무소를 둘 수 있다(법105②).

Ⅲ. 수산물가공수협

수산물가공수협의 구역은 정관으로 정한다(법110①). 수산물가공수산업협동조합정관(예)("수산물가공수협정관예")에 따르면 경제권 등을 중심으로 수개의 시·도 또는 시·군으로 구역을 정할 수 있다(수산물가공수협정관예3).

수산물가공수협은 정관으로 정하는 바에 따라 지사무소를 둘 수 있다(법110②).

제6절 진입규제

Ⅰ. 인가요건

조합의 설립인가에 필요한 조합원 수, 출자금 등 인가에 필요한 기준은 다음과 같다(법16① 후단, 법108, 법113, 영2).

1. 설립동의자의 수

(1) 지구별수협

조합원 자격이 있는 설립동의자(합병 또는 분할에 따른 설립의 경우에는 조합원)의 수가 구역에 거주하는 조합원 자격자의 과반수로서 최소한 200명 이상이어야 한다(영12(1) 가목).

(2) 업종별수협 및 수산물가공수협

조합원 자격이 있는 설립동의자의 수가 구역에 거주하는 조합원 자격자의 과반수이어야 한다(영12(2) 가목). 업종별수협 및 수산물가공수협의 경우는 최저 조합원 수의 제한이 없다.

2. 최저출자금 요건

(1) 지구별수협

조합원 자격이 있는 설립동의자의 출자금납입확약총액(합병 또는 분할에 따른 설립의 경우에는 출자금총액)이 3억원 이상이어야 한다(영12(1) 다목).

(2) 업종별수협 및 수산물가공수협

조합원 자격이 있는 설립동의자의 출자금납입확약총액이 2억원 이상이어야 한다(영12(2) 다목).

Ⅱ. 인가절차

1. 해양수산부장관의 인가

지구별수협을 설립하려면 해당 구역(시·군의 행정구역에 따른다)의 조합원 자격을 가진 자 20인 이상(업종별수협은 어업을 경영하는 어업인 20인 이상, 수산물가공수협은 수산물가공업을 경영하는 사람 7인 이상)이 발기인이 되어 정관을 작성하고 창립총회의 의결을 거친 후 해양수산부장관의 인가를 받아야 한다(법16①, 법108, 법113).

창립총회의 의사는 개의 전까지 발기인에게 설립동의서를 제출한 자 과반수의 찬성으로 의결한다(법16②, 법108, 법113).

2. 인가신청서 제출

발기인이 조합의 설립인가를 받으려고 할 때에는 설립인가신청서에 ⅰ) 정관(제1호), ⅱ) 처음 연도 및 다음 연도의 사업계획서와 수지예산서(제2호), ⅲ) 창립총회의 의사록(제3호), ⅳ) 임원 명부(제4호), ⅴ) 해당 조합이 설립인가 기준에 적합함을 증명하는 서류(제5호), ⅵ) 합병 또는 분할을 의결한 총회 의사록 또는 조합원 투표록(수산물가공수협의 경우는 제외하며, 의사록 및 투표록에는 신설되는 조합이 승계하여야 할 권리·의무의 범위가 적혀 있어야 한다)(제6호), ⅶ) 조합구역의 어업자 또는 수산물가공업자의 명단과 조합 가입에 동의한 사람의 동의서 및 그 실태조서(성명, 주소·거소 또는 사업장 소재지, 어업 또는 수산물가공업의 종류, 어업의 기간 또는 가공 기간, 어획고 또는 제품 생산량, 보유 선박 수·톤수 또는 시설 규모 및 종사자 수를 적어야 한다)(제7호)를 첨부하여 해양수산부장관에게 제출하여야 한다(영13). 이 경우는 중앙회장의 경유 절차가 없다.

조합의 정관에는 ⅰ) 목적(제1호), ⅱ) 명칭(제2호), ⅲ) 구역(제3호), ⅳ) 주된 사무소의 소재지(제4호), ⅴ) 조합원의 자격·가입·탈퇴 및 제명에 관한 사항(제5호), ⅵ) 출자 1계좌의 금액과 조합원의 출자계좌 수 한도 및 납입 방법과 지분 계산에 관한 사항(제6호), ⅶ) 우선출자에 관한 사항(제7호), ⅷ) 경비 및 과태금 부과·징수에 관한 사항(제8호), ⅸ) 적립금의 종류와 적립 방법에 관한 사항(제9호), ⅹ) 잉여금의 처분과 손실금의 처리 방법에 관한 사항(제10호), ⅺ) 회계연도와 회계에 관한 사항(제11호), ⅻ) 사업의 종류와 그 집행에 관한 사항(제12호), ⅹⅲ) 총회 및 그 밖의 의결기관과 임원의 정수·선출 및 해임에 관한 사항(제13호), ⅹⅳ) 간부직원의 임면에 관한 사항(제14호), ⅹⅴ) 공고의 방법에 관한 사항(제15호), ⅹⅵ) 존립시기 또는 해산의 사유를 정한 경우에는 그 시기 또는 사유(제16호), ⅹⅶ) 설립 후 현물출자를 약정한 경우에는 그 출자 재산의 명칭·수량·가격 및 출자자의 성명·주소와 현금출자로의 전환 및 환매특약 조건(제17호), ⅹⅷ) 설립 후 양수하기로 약정한 재산이 있는 경우에는 그 재산의 명칭·수량·가격과 양도인의 성명·주소(제18호)가 포함되어야 한다(법17, 법108, 법113).

3. 인가신청서 심사

(1) 인가 제한 사유

해양수산부장관은 조합의 설립인가 신청을 받으면 ⅰ) 설립인가 구비서류를 갖추지 못한 경우(제1호), ⅱ) 설립의 절차, 정관 및 사업계획서의 내용이 법령을 위반한 경우(제2호), ⅲ) 그 밖에 설립인가기준에 미달된 경우(3호)를 제외하고는 인가하여야 한다(법16③, 법108, 법113).

(2) 심사기간과 인가 여부 통지

해양수산부장관은 조합의 설립인가 신청을 받은 날부터 60일 이내에 인가 여부를 신청인에게 통지하여야 한다(법16④, 법108, 법113).

(3) 인가 의제

해양수산부장관이 60일의 기간 내에 인가 여부 또는 민원 처리 관련 법령에 따른 처리기간의 연장 여부를 신청인에게 통지하지 아니하면 그 기간(민원 처리 관련 법령에 따라 처리기간이 연장 또는 재연장된 경우에는 해당 처리기간)이 끝난 날의 다음날에 인가를 한 것으로 본다(법16⑤, 법108, 법113).

4. 설립사무의 인계와 출자납입

발기인은 설립인가를 받으면 지체 없이 그 사무를 조합장에게 인계하여야 한다(법18①, 법108, 법113). 이에 따라 조합장은 사무를 인수하면 정관으로 정하는 기일 이내에 조합원이 되려는 자에게 출자금 전액을 납입하게 하여야 한다(법18②, 법108, 법113).

현물출자자는 납입기일 이내에 출자 목적인 재산을 인도하고 등기·등록 및 그 밖의 권리 이전에 필요한 서류를 갖추어 지구별수협에 제출하여야 한다(법18③, 법108, 법113).

5. 설립등기

조합은 주된 사무소의 소재지에서 설립등기를 함으로써 성립한다(법19①, 법108, 법113). 조합의 설립무효에 관하여는 상법 제328조(설립무효의 소)를 준용한다(법19②, 법108, 법113).

Ⅲ. 인가취소

1. 취소사유

해양수산부장관은 조합등(조합, 조합공동사업법인)이 ⅰ) 설립인가일부터 90일이 지나도 설립등기를 하지 아니한 경우(제1호), ⅱ) 정당한 사유 없이 1년 이상 사업을 하지 아니한 경우(제2호), ⅲ) 2회 이상 법령 위반에 대한 조치(법170)를 받고도 시정하지 아니한 경우(제3호), ⅳ) 조합등의 설립인가기준에 미달하게 된 경우(제4호), ⅴ) 조합등에 대한 감사 또는 경영평가의 결과 경영이 부실하여 자본을 잠식한 조합등으로 제142조(중앙회의 지도) 제2항, 제146조 제3항 각 호 또는 제172조(경영지도)에 따른 조치에 따르지 아니하여 조합원 또는 제3자에게 중대한 손실을 끼칠 우려가 있는 경우(제5호)에는 중앙회 회장의 의견을 들어 설립인가를 취소하거나 합병을 명할 수 있다(법173①).

2. 인가취소와 청문

해양수산부장관은 설립인가의 취소를 하려면 청문을 하여야 한다(법175(2)).

3. 인가취소의 공고

해양수산부장관은 조합등의 설립인가를 취소하였을 때에는 즉시 그 사실을 공고하여야 한다(법173②).

4. 인가취소와 해산

조합은 설립인가의 취소 사유가 있을 때에는 해산한다(법84(5), 법108, 법113). 해양수산부장관은 설립인가를 취소하였을 때에는 지체 없이 해산등기를 촉탁하여야 한다(법98④, 법108, 법113).

IV. 위반시 제재

　조합등 또는 중앙회의 임원·집행간부·일반간부직원·파산관재인 또는 청산인이 법 제16조 제1항(제80조 제2항, 제108조, 제113조 또는 제168조에 따라 준용되는 경우를 포함)에 따른 감독기관의 인가를 받지 아니한 경우(제1호), 또는 법 제16조 제1항(제80조 제2항, 제108조, 제113조 또는 제168조에 따라 준용되는 경우를 포함)에 따라 총회·대의원회 또는 이사회의 의결을 거쳐야 하는 사항에 대하여 의결을 거치지 아니하고 집행한 경우(제2호)에는 3년 이하의 징역 또는 3천만원 이하의 벌금에 처한다(법177(1)(2)).

조합원

제1절 서설

조합원은 법률적 개념으로는 조합의 구성원이며, 경제적 개념으로는 사업과 경영의 주체로서 소유자이고 이용자인 동시에 운영자이다. 즉 조합원은 조합의 소유자·이용자·운영자의 지위를 동시에 가진다. 이것은 수산업협동조합이 주식회사와 구별되는 가장 큰 특징이다. 수산업협동조합은 조합원의 인적 결합체로서 조합원에 의해 소유되고 운영된다. 조합원은 소유자이며 운영자로서 수산업협동조합 소유지배구조에 있어서 가장 기본적인 구성요소이다. 조합원은 소유자로서 조합의 자본조달에 대한 책임을 진다. 또한 임원선거에서 조합의 경영자와 감독자를 선임하는 중요한 역할을 한다.[1]

---

1) 김규호(2016), "신용협동조합 지배구조의 문제점과 개선방안", 한밭대학교 창업경영대학원 석사학위논문(2016. 2), 52쪽.

제2절 자격 등

Ⅰ. 자격

1. 지구별수협

(1) 어업인

(가) 원칙

조합원은 지구별수협의 구역에 주소·거소 또는 사업장이 있는 어업인이어야 한다(법20① 본문). 여기서 어업인의 범위는 1년 중 60일 이상 조합의 정관에서 정하는 어업을 경영하거나 이에 종사하는 사람을 말한다(영14). 따라서 조합원의 자격 요건인 어업인의 범위는 "1년 중 60일 이상 조합의 정관에서 정하는 어업을 경영하거나 이에 종사하는 사람"을 말한다.

1) 1년 중 60일 이상 어업에 종사하는 자의 의미

수협법 시행령 제14조(지구별수협의 조합원 자격) 소정의 "어업에 종사하는 자"는 수산동식물을 포획·채취하거나 양식하는 자이고, "수산동식물을 포획·채취하거나 양식하는 행위"에는 "어장을 청소하고 관리하는 등 수산동식물을 포획·채취하거나 양식하는 데 필요한 부수적 행위"도 포함되고, 수협법 시행령 제14조(지구별수협의 조합원 자격) 소정의 "1년 중 60일 이상"에는 위와 같은 행위를 하는 기간이 모두 포함된다고 해석되고, 피고의 정관 제12조(조합원의 자격) 제1항 소정의 "1년 중 60일 이상 어업에 종사하는 자"도 같다고 볼 것이다.[2]

2019년 수협법규 질의응답집에 의하면 정부는 종래 "아직 사실상의 어업실적이 60일에 이르지 못한다 하더라도 장래에 있어 어업일수가 연간 60일 이상이 될 것이 사회통념상 명백한 경우에도 조합원 자격을 인정하는 것이 법취지에 부합한다"는 내용의 행정해석[수산청조합1171-889호('80.9.16.)]을 하였다.

지구별수협의 조합원 자격 상실을 결정함에 있어 당해 조합원이 "장래에 향하여 어업을 경영할 것이 사회통념상 또는 객관적으로 명백한 경우"라는 자격요건을 상실하였다는 점에 대하여 이를 주장하는 조합에게 증명책임이 있다.[3]

---

2) 대구고등법원 2021. 8. 18. 선고 2020나24701 판결.
3) 대법원 2005. 5. 13. 선고 2004다18385 판결.

2) 1년 중 60일 이상 어업을 경영하는 자의 의미

"어업을 경영하는 자"는 자기의 계산과 책임으로 어업을 영위하는 것, 즉 "자기의 책임으로 어업을 하여 그 순이익이나 순손실이 자기에게 귀속되는 자"를 의미하고, "어업을 경영하는 행위"에는 생산요소(자본, 노동)의 준비, 생산요소의 사용, 생산물의 판매 행위가 포함되며, 수협법 시행령 제14조(지구별수협의 조합원 자격) 소정의 "1년 중 60일 이상"에는 위와 같은 행위를 하는 기간이 모두 포함되고, 피고의 정관 제12조(조합원의 자격) 제1항 소정의 "1년 중 60일 이상 어업을 경영하는 자"도 같다.[4]

(나) 예외

사업장 외의 지역에 주소 또는 거소만이 있는 어업인이 그 외의 사업장 소재지를 구역으로 하는 지구별수협의 조합원이 되는 경우에는 주소 또는 거소를 구역으로 하는 지구별수협의 조합원이 될 수 없다(법20① 단서).

(다) 관련 판례

** 대법원 2005. 5. 13. 선고 2004다18385 판결

원심은, 법률 제26조 제1항(현행 제20조 제1항)에는 "지구별수산업협동조합의 조합원은 그 업무구역 안에 주소나 거소 또는 주사업장을 가진 어업인으로서 1년을 통하여 60일 이상 정관이 정하는 어업을 경영하거나 이에 종사하는 자이어야 한다."고 규정하고 있으며, 한국협동조합연구소에서 발간한 일종의 법규해설서인 회원수협 업무편람 및 해양수산부 유권해석은 "조합원자격의 기준인 1년을 통하여 60일이라 함은, 연간 60일 이상의 어업활동을 한 실적이 있음은 물론이지만, 가입신청일 또는 자격심사일을 기준으로 볼 때 아직 사실상의 어업실적기간이 없다고 하더라도 장래에 향하여 어업을 경영할 것이 사회통념상 또는 객관적으로 명백한 경우도 포함하는 것"인 사실, 피고 조합의 정관 제29조, 제49조에서는 조합원의 자격심사는 이사회의 의결사항이고, 이사회에서 자격심사 결과 자격상실의 결정을 받은 조합원은 피고 조합으로부터 자연탈퇴된다고 각 규정하고 있는 사실을 각 인정한 다음에, 법규해설서와 유권해석으로 인정되는 "장래에 향하여 어업을 경영할 것이 사회통념상 또는 객관적으로 명백한 경우"라는 자격요건은 법률이나 피고 정관의 규정 내용 및 그 취지, 피고 조합이 소극적 사실을

---

4) 대구고등법원 2021. 8. 18. 선고 2020나24701 판결.

입증하기가 매우 어려운 점 등에 비추어 그 자격요건에 해당한다고 주장하는 원고(조합)에게 입증책임이 있다고 판단하였다.

그러나 법률은, 피고 조합과 같은 지구별수산업협동조합의 조합원에 관하여, 조합원으로의 가입은 이사회의 동의를 얻어야 하고(제31조 제1항 본문), 조합원이 임의로 탈퇴할 수 있으며(제36조), 조합원으로서의 자격을 상실한 때·사망한 때·파산선고를 받은 때·금치산선고를 받은 때에는 자연탈퇴하되(제37조 제1항), 자격상실의 결정은 이사회의 의결에 의한다(제37조 제2항)고 규정하고 있는 바(기록에 의하면 피고 조합의 정관도 같은 취지로 규정하고 있다), 조합원의 자격이 있다고 하더라도 이사회의 동의를 얻지 못하는 이상에는 조합원으로 가입할 수 없도록 하여 가입에 조합원의 자격은 물론이고 일정한 제한 내지 절차를 요구하고 있는 점, 자연탈퇴의 사유 중 조합원으로서의 자격을 상실한 때는 다른 사유들과 달리 그 상실의 결정을 이사회의 의결에 의하도록 하고 있어 결국 이사회가 의결 자체를 미루거나 객관적으로 자격을 상실하였다고 하더라도 자격을 상실하지 아니한 것으로 의결하는 경우에는 여전히 조합원으로서의 자격을 그대로 유지하도록 규정하고 있는 점, 특히 이사회의 동의를 얻어 가입한 조합원은 가입 당시 조합원의 자격이 있는 것으로 보아야 하고 또한 특별한 사정이 없는 이상에는 그러한 자격은 계속하여 유지되고 있다고 보아야 할 것인 점 등에 비추어 보면, 원고에 대하여 자격상실의 결정을 함에 있어서 원고가 "장래에 향하여 어업을 경영할 것이 사회통념상 또는 객관적으로 명백한 경우"라는 자격요건을 상실하였다는 점에 대하여는 이를 주장하는 피고 조합에게 입증책임이 있다고 보아야 할 것이다.

(2) 영어조합법인과 어업경영법인

농어업경영체법 제16조(영농조합법인 및 영어조합법인의 설립신고 등) 및 제19조(농업회사법인 및 어업회사법인의 설립신고 등)에 따른 영어조합법인과 어업회사법인으로서 그 주된 사무소를 지구별수협의 구역에 두고 어업을 경영하는 법인은 지구별수협의 조합원이 될 수 있다(법20②).

2. 업종별수협

업종별수협의 조합원은 그 구역에 주소·거소 또는 사업장이 있는 자로서 대통령령으로 정하는 종류의 어업을 경영하는 어업인[5]이어야 한다(법106①). 업종별수협의 조합원 자격을 가진 자 중 단일 어업을 경영하는 자는 해당 업종별수협에만 가입할 수 있다(법106②).

　　** 관련 판례: 대법원 2010. 4. 29. 선고 2009다101862 판결(조합원탈퇴의결처분무효)

　　"업종별수협의 조합원의 자격을 가진 자 중 단일어업을 경영하는 자는 해당 업종별수협에만 가입할 수 있다"고 정한 수산업협동조합법 제106조 제2항은 지구별수협의 조합원 자격을 제한하는 규정이라고 볼 수 없어 그 조항에 근거하여 조합원의 자격을 상실시킨 지구별수협의 결의가 무효라고 한 사례: 원심은, 그 판시와 같이 지구별수산업협동조합(이하 수산업협동조합을 "수협"이라 한다)인 피고가 그 조합원으로 가입·활동해 온 원고들에 대하여 "원고들은 업종별수협에 조합원으로 가입하여 단일어업을 경영하고 있으므로 수협법 제106조 제2항에 의하여 지구별수협의 조합원 자격이 없다"는 이유를 들어 피고의 조합원 자격을 상실시키는 이 사건 결의를 한 사실을 인정한 다음, 수협법 제106조 제2항("이 사건 조항")은 "업종별수협의 조합원의 자격을 가진 자 중 단일어업을 경영하는 자는 해당 업종별수협에만 가입할 수 있다"고 규정하고 있는바, 수협법은 지구별수협에 관한 제2장과 별도로 업종별수협에 관한 제3장을 두고서 지구별수협의 조합원 자격에 관하여는 제2장 제20조에서, 업종별수협의 조합원 자격에 관하여는

---

　5) "대통령령으로 정하는 종류의 어업"이란 다음의 어업을 말한다(영22). 1. 정치망어업, 2. 외끌이대형저인망어업, 3. 쌍끌이대형저인망어업, 4. 동해구외끌이중형저인망어업, 5. 서남해구외끌이중형저인망어업, 6. 서남해구쌍끌이중형저인망어업, 7. 대형트롤어업, 8. 동해구중형트롤어업, 9. 대형선망어업, 10. 근해자망어업, 11. 근해안강망어업[어선의 규모가 30톤(수산업법 시행령 별표 2 비고란의 구톤수에 따른 경우에는 40톤) 이상인 어업으로 한정한다], 12. 근해장어통발어업, 13. 근해통발어업, 14. 기선권현망어업, 15. 잠수기어업, 16. 다음 각 목의 어느 하나에 해당하는 양식방법으로 어류 등(패류 외의 수산동물을 말하며, 이하 이 호에서 "어류등"이라 한다)을 양식하거나 어류등의 종자를 생산하는 어업, 가. 가두리식, 나. 축제식(築堤式), 다. 수조식(水槽式), 라. 연승식(延繩式)·뗏목식, 마. 살포식(撒布式)·투석식(投石式)·침하식(沈下式), 17. 다음 각 목의 어느 하나에 해당하는 양식방법으로 패류를 양식하거나 패류의 종자를 생산하는 어업, 가. 간이식·연승식·뗏목식, 나. 살포식·투석식·침하식, 다. 가두리식, 18. 다음 각 목의 어느 하나에 해당하는 양식방법으로 해조류를 양식하거나 해조류의 종자를 생산하는 어업, 가. 건홍식(建篊式)·연승식, 나. 투석식, 19. 내수면에서 뱀장어 등 수산동식물을 포획·채취하거나 양식·종자생산하는 어업

제3장 제106조에서 규정하고 있는데, 지구별수협에 관한 제2장 어디에도 제106조에 속한 이 사건 조항을 준용하는 규정이나 이 사건 조항의 단일어업 경영자에 대하여 지구별수협의 가입을 제한하는 규정은 없는 점, 관련 규정의 내용에 따른 문리해석상 이 사건 조항은 단일어업 경영자가 해당 업종이 아닌 다른 업종의 업종별수협에 가입하는 것을 제한하는 규정이라고 봄이 상당하고, 또 그와 같이 해석하는 것이 업종별수협의 균형 있는 발전을 도모하고자 하는 입법 목적에도 부합하는 점, 이와 달리 이 사건 조항을 지구별수협의 가입까지 제한하는 규정으로 본다면 업종별수협의 조합원 자격을 가진 자 중 단일어업 경영자는 지구별수협에 가입할 수 없는 반면 상대적으로 경제적 지위가 우월하다고 볼 수 있는 복수어업 경영자에게만 지구별수협의 가입이 허용되는 부당한 결과를 초래하여 조합원의 경제적·사회적·문화적 지위향상을 증대한다는 업종별수협의 설치 목적에 배치되는 점 등을 종합하면, 이 사건 조항은 지구별수협의 조합원 자격을 제한하는 규정이라고 볼 수 없으므로, 이 사건 조항에 근거하여 원고들의 조합원 자격을 상실시킨 이 사건 결의는 무효라고 판단하였다.

수협법의 목적과 규정 체계 및 관련 규정의 내용, 그리고 업종별수협의 조합원 자격을 가진 자 중 단일어업 경영자에 대하여만 지구별수협의 가입을 제한함으로써 단일어업 경영자와 복수어업 경영자를 차별적으로 취급할 합리적 이유가 없는 점 등을 기록에 비추어 살펴보면, 원심의 판단은 옳고, 상고이유의 주장과 같이 관련 규정의 해석을 그르치거나 채증법칙을 위반한 잘못이 없다.

3. 수산물가공수협

수산물가공수협의 조합원은 그 구역에 주소·거소 또는 사업장이 있는 자로서 대통령령으로 정하는 종류의 수산물가공업을 경영하는 자[6]여야 한다(법111).

---

6) "대통령령으로 정하는 종류의 수산물가공업을 경영하는 자"란 다음의 어느 하나에 해당하는 자를 말한다(영23).
   1. 수산물냉동·냉장업을 경영하는 자(해당 사업장에서 수산물과 농산물·축산물 또는 임산물을 함께 냉동·냉장하는 경우를 포함)
   2. 수산물통조림가공업을 경영하는 자(해당 사업장에서 수산물과 농산물·축산물 또는 임산물을 원료로 하거나 함께 혼합하여 통조림 가공을 하는 경우를 포함)
   3. 수산물건제품가공업을 경영하는 자(해당 사업장의 공장 면적이 330제곱미터 이상으로 등록되어 있는 경우만 해당)
   4. 해조류가공업을 경영하는 자(해당 사업장의 공장 면적이 200제곱미터 이상으로 등록되어 있는 경우만 해당)

II. 가입

1. 가입 거절 또는 불리한 가입 조건 금지

조합은 정당한 사유 없이 조합원 자격을 갖추고 있는 자의 가입을 거절하거나 다른 조합원보다 불리한 가입 조건을 달 수 없다(법29①, 법108, 법113).

2. 신규 조합원의 출자

새로 조합원이 되려는 자는 정관으로 정하는 바에 따라 출자하여야 한다(법29②, 법108, 법113).

3. 조합원수 제한 금지

조합은 조합원의 수를 제한할 수 없다(법29③, 법108, 법113).

III. 탈퇴

1. 임의탈퇴

조합원은 조합에 탈퇴 의사를 서면으로 통지하고 조합을 탈퇴할 수 있다(법31①, 법108, 법113).

2. 당연탈퇴

조합원이 i) 조합원의 자격이 없는 경우(제1호), ii) 사망한 경우(제2호), iii) 파산한 경우(제3호), iv) 성년후견개시의 심판을 받은 경우(제4호), v) 조합원인 법인이 해산한 경우(제5호)의 어느 하나에 해당하면 당연히 탈퇴한다(법31②, 법108, 법113).

3. 당연탈퇴 사유 확인의무

조합은 조합원의 전부 또는 일부를 대상으로 당연탈퇴 사유 중 어느 하나에 해당하는지를 확인하여야 한다(법31③ 전단, 법108, 법113). 이 경우 조합원의 자격이 없는 경우에 해당하는지는 이사회 의결로 결정한다(법31③ 후단, 법108, 법113).

이 규정은 조합의 목적을 달성하기 위해서 조합원의 자격을 상실한 조합원은 사망, 파산선고 등 나머지 탈퇴 사유와 마찬가지로 조합에서 당연히 탈퇴되도록 하되, 이사회에서 조합원이 조합원 자격 요건을 갖추고 있는지 여부를 공식적으로 확인하여 조합원 자격의 상실 여부를 명확하게 처리하도록 하는 데 입법취지가 있다.[7]

"조합원의 자격이 없는 때에 당연히 탈퇴되고, 이사회는 그에 해당하는지를 확인하여야 한다"는 의미는 "법령이 정한 조합원으로서의 자격요건을 충족하지 못하는 경우 다른 절차 없이도 마땅히 조합에서 탈퇴되는 효력이 발생하는 것"을 의미하고, "이사회의 확인"은 "당연히 탈퇴사유에 해당하는지 여부를 명확하게 알아보거나 인정하는 조합 내부의 절차"를 뜻하는 것이 명백하다.[8] 이사회의 확인은 사무처리의 편의와 일관성을 위한 것일 뿐 그 확인이 없다고 하여 조합원의 자격이 그대로 유지되는 것으로 볼 것은 아니다.[9] 이사회 확인은 조합원 자격상실 및 탈퇴에 대한 효력요건이 아닌 단순 절차적 요건이다.

4. 조합원 자격의 없는 경우의 탈퇴시 통보의무

조합은 조합원의 자격이 없는 경우에 해당하는 사유에 따라 조합원에 대하여 당연탈퇴의 결정이 이루어진 경우에는 그 사실을 지체 없이 해당 조합원에게 통보하여야 한다(법31④, 법108, 법113).

Ⅳ. 제명

1. 제명 사유

조합은 조합원이 ⅰ) 1년 이상 조합의 사업을 이용하지 아니한 경우(제1호), ⅱ) 출자 및 경비의 납입과 그 밖의 조합에 대한 의무를 이행하지 아니한 경우(제2호), ⅲ) 정관에서 금지된 행위를 한 경우(제3호)의 어느 하나에 해당하면 총회의 의결을 거쳐 제명할 수 있다(법32①, 법108, 법113).

---

7) 헌법재판소 2018. 1. 25. 선고 2016헌바315 전원재판부.
8) 헌법재판소 2018. 1. 25. 선고 2016헌바315 전원재판부.
9) 대법원 2010. 9. 30. 선고 2009다91880 판결.

2. 제명 사유의 통지 및 의견진술 기회 부여

조합은 조합원이 제명 사유 중 어느 하나에 해당하면 총회 개회 10일 전에 그 조합원에게 제명의 사유를 알리고 총회에서 의견을 진술할 기회를 주어야 한다(법32②, 법108, 법113).

V. 의결 취소의 청구 등

1. 의결 취소 또는 무효확인의 사유

조합원은 총회(창립총회를 포함)의 소집절차, 의결 방법, 의결 내용 또는 임원(대의원을 포함)의 선거가 법령, 법령에 따른 처분 또는 정관을 위반한 것을 사유로 하여 그 의결이나 선거에 따른 당선의 취소 또는 무효 확인을 해양수산부장관에게 청구하거나 이를 청구하는 소를 제기할 수 있다(법35①, 법108, 법113).

2. 청구 기간 등

조합원은 해양수산부장관에게 의결이나 선거에 따른 당선의 취소 또는 무효 확인을 청구할 때에는 의결일 또는 선거일부터 1개월 이내에 조합원 10% 이상의 동의를 받아 청구하여야 한다(법35② 전단, 법108, 법113). 이 경우 해양수산부장관은 그 청구서를 받은 날부터 3개월 이내에 처리 결과를 청구인에게 알려야 한다(법35② 후단, 법108, 법113).

3. 상법 준용

소에 관하여는 상법 제376조(결의취소의 소), 제377조(제소주주의 담보제공의무), 제378조(결의취소의 등기), 제379조(법원의 재량에 의한 청구기각), 제380조(결의 무효 및 부존재확인의 소), 제381조(부당결의의 취소, 변경의 소)를 준용한다(법35③, 법108, 법113).

4. 취소청구서 또는 무효확인청구서 제출

법 제35조 제1항(법 제108조, 제113조, 제113조의10 및 제168조에서 준용하는 경

우를 포함)에 따라 총회(창립총회를 포함)의 의결이나 선거에 따른 당선의 취소 또
는 무효 확인을 청구하려는 조합원 또는 회원은 청구의 취지·이유 및 위반되었
다고 주장하는 규정을 분명히 밝힌 취소청구서 또는 무효확인청구서에 총회의사
록 또는 선거록 사본 및 사실관계를 증명할 수 있는 서류를 첨부하여 해양수산
부장관에게 제출하여야 한다(시행규칙5).

5. 관련 판례

** 대법원 1967. 2. 28. 선고 66누8 판결

　어업협동조합의 임원선출 행위와 행정청의 인가: 원고들 소송대리인의 상고
이유에 대하여, 어업협동조합의 임원선출행위를 보충하여 그 법률상 효력을 완
성케 하는 보충행위로서 그 기본되는 임원선출행위가 불성립 또는 무효인 때에
는 그에 대한 인가가 있었다 하여도 그 기본행위인 임원선출행위가 유효한 것이
될 수 없으며, 그 기본행위가 유효 적법한 것이라 하여도 그 효력을 완성케 하는
보충행위인 인가에 하자가 있을 때에는 그 인가의 취소 청구 또는 무효주장을
할 수 있는 법리라 할 것인바 변론의 전 취지에 의하면 원고들은 원판결이 그 이
유설명 전단에서 판단한 바와 같이 위 인가 자체에 위법이 있음을 이유로 그의
취소청구를 하는 것이 아니라 그 기본행위인 사법상의 임원 선출 의결의 효력을
다투어 행정처분인 본건 임원선출 인가처분의 취소를 청구하는 것이나 그 임원
선출 의결이 위법이고 수산업협동조합법 제41조(현행 제35조 제1항) 소정 취소 청
구에 대한 취소가 없었다 하여도 그 의결의 무효확인을 민사소송으로 구함은 몰
라도 본건 임원 선출 인가처분의 취소를 구할 것이 아니므로 원고들의 본소 청
구가 이유없다는 원판결 결론은 정당하다 할 것이다.

제3절 책임

Ⅰ. 조합원의 책임

1. 출자액 한도

조합원의 책임은 그 출자액을 한도로 한다(법25①, 법108, 법113).

2. 운영과정 참여 의무

조합원은 조합의 운영 과정에 성실히 참여하여야 하며, 생산한 수산물을 조합을 통하여 출하하는 등 그 사업을 성실히 이용하여야 한다(법25②, 법108, 법113).

Ⅱ. 경비와 과태금

1. 경비와 과태금 부과

조합은 정관으로 정하는 바에 따라 조합원에게 경비와 과태금을 부과할 수 있다(법26①, 법108, 법113).

2. 사용료 또는 수수료 징수

조합은 정관으로 정하는 바에 따라 사용료나 수수료를 징수할 수 있다(법26②, 법108, 법113).

3. 상계 금지

조합원은 경비와 과태금 및 사용료 또는 수수료를 납부할 때 조합에 대한 채권과 상계할 수 없다(법26③, 법108, 법113).

제4절 의결권 및 선거권

Ⅰ. 평등한 의결권과 선거권 보유

조합원은 출자금의 많고 적음과 관계없이 평등한 의결권 및 선거권을 가진 다(법27 전단, 법108, 법113).

수산업협동조합은 1인 1표라는 두수주의를 채택하는 점에서 주식 수에 따라 의결권(상법369①)을 부여하여 주수주의를 채택하는 주식회사와 차이가 있다.

Ⅱ. 선거권 제한

선거권은 임원 또는 대의원의 임기 만료일(보궐선거 등의 경우에는 그 선거 실시 사유가 확정된 날) 전 180일까지 해당 조합의 조합원으로 가입한 자만 행사할 수 있다(법27 후단, 법108, 법113).

Ⅲ. 의결권의 대리

1. 의결권의 대리 행사

조합원은 대리인에게 의결권을 행사하게 할 수 있다(법28① 전단, 법108, 법113). 이 경우 그 조합원은 출석한 것으로 본다(법28① 후단, 법108, 법113).

2. 대리인의 자격

대리인은 ⅰ) 다른 조합원(제1호), ⅱ) 본인과 동거하는 가족(제2호), ⅲ) 제20조 제2항(영어조합법인과 어업회사법인)에 따른 법인의 경우에는 조합원·사원 등 그 구성원(제3호)의 어느 하나에 해당하는 자이어야 하고, 대리인은 조합원 1인만을 대리할 수 있다(법28②, 법108, 법113).

3. 대리권의 증명

대리인은 대리권을 증명하는 서면을 조합에 제출하여야 한다(법28③, 법108, 법113).

제5절 준조합원

Ⅰ. 의의

준조합원이란 조합에 준조합원으로 가입하여 사업이용에 있어서 조합원에 준하는 권리·의무를 갖는 자를 말한다.

준조합원 제도는 도시화에 따른 어업인구의 축소와 어업에 종사하지 않는 사람에게도 조합을 이용할 필요성이 증가함에 따라 도입된 것이다. 이것은 개방된 협동조합을 구축한다는 점에서 조합의 조직상 큰 진전이라고 할 수 있다. 준조합원은 자익권에 해당하는 조합 사업을 이용할 권리만이 인정되고 공익권에 해당하는 조합 임원을 선거하는 권리나 조합운영과 관련되는 여러 가지 안건을 의결할 수 있는 권리는 인정되지 않는다.10)

준조합원은 정식 구성원인 조합원이 아니므로 출자금을 납입하는 대신에 가입비를 납부하고 또한 총회에서의 의결권이나 선거권과 같은 공익권이 없는 점에서 조합원과 차이가 있으나 사업이용 측면에서는 거의 유사한 지위를 갖고 있다.

Ⅱ. 준조합원의 자격

조합은 정관으로 정하는 바에 따라 ⅰ) 조합의 구역에 주소를 둔 어업인이 구성원이 되거나 출자자가 된 해양수산 관련 단체(제1호), ⅱ) 조합의 사업을 이용하는 것이 적당하다고 인정되는 자(제2호)를 준조합원으로 할 수 있다(법21①,

---

10) 최흥은(2014), "농업협동조합법 연구", 대진대학교 대학원 박사학위논문(2014. 1), 55쪽, 91쪽.

법108, 법113).

Ⅲ. 준조합원의 권리

준조합원은 정관으로 정하는 바에 따라 조합의 사업을 이용할 권리 및 탈퇴 시 가입금의 환급을 청구할 권리를 가진다(법21③, 법108, 법113).

Ⅳ. 준조합원의 의무

조합은 준조합원에 대하여 정관으로 정하는 바에 따라 가입금과 경비를 부담하게 할 수 있다(법21②, 법108, 법113).

제
3
장 /

출 자

제1절 종류 및 내용

Ⅰ. 출자금

1. 정관이 정하는 좌수 이상의 출자

조합의 조합원은 정관으로 정하는 계좌 수 이상을 출자하여야 한다(법22①, 법108, 법113).

(1) 지구별수협

지구별수협정관예에 의하면 조합원은 20계좌 이상을 출자하여야 한다(지구별수협정관예19①).

(2) 업종별수협

업종별수협정관예에 의하면 조합원은 100계좌 이상을 출자하여야 한다(업종별수협정관예18①).

(3) 수산물가공수협

수산물가공수협정관예에 의하면 조합원은 200계좌 이상을 출자하여야 한다 (수산물가공수협정관예18①).

2. 출자 1계좌 금액 및 한도

출자 1계좌의 금액은 균일하게 정하여야 한다(법22②, 법108, 법113). 출자 1계좌의 금액 및 조합원 1인의 출자계좌 수의 한도는 정관으로 정한다(법22③, 법108, 법113).

지구별수협, 업종별수협, 수산물가공수협 모두 출자 1계좌의 금액은 10,000원으로 한다(지구별수협정관예19②, 업종별수협정관예18②, 수산물가공수협정관예18②).

3. 조합원 1인당 출자한도

지구별수협, 업종별수협, 수산물가공수협 모두 조합원 1인이 가질 수 있는 출자계좌 수의 최고한도는 평균출자계좌 수의 ○○배 이내로 한다(지구별수협정관예19③, 업종별수협정관예18③, 수산물가공수협정관예18③).

4. 질권설정 금지

조합원의 출자금은 질권의 목적이 될 수 없다(법22④, 법108, 법113).

5. 상계 금지

조합원은 조합에 대한 채권과 출자금 납입을 상계할 수 없다(법22⑤, 법108, 법113).

Ⅱ. 우선출자

1. 서설

(1) 의의

우선출자란 우선적 배당을 받을 목적으로 하는 출자로서 조합원보다 우선적으로 배당을 받는 출자를 말한다.

(2) 제도적 취지

우선출자제도의 도입은 자본조달 능력이 취약한 조합의 현실을 고려하여 자본금의 확충으로 조합의 경영안정과 사업 활성화를 도모하기 위함이다.

2. 우선출자 발행 등

(1) 우선출자 발행

조합은 자기자본의 확충을 통한 경영의 건전성을 도모하기 위하여 조합에 대하여 정관으로 정하는 바에 따라 조합원 또는 임직원 등을 대상으로 잉여금 배당에 관하여 내용이 다른 종류의 우선적 지위를 가지는 우선출자를 하게 할 수 있다(법22의2①, 법147①, 법108, 법113).

(2) 우선출자 1좌의 금액 및 우선출자의 총액

우선출자에 대해서는 정관으로 우선출자의 내용과 계좌 수를 정하여야 한다(법22의2①, 법147②, 법108, 법113).

우선출자 1계좌의 금액은 출자 1계좌의 금액과 같아야 하며, 우선출자의 총액은 자기자본의 2분의 1을 초과할 수 없다(법22의2①, 법147③ 전단). 다만, 국가와 공공단체의 우선출자금에 대하여는 총 출자계좌 수의 제한을 받지 아니한다(법22의2①, 법147③ 후단).

(3) 의결권과 선거권 불인정

잉여금 배당에 우선적 지위를 가지는 우선출자를 한 자("우선출자자")는 의결권과 선거권을 가지지 아니한다(법22의2①, 법147④, 법108, 법113).

(4) 우선출자에 대한 배당률

우선출자의 배당률은 정관으로 정하는 최저 배당률과 최고 배당률 사이에서 정기총회에서 정한다(법22의2①, 법147⑤, 법108, 법113).

(5) 우선출자 발행사항의 공고

조합장은 우선출자를 하게 할 때에는 우선출자의 납입일 2주 전까지 발행하려는 우선출자증권의 내용, 좌수(座數), 발행가액, 납입일 및 모집방법을 공고하고 출자자와 우선출자자에게 알려야 한다(영38의2①, 영31 전단). 이 경우 국가가 우선출자자일 때에는 해양수산부장관에게 알려야 한다(영38의2①, 영31 후단).

3. 우선출자의 청약 등

(1) 우선출자의 청약

우선출자의 청약을 하려는 자는 우선출자청약서에 인수하려는 우선출자의 좌수 및 인수가액과 주소를 적고 기명날인하여야 한다(영38의2①, 영32①).

우선출자청약서의 서식은 조합장이 정하되, ⅰ) 조합의 명칭(제1호), ⅱ) 출자 1좌의 금액 및 총좌수(제2호), ⅲ) 우선출자 총좌수의 최고한도(제3호), ⅳ) 이미 발행한 우선출자의 종류 및 종류별 좌수(제4호), ⅴ) 우선출자를 발행하는 날이 속하는 연도의 전년도 말 현재의 자기자본(제5호), ⅵ) 발행하려는 우선출자의 액면금액·내용 및 좌수(제6호), ⅶ) 발행하려는 우선출자의 발행가액 및 납입일(제7호), ⅷ) 우선출자의 매입소각을 하는 경우에는 그에 관한 사항(제8호), ⅸ) 우선출자 인수금액의 납입을 취급하는 금융기관(제9호)이 포함되어야 한다(영38의2①, 영32②).

(2) 우선출자 금액의 납입 등

우선출자의 청약을 한 자는 조합장이 배정한 우선출자의 좌수에 대하여 우선출자를 인수할 수 있다(영38의2①, 영33①). 이에 따라 우선출자를 인수하려는 자는 납입일까지 우선출자 발행가액 전액을 납입하여야 한다(영38의2①, 영33②).

우선출자를 인수한 자는 우선출자 발행가액의 납입일의 다음 날부터 우선출자자가 된다(영38의2①, 영33③).

(3) 우선출자의 매입소각

조합은 이사회의 의결을 거쳐 우선출자를 매입하여 소각할 수 있다(영38의2①, 영37).

(4) 우선출자증권의 발행

조합은 우선출자의 납입기일 후 지체 없이 우선출자증권을 발행하여야 한다(법22의2①, 법148, 법108, 법113).

4. 우선출자자의 책임

우선출자자의 책임은 그가 가진 우선출자의 인수가액을 한도로 한다(법22의2①, 법149, 법108, 법113).

5. 우선출자의 양도

(1) 양도와 그 효력

우선출자는 이를 양도할 수 있다(법22의2①, 법150① 본문, 법108, 법113). 다만, 우선출자증권 발행 전의 양도는 조합에 대하여 효력이 없다(법22의2①, 법150① 단서, 법108, 법113).

(2) 양도방법

우선출자자는 우선출자를 양도할 때에는 우선출자증권을 내주어야 한다(법22의2①, 법150②, 법108, 법113).

(3) 점유자의 소지인 추정

우선출자증권의 점유자는 그 증권의 적법한 소지인으로 추정한다(법22의2①, 법150③, 법108, 법113).

(4) 증권 명의변경의 대항력

우선출자증권의 명의변경은 그 증권 취득자의 성명과 주소를 우선출자자 명부에 등록하고 그 성명을 증권에 기재하지 아니하면 조합이나 그 밖의 제3자에게 대항하지 못한다(법22의2①, 법150④, 법108, 법113).

(5) 등록질권의 대항력

우선출자증권을 질권의 목적으로 하는 경우에는 질권자의 성명 및 주소를 우선출자자 명부에 등록하지 아니하면 조합이나 그 밖의 제3자에게 대항하지 못한다(법22의2①, 법150⑤, 법108, 법113).

6. 우선출자자 총회

(1) 설치

조합에 대한 우선출자자로 구성하는 우선출자자총회를 각각 둔다(법22의2①, 법151①, 법108, 법113).

(2) 정관변경

조합은 정관의 변경으로 조합의 우선출자자에게 손해를 입히게 될 사항에 관하여는 각각 우선출자자총회의 의결을 거쳐야 한다(법22의2①, 법151② 전단, 법108, 법113).

(3) 의결정족수

우선출자자총회는 발행한 우선출자자 총 출자계좌 수의 과반수의 출석과 출석한 우선출자자 출자계좌 수의 3분의 2 이상의 찬성으로 의결한다(법22의2①, 법151② 후단, 법108, 법113).

(4) 운영사항

우선출자자총회의 운영 등에 필요한 사항은 정관으로 정한다(법22의2①, 법151③, 법108, 법113).

7. 우선출자의 금지

조합은 중앙회 및 다른 조합을 대상으로 우선출자를 하게 할 수 없다(법22의2②, 법108, 법113).

Ⅲ. 출자배당금의 출자전환

1. 배당금의 출자

조합은 정관으로 정하는 바에 따라 조합원의 출자액에 대한 배당 금액의 전부 또는 일부를 그 조합원으로 하여금 출자하게 할 수 있다(법22의3 전단, 법108,

법113).

2. 상계 금지

출자배당금을 출자하는 조합원은 배당받을 금액을 조합에 대한 채무와 상계할 수 없다(법22의3 후단, 법108, 법113).

IV. 회전출자

1. 사업이용배당금의 재출자

조합은 출자 외에 정관으로 정하는 바에 따라 그 사업의 이용 실적에 따라 조합원에게 배당할 금액의 전부 또는 일부를 그 조합원에게 출자하게 할 수 있다(법23 전단, 법108, 법113).

2. 상계 금지

조합원은 조합에 대한 채권과 출자금 납입을 상계할 수 없다(법23 후단, 법22⑤, 법108, 법113).

3. 출자금 전환 기간

회전출자금은 출자 후 5년이 경과하면 출자금으로 전환한다(지구별수협정관예29③, 업종별수협정관예28③, 수산물가공수협정관예28③).

제2절 환급

I. 지분환급청구권과 환급정지

1. 지분환급청구권의 행사

탈퇴 조합원(제명된 조합원 포함)은 탈퇴(제명 포함) 당시 회계연도의 다음 회계연도부터 정관으로 정하는 바에 따라 그 지분의 환급을 청구할 수 있다(법33①, 법108, 법113).

2. 지분 산정 시기

지분은 탈퇴(제명 포함)한 회계연도 말의 조합의 자산과 부채에 따라 정한다 (법33②, 법108, 법113).

3. 지분환급청구권 행사기간

청구권은 2년간 행사하지 아니하면 시효로 인하여 소멸된다(법33③, 법108, 법113).

4. 환급정지

조합은 탈퇴 조합원(제명된 조합원 포함)이 조합에 대한 채무를 다 갚을 때까지는 지분의 환급을 정지할 수 있다(법33④, 법108, 법113).

Ⅱ. 탈퇴 조합원의 손실액 부담

1. 손실액 납입청구

조합은 조합의 재산으로 그 채무를 다 갚을 수 없는 경우에는 지분의 환급분을 계산할 때 정관으로 정하는 바에 따라 탈퇴 조합원(제명된 조합원 포함)이 부담하여야 할 손실액의 납입을 청구할 수 있다(법34 전단, 법108, 법113).

2. 행사기간

청구권은 2년간 행사하지 아니하면 시효로 인하여 소멸된다(법34 후단, 법33③, 법108, 법113).

제3절 지분의 양도

Ⅰ. 지분양도 금지

조합원은 이사회의 승인 없이 그 지분을 양도할 수 없다(법24①, 법108, 법113).

Ⅱ. 비조합원의 지분 양수 조건

조합원이 아닌 자가 지분을 양수할 때에는 수산업협동조합법 또는 정관에서 정하고 있는 가입 신청, 자격 심사 등 조합원 가입에 관한 규정에 따른다(법24②, 법108, 법113).

Ⅲ. 양수인의 권리의무 승계

지분의 양수인은 그 지분에 관하여 양도인의 권리·의무를 승계한다(법24③, 법108, 법113).

Ⅳ. 지분공유 금지

조합원의 지분은 공유할 수 없다(법24④, 법108, 법113).

제
4
장 /

지배구조

제1절 서설

Ⅰ. 의의

수산업협동조합법은 조합의 지배구조에 대하여 지구별수협과 업종별수협, 수산물가공수협을 포함한 조합과 수협중앙회를 구분하여 별도로 규정하고 있다. 조합은 조합원이 출자하여 설립한 1차 조합이고, 수협중앙회는 1차 조합들이 출자하여 설립한 2차 조합이므로 협동조합이라는 본질에서는 동일하다. 그러나 양자는 조합의 규모와 역할이나 사업의 전개방식 등에서 비교할 수 없는 차이가 있기 때문에 지배구조의 내용에 있어서도 상당한 차이가 있다.

수협의 지배구조는 조합과 중앙회로 구분하여 설명할 수 있다. 조합(중앙회)은 의사결정기관으로 총회(대의원회), 업무집행기관으로 이사회, 조합장(회장) 및 상임이사(대표이사), 그리고 감독기관으로 감사(감사위원회)를 두고 있다. 조합의 사업규모에 따라 전문성의 강화를 위하여 조합장의 비상임, 상임이사, 비조합원인 이사를 두도록 하고 있다. 중앙회도 이사회 운영의 전문성과 효율성을 도모하기 위하여 인사추천위원회, 교육위원회를 두고 있다.

조합의 기관은 다른 법인들과 유사하게 의사결정기관인 총회와 대의원회, 집행기관인 이사회, 감독기관인 감사로 구성된다. 수산업협동조합법은 조합의 기관구성과 관련하여 조합의 의사를 결정하는 총회(법36①, 법108, 법113) 또는 총회에 갈음하여 조합의 의사를 결정하는 대의원회(법44, 법108, 법113), 조합의 업무집행에 관한 의사결정기관인 이사회(법45①, 법108, 법113)와 조합의 대표기관인 조합장(상임이사)(법47, 법108, 법113), 조합의 재산과 업무집행상황을 감사하는 감사(법46①, 법108, 법113)에 대하여 규정하고 있다. 조합의 총회는 조합의 의사를 결정하는 의사결정기관이며 조합에 반드시 있어야 하는 필요적 법정기관이다.

Ⅱ. 구성

1. 총회와 대의원회

조합의 총회는 조합장을 포함한 조합원 전원으로 구성되고 임원의 선출이나 정관의 변경 등과 같은 중요한 사항을 의결하는 최고의사결정기관이다(법37, 법108, 법113). 조합은 정관으로 정하는 바에 따라 일정한 사항을 제외하고 총회의 의결에 관하여 총회를 갈음하는 대의원회를 둘 수 있다(법44①, 법108, 법113). 조합원은 출자액의 많고 적음에 관계없이 조합의 결의와 선거에 있어서 평등한 선거권 및 의결권을 갖는다(법27, 법108, 법113). 이는 협동조합의 기본원칙에 따른 것으로서 주식회사에서 주식수에 따라 의결권을 부여하는 것과는 구별된다. 1인 1표제는 조합이 인적 결합체라는 특성을 반영한 것으로서 조합의 민주성을 실현하는 내용이다.

조합은 조합원의 인적결합체로서 사업활동이나 운영이 전체 구성원의 통합된 의사에 따라 이루어져야 한다. 총회는 개별 조합원의 의사를 조합 전체의 의사로 묶어 내는 장치로서 전체 조합원으로 구성되고 총회 의결로 조합의 조직·운영에 관한 기본적인 사항을 결정하는 조합의 최고의사결정기관이 법정기관이다.

총회는 필수기관으로 반드시 조합에 두어야 하고 정관변경, 합병·해산·분할 등 조합의 존립에 관한 기본적인 사항의 결정과 총회에서 결정하는 정관으로 다른 기관에 위임하지 않은 것은 총회의 의결에 의해서만 가능하다. 이러한 의미에서 총회는 조합의 최고의사결정기구이다. 다만 권한배분에 관한 규정에 의해 부여된 조합의 각 기관의 권한을 침해할 수는 없다. 이는 각 기관의 독립적 기능을 확보하기 위한 것이다.

조합은 정관에 의하여 일정한 사항 이외의 사항에 대하여 총회에 갈음하는 대의원회를 둘 수 있으며 대의원회의 행위는 총회와 동일한 법적 효력이 있다. 대의원회는 구성원의 수가 많고 구역이 광범위할 경우 비능률을 피하기 위하여 채택한 방식이다. 대의원회는 조합장과 대의원으로 구성되며 대의원은 조합원이어야 하며 대리할 수 없으며, 대의원의 정수, 임기, 선출방법을 정관에 정하도록 하고 있다.

2. 이사회와 조합장

(1) 이사회

이사회는 조합의 업무집행에 관한 주요사항의 의사결정과 이사회의 의결사항에 대한 조합장(상임이사)의 업무집행상황을 감독하는 회의체기관이자 필수기관이다(법45, 법108, 법113). 조합에서 이사회를 둔 취지는 총회소집의 번잡함을 피함과 동시에 조합장의 독단을 방지하고 업무집행에 신중을 기하여 합리적인 운영을 도모하려는 것이다.

(2) 조합장

조합장은 조합을 대표하며 업무를 집행하는 대표기관이자 업무집행기관이다. 다만 조합장이 상임인 경우로서 상임이사를 두는 경우에는 조합장은 정관으로 정하는 바에 따라 업무의 일부를 상임이사에게 위임·전결을 처리하도록 하여야 하며, 조합장이 비상임인 경우에는 상임이사가 업무를 집행한다. 이 경우에는 상임이사가 조합장을 대신하여 업무의 전부 또는 일부를 집행하는 기관이 된다. 조합장은 정관의 정함에 따라 상임 또는 비상임으로 할 수 있으며(법46②, 법108, 법113), 조합장의 상임 또는 비상임에 따라 업무의 일부를 상임이사에게 위임·전결처리를 하도록 하고 있다(법47②, 법108, 법113).

조합장은 조합을 대표하며 조합원 중에서 정관으로 정하는 바에 따라서 조합원이 총회 또는 총회 외에서 투표로 직접 선출, 대의원회가 선출, 이사회가 이사 중에서 선출할 수 있다. 조합장 이외의 이사는 총회에서 선출하며 비조합원

이사와 상임이사는 전문지식과 경험이 풍부한 자로서 인사추천위원회에서 추천된 자를 총회에서 선출한다.

3. 감사

조합의 감사는 조합의 재산과 업무집행상황을 감사하는 감사기관으로 상임 또는 비상임으로 한다. 감사는 반드시 두어야 하는 필요적 법정기관이며, 독임기관이고 상설기관이다. 조합의 감사는 2명이나 1명을 상임으로 할 수 있고 2명 모두를 비상임으로 할 수 있으나 자산 등 사업규모가 대통령령으로 정하는 기준 이상에 해당하는 지구별수협에는 조합원이 아닌 상임감사 1명을 두어야 한다. 상임감사는 인사추천위원회의 추천을 거쳐 총회에서 선출하며 감사의 임기는 3년이다.

감사는 재산 상황이나 업무 집행에 부정한 사실이 있는 것을 발견하면 총회에 보고하여야 하고, 그 내용을 총회에 신속히 보고하여야 할 필요가 있으면 정관으로 정하는 바에 따라 조합장에게 총회의 소집을 요구하거나 총회를 소집할 수 있다. 또한 감사는 지구별수협의 재산과 업무집행상황을 감사하며, 전문적인 회계감사가 필요하다고 인정되면 중앙회에 회계감사를 의뢰할 수 있다.

제2절 총회

조합에 총회를 두며(법36①, 법108, 법113), 총회는 조합원으로 구성하고(법36②, 법108, 법113), 총회의 의장은 조합장이 된다(지구별수협정관예31②, 업종별수협정관예30②, 수산물가공수협정관예30②).

Ⅰ. 정기총회와 임시총회

1. 정기총회 소집

정기총회는 매년 1회 회계연도 경과 후 3개월 이내에 조합장이 소집한다(법36③, 법108, 법113, 지구별수협정관예32, 업종별수협정관예31, 수산물가공수협정관예31).

2. 임시총회 소집

임시총회는 ⅰ) 조합장이 필요하다고 인정할 때, ⅱ) 이사회가 필요하다고 인정하여 소집의 청구를 한 때, ⅲ) 조합원 5분의 1 이상이 회의의 목적으로 하는 사항과 소집의 이유를 기재한 서면을 조합장에게 제출하고 소집을 청구한 때, ⅳ) 감사가 조합의 재산상황 또는 업무집행에 관하여 부정한 사실을 발견한 경우에 있어서 이를 신속히 총회에 보고할 목적으로 총회의 소집을 요구한 때에 조합장이 소집한다(법36③, 법108, 법113, 지구별수협정관예33①, 업종별수협정관예32①, 수산물가공수협정관예32①).

조합장은 위 ⅱ) 및 ⅲ)에 따른 청구를 받으면 정당한 사유가 없는 한 2주일 이내에, 위 ⅳ)의 경우에는 7일 이내에 총회 소집절차를 취하여야 한다(법36③, 법108, 법113, 지구별수협정관예33②, 업종별수협정관예32②, 수산물가공수협정관예32②).

Ⅱ. 총회 의결사항 등

1. 총회 의결사항

다음의 사항, 즉 ⅰ) 정관의 변경(제1호), ⅱ) 해산·합병 또는 분할(제2호), ⅲ) 조합원의 제명(제3호), ⅳ) 임원의 선출 및 해임(제4호), ⅴ) 법정적립금의 사용(제5호), ⅵ) 사업계획의 수립, 수지예산의 편성, 사업계획 및 수지예산 중 정관으로 정하는 중요한 사항의 변경(제6호), ⅶ) 차입금의 최고한도(제7호), ⅷ) 사업보고서, 재무상태표 및 손익계산서와 잉여금처분안 또는 손실금처리안(제8호), ⅸ) 사업계획 및 수지예산으로 정한 것 외에 새로 의무를 부담하거나 권리를 상실하는 행위(다만, 정관으로 정하는 행위는 제외)(제9호), ⅹ) 어업권·양식업권의 취득·처분 또는 이에 관한 물권의 설정(다만, 정관으로 정하는 행위는 제외)(제10호), ⅺ) 중앙회의 설립 발기인이 되거나 이에 가입 또는 탈퇴하는 것(제11호), ⅻ) 그 밖에 조합장이나 이사회가 필요하다고 인정하는 사항(제12호)은 총회의 의결을 거쳐야 한다(법37①, 법108, 법113).

** 관련 판례: 대법원 2007. 9. 6. 선고 2005도1728 판결

원심은, 구 수산업협동조합법(2000. 1. 28. 법률 제6256호로 개정되기 전의 것) 제164조(현행제176조) 제1항에서 "수산업협동조합의 임원이 이 법과 정관의 규정에 위반하는 행위를 함으로써 수산업협동조합에 손해를 끼쳤을 때"를 범죄구성요건으로, 위 법 제44조(현행 제37조) 제1항과 옹진수산업협동조합의 정관 제38조 제1항에서 총회의 의결사항으로 "사업계획 및 수지예산의 책정과 그 변경"을, 같은 법 제54조 제4항(현행 제45조 제3항)과 위 정관 제47조 제6항에서 이사회의 의결사항으로 "업무집행의 기본방침의 결정"으로 각 규정하고 있는 취지는 조합의 운영에 영향을 줄 수 있는 사업을 시행함에 있어서는 사전에 총회에서 조합원들에게 그 사업의 취지를 설명하고 그 사업의 타당성에 관한 충분한 토의를 거쳐 조합원들의 총의를 모아 결정하도록 하라는 데에 있는 것으로 해석된다고 전제한 다음, 제1심 및 원심이 적법하게 채택한 증거들을 종합하여 그 판시와 같은 사실을 인정한 다음, 원심 판시 인정사실에 나타난 이 사건 까나리액젓 수매사업 시행 당시의 상황, 위 사업의 규모와 범위, 위 사업내용의 특수성 등에 비추어 볼 때, 대청도 지역에서의 까나리액젓 수매사업은 그 형식을 신규사업으로 보든지 아니면 기존사업의 확장으로 보든지 여부와는 관계없이 그 사업계획을 수립하고 업무집행의 기본방침을 정함에 있어서는 위 법률 및 정관의 규정에 따라 총회 및 이사회의 의결을 필요로 하는 사업이라고 보는 것이 타당하다고 판단하였고, 나아가 위 사업에 관하여 총회의 의결을 받았다는 피고인의 주장에 대하여, 1997년도 "사업계획 및 수지예산서(안)"의 대청지소의 "선수물자구매사업" 항목에 일부 예산이 기재된 사실만으로는 위 사업에 관하여 총회의 의결을 받았다고 볼 수 없다는 이유로, 피고인의 위 주장을 배척하였다.

원심판결 이유를 기록 및 관계법령 등에 비추어 살펴보면, 원심의 위와 같은 구 수산업협동조합법의 관계규정 및 위 정관에 관한 해석, 사실인정 및 판단은 정당한 것으로 수긍할 수 있다. 원심판결에는 상고이유의 주장과 같이 구 수산업협동조합법의 관계규정 등에 관한 해석을 잘못하였거나, 이 사건 까나리액젓 수매사업에 관하여 총회 및 이사회의 의결을 거쳤는지 여부에 관하여 채증법칙을 위배하였거나 법리를 오해한 위법이 없다.

2. 해양수산부장관의 인가와 효력 발생

위의 ⅰ) 정관의 변경, ⅱ) 해산·합병 또는 분할은 해양수산부장관의 인가를 받지 아니하면 효력이 발생하지 아니한다(법37② 본문, 법108, 법113). 다만, ⅰ) 정관의 변경을 해양수산부장관이 정하는 정관예에 따라 변경하는 경우에는 그러하지 아니하다(법37② 단서, 법108, 법113).

조합이 정관의 변경 또는 해산·합병·분할의 인가를 받으려는 경우에는 인가신청서에 정관의 변경 또는 해산·합병·분할을 의결한 총회 의사록을 첨부하여 해양수산부장관에게 제출하여야 한다(시행규칙6①).

3. 총회 의결의 특례

(1) 조합원의 투표로 총회 결의 갈음

다음의 사항, 즉 ⅰ) 해산·합병 또는 분할(제1호), ⅱ) 조합장 선출 방식에 관한 정관의 변경(제2호)에 대하여는 조합원의 투표로 총회의 의결을 갈음할 수 있다(법43① 전단, 법108, 법113). 이 경우 조합원 투표의 통지·방법, 그 밖에 투표에 필요한 사항은 정관으로 정한다(법43① 후단, 법108, 법113).

(2) 조합원 투표와 결의 정족수

조합원 투표는 조합원 과반수의 투표와 투표한 조합원 3분의 2 이상의 찬성을 얻어야 한다(법43②, 법108, 법113).

Ⅲ. 총회의 개의와 의결

1. 보통결의

총회는 수산업협동조합법에 다른 규정이 있는 경우를 제외하고는 구성원 과반수의 출석으로 개의하고 출석구성원 과반수의 찬성으로 의결한다(법40 본문, 법108, 법113).

2. 특별결의

다음의 사항, 즉 ⅰ) 정관의 변경(법37①(1)), ⅱ) 해산·합병 또는 분할(법37 ①(2)), ⅲ) 조합원의 제명(법37①(3)), ⅳ) 중앙회의 설립 발기인이 되거나 이에 가입 또는 탈퇴하는 것(법37①(11))은 구성원 과반수의 출석과 출석구성원 3분의 2 이상의 찬성으로 의결한다(법40 단서, 법108, 법113).

Ⅳ. 총회의 소집

1. 조합원의 소집 청구

조합원은 조합원 5분의 1 이상의 동의를 받아 소집의 목적과 이유를 서면에 적어 조합장에게 제출하고 총회의 소집을 청구할 수 있다(법38①, 법108, 법113).

조합장은 청구를 받으면 2주 이내에 총회를 소집하여야 한다(법38②, 법108, 법113).

2. 감사의 총회소집

총회를 소집할 사람이 없거나 조합장의 총회소집 기간(법38②) 이내에 정당한 사유 없이 총회를 소집하지 아니할 때에는 감사가 5일 이내에 총회를 소집하여야 한다(법38③ 전단, 법108, 법113). 이 경우 감사가 의장의 직무를 수행한다(법38③ 후단, 법108, 법113).

3. 조합원 대표의 총회소집

다음의 경우, 즉 ⅰ) 감사가 정당한 사유없이 총회소집사유가 발생한 날부터 5일 이내에 총회 소집절차를 취하지 아니한 때, ⅱ) 임원 전원의 결원으로 총회를 소집할 사람이 없을 때에는 조합원 5분의 1 이상의 동의를 받은 조합원 대표가 임시총회를 소집한다(법38④ 전단, 법108, 법113, 지구별수협정관예35①, 업종별수협정관예34①, 수산물가공수협정관예34①). 이 경우 조합원의 대표가 의장의 직무를 수행한다(법38④ 후단, 법108, 법113).

Ⅴ. 총회소집의 통지

1. 통지와 최고

조합이 조합원에게 통지 또는 최고를 할 때에는 조합원 명부에 기재된 조합원의 주소 또는 거소나 조합원이 조합에 통지한 연락처로 하여야 한다(법39①, 법108, 법113).

2. 통지 기간

총회를 소집하려면 총회 개회 7일 전까지 회의 목적 등을 적은 총회소집통지서를 조합원에게 발송하여야 한다(법39② 본문, 법108, 법113). 다만, 같은 목적으로 총회를 다시 소집할 때에는 개회 전날까지 통지한다(법39② 단서, 법108, 법113).

Ⅵ. 의결권의 제한 등

1. 의결권 제한 사항

총회에서는 통지한 사항에 대하여만 의결할 수 있다(법41① 본문, 법108, 법113). 다만, ⅰ) 정관의 변경(법37①(1)), ⅱ) 해산·합병 또는 분할(법37①(2)), ⅲ) 조합원의 제명(법37①(3)), ⅳ) 임원의 선출 및 해임(법37①(4))을 제외한 긴급한 사항으로서 구성원 과반수의 출석과 출석구성원 3분의 2 이상의 찬성이 있을 때에는 그러하지 아니하다(법41① 단서, 법108, 법113).

2. 이해상반과 결의 배제

조합과 총회 구성원의 이해가 상반되는 의사를 의결할 때에는 해당 구성원은 그 의결에 참여할 수 없다(법41②, 법108, 법113).

** 관련 판례: 서울행법 1998. 5. 1. 선고 98구1863 판결

조합과 구성원의 이익이 상반되는 의사(議事)에 관하여 당해 구성원의 의결 참가를 배제하도록 한 취지는, 조합 구성원의 개인적 이해와 조합의 이해가 서

상반되는 사항에 관한 의결에 있어서 그 공정성을 담보하는 데에 있다 할 것이고, 따라서 당해 구성원은 총회에 출석하여 변명할 기회를 보장받아야 할 것이므로 당해 구성원은 개의정족수에는 포함된다 할 것이며, 또한 여기서 "조합과 조합의 구성원의 이익이 상반되는 의사"라 함은 그러한 의결로 인하여 당해 구성원이 이익을 얻고 이에 반하여 조합이 손실을 입는 경제적 이익상반에 관한 의사뿐만 아니라, 당해 구성원에게 법령, 정관 기타 규약에 위반하거나 조합의 사업을 방해하는 등 위 정관 제30조(현행 제26조) 소정의 사유가 있는 경우에 조합의 그 구성원에 대한 통제의 일환으로서 행하여지는 제명과 같은 제재처분도 조합원 지위의 득실, 변경에 관한 것으로서 조합과 그 구성원 사이에 이익이 상반되는 의사(議事)에 해당된다고 할 것이다. 따라서 조합이 그 구성원을 제명하는 의결을 하는 경우 당해 구성원은 개의에 필요한 출석 구성원의 수에는 포함되나 그 의결정족수의 계산에 있어서는 제외된다 할 것이고, 다만 조합이 구성원 2명 이상을 제명하는 경우에는 그 의결에 있어서 2명 이상의 구성원 전부를 동시에 배제할 수는 없고, 각 구성원에 따라 개별적으로 의결하되 그 구성원에 대해서만 의결에서 배제된다고 봄이 상당하다(그렇게 해석하지 않는다면 소수의 구성원만으로도 다수의 구성원에 대한 제명의결이 가능하게 되는 등의 불합리한 결과가 초래될 수 있기 때문이다).

3. 조합원제안

(1) 의의

조합원은 조합원 10% 이상의 동의를 받아 총회 개회 30일 전까지 조합장에게 서면으로 일정한 사항을 총회의 목적 사항으로 할 것을 제안("조합원제안")할 수 있다(법41③ 전단, 법108, 법113).

(2) 설명기회 부여

조합원제안 내용이 법령 또는 정관을 위반하는 경우를 제외하고는 이를 총회의 목적 사항으로 하여야 하고, 조합원제안을 한 사람이 청구하면 총회에서 그 제안을 설명할 기회를 주어야 한다(법41③ 후단, 법108, 법113).

Ⅶ. 총회 의사록

1. 총회 의사록 작성

총회의 의사에 관하여는 의사록을 작성하여야 한다(법42①, 법108, 법113).

2. 총회 의사록 기재사항과 기명날인 또는 서명

총회 의사록에는 의사의 진행 상황 및 그 결과를 기록하고 의장과 총회에서 선출한 조합원 3인 이상이 기명날인하거나 서명하여야 한다(법42②, 법108, 법113).

3. 총회 의사록의 비치

조합장은 의사록을 주된 사무소에 갖추어 두어야 한다(법42③, 법108, 법113).

Ⅷ. 대의원회

1. 대의원회 설치와 의결사항

조합은 정관으로 정하는 바에 따라 ⅰ) 해산·합병 또는 분할, ⅱ) 조합장 선출 방식에 관한 정관의 변경 외의 사항에 대한 총회의 의결에 관하여 총회를 갈음하는 대의원회를 둘 수 있으며, 대의원회는 조합장과 대의원으로 구성한다(법44①, 법108, 법113).[1]

---

1) 조합의 주된 의사결정이 원활히 이루어질 수 있도록 대의원제를 채택하는 취지는 이해한다. 그러나 1주당 1표의 원칙이 지배하고, 주주의 숫자도 훨씬 많은 상장법인의 경우에도 주주총회 참여 독려 및 내실 있는 의결권 행사를 위한 전자투표 편의성 제고 등 각종 방안이 제시되고 있는 상황에서 대의원제를 통해 집단행동의 문제를 해소하겠다는 방안은 다소 안일하다. 현행 대의원제가 회원의 의사를 보다 합리적으로 반영하도록 개선하는 방안도 제시되고 있지만, 굳이 중간적 기구를 두어 이사장의 대리문제를 방조하도록 하는 것보다는 총회를 활성화 하고 이사회의 감시·견제 기능을 회복하도록 하는 방안도 장기적으로 고민해야 할 것이다. 최근 브라질, 아일랜드 등에서는 협동조합형 금융기관들이 전자투표 제도나 위임장 권유 제도를 활성화하는 방안을 모색하기 시작했다는 점도 참고할 필요가 있다(김정연(2019), "새마을금고의 법적성격과 지배구조", 선진상사법률연구 통권 제87호(2019. 7), 41쪽).

2. 대의원 자격

대의원은 조합원(법인인 경우에는 그 대표자)이어야 한다(법44②, 법108, 법113).

3. 대의원의 정수, 임기 및 선출 방법

대의원의 정수 및 선출 방법은 정관으로 정하며, 그 임기는 2년으로 한다(법 44③ 본문, 법108, 법113). 다만, 임기 만료 연도 결산기의 마지막 달 이후 그 결산 기에 관한 정기총회 전에 임기가 만료된 경우에는 정기총회가 끝날 때까지 그 임기가 연장된다(법44③ 단서, 법108, 법113).

4. 보궐선거

대의원 중 결원이 생길 때에는 보궐선거를 하며, 보궐선거로 당선된 대의원 의 임기는 전임자의 남은 기간으로 한다. 다만, 대의원의 결원 수가 대의원 정수 의 5분의 1 이하인 때에는 보궐선거를 하지 아니할 수 있다(지구별수협정관예46④, 업종별수협정관예45④, 수산물가공수협정관예45④).

5. 겸직금지

대의원은 해당 조합의 조합장을 제외한 임직원과 다른 조합(다른 법률에 따른 협동조합을 포함)의 임직원을 겸직하여서는 아니 된다(법44④, 법108, 법113).

6. 총회 규정 준용과 의결권 대리행사 금지

대의원회에 대하여는 총회에 관한 규정을 준용한다(법44⑤ 본문, 법108, 법113). 다만, 대의원의 의결권은 대리인이 행사할 수 없다(법44⑤ 단서, 법108, 법113).

제3절 이사회

Ⅰ. 서설

수산업협동조합법과 정관은 이사회의 경영자 지원과 경영자 통제에 대하여 함께 규정하고 있다. 이사회는 총회의 권한으로 규정된 사항 이외의 모든 업무집행에 관한 의사결정권을 가지고 있으며, 이사회에서 결정된 업무집행 사항은 이사장, 상임이사 그리고 간부직원이 집행하게 된다. 반면 이사회는 이사회에서 결의된 사항에 대하여 이사장, 상임이사 그리고 간부직원의 업무집행을 감독하고, 필요한 사항을 보고하도록 요구할 수 있다. 즉 이사회는 경영진의 업무집행에 대한 적법성, 타당성, 효율성 여부에 대한 포괄적인 감독권한을 갖는다.

Ⅱ. 이사회의 설치와 구성

1. 이사회의 설치

조합에 이사회를 둔다(법45①, 법108, 법113).

2. 이사회의 구성

이사회는 조합장을 포함한 이사로 구성하되, 조합장이 이를 소집하고 그 의장이 된다(법45②, 법108, 법113, 지구별수협정관예49②, 업종별수협정관예48②, 수산물가공수협정관예48②).

Ⅲ. 이사회의 소집 등

1. 이사회의 소집

조합장은 이사 5분의 1 이상 또는 감사가 회의목적 및 부의안건과 소집이유를 기재한 서면으로 회의소집을 요구하는 때에는 지체 없이 이를 소집하여야 한다(지구별수협정관예49⑥, 업종별수협정관예48⑥, 수산물가공수협정관예48⑥).

2. 이사회 소집 통지 기간

이사회를 소집하려면 이사회 개회 5일 전까지 회의목적, 부의안건 및 회의
일자 등을 적은 이사회소집통지서를 구성원과 감사에게 발송하여야 한다(지구별
수협정관예49③ 본문, 업종별수협정관예48③ 본문, 수산물가공수협정관예48③ 본문). 다
만, 같은 목적으로 이사회를 다시 소집하거나 긴급을 요할 경우에는 그러하지 아
니하다(지구별수협정관예49③ 단서, 업종별수협정관예48③ 단서, 수산물가공수협정관예
48③ 단서).

Ⅳ. 이사회의 결의사항 등

1. 이사회의 결의사항

이사회는 ⅰ) 조합원의 자격 및 가입에 관한 심사(제1호), ⅱ) 규약의 제정·
변경 또는 폐지(제2호), ⅲ) 업무집행의 기본방침의 결정(제3호), ⅳ) 부동산의 취
득·처분 또는 이에 관한 물권의 설정(다만, 정관으로 정하는 행위는 제외)(제4호),
ⅴ) 경비의 부과 및 징수 방법(제5호), ⅵ) 사업계획 및 수지예산 중 중요한 사항
(법37①(6)) 외의 변경(제6호), ⅶ) 인사추천위원회 구성에 관한 사항(제7호), ⅸ)
간부직원의 임면에 관한 사항(제8호), ⅸ) 총회에서 위임한 사항(제9호), ⅹ) 법령
또는 정관에 규정된 사항(제10호), ⅺ) 그 밖에 조합장 또는 이사 5분의 1 이상이
필요하다고 인정하는 사항(제11호)을 의결한다(법45③, 법108, 법113).

** 관련 판례: 대법원 2005. 5. 13. 선고 2004다18385 판결
지구별수산업협동조합이 조합원 자격의 상실을 의결하는 이사회 결의를 함
에 있어서 당해 조합원에게 필요한 자료를 제출하거나 변명할 기회를 부여하지
아니하고, 그 소집통지도 이사회 개최 당일 오전에야 하는 잘못을 하였지만, 위
조합의 정관에 조합원 제명과 달리 조합원 자격심사에서는 당사자에게 변명의
기회를 주도록 하는 규정이 없는 점, 위 이사회 결의 당시 위 조합원의 자격과
관련한 수협중앙회의 관련 자료가 제출되어 있었던 점, 위 이사회에 이사와 감사
전원이 출석하였고 소집통지 절차에 대하여 아무런 이의가 없었던 점 등 제반

사정에 비추어 보면, 위와 같은 절차의 하자만으로는 위 이사회의 결의가 당연무효라고 보기 어렵다

2. 이사회의 개의와 결의

(1) 정족수 및 의결방법

이사회는 구성원 과반수의 출석으로 개의하고 출석구성원 과반수의 찬성으로 의결한다(법45④, 법108, 법113). 다만, 상임이사 경영평가 기준에 따라 이사회 의결로 상임이사의 남은 임기를 계속 하지 못하게 하는 때에는 구성원 과반수 출석과 출석 구성원 3분의 2 이상의 찬성으로 의결한다(지구별수협정관예49⑦, 업종별수협정관예48⑦, 수산물가공수협정관예48⑦).

(2) 특별이해관계 있는 이사의 의결권 제한

이사회에서 의결할 때에는 해당 안건과 특별한 이해관계가 있는 이사회의 구성원은 그 안건의 의결에 참여할 수 없다(법45⑦ 전단, 법108, 법113). 이 경우 의결에 참여하지 못하는 이사 등은 이사회의 구성원 수에 포함되지 아니한다(법45⑦ 후단, 법108, 법113).

(3) 의사록 작성

이사회의 의사에 관하여는 의사록을 작성하여야 한다. 이 경우 의사록에는 의사의 진행상황 및 그 결과를 기록하고 의장과 출석한 이사 전원의 기명날인하거나 서명하여야 한다(지구별수협정관예49④, 업종별수협정관예48④, 수산물가공수협정관예48④).

Ⅴ. 이사회의 업무집행 감독과 간부직원의 의견 진술

1. 이사회의 업무집행 감독

이사회는 이사회 의결사항에 대하여 조합장 또는 상임이사의 업무집행상황을 감독한다(지구별수협정관예49⑧, 업종별수협정관예48⑧, 수산물가공수협정관예48⑧).

2. 간부직원의 의견 진술

간부직원은 이사회에 출석하여 의견을 진술할 수 있다(법45⑤, 법108, 법113).

제4절 임원

Ⅰ. 임원의 정수 및 선출

1. 임원의 정수

조합에 임원으로 조합장을 포함한 7명 이상 11명 이하의 이사와 2명의 감사를 두되, 이사의 정수는 정관으로 정한다(법46① 본문, 법108, 법113).

2. 상임 임원

(1) 조합장의 상임 여부

조합장의 상임이나 비상임 여부는 정관으로 정한다(법46① 본문, 법108, 법113). 다만, 수협구조개선법 제9조에 따라 경영정상화 이행약정을 체결한 조합이 2년 연속하여 그 경영정상화 이행약정을 이행하지 못한 경우에는 해당 조합의 조합장은 비상임으로 한다(법46① 단서, 법108, 법113).

(2) 이사(조합장 포함)
(가) 상임이사 선출 여부: 의무

조합은 이사 중 2명 이내의 상임이사를 두어야 한다(법46② 본문, 법108, 법113).
(나) 상임이사 외에 조합원이 아닌 1명의 이사: 임의

조합은 상임이사 외에 조합원이 아닌 1명의 이사를 정관으로 정하는 바에 따라 둘 수 있다(법46② 본문, 법108, 법113).
(다) 상임이사를 두어야 하는 기준: 임의

조합은 자산규모가 직전 회계연도 말 자산규모 500억원(시행규칙8)에 미달하

거나 신용사업을 수행하지 아니하는 경우에는 상임이사를 두지 아니할 수 있다
(법46② 단서, 법108, 법113).

(3) 상임감사 선출 여부: 임의
조합은 감사 중 1명을 상임으로 할 수 있다(법46② 본문, 법108, 법113).

3. 임원의 선출

(1) 조합장의 선출
(가) 선출 방법
조합장은 조합원(법인인 경우에는 그 대표자) 중에서 정관으로 정하는 바에 따
라 다음의 어느 하나의 방법, 즉 ⅰ) 조합원이 총회 또는 총회 외에서 투표로 직
접 선출(제1호), ⅱ) 대의원회의 선출(제2호), ⅲ) 이사회가 이사회 구성원 중에서
선출(제3호)하는 방법으로 선출한다(법46③, 법108, 법113).

(나) 관련 판례
① 대법원 1996. 6. 25. 선고 95다50196 판결
금품제공 행위가 개입된 엽연초생산협동조합장 선거 및 그에 기한 당선인
결정을 무효라고 한 사례: 엽연초생산협동조합법에 임원선거시의 금품 등 제공
행위를 형사처벌하거나 그로 인한 당선을 무효로 한다는 규정이 없다고 하더라
도, 피고 조합의 조합장 선거에 출마한 후보자인 위 소외 1과 그와 친척관계에
있는 위 소외 4가 당선을 목적으로 선거인들에게 금품을 제공한 행위는 선량한
풍속 기타 사회질서에 반하는 행위라고 할 것이고, 한편 위 소외 1과 원고 사이
의 득표 차가 불과 2표인 점에 비추어 보면, 위 소외 1 등의 금품제공 행위는 선
거 결과에도 영향을 미쳤다고 볼 수밖에 없으므로, 위와 같은 반사회적 행위가
개입됨으로써 선거 결과에 영향을 준 위 조합장 선거 및 이를 기초로 한 피고 조
합의 당선인 결정은 무효라고 할 것이다.

② 대법원 1990. 2. 27. 선고 89도970 판결
지역별 수산업협동조합의 총대가 조합장선거와 관련하여 금원을 교부받은
경우 배임수재죄의 가부(소극): 원심은 피고인은 ○○수산업협동조합의 조합장
선거에 관하여 총대로서 조합원들의 투표권을 위임받아 처리하던 자인바, 그 판

시 일시에 위 선거에 출마한 그 판시 공소외인들로부터 자신을 지지하여 달라는 취지의 부탁과 함께 그 판시금원을 교부받아 위 투표권행사임무에 관한 부정한 청탁을 받고 각 재물을 취득한 사실을 인정하고 피고인의 행위가 배임수재죄에 해당한다고 판단하였다.

그러나 지역별 수산업협동조합의 총대는 조합의 의결기관인 총회의 구성원일 뿐 임원이나 기타 업무집행기관이 아니며 선출지역조합운의 지시나 간섭을 받지 않고 스스로의 권한으로 총회에서 임원선거에 참여하고 의결권을 행사하는 등 자주적으로 업무를 수행하는 것이므로 총회에서의 의결권 또는 선거권의 행사는 자기의 사무이고 이를 선출지역 조합원이나 조합의 사무라고 할 수 없는 것이다. 그러므로 총대가 총회에서 조합장선출을 위한 투표권을 행사하는 것은 자기의 사무를 처리하는 것이라고 보아야 할 것이고 이를 타인의 사무를 처리하는 것이라고 할 수 없는 것이다.

원심이 피고인의 원판시 투표권행사가 타인의 사무임을 전제로 하여 피고인을 배임수재죄로 처벌하였음은 수산업협동조합법상의 총대의 지위와 배임수재죄에 관한 법리오해의 위법이 있다 할 것이다.

(2) 감사의 선출
(가) 감사의 자격요건

조합은 감사 2명 중 1명은 "대통령령으로 정하는 요건에 적합한 외부전문가" 중에서 선출하여야 한다(법46① 본문, 법108, 법113).

여기서 "대통령령으로 정하는 요건에 적합한 외부전문가"란 ⅰ) 중앙회, 조합 또는 금융위원회법 제38조에 따른 검사대상기관(이에 상당하는 외국금융기관을 포함)에서 5년 이상 종사한 경력이 있는 사람[다만, 해당 조합에서 최근 2년 이내에 임직원으로 근무한 사람(감사로 근무 중이거나 근무한 사람은 제외)은 제외](제1호). ⅱ) 수산업 또는 금융 관계 분야의 석사학위 이상의 학위를 소지하고 연구기관 또는 대학에서 연구원 또는 조교수 이상의 직에 5년 이상 종사한 경력이 있는 사람(제2호), ⅲ) 판사·검사·군법무관의 직에 5년 이상 종사하거나 변호사 또는 공인회계사로서 5년 이상 종사한 경력이 있는 사람(제3호), ⅳ) 주권상장법인에서 법률·재무·감사 또는 회계 관련 업무에 임직원으로 5년 이상 종사한 경력이 있는 사람(제4호), ⅴ) 국가, 지방자치단체, 공공기관운영법에 따른 공공기관

("공공기관") 및 금융감독원에서 재무 또는 회계 관련 업무 및 이에 대한 감독업무에 5년 이상 종사한 경력이 있는 사람(제5호)을 말한다(영14의2).

(나) 중앙회의 조합 감사선출 지원

감사 선출에서 ⅰ) 조합의 주된 사무소가 도서지역에 있는 경우(제1호), ⅱ) 조합의 직전 회계연도 말 자산 규모가 500억원 미만인 경우(제2호)에는 중앙회에서 외부전문가인 감사를 파견하거나 감사 선출과 관련한 재정적 지원을 할 수 있다(법46⑨, 영15의2, 법108, 법113).

(3) 조합장 외의 임원 선출(상임이사와 조합원이 아닌 이사의 자격요건)

조합장 외의 임원은 총회에서 선출한다(법46④ 본문, 법108, 법113). 다만, 상임이사와 상임이사 외의 조합원이 아닌 이사는 조합 업무에 관한 전문지식과 경험이 풍부한 사람으로서 ⅰ) 조합, 중앙회 또는 수협은행에서 상근직으로 5년 이상 종사한 경력이 있는 사람(제1호), ⅱ) 수산업과 관련된 국가기관, 지방자치단체, 공공기관에서 상근직으로 5년 이상 종사한 경력이 있는 사람(제2호), ⅲ) 은행에서 상근직으로 5년 이상 종사한 경력이 있는 사람(제3호), ⅳ) 수산업과 관련된 연구기관·교육기관 또는 상사회사에서 상근직으로 5년 이상 종사한 경력이 있는 사람(제4호)의 어느 하나에 해당하는 사람 중에서 인사추천위원회에서 추천한 사람을 총회에서 선출한다(법46④ 단서, 영15, 법108, 법113).

이사회의 활성화와 전문성을 강화하기 위하여 지역조합의 이사회 구성에서 조합원이 아닌 이사, 즉 사외이사를 도입하고 있다(법46②, 법108, 법113). 사외이사제도는 전문성이 부족한 조합원 출신의 이사를 보완하는 것으로서 이사회의 전문성을 높이고 투명성을 확보하기 위한 것이다.

(4) 비상임 임원의 명예직

조합장(상임인 경우에만 해당), 상임이사 및 상임감사를 제외한 조합의 임원은 명예직으로 하되, 정관으로 정하는 바에 따라 실비변상을 받을 수 있다(법46⑤, 법108, 법113).

4. 여성조합원 중 이사 선출의무

조합은 이사 정수의 5분의 1 이상을 여성조합원에게 배분되도록 노력하여야 한다(법46⑧ 본문, 법108, 법113). 다만, 여성조합원이 전체 조합원의 30% 이상인 조합은 이사 중 1명 이상을 여성조합원 중에서 선출하여야 한다(법46⑧ 단서, 법108, 법113).

5. 이사 또는 감사의 보궐선거 입후보 자격 제한

조합의 조합장선거에 입후보하기 위하여 임기 중 그 직을 그만둔 조합의 이사 또는 감사는 그 사직으로 인하여 공석이 된 이사 또는 감사의 보궐선거의 후보자가 될 수 없다(법46⑥, 법108, 법113).

6. 정관 규정

임원의 선출과 추천, 인사추천위원회 구성과 운영에 관하여 수산업협동조합법에서 정한 사항 외에 필요한 사항은 정관으로 정한다(법46⑦, 법108, 법113).

Ⅱ. 임원의 직무

1. 조합장 및 상임이사의 직무

(1) 조합장의 직무
(가) 대표권과 업무집행권

조합장은 조합을 대표하며 업무를 집행한다(법47① 본문, 법108, 법113). 다만, 조합장이 비상임일 경우에는 상임이사나 간부직원인 전무가 그 업무를 집행한다(법47① 단서, 법108, 법113).

** 관련 판례: 대법원 2005. 5. 12. 선고 2004도6185 판결

서천군 수산업협동조합("조합")의 조합장인 피고인은 조합을 대표하고 정관이 정하는 바에 의하여 조합의 업무를 총괄하여 집행하는 조합의 임원으로서 법령·법령에 의한 행정처분·정관·규약 및 총회 또는 이사회의 의결을 준수하고 조합을 위하여 성실하게 그 직무를 행하여야 하는데(수산업협동조합법 제55조 제1항, 제56조 제1항, 제58조의2 제1항), 총회에서 선출될 상임이사를 이사회의 동의를 얻어 추천하는 사무 역시 같은 법 제55조 제4항에 의하여 조합장에게 부여된 사

무이므로, 조합의 조합장으로서 위 상임이사의 추천사무를 담당한 피고인은 법령의 규정에 의하여 타인의 사무를 처리하는 자에 해당함이 분명하고, 나아가 원심이 적법하게 확정한 사실관계에 의하면, 피고인은 조합의 전무이던 공소외 1로부터 조합의 상임이사로 선출될 수 있도록 추천하여 달라는 청탁을 받고 합계 1,300만 원을 교부받았다는 것인바, 이와 같이 어떤 직위에 특정인을 우선적으로 추천해 달라는 청탁은 신의성실의 원칙에 반하는 청탁이라고 할 것이므로(대법원 1989. 12. 12. 선고 89도495 판결 참조), 원심이 피고인은 타인의 사무를 처리하는 자로서 그 임무에 관하여 부정한 청탁을 받았다고 판단한 조치는 옳고, 거기에 배임수재죄에 관한 법리오해의 위법이 없다.

(나) 총회와 이사회 의장

조합장은 총회와 이사회의 의장이 된다(법47②, 법108, 법113).

(2) 상임이사의 직무

다음의 업무, 즉 ⅰ) 제60조(사업) 제1항 제3호 및 제4호[2])의 신용사업 및 공제사업(제1호), ⅱ) 제60조(사업) 제1항 제8호부터 제13호까지 및 제15호의 사업 중 같은 항 제3호·제4호[3])의 사업에 관한 사업과 그 부대사업(제2호), ⅲ) 제1호 및 제2호의 소관 업무에 관한 경영목표의 설정, 조직 및 인사에 관한 사항(제3호), ⅳ) 제1호 및 제2호의 소관 업무에 관한 사업계획, 예산·결산 및 자금 조달·운용계획의 수립(제4호), ⅴ) 제1호 및 제2호의 소관 업무의 부동산등기에 관한 사항(제5호), ⅵ) 그 밖에 정관으로 정하는 업무(제6호)는 상임이사가 전담하여 처리하고 그에 대하여 경영책임을 진다(법47③, 법108, 법113).

수협구조개선법 제2조 제3호에 따른 부실조합으로서 해양수산부장관으로부터 적기시정조치(권고에 관한 사항은 제외)를 받은 조합의 경우에는 상임이사가 대통령령으로 정하는 바에 따라 그 조합이 그 적기시정조치의 이행을 마칠 때까지 수산업협동조합법 제47조 제3항 각 호의 업무 외에도 ⅰ) 제60조 제1항 제2호[4])

---

2) 업종별수협은 제107조 제1항 제3호 및 법률 제4820호 수산업협동조합법중개정법률 부칙 제5조로, 수산물가공수협은 제112조 제1항 제3호 및 법률 제4820호 수산업협동조합법중개정법률 부칙 제5조로 한다.

3) 업종별수협은 제107조 제1항 제6호부터 제11호까지 및 제13호의 사업 중 같은 항 제3호 및 법률 제4820호 수산업협동조합법중개정법률 부칙 제5조로, 수산물가공수협은 제112조 제1항 제6호부터 제11호까지 및 제13호의 사업 중 같은 항 제3호 및 법률 제4820호 수산업협동조합법중개정법률 부칙 제5조로 한다.

의 경제사업(제1호), ii) 제60조 제1항 제8호부터 제13호까지 및 제15호의 사업 중 같은 항 제2호[5])의 사업에 관한 사업과 그 부대사업(제2호), iii) 제1호 및 제2호의 소관 업무에 관한 경영목표의 설정, 조직 및 인사에 관한 사항(제3호), iv) 제1호 및 제2호의 소관 업무에 관한 사업계획, 예산·결산 및 자금 조달·운용계획의 수립(제4호), v) 제1호 및 제2호의 소관 업무의 부동산등기에 관한 사항(제5호), vi) 그 밖에 정관으로 정하는 업무(제6호)를 전담하여 처리하고 그에 대하여 경영책임을 진다(법47④, 법108, 법113).

(3) 조합장의 직무대행: 이사

조합장이 궐위·구금되거나 의료법에 따른 의료기관에서 60일 이상 계속하여 입원한 경우 등 부득이한 사유로 직무를 수행할 수 없을 때에는 이사회가 정하는 순서에 따라 이사가 그 직무를 대행한다(법47⑤, 법108, 법113).

(4) 상임이사의 직무대행: 간부직원

상임이사가 궐위·구금되거나 의료법에 따른 의료기관에서 60일 이상 계속하여 입원한 경우 등 부득이한 사유로 그 직무를 수행할 수 없을 때에는 이사회가 정한 순서에 따라 간부직원(법59②)이 그 직무를 대행한다(법47⑥ 본문, 법108, 법113). 다만, 상임이사의 궐위기간이 6개월을 초과하는 경우에는 중앙회는 해양수산부장관의 승인을 받아 관리인을 파견할 수 있으며 관리인은 상임이사가 선출될 때까지 그 직무를 수행한다(법47⑥ 단서, 법108, 법113).

** 관련 판례: 대법원 2005. 5. 12. 선고 2004다71829(본소), 2004다71836
　　(반소) 판결

기록에 의하면, 피고 조합은 직원의 업무상 책임 있는 사고로 인하여 발생한 조합의 재산상 손해에 대한 변상판정을 공정하게 처리하기 위하여 이른바 "변상판정및절차규정"을 두어, 피고 조합 직원에 대한 변상판정 및 그 절차는 법령 등에서 특히 정하는 경우를 제외하고는 위 규정에 의하도록 하고, 변상책임은

---

4) 업종별수협은 제107조 제1항 제2호로, 수산물가공수협은 제112조 제1항 제2호로 한다.
5) 업종별수협은 제107조 제1항 제6호부터 제11호까지 및 제13호의 사업 중 같은 항 제2호로, 수산물가공수협은 제112조 제1항 제6호부터 제11호까지 및 제13호의 사업 중 같은 항 제2호로 한다.

직원이 업무취급상 고의 또는 중대한 과실로 조합에 재산상 손해를 끼쳤을 때에
발생하며, 위 "중대한 과실"이라 함은 그 직무나 직급에 상응한 선량한 관리자의
주의의무를 현저하게 결하는 경우를 말한다고 규정하고 있는바, 이는 그 직원들
로 하여금 과실로 인한 책임의 부담에서 벗어나 충실하게 업무를 수행하도록 하
기 위하기 위하여 단순한 경과실에 대하여는 어떠한 경우에도 변상책임을 부담
시키지 않을 뿐 아니라, 변상책임이 인정되는 경우에도 이를 제한하거나 필요한
경우 그 책임을 면제 또는 감경하기로 한 데에 있는 것이라고 보아야 할 것이므
로, 위 "변상판정및절차규정"에서 정한 요건과 한도에서 그 직원에 대하여 변상
책임 또는 손해배상책임 여부를 판단하여야 할 것(대법원 1998. 10. 9. 선고 98다
18117 판결 참조)임은 원심이 인정한 바와 같으나, 한편 피고 조합의 지점장인 원
고는, 위 규정에서 정한 바와 같이, 피고 조합에 대하여 선량한 관리자의 주의의
무를 진다고 할 것이므로, 부실대출을 막기 위하여 미리 정해 둔 대출업무 관련
규정을 엄격히 준수할 뿐만 아니라 대출업무 관련 규정의 실질적인 의미가 무엇
인지를 파악하고, 특히 구체적인 대출과 관련하여서는 통상의 합리적인 금융기
관 임원으로서 그 상황에서 합당한 정보를 가지고 적합한 절차에 따라 회사의
최대이익을 위하여 신의성실에 따라 대출심사를 한 후, 그 대출이 형식상으로는
대출업무 관련 규정에 위반되지 않는다고 하더라도 그 규정이 실질적으로 요구
하는 바를 충족하지 아니하는 경우에는 결재를 거부하는 등으로 대출을 저지하
여 부실채권이 발생하는 것을 방지할 주의의무가 있다 할 것이고, 따라서 원고가
대출을 실행하거나 결재하면서 부실대출에 대한 고의나 중과실이 있었는지 여부
를 판단하기 위해서는, 당해 대출과정에 있어서의 행위들을 하나씩 따로 떼어내
어 관련 규정에 위반한 바가 없는지 형식적으로만 살펴볼 것이 아니라, 그 대출
당시의 정황과 그 대출과정에 있어서의 원고의 일련의 행위를 종합적으로 관찰
하여, 원고가 그의 직무나 직급에 상응한 선량한 관리자의 주의의무를 현저하게
결하였는지 여부를 살펴서 판단하여야 할 것이다.

　　원심판결 이유와 기록에 비추어 살펴보면, 원고가 이 사건 대출을 할 즈음
에 이 사건 다세대주택들의 건축업자가 위 소사남지점에 회식비 등의 명목으로
금품을 지급한 바가 있는 사실, 피고 조합의 대출규정은 부동산의 감정평가액에
서 선순위권리 해당액과 주택의 방수에 지역별 소액임대차보증금을 곱한 금액을
차례로 뺀 금액에 80%를 곱하여 대출 가능액을 산정하되, 주택의 구조 등을 감

안하여 채권 보전에 지장이 없는 때에는 담보비율 이내에서 점포장 책임하에 산출된 소액임대차보증금의 전부 또는 일부를 빼지 않을 수도 있다고 규정하고 있는 사실, 당시 이 사건 다세대주택들에는 다른 금융기관 명의의 1, 2순위의 근저당권이 설정되어 있고, 소액임대차보증금 등을 감안하면 담보여력이 없어서 대출 가능액이 거의 없었고, 따라서 대출담당자들이 이러한 이유를 들어 채권회수가 어렵다면서 대출에 반대하였음에도, 원고는 이를 무시한 채 이 사건 다세대주택들의 감정가액을 분양가의 100%로 산정하고, 소액임대차보증금을 위 규정에 따라 공제하지 않은 상태로 대출 가능액을 계산하여, 원고 단독결재로 96건 합계 1,597,000,000원의 대출을 한 것을 비롯하여 수십 회 이상의 대출을 한 사실, 위에서 본 바와 같이 원고의 이 사건 대출에 의한 채권들은 그 대다수가 부실채권으로서 극히 일부분만 회수되고, 대출금 잔액의 채권 중 1,026,242,000원은 한국자산관리공사에 대금 38,847,000원에 매각된 사실을 알 수 있는바, 우선 피고 조합의 대출규정에 의하면, 담보비율 이내에서 점포장 책임하에 산출된 소액임대차보증금의 전부 또는 일부를 빼지 않을 수도 있는 것은 "주택의 구조 등을 감안하여 채권 보전에 지장이 없는 때"에만 가능한 것이지 채권보전에 지장이 있는지 여부와 관계없이 점포장이 언제든지 자유재량으로 그와 같이 결정할 수 있는 것은 아니고, 피고 조합의 지점장으로서 지점의 직원들을 지휘·감독하고 대출여부를 최종결정할 지위에 있는 원고로서는 위 규정의 의미 정도는 당연히 알고 있었어야 할 것이며, 주택에 대한 담보권 실행시 소액임대차보증금은 다른 담보권보다 우선하여 배당을 받게 되고 또 주택이란 그 소유자가 거주하다가도 언제든지 임대를 할 수 있는 점을 감안하면, 비록 대출을 신청하는 자들이 영세민들로서 담보주택의 실거주자로 판단된다 하여도 그 사정만으로는 채권 보전에 지장이 없다고 단정할 수 없는 것이고, 더구나 위에서 본 바와 같이 이미 대출담당 직원들이 채권회수가 어려울 것을 예견하고 대출을 만류하는 상황이라면 조금만 주의를 기울여 생각해보면 오히려 채권 보전에 지장이 있을 수 있음을 쉽게 알 수 있는 것임에도, 원고가 만연히 담보로 제공된 이 사건 주택들의 소액임대차보증금을 하나같이 공제하지 않은 채 대출 가능액을 계산하여 대출을 실행한 점 등 위에서 본 제반 사정과 원고의 일련의 행위를 종합하여 살펴보면, 원고는 이 사건에서 대출금의 회수가 어려워질 것을 알면서도 이를 무시하고 고의로 위에서 본 바와 같이 부실대출을 하였거나, 아니면 적어도 원고의 직무나 직급에 요구되는 선량한 관리자의 주의의무를 현저하게 결하여 부실대출을 하였다고 봄이 상당할 것이다.

그럼에도 불구하고, 원심이 이와 달리 원고의 행위를 단편적으로 하나씩 떼어내어 살피면서, 그 판시와 같은 사정들을 들어, 원고가 이 사건 대출업무를 처리함에 있어서 고의 또는 중대한 과실에 의한 부당대출을 하였다고 보기에 부족하다고 판단하고 만 것은, 이미 살핀 바와 같이 위 대출금 중 상환액수에 대하여 채증법칙을 위배하여 사실을 오인하고, 위 대출관련 규정이나 금융기관의 지점장에게 부여된 주의의무에 관한 법리 및 그의 대출과 관련된 중과실 여부 등의 판단에 관한 법리를 오해하여 판결에 영향을 미친 잘못이 있다고 할 것이다.

2. 감사의 직무

(1) 재산과 업무집행상황 감사권 등

감사는 조합의 재산과 업무집행 상황을 감사하여 총회에 보고하여야 하며, 전문적인 회계감사가 필요하다고 인정될 때에는 중앙회에 회계감사를 의뢰할 수 있다(법48①, 법108, 법113).

(2) 부정 사실의 총회 및 중앙회 회장 보고와 총회 소집

감사는 조합의 재산 상황 또는 업무집행에 관하여 부정한 사실을 발견하면 총회 및 중앙회 회장에게 보고하여야 하며, 그 내용을 총회에 신속히 보고하여야 할 필요가 있는 경우에는 정관으로 정하는 바에 따라 기간을 정하여 조합장에게 총회의 소집을 요구하고 조합장이 그 기간 이내에 총회를 소집하지 아니하면 직접 총회를 소집할 수 있다(법48②, 법108, 법113).

(3) 이사회 소집요구와 시정권고

감사는 자체감사 또는 중앙회 등 외부기관의 감사결과 주요 지적 사항이 발생한 경우에는 조합장에게 이사회의 소집을 요구하여 이에 대한 시정권고를 할 수 있다(법48③, 법108, 법113).

(4) 총회 또는 이사회 출석 · 의견진술권

감사는 총회 또는 이사회에 출석하여 의견을 진술할 수 있다(법48④, 법108,

법113).

(5) 상법의 준용

감사의 직무에 관하여는 상법 제412조의4(감사의 이사회 소집 청구), 제413조(조사·보고의 의무) 및 제413조의2(감사록의 작성)를 준용한다(법48⑤, 법108, 법113). 여기서는 준용되는 상법 규정을 살펴본다.

(가) 감사의 이사회 소집 청구

감사는 필요하면 회의의 목적사항과 소집이유를 서면에 적어 이사(소집권자가 있는 경우에는 소집권자)에게 제출하여 이사회 소집을 청구할 수 있다(상법412의4①). 이사회 소집 청구를 하였는데도 이사가 지체 없이 이사회를 소집하지 아니하면 그 청구한 감사가 이사회를 소집할 수 있다(상법412의4②).

(나) 조합원 총회에서의 의견진술

감사는 이사가 조합원총회에 제출할 의안 및 서류를 조사하여 법령 또는 정관에 위반하거나 현저하게 부당한 사항이 있는지의 여부에 관하여 조합원총회에 그 의견을 진술하여야 한다(상법413).

(다) 감사록의 작성

감사는 감사에 관하여 감사록을 작성하여야 한다(상법413의2①). 감사록에는 감사의 실시요령과 그 결과를 기재하고 감사를 실시한 감사가 기명날인 또는 서명하여야 한다(상법413의2②).

(6) 감사의 대표권

조합이 조합장을 포함한 이사와 계약을 할 때에는 감사가 조합을 대표한다(법49①, 법108, 법113). 조합과 조합장을 포함한 이사 간의 소송에 관하여도 감사가 조합을 대표한다(법49②, 법108, 법113).

III. 임원의 임기

1. 조합장의 임기 등

조합장과 이사의 임기는 4년으로 하고, 감사의 임기는 3년으로 하되, 비상임인 조합장은 1회만 연임할 수 있고, 상임인 조합장은 2회만 연임할 수 있다(법 50① 본문, 법108, 법113). 다만, 상임이사에 대하여는 임기가 시작된 후 2년이 되는 때에 그 업무 실적 등을 고려하여 이사회의 의결로 남은 임기를 계속 채울지를 정한다(법50① 단서, 법108, 법113).

2 임기의 연장

임기 만료 연도 결산기의 마지막 달 이후 그 결산기에 관한 정기총회 전에 임기가 만료된 경우에는 정기총회가 끝날 때까지 그 임기가 연장된다(법50②, 법44③, 법108, 법113).

3. 합병에 따른 조합장·이사 및 감사의 임기

(1) 합병으로 선설되는 조합

합병으로 설립되는 조합의 설립 당시 조합장·이사 및 감사의 임기는 설립등기일부터 2년으로 한다(법50③ 본문, 법108, 법113). 다만, 합병으로 소멸되는 조합의 조합장이 합병으로 설립되는 조합의 조합장으로 선출되는 경우 설립등기일 현재 조합장의 종전 임기의 남은 임기가 2년을 초과하는 경우에는 그 남은 임기를 그 조합장의 임기로 한다(법50③ 단서, 법108, 법113).

(2) 합병 후 존속하는 조합

합병 후 존속하는 조합의 변경등기 당시 재임 중인 조합장·이사 및 감사의 남은 임기가 변경등기일 현재 2년 미만인 경우에는 그 임기를 변경등기일부터 2년으로 한다(법50④, 법108, 법113).

Ⅳ. 임원의 결격사유

1. 임원의 자격제한

다음의 어느 하나에 해당하는 사람, 즉 ⅰ) 대한민국 국민이 아닌 사람(제1호), ⅱ) 미성년자·피성년후견인·피한정후견인(제2호), ⅲ) 파산선고를 받고 복권되지 아니한 사람(제3호), ⅳ) 법원의 판결 또는 다른 법률에 따라 자격이 상실

되거나 정지된 사람(제4호), ⅴ) 금고 이상의 형을 선고받고 그 집행이 끝나거나
(집행이 끝난 것으로 보는 경우를 포함) 집행이 면제된 날부터 3년이 지나지 아니한
사람(제5호), ⅵ) 법 제146조(회원에 대한 감사 등) 제3항 제1호(＝임원에 대하여는
개선, 직무의 정지, 견책 또는 변상), 제170조(법령 위반에 대한 조치) 제2항 제1호(＝
임원에 대하여는 개선, 직무정지, 견책 또는 경고) 또는 신용협동조합법 제84조(임직
원에 대한 행정처분)에 따른 개선 또는 징계면직의 처분을 받은 날부터 5년이 지
나지 아니한 사람(제6호), ⅶ) 금고 이상의 형의 집행유예를 선고받고 그 유예기
간 중에 있는 사람(제7호),6) ⅷ) 형법 제303조(업무상위력등에 의한 간음) 또는 성
폭력처벌법 제10조(업무상 위력 등에 의한 추행)에 규정된 죄를 저지른 사람으로서
300만원 이상의 벌금형을 선고받고 그 형이 확정된 후 2년이 지나지 아니한 사
람(제8의2호), ⅸ) 제178조(벌칙) 제1항부터 제4항까지 또는 위탁선거법 제58조(매
수 및 이해유도죄)·제59조(기부행위의 금지·제한 등 위반죄)·제61조(허위사실 공표
죄)부터 제66조(각종 제한규정 위반죄)까지에 규정된 죄를 지어 징역 또는 100만원
이상의 벌금형을 선고받고 4년이 지나지 아니한 사람(제9호), ⅹ) 수산업협동조
합법에 따른 임원 선거에서 당선되었으나 제179조(선거범죄로 인한 당선무효 등)
제1항 제1호7) 또는 위탁선거법 제70조(위탁선거범죄로 인한 당선무효) 제1호8)에
따라 당선이 무효가 된 사람으로서 그 무효가 확정된 날부터 4년이 지나지 아니
한 사람(제10호), ⅺ) 수산업협동조합법에 따른 선거일 공고일 현재 해당 조합의
조합원 신분을 2년 이상 계속 보유하고 있지 아니하거나 정관으로 정하는 출자
계좌 수 이상의 납입출자금을 2년 이상 계속 보유하고 있지 아니한 사람(다만, 설
립 또는 합병 후 2년이 지나지 아니한 조합의 경우에는 선거일 공고일 현재 조합원 신분
을 보유하고 있지 아니하거나 정관으로 정하는 출자계좌 수 이상의 납입출자금을 보유하
고 있지 아니한 사람을 말한다)(제11호). ⅻ) 수산업협동조합법에 따른 선거일 공고
일 현재 해당 지구별수협, 중앙회, 수협은행 또는 ㉠ 은행, ㉡ 한국산업은행, ㉢
중소기업은행, ㉣ 그 밖에 대통령령으로 정하는 금융기관9)에 대하여 정관으로

---

6) 제8호 삭제 [2020.3.24.]
7) 1. 당선인이 그 선거에서 제178조에 따라 징역형 또는 100만원 이상의 벌금형을 선고받은
　경우
8) 1. 당선인이 해당 위탁선거에서 이 법에 규정된 죄를 범하여 징역형 또는 100만원 이상의
　벌금형을 선고받은 때
9) "대통령령으로 정하는 금융기관"이란 다음의 어느 하나에 해당하는 금융기관을 말한다(영
　15의3).

정하는 금액과 기간을 초과하여 채무 상환을 연체하고 있는 사람(제12호), xiii) 선거일 공고일 현재 해당 조합의 정관으로 정하는 일정규모 이상의 사업 이용 실적이 없는 사람(제13호)은 조합의 임원이 될 수 없다(법51① 본문, 법108, 법113). 다만, 제11호와 제13호는 조합원인 임원에게만 적용한다(법51① 단서, 법108, 법113).

2. 임원 결격사유의 발생과 당연퇴직

임기 중 임원 결격사유가 발생하였을 때 해당 임원은 당연히 퇴직한다(법51②, 법108, 법113).

3. 퇴직 전 행위의 효력 유지

퇴직한 임원이 퇴직 전에 관여한 행위는 그 효력을 상실하지 아니한다(법51③, 법108, 법113).

V. 형의 분리 선고

형법 제38조(경합범과 처벌례)에도 불구하고 ⅰ) 제51조 제1항 제8호의2[10) 또는 제9호[11)에 규정된 죄와 다른 죄의 경합범에 대하여 형을 선고하는 경우(제1호), ⅱ) 당선인의 직계존속·비속이나 배우자에게 제178조 제1항 제2호[12) 또는 같은 조 제2항 제4호[13)에 규정된 죄와 다른 죄의 경합범으로 형을 선고하는 경

---

1. 한국수출입은행, 2. 한국주택금융공사, 3. 상호저축은행과 그 중앙회, 4. 농협협동조합과 그 중앙회 및 농협은행, 5. 수산업협동조합, 6. 산림조합과 그 중앙회, 7. 신용협동조합과 그 중앙회, 8. 새마을금고와 그 중앙회, 9. 보험회사, 10. 여신전문금융회사, 11. 기술보증기금, 12. 신용보증기금, 13. 벤처투자 촉진에 관한 법률 제2조 제10호 및 제11호에 따른 중소기업창업투자회사 및 벤처투자조합, 14. 중소기업협동조합법에 따른 중소기업협동조합, 15. 지역신용보증재단법에 따른 신용보증재단과 그 중앙회

10) 8의2. 형법 제303조 또는 성폭력처벌법 제10조에 규정된 죄를 저지른 사람으로서 300만원 이상의 벌금형을 선고받고 그 형이 확정된 후 2년이 지나지 아니한 사람
11) 9. 제178조 제1항부터 제4항까지 또는 공공단체등 위탁선거에 관한 법률 제58조(매수 및 이해유도죄)·제59조(기부행위의 금지·제한 등 위반죄)·제61조(허위사실 공표죄)부터 제66조(각종 제한규정 위반죄)까지에 규정된 죄를 지어 징역 또는 100만원 이상의 벌금형을 선고받고 4년이 지나지 아니한 사람
12) 2. 제53조(선거운동의 제한) 제1항을 위반하여 선거운동을 한 자
13) 4. 제53조의2(기부행위의 제한)를 위반한 자

우(제2호)에는 형을 분리하여 선고하여야 한다(법51의2, 법108, 법113).

Ⅵ. 임시이사 임명

1. 임명 사유

중앙회의 회장은 이사의 결원으로 조합의 이사회를 개최할 수 없어 조합의 업무가 지연되어 손해가 생길 우려가 있으면 조합원이나 이해관계인의 청구에 의하여 또는 직권으로 임시이사를 임명할 수 있다(법52①, 법108, 법113).

2. 이사 선출 기한

조합장은 임시이사가 취임한 날부터 1개월 이내에 총회를 소집하여 결원된 이사를 선출하여야 한다(법52②, 법108, 법113).

3. 직무수행 기한

임시이사는 총회에서 선출된 이사가 취임할 때까지 그 직무를 수행한다(법52③, 법108, 법113).

Ⅶ. 임원의 선거운동

1. 위탁선거법

(1) 위탁선거법의 우선 적용

공공단체등 위탁선거에 관한 법률("위탁선거법")은 "공공단체등"의 위탁선거에 관하여 다른 법률에 우선하여 적용한다(위탁선거법5). 농업협동조합법, 수산업협동조합법 및 산림조합법에 따른 조합과 중앙회, 새마을금고법에 따른 금고와 중앙회는 "공공단체등"에 해당하므로(위탁선거법3(1) 가목 및 나목) 농업협동조합법, 수산업협동조합법, 산림조합법, 새마을금고법에 우선하여 적용된다.

수협법에 따른 조합장(법54②, 법108, 법113) 및 중앙회장(법134⑦)만이 의무위탁 대상이다. 이에 따라 의무위탁 대상이 아닌 조합장 및 중앙회장 외 임원들의 경우에는 위탁선거법이 적용되지 않고 수협법이 적용된다.

(2) 개념의 정리

"위탁단체"란 임원 등의 선출을 위한 선거의 관리를 선거관리위원회에 위탁하는 공공단체등을 말한다(위탁선거법3(2)). "관할위원회"란 위탁단체의 주된 사무소 소재지를 관할하는 선거관리위원회법에 따른 구·시·군선거관리위원회(세종특별자치시선거관리위원회를 포함)를 말한다(위탁선거법3(3) 본문). 다만, 법령에서 관할위원회를 지정하는 경우에는 해당 선거관리위원회를 말한다(위탁선거법3(3) 단서). "위탁선거"란 관할위원회가 공공단체등으로부터 선거의 관리를 위탁받은 선거를 말한다(위탁선거법3(4)).

"선거인"이란 해당 위탁선거의 선거권이 있는 자로서 선거인명부에 올라 있는 자를 말한다(위탁선거법3(5)). "동시조합장선거"란 농업협동조합법, 수산업협동조합법 및 산림조합법에 따라 관할위원회에 위탁하여 동시에 실시하는 임기만료에 따른 조합장선거를 말한다(위탁선거법3(6)).

"정관등"이란 위탁단체의 정관, 규약, 규정, 준칙, 그 밖에 위탁단체의 조직 및 활동 등을 규율하는 자치규범을 말한다(위탁선거법3(7)).

(3) 선거기간

선거별 선거기간 ⅰ) 농업협동조합법, 수산업협동조합법 및 산림조합법에 따른 조합장선거("조합장선거"): 14일(제1호), ⅰ) 조합장선거 외의 위탁선거: 관할위원회가 해당 위탁단체와 협의하여 정하는 기간(제2호)이다(위탁선거법13①).

"선거기간"이란 후보자등록마감일의 다음 날부터 선거일까지를 말한다(위탁선거법13②).

(4) 선거운동

농업협동조합법에 따른 농업협동조합과 중앙회, 수산업협동조합법에 따른 조합과 중앙회 및 산림조합법에 따른 조합과 중앙회가 위탁하는 선거에만 아래 사항이 적용된다(위탁선거법22 전단).

(가) 선거운동의 정의

"선거운동"이란 당선되거나 되게 하거나 되지 못하게 하기 위한 행위를 말한다(위탁선거법23 본문). 다만, ⅰ) 선거에 관한 단순한 의견개진 및 의사표시(제1호), ⅱ) 입후보와 선거운동을 위한 준비행위(제2호)는 선거운동으로 보지 아니한다(위탁선거법23 단서).

(나) 선거운동의 주체 · 기간 · 방법

1) 주체와 방법

후보자는 선거공보(위탁선거법25), 선거벽보(위탁선거법26), 어깨띠 · 윗옷 · 소품(위탁선거법27), 전화를 이용한 선거운동(위탁선거법28), 정보통신망을 이용한 선거운동(위탁선거법29), 명함을 이용한 선거운동(위탁선거법30), 선거일 후보자 소개 및 소견발표(위탁선거법30의2)의 방법으로 선거운동을 하는 경우를 제외하고는 누구든지 어떠한 방법으로도 선거운동을 할 수 없다(위탁선거법24①).

2) 기간

선거운동은 후보자등록마감일의 다음 날부터 선거일 전일까지에 한정하여 할 수 있다(위탁선거법24② 본문). 다만, ⅰ) 농업협동조합법, 수산업협동조합법에 따른 중앙회장선거(위탁선거법24③(3))의 후보자가 선거일 또는 결선투표일에 문자메시지를 전송하는 방법(위탁선거법28(2))으로 선거운동을 하는 경우(제1호), ⅱ) 후보자가 선거일 또는 결선투표일에 자신의 소견을 발표(법30의2)하는 경우에는 그러하지 아니하다(위탁선거법24② 단서).

3) 선거별 선거운동방법

선거별 선거운동방법은 다음과 같다(위탁선거법24③). 즉 ⅰ) 농협 조합장의 경우 조합원이 총회 외에서 투표로 직접 선출하는 조합장 선거, 수협 조합장의 경우 총회 외에서 투표로 직접 선출하는 조합장 선거, 그리고 산림조합 조합장의 경우 총회 외에서 직접투표로 선출하는 조합장 선거: 선거공보(위탁선거법25), 선거벽보(위탁선거법26), 어깨띠 · 윗옷 · 소품(위탁선거법27), 전화를 이용한 선거운동(위탁선거법28), 정보통신망을 이용한 선거운동(위탁선거법29), 명함을 이용한 선거운동(위탁선거법30)의 방법(제1호), ⅱ) 농협 조합장의 경우 조합원이 총회에서 선출하는 조합장 선거, 수협 조합장의 경우 총회에서 선출하는 조합장 선거, 그리고 산림조합 조합장의 경우 총회에서 선출하는 조합장 선거: 선거공보(위탁선거법25), 선거벽보(위탁선거법26), 어깨띠 · 윗옷 · 소품(위탁선거법27), 전화를 이용한 선거운동(위탁선거법28), 정보통신망을 이용한 선거운동(위탁선거법29), 명함을 이용한 선거운동(위탁선거법30), 선거일 후보자 소개 및 소견발표(위탁선거법30의2)의 방법(제2호), ⅲ) 농협 중앙회장 선거, 수협 중앙회장 선거, 농협 조합장의 경우 대의원회에서 선출하는 조합장선거, 수협 조합장의 경우 대의원회에서 선출하는

조합장선거: 선거공보(위탁선거법25), 전화를 이용한 선거운동(위탁선거법28), 정보통신망을 이용한 선거운동(위탁선거법29), 명함을 이용한 선거운동(위탁선거법30), 선거일 후보자 소개 및 소견발표(위탁선거법30의2)의 방법(제30조에 따른 방법은 중앙회장선거에 한정)(제3호)으로 선거운동을 할 수 있다(위탁선거법24③).

(다) 선거공보

1) 선거공보 1종 작성과 제출

후보자는 선거운동을 위하여 선거공보 1종을 작성할 수 있다(위탁선거법25① 전단). 이 경우 후보자는 선거인명부확정일 전일까지 관할위원회에 선거공보를 제출하여야 한다(위탁선거법25① 후단).

2) 선거공보의 발송

관할위원회는 제출된 선거공보를 선거인명부확정일 후 2일까지 투표안내문과 동봉하여 선거인에게 발송하여야 한다(위탁선거법25②).

3) 선거공보 미제출의 효과

후보자가 선거인명부확정일 전일까지 선거공보를 제출하지 아니하거나 규격을 넘는 선거공보를 제출한 때에는 그 선거공보는 발송하지 아니한다(위탁선거법25③).

4) 제출된 선거공보의 정정 또는 철회 제한

제출된 선거공보는 정정 또는 철회할 수 없다(위탁선거법25④ 본문). 다만, 오기나 위탁선거법에 위반되는 내용이 게재되었을 경우에는 제출마감일까지 해당 후보자가 정정할 수 있다(위탁선거법25④ 단서).

5) 선거인의 이의제기 등

선거인은 선거공보의 내용 중 경력·학력·학위·상벌에 관하여 거짓으로 게재되어 있음을 이유로 이의제기를 하는 때에는 관할위원회에 서면으로 하여야 하고, 이의제기를 받은 관할위원회는 후보자와 이의제기자에게 그 증명서류의 제출을 요구할 수 있으며, 그 증명서류의 제출이 없거나 거짓 사실임이 판명된 때에는 그 사실을 공고하여야 한다(위탁선거법25⑤).

관할위원회는 허위게재사실을 공고한 때에는 그 공고문 사본 1매를 선거일에 투표소의 입구에 첨부하여야 한다(위탁선거법25⑥).

6) 중앙선거관리위원회규칙

선거공보의 작성수량·규격·면수·제출, 그 밖에 필요한 사항은 중앙선거관리위원회규칙으로 정한다(위탁선거법25⑦).

(라) 선거벽보

1) 선거벽보 1종 작성과 제출

후보자는 선거운동을 위하여 선거벽보 1종을 작성할 수 있다(위탁선거법26①
전단). 이 경우 후보자는 선거인명부확정일 전일까지 관할위원회에 선거벽보를
제출하여야 한다(위탁선거법26① 후단).

2) 선거벽보의 첩부

관할위원회는 제출된 선거벽보를 제출마감일 후 2일까지 해당 위탁단체의
주된 사무소와 지사무소의 건물 또는 게시판에 첩부하여야 한다(위탁선거법26②).

3) 선거공보 규정의 준용

법 제25조 제3항부터 제6항까지의 규정은 선거벽보에 이를 준용한다(위탁선
거법26③ 전단). 이 경우 "선거공보"는 "선거벽보"로, "발송"은 "첩부"로, "규격을
넘는"은 "규격을 넘거나 미달하는"으로 본다(위탁선거법26③ 후단).

4) 중앙선거관리위원회규칙

선거벽보의 작성수량·첩부수량·규격·제출, 그 밖에 필요한 사항은 중앙선
거관리위원회규칙으로 정한다(위탁선거법26④).

(마) 어깨띠 · 윗옷 · 소품

후보자는 선거운동기간 중 어깨띠나 윗옷(上衣)을 착용하거나 소품을 이용
하여 선거운동을 할 수 있다(위탁선거법27).

(바) 전화를 이용한 선거운동

후보자는 선거운동기간 중 ⅰ) 전화를 이용하여 송화자·수화자 간 직접 통
화하는 방법(제1호), ⅱ) 문자(문자 외의 음성·화상·동영상 등은 제외)메시지를 전
송하는 방법(제2호)으로 선거운동을 할 수 있다(위탁선거법28 본문). 다만, 오후 10
시부터 다음 날 오전 7시까지는 그러하지 아니하다(위탁선거법28 단서).

(사) 정보통신망을 이용한 선거운동

1) 선거운동 방법

후보자는 선거운동기간 중 ⅰ) 해당 위탁단체가 개설·운영하는 인터넷 홈
페이지의 게시판·대화방 등에 글이나 동영상 등을 게시하는 방법(제1호), ⅱ) 전
자우편(컴퓨터 이용자끼리 네트워크를 통하여 문자·음성·화상 또는 동영상 등의 정보
를 주고받는 통신시스템)을 전송하는 방법(제2호)으로 선거운동을 할 수 있다(위탁

선거법29①).

2) 정보통신서비스 제공자에 대한 정보 삭제 요청

관할위원회는 위탁선거법에 위반되는 정보가 인터넷 홈페이지의 게시판·대화방 등에 게시된 때에는 그 인터넷 홈페이지의 관리자·운영자 또는 정보통신망법 제1항 제3호에 따른 정보통신서비스 제공자("정보통신서비스 제공자")에게 해당 정보의 삭제를 요청할 수 있다(위탁선거법29② 전단). 이 경우 그 요청을 받은 인터넷 홈페이지의 관리자·운영자 또는 정보통신서비스 제공자는 지체 없이 이에 따라야 한다(위탁선거법29② 후단).

3) 정보 삭제와 이의신청

정보가 삭제된 경우 해당 정보를 게시한 사람은 그 정보가 삭제된 날부터 3일 이내에 관할위원회에 서면으로 이의신청을 할 수 있다(위탁선거법29③).

4) 중앙선거관리위원회규칙

위법한 정보의 게시에 대한 삭제 요청, 이의신청, 그 밖에 필요한 사항은 중앙선거관리위원회규칙으로 정한다(위탁선거법29④).

(아) 명함을 이용한 선거운동

후보자는 선거운동기간 중 다수인이 왕래하거나 집합하는 공개된 장소에서 길이 9센티미터 너비 5센티미터 이내의 선거운동을 위한 명함을 선거인에게 직접 주거나 지지를 호소하는 방법으로 선거운동을 할 수 있다(위탁선거법30 본문).

다만, 중앙선거관리위원회규칙으로 정하는 장소에서는 그러하지 아니하다 (위탁선거법30 단서). 여기서 "중앙선거관리위원회규칙으로 정하는 장소"란 ⅰ) 병원·종교시설·극장의 안(제1호), ⅱ) 위탁단체의 주된 사무소나 지사무소의 건물의 안(제2호)을 말한다(공공단체등 위탁선거에 관한 규칙15).

(자) 선거일 후보자 소개 및 소견발표

1) 기호순에 따른 소개와 소견발표 시간

조합장선거 또는 중앙회장선거에서 투표관리관 또는 투표관리관이 지정하는 사람("투표관리관등")은 선거일 또는 결선투표일(중앙회장선거에 한정)에 투표를 개시하기 전에 투표소 또는 총회나 대의원회가 개최되는 장소("투표소등")에서 선거인에게 기호순에 따라 각 후보자를 소개하고 후보자로 하여금 조합운영에 대한 자신의 소견을 발표하게 하여야 한다(위탁선거법30의2① 전단). 이 경우 발표시간은 후보자마다 10분의 범위에서 동일하게 배정하여야 한다(위탁선거법30의2①

후단).

2) 소견발표 포기 의제

후보자가 자신의 소견발표 순서가 될 때까지 투표소등에 도착하지 아니한 때에는 소견발표를 포기한 것으로 본다(위탁선거법30의2②).

3) 후보자의 허위사실 공표 또는 후보자 비방에 대한 조치

투표관리관등은 후보자가 제61조(허위사실 공표죄) 또는 제62조(후보자 등 비방죄)에 위반되는 발언을 하는 때에는 이의 중지를 명하여야 하고 후보자가 이에 따르지 아니하는 때에는 소견발표를 중지시키는 등 필요한 조치를 취하여야 한다(위탁선거법30의2③).

4) 소견발표 방해자에 대한 제지와 퇴장

투표관리관등은 투표소등에서 후보자가 소견을 발표하는 것을 방해하거나 질서를 문란하게 하는 사람이 있는 때에는 이를 제지하고, 그 명령에 불응하는 때에는 투표소등 밖으로 퇴장시킬 수 있다(위탁선거법30의2①).

5) 중앙선거관리위원회규칙

후보자 소개 및 소견발표 진행, 그 밖에 필요한 사항은 중앙선거관리위원회규칙으로 정한다(위탁선거법30의2④).

(차) 지위를 이용한 선거운동금지 등

위탁단체의 임직원은 ⅰ) 지위를 이용하여 선거운동을 하는 행위(제1호), ⅱ) 지위를 이용하여 선거운동의 기획에 참여하거나 그 기획의 실시에 관여하는 행위(제2호), ⅲ) 후보자(후보자가 되려는 사람을 포함)에 대한 선거권자의 지지도를 조사하거나 이를 발표하는 행위(제3호)를 할 수 없다(위탁선거법31).

(5) 기부행위

(가) 기부행위의 정의

위탁선거법에서 "기부행위"란 ⅰ) 선거인(선거인명부를 작성하기 전에는 그 선거인명부에 오를 자격이 있는 자를 포함)이나 그 가족(선거인의 배우자, 선거인 또는 그 배우자의 직계존비속과 형제자매, 선거인의 직계존비속 및 형제자매의 배우자)(제1호), ⅱ) 선거인이나 그 가족이 설립·운영하고 있는 기관·단체·시설(제2호)을 대상으로 금전·물품 또는 그 밖의 재산상 이익을 제공하거나 그 이익제공의 의사를 표시하거나 그 제공을 약속하는 행위를 말한다(위탁선거법32).

(나) 기부행위로 보지 아니하는 행위

다음의 어느 하나에 해당하는 행위는 기부행위로 보지 아니한다(위탁선거법 33①).

1) 직무상의 행위

직무상의 행위인 ⅰ) 기관·단체·시설(나목에 따른 위탁단체를 제외)이 자체사업계획과 예산에 따라 의례적인 금전·물품을 그 기관·단체·시설의 명의로 제공하는 행위(포상을 포함하되, 화환·화분을 제공하는 행위는 제외한다. 이하 나목에서 같다)(가목), ⅱ) 위탁단체가 해당 법령이나 정관등에 따른 사업계획 및 수지예산에 따라 집행하는 금전·물품을 그 위탁단체의 명의로 제공하는 행위(나목), ⅲ) 물품구매·공사·역무의 제공 등에 대한 대가의 제공 또는 부담금의 납부 등 채무를 이행하는 행위(다목), ⅳ) 가목부터 다목까지의 규정에 따른 행위 외에 법령에 근거하여 물품 등을 찬조·출연 또는 제공하는 행위(라목)는 기부행위로 보지 않는다(위탁선거법33①(1)).

2) 의례적 행위

의례적 행위는 ⅰ) 민법 제777조(친족의 범위)에 따른 친족("친족")의 관혼상제의식이나 그 밖의 경조사에 축의·부의금품을 제공하는 행위(가목), ⅱ) 친족 외의 사람의 관혼상제의식에 통상적인 범위[축의·부의금품: 5만원 이내=공공단체 등 위탁선거에 관한 규칙16(1)]에서 축의·부의금품(화환·화분을 제외)을 제공하거나 주례를 서는 행위(나목), ⅲ) 관혼상제의식이나 그 밖의 경조사에 참석한 하객이나 조객 등에게 통상적인 범위[음식물: 3만원 이내, 답례품: 1만원 이내=공공단체등 위탁선거에 관한 규칙16(2)(3)]에서 음식물 또는 답례품을 제공하는 행위(다목), ⅳ) 소속 기관·단체·시설(위탁단체는 제외)의 유급 사무직원이나 친족에게 연말·설 또는 추석에 의례적인 선물[선물: 3만원 이내공공단체등 위탁선거에 관한 규칙16(4)]을 제공하는 행위(라목), ⅴ) 친목회·향우회·종친회·동창회 등 각종 사교·친목단체 및 사회단체의 구성원으로서 그 단체의 정관 등 또는 운영관례상의 의무에 기하여 종전의 범위에서 회비를 납부하는 행위(마목), ⅵ) 평소 자신이 다니는 교회·성당·사찰 등에 통상의 예에 따라 헌금(물품의 제공을 포함)하는 행위(바목)는 기부행위로 보지 않는다(위탁선거법33①(2)).

3) 구호적·자선적 행위

공직선거법 제112조 제2항 제3호에 따른 구호적·자선적 행위에 준하는 행위는 기부행위로 보지 않는다(법33①(3)). 즉 공직선거법 제112조 제2항 제3호의 구호적·자선적 행위를 살펴보면 ⅰ) 법령에 의하여 설치된 사회보호시설중 수용보호시설에 의연금품을 제공하는 행위(가목), ⅱ) 재해구호법의 규정에 의한 구호기관(전국재해구호협회를 포함) 및 대한적십자사 조직법에 의한 대한적십자사에 천재·지변으로 인한 재해의 구호를 위하여 금품을 제공하는 행위(나목), ⅲ) 장애인복지법 제58조에 따른 장애인복지시설(유료복지시설을 제외)에 의연금품·구호금품을 제공하는 행위(다목), ⅳ) 국민기초생활 보장법에 의한 수급권자인 중증장애인에게 자선·구호금품을 제공하는 행위(라목), ⅴ) 자선사업을 주관·시행하는 국가·지방자치단체·언론기관·사회단체 또는 종교단체 그 밖에 국가기관이나 지방자치단체의 허가를 받아 설립된 법인 또는 단체에 의연금품·구호금품을 제공하는 행위(다만, 광범위한 선거구민을 대상으로 하는 경우 제공하는 개별 물품 또는 그 포장지에 직명·성명 또는 그 소속 정당의 명칭을 표시하여 제공하는 행위는 제외)(마목), ⅵ) 자선·구호사업을 주관·시행하는 국가·지방자치단체, 그 밖의 공공기관·법인을 통하여 소년·소녀가장과 후원인으로 결연을 맺고 정기적으로 제공하여 온 자선·구호금품을 제공하는 행위(바목), ⅶ) 국가기관·지방자치단체 또는 구호·자선단체가 개최하는 소년·소녀가장, 장애인, 국가유공자, 무의탁노인, 결식자, 이재민, 국민기초생활 보장법에 따른 수급자 등을 돕기 위한 후원회 등의 행사에 금품을 제공하는 행위(다만, 개별 물품 또는 그 포장지에 직명·성명 또는 그 소속 정당의 명칭을 표시하여 제공하는 행위는 제외)(사목), ⅷ) 근로청소년을 대상으로 무료학교(야학을 포함)를 운영하거나 그 학교에서 학생들을 가르치는 행위(아목)는 기부행위로 보지 않는다(위탁선거법33①(3)).

** 관련 판례: 대법원 2022. 2. 24. 선고 2020도17430 판결

위탁선거법 제33조 제1항 제1호 (나)목의 "직무상의 행위"에 해당하기 위한 요건 및 그중 위탁단체가 금품을 위탁단체의 명의로 제공하는 것에 해당하는지 판단하는 방법: 위탁선거법 제33조 제1항 제1호 (나)목이 규정한 "직무상의 행위"에 해당하는 경우 조합장의 재임 중 기부행위금지 위반을 처벌하는 같은 법 제59조 위반죄의 구성요건해당성이 없게 되는바, 위 "직무상의 행위"에 해당하기 위해서는 위탁선거법 제33조 제1항 제1호 (나)목이 규정한 바와 같이 위탁단체가 금품을 그 위탁단체의 명의로 제공하여야 할 뿐만 아니라 금품의 제공은 위탁단

체의 사업계획 및 수지예산에 따라 집행되어야 하고, 이러한 사업계획 및 수지예산은 법령이나 정관 등에 근거한 것이어야 한다.

여기서 위탁단체가 금품을 그 위탁단체의 명의로 제공하는 것에 해당하는지 여부는 대상자 선정과 그 집행과정에서 사전계획·내부결재나 사후보고 등 위탁단체 내부의 공식적 절차를 거쳤는지, 금품 제공이 위탁단체의 사업수행과 관련성이 있는지, 금품 제공 당시 제공의 주체가 위탁단체임을 밝혔는지, 수령자가 금품 제공의 주체를 위탁단체로 인식했는지, 금품의 제공 여부는 물론 제공된 금품의 종류와 가액·제공 방식 등에 관해 기존에 동일하거나 유사한 관행이 있었는지, 그 밖에 금품 제공에 이른 동기와 경위 등을 종합적으로 고려하여 판단하여야 한다.

단순히 제공된 금품이 위탁단체의 사업계획 및 수지예산에 따라 집행되었다는 사정만으로는 위와 같은 "직무상의 행위"에 해당한다고 할 수 없고, 특히 직무행위의 외관을 빌렸으나 실질적으로는 금품 제공의 효과를 위탁단체의 대표자 개인에게 돌리려는 의도가 드러나는 경우에는 "직무상의 행위"로 볼 수 없다.

(다) 기부행위제한기간

기부행위를 할 수 없는 기간("기부행위제한기간")은 ⅰ) 임기만료에 따른 선거: 임기만료일 전 180일부터 선거일까지(제1호), ⅱ) 해당 법령이나 정관등에 따른 재선거, 보궐선거, 위탁단체의 설립·분할 또는 합병으로 인한 선거: 그 선거의 실시 사유가 발생한 날부터 선거일까지(제2호)이다(위탁선거법34).

(라) 기부행위 제한

1) 후보자 등의 기부행위 제한

후보자(후보자가 되려는 사람을 포함), 후보자의 배우자, 후보자가 속한 기관·단체·시설은 기부행위제한기간 중 기부행위를 할 수 없다(위탁선거법35①).

2) 기부행위 의제

누구든지 기부행위제한기간 중 해당 위탁선거에 관하여 후보자를 위하여 기부행위를 하거나 하게 할 수 없다(위탁선거법35② 전단). 이 경우 후보자의 명의를 밝혀 기부행위를 하거나 후보자가 기부하는 것으로 추정할 수 있는 방법으로 기부행위를 하는 것은 해당 위탁선거에 관하여 후보자를 위한 기부행위로 본다(위탁선거법35② 후단).

3) 기부의 의사표시 승낙 등 제한

누구든지 기부행위제한기간 중 해당 위탁선거에 관하여 제1항 또는 제2항에 규정된 자로부터 기부를 받거나 기부의 의사표시를 승낙할 수 없다(위탁선거법35③).

4) 기부행위의 지시 · 권유 · 알선 또는 요구 제한

누구든지 제1항부터 제3항까지 규정된 행위에 관하여 지시 · 권유 · 알선 또는 요구할 수 없다(위탁선거법35④).

5) 조합장의 재임 중 기부행위 제한

농업협동조합법, 수산업협동조합법 및 산림조합법에 따른 조합장 · 중앙회장은 재임 중에 기부행위를 할 수 없다(위탁선거법35⑤).

** 관련 판례: 대법원 2022. 2. 24. 선고 2020도17430 판결

위탁선거법 제59조, 제35조 제5항이 농업협동조합 조합장으로 하여금 재임 중 일체의 기부행위를 할 수 없도록 규정한 취지: 농업협동조합("농협")은 농업협동조합법이 정하는 국가적 목적을 위하여 설립되는 공공성이 강한 법인으로, 위탁선거법 제59조, 제35조 제5항이 농협의 조합장으로 하여금 선거 관련 여부를 불문하고 재임 중 일체의 기부행위를 할 수 없도록 규정한 취지는 기부행위라는 명목으로 매표행위를 하는 것을 방지함으로써 조합장 선거의 공정성을 확보하기 위한 것이다. 즉, 위와 같은 기부행위가 조합장의 지지기반을 조성하는 데에 기여하거나 조합원에 대한 매수행위와 결부될 가능성이 높아 이를 허용할 경우 조합장 선거 자체가 후보자의 인물 · 식견 및 정책 등을 평가받는 기회가 되기보다는 후보자의 자금력을 겨루는 과정으로 타락할 위험성이 있어 이를 방지하기 위한 것이다. 특히 농협 조합장은 조합원 중에서 정관이 정하는 바에 따라 조합원이 총회 또는 총회 외에서 투표로 직접 선출하거나, 대의원회가 선출하거나, 이사회가 이사 중에서 선출하므로(농업협동조합법 제45조 제5항), 조합장 선거는 투표자들이 비교적 소수로서 서로를 잘 알고 있고 인정과 의리를 중시하는 특정집단 내에서 이루어지며, 적은 표 차이로 당락이 결정되고 그 선거운동방법은 후보자와 선거인의 직접적인 접촉이 주를 이루게 되며, 이에 따라 후보자의 행위가 선거의 당락에 직접적으로 영향을 미친다는 특징이 있다. 뿐만 아니라 조합장 선거의 당선인은 지역농협을 대표하고 총회와 이사회의 의장이 되며, 지역농협의

직원을 임면하는 등(농업협동조합법 제46조 제1항, 제3항, 제56조 제1항) 지역농협의 존속·발전에 상당한 영향력을 미칠 수 있기 때문에 선거인의 입장에서 누가 조합장으로 당선되는지가 중요하고, 조합장 선거에 관심이 높을 수밖에 없다. 위와 같은 특성으로 인하여 조합장 선거는 자칫 과열·혼탁으로 빠질 위험이 높아 선거의 공정성 담보가 보다 높게 요구된다고 할 것인바, 조합장으로 하여금 재임 중 일체의 기부행위를 금지하는 것은 위탁선거가 가지는 고유한 특성을 고려하여 위탁선거의 과열과 혼탁을 방지하고 나아가 선거의 공정성 담보를 도모하기 위함이다(대법원 2021. 4. 29. 선고 2019도14338 판결; 헌법재판소 2018. 2. 22. 선고 2016헌바370 전원재판부 결정 등 참조).

(6) 조합장 등의 축의·부의금품 제공제한

농업협동조합법, 수산업협동조합법 및 산림조합법에 따른 조합·중앙회("조합등")의 경비로 관혼상제의식이나 그 밖의 경조사에 축의·부의금품을 제공하는 경우에는 해당 조합등의 경비임을 명기하여 해당 조합등의 명의로 하여야 하며, 해당 조합등의 대표자의 직명 또는 성명을 밝히거나 그가 하는 것으로 추정할 수 있는 방법으로 하는 행위는 기부행위로 본다(위탁선거법36).

(7) 선거일 후 답례금지

후보자, 후보자의 배우자, 후보자가 속한 기관·단체·시설은 선거일 후 당선되거나 되지 아니한 데 대하여 선거인에게 축하·위로나 그 밖의 답례를 하기 위하여 ⅰ) 금전·물품 또는 향응을 제공하는 행위(제1호), ⅱ) 선거인을 모이게 하여 당선축하회 또는 낙선에 대한 위로회를 개최하는 행위(제2호)를 할 수 없다(위탁선거법37).

(8) 호별방문 등의 제한

누구든지 선거운동을 위하여 선거인(선거인명부작성 전에는 선거인명부에 오를 자격이 있는 자를 포함)을 호별로 방문하거나 특정 장소에 모이게 할 수 없다(위탁선거법38).

(9) 위반시 제재

(가) 형사제재

농업협동조합법, 수산업협동조합법 및 산림조합법에 따른 조합·중앙회가 위탁하는 선거에는 아래에서 살펴보는 벌칙 규정이 적용된다(위탁선거법57① 본문).

1) 매수 및 이해유도죄

선거운동을 목적으로 ⅰ) 선거인(선거인명부를 작성하기 전에는 그 선거인명부에 오를 자격이 있는 자를 포함)이나 그 가족 또는 선거인이나 그 가족이 설립·운영하고 있는 기관·단체·시설에 대하여 금전·물품·향응이나 그 밖의 재산상 이익이나 공사(公私)의 직을 제공하거나 그 제공의 의사를 표시하거나 그 제공을 약속한 자(제1호), ⅱ) 후보자가 되지 아니하도록 하거나 후보자가 된 것을 사퇴하게 할 목적으로 후보자가 되려는 사람이나 후보자에게 제1호에 규정된 행위를 한 자(제2호), ⅲ) 제1호 또는 제2호에 규정된 이익이나 직을 제공받거나 그 제공의 의사표시를 승낙한 자(제3호), ⅳ) 제1호부터 제3호까지에 규정된 행위에 관하여 지시·권유·알선하거나 요구한 자(제4호), ⅴ) 후보자등록개시일부터 선거일까지 포장된 선물 또는 돈봉투 등 다수의 선거인(선거인의 가족 또는 선거인이나 그 가족이 설립·운영하고 있는 기관·단체·시설을 포함)에게 배부하도록 구분된 형태로 되어 있는 금품을 운반한 자(제5호)는 3년 이하의 징역 또는 3천만원 이하의 벌금에 처한다(위탁선거법58).

법 제58조의 죄를 범한 자가 받은 이익은 몰수한다(위탁선거법60 본문). 다만, 그 전부 또는 일부를 몰수할 수 없는 때에는 그 가액을 추징한다(위탁선거법60 단서).

2) 기부행위의 금지·제한 등 위반죄

법 제35조(기부행위제한)를 위반한 자[제68조(과태료의 부과) 제3항에 해당하는 자 제외]는 3년 이하의 징역 또는 3천만원 이하의 벌금에 처한다(위탁선거법59). 법 제59조의 죄를 범한 자가 받은 이익은 몰수한다(위탁선거법60 본문). 다만, 그 전부 또는 일부를 몰수할 수 없는 때에는 그 가액을 추징한다(위탁선거법60 단서).

** 관련 판례: 대법원 2022. 2. 24. 선고 2020도17430 판결

[1] 위탁선거법 제32조에 해당하는 금전·물품 등의 제공행위는 같은 법 제33조에서 허용되는 것으로 열거된 행위에 해당하지 않는 이상, 조합장 등의 재임

중 기부행위금지 위반을 처벌하는 같은 법 제59조의 구성요건해당성이 인정되는 지 여부(적극): 위탁선거법 제35조 제5항은 "농업협동조합법에 따른 조합장 등은 재임 중에 기부행위를 할 수 없다."고 규정하고 제59조는 이를 위반한 자를 처벌 하도록 규정하고 있으며, 제32조는 위와 같이 금지되는 기부행위의 정의를 "선거 인(선거인명부를 작성하기 전에는 그 선거인명부에 오를 자격이 있는 자를 포함)이나 그 가족(선거인의 배우자, 선거인 또는 그 배우자의 직계존비속과 형제자매, 선거인의 직계 존비속 및 형제자매의 배우자), 선거인이나 그 가족이 설립·운영하고 있는 기관· 단체·시설을 대상으로 금전·물품 또는 그 밖의 재산상 이익을 제공하거나 그 이익제공의 의사를 표시하거나 그 제공을 약속하는 행위"로 규정한 후, 제33조에 서 기부행위로 보지 않는 행위로서 직무상의 행위, 의례적 행위 등을 열거하면서 같은 조 제1항 제1호 (나)목에서 직무상의 행위 중 하나로서 "위탁단체가 해당 법령이나 정관 등에 따른 사업계획 및 수지예산에 따라 집행하는 금전·물품("금 품")을 그 위탁단체의 명의로 제공하는 행위"를 규정하고 있다. 이러한 위탁선거 법의 규정방식에 비추어, 위탁선거법 제32조에 해당하는 금품 등의 제공행위는 같은 법 제33조에서 허용되는 것으로 열거된 행위에 해당하지 아니하는 이상, 조 합장 등의 재임 중 기부행위금지 위반을 처벌하는 같은 법 제59조의 구성요건해 당성이 인정된다(위탁선거법과 유사한 규정을 둔 농업협동조합법 위반 사건에 관한 대 법원 2007. 10. 26. 선고 2007도5858 판결 등 참조).

　　[2] 출연자와 기부행위자가 외형상 일치하지 않는 경우, 실질적 기부행위자 를 특정하는 방법 / 위탁선거법상 금지되는 기부행위의 구성요건에 해당하는 행 위에 위법성 조각사유가 인정되는지 판단하는 방법: 기부행위는 그 출연자가 기 부행위자가 되는 것이 통례이지만, 그 기부행위를 한 것으로 평가되는 주체인 기 부행위자는 항상 그 금품 또는 재산상 이익 등의 사실상 출연자에 한정되는 것 은 아니며, 출연자와 기부행위자가 외형상 일치하지 않는 경우에는 그 금품이나 재산상 이익 등이 출연된 동기 또는 목적, 출연행위와 기부행위의 실행경위, 기 부자와 출연자 그리고 기부받는 자와의 관계 등 모든 사정을 종합하여 실질적 기부행위자를 특정하여야 한다(위탁선거법과 유사한 규정을 둔 농업협동조합법 위반 에 관한 대법원 2007. 10. 26. 선고 2007도5858 판결 등 참조).

　　다만 위탁선거법상 금지되는 기부행위의 구성요건에 해당하는 행위라고 하 더라도, 그것이 지극히 정상적인 생활형태의 하나로서 역사적으로 생성된 사회

질서의 범위 안에 있는 것이라고 볼 수 있는 경우에는 일종의 의례적 행위나 직무상의 행위로서 사회상규에 위배되지 아니하여 위법성이 조각되는 경우가 있을 수 있지만, 이러한 위법성조각사유의 인정은 신중하게 하여야 하고(대법원 2017. 3. 9. 선고 2016도21295 판결 등 참조), 그 판단에 있어서는 기부대상자의 범위와 지위 및 선정 경위, 기부행위에 제공된 금품 등의 종류와 가액, 기부행위 시점, 기부행위와 관련한 기존의 관행, 기부행위자와 기부대상자와의 관계 등 제반 사정을 종합적으로 고려하여야 한다.

3) 허위사실 공표죄

당선되거나 되게 할 목적으로 선거공보나 그 밖의 방법으로 후보자(후보자가 되려는 사람을 포함)에게 유리하도록 후보자, 그의 배우자 또는 직계존비속이나 형제자매에 관하여 허위의 사실을 공표한 자는 3년 이하의 징역 또는 3천만원 이하의 벌금에 처한다(위탁선거법61①).

당선되지 못하게 할 목적으로 선거공보나 그 밖의 방법으로 후보자에게 불리하도록 후보자, 그의 배우자 또는 직계존비속이나 형제자매에 관하여 허위의 사실을 공표한 자는 5년 이하의 징역 또는 500만원 이상 5천만원 이하의 벌금에 처한다(위탁선거법61②).

4) 후보자 등 비방죄

선거운동을 목적으로 선거공보나 그 밖의 방법으로 공연히 사실을 적시하여 후보자(후보자가 되려는 사람을 포함한다), 그의 배우자 또는 직계존비속이나 형제자매를 비방한 자는 2년 이하의 징역 또는 2천만원 이하의 벌금에 처한다(위탁선거법62 본문). 다만, 진실한 사실로서 공공의 이익에 관한 때에는 처벌하지 아니한다(위탁선거법62 단서).

5) 사위등재죄

거짓의 방법으로 선거인명부에 오르게 한 자는 1년 이하의 징역 또는 1천만원 이하의 벌금에 처한다(위탁선거법63①).

선거인명부작성에 관계 있는 자가 선거인명부에 고의로 선거권자를 기재하지 아니하거나 거짓 사실을 기재하거나 하게 한 때에는 3년 이하의 징역 또는 3천만원 이하의 벌금에 처한다(위탁선거법63②).

** 관련 판례: 대법원 2017. 4. 26. 선고 2016도14861 판결(위탁선거법위반)

[1] 위탁선거법 제15조 제1항은 "임원 등의 선출을 위한 선거의 관리를 선거관리위원회에 위탁하는 위탁단체는 관할위원회와 협의하여 선거인명부 작성기간과 선거인명부 확정일을 정하고, 선거인명부를 작성 및 확정하여야 한다."고 정하고 있다. 같은 법 제63조 제1항은 "거짓의 방법으로 선거인명부에 오르게 한 자"를 처벌하고, 같은 조 제2항은 "선거인명부 작성에 관계 있는 자가 선거인명부에 고의로 선거권자를 기재하지 아니하거나 거짓 사실을 기재하거나 하게 한 때"에 이를 처벌하고 있다.

한편 수산업협동조합법 제31조 제3항은 "지구별수협은 조합원의 전부 또는 일부를 대상으로 제2항 각호(1호: 조합원의 자격이 없는 경우, 2호: 사망한 경우, 3호: 파산한 경우, 4호: 금치산선고를 받은 경우, 5호: 조합원인 법인이 해산한 경우)의 어느 하나에 해당하는지를 확인하여야 한다. 이 경우 제2항 제1호에 해당하는지는 이사회 의결로 결정한다."고 정하고 있다. ○○군수산업협동조합("이 사건 조합")의 정관 제25조 제2항과 제4항에도 위와 같은 내용을 정하고 있다.

위탁선거법 제63조 제2항은 공공단체 등의 위탁선거에서 선거인명부 작성에 관계 있는 자의 작위 또는 부작위로 인한 선거인명부의 불실기재행위를 처벌하기 위한 규정이다. 수산업협동조합법 제31조 제3항에 따르면, 수산업협동조합의 경우에는 조합원 자격이 있는지 여부를 지구별수협의 이사회 의결로써 결정해야 한다. 따라서 선거인명부의 작성 업무를 담당하는 조합장 등이 조합원명부에 자격이 없는 조합원이 형식적으로 기재되어 있다는 것을 알고 있으면 조합원의 자격 상실 등 조합 탈퇴 사유의 발생 여부를 확인하고 이사회 의결을 거쳐 조합원명부를 정리하는 절차를 이행하여야 한다. 만일 조합장 등이 위와 같은 조치를 취하지 않은 채 그와 같은 조합원이 선거인명부에 선거권자로 기재되도록 하였다면, 이는 위탁선거법 제63조 제2항에서 말하는 "거짓 사실을 기재하거나 하게 한 때"에 해당한다.

[2] 원심은 다음과 같은 이유로 이 사건 공소사실을 유죄로 판단하였다.

① 이 사건 조합의 조합장인 피고인은 수산업협동조합법과 이 사건 정관의 관련 규정에 따라 조합원명부에 등재된 사람의 자격 유무에 관한 실태조사를 실시하여 이사회 의결을 거쳐 조합원 자격 유무를 결정하고 그 결정에 따라 정리된 조합원명부에 근거하여 선거인명부를 작성한 다음 선거관리위원회에 송부하

여야 할 의무가 있다.

② 피고인은 이 사건 조합장 선거가 실시되기 전 ○○군선거관리위원회와 수산업협동조합중앙회로부터 여러 차례에 걸쳐 무자격조합원의 정비를 실시하라는 공문을 받아 이를 확인한 후 결재하였고, 제1심판결 별지 범죄일람표 기재 76명이 실제로는 어업에 종사하지 않거나 ○○도 밖에 거주하는 사람으로서 조합원 자격이 없다는 사실을 미필적으로나마 알고 있었다.

③ 피고인은 무자격조합원의 자격 유무에 관한 실태조사를 실시한 후 그 의무를 이행하기 위해 이사회를 소집할 의무가 있는데도 그러한 이사회를 한 번도 소집하지 않았고, 실태조사 없이 어촌계장의 진술에만 의존하여 조합원명부를 형식적으로 정리하였다. 피고인은 이와 같이 의무를 제대로 이행하지 않은 채 조합원 자격이 없는 사람들이 포함된 선거인명부를 ○○군선거관리위원회에 송부하고 선거인명부가 그대로 확정되도록 하였다.

④ 비록 조합원 자격이 없는 사람이 이사회의 의결을 거치지 않아 형식적으로 조합원명부에 등재되어 있다고 하더라도 그와 같은 조합원이 선거인명부에 선거권자로 기재되도록 하는 행위는 위탁선거법 제63조 제2항에서 정한 선거인명부에 거짓 사실을 기재하는 행위에 해당한다.

[3] 원심판결 이유를 원심과 제1심이 적법하게 채택한 증거들에 비추어 살펴보면, 원심의 판단은 위와 같은 법리에 비추어 정당하다. 원심의 판단에 상고이유 주장과 같이 논리와 경험의 법칙에 반하여 자유심증주의의 한계를 벗어나거나 위탁선거법 제63조 제2항 위반죄의 성립과 고의에 관한 법리를 오해한 잘못이 없다.

6) 사위투표죄

성명을 사칭하거나 신분증명서를 위조 또는 변조하여 사용하거나 그 밖에 거짓의 방법으로 투표하거나 하게 하거나 또는 투표를 하려고 한 자는 1년 이하의 징역 또는 1천만원 이하의 벌금에 처한다(위탁선거법64①).

선거관리위원회의 위원·직원·투표관리관 또는 투표사무원이 제1항에 규정된 행위를 하거나 하게 한 때에는 3년 이하의 징역에 처한다(위탁선거법64②).

7) 선거사무관계자나 시설 등에 대한 폭행·교란죄

다음의 어느 하나에 해당하는 자, 즉 ⅰ) 위탁선거와 관련하여 선거관리위원회의 위원·직원, 공정선거지원단원, 그 밖에 위탁선거 사무에 종사하는 사람을 폭행·협박·유인 또는 불법으로 체포·감금한 자(제1호), ⅱ) 폭행하거나 협박하여 투표소·개표소 또는 선거관리위원회 사무소를 소요·교란한 자(제2호), ⅲ) 투표용지·투표지·투표보조용구·전산조직 등 선거관리 및 단속사무와 관련한 시설·설비·장비·서류·인장 또는 선거인명부를 은닉·파손·훼손 또는 탈취한 자(제3호)는 1년 이상 7년 이하의 징역 또는 1천만원 이상 7천만원 이하의 벌금에 처한다(위탁선거법65).

8) 각종 제한규정 위반죄

다음의 어느 하나에 해당하는 자, 즉 ⅰ) 법 제24조를 위반하여 후보자가 아닌 자가 선거운동을 하거나 제25조부터 제30조의2까지의 규정에 따른 선거운동방법 외의 방법으로 선거운동을 하거나 선거운동기간이 아닌 때에 선거운동을 한 자(다만, 제24조의2 제7항에 따라 선거운동을 한 예비후보자는 제외)(제1호), ⅱ) 법 제24조의2 제7항을 위반하여 선거운동을 한 자(제1호의2), ⅲ) 법 제25조에 따른 선거공보의 종수·수량·면수 또는 배부방법을 위반하여 선거운동을 한 자(제2호), ⅳ) 법 제26조에 따른 선거벽보의 종수·수량 또는 첩부방법을 위반하여 선거운동을 한 자(제3호), ⅴ) 법 제27조를 위반하여 선거운동을 한 자(제4호), ⅵ) 법 제28조에 따른 통화방법 또는 시간대를 위반하여 선거운동을 한 자(제5호), ⅶ) 법 제29조를 위반하여 해당 위탁단체가 아닌 자가 개설·운영하는 인터넷 홈페이지를 이용하여 선거운동을 한 자(제6호), ⅷ) 법 제30조에 따른 명함의 규격 또는 배부방법을 위반하여 선거운동을 한 자(제7호), ⅸ) 법 제30조의2 제4항을 위반하여 투표관리관등의 제지명령에 불응한 자(제7호의2), ⅹ) 법 제31조를 위반한 자(제8호), ⅺ) 법 제36조를 위반하여 축의·부의금품을 제공한 자(제9호), ⅻ) 법 제37조를 위반한 자(제10호), ⅹⅲ) 법 제38조를 위반한 자(제11호), ⅹⅳ) 법 제73조(위반행위에 대한 조사 등) 제3항을 위반하여 출입을 방해하거나 자료제출의 요구에 응하지 아니한 자 또는 허위자료를 제출한 자(제12호), ⅹⅴ) 법 제75조(위탁선거범죄신고자 등의 보호) 제2항을 위반한 자(제13호)는 2년 이하의 징역 또는 2천만원 이하의 벌금에 처한다(위탁선거법66).

9) 공소시효

위탁선거법에 규정한 죄의 공소시효는 해당 선거일 후 6개월(선거일 후 행하여진 범죄는 그 행위가 있는 날부터 6개월)이 지남으로써 완성한다(위탁선거법71 본문). 다만, 범인이 도피한 때나 범인이 공범 또는 범죄의 증명에 필요한 참고인을 도피시킨 때에는 그 기간은 3년으로 한다(위탁선거법71 단서).

(나) 과태료

법 제29조(정보통신망을 이용한 선거운동) 제2항에 따른 관할위원회의 요청을 이행하지 아니한 자에게는 100만원 이하의 과태료를 부과한다(위탁선거법68②).

법 제35조(기부행위제한) 제3항을 위반하여 금전·물품이나 그 밖의 재산상 이익을 제공받은 자(그 제공받은 금액 또는 물품의 가액이 100만원을 초과한 자는 제외)에게는 그 제공받은 금액이나 가액의 10배 이상 50배 이하에 상당하는 금액의 과태료를 부과하되, 그 상한액은 3천만원으로 한다(위탁선거법68③ 본문). 다만, 제공받은 금액 또는 음식물·물품(제공받은 것을 반환할 수 없는 경우에는 그 가액에 상당하는 금액) 등을 선거관리위원회에 반환하고 자수한 경우에는 그 과태료를 감경 또는 면제할 수 있다(위탁선거법68③ 단서).

2. 임원의 선거운동 제한

(1) 선거운동과 결사의 자유

수산업협동조합법은 수협을 법인으로 하면서(법4), 공직선거에 대한 관여를 금지하고(법7), 조합의 재산에 대하여 국가 및 지방자치단체의 조세 외의 부과금을 면제하는(법8) 등 공적인 의무와 혜택을 부여하고 있다. 하지만 수협은 조합원의 경제적·사회적·문화적 지위의 향상을 목적으로 하는 어업인의 자주적 협동조직으로, 조합원 자격을 가진 20인 이상이 발기인이 되어 설립하고(법16), 조합원의 출자로 자금을 조달하며(법22), 조합의 결성이나 가입이 강제되지 아니하고, 조합원의 임의탈퇴 및 해산이 허용되며(법29, 법31), 조합장은 조합원들이 직접 선출하거나 대의원회 또는 이사회가 그 구성원 중에서 선출하고 있다(법46). 따라서 수협은 기본적으로 사법인적 성격을 지니고 있다 할 것이므로, 위 조합의 활동도 결사의 자유 보장의 대상이 된다. 또 수협의 조합장은 조합을 대표하며 업무를 집행하는 사람으로서, 총회와 이사회의 의장이 되며 이사회의 소집권자이다. 그러므로 조합장 선출행위는 결사 내 업무집행 및 의사결정기관의 구성에 관한 자율적인 활동이라 할 수 있으므로, 조합장선거 후보자의 선거운동에 관한 사항은 결사의 자유의 보호범위에 속한다.[14]

---

14) 헌법재판소 2017. 6. 29. 선고 2016헌가1 전원재판부.

(2) 금지행위

누구든지 자기 또는 특정인을 조합의 임원이나 대의원으로 당선되게 하거나 당선되지 못하게 할 목적으로 ⅰ) 선거인(선거인 명부 작성 전에는 선거인 명부에 오를 자격이 있는 사람으로서 이미 조합에 가입한 사람 또는 조합에 가입 신청을 한 사람을 포함)이나 그 가족(선거인의 배우자, 선거인 또는 그 배우자의 직계 존속·비속과 형제자매, 선거인의 직계 존속·비속 및 형제자매의 배우자) 또는 선거인이나 그 가족이 설립·운영하고 있는 기관·단체·시설에 대한 ㉠ 금전·물품·향응이나 그 밖의 재산상의 이익을 제공하는 행위(가목), ㉡ 공사(公私)의 직을 제공하는 행위(나목), ㉢ 금전·물품·향응, 그 밖의 재산상의 이익이나 공사의 직을 제공하겠다는 의사표시 또는 그 제공을 약속하는 행위(다목)(제1호), ⅱ) 후보자가 되지 아니하도록 하거나 후보자를 사퇴하게 할 목적으로 후보자가 되려는 사람이나 후보자에게 하는 제1호 각 목의 행위(제2호), ⅲ) 제1호 또는 제2호에 규정된 이익이나 직을 제공받거나 그 제공의 의사 표시를 승낙하는 행위 또는 그 제공을 요구하거나 알선하는 행위(제3호)를 할 수 없다(법53①, 법108, 법113).

(3) 조합원 호별 방문 금지 등

임원이나 대의원이 되려는 사람은 선거운동을 위하여 선거일 공고일부터 선거일까지의 기간 중에는 조합원을 호별로 방문하거나 특정 장소에 모이게 할 수 없다(법53②, 법108, 법113).

(4) 거짓의 사실 공표 금지 등

누구든지 조합의 임원 또는 대의원 선거와 관련하여 연설·벽보 및 그 밖의 방법으로 거짓 사실을 공표하거나 공연히 사실을 구체적으로 제시하여 후보자(후보자가 되려는 사람을 포함)를 비방할 수 없다(법53③, 법108, 법113).

(5) 선거인명부 허위 등재 금지

누구든지 특정 임원의 선거에 투표하거나 투표하게 할 목적으로 자신이나 타인의 이름을 거짓으로 선거인명부에 올려서는 아니 된다(법53④, 법108, 법113).

(6) 선거운동 기간의 제한

누구든지 후보자등록마감일의 다음 날부터 선거일 전일까지의 선거운동 기간 외에 선거운동을 할 수 없다(법53⑤, 법108, 법113).

(7) 선거기간 중 선물 또는 금품 운반 금지

누구든지 자기 또는 특정인을 당선되게 하거나 당선되지 못하게 할 목적으로 선거기간 중 포장된 선물 또는 돈봉투 등 다수의 조합원(조합원의 가족 또는 조합원이나 그 가족이 설립·운영하고 있는 기관·단체·시설을 포함)에게 배부하도록 구분된 형태로 되어 있는 금품을 운반하지 못한다(법53⑥, 법108, 법113).

(8) 선거관리 방해 금지 등

누구든지 ⅰ) 조합선거관리위원회 또는 선거의 관리를 위탁받은 구·시·군선거관리위원회의 위원·직원·선거부정감시단원, 그 밖에 선거사무에 종사하는 자를 폭행·협박·유인 또는 체포·감금하는 행위(제1호), ⅱ) 조합선거관리위원회 또는 선거의 관리를 위탁받은 구·시·군선거관리위원회의 위원·직원·선거부정감시단원, 그 밖에 선거사무에 종사하는 자에게 폭행이나 협박을 가하여 투표소·개표소 또는 선거관리위원회 사무소를 소요·교란하는 행위(제2호), ⅲ) 투표용지·투표지·투표보조용구·전산조직 등 선거관리 또는 단속사무와 관련한 시설·설비·장비·서류·인장 또는 선거인명부를 은닉·파손·훼손 또는 탈취하는 행위(제3호)를 할 수 없다(법53⑦, 법108, 법113).

(9) 선거운동의 방법 제한

누구든지 임원 또는 대의원 선거와 관련하여 ⅰ) 선전벽보의 부착(제1호), ⅱ) 선거공보의 배부(제2호), ⅲ) 도로·시장 등 해양수산부령으로 정하는 다수인이 왕래하거나 집합하는 공개된 장소15)에서의 지지 호소 및 명함의 배부(제3호),

---

15) "도로·시장 등 해양수산부령으로 정하는 다수인이 왕래하거나 집합하는 공개된 장소"란 도로·도로변·광장·공터·주민회관·시장·점포·공원·운동장·주차장·위판장·선착장·방파제·대기실·경로당 등 누구나 오갈 수 있는 공개된 장소를 말한다(시행규칙8의2 본문). 다만, ⅰ) 병원·종교시설·극장의 안(제1호), ⅱ) 지구별수협(법 제108조에 따라 법 제53조 제8항 제3호가 준용되는 경우에는 업종별 수산업협동조합을 말하고, 법 제113조에 따라 법 제53조 제8항 제3호가 준용되는 경우에는 수산물가공 수산업협동조합을 말하며, 법 제168조에 따라 법 제53조 제8항 제3호가 준용되는 경우에는 중앙회)의 주된 사무

ⅳ) 합동연설회 또는 공개토론회의 개최(제4호), ⅴ) 전화(문자메세지 포함)·컴퓨터통신(전자우편 포함)을 이용한 지지 호소(제5호) 외의 행위를 할 수 없다(법53⑧). 조합장을 대의원회에서 선출하는 경우에는 제2호와 제5호, 비상임이사 및 감사선거의 경우에는 제3호와 제5호에 한정한다(법53⑧, 법108, 법113).

(10) 선거운동 방법의 세부사항

선거운동방법에 관한 세부적인 사항은 해양수산부령으로 정한다(법53⑨, 법108, 법113). 이에 따른 선거운동방법에 관한 세부적인 사항은 [별표 1의2]와 같다(시행규칙8의3).

(11) 임직원의 금지행위

조합의 임직원은 ⅰ) 그 지위를 이용하여 선거운동을 하는 행위(제1호), ⅱ) 선거운동의 기획에 참여하거나 그 기획의 실시에 관여하는 행위(제2호), ⅲ) 후보자(후보자가 되려는 사람을 포함)에 대한 조합원의 지지도를 조사하거나 이를 발표하는 행위(제3호)를 할 수 없다(법53⑩, 법108, 법113).

(12) 위반시 제재

법 제53조 제1항(제108조, 제113조 또는 제168조에 따라 준용되는 경우를 포함)을 위반하여 선거운동을 한 자, 법 제53조 제10항(제108조, 제113조 또는 제168조에 따라 준용하는 경우를 포함)을 위반하여 선거운동을 한 자는 2년 이하의 징역 또는 2천만원 이하의 벌금에 처한다(법178①(2)(3)).

법 제53조 제2항을 위반하여 호별 방문을 하거나 특정 장소에 모이게 한 자, 법 제53조 제8항을 위반하여 선전벽보 부착 등의 금지된 행위를 한 자, 법 제53조 제4항부터 제7항까지의 규정을 위반한 자(제108조, 제113조 또는 제168조에 따라 준용되는 자를 포함)는 1년 이하의 징역 또는 1천만원 이하의 벌금에 처한다(법178②(1)(2)(3)).

법 제53조 제3항(제108조, 제113조 또는 제168조에 따라 준용되는 자를 포함)을 위반하여 거짓 사실을 공표하는 등 후보자를 비방한 자는 500만원 이상 3천만원

소나 지사무소의 건물의 안(제2호)은 제외한다(시행규칙8의2 단서).

이하의 벌금에 처한다(법178④).

위에 규정된 죄의 공소시효는 해당 선거일 후 6개월(선거일 후에 지은 죄는 그 행위가 있었던 날부터 6개월)이 지남으로써 완성된다(법178⑤ 본문). 다만, 범인이 도피하였거나 범인이 공범 또는 범인의 증명에 필요한 참고인을 도피시킨 경우에는 그 기간을 3년으로 한다(법178⑤ 단서).

(13) 관련 판례

① 대법원 2015. 1. 29. 선고 2013다13146 판결

[1] 수협법 제53조 제5항(현행 제10항)은 지구별수협의 임·직원은 다음 각 호의 어느 하나에 해당하는 행위를 할 수 없다고 하면서, 제1호로 그 지위를 이용하여 선거운동을 하는 행위, 제2호로 선거운동의 기획에 참여하거나 그 기획의 실시에 관여하는 행위를 규정하고 있다. 선거운동은 특정 후보자의 당선 내지 득표나 낙선을 위하여 필요하고도 유리한 모든 행위로서 당선 또는 낙선을 도모한다는 목적의지가 객관적으로 인정될 수 있는 능동적·계획적인 행위를 말하므로, 단순히 장래 선거운동을 위한 내부적·절차적 준비행위에 해당하는 통상적인 정당활동과는 구별되나, 구체적으로 어떠한 행위가 선거운동에 해당하는지를 판단할 때에는 단순히 행위의 명목뿐만 아니라 행위 태양, 즉 그 행위가 행하여지는 시기·장소·방법 등을 종합적으로 관찰하여 그것이 특정 후보자의 당선 또는 낙선을 도모하는 목적의지를 수반하는 행위인지를 판단하여야 한다(대법원 2011. 6. 24. 선고 2011도3447 판결 참조).

한편 사용자의 근로자에 대한 해고는 정당한 이유가 없으면 무효이고(근로기준법 제23조), 그러한 정당한 이유가 있다는 점은 사용자가 주장·입증하여야 한다(대법원 1992. 8. 14. 선고 91다29811 판결 참조). 그리고 민사소송에서 사실의 증명은 추호의 의혹도 있어서는 아니 되는 자연과학적 증명은 아니나, 특별한 사정이 없는 한 경험칙에 비추어 모든 증거를 종합 검토하여 어떠한 사실이 있었다는 점을 시인할 수 있는 고도의 개연성을 증명하는 것이고, 그 판정은 통상인이라면 의심을 품지 않을 정도일 것을 필요로 한다(대법원 2010. 10. 28. 선고 2008다6755 판결 참조).

[2] 기록에 의하면 다음과 같은 사정을 알 수 있다.

(가) 수협법에 의하면 피고("Y수협") 및 그 조합장은 조합장의 임기 만료일

전 180일부터 조합장의 선거일까지 선거인이나 그 가족 등에 대하여 원칙적으로 기부행위를 할 수 없고, 다만 통상적인 범위에서의 축의·부의금품을 제공하는 것은 기부행위로 보지 아니하지만 화환은 그렇지 아니하며, 이를 위반하여 기부 행위를 한 자는 수협법 제178조 제2항, 제53조의2에 의하여 처벌될 수 있다. 피고의 조합장이던 C는 2008. 10. 10. 수협중앙회와 사이에 피고의 조합장 선거기간 무렵 동안 피고 조합원과 관련된 경조사에 수협중앙회장 명의의 화환을 협찬받기로 하되, 피고 조합 측이 먼저 자신의 비용으로 화환을 구입하여 이를 수협중앙회장 명의로 피고 조합원 관련 경조사에 제공한 다음 조합장 선거가 끝나면 그 동안 제공한 화환 대금의 총액을 수협중앙회에 청구하여 이를 지급받는 방식으로 협찬받기로 약속하였다. 이에 따라 피고는 이 사건 조화 외에도 2008. 10. 경부터 2009. 2.경까지 조합원 경조사에 수협중앙회장 명의의 화환 9개와 어촌계장 명의의 화환 23개를 보냈는데, 용유·무의 지역민이 다수이기는 하나 위 지역이 아닌 척전 지역 조합원에게도 화환과 경조비가 지급되기도 하였다.

   (나) 원고가 담당한 도림동지점은 지점장인 원고를 포함하여 직원 6명 정도에 불과한 소규모 지점이다. 피고의 "직원 상조회"는 회칙상 조의 위로금의 지급 대상을 "1. 회원(배우자 포함), 2. 부모(양가부모), 3. 회원 자녀"로 하고 있다. L은 원고로부터 직원인 M의 외조모상이라는 말을 듣고는 상조회의 지원 대상이 아니어서 지도과장인 S의 지시에 따라 조화의 제공을 거절하였다. 한편 피고는 직원 상조회와 별개로 본점 차원에서 조합원 경조사에 조화 및 경조비를 지급하여 왔는데, M의 어머니와 언니는 피고의 조합원이다. 원고는 2009. 1. 29. 이 사건 장례식장에 방문했을 때 M의 아버지 M1으로부터 큰 처남이 경기남부수협 조합원이어서 경기수협 조합장 명의의 조화가 왔다는 말을 듣고 피고도 조화를 보내도록 하겠다고 하였다. 원고는 이 사건 장례식장 근처에 있는 피고의 본점을 방문하여 본점 차원의 조합원 경조사의 지원을 요청하였다. L은 때마침 서용원이 자리에 없어서 지도상무인 K를 찾아가 보고를 하고는, 소래 조합원도 조합원이니 종전과 똑같이 하라는 K의 지시에 따라 수령인을 조합원인 M의 어머니 O로 하여 이 사건 조화를 보냈다. 위 과정에서 K가 조합장 C에게 보고하지 말라고 하는 등 통상의 절차와 다르게 취급하라고 지시하지는 않았고, 원고나 K가 S의 부재를 이용하여 C의 의사에 반하거나 몰래 이 사건 조화가 보내지게 했다는 등의 특별한 사정은 엿보이지 아니한다. 오히려 이 사건 조화가 보내진 같은 날인

2009. 1. 30. C 의사에 따라 을왕어촌계장 계원 일동 명의로 다른 조합원 상가에도 화환이 보내졌다.

한편 이 사건 조화의 제공이 제보된 사실이 피고에게 알려진 2009. 2. 12. K, S, G가 대책을 마련하는 자리에서, S는 K로부터 그가 이 사건 조화를 보내도록 지시했었다는 말을 듣고도 C의 의사에 반하여 보냈다는 점을 문제 삼지는 아니하였고, 2009. 1. 29. 당시 자신이 이 문제와 관련하여 조합장실에서 기다리다 정신이 없어 보고하지 못하고 내려왔다는 취지로 말하였다. 한편 C는 2009. 2. 19. K와 G에게 "이 사건 조화는 나는 지시한 적도 없고, 지도과장도 지시한 적이 없고, 원고가 들어와서 거래처니까 하나 보내야겠다고. 하여튼 L이 단독으로 하는 겁니다."라면서 향후 조사에 대한 대처방법을 지시하듯이 말하였고, 이어서 "표를 얻으려고 수협중앙회장 명의로 조화를 보낸 게 아니라 상을 당한 어민들이 딱해서 조화를 보낸 것이다."라고 하여 이 사건 조화를 보낸 것이 반드시 그의 의사에 반하는 것은 아니라는 취지로 말하였다.

(다) 원고가 2009. 1. 30. 오전 이 사건 장례식장을 재차 방문한 시간은 오전 9시에서 10시 사이인데 근처의 피고 본점 방문을 겸하여 찾아간 것으로 보이고, 잠자는 M을 깨우고 난 뒤에 M이 보는 앞에서 이 사건 조화 등을 사진촬영한 것이어서 비밀리에 사진촬영한 것으로는 보이지 아니한다. 또한 원고는 M에게 사진촬영 당시에는 비밀로 해달라고 요구하지 아니하였고, 원래 외조모는 상조회에 해당사항이 없어서 피고에게 건의하려고 한다고 말하였다. K는 제1심 법정에서 "원고가 이 사건 장례식장에서 전화로 수협중앙회장 명의의 조화는 있으나 피고 조합장 명의의 조화는 없다고 했는데, 자세히 말할 상황이 아니어서 추후 수협중앙회에 화환대금을 청구하는 데 사용할 생각으로 원고에게 '그냥 사진이나 찍어오라'고 하면서 전화를 끊었다. 그 후 원고에게 수협중앙회장 명의로 온 것이 피고 조합장이 보낸 것이니 소문을 내지 말라고 했다."라고 증언하였다. 원고는 2009. 1. 31. 발인날 피고의 조화를 기다려도 도착하지 않았는데 어떻게 된 거냐고 묻는 M1의 전화에 "M은 상조회 지원대상이 아니어서 조화를 보내드릴 수 없으니 죄송하다."고 답하였다.

위와 같은 사실관계에 K가 조합장 선거운동과 관련된 자료를 수집해 왔고, C와 C1에게 자신이 상임이사가 될 것을 요구했으며, 그 후 피고의 동춘동지점장으로 전보되자 C, N, C1 등을 불법 선거운동 혐의로 고발한 점을 더하여 보면,

K는 선거운동 관련 자료를 수집하고 그 수집사실을 감추기 위하여 원고에게 사진촬영 사실에 대하여 비밀로 요구하였고, 이에 따라 원고가 2009. 2. 2. M에게 사진촬영에 대하여 비밀로 해달라고 부탁한 것으로 보이고, K가 2009. 2. 19. "시키는 일도 제대로 못하고 들키긴 들켜"라고 말한 것은 자신의 행위가 발각될 것을 염려한 데서 비롯된 것으로 보인다.

[3] 위와 같은 사정을 앞서 본 법리에 비추어 살펴보면, 이 사건 조화의 지원은 조합장 C의 의사에 반하는 것이 아니라 적어도 그의 추정적 의사에 부합하는 것으로 보이고, 원고가 담당한 지점의 규모, M 및 그 가족들과의 관계 등에 비추어 지점장인 원고가 이 사건 조화의 지원을 요청한 것이 이례적이라고 보기 어려우며, 이 사건 조화 지원에 관한 K의 관여 경위, K에게 사진 파일을 전달하기 전후의 원고의 태도·언행의 변화에 비추어 원고는 사진촬영 당시 그 목적이 부당하다고 인식하지 않았던 것으로 보이고, 수협중앙회장 명의의 이 사건 조화 외에 피고의 조화가 없는 것에 관한 질문을 하다가 조합장 선거와 무관하게 가까운 사이인 K의 부탁을 단순히 들어주었을 가능성을 배제할 수 없으며, 원고가 이 사건 조화의 요구에서부터 사진촬영 및 그 파일의 전달에 이르기까지 K가 선거운동 자료를 수집하고 있는 것을 알면서 K와 공모하여 조합장의 선거운동의 기획에 참여하거나 그 기획의 실시에 관여하는 행위 또는 그 지위를 이용하여 선거운동을 하는 행위를 하였다고 단정하기 어렵다. 또한 원고가 이 사건 조화 및 방명록이 찍힌 사진을 관할 선거관리위원회 등에 직접 제보하였거나, K 또는 그 이외의 자가 조합장 C를 낙선시키려는 목적에서 위와 같은 제보를 할 것이라는 점을 예견하고 K에게 사진촬영 파일을 전달하였다고 볼만한 자료도 없다.

그렇다면 원고에게 수협법 제53조 제5항(현행 제10항) 제1, 2호를 전제로 한 징계사유가 있다고 보기 어렵다고 할 것이다. 그럼에도 원심은 이와 달리 위 징계사유가 있다고 인정하고 말았으니, 이러한 원심판단에는 논리와 경험의 법칙을 위반하고 자유심증주의의 한계를 벗어나거나 징계사유의 증명에 관한 법리를 오해하여 판결에 영향을 미친 잘못이 있다. 이 점을 지적하는 상고이유 주장은 이유 있다.

② 대법원 2012. 9. 13. 선고 2010도17463 판결
구 수산업협동조합법(2010. 4. 12. 법률 제10245호로 개정되기 전의 것, 이하 "수

협법"이라 한다) 제53조는 "선거운동의 제한"이라는 제목하에 제1항 제3호에서 "누구든지 자기 또는 특정인을 지구별 수협의 임원 또는 대의원으로 당선되거나 당선되게 하거나 당선되지 못하게 할 목적으로 금전·물품·향응 그 밖에 재산상의 이익이나 공사(公私)의 직을 제공받거나 그 제공의 의사표시를 승낙하는 행위 또는 그 제공을 요구하거나 알선하는 행위를 할 수 없다"고 규정하는 한편, 제178조 제1항 제2호는 "제53조 제1항의 규정을 위반하여 선거운동을 한 자는 2년 이하의 징역 또는 2천만 원 이하의 벌금에 처한다."고 규정하고 있는바, 위 각 규정의 내용, 체계, 취지 및 수협법 제178조 제1항 제1, 3호의 내용 등에 비추어 보면 수협법 제178조 제1항 제2호는 "제53조 제1항 제3호에서 규정한 선거운동 제한행위를 위반한 자"를 그 구성요건으로 규정하였다고 봄이 상당하고, 여기에 더하여 "제53조 제1항 제3호에서 규정한 선거운동 제한행위를 위반한 자"가 다른 "선거운동까지 할 것"을 추가적인 구성요건으로 규정하였다고 볼 수는 없다.

그럼에도 원심이 수협법 제178조 제1항 제2호가 "제53조 제1항 제3호를 위반하는 행위를 한 자" 즉 "제53조 제1항 제3호에서 규정한 선거운동 제한행위를 위반한 자"가 다른 "선거운동까지 할 것"을 구성요건으로 규정하고 있다고 본 다음, 피고인 N, L에 대한 공소사실에 "제53조 제1항 제3호를 위반하는 행위" 외에 다른 "선거운동"을 하였다는 기재가 전혀 없다는 이유로 피고인 N에 대한 제1심 판단이 불고불리의 원칙을 위반하였다고 판단하는 한편, 피고인 L에게 무죄를 선고한 것은 잘못이다.

하지만, ㉠ 앞서 본 바와 같이 피고인 K, N이 지구별 수협의 임원으로 당선되거나 당선되게 할 목적으로 피고인 H에게 공사의 직의 제공을 약속하였다고 보기 어려우므로 피고인 H가 공사의 직 제공의사표시에 승낙하였다는 사실 역시 인정하기 어렵다고 본 원심의 사실인정이 정당한 이상, 제1심 판단에 불고불리의 원칙을 위반한 위법이 있다는 부가적 판단의 당부는 판결 결과에 영향을 미칠 수 없고, ㉡ 앞서 본 바와 같이 피고인 K, N이 지구별 수협의 임원으로 당선되거나 당선되게 할 목적으로 피고인 J에게 공사의 직의 제공을 약속하였다고 보기 어렵다고 본 원심의 사실인정이 정당한 이상, 피고인 J가 피고인 K, N의 약속에 대하여 승낙하였다는 사실 역시 인정하기 어려우므로 피고인 J에 대한 공소사실을 무죄로 인정한 조치는 결국 정당하다 할 것이어서, 원심의 위와 같은 잘못은 판결 결과에 영향이 없다.

③ 대법원 2012. 9. 13. 선고 2010도17153 판결

[1] 수협법 제53조가 "선거운동의 제한"이란 제목 아래 금지되는 선거운동을 열거하고 있고, 이에 따라 같은 조 제1항 제1호에서 정하고 있는 행위, 즉 자기 또는 특정인을 지구별 수협의 임원 또는 대의원으로 당선되게 하거나 당선되지 못하게 할 목적으로 선거인이나 그 가족 등에게 재산상의 이익이나 공사(公私)의 직을 제공하는 등의 행위 자체가 금지되는 선거운동 중의 하나에 해당하며, 위와 같이 임원 또는 대의원 선거에서 당선되게 하거나 당선되지 못하게 할 목적으로 하는 행위는 그 자체로 선거운동 행위로 평가하는 것이 일반적인 경험칙에 부합된다고 봄이 상당하고, 여기에 지구별 수협의 임원 등 선거에서 선거의 과열과 혼탁을 방지하고 선거의 공정성을 확보하기 위하여 선거인 등에게 이익을 제공하거나 선거인 등이 이익을 제공받는 등의 행위를 금지하려는 위 규정의 입법 취지와 목적을 아울러 참작하여 보면, 제53조 제1항의 규정을 위반하여 그 규정이 금지하는 이익의 제공, 약속, 승낙, 요구, 알선 등의 행위를 한 경우에는 그와 같은 선거운동을 한 것에 해당하여 구 수협법 제178조 제1항 제2호에 의해 처벌된다고 해석함이 상당하고, "제53조 제1항의 규정을 위반하고 다시 그와 별도의 선거운동을 한 경우"만이 처벌대상이 된다고 해석할 것은 아니다.

[2] 그럼에도 이와 달리 원심은, "피고인이 공소외 1 이 지지하는 공소외 2를 선거에서 당선되게 할 목적으로 피고인의 아들인 공소외 3에 대한 ○○수협 △△지점 임시직 채용을 요구하여 공소외 1로부터 채용을 약속받음으로써 공소외 1에게 공사(公私)의 직의 제공을 요구하였다."는 요지의 이 부분 공소사실에 대하여, 위 죄가 성립하기 위해서는 "특정인을 지구별 수협의 임원으로 당선되게 하거나 당선되지 못하게 할 목적으로 공사(公私)의 직의 제공을 요구할 것"이라는 요건과 이와 별도로 "선거운동을 한 자일 것"이라는 요건을 모두 충족하여야 한다는 잘못된 전제에서, 피고인이 공소외 2를 당선되게 하거나 경쟁 후보자를 당선되지 못하게 하는 별도의 선거운동을 하였음에 관한 공소사실의 기재가 없고 이를 인정할 증거가 없다는 이유로 무죄를 선고하였다.

[3] 앞서 본 법리에 비추어 보면, 원심으로서는 위와 같은 이유만으로 무죄를 선고할 것이 아니라, 공소외 2를 선거에서 당선되게 할 목적으로 공사(公私)의 직의 제공요구 행위가 이루어졌다는 공소사실 내지는 이와 달리 조합장 선거와 무관하게 공소외 1에게 아들의 취직을 부탁하였다는 취지의 피고인 주장의 당부

에 관하여 심리하여 위 공소사실의 인정 여부를 판단하였어야 함에도, 이에 이르
지 아니한 채 무죄를 선고한 원심판결에는 구 수협법 제178조 제1항 제2호의 해
석에 관한 법리를 오해하여 필요한 심리를 다하지 아니한 위법이 있다.

④ 대법원 2005. 3. 11. 선고 2004도8009 판결

[1] 수산업협동조합은 조합원들이 자신들의 이익을 옹호하기 위하여 자주적
으로 결성한 임의단체로서 그 내부 운영에 있어서 조합정관 및 다수결에 의한
자치가 보장되므로, 조합정관의 규정에 따라 조합이 자체적으로 마련한 임원선
거규정은 일종의 자치적 법규범으로서 수산업협동조합법("법") 및 조합정관과 더
불어 법적 효력을 가진다고 할 것이고, 따라서 위 법에서 선거인의 정의에 관한
규정을 두고 있지 않더라도 임원선거규약에서 그에 대한 규정들을 두고 있는 경
우 법 제178조 제1항, 제53조 제1항 제1호를 해석함에 있어서는 임원선거규약의
내용도 기초로 삼아야 할 것이므로, 수산업협동조합의 경우 법 제53조 제1항 제1
호의 "선거인"인지의 여부가 임원선거규정의 정함에 따라 선거공고일에 이르러
비로소 확정된다면 법 제178조 제1항, 제53조 제1항 제1호 위반죄는 선거공고일
이후의 금품제공 등의 경우에만 성립하고, 그 전의 행위는 유추해석을 금지하는
죄형법정주의의 원칙상 선거인에 대한 금품제공이라고 볼 수가 없어 위 죄가 성
립될 수 없다(대법원 2000. 11. 24. 선고 2000도3569 판결 참조).

한편, 법 제55조의4 제1항 제1호는 "선거인"에게 금전·물품·향응 기타 재
산상의 이익이나 공사의 직을 제공, 제공의 의사표시 또는 그 제공을 약속하는
행위를 금하고 있을 뿐 "장차 선거인이 될 자"에 대한 위와 같은 행위를 금하고
있지는 아니하므로, 수산업협동조합이 임원선거규정의 선거운동제한규정(제13조)
에서 선거인뿐 아니라 장차 선거인 명부에 오를 자격이 있는 자도 선거인에 포
함한다는 취지의 규정을 두고 있다고 하더라도, 위 임원규정 중 선거인을 정의하
는 규정(제3조) 자체에서 그러한 취지를 규정하지 아니하고 "선거인은 회장과 선
거공고일 현재 회원명부에 등재된 회원의 조합장으로 한다."라는 규정만을 하고
있는 이상 유추해석을 금지하는 죄형법정주의의 원칙에 비추어, 선거인이 아니
라 장차 선거인 명부에 오를 자격이 있을 뿐인 자에 대하여는 법 제55조의4 제1
항 제1호의 선거운동의 제한규정이 적용될 수 없는 것이다(농업협동조합법의 해석
에 관한 대법원 2004. 3. 12. 선고 2003도7443 판결 참조).

원심이, 같은 취지에서 선거공고일 이전에 회원명부에 등재된 회원의 조합장들에게 금품을 제공하는 등의 행위가 법 제165조의2 제1항, 제55조의4 제1항 제1호에 의하여 처벌되는 행위에 포함되지 아니한다고 판단한 것은 정당하고, 거기에 판결 결과에 영향을 미친 위법이 있다고 할 수 없으며, 검사가 상고이유에서 내세우고 있는 대법원 판결이나 헌법재판소 결정 또한 어느 것이나 사안과 취지를 달리하는 것으로서 이 사건에 원용할 만한 것이 아니다. 이 부분에 대한 검사의 상고이유 제1점의 주장은 이유 없다.

[2] 법 제55조의4의 규정내용, 상호구조 및 그에 대한 처벌규정 등에 비추어 보면, 위 조문 제1항 내지 제3항은 조합 내의 선거부정과 혼탁선거를 방지하기 위하여 부정한 행위들을 특정하여 이를 금지하고 있는 규정인 반면, 같은 조 제4항은 선거의 과열방지 및 공정성을 확보하기 위하여 선거운동방법을 한정하고, 정관에서 정한 것 이외의 선전벽보 등의 부착·배부 및 합동연설회 또는 공개토론회의 개최나 이와 유사한 형태의 선거운동을 금지하고 있는 규정이라 할 것이며 그 처벌 규정도 각각 달리하고 있고, 또한 금품 등 제공 또는 호별방문과 같은 행위로서 위 조항들의 해석과 관련하여 같은 조 제1항 내지 제3항으로 처벌할 수 없게 되는 행위를 모두 같은 조 제4항의 금지된 선거운동에 해당하는 것으로 해석하는 것은 확대해석과 유추해석을 금지하는 죄형법정주의의 원칙에 어긋난다고 할 것이므로, 같은 조 제4항을 같은 조 제1항 내지 제3항에 대하여 보충적으로 적용되는 규정이라고는 할 수 없어, 같은 조 제1항 내지 제3항의 해석과 관련하여 위 조항 소정의 행위로서 처벌할 수 없게 되는 경우에는 같은 조 제4항으로도 처벌할 수 없다(대법원 2004. 7. 22. 선고 2004도2290 판결).

원심은 선거인의 숙소를 1회 방문한 피고인의 행위가 법 제55조의4 제4항 소정의 금지되는 선거운동에 해당하는 것으로 볼 수 없으므로 이 부분 공소사실은 죄가 되지 아니하는 경우에 해당한다고 판단하였는바, 이러한 원심의 판단은 위 법리에 비추어 옳고, 거기에 검사가 상고이유 제2점으로 주장한 것처럼 수산업협동조합중앙회 정관이나 임원선거규정의 법규성·죄형법정주의 등에 관한 법리를 오해한 위법이 없다.

3. 기부행위의 제한

(1) 기부행위의 의의와 유형

조합의 임원 선거 후보자, 그 배우자 및 후보자가 속한 기관·단체·시설은 해당 임원의 임기 만료일 전 180일(보궐선거 등의 경우에는 그 선거 실시 사유가 확정된 날)부터 해당 선거일까지 선거인(선거인 명부 작성 전에는 선거인 명부에 오를 자격이 있는 사람으로서 이미 조합에 가입한 사람 또는 조합에 가입 신청을 한 사람을 포함)이나, 그 가족 또는 선거인이나 그 가족이 설립·운영하고 있는 기관·단체·시설에 대하여 금전·물품이나 그 밖의 재산상 이익의 제공, 이익 제공의 의사표시 또는 그 제공을 약속하는 행위("기부행위")를 할 수 없다(법53의2①, 법108, 법113).

(2) 기부행위로 보지 않는 행위

다음의 어느 하나에 해당하는 행위, 즉 i) 직무상의 행위, ii) 의례적 행위, iii) 구호적·자선적 행위에 준하는 행위는 기부행위로 보지 아니한다(법53의2②, 법108, 법113).

(가) 직무상의 행위

다음의 직무상의 행위, 즉 i) 후보자가 소속된 기관·단체·시설(나목에 따른 조합은 제외)의 자체 사업계획과 예산으로 하는 의례적인 금전·물품 제공 행위(포상을 포함하되, 화환·화분을 제공하는 행위는 제외)(가목), ii) 법령과 정관에 따른 조합의 사업계획 및 수지예산에 따라 집행하는 금전·물품 제공 행위(포상을 포함하되, 화환·화분을 제공하는 행위는 제외)(나목), iii) 물품 구매, 공사, 서비스 등에 대한 대가의 제공 또는 부담금의 납부 등 채무를 이행하는 행위(다목), iv) 가목부터 다목까지의 규정에 해당하는 행위 외에 법령의 규정에 근거하여 물품 등을 찬조·출연 또는 제공하는 행위(라목)는 기부행위로 보지 아니한다(법53의2② (1), 법108, 법113).

(나) 의례적 행위

다음의 의례적 행위, 즉 i) 민법 제777조[16])에 따른 친족의 관혼상제 의식

---

16) 제777조(친족의 범위) 친족관계로 인한 법률상 효력은 이 법 또는 다른 법률에 특별한 규정이 없는 한 다음 각호에 해당하는 자에 미친다.

이나 그 밖의 경조사에 축의·부의금품을 제공하는 행위(가목), ⅱ) 후보자가 민법 제777조에 따른 친족이 아닌 사람의 관혼상제 의식에 일반적인 범위에서 축의·부의금품(화환·화분은 제외)을 제공하거나 주례를 서는 행위(나목), ⅲ) 후보자의 관혼상제 의식이나 그 밖의 경조사에 참석한 하객이나 조객(弔客) 등에게 일반적인 범위에서 음식물이나 답례품을 제공하는 행위(다목), ⅳ) 후보자가 그 소속 기관·단체·시설(후보자가 임원이 되려는 해당 조합은 제외)의 유급(有給) 사무직원 또는 민법 제777조에 따른 친족에게 연말·설 또는 추석에 의례적인 선물을 제공하는 행위(라목), ⅴ) 친목회·향우회·종친회·동창회 등 각종 사교·친목단체 및 사회단체의 구성원으로서 해당 단체의 정관·규약 또는 운영관례상의 의무에 기초하여 종전의 범위에서 회비를 내는 행위(마목), ⅵ) 후보자가 평소 자신이 다니는 교회·성당·사찰 등에 일반적으로 헌금(물품의 제공을 포함)하는 행위(바목)는 기부행위로 보지 아니한다(법53의2②(2), 법108, 법113).

(다) 구호적·자선적 행위에 준하는 행위

공직선거법 제112조 제2항 제3호에 따른 구호적·자선적 행위에 준하는 행위는 기부행위로 보지 아니한다(법53의2②(3), 법108, 법113). 여기서 공직선거법 제112조 제2항 제3호에 따른 구호적·자선적 행위는 ⅰ) 법령에 의하여 설치된 사회보호시설 중 수용보호시설에 의연금품을 제공하는 행위(가목), ⅱ) 재해구호법의 규정에 의한 구호기관(전국재해구호협회 포함) 및 대한적십자사 조직법에 의한 대한적십자사에 천재·지변으로 인한 재해의 구호를 위하여 금품을 제공하는 행위(나목), ⅲ) 장애인복지법 제58조에 따른 장애인복지시설(유료복지시설 제외)에 의연금품·구호금품을 제공하는 행위(다목), ⅳ) 국민기초생활 보장법에 의한 수급권자인 중증장애인에게 자선·구호금품을 제공하는 행위(라목), ⅴ) 자선사업을 주관·시행하는 국가·지방자치단체·언론기관·사회단체 또는 종교단체 그 밖에 국가기관이나 지방자치단체의 허가를 받아 설립된 법인 또는 단체에 의연금품·구호금품을 제공하는 행위(다만, 광범위한 선거구민을 대상으로 하는 경우 제공하는 개별 물품 또는 그 포장지에 직명·성명 또는 그 소속 정당의 명칭을 표시하여 제공하는 행위는 제외)(마목). ⅵ) 자선·구호사업을 주관·시행하는 국가·지방자치단

---

1. 8촌이내의 혈족
2. 4촌이내의 인척
3. 배우자

체, 그 밖의 공공기관·법인을 통하여 소년·소녀가장과 후원인으로 결연을 맺고 정기적으로 제공하여 온 자선·구호금품을 제공하는 행위(바목), vii) 국가기관·지방자치단체 또는 구호·자선단체가 개최하는 소년·소녀가장, 장애인, 국가유공자, 무의탁노인, 결식자, 이재민, 국민기초생활 보장법에 따른 수급자 등을 돕기 위한 후원회 등의 행사에 금품을 제공하는 행위(다만, 개별 물품 또는 그 포장지에 직명·성명 또는 그 소속 정당의 명칭을 표시하여 제공하는 행위는 제외)(사목). viii) 근로청소년을 대상으로 무료학교(야학 포함)를 운영하거나 그 학교에서 학생들을 가르치는 행위(아목)를 말한다.

(3) 축의·부의금품 등의 금액 범위

일반적인 범위에서 1명에게 제공할 수 있는 축의·부의금품, 음식물, 답례품 및 의례적인 선물의 금액 범위는 [별표]17)와 같다(법53의2③, 법108, 법113).

(4) 제3자의 기부행위 등의 금지

누구든지 기부행위를 약속·지시·권유·알선 또는 요구할 수 없으며, 누구든지 해당 선거에 관하여 후보자를 위하여 기부행위를 하거나 하게 할 수 없다(법53의2④⑤, 법108, 법113).

---

17) [별표] 일반적인 범위에서 제공할 수 있는 축의·부의금품 등의 금액 범위(제53조의2 제3항 관련)

관련 조항	구분	일반적인 범위	의례적인 선물의 범위
제53조의2 제2항 제2호 나목	○ 관혼상제 의식에 제공하는 축의·부의금품	○ 5만원 이내	
제53조의2 제2항 제2호 다목	○ 관혼상제 의식 또는 그 밖의 경조사 참석 하객·조객 등에 대한 음식물 제공	○ 3만원 이내	
	○ 관혼상제 의식 또는 그 밖의 경조사 참석 하객·조객 등에 대한 답례품 제공	○ 1만원 이내	
제53조의2 제2항 제2호 라목	○ 연말·설 또는 추석에 제공하는 의례적인 선물		○ 3만원 이내

(5) 조합장의 재임 중 기부행위 금지 등

조합장은 재임 중 기부행위를 할 수 없다(법53의2⑥ 본문, 법108, 법113). 다만, 직무상의 행위, 의례적 행위 등 기부행위로 보지 아니하는 행위는 그러하지 아니하다(법53의2⑥ 단서, 법108, 법113).

4. 조합장의 축의·부의금품 제공 제한

(1) 조합 명의의 제공 및 경비 명기

조합의 경비로 관혼상제 의식이나 그 밖의 경조사에 축의·부의금품을 제공할 때에는 조합의 명의로 하여야 하며, 해당 조합의 경비임을 명기하여야 한다(법53의3①, 법108, 법113).

(2) 조합장의 직명 또는 성명 명기와 기부행위 간주

축의·부의금품을 제공할 경우 해당 조합장의 직명 또는 성명을 밝히거나 그가 하는 것으로 추정할 수 있는 방법으로 하는 행위는 기부행위로 본다(법53의3②, 법108, 법113).

5. 조합선거관리위원회의 구성·운영 등

(1) 선거관리위원회의 구성·운영

조합은 임원 선거를 공정하게 관리하기 위하여 대통령령으로 정하는 바에 따라 선거관리위원회를 구성·운영한다(법54①, 법108, 법113).

선거관리위원회의 위원은 조합의 이사회가 위촉하며, 그 밖에 선거관리위원회의 구성 및 운영에 필요한 사항은 조합의 정관으로 정한다(영16).

(2) 조합장 선거 관리의 구·시·군선거관리위원회 의무위탁

조합은 조합원이 총회 또는 총회 외에서 투표로 직접 선출(법46③(1)) 및 대의원회의 선출(법46③(2))에 따라 선출하는 조합장 선거의 관리에 대하여는 정관으로 정하는 바에 따라 그 주된 사무소의 소재지를 관할하는 선거관리위원회법에 따른 구·시·군선거관리위원회에 위탁하여야 한다(법54②, 법108, 법113).

Ⅷ. 임직원의 겸직 금지 등

1. 조합장과 이사의 감사 겸직 금지

조합장을 포함한 이사는 그 조합의 감사를 겸직할 수 없다(법55①, 법108, 법113).

2. 임원과 직원의 겸직 금지

조합의 임원은 그 조합의 직원을 겸직할 수 없다(법55②, 법108, 법113).

3. 임원의 다른 조합 임직원 겸직 금지

조합의 임원은 다른 조합의 임원 또는 직원을 겸직할 수 없다(법55③, 법108, 법113).

4. 임직원 및 대의원의 자격 제한

조합의 사업과 실질적인 경쟁관계에 있는 사업을 경영하거나 이에 종사하는 사람은 지구별수협의 임직원 및 대의원이 될 수 없다(법55④, 법108, 법113).

여기서 실질적인 경쟁관계에 있는 사업의 범위는 [별표]18)의 사업으로 하

---

18) [별표] 실질적인 경쟁관계에 있는 사업의 범위(제16조의2 제1항 관련)
    1. 금융위원회법에 따른 검사대상기관이 수행하는 사업
    2. 농업협동조합법에 따른 지역농업협동조합, 지역축산업협동조합, 품목별·업종별 협동조합, 조합공동사업법인 및 농업협동조합중앙회가 수행하는 사업
    3. 대부업법에 따른 대부업, 대부중개업 및 그 협회가 수행하는 사업
    4. 보험업법에 따른 보험설계사, 보험대리점 및 보험중개사가 수행하는 사업
    5. 비료관리법에 따른 비료업자가 수행하는 사업
    6. 사료관리법에 따른 사료의 제조업자 및 판매업자가 수행하는 사업
    7. 산림조합법에 따른 지역산림조합, 품목별·업종별 산림조합 및 산림조합중앙회가 수행하는 사업
    8. 새마을금고법에 따른 새마을금고 및 새마을금고중앙회가 수행하는 사업
    9. 석유 및 석유대체연료 사업법에 따른 석유판매업
    10. 수산동물질병 관리법에 따른 수산동물관련단체가 수행하는 사업
    11. 수산물품질관리법에 따른 수산물가공업을 등록하거나 신고한 자가 수행하는 사업
    12. 우체국예금보험법에 따른 체신관서가 수행하는 사업
    13. 장사 등에 관한 법률에 따른 장례식장영업자가 수행하는 사업
    14. 조세특례제한법에 따라 부가가치세 영세율(零稅率)이 적용되는 어업용 기자재를 어업인에게 직접 공급하는 자가 수행하는 사업
    15. 그 밖에 이사회가 조합등 및 중앙회가 수행하는 사업과 실질적인 경쟁관계에 있다고

되, 해당 조합, 조합공동사업법인 및 중앙회가 수행하고 있는 사업에 해당하는 경우로 한정한다(법55⑤, 영16의2①, 법108, 법113). 그러나 조합·조합공동사업법인("조합등") 및 중앙회가 사업을 위하여 출자한 법인이 수행하고 있는 사업은 실질적인 경쟁관계에 있는 사업으로 보지 아니한다(영16의2②).

5. 조합장과 이사의 자기거래 제한

조합장을 포함한 이사는 이사회의 승인을 받지 아니하고는 자기 또는 제3자의 계산으로 해당 조합과 정관으로 정하는 규모 이상의 거래를 할 수 없다(법55⑥, 법108, 법113).

Ⅸ. 임원의 의무와 책임

1. 성실의무

조합의 임원은 수산업협동조합법과 수산업협동조합법에 따른 명령·처분·정관 및 총회 또는 이사회의 의결을 준수하고 그 직무를 성실히 수행하여야 한다(법56①, 법108, 법113).

2. 조합에 대한 손해배상책임

임원이 그 직무를 수행하면서 고의 또는 과실(비상임인 임원의 경우에는 중대한 과실)로 조합에 끼친 손해에 대하여는 연대하여 손해배상의 책임을 진다(법56②, 법108, 법113).

3. 제3자에 대한 손해배상책임

임원이 그 직무를 수행하면서 고의 또는 중대한 과실로 제3자에게 끼친 손해에 대하여는 연대하여 손해배상의 책임을 진다(법56③, 법108, 법113).

4. 찬성 이사의 손해배상책임

위의 2.와 3.의 행위가 이사회의 의결에 따른 것이면 그 의결에 찬성한 이사

인정한 자가 수행하는 사업

도 연대하여 손해배상의 책임을 진다(법56④ 전단, 법108, 법113). 이 경우 의결에 참가한 이사 중 이의를 제기한 사실이 의사록에 기록되어 있지 아니한 사람은 그 의결에 찬성한 것으로 추정한다(법56④ 후단, 법108, 법113).

5. 손해배상 청구권의 행사

손해배상 청구권의 행사는 이사회 또는 조합장을 포함한 이사에 대하여는 감사가, 임원 전원에 대해서는 조합원의 5분의 1 이상의 동의를 받은 조합원 대표 또는 대의원의 5분의 1 이상의 동의를 받은 대의원 대표가 행한다(지구별수협정관예60⑥, 업종별수협정관예59①, 수산물가공수협정관예59⑥).

6. 관련 판례

** 대법원 2008. 2. 28. 선고 2005다77091 판결

[1] 우선 원심이 적법하게 확정한 사실관계와 기록에 의하면, 원고조합은 1999. 11. 10. 열린 1999년도 제1차 임시대의원회에서 2000년도 치어양식사업에 관하여 조피볼락치어를 400만 마리 매수하기로 하는 내용의 사업계획을 수립하고, 그에 따른 예산으로 8억 원을 편성하기로 의결한 사실, 원고조합은 2000. 5. 8. 이사회를 개최하여 예산에 관계없이 치어를 매수하기로 의결하고, 2000. 6. 10.경 소외 2, 소외 3, 소외 4와 사이에 각 100만 마리, 소외 5와 사이에 20만 마리, 소외 1과 사이에 980만 마리 등 합계 1,300만 마리의 치어를 마리당 350원에 매수하기로 하는 내용의 계약을 체결한 사실, 원고조합이 소외 1과 사이에 위 매매계약을 체결함에 있어 피고가 원고조합을 대표한 사실, 원고조합은 2000. 6. 26.부터 2000. 11. 20.까지 사이에 위 각 매매계약에 따라 치어 1,300만 마리를 공급받고, 그 대금으로 소외 1에게 34억 3,000만 원을 지급하는 등 합계 45억 5,000만 원을 지급한 사실 등을 알 수 있다.

한편, 구 수협법 제57조(현행 제49조) 및 원고조합의 정관 제52조는 조합이 조합장과 계약을 체결할 경우 감사로 하여금 조합을 대표하도록 규정함으로써 이른바 자기거래행위에 있어 조합장의 대표권을 제한하고 있는바, 위 각 규정의 입법 취지가 조합의 이익보호에 있다는 점에 비추어, 비록 그 거래가 조합장의 명의로 하지 아니하고 제3자의 명의로 하더라도 그로 인하여 조합장과 조합 사이에 이해가 상반되고 조합에 불이익을 초래할 우려가 있는 경우에는 자기거래

행위에 해당되어 감사가 조합을 대표하여야 한다고 보아야 한다. 그런데 기록에 의하면 피고나 소외 1은 모두 원고조합에 대한 수산업협동조합중앙회의 감사 당시 (이름 생략)업체의 운영과 관련한 중요사항은 피고와 소외 1이 협의하여 결정한다고 진술한 사실, 1991. 1. 1.부터 2000. 11.까지 (이름 생략)업체의 소장으로 근무하였던 소외 6도 위 감사 당시 피고가 (이름 생략)업체의 실질적인 운영자라고 진술한 사실 등을 알 수 있는바, 이에 따르면 (이름 생략)업체는 비록 그 사업자 명의가 피고의 처인 소외 1로 되어 있으나, 그 실제 경영자는 피고라고 할 것이어서, 원고조합이 소외 1과 사이에 체결한 위 매매계약은 조합장인 피고와 원고조합 사이의 이해가 상반되고 그로 인하여 원고조합에 불이익을 초래할 우려가 있으므로, 구 수협법 제57조 및 원고조합 정관 제52조에 의하여 조합장의 대표권이 제한되는 자기거래행위에 해당한다고 할 것이다.

따라서 피고가 원고조합을 대표하여 소외 1과 사이의 위 매매계약을 체결한 것은 구 수협법 제57조(현행 제49조) 및 원고조합 정관 제52조를 위반한 것이고, 이러한 경우 피고로서는 위 매매계약 체결이 법령 등에 위반한 것임을 알았거나 또는 그 매매계약 체결에 어떤 이해관계가 있어 자기 또는 제3자의 부정한 이익을 취득할 목적으로 매매계약 체결을 감행한 경우 또는 조금만 주의를 기울였으면 임원으로서의 주의의무를 다할 수 있었을 것임에도 그러한 주의를 현저히 게을리하여 쉽게 알 수 있었던 사실을 알지 못하고 매매계약을 체결한 경우에 해당하여, 특단의 사정이 없는 한 이는 피고의 고의 또는 중대한 과실로 인한 것으로 볼 것이므로, 피고에게 자신의 위와 같은 채무불이행 내지 불법행위로 인하여 원고조합이 입은 손해를 배상할 책임을 인정할 수 있을 것이다.

[2] 그리고 수협의 조합장이 구 수협법 제57조(현행 제49조) 및 원고조합 정관 제52조를 위반하여 스스로 조합을 대표하여 한 자기거래행위는 그 효력이 없으므로, 조합이 위와 같이 무효인 자기거래행위에 기하여 상대방에게 급부를 제공하였을 경우 조합으로서는 위 급부 상당의 손해를 본 것으로 인정할 수 있다고 할 것인바, 이 사건의 경우에는 원고조합이 소외 1과의 매매계약에 터잡아 소외 1에게 매매대금으로 34억 3,000만 원을 지급함으로써 동액 상당의 손해를 입었다고 볼 수 있을 것이다.

[3] 그럼에도 불구하고, 원심이 그 판시와 같은 이유로 원고의 청구를 기각한 제1심판결을 유지한 것은 수협 임원의 채무불이행 또는 불법행위 책임 및 자

기거래행위의 효력에 관한 법리를 오해하는 등으로 판결 결과에 영향을 미친 위법이 있다.

Ⅹ. 임원의 해임

1. 조합원의 임원 해임요구

조합원은 조합원 3분의 1 이상의 동의로 총회에 임원의 해임을 요구할 수 있다(법57① 전단, 법108, 법113). 이 경우 총회는 구성원 과반수의 출석과 출석구성원 3분의 2 이상의 찬성으로 의결한다(법57① 후단, 법108, 법113).

2. 조합원의 조합장 해임의결 방법

조합원은 위 1.의 방법 외에 다음의 구분에 따른 방법으로 조합장을 해임할 수 있다(법57② 전단, 법108, 법113). 이 경우 선출 시 사용한 표결 방법과 같은 방법으로 해임을 의결하여야 한다(법57② 후단).

1. 대의원회에서 선출된 조합장: 대의원 3분의 1 이상의 요구 및 대의원 과반수의 출석과 출석대의원 3분의 2 이상의 찬성으로 대의원회에서 해임 의결
2. 이사회에서 선출된 조합장: 이사회의 해임요구 및 총회에서의 해임 의결. 이 경우 이사회의 해임요구와 총회의 해임 의결에 관하여는 제1호에 따른 정족수를 준용한다.
3. 조합원이 총회 외에서 직접 선출한 조합장: 대의원 3분의 1 이상의 요구와 대의원회의 의결을 거쳐 조합원 투표로 해임 결정. 이 경우 대의원회의 의결에 관하여는 제1호에 따른 정족수를 준용하며, 조합원 투표에 의한 해임 결정은 조합원 과반수의 투표와 투표한 조합원 과반수의 찬성을 얻어야 한다.

3. 이사회의 상임이사 해임 요구

이사회는 경영 상태의 평가 결과 상임이사가 소관 업무의 경영실적이 부실하여 그 직무를 담당하기 곤란하다고 인정되거나, 수산업협동조합법이나 수산업협동조합법에 따른 명령 또는 정관을 위반하는 행위를 한 경우에는 상임이사의 해임을 총회에 요구할 수 있다(법57③ 전단, 법108, 법113). 이 경우 총회는 구성원

과반수의 출석과 출석구성원 3분의 2 이상의 찬성으로 의결한다(법57③ 후단, 법
108, 법113).

4. 해임 이유의 통지와 의견진술 기회 부여

해임 의결을 할 때에는 해당 임원에게 해임 이유를 통지하고 총회 또는 대
의원회에서 의견을 진술할 기회를 주어야 한다(법57④, 법108, 법113).

XI. 민법·상법의 준용

지구별수협의 임원에 관하여는 민법 제35조(법인의 불법행위능력)와 상법 제
382조(이사의 선임, 회사와의 관계 및 사외이사) 제2항, 제385조(해임) 제2항·제3항,
제402조부터 제408조까지의 규정을 준용한다(법58, 법108, 법113).

1. 조합의 불법행위능력

조합은 임원 기타 대표자가 그 직무에 관하여 타인에게 가한 손해를 배상할
책임이 있다(민법35① 본문). 임원 기타 대표자는 이로 인하여 자기의 손해배상책
임을 면하지 못한다(민법35① 단서).

법인의 목적범위 외의 행위로 인하여 타인에게 손해를 가한 때에는 그 사항
의 의결에 찬성하거나 그 의결을 집행한 조합원, 임원 및 기타 대표자가 연대하
여 배상하여야 한다(민법35①).

수협법은 임원에 관하여 위 조항을 준용하고 있으므로 임원이 직무로 타인
에게 가한 손해는 조합이 손해배상을 하여야 하고 임원도 조합과 연대하여 배상
을 하여야 하며, 이 때 조합이 먼저 배상을 한 후에는 수협법 제56조 제2항에 의
하여 임원이 조합에 배상하여야 하는 것이다. 다만, 비상임임원에 대하여는 중과
실이 있을 때에만 조합에 대하여 배상을 하도록 책임을 완화하고 있다.

2. 조합과 임원의 관계

조합과 임원의 관계는 민법의 위임에 관한 규정(민법 제682조 이하)을 준용한
다(상법382②).

3. 조합원의 법원에 대한 이사 해임청구

이사가 그 직무에 관하여 부정행위 또는 법령이나 정관에 위반한 중대한 사실이 있음에도 불구하고 총회에서 그 해임을 부결한 때에는 조합원 5분의 1 이상의 동의를 받은 조합원은 총회의 결의가 있은 날부터 1월 내에 그 이사의 해임을 법원에 청구할 수 있다(상법385②). 이사의 해임청구의 소는 본점소재지의 지방법원의 관할에 전속한다(상법385③, 법186).

4. 유지청구권

이사가 법령 또는 정관에 위반한 행위를 하여 이로 인하여 회사에 회복할 수 없는 손해가 생길 염려가 있는 경우에는 감사 또는 조합원 5분의 1 이상의 동의를 받은 조합원은 회사를 위하여 이사에 대하여 그 행위를 유지할 것을 청구할 수 있다(상법402).

5. 조합원의 대표소송

상법 제403조부터 제408조까지의 규정을 준용한다(법55 전단). 따라서 상법 제403조(주주의 대표소송), 제404조(대표소송과 소송참가, 소송고지), 제405조(제소주주의 권리의무), 제406조(대표소송과 재심의 소), 제406조의2(다중대표소송), 제407조(직무집행정지, 직무대행자선임), 제408조(직무대행자의 권한)가 준용된다.

XII. 직원의 임면 등

1. 조합장의 직원 임면

조합의 직원은 정관으로 정하는 바에 따라 조합장이 임면하되, 조합장이 비상임일 경우에는 상임이사의 제청에 의하여 조합장이 임면한다(법59① 본문, 법108, 법113). 다만, 상임이사 소관 사업 부문에 속한 직원의 승진 및 전보에 대하여는 상임이사가 전담하되, 상임이사가 전담하는 승진과 전보의 방법·절차 및 다른 사업 부문에서 상임이사 소관 사업 부문으로의 전보 등에 관한 구체적인 사항은 정관으로 정한다(법59① 단서, 법108, 법113).

2. 상임이사 소관 사업부문 직원의 승진 · 전보

상임이사 소관 사업 부문에 속한 직원의 승진 및 전보에 대하여는 상임이사가 전담하되, 상임이사가 전담하는 승진과 전보의 방법·절차 및 다른 사업 부문에서 상임이사 소관 사업 부문으로의 전보 등에 관한 구체적인 사항은 정관으로 정한다(법59① 단서, 법108, 법113).

3. 간부직원의 자격과 임면

조합에는 정관으로 정하는 바에 따라 간부직원을 두어야 하며, 간부직원은 ⅰ) 조합의 직원으로서 시험성적, 교육이수 또는 근무성적 평가 결과 등이 중앙회의 회장("회장")이 정하는 요건에 해당하는 사람(제1호), ⅱ) 중앙회 또는 수협은행의 직원으로 5년 이상 재직한 사람으로서 조합의 정관에서 제1호의 사람과 같은 수준 이상의 자격이 있다고 정하는 사람(제2호), ⅲ) 수산 관계 행정기관에서 7급 이상 공무원으로 5년 이상 재직한 사람(제3호), ⅳ) 수산업 또는 금융업 관련 국가기관·연구기관·교육기관 또는 상사회사에서 5년 이상 종사한 경력이 있는 사람(제4호) 중 조합장이 이사회의 의결을 거쳐 임면한다(법59② 본문, 영17, 법108, 법113).

다만, 상임이사를 두지 아니하는 조합의 경우에는 간부직원인 전무 1명을 둘 수 있다(법59② 단서, 법108, 법113).

4. 전무의 직무

전무는 조합장을 보좌하고 정관으로 정하는 바에 따라 조합의 업무를 처리한다(법59③, 법108, 법113).

5. 간부직원에 대한 준용 규정

간부직원에 대하여는 상법 제10조, 제11조 제1항·제3항, 제12조, 제13조 및 제17조와 상업등기법 제23조 제1항, 제50조 및 제51조를 준용한다(법59④, 법108, 법113).

(1) 간부직원의 선임

조합은 간부직원을 선임하여 본점 또는 지점에서 영업을 하게 할 수 있다(상법10).

(2) 간부직원의 대리권

간부직원은 조합에 갈음하여 그 영업에 관한 재판상 또는 재판외의 모든 행위를 할 수 있다(상법11①). 간부직원의 대리권에 대한 제한은 선의의 제3자에게 대항하지 못한다(상법11③).

(3) 공동대리

조합은 수인의 간부직원에게 공동으로 대리권을 행사하게 할 수 있다(상법12①). 이 경우 간부직원 1인에 대한 의사표시는 조합에 대하여 그 효력이 있다(상법12②).

(4) 간부직원의 등기

조합은 간부직원의 선임과 그 대리권의 소멸에 관하여 그 간부직원을 둔 본점 또는 지점소재지에서 등기하여야 한다(상법13 전단). 공동 대리권에 관한 사항과 그 변경도 같다(상법13 후단).

(5) 간부직원의 의무

간부직원은 조합의 허락없이 자기 또는 제3자의 계산으로 조합의 영업부류에 속한 거래를 하거나 회사의 무한책임사원, 이사 또는 다른 상인의 사용인이 되지 못한다(상법17①).

간부직원이 전항의 규정에 위반하여 거래를 한 경우에 그 거래가 자기의 계산으로 한 것인 때에는 조합은 이를 조합의 계산으로 한 것으로 볼 수 있고 제3자의 계산으로 한 것인 때에는 조합은 간부직원에 대하여 이로 인한 이득의 양도를 청구할 수 있다(상법17②).

전항의 규정은 조합으로부터 간부직원에 대한 계약의 해지 또는 손해배상의 청구에 영향을 미치지 아니한다(상법17③).

제2항에 규정한 권리는 조합이 그 거래를 안 날로부터 2주간을 경과하거나

그 거래가 있은 날로부터 1년을 경과하면 소멸한다(상법17④).

(6) 등기신청인

조합의 등기는 법률에 다른 규정이 없는 경우에는 그 대표자가 신청한다(상업등기법23①).

(7) 등기사항 등

간부직원의 등기를 할 때에는 ⅰ) 전무 또는 상무의 성명·주민등록번호 및 주소, ⅱ) 조합의 성명·주민등록번호 및 주소, ⅲ) 조합이 2개 이상의 상호로 2개 이상 종류의 영업을 하는 경우에는 간부직원이 대리할 영업과 그 사용할 상호, ⅳ) 전무 또는 상무를 둔 장소, ⅴ) 2명 이상의 간부직원이 공동으로 대리권을 행사할 것을 정한 경우에는 그에 관한 규정을 등기하여야 한다(상업등기법50①).

위의 등기사항에 변경이 생긴 때에는 제31조(영업소의 이전등기)와 제32조(변경등기 등)를 준용한다(상업등기법50②).

(8) 조합 등의 간부직원 등기

조합의 간부직원 등기는 조합의 등기부에 한다(상업등기법51①). 등기를 할 때에는 위의 등기사항 중 ⅱ) 및 ⅲ)의 사항을 등기하지 아니한다(상업등기법51②).

조합의 간부직원을 둔 본점 또는 지점이 이전·변경 또는 폐지된 경우에 본점 또는 지점의 이전·변경 또는 폐지의 등기신청과 간부직원을 둔 장소의 이전·변경 또는 폐지의 등기신청은 동시에 하여야 한다(상업등기법51③).

6. 관련 판례

① 대법원 1998. 10. 9. 선고 98다18117 판결

지구별 수산업협동조합이 직원의 변상책임에 관한 규정을 두고 있는 경우, 그 규정의 적용 범위: 지구별 수산업협동조합이 그 직원의 변상책임에 관하여 특별히 "변상절차에 관한 규정"을 두고 있고, 그 규정에 직원의 변상책임은 직원이 업무취급상 고의 또는 중대한 과실로 조합에 재산상 손해를 끼쳤을 때에 발생한다는 취지로 규정하면서, "중대한 과실"의 내용을 구체적으로 적시하고 있으며,

그 밖에 변상책임의 범위와 그 책임의 면제 또는 감경 기타 변상절차 등에 관하여 규정하고 있는 경우, 위와 같은 규정의 취지는 조합이 그 직원들로 하여금 과실로 인한 책임의 부담에서 벗어나 충실하게 업무를 수행하도록 하기 위하여 그 직원에게 고의 또는 중과실이 있는 경우에만 변상책임을 부담시키고 과실에 대하여는 어떠한 경우에도 변상책임을 부담시키지 않을 뿐 아니라 변상책임이 인정되는 경우에도 이를 제한하거나 필요한 경우 그 책임을 면제 또는 감경하기로 한 데에 있는 것이라고 보아야 할 것이므로, 조합은 내부적으로 책임을 묻는 경우이든, 법원에 대하여 청구하는 경우이든, "변상절차에 관한 규정"에서 정한 요건과 한도에서 그 직원에 대하여 변상책임 또는 손해배상책임을 물을 수밖에 없다고 할 것이며, 위 규정이 조합에서 내부적으로 직원의 변상책임의 유무와 정도를 결정하고 그 책임을 감면하는 경우에 관한 절차와 요건 등의 기준을 정한 것에 불과하고 이 사건과 같이 직원이 부실대출을 하여 회수불능케 함으로써 조합에게 대출금 상당의 손해를 입게 하였다는 이유로 조합이 직원을 상대로 민법상 불법행위책임을 청구하는 경우에는 적용되지 않는 것이라고 볼 수는 없다.

② 대법원 1987. 6. 23. 선고 87도873 판결

원심판결이 배임죄의 주체는 타인의 사무를 처리하는 자라야 하는데 목포시 수산업협동조합영업과장인 피고인 및 저축과장인 공소외 부기일이 취급한 이 사건 적금대출업무는 수산업협동조합법 제65조 소정의 신용사업의 일종으로서 이루어지는 금융업무이고, 소비대차의 성질을 띤 것으로서 이로인하여 위 조합과 대출받는자 간에는 채권, 채무관계가 발생할 뿐이고, 따라서 위 적금대출사무는 위 조합의 업무에 속하는 것이지 결코 대출을 받는 자인 타인의 사무에 속한다고 볼 수 없어 피고인 등이 배임죄의 주체가 될 수 없다(당원 1976. 2. 10. 선고 75도1900 판결 참조)고 할 것이므로 공소사실과 같이 피고인이 위 김재량에게 대출금을 지급하지 아니한 사실이 배임죄가 성립되지 않는다는 취지로 판단한 조치는 정당하다.

③ 대법원 2000. 1. 14. 선고 99다5989 판결

원심은, 원고가 1967. 1. 28. 수산업협동조합중앙회에 신규 임용되어 일반직원으로 근무하다가 1980. 1. 15. 의원 면직되어 그 때까지의 퇴직금을 수령하

고, 같은 날 서귀포수산업협동조합 조합장에 의하여 간부직원인 상무로 임명되었으며, 그 이후 1986. 4. 11.까지 추자도수산업협동조합 등에서 상무로 근무하였는데, 1986. 4. 12. 수산업협동조합중앙회 회장에 의하여 흑산도수산업협동조합의 전무로 승진·임용되면서 추자도수산업협동조합 조합장에 의하여 그 상무직에서 직권 면직되었고, 그 이후 중앙회장의 인사명령에 따라 피고 등 여러 지구별 수산업협동조합에서 전무로 근무하다가 1997. 2. 28. 피고의 전무직에서 정년 퇴직한 사실, 피고는 정년 퇴직한 원고에게 전무로 근무한 1986. 4. 12.부터 1997. 2. 28.까지를 근속기간으로 하여 산출한 퇴직금을 지급한 사실, 원고가 전무로 임용된 1986. 4. 12. 당시 수산업협동조합 직원의 보수지급에 관한 사항을 규정한 '급여 및 재해보상규약'에 의하여 직원의 퇴직급여에 대하여는 조합 간의 인사교류시 그 때까지의 근속기간에 상응한 퇴직급여충당금을 이관하고, 간부직원인 전무의 퇴직급여에 대하여는 그 임면을 담당하는 중앙회가 퇴직급여충당금을 통합 관리함으로써 조합 간의 인사교류에도 불구하고 전근속기간에 해당하는 퇴직금을 지급하도록 하였으나, 상무가 전무로 임용되었을 때에는 그 때까지의 퇴직급여금을 지급하도록 하고, 퇴직급여충당금을 이관하는 제도가 없었으며, 원고가 상무에서 전무로 임용됨에 있어서도 그 퇴직급여충당금이 이관되지 아니하였던 사실을 인정한 다음, 이러한 사실관계 및 원고가 상무에서 전무로 임용될 당시의 수산업협동조합법상 지구별 수산업협동조합의 상무와 전무는 모두 간부직원이나, 상무는 당해 조합의 조합장이, 전무는 중앙회 회장이 각 임면하도록 되어 있어 그 인사권자를 달리할 뿐만 아니라 지구별 수산업협동조합과 그 중앙회는 각기 회계를 달리하는 별개의 법인인 점을 종합하여 보면, 추자도수산업협동조합장의 원고에 대한 직권 면직은 원고가 직급과 보수가 높고 신분보장이 확실한 전무로 승진되어 다른 조합에 임명된 데 따른 것이지 위 조합 등의 경영방침에 따라 강제되었다거나 형식적으로 이루어진 것이라고 볼 수는 없으므로, 위 직권 면직으로써 원고와 추자도수산업협동조합 등과 사이의 종전 근로관계는 단절되었다고 봄이 상당하다고 판단하였다. 기록에 비추어 살펴보면, 원심의 위와 같은 사실인정과 판단은 정당하고, 거기에 채증법칙을 위반하였거나 근속기간의 산정에 관한 법리를 오해하는 등의 위법이 있다고 할 수 없다.

④ 대법원 1979. 3. 27. 선고 79다188 제2부판결

원심판결은 그 판결이유 중에서 피고 조합은 수산업협동조합법의 규제를 받는 특수법인으로서 그 채무부담행위에 법규상의 제한이 있음에도 불구하고 원고는 위 금원의 대여가 강행규정에 위배되는가의 여부를 확인하지 아니하고 대여한 점에 원고에게도 과실이 있다고 할 것이고, 이 과실을 참작하면 피고가 원고에게 배상할 손해액을 100만원으로 정함이 상당하다는 취지로 판단하였다.

그러나 원고가 피고 조합의 상무이던 위 이상기에게 이건 금원을 대여하게 된 경위와 이건 차용금원을 피고 조합의 건물신축과 관련하여 그 공사비에 충당한 사실 등에 비추어볼 때, 원고에게 원심인정과 같은 과실이 있다고 하더라도 대여 금원의 절반에 해당하는 과다한 금원을 상계한 조치는 적정하다고 볼 수 없어 과실상계에 관한 법의 적용을 잘못한 위법이 있다 할 것이다.

사 업

제1절 조합원에 대한 교육

Ⅰ. 협동조합의 운영원칙과 방법의 교육 실시

조합은 조합원에게 협동조합의 운영원칙과 방법에 대한 교육을 실시하여야 한다(법60의3①, 법108, 법113).

수산업협동조합은 조합원이 협동조합의 운영원칙과 방법을 이해하고 있어야 원만히 운영할 수 있는 인적단체이다. 수산업협동조합법은 조합으로 하여금 조합원에게 협동조합의 운영원칙과 방법 그리고 조합원의 권익이 증진될 수 있는 방법 등에 대하여 교육을 하도록 한다.

Ⅱ. 전문기술교육과 경영상담 실시

조합은 조합원의 권익이 증진될 수 있도록 조합원에 대하여 적극적으로 전문기술교육과 경영상담 등을 하여야 한다(법60의3②, 법108, 법113).

Ⅲ. 전문상담원의 설치

교육 및 상담을 효율적으로 수행하기 위하여 전문상담원을 둘 수 있다(법60의3③, 법108, 법113).

제2절 수산물 판매활성화

Ⅰ. 의무 추진 사항

조합은 조합원이 생산한 수산물의 효율적인 판매를 위하여 ⅰ) 다른 조합 및 중앙회와의 공동사업(제1호), ⅱ) 수산물의 유통, 판매 및 수출 등에 관한 규정의 제정 및 개정(제2호), ⅲ) 그 밖에 거래처 확보 등 수산물의 판매활성화 사업에 필요한 사항(제3호)을 추진하여야 한다(법60의4①, 법108, 법113).

Ⅱ. 중앙회등에 수산물의 판매위탁 요청

조합은 위의 의무 추진사항에 따른 사업수행에 필요한 경우 중앙회등에 수산물의 판매위탁을 요청할 수 있다(법60의4②, 법108, 법113).

이에 따른 판매위탁사업의 조건과 절차 등에 관한 세부사항은 중앙회의 사업전담대표이사 또는 중앙회가 출자한 법인의 대표이사가 각각 정한다(법60의4③, 법108, 법113).

Ⅲ. 유통지원자금의 지원 등 우대조치

중앙회는 사업실적 등을 고려하여 정관으로 정하는 바에 따라 조합에 조성한 유통지원자금의 지원 등 우대조치를 할 수 있다(법60의4④, 법108, 법113).

제3절 비조합원 등의 사업이용

Ⅰ. 서설

1. 의의

조합은 사업을 통하여 조합원에게 최대로 봉사하는 단체이므로 조합원만을 대상으로 사업을 하는 것이 원칙이다. 비조합원의 사업 이용은 조합원의 사업이용에 지장을 초래하지 않는 범위 내에서 허용되므로 일정한 한계가 있다.

2. 제도적 취지

원래 수산업협동조합은 구성원인 조합원을 위하여 최대의 봉사를 함을 목적(법5)으로 하는 단체인 만큼 그 사업이용은 조합원에 한정함을 원칙이라 하겠으나 조합원의 이용에 지장이 없는 범위에서 비조합원에도 사업의 이용을 하게 하여 조합의 사업량을 확보하여 사업경영을 원활하게 하는 것이 조합의 사회적 의의를 크게 하는 점을 고려한 것이다.

Ⅱ. 비조합원의 사업이용

조합은 조합원의 이용에 지장이 없는 범위에서 조합원이 아닌 자에게 그 사업을 이용하게 할 수 있다(법61① 본문, 법107② 본문, 법112② 본문).

Ⅲ. 비조합원 등의 사업이용 제한

1. 지구별수협

지구별수협은 조합원이 아닌 자가 신용사업 중 조합원에게 필요한 자금의 대출(법60①(3) 나목), 다른 경제단체·사회단체 및 문화단체와의 교류·협력(법60①(9)), 다른 조합·중앙회 또는 다른 법률에 따른 협동조합과의 공동사업 및 업무의 대리(법60①(10)), 다른 법령에서 지구별수협의 사업으로 정하는 사업(법60①

(11)) 및 부대사업(법60①(14))을 이용하는 경우 각 사업별로 그 회계연도 사업량 (해당 사업이 대출인 경우에는 그 사업연도에 새로 취급하는 대출취급액, 그 밖의 사업의 경우에는 각 사업별 회계연도의 취급량 또는 취급액)의 3분의 1의 범위에서 그 이용을 제한할 수 있다(법61① 단서, 영20의2①).

** 관련 판례: 대법원 1980. 9. 9. 선고 80다832 판결

어업협동조합은 그 조합원에 한하여 그 자금을 대출할 수 있고 비조합원에 대하여는 그 예금총액에서 법정 지급준비금을 제외한 액의 한도 내에서만 이를 대출할 수 있으므로 이에 위반되는 비조합원에 대한 대출행위는 무효이다.

2. 업종별수협

업종별수협은 조합원이 아닌 자가 교육·지원 사업(법107①(1)), 의료지원사업(법107①(4) 나목), 다른 경제단체·사회단체 및 문화단체와의 교류·협력(법107①(7)), 다른 조합·중앙회 또는 다른 법률에 따른 협동조합과의 공동사업 및 업무의 대리(법107①(8)), 다른 법령에서 업종별수협의 사업으로 정하는 사업(법107①(9)), 부대사업(법107①(12)), 법률 제4820호 수산업협동조합법중개정법률 부칙 제5조1)에 따른 신용사업(대출만 해당)을 이용하는 경우 각 사업별로 그 회계연도 사업량의 3분의 1의 범위에서 그 이용을 제한할 수 있다(법107② 단서, 영20의2②).

3. 수산물가공수협

수산물가공수협은 조합원이 아닌 자가 교육·지원 사업(법112①(1)), 의료지원사업(법112①(4) 나목), 다른 경제단체·사회단체 및 문화단체와의 교류·협력(법112①(7)), 다른 조합·중앙회 또는 다른 법률에 따른 협동조합과의 공동사업 및 업무의 대리(법112①(8)), 다른 법령에서 수산물가공수협의 사업으로 정하는 사업(법112①(9)), 부대사업(법112①(12)), 법률 제4820호 수산업협동조합법중개정법률 부칙 제5조에 따른 신용사업(대출만 해당)을 이용하는 경우 각 사업별로 그 회계연도 사업량의 3분의 1의 범위에서 그 이용을 제한할 수 있다(법112② 단서,

---

1) 제5조(업종별·수산물제조수산업협동조합의 신용사업에 관한 경과조치) 이 법 시행전에 설립된 업종별수산업협동조합과 수산물제조수산업협동조합은 제65조 제1항 및 제105조 제1항 제6호의 개정규정에 불구하고 종전의 규정에 의한 신용사업을 실시할 수 있다.

영20의2③).

Ⅳ. 간주조합원의 사업 이용

　　다음의 어느 하나에 해당하는 자, 즉 ⅰ) 조합원과 같은 세대에 속하는 사람 (제1호), ⅱ) 준조합원(제2호), ⅲ) 다른 조합 및 다른 조합의 조합원(제3호)이 조합의 사업을 이용하는 경우에는 조합원이 그 사업을 이용한 것으로 본다(법61②, 법108, 법113).

제4절 유통지원자금의 조성·운용

Ⅰ. 수산물 및 그 가공품 등의 유통지원

　　조합은 조합원이 생산한 수산물 및 그 가공품 등의 유통을 지원하기 위하여 유통지원자금을 조성·운용할 수 있다(법62①, 법108, 법113).

Ⅱ. 유통지원자금의 운용

　　유통지원자금은 ⅰ) 수산물의 생산 관련 사업(제1호), ⅱ) 수산물 및 그 가공품의 출하조절사업(제2호), ⅲ) 수산물의 공동규격 출하촉진사업(제3호), ⅳ) 매취(買取)사업(제4호), ⅴ) 그 밖에 조합이 필요하다고 인정하는 유통 관련 사업(제5호)에 운용한다(법62②, 법108, 법113).

Ⅲ. 국가 등의 유통지원자금의 조성 지원

　　국가, 공공단체 및 중앙회는 예산의 범위에서 유통지원자금의 조성을 지원할 수 있다(법62③, 법108, 법113).

제5절 창고증권의 발행

Ⅰ. 보관사업

보관사업을 하는 조합은 정관으로 정하는 바에 따라 임치물에 관하여 창고
증권을 발행할 수 있다(법63①, 법108, 법113).

Ⅱ. 명칭의 사용 제한

창고증권을 발행하는 조합은 그 조합의 명칭으로 된 창고증권이라는 글자를
사용하여야 한다(법63②, 법108, 법113).

조합이 아닌 자가 발행하는 창고증권에는 수산업협동조합창고증권이라는
글자를 사용하여서는 아니 된다(법63③, 법108, 법113).

Ⅲ. 임치물의 보관 기간

조합이 창고증권을 발행한 임치물의 보관 기간은 임치일부터 6개월 이내로
한다(법63④, 법108, 법113).

임치물의 보관 기간은 갱신할 수 있다(법63⑤ 본문, 법108, 법113). 다만, 창고
증권의 소지인이 조합원이 아닌 경우에는 조합원의 이용에 지장이 없는 범위에
서 갱신한다(법63⑤ 단서, 법108, 법113).

제6절 어업의 경영

Ⅰ. 어업 및 그에 부대하는 사업의 경영

지구별수협과 업종별수협은 조합원의 공동이익을 위하여 어업 및 그에 부대

하는 사업을 경영할 수 있다(법64①, 법108).

＊＊ 관련 판례: 대법원 1969. 12. 23. 선고 69다1646 판결
　지구별 수산업협동조합은 그 구성원인 조합원으로 하여금 어업권을 행사케
하기 위하여 어업권을 취득할 수 있다: 수산업협동조합법 제67조(현행 제64조) 제1
항, 제6조(현행 제5조)의 규정 취지로 보아 지구별 수산업협동조합은 원칙적으로는
공동어업권에 한정하지 않고 수산업법 제8조 소정 어업권에 관하여 영리적, 투기
적 업무 또는 일부의 구성원만의 이익에 편중되는 업무는 행할 수 없기 때문에 영
리의 목적으로는 어업권을 취득할 수 없으나 구성원인 조합원으로 하여금 어업권
을 행사케 하기 위하여 어업권을 취득할 수 있다고 해석하는 것이 타당하다.

Ⅱ. 총회의결

　지구별수협과 업종별수협이 어업 및 그에 부대하는 사업을 경영하려면 총회
의 의결을 거쳐야 한다(법64②, 법108).

제7절 부동산의 소유 제한

　지구별수협(법률 제4820호 수산업협동조합법중개정법률 부칙 제5조에 따라 신용사
업을 하는 조합)을 포함의 사업에 관하여는 신용협동조합법 제45조(부동산의 소유
제한)를 적용한다(신용협동조합법95④).

Ⅰ. 제도적 취지

　조합은 업무상 필요하거나 채무를 변제받기 위하여 부득이한 경우를 제외하
고는 부동산을 소유할 수 없다(신용협동조합법45).
　조합에 부동산을 원칙적으로 소유할 수 없도록 한 이유는 농협의 본래 기능이
조합원이 필요로 하는 자금을 공급하는 것이므로, 과다한 부동산 소유보다는 가급

적 많은 조합원에게 필요한 자금을 공급하기 위한 것이고, 또 부동산은 대체로 그 가액이 고가일 뿐만 아니라 환가방법 또한 신속·용이하지 않기 때문에, 조합이 그 운용 자산의 상당 부분을 부동산으로 보유하면, 자금이 장기 고정화로 자금의 유동성을 약화시켜 경영 효율을 크게 저하시킬 우려를 사전에 예방하기 위한 것이다.[2]

II. 업무용 부동산의 의의와 범위

1. 업무용 부동산의 의의

업무용부동산이라 함은 업무용 토지·건물과 건설중인 자산을 말하며 그 가액은 장부상 가액을 말한다.

2. 업무용 부동산의 범위

조합 또는 중앙회가 취득할 수 있는 업무용 부동산의 범위는 ⅰ) 영업장(건물 연면적의 10% 이상을 업무에 직접 사용하는 경우에 한한다)(제1호), ⅱ) 사택·기숙사·연수원 등의 용도로 직접 사용하는 부동산(제2호), ⅲ) 복지사업에 직접 사용하는 부동산(제3호)과 같다(신용협동조합법 시행령18①).

3. 영업장의 일부 임대

조합 또는 중앙회는 조합원 또는 회원의 이용에 지장이 없는 범위안에서 영업장의 일부를 타인에게 임대할 수 있다(신용협동조합법 시행령18②).

III. 비업무용 부동산의 매각

채무를 변제받기 위하여 부동산을 소유한 조합은 금융위원회가 정하여 고시하는 방법 및 절차에 따라 그 부동산을 처분하여야 한다(신용협동조합법 시행령18③).

1. 매각 위탁 또는 공개경쟁입찰

조합이 채무를 변제받기 위하여 부득이하게 취득한 비업무용부동산은 한국

---

2) 신협중앙연수원(2021), 「2021 연수교재 신협법」, 208쪽.

자산관리공사에 매각을 위탁하거나 1년 이내에 공개경쟁입찰 방법에 의하여 매각하여야 한다(상호금융업감독규정10①).

2. 수의계약

공개경쟁입찰을 1회 이상 실시하여도 매각되지 아니하거나 이해관계자가 매각을 요구하는 경우에는 중앙회장이 정한 절차에 따라 수의계약으로 매각할 수 있다(상호금융업감독규정10②).

3. 매각기간의 연장

공개경쟁입찰이 유찰 또는 보류되거나 수의계약 방식으로 1년 이내에 매각할 수 없는 경우에는 조합은 매각기한을 1년에 한하여 연장할 수 있다(상호금융업감독규정10③ 전단). 이 경우 조합은 최초 1년의 매각기한이 종료되기 전에 중앙회장에게 매각연기에 관한 사항을 보고하여야 한다(상호금융업감독규정10③ 후단).

제8절 금리인하 요구

지구별수협(법률 제4820호 수산업협동조합법중개정법률 부칙 제5조에 따라 신용사업을 하는 조합을 포함)이 신용사업을 하는 경우에는 신용협동조합법에 따른 신용협동조합으로 본다(신용협동조합법95①(2)).

지구별수협(법률 제4820호 수산업협동조합법중개정법률 부칙 제5조에 따라 신용사업을 하는 조합을 포함)의 사업에 관하여는 신용협동조합법 제45조의3(금리인하 요구)을 적용한다(신용협동조합법95④). 따라서 금리인하 요구에 관한 신용협동조합의 내용은 수산업협동조합에 적용된다.

I. 의의

금리인하요구권이란 여신약정 당시와 비교하여 신용상태에 현저한 변동이 있다고 인정되는 채무자가 금리인하를 요청할 수 있는 권리를 말한다.

조합과 대출등(대출 및 어음할인)의 계약을 체결한 자는 재산 증가나 신용등급 또는 개인신용평점 상승 등 신용상태 개선이 나타났다고 인정되는 경우 조합에 금리인하를 요구할 수 있다(신용협동조합법45의3①).

Ⅱ. 금리인하 요구의 요건

조합과 대출등의 계약을 체결한 자는 ⅰ) 개인이 대출등의 계약을 체결한 경우: 취업, 승진, 재산 증가 또는 개인신용평점 상승 등 신용상태의 개선이 나타났을 것(제1호), ⅱ) 개인이 아닌 자(개인사업자를 포함)가 대출등의 계약을 체결한 경우: 재무상태 개선, 신용등급 또는 개인신용평점 상승 등 신용상태의 개선이 나타났을 것(제2호)의 구분에 따른 요건을 갖췄다고 인정되는 경우 조합에 금리인하를 요구할 수 있다(신용협동조합법45의3③, 신용협동조합법 시행령18의3①).

Ⅲ. 금리인하 요구의 절차

1. 조합의 금리인하 요구권의 통지

조합은 대출등의 계약을 체결하려는 자에게 금리인하를 요구할 수 있음을 알려야 한다(신용협동조합법45의3②).

2. 요구의 수용 여부 판단시 고려사항

금리인하 요구를 받은 조합은 그 요구의 수용 여부를 판단할 때 신용상태의 개선이 금리 산정에 영향을 미치는지 여부 등 금융위원회가 정하여 고시하는 사항을 고려할 수 있다(신용협동조합법45의3③, 신용협동조합법 시행령18의3②).

이에 따라 금리인하 요구를 받은 조합은 해당 요구가 ⅰ) 대출 등의 계약을 체결할 때, 계약을 체결한 자의 신용상태가 금리 산정에 영향을 미치지 아니한 경우(제1호), ⅱ) 신용상태의 개선이 경미하여 금리 재산정에 영향을 미치지 아니하는 경우(제2호)의 어느 하나에 해당하는지를 고려하여 수용 여부를 판단할 수 있다(상호금융업감독규정10의2①).

3. 요구의 수용 여부 및 사유의 통지 방법

조합은 금리인하 요구를 받은 날부터 10영업일 이내(자료의 보완을 요구하는 경우에는 그 요구하는 날부터 자료가 제출되는 날까지의 기간은 포함하지 않는다)에 금리인하를 요구한 자에게 그 요구의 수용 여부 및 그 사유를 전화, 서면, 문자메시지, 전자우편, 팩스 또는 그 밖에 이와 유사한 방법으로 알려야 한다(신용협동조합법45의3③, 신용협동조합법 시행령18의3③).

4. 자료제출 요구

조합은 대출 등의 계약을 체결한 자가 금리인하를 요구하는 때에는 신용상태 개선을 확인하는 데 필요한 자료 제출을 요구할 수 있다(신용협동조합법45의3③, 신용협동조합법 시행령18의3④, 상호금융업감독규정10의2②).

5. 인정요건 및 절차 등의 안내

조합은 금리인하 요구 인정요건 및 절차 등을 인터넷 홈페이지 등을 이용하여 안내하여야 한다(신용협동조합법45의3③, 신용협동조합법 시행령18의3④, 상호금융업감독규정10의2③).

6. 관련 기록의 보관·관리

조합은 금리인하를 요구받은 경우 접수, 심사결과 등 관련 기록을 보관·관리하여야 한다(신용협동조합법45의3③, 신용협동조합법 시행령18의3④, 상호금융업감독규정10의2④).

Ⅳ. 위반시 제재

조합 또는 중앙회가 신용협동조합법 제45조의3 제2항(제79조의2에 따라 준용되는 경우를 포함)을 위반하여 금리인하를 요구할 수 있음을 알리지 아니한 경우에는 2천만원 이하의 과태료를 부과한다(신용협동조합법101①(1의3)).

제
6
장

건전성규제

제1절 자금차입

Ⅰ. 서설

1. 제도적 취지

조합원 등으로부터 예금 및 출자금을 통해 자금을 조달하기보다 무분별한 차입자금에 의존하는 영업으로 인하여 경영의 위험성 증가를 방지하고 궁극적으로 자주적인 협동조직인 수산업협동조합의 재정 건전성을 확보하기 위해 자금차입 대상 및 한도 규제를 실시하고 있다.

2. 차입대상 기관

조합은 사업 목적을 달성하기 위하여 국가, 공공단체, 중앙회, 수협은행 또는 다른 금융기관으로부터 자금을 차입할 수 있다(법60②, 법108, 법113).

3. 관련 판례

① 대법원 2010. 4. 29. 선고 2009다96731 판결

지구별수협이 구 수산업협동조합법 제65조 제4항(현행 제60조 제2항)에 정한 금융기관 등이 아닌 제3자의 채무에 대하여 지급보증을 하거나 지급의무를 부담하는 행위의 효력(=무효) 및 그 행위가 상법상의 지배인인 조합 상무에 의해 이루어진 경우에도 마찬가지인지 여부(적극): 구 수산업협동조합(2004. 12. 31. 법률 제7311호로 개정되기 전의 것) 제65조 제4항(현행 제60조 제2항)에 의하면, 지구별수협은 사업수행을 위하여 국가·공공단체·중앙회 및 다른 금융기관으로부터만 자금을 차입할 수 있고, 다른 기관이나 개인으로부터는 차입할 수 없도록 되어 있으므로 제3자의 채무에 대하여 지급보증을 하거나 지급의무를 부담하는 행위는 차입에 속하는 채무부담행위로서 강행법규에 위반되어 무효이고, 이는 채무부담행위가 상법상 지배인으로서 그 영업에 관한 재판상 또는 재판 외의 일체의 권한을 행사할 수 있는 조합 상무에 의하여 이루어졌다고 하여도 마찬가지이다(대법원 1976. 6. 8. 선고 76다911 판결; 대법원 2004. 11. 25. 선고 2004다35410 판결 등 참조).

원심이 인정한 바와 같이 피고 수협의 상호금융과장인 피고 2가 피고 수협의 지배인과 같은 권한을 가지거나 피고 수협 본점의 대출 및 예금업무에 관한 포괄적인 대리권을 가지고 있다고 하더라도, 피고 2가 국가·공공단체·중앙회 및 다른 금융기관이 아닌 B개발 주식회사의 원고에 대한 대여금채무에 관하여 피고 수협이 이를 보증한다는 의미로 이 사건 지급약정을 한 것이라면, 이 사건 지급약정은 피고 조합의 사업능력 범위를 벗어난 행위로서 구 수산업협동조합법에 위배되어 무효이므로, 피고 2의 권한 범위 내의 행위로 볼 수 없다.

그런데도 원심은 이 사건 지급약정이 상업사용인인 피고 2의 대리권 범위 내의 행위로서 유효함을 전제로 피고 수협에 대한 원고의 이 사건 약정금청구를 인용하였으니, 원심판결에는 구 수산업협동조합법 제65조에 관한 법리 또는 피고 2의 대리권의 범위에 관한 법리를 오해하여 판결에 영향을 미친 위법이 있다.

② 대법원 1979. 3. 13. 선고 78다1437 제4부판결

어업협동조합 상무의 금원차용행위와 업무관련 여부: 피고조합은 수산업협동조합법에 의하여 설립된 법인이고 위 법 제65조 제1항 제4호 (바)(현행 제60조

제2항)의 취지에 의하면 피고조합의 사업에 소요되는 자금은 수산업협동조합 중
앙회 기타 금융기관 이외의 자로부터는 차용할 수 없게 되어 있고 그 사업내용
또한 위 법에 정하여져 있어 원고와 같은 개인으로부터 금원을 차용하는 행위는
일반적으로 예상되는 피고조합의 사업능력 범위에 속하지 아니하므로 위 노상기
가 피고조합의 이름으로 원고로부터 위 금원을 차용하고 그 담보로 피고조합 이
름의 약속어음을 발행한 것은 일반적으로 피고조합 내지 그 상무겸 전무로서의
업무 내지 직무의 일부 또는 그와 관련된 행위로는 볼 수 없는 것이다.

③ 대법원 1978. 12. 26. 선고 78다1169 제4부판결

어업협동조합 상무의 채무보증행위와 사무집행: 원심판결 이유에 의하면 원
심은 원고가 피고조합의 조합건물 등 건설의 도급공사를 맡은 소외 합자회사 신
성건설로부터 자금 융통의 의뢰를 받고 1975. 9. 1 위 소외 회사에 금 3,000,000
원을 변제기는 같은 해 10. 1로 정하여 대여함에 있어 당시 피고조합의 상무 겸
전무로 있던 소외 K는 피고조합의 총회의결 없이 사업계획 및 수지예산에도 책
정되지 아니한 위 소외회사의 원고에 대한 위 채무를 보증없이 위하여 피고조합
이 금 3,000,000원을 1975. 10. 1 원고에게 지급한다는 내용의 지불증을 발행하
여 원고에게 교부하였으며 원고는 위 지불증이 적법한 절차를 거쳐 작성된 유효
한 것으로 믿었기 때문에 그러한 절차를 거쳤는지 여부를 확인하지도 아니한 채
위 금원을 소외회사에 대여 하였다가 이를 아직까지 회수하지 못하고 있는 사실
을 확정하고 나서 피고조합이 사업계획 및 수지예산에 정한 것 외에 새로이 의
무를 부담하려면 수산업협동조합법 제44조 제1항 제9호(현행 제37조 제1항 제6호)
에 의하여 조합총회의 의결을 얻어야 함에도 불구하고 위 K가 위 법조에 따른
조합총회의 의결을 얻지도 아니한 채 원고에 대하여한 위 보증행위는 피고조합
에 대하여 아무런 효력이 없는 것이라고 할 것이지만 피고조합의 상무겸 전무이
던 소외 K가 피고조합의 건물신축에 관련하여 그 도급업자에게 이건 자금융통
편의를 도모해 주기 위하여 위와 같은 보증행위를 한 것은 이건에 있어서 피고
조합의 상무 및 전무로서의 직무행위와 밀접한 관련이 있다 할 것이므로 민법
제756조의 사무집행에 관한 행위에 해당한다 할 것이어서 피고조합은 위 K의 사
용자로서 동인의 위와 같은 사무집행에 관한 불법행위로 인하여 원고에게 입힌
손해를 배상할 책임이 있다고 판단하였는바 기록을 검토하면 원심의 위 판단은

수긍할 수 있고 거기에 수산업협동조합의 사업과 사용자의 책임을 인정함에 있어서 사무집행에 관한 법리를 오해한 위법이 있다고 할 수 없다.

Ⅱ. 자금의 차입한도

1. 신용사업

신용사업을 수행하는 조합이 신용사업을 위하여 중앙회 또는 수협은행으로부터 차입할 수 있는 자금합계액의 한도(조합이 중앙회 또는 수협은행에 예치한 예탁금의 범위에서 실행되는 중앙회 또는 수협은행의 대출은 제외)는 자기자본의 범위로 한다(법60②③, 법108, 법113, 영18① 본문).

2. 신용사업 외의 사업

조합이 신용사업 외의 사업을 위하여 중앙회 또는 수협은행으로부터 차입할 수 있는 자금합계액의 한도는 자기자본의 7배 이내로 한다(법60②③, 법108, 법113, 영18②).

Ⅲ. 자금차입 한도의 예외

1. 신용사업

신용사업을 수행하는 조합이 지도경제사업대표이사의 승인을 받아 차입하는 경우에는 자기자본의 5배 이내로 한다(법60②③, 법108, 법113, 영18① 단서).

2. 수산정책의 수행이나 예금인출 등 불가피한 사유

조합은 수산정책의 수행이나 예금인출 등 불가피한 사유로 자금이 필요한 경우에는 해양수산부령으로 정하는 바에 따라 자금차입의 한도를 초과하여 자금을 차입할 수 있다(법60②③, 법108, 법113, 영18③).

이에 따라 조합이 자금의 차입한도를 초과하여 중앙회 또는 수협은행으로부터 자금을 차입하려는 경우에는 ⅰ) 수산정책의 수행을 위하여 자금이 필요한 경우 중앙회의 지도경제사업대표이사(제1호), ⅱ) 예금인출 등 불가피한 사유로 자금이 필요한 경우 해양수산부장관(제2호)의 승인을 받아야 한다(시행규칙7).

Ⅳ. 국가로부터 차입한 자금의 조합원이 아닌 수산업자에 대한 대출

국가로부터 차입한 자금은 조합원이 아닌 수산업자에게도 대출할 수 있다(법60⑥, 법108, 법113). 이에 따라 해양수산부장관은 조합원이 아닌 수산업자에 대한 자금의 대출에 관하여 ⅰ) 대출 대상자 및 지원 규모(제1호), ⅱ) 대출 한도 및 조건(제2호), ⅲ) 그 밖에 자금의 대출에 필요한 사항(제3호)을 정하여 조합, 중앙회 및 수협은행 등 관련 기관에 통보하여야 한다(법60⑥, 시행규칙9).

제2절 타법인 출자 등

Ⅰ. 타법인 출자

1. 다른 법인에 대한 출자 한도

조합은 사업을 수행하기 위하여 필요하면 자기자본의 범위(자기자본의 100%)에서 다른 법인에 출자할 수 있다(법60⑧ 전단, 법108, 법113).

2. 같은 법인에 대한 출자 한도

같은 법인에 대한 출자는 ⅰ) 중앙회에 출자하는 경우(제1호), ⅱ) 경제사업을 하기 위하여 지구별수협이 보유하고 있는 부동산 및 시설물을 출자하는 경우(제2호)를 제외하고는 자기자본의 20%를 초과할 수 없다(법60⑧ 후단, 법108, 법113).

Ⅱ. 사업손실보전자금 및 대손보전자금

1. 조성과 운용

지구별수협은 사업을 안정적으로 하기 위하여 정관으로 정하는 바에 따라 사업손실보전자금 및 대손보전자금을 조성·운용할 수 있다(법60⑨, 법108, 법113).

2. 조성 지원

국가·지방자치단체 및 중앙회는 예산의 범위에서 제9항에 따른 사업손실보전자금 및 대손보전자금의 조성을 지원할 수 있다(법60⑩, 법108, 법113).

제3절 동일인 대출한도

지구별수협(법률 제4820호 수산업협동조합법중개정법률 부칙 제5조에 따라 신용사업을 하는 조합을 포함)이 신용사업을 하는 경우에는 신용협동조합법에 따른 신용협동조합으로 본다(신용협동조합법95①(2)).

지구별수협합(법률 제4820호 수산업협동조합법중개정법률 부칙 제5조에 따라 신용사업을 하는 조합을 포함)의 사업에 관하여는 신용협동조합법 제42조(동일인에 대한 대출등의 한도)를 적용한다(신용협동조합법95④). 따라서 지구별수산업협동조합에 대하여는 위의 신용협동조합의 동일인 대출한도의 내용이 적용된다.

Ⅰ. 서설

1. 동일인 대출의 의의

동일인 대출이라 함은 채무자가 본인의 계산(사용 목적)으로 동일인으로 간주되는 자 등의 명의로 분산 대출하여 채무자 본인이 직접 사용하는 대출을 말한다. 다만, 동일인으로 간주되는 자 등의 명의로 대출이 분산하여 실행되었다 하더라도 명의차주별로 각자의 사용목적에 의하여 각자에게 사용되어지는 경우에는 동일인 대출로 보지 아니한다.

신용협동조합법 제42조의 규정에 의하여 동일인으로 간주되는 자는 해당 채무자와 ⅰ) 동일세대원, ⅱ) 배우자 및 직계 존비속, ⅲ) 동업자 및 그 해당 법인 직원, ⅳ) 채무자가 법인인 경우 해당 법인의 임·직원, ⅴ) 채무자가 임원인 경우 해당 법인의 관계에 있는 자를 포함한다.[1]

---

1) 신협중앙연수원(2021), 16쪽.

2. 제도적 취지

법에서 동일인에 대한 대출한도를 정하고 이를 초과하여 대출한 임·직원을 처벌하는 규정을 둔 취지는 특정 소수 대출채무자에게 과도하게 편중 대출하는 것을 규제하여 조합원들에게 골고루 대출이 이루어질 수 있도록 함으로써 조합원 대다수에게 대출 혜택을 부여함과 아울러 동일인에 대하여 통상의 대출한도를 미리 정함으로써 그의 변제능력 상실로 대출금의 회수가 곤란해지더라도 그로 인해 신용협동조합의 재정이 부실화될 가능성을 방지하여 신용협동조합의 자산 건전성을 확보·유지하고자 하는 데에 있다.[2]

Ⅱ. 동일인 대출한도의 기준

1. 의의

조합은 동일인에 대하여 금융위원회가 정하는 기준에 따라 중앙회장의 승인을 받은 경우를 제외하고는 조합의 직전 사업연도말 자기자본의 20%와 자산총액의 1% 중 큰 금액을 초과하는 대출등(대출·어음할인)을 할 수 없다(신용협동조합법42 전단, 신용협동조합법 시행령16의4① 전단).

2. 최고한도의 설정

금융위원회는 자기자본의 20%에 해당하는 금액과 자산총액의 1%에 해당하는 금액에 대하여 각각 최고한도를 설정할 수 있다(신용협동조합법 시행령16의4① 후단).

(1) 자산총액 1%의 최고한도

금융위원회가 자산총액의 1%에 해당하는 금액에 대하여 설정하는 최고한도는 7억원으로 한다(상호금융업감독규정6⑥).

(2) 자기자본 20%의 최고한도

자기자본의 20%에 해당하는 금액에 대하여 설정하는 최고한도는 50억원으

---

2) 대법원 2008. 8. 21. 선고 2006도7741 판결.

로 한다(상호금융업감독규정6⑦ 본문). 다만, 직전 사업연도말 자기자본이 500억원 이상인 조합이 법인인 조합원 또는 법인인 준조합원(건설업 또는 부동산업을 영위하는 법인인 준조합원은 제외)에 대한 대출을 하는 경우에는 최고한도를 100억원으로 한다(상호금융업감독규정6⑦ 단서).

3. 본인 계산과 타인 명의 대출등의 판단기준

본인의 계산으로 다른 사람의 명의에 의하여 하는 대출등은 그 본인의 대출등으로 본다(신용협동조합법42 후단). 동일인에 대한 대출한도 초과 여부의 판단기준은 대출금의 실질적 귀속자이다.[3]

4. 관련 판례

① 대법원 2014. 4. 10. 선고 2012다43331(반소) 판결

대출자 명의를 달리하는 복수의 대출이 그 실질은 동일인에 대한 대출한도 초과대출에 해당함을 이유로 위 대출에 관여한 금융기관의 임직원에게 손해배상 책임을 묻기 위하여는, 그 대출의 실질이 동일인 대출한도 초과대출이라는 점 외에 대출 당시 채무자의 재무상태, 다른 금융기관으로부터의 차입금 기타 채무를 포함한 전반적인 금융거래상황, 사업현황 및 전망과 대출금의 용도, 소요기간 등에 비추어 볼 때 채무상환능력이 부족하거나 제공된 담보의 경제적 가치가 부실하여 대출채권의 회수에 문제가 있음에도 이루어진 대출이라는 점과, 위 대출에 관여한 금융기관의 임직원이 그 대출이 동일인 대출한도 초과대출로서 채무상환능력이 부족하거나 충분한 담보가 확보되지 아니한 상태에서 이루어진다는 사정을 알았거나 알 수 있었음에도 그 대출을 실행하였다는 점에 대한 증명이 있어야 할 것이다(대법원 2004. 6. 11. 선고 2004다5846 판결; 대법원 2012. 4. 12. 선고 2010다75945 판결 등 참조).

원심은 채택 증거에 의하여 그 판시와 같은 사실을 인정한 다음 판시 사실로부터 인정되는 다음과 같은 사정, 즉 ① 원심판결 별지 표 2 기재 대출의 실질적 채무자는 주식회사 감로산업("감로산업")이라고 판단되는 점, ② 위 대출이 이루어진 경위 등 여러 제반 정황을 감안할 때 반소피고들은 위 대출이 동일인에

---

3) 대법원 2006. 5. 11. 선고 2002도6289 판결.

대한 대출한도 제한을 피하기 위하여 L 등 14인 명의로 실행되었다는 사정을 알았거나 알 수 있었다고 보이는 점, ③ 위 대출의 담보물로 제공된 이 사건 용당유통프라자 건물들은 당시 미분양 상태로 남아 있는 등 실수요가 거의 없었던 것으로 보임에도 반소피고들은 실제 분양계약이 체결된 내용이 기재된 계약서가 아니라 감로산업이 작성한 분양계약서 용지에 기재된 분양가액을 근거로 가액을 산정한 뒤 대출기준에 따라 그 산정가액의 70% 상당액을 대출해 준 점, ④ 위 대출원금이 K농업협동조합의 감정평가액과 차이가 별로 없고 대출이자 내지 지연손해금까지 감안할 때 위 대출금이 제때에 변제되지 아니할 경우 이 사건 용당유통프라자 건물들만으로 위 대출금채무가 충분히 담보된다고 보기 어려운 점 등에 비추어 볼 때, 반소피고들은 반소원고의 임원 및 직원으로서 위 대출 당시 필요한 주의의무 내지 성실의무를 다하지 못하였으므로, 이로 인하여 반소원고가 입은 미회수 대출원리금 상당의 손해를 배상할 책임이 있다고 판단하였다. 앞서 본 법리와 기록에 비추어 살펴보면, 원심의 위와 같은 사실인정과 판단은 정당한 것으로 수긍할 수 있다.

② 대법원 2006. 5. 11. 선고 2002도6289 판결

[1] 구 신용협동조합법상 동일인에 대한 대출한도 초과 여부의 판단 기준(= 대출금의 실질적 귀속자): 대출인 명의를 다른 조합원 등 명의로 함으로써 각각의 대출명의인을 기준으로 한 대출금은 동일인에 대한 대출한도를 초과하지 않는다고 하더라도, 대출금이 실질적으로 귀속되는 자를 기준으로 할 경우 대출한도를 초과하는 이상 그 대출행위는 구 신용협동조합법(1998. 1. 13. 법률 제5506호로 전문 개정되어 1998. 4. 1.부터 시행되기 전의 것, 이하 같다) 제32조(현행 제42조)에 위배된다(대법원 1999. 11. 12. 선고 99도1280 판결, 2001. 11. 13. 선고 2001도3531 판결 등 참조).

[2] 동일인 대출한도를 초과하여 대출한 행위를 구 신용협동조합법 위반죄로, 물적담보를 제대로 확보하지 아니하고 대출한 행위를 업무상배임죄로 각각 별도로 기소한 사안에서, 설사 한도초과 대출행위가 구 신용협동조합법 위반죄를 구성하는 외에 그 자체만으로 업무상배임죄를 구성한다고 하더라도, 공소장변경 없이 위 행위로 인한 업무상배임죄를 유죄로 인정하는 것은 허용될 수 없다고 한 사례: 검사는 이 사건에서 피고인이 공소외 6, 7, 8 에게 각 대출을 하면서 "동일인 대출한도를 초과하여 대출한 행위("한도초과 대출행위")"를 구 신용협

동조합법 위반죄로, "물적담보를 제대로 확보하지 아니한 채로 대출하여 그들로
하여금 각 대출액 상당의 재산상 이익을 취득하게 하고 S신용협동조합에 동액
상당의 손해를 가한 행위"를 업무상 배임죄로 각각 별도로 기소한 사실, 제1심
및 환송 전후의 원심도 이를 전제로 하여 심리·판단하여 왔고, 그 심리과정에서
한도초과 대출행위가 구 신용협동조합법 위반죄를 구성하는 것과는 별도로 그
자체만으로 업무상배임죄를 구성하는지 여부는 쟁점이 되지 아니한 사실, 결국
환송 후 원심은 그 중 한도초과 대출에 의한 구 신용협동조합법 위반죄 부분에
대하여는 유죄를 인정하고, 업무상배임죄 부분에 대하여는 범죄의 증명이 없음
을 이유로 무죄를 선고하였음을 알 수 있고, 한편 이 사건 한도초과 대출행위 당
시 시행되던 구 신용협동조합법 제96조 제1항 제1호 단서(현행 제99조 제2항 제2
호 참조)는 같은 법 제96조 제1항 제1호 본문(현행 제99조 제2항 제2호 참조)에 해
당하는 행위가 형법 제355조 또는 제356조의 배임행위에 해당하는 때에는 형법
의 예에 의하도록 규정하고 있어 구 신용협동조합법 제96조 제1항(현행 제99조 제
2항 제2호 참조) 위반죄와 한도초과 대출로 인한 업무상 배임죄를 경합범으로 처
벌할 수 없도록 되어 있었다.

그렇다면 설사 한도초과 대출행위가 구 신용협동조합법 위반죄를 구성하는
외에 그 자체만으로 업무상배임죄를 구성한다고 하더라도, 이 사건 업무상배임
죄의 공소사실에는 한도초과 대출로 인한 업무상 배임죄의 공소사실이 포함되어
있지 않음이 분명하고, 나아가 한도초과 대출행위와 물적담보를 제대로 확보하
지 아니하고 대출한 행위는 그 행위 내용이나 결과, 임무위배의 태양 및 그로 인
하여 조합이 입게 되는 손해의 내용 등을 달리하므로, 후자의 행위가 업무상배임
죄로 기소된 이 사건에서 공소장변경 없이 전자의 행위로 인한 업무상배임죄를
유죄로 인정하는 것은 피고인의 방어권 행사에 실질적인 불이익을 초래할 염려
가 있어 허용될 수 없다고 할 것이다.

③ 대법원 2006. 3. 24. 선고 2005다46790 판결

신용협동조합의 이사장이 동일인 대출한도를 초과하는 대출을 승인하는 등
그 임무를 해태하여 조합으로 하여금 대출금을 회수하지 못하는 손해를 입게 한
경우, 그 미회수 금액 중 동일인 대출한도 내의 대출로 인한 금액 부분에 대하여
도 손해배상책임을 지는지 여부(한정 소극): 신용협동조합의 이사장이 재직 당시

동일인에 대하여 대출한도를 초과한 돈을 대출하면서 충분한 담보를 확보하지 아니하는 등 그 임무를 해태하여 신용협동조합으로 하여금 대출금을 회수하지 못하는 손해를 입게 하였다고 하더라도, 그 미회수 금액 중 동일인 대출한도 내의 대출로 인한 금액에 대하여는 대출 당시 차주의 신용 또는 재산상태로 보아 회수 가능성이 없었다거나 그 대출과 관련하여 신용협동조합의 다른 대출관련 규정을 위반하였다는 등의 특별한 사정이 없는 한 손해배상의 책임을 지울 수 없다고 할 것이다.

기록에 의하면, 원심이 피고 1이 위 실차주 소외 2에 대한 동일인 대출한도 초과대출로 인하여 A신협에게 입혔다고 인정한 손해액 84,514,158원에는 위 소외 2에 대한 동일인 대출한도 내의 금액인 1,500만 원이 포함되어 있음을 알 수 있으므로, 앞서 본 법리에 비추어 보면, 위 1,500만 원 부분에 대하여는 A신협이 대출 후 그 금액을 회수하지 못하는 손해를 입었다고 하더라도 다른 특별한 사정이 없는 한 피고 1이 A신협에게 그 손해를 배상할 책임이 없다고 보아야 할 것이다.

④ 대법원 2001. 11. 30. 선고 99도4587 판결

[1] 신용협동조합 이사장의 부당대출행위와 업무상배임죄 성립 여부: 일반 금융기관과 달리 상호유대를 가진 자 사이의 협동조직을 통하여 자금의 조성과 이용 등을 도모하기 위하여 설립된 신용협동조합의 이사장이 자신 또는 제3자의 이익을 도모하여 임무에 위배하여 소정의 대출한도액을 초과하여 대출하거나 비조합원 또는 무자격자에게 대출하였다면, 그로 인하여 조합이 다른 조합원에게 정당하게 대출할 자금을 부당하게 감소시킨 결과가 되어 그 대출금에 대한 회수의 가능 여부나 담보의 적정 여부에 관계없이 조합에 재산적 손해를 입게 한 것으로 보아야 할 것이고, 이 경우 이사장의 임무 위배가 인정되는 이상 설령 조합 내 여신위원회의 사전 심사와 결의를 거쳤다고 하더라도 업무상배임죄의 성립에 영향이 없다.

[2] 본인의 계산으로 타인의 명의에 의하여 행하는 대출에 있어서 무자격자인 대출 명의자에 대한 대출이 배임죄를 구성하는 것과 별도로 대출총액이 본인의 대출한도액을 초과하는 경우 배임죄가 성립하는지 여부(적극): 동일 조합원에 대한 대출한도의 초과 여부를 판단함에 있어 본인의 계산으로 타인의 명의에 의

하여 행하는 대출은 그 본인의 대출로 보아야 할 것이고(1998. 1. 13. 법률 제5506
호로 전문 개정된 신용협동조합법 제42조 단서에서는 이 점을 명문화하였다), 이때 종전
대출의 명의자인 타인이 비조합원 또는 무자격자이고 그 무자격자에 대한 대출
이 별도의 배임행위로 처벌받는다고 하더라도 그 대출금액과 추가대출금액을 포
함한 대출총액이 본인의 대출한도액을 초과하는 때에는 이에 대하여 별도의 배
임죄가 성립한다.

⑤ 대법원 1984. 9. 25. 선고 84도1436 판결

신용협동조합의 이사장은 동 조합을 위하여 성실히 직무를 수행하여야 할
임무가 있으므로 제 3자의 이익을 도모하여 임무에 위배하여 소정의 대출한도액
을 초과하여 대출하거나 비조합원에게 대출하여 동 조합에 그 대출상당액의 재
산상의 손해를 가하였다면 동조합 내 여신위원회의 결의가 있었다거나 대출금에
대한 회수의 가능여부에 관계없이 업무상배임죄가 성립된다

⑥ 서울행정법원 2017. 10. 20. 선고 2016구합84955 판결

대출인 명의를 다른 조합원 등의 이름으로 함으로써 각각의 대출명의인을
기준으로 한 대출금은 동일인에 대한 대출한도를 초과하지 않는다고 하더라도,
대출금이 실질적으로 귀속되는 자를 기준으로 할 경우 대출한도를 초과하는 이
상 그 대출행위는 신용협동조합법 제42조에 위배되고(대법원 1999. 11. 12. 선고 99
도1280 판결, 대법원 2001. 11. 13. 선고 2001도3531 판결 등 참조), 다른 사람의 이름
으로 대출을 받더라도 그것이 본인의 계산으로 실행되는 것이라면 이는 본인의
대출에 해당한다(신용협동조합법 제42조 후문). 한편 조합은 동일인에 대하여 금융
위원회가 정하는 기준에 따라 중앙회장의 승인이 있는 경우를 제외하고는 조합의
직전사업연도 말 자기자본의 20% 또는 자산총액의 1% 중 큰 금액의 범위 안에서
금융위원회가 정하는 한도인 5억 원을 초과하여 대출을 할 수 없다(신용협동조합
법 제42조 전문, 같은 법 시행령 제16조의4 제1항, 구 상호금융감독규정 제6조 제6항).

⑦ 제주지방법원 2011. 9. 1. 선고 2010고합67, 84(병합) 판결

대출인 명의를 다른 조합원들 명의로 함으로써 각각의 대출명의인을 기준으
로 한 대출금은 동일인에 대한 대출한도를 초과하지 않는다고 하더라도 대출금

이 실질적으로 귀속되는 자를 기준으로 할 경우 대출한도를 초과하는 이상 그 대출행위는 신용협동조합법에 위반되는 것이고(1991. 11. 12. 선고 99도1280 판결 등 참조), 실질적인 자금의 수수 없이 형식적으로만 신규대출을 하여 기존채무를 변제하는 이른바 대환은, 특별한 사정이 없는 한 형식적으로는 별도의 대출에 해당하나 실질적으로는 기존채무의 변제기의 연장에 불과하므로, 신용협동조합법에서 금지·처벌의 대상으로 삼고 있는, "동일인에 대한 대출한도를 초과하는 대출"에 해당하지 아니한다(대법원 2001. 11. 13. 선고 2001도3531 판결 등 참조).

⑧ 대법원 2008. 8. 21. 선고 2006도7741 판결

업무상배임죄는 업무상 타인의 사무를 처리하는 자가 임무에 위배하는 행위로써 재산상의 이익을 취득하거나 제3자로 하여금 이를 취득하게 하여 본인에게 재산상의 손해를 가한 때 성립하는바, 여기서 재산상의 손해라 함은 현실적인 손해를 가한 경우뿐만 아니라 재산상 실해 발생의 위험을 초래한 경우도 포함되고, 재산상 손해의 유무에 대한 판단은 법률적 판단에 의하지 아니하고 경제적 관점에서 파악하여야 하지만(대법원 1992. 5. 26. 선고 91도2963 판결, 대법원 1995. 11. 21. 선고 94도1375 판결, 대법원 2004. 4. 9. 선고 2004도771 판결, 대법원 2005. 4. 15. 선고 2004도7053 판결 등 참조), 재산상 손해가 발생하였다고 평가될 수 있는 재산상 실해 발생의 위험이라 함은 본인에게 손해가 발생할 막연한 위험이 있는 것만으로는 부족하고 경제적인 관점에서 보아 본인에게 손해가 발생한 것과 같은 정도로 구체적인 위험이 있는 경우를 의미한다고 할 것이다.

이러한 법리에 비추어 보면, 동일인 대출한도액을 초과한 대출이 이루어졌다는 사정만으로 신용협동조합에 당연히 대출채권을 회수하지 못하게 될 위험이나 다른 조합원들에 대한 대출을 곤란하게 하여 신용협동조합의 적정한 자산운용에 장애를 초래하는 위험 등의 재산상 손해가 발생하였다고 단정할 수는 없다(대법원 2008. 6. 19. 선고 2008도1406 전원합의체 판결 참조).

그렇다면, 피고인의 대출행위가 대출관련 규정에 위반하여 동일인 대출한도를 초과하였다는 사실만으로 대출 당시 이미 채무자의 채무상환능력이 불량하여 채권회수에 문제가 있었는지 여부에 관하여 구체적으로 심리·판단함이 없이 업무상배임죄 또는 특정경제범죄 가중처벌 등에 관한 법률 위반(배임)죄를 인정한 원심의 판단에는 업무상배임죄 또는 특정경제범죄 가중처벌 등에 관한 법률 위

반(배임)죄에 관한 법리를 오해하여 판결 결과에 영향을 미친 위법이 있다.

Ⅲ. 동일인 대출한도 산정시 제외되는 대출

다음에 해당하는 대출, 즉 ⅰ) 당해 조합에 대한 예탁금 및 적금을 담보로 하는 대출, ⅱ) 당해 조합과의 공제계약에 의하여 납입한 공제료를 담보로 하는 대출, ⅲ) 정부·한국은행 또는 은행이 보증하거나 동 기관이 발행 또는 보증한 증권을 담보로 하는 대출, ⅳ) 농림수산업자신용보증기금이 보증하거나 농림수산정책자금대손보전기금 등에 의하여 대손보전이 이루어지는 대출, ⅴ) 별표 1(경영실태평가 부문별 평가항목)에 의한 총자본비율 산출시 위험가중치가 20% 이하인 대출(이 경우 설립 근거법이 동일한 조합에 대한 대출 또는 그에 의해 보증된 대출은 제외), ⅵ) 지역신용보증재단 또는 서민금융진흥원에 의하여 대손보증이 이루어지는 대출금은 동일인에 대한 대출액 산정시 이를 포함하지 아니한다(신용협동조합법 시행령16의4②, 상호금융업감독규정6①).

Ⅳ. 동일인 대출한도의 예외: 중앙회장 승인

중앙회장은 ⅰ) 채무인수·상속·합병 및 영업양수 등에 의하여 대출채권을 불가피하게 양수한 경우(제1호), ⅱ) 조합의 합병 또는 영업양수도로 동일인 대출한도를 초과하게 되는 경우(제2호), ⅲ) 사고금의 보전목적 등 채권보전 조치를 위하여 필요한 경우(제3호), ⅳ) 법률 제6345호 농어업인부채경감에관한특별조치법에 의거 농어업인에 대해 부채경감 목적으로 대출을 취급함으로써 동일인 대출한도를 초과하는 경우(신협은 제외)(제4호), ⅴ) 농어업재해대책법 및 자연재해대책법에 의거 재해대책 목적으로 대출을 취급함으로써 동일인 대출한도를 초과하는 경우(제5호)에는 동일인 대출한도를 초과하여 승인할 수 있다(상호금융업감독규정6②).

Ⅴ. 동일인 대출한도 초과분의 해소

동일인 대출한도 범위 내에서 이미 취급된 동일인 대출금이 조합의 출자금

(회전출자금 및 가입금을 포함) 환급, 결손금 발생 등으로 자기자본 또는 자산총액이 감소하여 동일인 대출한도를 초과하게 된 경우에는 그 한도가 초과한 날로부터 만기일 이내에 한도에 적합하도록 하여야 한다(상호금융업감독규정6④).

Ⅵ. 위반시 제재

조합 또는 중앙회의 임직원 또는 청산인이 법 제42조를 위반하여 동일인에 대한 대출등의 한도를 초과한 경우에는 2년 이하의 징역 또는 2천만원 이하의 벌금에 처한다(신용협동조합법99②(2)).

제4절 상환준비금

지구별수협(법률 제4820호 수산업협동조합법중개정법률 부칙 제5조에 따라 신용사업을 하는 조합을 포함)이 신용사업을 하는 경우에는 신용협동조합법에 따른 신용협동조합으로 본다(신용협동조합법95①(2)).

지구별수협(법률 제4820호 수산업협동조합법중개정법률 부칙 제5조에 따라 신용사업을 하는 조합을 포함)의 사업에 관하여는 신용협동조합법 제43조(상환준비금)를 적용한다(신용협동조합법95④). 따라서 상환준비금에 관한 신용협동조합의 내용은 수산업협동조합에 적용된다.

Ⅰ. 제도적 취지

상환준비금은 조합이 조합원들로부터 예탁받은 자금을 모두 대출함으로써 일시적인 유동성 부족으로 인한 인출 불능 사태가 발생하는 것을 방지하기 위하여 법으로 일정한 자금을 조합 내에 유보하도록 한 것이고, 그중 일부를 중앙회에 예치하도록 한 취지가 상환준비금제도를 더욱 엄격히 유지하여 조합원들의 예탁금반환을 보장하기 위한 공익적 목적에서 비롯된 것이다.[4]

Ⅱ. 내용

1. 보유 한도

조합은 전월 말일 기준 예탁금 및 적금 잔액의 10%에 해당하는 금액을 상환준비금으로 보유해야 한다(신용협동조합법43①, 신용협동조합법 시행령17①). 이는 예금자 등의 상환요구에 대처하기 위하여 예금 등 금전채무에 대하여 일정비율에 해당하는 상환준비금을 보유하도록 한 것이다.

2. 중앙회 의무 예치비율

조합은 상환준비금 중 100%(신협은 80%)에 해당하는 금액 이상을 다음 달 5일까지 중앙회에 예치해야 한다(신용협동조합법43①, 신용협동조합법 시행령17② 본문). 다만, 금융위원회는 중앙회 또는 조합의 건전한 운영을 위하여 필요하다고 인정하는 경우에는[지역농협과 지역축협(신용사업을 하는 품목조합 포함)], 지구별수협(신용사업을 하는 업종별수협, 수산물가공수협 포함), 산림조합 외의 조합에 대해 상환준비금의 중앙회 예치비율을 상향조정할 수 있다(신용협동조합법43①, 신용협동조합법 시행령17② 단서).

3. 중앙회 예치 외의 보유 방법

조합은 중앙회에 예치한 금액 외의 상환준비금을 현금 또는 부보금융회사 및 체신관서(법44(2))에 예치하는 방법으로 보유하여야 한다(신용협동조합법43②, 신용협동조합법 시행령17③).

4. 중앙회에 예치된 상환준비금의 운용방법 등

(1) 운용방법

중앙회에 예치된 상환준비금의 운용은 ⅰ) 조합에 대한 대출, ⅱ) 부보금융회사 및 체신관서에의 예치, ⅲ) 조합에 대한 어음할인, ⅳ) 중앙회안의 예금자보호기금에 대한 대출, ⅴ) 다음의 유가증권의 매입, 즉 ㉠ 국채증권·지방채증권 및 특수채증권, ㉡ 부보금융기관 또는 체신관서가 지급보증한 회사채 및 신용평

---

4) 대법원 2003. 3. 14. 선고 2002다58761 판결.

가전문기관 중에서 2(신용평가전문기관의 업무정지등 부득이한 사유가 있는 경우에는 1) 이상의 자로부터 BBB+ 이상의 평가등급을 받은 회사채(다만 사모사채의 경우에는 신용평가전문기관으로부터 BBB+ 이상의 평가등급을 받은 경우에도 이를 매입할 수 없다), ⓒ 증권집합투자기구의 집합투자증권 또는 신탁업자가 발행하는 수익증권으로서 상장주식등의 편입비율이 30% 이하인 것, ② 단기금융집합투자기구의 집합투자증권, ⓜ 회생절차 개시의 결정을 받은 기업, 채권금융기관이 기업구조조정을 위한 목적으로 관리절차가 진행 중인 기업, 그리고 기업구조조정 촉진을 위한 금융기관 등의 협약·협의에 의해 기업개선작업을 추진 중인 기업에 대한 회사채 등이 출자전환되어 보유하게 되는 그 기업의 지분증권의 매입의 방법에 의한다(상호금융업감독규정6의3①).

(2) 증권집합투자기구의 집합투자증권 등의 매입한도

위에서 증권집합투자기구의 집합투자증권 또는 신탁업자가 발행하는 수익증권으로서 상장주식 등의 편입비율이 30% 이하인 유가증권의 매입한도는 전월말 상환준비금 운용자금의 10% 이내로 한다(상호금융업감독규정6의3③).

5. 운용수익의 처분 순서

중앙회에 예치된 상환준비금의 운용수익은 ⅰ) 상환준비금의 운영 및 관리 등에 필요한 비용의 지급, ⅱ) 상환준비금에 대한 이자의 지급, ⅲ) 그 밖에 금융위원회의 승인을 얻어 중앙회장이 정하는 방법(제4호)의 순서에 따라 처분한다(신용협동조합법43②, 신용협동조합법 시행령17④).

Ⅲ. 위반시 제재

조합이 신용협동조합법 제43조 제1항을 위반하여 상환준비금을 보유하지 아니하거나 중앙회에 예치하지 아니한 경우에는 2천만원 이하의 과태료를 부과한다(신용협동조합법101①(1의2)).

Ⅳ. 관련 판례

** 대법원 2003. 3. 14. 선고 2002다58761 판결

신용협동조합법 제43조에 따라 신용협동조합이 신용협동조합중앙회에 상환준비금으로 예탁(현행 예치)한 채권에 대하여 신용협동조합중앙회가 당해 조합에 대한 대출채권으로 상계하는 것이 금지되는지 여부(소극): 신용협동조합법 제43조 소정의 상환준비금은 신용협동조합이 조합원들로부터 예탁받은 자금을 모두 대출함으로써 일시적인 유동성 부족으로 인한 인출불능사태가 발생하는 것을 방지하기 위하여 법으로 일정한 자금을 조합 내에 유보하도록 한 것이고, 그중 일부를 중앙회에 예탁(현행 예치)하도록 한 취지가 상환준비금제도를 더욱 엄격히 유지하여 조합원들의 예탁금반환을 보장하기 위한 공익적 목적에서 비롯된 것이라고 하더라도, 신용협동조합법 및 동법 시행령 등에 상환준비금으로 예탁(현행 예치)된 채권에 대하여 상계를 금지하는 규정이 없고, 상호금융감독규정 제6조의3 제1항 제1호에 의하면, 중앙회에 예치한 상환준비금을 조합에 대한 대출의 용도로 사용할 수 있도록 규정하고 있는 점등을 종합하면, 상환준비금으로 예탁(현행 예치)된 채권에 대하여 중앙회가 당해 조합에 대한 대출채권으로 상계를 하는 것이 금지되어 있다고 볼 수는 없다.

제5절 여유자금 운용

Ⅰ. 제도적 취지

여유자금이란 조합원의 자금 수요를 충족시키고 남는 자금을 말한다. 수산업협동조합법은 여유자금의 운용을 엄격하게 제한하고 있다. 이것은 수협의 설립목적에 위반되는 자산운용을 금지하고, 이러한 자금을 계통조직에 집결시켜 계통금융의 장점을 살리면서 안전하고 확실한 운용으로 수익성도 보장하려는 것이다.[5]

---

5) 신협중앙연수원(2021), 206쪽.

Ⅱ. 여유자금의 운용방법

조합은 ⅰ) 국채·공채 및 대통령령으로 정하는 유가증권의 매입(제1호), ⅱ) 중앙회, 수협은행 또는 대통령령으로 정하는 금융기관에 예치(제2호)의 방법으로 만 업무상의 여유자금을 운용할 수 있다(법69①, 법108, 법113).

1. 중앙회 예치

조합은 중앙회에 예치의 방법으로 업무상의 여유자금을 운용할 수 있다(법 69①(2), 법108, 법113).

중앙회에 대한 예치 하한 비율 또는 금액은 여유자금의 건전한 운용을 해치지 아니하는 범위에서 중앙회의 회장이 정하도록 하고 있으며(법69②, 법108, 법113), 조합은 여유자금의 60% 이상을 중앙회 예치해야 한다(상호금융자금관리요령25).

2. 금융기관 예치

조합은 수협은행 또는 ⅰ) 은행(제1호), ⅱ) 투자매매업자, 투자중개업자, 집합투자업자, 신탁업자 및 종합금융회사(제2호), ⅲ) 한국산업은행(제3호), ⅳ) 중소기업은행(제4호), ⅴ) 한국수출입은행(제5호), ⅵ) 지구별수협(제6호), ⅶ) 신용사업을 하는 업종별수협 및 수산물가공수협(제7호), ⅷ) 체신관서(제8호)에 예치의 방법으로만 업무상의 여유자금을 운용할 수 있다(법69①(2), 법108, 법113, 영21③).

3. 유가증권의 매입

조합은 국채·공채 및 대통령령으로 정하는 유가증권의 매입의 방법으로만 업무상의 여유자금을 운용할 수 있다(법69①(1)), 법108, 법113).

(1) 대통령령으로 정하는 유가증권

여기서 "대통령령으로 정하는 유가증권"이란 ⅰ) 채무증권 중 국채증권·지방채증권·특수채증권 및 사채권(제1호),[6] ⅱ) 신탁업자가 발행하는 수익증권(제3호), ⅲ) 집합투자업자가 발행하는 수익증권(제4호), ⅳ) 종합금융회사가 발행하는 수익증권(제5호)을 말한다(영21①).

---

6) 제2호는 삭제 [2014.12.23]

(2) 농림수산식품부 고시(수산업협동조합 여유자금 운용대상 중 유가증권의 범위)

유가증권은 조합의 여유금 운용의 안정성을 해칠 우려가 없는 범위에서 해양수산부장관이 금융위원회와 협의하여 정하여 고시한 것으로 한정한다(영21②).

수산업협동조합 여유자금 운용대상 중 유가증권의 범위(농림수산식품부 고시 제2010-99호)는 다음과 같다.

1. 회사채
   수산업협동조합법 시행령 제21조 제3항의 금융기관 또는 보험업법에 따른 보험사업자가 지급보증하거나 신용정보법에 따라 신용평가업무허가를 받은 자 중에서 2(신용평가기관의 업무정지 등 부득이한 사유가 있는 경우에는 1) 이상의 자로부터 A- 이상의 평가를 받은 회사채
2. 수익증권
   자본시장법에 따른 신탁업자, 집합투자업자 및 종합금융회사가 발행하는 수익증권: 채권형 수익증권과 수익증권의 약관에서 정하는 최고 주식편입 비율이 30% 이하인 수익증권 및 단기금융집합투자기구의 집합투자증권

Ⅲ. 위반시 제재

조합등 또는 중앙회의 임원·집행간부·일반간부직원·파산관재인 또는 청산인이 법 제69조를 위반하여 조합이 여유자금을 사용한 경우에는 3년 이하의 징역 또는 3천만원 이하의 벌금에 처한다(법177(6)).

제6절 회계

Ⅰ. 회계연도

조합의 회계연도는 매년 1월 1일부터 12월 31일까지로 한다(법65, 법108, 법113, 지구별수협정관예70, 업종별수협정관예69, 수산물가공수협정관예67).

Ⅱ. 회계의 구분 등

1. 회계의 종류

조합의 회계는 일반회계와 특별회계로 구분한다(법66①, 법108, 법113).

2. 일반회계의 구분

일반회계는 종합회계로 하되, 신용사업부문 회계와 신용사업 외의 사업부문 회계로 구분한다(법66②, 법108, 법113, 지구별수협정관예71②, 업종별수협정관예70②, 수산물가공수협정관예68②). 회계에 관하여 필요한 사항은 규약으로 정한다(지구별수협정관예71④, 업종별수협정관예70④, 수산물가공수협정관예68④).

3. 특별회계의 설치

특별회계는 ⅰ) 특정 사업을 운영할 경우(제1호), ⅱ) 특정 자금을 보유하여 운영할 경우(제2호), ⅲ) 그 밖에 일반회계와 구분할 필요가 있는 경우(제3호)에 정관으로 정하는 바에 따라 설치한다(법66③, 법108, 법113).

4. 재무기준

다음의 어느 하나의 재무관계와 그에 관한 재무기준, 즉 ⅰ) 일반회계와 특별회계 간의 재무관계와 그에 관한 재무기준(제1호), ⅱ) 신용사업 부문과 신용사업 외의 사업 부문 간의 재무관계와 그에 관한 재무기준(제2호), ⅲ) 조합과 조합원 간의 재무관계와 그에 관한 재무기준(제3호)은 해양수산부장관이 정한다(법66④ 전단, 법108, 법113). 이 경우 신용사업 부문과 신용사업 외의 사업 부문 간의 재무관계에 관한 재무기준에 관하여는 금융위원회와 협의하여야 한다(법66④ 후단, 법108, 법113).

이에 따라 수산업협동조합법 제66조(법 제108조, 제113조 및 제168조의 규정에 따라 준용하는 경우를 포함)의 규정에 따라 조합과 중앙회의 회계처리절차와 재무운영의 방법을 정함으로써 경영의 합리화와 재무구조의 건전화를 도모함을 목적으로 수산업협동조합 재무기준(해양수산부고시 제2019-209)이 시행되고 있다.

5. 회계처리기준

조합의 회계처리기준에 필요한 사항은 중앙회가 정하는 바에 따른다(법66⑤ 본문, 법108, 법113, 지구별수협정관예71⑤ 본문, 업종별수협정관예70⑤ 본문, 수산물가공수협정관예68⑤ 본문). 다만, 신용사업의 회계처리기준에 관하여 금융위원회가 따로 정하는 경우에는 그에 따른다(법66⑤ 단서, 법108, 법113, 지구별수협정관예71⑤ 단서, 업종별수협정관예70⑤ 단서, 수산물가공수협정관예68⑤ 단서).

Ⅲ. 사업계획과 수지예산: 사업계획서와 예산서

1. 총회 의결과 중앙회 회장 제출

조합은 매 회계연도의 사업계획서와 수지예산서를 작성하여 해당 회계연도가 시작되기 1개월 전에 총회의 의결을 거쳐 중앙회의 회장에게 제출하여야 한다(법67①, 법108, 법113, 지구별수협정관예64①, 업종별수협정관예63①, 수산물가공수협정관예63①).

2. 이사회 의결 및 중요사항 변경의 총회 의결

사업계획과 수지예산을 변경하려면 이사회의 의결을 얻어야 한다(법67② 본문, 법108, 법113, 지구별수협정관예64② 본문, 업종별수협정관예63② 본문, 수산물가공수협정관예63② 본문). 다만, 사업계획의 수립, 수지예산의 편성, 사업계획 및 수지예산 중 ⅰ) 수지예산 확정 후 발생한 사유로 소요되는 총지출예산의 추가편성에 관한 사항(다만, 비례성 예산의 경우에는 그러하지 아니하다)(가목), ⅱ) 사업계획에 반영되지 아니한 총액 1억원 이상의 업무용 부동산의 신규취득에 관한 사항(나목)인 중요사항(정관예37①(6))을 변경하려면 총회의 의결을 거쳐 회장에게 제출하여야 한다(법67② 단서, 법108, 법113, 지구별수협정관예64② 단서, 업종별수협정관예63② 단서, 수산물가공수협정관예63② 단서).

3. 작성 방식과 지출예산의 산출근거 명시

사업계획서와 수지예산서는 조합원이 알기 쉽게 작성하여야 하며, 특히 임원보수 및 실비변상기준, 직원급여기준과 조합운영에 소요되는 활동경비 등 지출예산에 대하여는 산출근거를 명시하여야 한다(지구별수협정관예64③, 업종별수협정관예63③, 수산물가공수협정관예63③).

4. 조합원의 열람

조합원은 총회 및 이사회의 의결을 얻은 사업계획서 및 수지예산서를 주된 사무소 및 신용사업을 수행하는 지사무소에서 열람할 수 있다(지구별수협정관예64④, 업종별수협정관예63④, 수산물가공수협정관예63④).

5. 위반시 제재

조합등 또는 중앙회의 임원·집행간부·일반간부직원·파산관재인 또는 청산인이 법 제67조(제108조 또는 제113조에 따라 준용되는 경우를 포함)에 따라 총회·대의원회 또는 이사회의 의결을 거쳐야 하는 사항에 대하여 의결을 거치지 아니하고 집행한 경우에는 3년 이하의 징역 또는 3천만원 이하의 벌금에 처한다(법177(2)).

Ⅳ. 운영의 공개

1. 정관 등의 비치

조합장은 정관, 규약, 총회의 의사록과 성명, 주소나 거소 또는 사업장, 가입연월일을 기재한 조합원명부(대의원명부를 포함)를 주된 사무소 및 신용사업을 수행하는 지사무소에 갖춰 두어야 한다(지구별수협정관예61①, 업종별수협정관예60①, 수산물가공수협정관예60①).

2. 이사회 의사록 등 열람

조합원과 조합의 채권자는 영업시간 내에 언제든지 이사회 의사록(조합원에 한함) 및 정관, 규약, 총회의 의사록과 성명, 주소나 거소 또는 사업장, 가입 연월일을 기재한 조합원명부(대의원명부를 포함)(규약은 조합원에 한함)를 열람할 수 있으며, 이 조합이 정한 수수료를 내고 서류의 사본의 발급을 청구할 수 있다(지구별수협정관예61② 전단, 업종별수협정관예60② 전단, 수산물가공수협정관예60② 전단).
이 경우 조합은 정당한 이유 없이 그 발급을 거부하여서는 아니된다(지구별수협정
관예61② 후단, 업종별수협정관예60② 후단, 수산물가공수협정관예60② 후단).

V. 결산보고서

1. 제출과 비치

조합장은 정기총회 1주 전까지 결산보고서(사업보고서, 재무상태표 및 손익계
산서와 잉여금처분안 또는 손실금처리안 등)를 감사에게 제출하고, 이를 주된 사무소
및 신용사업을 수행하는 지사무소에 갖춰 두어야 한다(법73①, 법108, 법113, 지구
별수협정관예79①, 업종별수협정관예78①, 수산물가공수협정관예76①).

2. 열람 또는 사본 발급 청구

조합원과 채권자는 정관, 총회의사록, 조합원 명부 및 결산보고서(사업보고
서, 재무상태표 및 손익계산서와 잉여금처분안 또는 손실금처리안 등)를 열람하거나 그
사본의 발급을 청구할 수 있다(법73② 전단, 법108, 법113). 이 경우 조합이 정한
수수료를 내야 한다(법73② 후단, 법108, 법113).

3. 정기총회 승인

조합장은 결산보고서(사업보고서, 재무상태표 및 손익계산서와 잉여금처분안 또
는 손실금처리안 등)와 감사 의견서를 정기총회에 제출하여 승인을 받은 후 재무
상태표를 지체 없이 공고하여야 한다(법73③, 법108, 법113).

4. 임원의 책임해제

결산보고서 및 감사의견서의 정기총회 승인을 받은 경우 임원의 책임해제에
관하여는 상법 제450조[7]를 준용한다(법73④, 법108, 법113).

---

7) 제450조(이사, 감사의 책임해제) 정기총회에서 전조 제1항의 승인을 한 후 2년내에 다른
   결의가 없으면 회사는 이사와 감사의 책임을 해제한 것으로 본다. 그러나 이사 또는 감사
   의 부정행위에 대하여는 그러하지 아니하다.

5. 위반시 제재

조합등 또는 중앙회의 임원·집행간부·일반간부직원·파산관재인 또는 청산인이 법 제73조 제1항부터 제3항까지(제108조, 제113조, 제113조의10 또는 제168조에 따라 준용되는 경우를 포함)를 위반한 경우에는 3년 이하의 징역 또는 3천만원 이하의 벌금에 처한다(법177(10)).

Ⅵ. 제적립금의 적립

1. 법정적립금

(1) 적립한도

조합은 매 회계연도의 손실 보전을 하고 남을 때에는 자기자본의 3배가 될 때까지 매 사업연도 잉여금의 10% 이상을 법정적립금으로 적립하여야 한다(법70 ①, 법108, 법113).

(2) 사용제한

법정적립금은 ⅰ) 조합의 손실금을 보전하는 경우(제1호), ⅱ) 조합의 구역이 다른 조합의 구역이 된 경우에 그 재산의 일부를 다른 조합에 양여하는 경우(제2호) 외에는 사용하지 못한다(법72, 법108, 법113).

(3) 자기자본

조합의 자기자본은 ⅰ) 납입출자금(제1호), ⅱ) 회전출자금(제2호), ⅲ) 우선출자금(누적되지 아니하는 것만 해당)(제3호), ⅳ) 가입금(제4호), ⅴ) 각종 적립금(제5호), ⅵ) 미처분 이익잉여금(제6호)을 합친 금액으로 한다(법68 본문, 법108, 법113). 다만, 이월결손금이 있는 경우에는 그 금액을 공제한다(법68 단서, 법108, 법113).

2. 이월금

조합은 정관으로 정하는 바에 따라 교육·지원 사업 등의 지도사업 비용에 충당하기 위하여 잉여금의 20% 이상을 지도사업이월금으로 다음 회계연도로 이월하여야 한다(법70②, 법108, 법113).

3. 임의적립금

조합은 매 회계연도의 잉여금에서 법정적립금과 이월금을 공제하고도 남을 때에는 동 잉여금의 30% 이상을 사업준비금 등의 임의적립금으로 적립한다(법70③, 법108, 법113, 지구별수협정관예74, 업종별수협정관예73, 수산물가공수협정관예71).

4. 자본적립금

조합은 ⅰ) 감자에 따른 차익(제1호), ⅱ) 자산재평가 차익(제2호), ⅲ) 합병차익(제3호), ⅳ) 그 밖의 자본잉여금(제4호)을 자본적립금으로 적립하여야 한다(법70④, 법108, 법113).

자본적립금은 ⅰ) 조합의 손실금을 보전하는 경우(제1호), ⅱ) 조합의 구역이 다른 조합의 구역이 된 경우에 그 재산의 일부를 다른 조합에 양여하는 경우(제2호) 외에는 사용하지 못한다(법72, 법108, 법113).

5. 위반시 제재

조합등 또는 중앙회의 임원·집행간부·일반간부직원·파산관재인 또는 청산인이 법 제70조 제1항·제3항·제4항(제108조, 제113조, 제113조의10 또는 제168조에 따라 준용되는 경우를 포함), 제70조 제2항(제108조 또는 제113조에 따라 준용되는 경우를 포함)을 위반하여 법정적립금 등을 적립하거나 잉여금을 이월한 경우에는 3년 이하의 징역 또는 3천만원 이하의 벌금에 처한다(법177(7)).

조합등 또는 중앙회의 임원·집행간부·일반간부직원·파산관재인 또는 청산인이 법 제72조(제108조, 제113조, 제113조의10 또는 제168조에 따라 준용되는 경우를 포함)를 위반하여 법정적립금 및 자본적립금을 사용한 경우에는 3년 이하의 징역 또는 3천만원 이하의 벌금에 처한다(법177(7)).

Ⅶ. 손실금의 보전과 잉여금의 배당

1. 손실금의 보전(결손의 보전)

(1) 손실금의 보전 순서와 이월

조합은 매 회계연도의 결산 결과 손실금(당기 손실금)이 발생하였을 때에는 미처분이월금·임의적립금·법정적립금·자본적립금의 순으로 보전하고, 보전한 후에도 부족할 때에는 다음 회계연도로 이월한다(법71①, 법108, 법113, 지구별수협 정관예76①, 업종별수협정관예75①, 수산물가공수협정관예73①).

(2) 잉여금의 배당 제한

조합은 손실을 보전하고 법정적립금, 지도사업이월금 및 임의적립금을 공제한 후가 아니면 잉여금을 배당하지 못한다(법71②, 법108, 법113).

2. 잉여금의 배당

(1) 잉여금의 배당 또는 이월

매 회계연도의 잉여금은 결손금을 보전하고 법정적립금, 지도사업비 이월금, 임의적립금을 공제한 후 나머지가 있을 때에는 이를 조합원 또는 준조합원에게 배당하거나 다음 회계연도로 이월한다(지구별수협정관예76②, 업종별수협정관예75②, 수산물가공수협정관예73②).

(2) 잉여금의 배당 순서

잉여금은 ⅰ) 조합원의 사업이용실적에 대한 배당(제1호), ⅱ) 조합원의 납입출자액에 대한 배당(제2호), ⅲ) 준조합원의 사업이용실적에 대한 배당(제3호)의 순서대로 배당한다(법71③, 법108, 법113, 지구별수협정관예76③, 업종별수협정관예75③, 수산물가공수협정관예73③).

(3) 잉여금의 배당방법
(가) 조합원의 사업이용실적에 대한 배당방법

조합원의 사업이용실적에 대한 배당은 잉여금의 배당순서에 따른 배당 총액의 20% 이상으로 하여야 한다(지구별수협정관예76④, 업종별수협정관예75④, 수산물가공수협정관예73④).

(나) 사업이용실적에 대한 배당방법

사업이용실적에 대한 배당은 그 회계연도에 있어 취급된 물자의 수량, 가액, 그 밖에 사업의 분량을 참작하여 이사회가 정하는 사업이용량 기준에 따라 행한다(지구별수협정관예76⑤, 업종별수협정관예75⑤, 수산물가공수협정관예73⑤).

(다) 출자에 대한 배당방법

출자에 대한 배당은 매 회계연도 말에 조합원이 납입완료한 출자금(회전출자금을 포함)에 따라 행하되, 그 율은 조합의 1년 만기 정기예탁금 연 평균금리에 2%를 더한 범위 내로 한다(지구별수협정관예76⑥ 본문, 업종별수협정관예75⑥ 본문, 수산물가공수협정관예73⑥ 본문). 다만, 연 평균금리에 2%를 더한 합산액이 10%를 넘더라도 그 율은 연 10%를 초과할 수 없다(지구별수협정관예76⑥ 단서, 업종별수협정관예75⑥ 단서, 수산물가공수협정관예73⑥ 단서).

3. 위반시 제재

조합등 또는 중앙회의 임원·집행간부·일반간부직원·파산관재인 또는 청산인이 법 제71조(제108조, 제113조, 제113조의10 또는 제168조에 따라 준용되는 경우를 포함)를 위반하여 손실 보전을 하거나 잉여금을 배당한 경우에는 3년 이하의 징역 또는 3천만원 이하의 벌금에 처한다(법177(8)).

Ⅷ. 출자감소

1. 출자금액의 감소 의결

(1) 총회 의결과 재무상태표 작성

조합은 출자 1계좌의 금액 또는 출자계좌 수 감소("출자감소")를 총회에서 의결하였을 때에는 그 의결을 한 날부터 2주 이내에 재무상태표를 작성하여야 한다(법74①, 법108, 법113, 지구별수협정관예77①, 업종별수협정관예76①, 수산물가공수협정관예74①).

(2) 채권자의 이의와 공고 또는 최고

조합은 총회에서 의결을 한 날부터 2주 이내에 채권자에 대하여 이의가 있으면 공고 후 3개월 이내에 조합의 주된 사무소에 서면으로 이의를 제기하라는 취지를 공고하고, 이미 알고 있는 채권자에 대하여는 따로 최고하여야 한다(법74②, 법108, 법113, 지구별수협정관예77②, 업종별수협정관예76②, 수산물가공수협정관예74②).

(3) 공고·최고기간

공고 또는 최고는 총회에서 의결을 한 날부터 2주 이내에 하여야 하며, 공고기간은 2개월 이상(2023. 6. 28.부터 1개월 이상)으로 하여야 한다(법74③, 법108, 법113, 지구별수협정관예77③, 업종별수협정관예76③, 수산물가공수협정관예74③).

(4) 위반시제재

조합등 또는 중앙회의 임원·집행간부·일반간부직원·파산관재인 또는 청산인이 법 제74조 제1항(제108조, 제113조, 제113조의10 또는 제168조에 따라 준용되는 경우를 포함)을 위반하여 조합 및 중앙회가 재무상태표를 작성하지 아니한 경우에는 3년 이하의 징역 또는 3천만원 이하의 벌금에 처한다(법177(11)).

2. 출자감소에 대한 채권자의 이의

(1) 채권자의 이의 부진술과 승인 의제

채권자가 3개월 이내에 출자감소 의결에 대하여 이의를 제기하지 아니하면 이를 승인한 것으로 본다(법75①, 법108, 법113, 지구별수협정관예78①, 업종별수협정관예77①, 수산물가공수협정관예75①).

(2) 채권자의 이의 진술과 변제 또는 담보 제공

채권자가 이의를 제기한 경우 조합이 이를 변제하거나 감소분에 상당하는 담보를 제공하지 아니하면 그 의결은 효력을 발생하지 아니한다(법75②, 법108, 법113, 지구별수협정관예78②, 업종별수협정관예77②, 수산물가공수협정관예75②).

IX. 지분 취득 등의 금지

조합은 조합원의 지분을 취득하거나 이에 대하여 질권을 설정하지 못한다 (법76, 법108, 법113).

참고로 과거 상법(2011. 4. 14. 개정 이전)은 자기주식이 자본충실에 미치는 폐해를 강조하여 자기주식 취득을 원칙적으로 금지해 왔으나 개정 상법은 거래 소에서 시세가 있는 주식의 경우에는 거래소에서 취득하는 방법 등을 통하여 배 당가능이익으로 하는 자기주식취득을 원칙적으로 허용한다.

제7절 외부감사

I. 의의

외부감사는 회사의 외부인이고 회계전문가인 회계법인 또는 감사반에 의한 회계감사를 말한다. 즉 회사로부터 독립된 제3자인 외부감사인이 경영자가 작성 한 재무제표에 대하여 회계감사를 실시하고 이 재무제표가 기업회계기준에 따라 적정하게 작성되었는지 여부에 대하여 전문가로서의 의견을 표명하는 것이다.[8]

외부감사제도는 외부의 회계전문가가 감사를 담당하므로 감사의 독립성과 적정성이 확보될 것이라는 믿음에 근거하는 제도라고 할 수 있다. 이러한 기대에 부응해서 회계감사 그리고 종국적으로는 회계처리의 적정성을 충분히 확보하여 그에 대한 공신력 내지 신뢰성을 제고하고자 하는 것이 외부감사제도 도입의 취 지이다.[9]

---

8) 정영기·조현우·박연희(2008), "자산규모에 의한 외부감사 대상 기준이 적절한가?", 회계 저널 제17권 제3호(2008. 9), 113쪽.
9) 이영종(2014), "주식회사 외부감사의 법적지위와 직무수행에 관한 고찰: 기관과 기관담당 자의 구별에 기초를 둔 이해를 위한 시론", 증권법연구 제15권 제3호(2014. 12), 510쪽.

Ⅱ. 의무실시 조합

1. 감사주기 2년인 조합

조합 중 직전 회계연도 말 자산총액이 300억원(2015회계연도까지는 3천억원) 이상인 조합은 조합감사위원회의 감사(법146①＝회원의 재산 및 업무 집행 상황에 대하여 2년마다 1회 이상 회원을 감사)를 받지 아니한 회계연도에는 외부감사법에 따른 감사인의 감사를 받아야 한다(법169⑦ 본문, 영61).

2. 감사주기 1년인 조합

최근 5년 이내에 회계부정, 횡령, 배임 등 해양수산부령으로 정하는 중요한 사항이 발생한 조합10)과 수산업협동조합의 부실예방 및 구조개선에 관한 법률 제2조 제3호11) 및 제4호12)에 따른 부실조합 및 부실우려조합은 외부감사법에 따른 감사인의 감사를 매년 받아야 한다(법169⑦ 단서).

Ⅲ. 임의실시 조합: 조합감사위원회의 회계감사 요청

조합감사위원회는 회원의 건전한 발전을 도모하기 위하여 필요하다고 인정

---

10) "회계부정, 횡령, 배임 등 해양수산부령으로 정하는 중요한 사항이 발생한 조합"이란 임직원이 다음의 어느 하나에 해당하는 행위로 징계를 받은 조합을 말한다(시행규칙10의2).
   1. 형법 제355조(횡령, 배임) 또는 제356조(업무상의 횡령과 배임)에 해당하는 행위
   2. 특정경제범죄 가중처벌 등에 관한 법률 제5조(수재 등의 죄) 또는 제7조(알선수재의 죄)에 해당하는 행위
   3. 특정경제범죄 가중처벌 등에 관한 법률 제8조(사금융 알선 등의 죄)에 해당하는 행위
   4. 조합자금의 편취·유용 또는 예산의 부당전용·초과사용 등의 회계부정
11) 3. "부실조합"이란 다음의 어느 하나에 해당하는 조합으로서 제4조에 따라 지정된 조합을 말한다.
   가. 경영 상태를 평가한 결과 부채가 자산을 초과한 조합이거나 거액의 금융사고 또는 부실채권의 발생으로 정상적인 경영이 어려울 것이 명백한 조합. 이 경우 경영 상태 평가의 방법, 부채와 자산의 평가 및 산정(算定) 기준은 해양수산부령으로 정한다.
   나. 예금등채권의 지급이나 국가, 공공단체, 중앙회 및 다른 금융기관으로부터의 차입금의 상환이 정지된 조합
   다. 외부로부터의 자금지원 또는 차입이 없이는 예금등채권의 지급이나 차입금의 상환이 어려운 조합
12) 4. "부실우려조합"이란 재무 상태가 해양수산부령으로 정하는 기준에 미달하여 부실조합이 될 가능성이 많은 조합으로서 제4조에 따라 지정된 조합을 말한다.

하면 회원의 부담으로 외부감사법에 따른 감사인에게 회계감사를 요청할 수 있다(법146②).

제8절 경영공시

지구별수협(법률 제4820호 수산업협동조합법중개정법률 부칙 제5조에 따라 신용사업을 하는 조합을 포함)의 사업에 관하여는 신용협동조합법 제83조의2(경영공시)를 적용한다(신용협동조합법95④). 따라서 지구별수협에 대하여는 위의 신용협동조합의 경영공시의 내용이 적용된다.

Ⅰ. 의의

조합은 금융위원회가 정하는 바에 따라 경영상황에 관한 주요 정보 및 자료를 공시하여야 한다(신용협동조합법83의2). 이에 따라 상호금융업감독규정은 정기공시, 수시공시, 정정공시 또는 재공시에 관하여 규정하고 있다.

Ⅱ. 정기공시

1. 공시기한 및 공시의무사항

조합은 결산일로부터 3월 이내에 ⅰ) 조직 및 인력에 관한 사항(제1호), ⅱ) 재무 및 손익에 관한 사항(제2호), ⅲ) 자금조달 및 운용에 관한 사항(제3호), ⅳ) 건전성, 수익성, 생산성 등을 나타내는 경영지표에 관한 사항(제4호), ⅴ) 경영방침, 리스크관리 등 경영에 중요한 영향을 미치는 사항으로서 금융감독원장 또는 중앙회장이 별도로 요구하는 사항(제5호)을 공시하여야 한다(상호금융업감독규정9① 본문). 다만, 상반기 결산을 실시하는 경우에는 상반기 결산일로부터 2월 이내에 공시하여야 한다(상호금융업감독규정9① 단서).

2. 공시항목 및 방법

공시의무사항에 대한 구체적인 공시항목 및 방법은 중앙회장이 정하는 조합 통일경영공시기준에 따른다(상호금융업감독규정9②).

Ⅲ. 수시공시

1. 공시사유

조합은 다음에 해당되는 경우 관련 내용을 공시하여야 한다(상호금융업감독 규정9③).

1. 여신 고객별로 조합의 전월말 자기자본의 5%에 상당하는 금액을 초과하는 부실대출이 신규로 발생한 경우. 다만, 그 금액이 1억원 이하인 경우는 제외 한다.
2. 금융사고가 발생하여 조합의 전월말 자기자본의 5%에 상당하는 금액 이상의 손실이 발생하였거나 발생이 예상되는 경우. 다만 그 금액이 1억원 이하인 경우는 제외한다.
3. 민사소송 패소 등의 사유로 조합의 전월말 자기자본의 5%에 상당하는 금액 을 초과하는 손실이 발생한 경우. 다만, 그 금액이 1억원 이하인 경우는 제 외한다.
4. 금융감독원장 또는 중앙회장으로부터 임원에 대한 개선요구를 받은 경우
5. 법 제84조(임직원에 대한 행정처분), 제85조(조합 등에 대한 행정처분) 및 제89조(중앙회의 지도·감독) 제7항, 농업협동조합법 제145조 제2호(=감사 결과에 따른 회원의 임직원에 대한 징계 및 문책의 요구 등에 관한 사항), 제4호(=회원에 대한 시정 및 개선 요구 등에 관한 사항) 및 제164조(위법행 위에 대한 행정처분), 수산업협동조합법 제145조 제2호(=감사 결과에 따른 회원의 임직원에 대한 징계 및 문책의 요구 등), 제4호(=회원에 대한 시정 및 개선 요구 등) 및 제170조(법령 위반에 대한 조치), 산림조합법 제120조 제2호(=감사결과에 따른 회원의 임직원에 대한 징계 및 문책 요구 등 필요 한 조치), 제4호(=회원에 대한 시정 및 개선 요구 등 필요한 조치) 및 제 125조(위법행위에 대한 행정처분)에 따른 처분을 받은 경우
6. 법 제86조(경영관리), 제89조(중앙회의 지도·감독) 제4항 및 상호금융업가

독규정 제12조의2(재무상태개선권고) 및 제12조의3(재무상태개선요구), 농협구조개선법 제4조(적기시정조치), 수협구조개선법 제4조(부실조합등의 지정), 산림조합구조개선법 제4조(적기시정조치)에 따른 조치를 받은 경우

7. 기타 거액손실 또는 금융사고 등이 발생하여 경영의 건전성을 크게 해치거나 해칠 우려가 있는 경우

2. 공시방법

조합은 공시사유가 발생한 즉시 금융감독원장이 정하는 사항[13]을 3개월 이상 객장과 중앙회 홈페이지(중앙회 홈페이지를 통해 접근할 수 있는 조합의 홈페이지가 있는 경우 당해 홈페이지)에 게시하는 등의 방법으로 공시하여야 한다(상호금융업감독규정9④).

Ⅳ. 정정공시 또는 재공시

금융감독원장 또는 중앙회장은 정기공시의 공시의무사항, 공시항목 및 방법, 수시공시의 공시사유와 공시방법에서 정하는 공시사항을 허위로 작성하거나 중요한 사항을 누락하는 등 불성실하게 공시하는 경우에는 당해 조합에 대해 정정공시 또는 재공시를 요구할 수 있다(상호금융업감독규정9⑤).

---

13) "금융감독원장이 정하는 사항"이라 함은 다음에 해당하는 것을 말한다(상호금융업감독업무시행세칙13②).
1. 감독규정 제9조 제3항 제1호의 규정에 따른 공시의 경우에는 당해 고객명, 금액, 사유, 조합수지에 미치는 영향, 향후 대책
2. 감독규정 제9조 제3항 제2호의 규정에 따른 공시의 경우에는 당해 금융사고의 발생일자 또는 기간, 사고발견일자, 경위, 금액, 원인, 조합수지에 미치는 영향, 조치내용 또는 계획 등
3. 감독규정 제9조 제3항 제3호의 규정에 따른 공시의 경우에는 경위, 금액, 조합수지에 미치는 영향, 조치내용 또는 계획 등
4. 감독규정 제9조 제3항 제4호의 규정에 따른 공시의 경우에는 경위, 조합수지에 미치는 영향, 조치내용 또는 계획 등
5. 감독규정 제9조 제3항 제5호의 규정에 따른 공시의 경우에는 대상, 경위, 주요내용, 조합수지에 미치는 영향 등
6. 감독규정 제9조 제3항 제6호의 규정에 따른 공시의 경우에는 대상, 경위, 주요내용, 조합수지에 미치는 영향 등
7. 감독규정 제9조 제3항 제7호의 규정에 따른 공시의 경우에는 경위, 금액, 조합수지에 미치는 영향, 조치내용 또는 계획 등

V. 위반시 제재

조합 또는 중앙회가 신용협동조합법 제83조의2를 위반하여 공시하지 아니하거나 거짓으로 공시한 경우에는 2천만원 이하의 과태료를 부과한다(신용협동조합법101①(3의2)).

제9절 경영건전성 기준

상호금융기관은 신용협동조합법에 의해 설립된 비영리법인인 신용협동조합, 농업협동조합[농업협동조합법에 의하여 설립된 지역농업협동조합과 지역축산업협동조합(신용사업을 실시하는 품목조합을 포함)], 수산업협동조합[수산업협동조합법에 의하여 설립된 지구별수산업협동조합(법률 제4820호 수산업협동조합법 중 개정법률 부칙 제5조의 규정에 의하여 신용사업을 실시하는 조합을 포함)], 산림조합법에 의해 설립된 산림조합을 말한다(상호금융업감독규정2 및 3 참조). 또한 새마을금고법에 의해 설립된 새마을금고도 설립목적, 지배구조, 영위 업무 등을 고려할 때 상호금융기관에 해당한다.

이들 기관들 중에서 새마을금고를 제외한 기관들은 모두 금융감독기관의 건전성감독을 받고 있으며, 새마을금고만 행정안전부의 감독을 받고 있다.

지구별수협(법률 제4820호 수산업협동조합법중개정법률 부칙 제5조에 따라 신용사업을 하는 조합을 포함)의 사업에 관하여는 신용협동조합법 제83조의3(경영건전성기준)을 적용한다(신용협동조합법95④). 따라서 지구별수협에 대하여는 위의 신용협동조합의 경영건전성 기준의 내용이 적용된다.

Ⅰ. 의의

조합 및 중앙회는 경영의 건전성을 유지하고 금융사고를 예방하기 위하여 ⅰ) 재무구조의 건전성에 관한 사항(제1호), ⅱ) 자산의 건전성에 관한 사항(제2호), ⅲ) 회계 및 결산에 관한 사항(제3호), ⅳ) 위험관리에 관한 사항(제4호), ⅴ)

그 밖에 경영의 건전성을 확보하기 위하여 필요한 사항(제5호)에 관하여 대통령령으로 정하는 바에 따라 금융위원회가 정하는 경영건전성 기준을 준수하여야 한다(신용협동조합법83의3①).

Ⅱ. 재무구조 건전성

1. 의의

조합 및 중앙회는 경영의 건전성을 유지하고 금융사고를 예방하기 위하여 금융위원회가 정하는 재무구조의 건전성에 관한 사항인 ⅰ) 자산등에 대한 자기자본비율(가목), ⅱ) 적립필요금액에 대한 대손충당금비율(나목), ⅲ) 퇴직금추계액에 대한 퇴직급여충당금비율(다목)을 준수하여야 한다(신용협동조합법83의3①, 신용협동조합법 시행령20의2(1)).

2. 경영지도비율

조합의 경영건전성 확보를 위하여 은행에 적용하는 유사한 형태로 경영지도비율 기준을 설정하여 이를 준수하도록 하고 있다.

조합은 ⅰ) 총자산 대비 순자본비율[14]: 2% 이상(제1호), ⅱ) 대손충당금비

---

14) [별표 5] 상호금융업감독규정시행세칙 제12조(건전성비율 산정기준)

$$1. \text{ 순자본비율} = \frac{\text{총자산}^{1)} - \text{총부채}^{1)} - \text{출자금}^{2)} + \text{후순위차입금}^{3)} + \text{대손충당금}^{4)}}{\text{총자산} + \text{미사용약정 신용환산금액}^{5)} + \text{대손충당금}^{4)}} \times 100$$

 1) 상호금융기관의 전체사업에 해당하는 총자산 및 총부채
 2) 조합원 탈퇴시 자산·부채 현황과 관계없이 환급이 보장된 출자금(가입금 포함)에 한한다.
 3) 후순위차입금은 다음의 조건을 갖추어야 하고, 인정한도 범위 내에서 산입할 수 있으며 신협에만 해당한다.
 <후순위차입금 조건>
 ① 만기 5년 이상일 것 ② 무담보 및 후순위특약* 조건일 것 ③ 조합의 순자본비율이 2% 미만인 경우 이자 지급의 연기가 가능할 것 ④ 조합의 순자본비율이 -3% 미만인 경우 원리금 지급의 연기가 가능할 것 ⑤ 만기 전에 채권자 임의에 의한 상환이 허용되지 않을 것. 다만, 중앙회장이 당해 조합의 순자본비율 수준 등을 고려하여 승인한 경우에는 그러하지 아니하다. ⑥ 파산 등의 사태가 발생할 경우 선순위채권자가 채권전액을 상환받을 때까지 기한부 후순위채권자의 상계권이 허용되지 않는 조건일 것
 * 파산 등의 사태가 발생할 경우 선순위채권자가 채권전액을 상환받은 후에야 상

율: 100% 이상(제2호), iii) 퇴직급여충당금 비율: 100% 이상(제3호)의 건전성 비율을 유지하여야 한다(상호금융업감독규정12① 본문).

3. 대손충당금 적립기준

(1) 대손충당금비율

경영지도비율 중 대손충당금비율의 산정기준은 [별표 1-3]과 같다(상호금융업감독규정12② 본문).

[별표 1-3] 대손충당금비율

가. 설정대상채권

대출금, 여신성가지급금, 가지급금, 신용카드채권, 미수금, 환매조건부채권매수 및 미사용 약정

나. 산식

$$대손충당금비율 = \frac{손충당금\ 잔액^{1)}}{대손충당금\ 요적립잔액^{2)}} \times 100$$

1) 대손충당금 잔액 = 결산 또는 가결산후의 대손충당금 잔액
2) 대손충당금 요적립잔액

① 당해 회계연도 결산 또는 가결산 기준일 현재 대손충당금 설정대상채권에 대한 자산건전성 분류결과에 따라 정상 분류채권의 1% 이상, 요주의 분류채권의 10% 이상, 고정 분류채권의 20% 이상, 회수의문 분류채권의 55% 이상, 추정 손실 분류채권의 100%를 합계한 금액으로 한다.

② 제1항에도 불구하고 통계법에 따른 한국표준산업분류상 다음의 업종에 속하지 않는 법인에 대한 채권은 자산건전성 분류결과에 따라 정상 분류

환청구권의 효력이 발생함을 정한 특약.
<후순위차입금 인정한도>
① 차입시 만기 5년 이상의 후순위차입금은 [별표 5-4]에서 정하고 있는 기본자본의 50% 범위 내에서 산입할 수 있다.
② 잔존기간이 5년 이내로 되는 경우에는 매년 20%씩 차감(매분기 초마다 5%씩 차감)한다.
4) 대손충당금 중 정상, 요주의 및 고정분류 해당분(단 고정분류 해당분은 총자산의 1.25% 범위 내)을 말한다.
5) 감독규정 [별표 1-3]의 미사용약정에 대하여 신용환산율 40%를 곱한 금액

채권의 0.85% 이상, 요주의 분류채권의 7% 이상, 회수의문 분류채권의 50% 이상의 금액으로 할 수 있다.

1. 건설업(F)
2. 도매 및 소매업(G)
3. 숙박 및 음식점업(I)
4. 부동산업(L)
5. 임대업(76)

③ 제1항에도 불구하고 차주가 대한민국 정부 또는 지방자치단체인 자산과 "정상"으로 분류된 환매조건부채권매수에 대하여는 대손충당금을 적립하지 아니할 수 있다.

④ 제1항에도 불구하고 가목 미사용약정의 경우에는 [별표 1 – 1]의 자산건전성 결과에 따라 분류된 대손충당금 설정대상채권에 신용환산율 40%를 곱하여 산정한 금액에 대하여 대손충당금을 적립하여야 한다.

(2) 대손충당금의 가산

(가) 요적립잔액의 30% 가산

다음에 해당하는 가계대출("고위험대출"), 즉 ⅰ) 동일채무자에 대한 대출상환 방식이 ㉠ 대출만기에 원금을 일시상환하는 방식의 대출(가목), ㉡ 거치기간 경과 후에 원금을 분할상환하는 방식의 대출(거치기간이 종료되고 원금 분할상환이 시작된 경우 제외)(나목)에 해당하는 경우로서 대출금 총액이 2억원 이상인 경우(제1호), ⅱ) 5개 이상의 금융기관(신용정보법 시행령 제5조 제2항에서 정한 금융기관15))에 개인대출 잔액을 보유한 자에 대한 대출(제2호)로서 자산건전성 분류가 "정상", "요주의", "고정" 또는 "회수의문"인 대출에 대하여는 [별표 1-3]의 기준에 의한 대손충당금 요적립잔액에 30%를 가산하여 대손충당금을 적립하여야 한다(상호금융업감독규정12② 단서).

---

15) 금융지주회사, 기술보증기금, 농협동조합중앙회, 농협은행, 한국무역보험공사, 보험회사, 산림조합중앙회, 상호저축은행중앙회, 새마을금고중앙회, 수산업협동조합중앙회, 수협은행, 신용보증기금, 신용협동조합중앙회, 여신전문금융회사(여신전문금융업법 제3조 제3항 제1호에 따라 허가를 받거나 등록을 한 자를 포함), 예금보험공사 및 정리금융회사, 은행(은행법 제59조에 따라 은행으로 보는 자를 포함), 금융투자업자 · 증권금융회사 · 종합금융회사 · 자금중개회사 및 명의개서대행회사, 중소기업은행, 신용보증재단과 그 중앙회, 한국산업은행, 한국수출입은행, 한국주택금융공사, 외국법령에 따라 설립되어 외국에서 신용정보업 또는 채권추심업을 수행하는 자 등.

(나) 요적립잔액의 20% 가산

감독규정 제12조제2항의 단서에도 불구하고 조합이 직전 사업연도 말 기준으로 다음의 요건, 즉 ⅰ) 총자산대비 순자본비율: 5% 이상(신용협동조합은 3% 이상)(제1호), ⅱ) 예대율: 60% 이상(제2호), ⅲ) 총대출 대비 조합원에 대한 대출비율이 80% 이상(농업협동조합, 수산업협동조합 및 산림조합은 50% 이상)이거나, 총대출 대비 신용대출(햇살론 포함)비율이 10% 이상(수산업협동조합은 7% 이상)(제3호)을 모두 충족하는 경우에는 [별표 1-3]의 기준에 의한 대손충당금 요적립잔액에 20%를 가산하여 대손충당금을 적립할 수 있다(상호금융업감독규정12③ 본문). 다만, 상호금융업감독규정 제12조의2(재무상태개선권고) 제1항 각호[16] 또는 제12조의3(재무상태개선요구) 제1항 각호[17])의 어느 하나에 해당하는 조합("재무상태개선조치 조합")은 그러하지 아니하며, 당해 사업연도 중 재무상태개선조치 조합에 해당하게 되는 경우에는 그 해당 분기말부터 앞의 고위험대출의 감독규정 제12조제2항 단서를 적용한다(상호금융업감독규정12③ 단서).

(3) 대손충당금의 감액

주택담보대출 중 원금을 분할상환하는 방식의 대출로서 자산건전성 분류가 "정상"인 대출에 대하여는 [별표 1-3]의 기준에 의한 대손충당금 요적립잔액에서 50%를 감액하여 대손충당금을 적립한다(상호금융업감독규정12④).

---

16) 1. 제12조 제1항 제1호에서 정하는 총자산 대비 순자본비율이 2% 미만인 경우
   2. 제8조의 규정에 의한 경영실태평가결과 종합평가등급이 3등급 이상으로서 자본적정성 또는 자산건전성 부문의 평가등급을 4등급 이하로 판정받은 경우
   3. 거액의 금융사고 또는 부실채권의 발생으로 제1호 내지 제2호의 기준에 해당될 것이 명백하다고 판단되는 경우
17) 1. 제12조 제1항 제1호에서 정하는 총자산대비순자본비율이 마이너스 3% 미만인 경우
   2. 제8조의 규정에 의한 경영실태평가결과 종합평가등급을 4등급 이하로 판정받은 경우
   3. 거액의 금융사고 또는 부실채권의 발생으로 제1호 내지 제2호의 기준에 해당될 것이 명백하다고 판단되는 경우
   4. 제12조의2의 규정에 의한 재무상태개선 권고를 받은 조합이 재무상태개선계획을 성실하게 이행하지 아니하는 경우

Ⅲ. 자산건전성

1. 의의

조합 및 중앙회는 경영의 건전성을 유지하고 금융사고를 예방하기 위하여 금융위원회가 정하는 자산의 건전성에 관한 사항인 ⅰ) 자산건전성분류대상 자산의 범위(가목), ⅱ) 자산에 대한 건전성분류 단계 및 그 기준(나목)을 준수하여야 한다(신용협동조합법83의3①, 신용협동조합법 시행령20의2(2)).

2. 자산건전성 분류기준 등

(1) 자산건전성 분류기준

조합은 다음의 보유자산, 즉 ⅰ) 대출금(상호금융대출, 정책자금대출, 공제대출 및 어음할인)과 여신성가지급급(당해 대출금을 회수하기 위하여 지급된 가지급금)(제1호), ⅱ) 유가증권(제2호), ⅲ) 가지급금(제3호), ⅳ) 신용카드 채권(제4호), ⅴ) 미수금(제5호), ⅵ) 환매조건부채권매수(제6호), ⅶ) 미사용약정(상품 또는 계약의 명칭을 불문하고 약정한도, 약정기간 및 조건 등을 사전에 정하고, 필요한 자금을 계속적 또는 반복적으로 차입할 수 있는 대출등의 미사용약정)(제7호), ⅷ) 그 밖에 금융감독원장이 정하는 건전성 분류가 필요하다고 인정하는 자산 등(제8호)의 건전성을 [별표 1-1][18)에 따라 매분기 말(유가증권에 대한 평가는 매월 1회 정기적으로 실시하

---

18) [별표 1-1] 자산건전성 분류기준
Ⅰ. 대출금(여신성가지급금, 환매조건부채권매수, 미사용약정 포함)
1. 정상
   금융거래 내용, 신용상태가 양호한 채무자와 1월 미만의 연체대출금(정책자금대출금 포함)을 보유하고 있으나 채무상환능력이 충분한 채무자에 대한 총대출금
2. 요주의
   금융거래내용 또는 신용상태 등으로 보아 사후관리에 있어 통상 이상의 주의를 요하는 채무자에 대한 총대출금
   <예 시>
   ① 1월 이상 3월 미만의 연체대출금을 보유하고 있으나 회수가 확실시되는 채무자에 대한 총대출금
   ② 1월 이상 연체중인 대출금중 정부 또는 농림수산정책자금대손보전기금으로부터 대손보전이 보장되는 금액
   ③ 1월 미만의 연체대출금을 보유하고 있으나 신용정보관리규약에 의하여 신용불량거래처로 등록된 거래처에 대한 총대출금
   ④ 고정 이하로 분류된 대출금을 보유하고 있는 채무자에 대한 총대출금 중 원리금 회수가 확실시되는 다음의 어느 하나를 담보로 하는 대출금의 담보 해당금액. 다만 제5호 및

제6호를 담보로 하는 대출금의 담보 해당금액은 "정상"으로 분류할 수 있다.
1. 국채법에 따른 국채 및 지방재정법에 따른 지방채
2. 국고금 관리법에 따른 재정증권
3. 한국은행법에 따른 한국은행통화안정증권
4. 공공기관운영법에 따른 공기업 및 준정부기관이 발행하는 채권
5. 공제해약환급금
6. 금융기관(신용보증기금, 농림수산업자신용보증기금, 보증보험회사 등)의 보증
⑤ 고정이하로 분류되는 상업어음할인 중 만기일에 정상결제가 확실시되는 상업어음할인
⑥ 채무자회생법에 따라 회생절차가 진행 중인 기업체에 대한 공익채권, 회생계획에 따라 1년 이상 정상적으로 원리금이 상환되거나 채무상환능력이 크게 개선되었다고 판단되는 회생채권·회생담보권
⑦ 기업개선작업 대상업체로 확정(신청 포함)된 거래처에 대한 총대출금
⑧ 법원 경매절차에 따라 매각허가결정이 선고된 부동산 등과 관련한 여신 중 배당으로 회수가 확실시되는 금액. 다만 결산 확정(분·반기 말의 경우 기준일로부터 1개월) 이전에 매각대금 미납, 배당 이의의 소 제기 등으로 인하여 회수가능성 및 회수가능금액의 변동이 예상되는 경우에는 '고정'으로 분류한다.
⑨ 기타 부실징후가 예견되거나 발생 중에 있다고 인정되는 법인에 대한 총대출금 등. 다만, 다음의 어느 하나에 해당하는 경우에는 "정상"으로 분류할 수 있다.
1. 자산건전성 분류기준일 현재 해당 조합과 2년 이상의 기간 동안 연체 없이 정상적인 거래를 하고 있는 법인에 대한 대출
2. 은행 등과 공동으로 취급한 동순위 대출 중 주관사가 정상으로 분류한 대출. 다만, 주관사가 대출에 참여하지 않은 경우에는 대출에 참여한 모든 은행 및 보험사가 정상으로 분류한 대출
<부실징후 예시>
① 최근 3년 연속 결손 발생
② 최근 결산일 현재 납입자본 완전잠식
③ 제1·2 금융권 차입금이 연간 매출액을 초과하고 최근 2년 연속 영업이익이 금융비용에 미달. 다만, 최초 결산일로부터 1년이 경과하지 않은 신설법인이나 종교단체·학술단체 등 비영리단체에 대한 대출 및 정책자금대출은 제외한다.
④ 기업의 경영권, 상속지분 등의 문제로 기업 경영상 내분이 발생하여 정상적인 경영활동이 곤란한 경우
⑤ 3월 이상 조업 중단
⑥ 최근 6월 이내 1차부도 발생사실이 있는 거래처에 대한 총대출 등
3. 고정
  금융거래내용, 신용상태가 불량하여 구체적인 회수조치를 강구할 필요가 있는 채무자에 대한 총대출금 중 회수예상가액 해당금액
<예 시>
① 3월 이상의 연체대출금을 보유하고 있는 채무자에 대한 총대출금 중 회수예상가액 해당금액
② 대손신청기한으로부터 3월이 경과한 시점까지 대손보전 신청을 하지 않은 정부 또는 농림수산정책 자금대손보전기금 손실보전 대상 대출금 및 농림수산업자신용보증기금 보증서 담보대출금 중 회수예상가액 해당금액
③ 담보권의 실행, 지급명령신청, 대여금 청구소송, 강제집행 등 법적 절차 진행중인 채무자에 대한 회수예상가액(자산건전성 분류기준일 현재로부터 최근일의 담보평가액(최종 법정평가액)) 해당금액. 다만, 채무자의 상환능력 저하와 관계없는 가압류, 가처분 또는

압류(행정처분인 경우에 한한다)의 경우 본안소송으로 이어지지 아니하였고, 해당 채무자의 대출금이 자산건전성 분류기준일 현재 연체되지 아니한 경우에는 요주의로 분류할 수 있으며, 이 중 가압류 또는 압류에 한하여 그 청구금액의 합계액이 5백만원 미만이거나 대출금액의 1%에 해당하는 금액 미만인 경우에는 정상으로 분류할 수 있다.

④ 폐업 중인 채무자에 대한 총대출금 중 회수예상가액 해당금액. 다만, 개인사업자의 경우 다른 소득이 있거나 영업을 계속하고 있음을 객관적으로 증명하는 경우에는 원리금 회수 가능성에 따라 정상 또는 요주의로 분류할 수 있다

⑤ 법 제42조(동일인에 대한 대출등의 한도)의 규정에 위반하여 대출을 받은 채무자에 대한 총대출금 중 회수예상가액 해당금액. 다만, 위반사실 적출일 현재 이자납부 등 정상적인 신용상태가 유지되고 있는 채무자에 대하여는 위반 사실 적출일 이후 3월이 경과한 때로부터 고정 이하로 분류하되 건전성분류 기준일 현재 정상적인 신용상태가 유지되고 있는 채무자에 대하여는 동일인 대출한도 초과금액을, 그러하지 아니한 채무자에 대하여는 총대출을 기준으로 회수예상가액을 산정

⑥ 채무자회생법에 따라 회생절차가 진행(신청 포함)중인 채무자에 대한 총대출금 중 회수예상가액 해당금액

⑦ 다음 각호의 어느 하나에 해당되는 경우로서 자산건전성 분류기준일 현재 1월 이상 연체사실이 있는 법인에 대한 총대출금 중 회수예상가액 해당금액

1. 3월 이상 조업 중단
2. 최근 결산일 현재 납입자본이 완전 잠식 상태이고, 제1·2금융권 차입금이 연간 매출액을 초과하며, 최근 2년 연속 영업이익이 금융비용에 미달

⑧ 신용정보관리규약에 의하여 신용불량거래처로 등록된 거래처의 등록 내용상 1,500만원 이상의 대출이 3개월 이상 연체(금융감독원장이 정한 기준에 의함)된 경우 해당 거래처의 총대출 중 회수예상가액. 다만, 해당 조합의 총대출금이 3백만원 이하인 경우에는 "요주의"로 분류할 수 있다.

⑨ 기타 채권확보를 위하여 별도의 회수방법을 강구할 필요가 있는 채무자에 대한 총대출금중 회수예상가액 해당금액

4. 회수의문
고정으로 분류된 채무자에 대한 총대출금 중 손실발생이 예상되나 현재 그 손실액을 확정할 수 없는 회수예상가액 초과금액

<예 시>
① 3월 이상 12월 미만 연체대출금을 보유하고 있는 채무자에 대한 총대출금 중 회수예상가액 초과부분
② 대손신청기한으로부터 3월이 경과한 시점까지 대손보전 신청을 하지 않은 정부 또는 농림수산정책 자금대손보전기금 손실보전 대상 대출금 및 농림수산업자신용보증기금 보증서 담보대출금 중 손실발생이 예상되나 현재 그 손실액을 확정할 수 없는 회수예상가액 초과금액

5. 추정손실
고정으로 분류된 채무자에 대한 총대출금 중 회수불능이 확실하여 손비처리가 불가피한 회수예상가액 초과금액

<예 시>
① 12월 이상 연체대출금을 보유하고 있는 채무자에 대한 총대출금 중 회수예상가액 초과부분
② 대손신청기한으로부터 3월이 경과한 시점까지 대손보전 신청을 하지 않은 정부 또는 농림수산정책 자금대손보전기금 손실보전 대상 대출금 및 농림수산업자신용보증기금 보증서 담보대출금 중 회수불능이 확실하여 손비처리가 불가피한 회수예상가액 초과금액

③ 소송패소로 인하여 담보권이 소멸되고 채무자 및 보증인이 행방불명되거나 상환능력이 없다고 판단되는 대출금

④ 법적절차 완결 후의 잔존채권으로서 채무자 및 보증인으로부터 상환가능성이 없다고 판단되는 대출금

⑤ 채권, 담보권 등의 하자로 인하여 소송이 계속 중이고 패소가 확실하다고 판단되는 대출금

⑥ 회수의문으로 분류된 후 1년 이상이 경과되도록 채무관계인의 재산을 발견하지 못하는 등 회수가 불가능한 대출금

⑦ 최종부도 발생, 청산·파산절차 진행 또는 폐업 등의 사유로 채권회수에 심각한 위험이 존재하는 것으로 판단되는 대출금

Ⅱ. 신용카드 채권

1. 정상: 금융거래내용, 신용상태 및 경영내용이 양호한 거래처에 대한 총 카드자산

2. 요주의: 다음의 어느 하나에 해당하는 자산

  1) 금융거래내용, 신용상태 및 경영내용 등을 감안할 때 채권회수에 즉각적인 위험이 발생하지는 않았으나 향후 채무상환능력의 저하를 초래할 수 있는 잠재적인 요인이 존재하는 것으로 판단되는 거래처(요주의거래처)에 대한 자산

  2) 1월 이상 3월 미만 연체대출금을 보유하고 있는 거래처에 대한 자산

3. 고정: 다음의 어느 하나에 해당하는 자산

  1) 금융거래내용, 신용상태 및 경영내용 등을 감안할 때 채무상환능력의 저하를 초래할 수 있는 요인이 현재화되어 채권회수에 상당한 위험이 발생한 것으로 판단되는 거래처(고정거래처)에 대한 자산

  2) 3월 이상 연체대출금을 보유하고 있는 거래처에 대한 자산 중 회수예상가액 해당부분

  3) 최종부도 발생, 청산·파산절차 진행 또는 폐업 등의 사유로 채권회수에 심각한 위험이 존재하는 것으로 판단되는 거래처에 대한 자산 중 회수예상가액 해당부분

  4) "회수의문거래처" 및 "추정손실거래처"에 대한 자산 중 회수예상가액 해당부분

4. 회수의문: 다음의 어느 하나에 해당하는 자산

  1) 금융거래내용, 신용상태 및 경영내용 등을 감안할 때 채무상환능력이 현저히 악화되어 채권회수에 심각한 위험이 발생한 것으로 판단되는 거래처(회수의문거래처)에 대한 자산 중 회수예상가액 초과부분

  2) 3월 이상 6월 미만 연체대출금을 보유하고 있는 거래처에 대한 자산 중 회수예상가액 초과부분

5. 추정손실: 다음의 어느 하나에 해당하는 자산

  1) 금융거래내용, 신용상태 및 경영내용 등을 감안할 때 채무상환능력의 심각한 악화로 회수불능이 확실하여 손실처리가 불가피한 것으로 판단되는 거래처(추정손실거래처)에 대한 자산 중 회수예상가액 초과부분

  2) 6월 이상 연체대출금을 보유하고 있는 거래처에 대한 자산 중 회수예상가액 초과부분

  3) 최종부도 발생, 청산·파산절차 진행 또는 폐업 등의 사유로 채권회수에 심각한 위험이 존재하는 것으로 판단되는 거래처에 대한 자산 중 회수예상가액 초과부분

Ⅲ. 유가증권(시가법에 의한 평가대상 유가증권 제외)

1. 정상

  1) 평가액이 장부가액을 상회하는 유가증권

  2) 평가액이 장부가액을 일시적(3월 미만)으로 하회하고 있으나 장차 회복될 전망이 확실시되는 유가증권

  3) 국공채, 정부보증채, 보증사채 등으로서 원리금 회수가 확실시되는 유가증권

2. 요주의

고 평가일의 종가를 적용)을 기준으로 분류하여야 한다(상호금융업감독규정11① 본문).

(2) 5단계 분류

위의 자산건전성 분류기준에서 보유자산에 대한 건전성은 "정상", "요주의", "고정", "회수의문", "추정손실"의 5단계로 구분하되, 유가증권의 경우에는 "고정"분류를, 가지급금(여신성 가지급금을 제외)의 경우에는 "요주의" 및 "고정"분류를 제외한다(상호금융업감독규정11②).

---

  1) 평가액이 장부가액을 상회하고 있으나 최근 2년 이상 계속하여 납입자본 잠식상태에 있는 회사가 발행한 유가증권
  2) 평가액이 장부가액을 3월 이상 계속 하회하는 유가증권의 평가 상당액
  3) 최근 발행자의 경영악화 등으로 신용위험이 증대한 유가증권
 3. 회수의문
  1) 평가액이 장부가액을 3월 이상 계속 하회하고 있는 유가증권의 평가손실액
  2) 발행자의 신용위험 등이 현저히 악화되어 만기에 원금회수가 의문시되는 유가증권
 4. 추정손실
  1) 평가액이 장부가액을 6월 이상 계속 하회하고 있는 유가증권의 평가손실액
  2) 발행자의 파산으로 원금 회수불능이 확실시되는 유가증권
  3) 기타 무가치한 유가증권
 Ⅳ. 가지급금(여신성가지급금 제외)
 1. 정상
  1) 당해 회계연도 또는 다음 회계연도 내에 정상적으로 정리될 것이 확실한 가지급금
  2) 기타 회수가 확실한 가지급금
 2. 회수의문
  1) 사고금 또는 출납부족금 정리를 위한 것으로 손비처리가 예상되는 가지급금
  2) 소송관계 비용으로서 손비처리가 예상되는 가지급금
  3) 기타 회수가 불확실하여 손비처리가 예상되는 가지급금
 3. 추정손실
  1) 사고금 또는 출납부족금 정리를 위한 것으로 손비처리가 불가피한 가지급금
  2) 소송관계 비용으로서 패소가 확실하여 손비처리가 불가피한 가지급금
  3) 기타 손비처리가 불가피한 가지급금
 Ⅴ. 미수금
 1. 정상: 지급일로부터 1월이 경과하지 아니한 미수채권
 2. 요주의: 지급일로부터 1월 이상 3월이 경과하지 아니한 미수채권
 3. 고정: 지급일로부터 3월 이상 경과된 미수채권으로서 회수예상가액 해당분
 4. 회수의문: 지급일로부터 3월 이상 경과된 미수채권으로서 손실발생이 예상되나 현재 손실액을 확정할 수 없는 회수예상가액 초과분
 5. 추정손실: 지급일로부터 3월 이상 경과된 미수채권으로서 회수불능이 확실하여 손비처리가 불가피한 회수예상가액 초과분

3. 연체대출금

(1) 연체대출금 의제 대출금

조합은 자산건전성 분류기준에 의하여 보유자산의 건전성을 분류함에 있어 다음에 해당하는 대출금, 즉 ⅰ) 약정만기일에 상환되지 아니한 대출금(제1호), ⅱ) 약정만기일 이내라도 이자가 납입되지 아니한 사유 등으로 기한의 이익을 상실한 대출금(제2호 본문). 다만, 기한의 이익을 상실하지 않았더라도 ㉠ 이자의 납입주기가 6개월 미만인 경우 차기 납입기일까지 이자가 납입되지 않은 대출금과 ㉡ 이자의 납입주기가 6개월 이상인 경우 납입기일로부터 3개월 경과시까지 이자가 납입되지 않은 대출금(예탁금·적금 납입액 이내의 담보대출금은 제외)을 포함한다(제2호 단서). ⅲ) 분할상환 기일에 상환되지 아니한 분할상환금(제3호), ⅳ) 만기일에 결제되지 아니한 상업어음할인(제4호)에 대하여는 이를 연체대출금으로 본다(상호금융업감독업무시행세칙6①).

(2) 연체대출금의 분류기준

연체대출금은 최초의 연체기산일을 기준으로 분류한다(상호금융업감독업무시행세칙6②).

4. 회수예상가액 산정

(1) 원칙: 담보종류별 회수예상가액 산정기준

조합은 자산건전성 분류기준에 의한 "고정" 이하 분류 여신을 보유한 채무자의 대출금에 대하여는 자산건전성 분류시마다 감독규정 [별표 1-2][19]의 담보

---

19) [별표 1-2] 담보종류별 회수예상가액 산정기준

담보종류		산정액	비고
예·적금		불입액의 100%	
중앙회 공제		해약환급금의 100%	
유가 증권	상장주식	대용가격의 100%	한국거래소 공시
	상장채권	대용가격의 100%	
	수익증권	기준가격의 100%	
지급 보증	은행지급보증서	보증(보험)금액의 100%	
	신용보증서		
	보증보험증권		

종류별 회수예상가액 산정기준에 따라 담보물의 회수예상가액을 산정하여야 한
다(상호금융업감독규정11의2 본문).

(2) 예외: 최종담보평가액

다음의 어느 하나에 해당하는 경우. 즉 ⅰ) "고정" 이하 분류사유 발생일이
3개월 이내인 경우(제1호), ⅱ) 3개월 이내에 법적절차 착수예정인 경우(제2호),
ⅲ) 예탁금, 적금, 유가증권 및 지급보증서 이외의 담보(경매가 진행 중인 담보는 제
외)로서 담보의 최종감정일 또는 최종 회수예상가액 산정일이 2년 이내인 경우(제
3호), ⅳ) 총대출금액에 대한 담보비율이 150% 이상인 경우(제4호), ⅴ) 채무자회
생법에 따른 회생절차 또는 기업개선작업 등을 신청하였거나 당해 절차가 진행

	정부투자기관보증		
부동산등	대지 건물 아파트 자동차, 중기, 선박등	공시지가의 100% 건물신축단가표의 100% 시가의 70% 최종감정가액을 관련 세법상의 내용년 수로 나눈 금액을 매년 정액 차감	국토교통부 공시
	기계, 기구류	최종감정가액에서 매년 10%씩 차감	
기 타		시가의 70%	
경매 진행중인 담보		최종 법사가	

\<유의사항\>
1. 회수예상가액을 산정하는 경우에는 선순위 등을 공제하여야 하며, 관련법규 또는 조합
   자체내규에서 담보취득을 제한하는 물건을 회수예상가액에서 제외하여야 함
2. 시가는 매매가격 등을 기준으로 하여 조합 자체적으로 산정함
3. 건물신축단가표의 100%는 건물면적×표준단가×(잔여년수/내용년수)를 말하며, 관련
   세법상의 내용년수 계산시에는 자동차 등의 구입시점에서 최종 감정일까지의 경과년
   수를 차감함
4. 비상장유가증권중 비상장주식(금융투자협회 공시)의 평가는 다음의 기준에 의한다.
   ① 대용가격이 있는 경우에는 대용가격의 100%
   ② 대용가격이 없으나 시가를 알 수 있는 경우에는 시가의 50%
   ③ 대용가격이 없고 시가도 알 수 없는 경우에는 『일반기업회계기준』 제6장 문단 13의 규
   정에 의한 순자산가액이나 『상속세 및 증여세법 시행령』 제55조(순자산가액의 계산방법)
   의 규정에 의한 평가액에 의함. 다만, 『상속세 및 증여세법 시행령』 제56조(1주당 최근
   3년간의 순손익액의 계산방법)의 규정에 의한 순자산가액이 더 큰 경우에는 이를 기준으
   로 평가할 수 있음
5. 비상장유가증권 중 비상장채권의 평가는 다음의 기준에 의한다.
   ① 금융기관 보증부 및 담보부 채권의 경우에는 평가일 현재 3년만기 회사채 수익률로 할
   인한 가액의 90%
   ② 기타채권의 경우에는 평가일 현재 3년만기 회사채수익률로 할인한 가액의 70%

중인 경우(제5호)에는 최종담보평가액(유효담보가액 또는 종전 건전성 분류시 산정한 회수예상가액 등)을 회수예상가액으로 볼 수 있다(상호금융업감독규정11의2 단서).

Ⅳ. 회계 및 결산

조합 및 중앙회는 경영의 건전성을 유지하고 금융사고를 예방하기 위하여 금융위원회가 정하는 회계 및 결산에 관한 사항인 ⅰ) 재무 및 손익상황의 표시기준(가목), ⅱ) 충당금·적립금의 적립기준(나목), ⅲ) 채권의 대손상각처리기준(다목)을 준수하여야 한다(신용협동조합법83의3①, 신용협동조합법 시행령20의2(3)).

위 다목과 관련 채권의 대손상각에 관하여 살펴보면 다음과 같다.

1. 대손인정 신청

조합이 보유한 부실채권을 대손상각처리하고자 할 경우에는 매분기말 2월 전까지 중앙회장에게 대손인정을 신청하여야 한다(상호금융업감독규정15의3①).

2. 대손인정 결과의 보고

중앙회장은 대손인정의 신청에 의한 대손인정 결과를 매 사업년도 경과 후 다음 달 20일까지 금융감독원장에게 보고하여야 한다(상호금융업감독규정15의3②).

3. 재무재표 주석사항에 표시

조합은 대손인정 신청에 의하여 상각처리한 채권의 잔액을 재무상태표 주석사항에 대손상각채권으로 표시하여야 한다(상호금융업감독규정15의3③).

4. 세부사항 제정

조합에 대한 대손인정에 필요한 세부사항 및 중앙회에 대한 대손상각 절차 등은 금융감독원장이 정한다(상호금융업감독규정15의3④).[20]

---

20) 상호금융업감독업무시행세칙 제12조의2(채권의 대손상각) ① 대손상각채권은 조합이 보유한 자산 중 감독규정 제11조 제1항 각호의 채권(유가증권을 제외) 및 기타 이에 준하는 채권으로 한다.
② 중앙회장은 조합이 제1항에 해당하는 채권이 감독규정 제11조 및 제18조의2의 규정에 따라 "추정손실"로 분류된 경우 대손인정할 수 있다.

V. 위험관리

조합 및 중앙회는 경영의 건전성을 유지하고 금융사고를 예방하기 위하여 금융위원회가 정하는 위험관리에 관한 사항인 ⅰ) 위험관리의 기본방침(가목), ⅱ) 위험관리를 위한 경영진의 역할(나목), ⅲ) 위험관리에 필요한 내부관리체제 (다목), ⅳ) 여신 심사 및 사후관리 등에 관한 기준(라목), ⅴ) 금융사고 예방·대응 및 재발방지 대책(마목)을 준수하여야 한다(신용협동조합법83의3①, 신용협동조합법 시행령20의2(4)).

1. 리스크관리체제

(1) 종합적인 관리체제 구축·운영

조합은 상호금융업무를 영위함에 있어 발생하는 리스크를 사전에 예방하고 효율적으로 관리하기 위하여 이를 인식·측정·감시·통제할 수 있는 종합적인 관리체제를 구축·운영하여야 한다(상호금융업감독규정16①).

(2) 부서별 또는 사업부문별 리스크부담 한도 및 거래 한도의 설정·운영

조합은 리스크를 효율적으로 관리하기 위하여 부서별 또는 사업부문별 리스크부담 한도 및 거래 한도 등을 적절히 설정·운영하여야 한다(상호금융업감독규정16②).

2. 리스크관리조직

(1) 이사회 의결

조합은 이사회에서 리스크관리에 관한 정책 및 전략의 승인, 리스크관리규정의 제정 및 개정 등 리스크관리에 필요한 주요 사항을 심의·의결한다(상호금융

---

③ 제2항의 규정에 불구하고 제1항에 해당하는 채권 중 건당 1천만원 이하의 채권으로서 조합이 자체 상각한 것은 중앙회장이 대손인정한 것으로 본다.

④ 조합이 제2항의 규정에서 정하는 기준에 부합하여 대손인정을 중앙회장에 신청하고자 하는 경우 해당 채권에 대하여 자체 책임심의를 완료하고 대손인정신청시 그 결과를 함께 보고하여야 한다.

⑤ 감독규정 및 이 세칙에서 정하지 아니한 사항은 금융감독원장이 정한 금융기관채권대손인정업무세칙·은행업감독업무시행세칙 제19조(대손상각요구) 및 제21조(상각실적보고)에서 정한 사항을 준용한다. 이 경우 조합에 대하여는 금융감독원장을 중앙회장으로 본다.

업감독규정16의2①).

(2) 리스크관리위원회의 설치와 업무

조합은 리스크관리에 관한 이사회의 승인결정사항을 효율적으로 이행하기 위하여 리스크관리위원회("위원회")를 설치하여야 하며, 위원회는 ⅰ) 리스크관리 정책 및 전략의 수립(제1호), ⅱ) 부담 가능한 리스크수준의 설정(제2호), ⅲ) 각종 한도의 설정 및 한도 초과의 승인(제3호), ⅳ) 위원회 승인 및 결정사항의 이사회 보고(제4호) 업무를 수행한다(상호금융업감독규정16의2② 본문). 다만, 직장조합 및 직전사업년도 종료일 현재의 자산총액이 300억원 미만인 조합은 이사회가 위원회 기능을 대행할 수 있다(상호금융업감독규정16의2② 단서).

(3) 실무조직의 운영

조합은 경영상 발생할 수 있는 리스크를 독립적으로 종합관리하고 위원회를 보조할 수 있는 적절한 실무조직을 운영하여야 한다(상호금융업감독규정16의2③ 본문). 다만, 직장조합 및 직전사업년도 종료일 현재의 자산총액이 300억원 미만인 조합은 기존조직 또는 담당자에게 이를 담당하게 할 수 있다(상호금융업감독규정 16의2③ 단서).

3. 리스크관리규정

(1) 내부규정 또는 지침의 제정·운영

조합은 리스크관리에 관한 기본방침, 조직 및 절차, 한도관리와 리스크측정 및 관리체체 등을 포함하는 내부규정 또는 지침을 자체 실정에 맞게 제정·운영 하여야 한다(상호금융업감독규정16의3①).

(2) 내부통제 세부사항

조합의 감사규정[21] 운영, 감사실 직제[22] 등 내부통제와 관련한 세부적인 사

---

21) 상호금융업감독업무시행세칙 제16조(감사규정) 조합은 중앙회에서 정한 감사규정을 조합 실정에 맞게 정하여 운영하여야 한다.

22) 상호금융업감독업무시행세칙 제17조(감사실 직제) ① 중앙회장이 정하는 기준에 의하여 감사실을 설치하여야 하는 조합은 직제규정에 따라 감사실을 설치하여야 한다.
　② 조합의 감사실은 중앙회장이 정한 일상감사사항을 감사하여야 하며, 감사결과에 대한

항은 금융감독원장이 정한다(상호금융업감독규정16의3②).

4. 주택관련 담보대출에 대한 리스크관리

(1) 주택관련 담보대출에 대한 리스크관리기준(별표2)

조합은 주택관련 담보대출 취급시 경영의 건전성이 유지되도록 [별표 2]에서 정하는 담보인정비율, 총부채상환비율, 기타 주택담보대출 등의 취급 및 만기연장에 대한 제한 등을 준수하여야 한다(상호금융업감독규정16의4①).

감독규정 [별표 2]는 주택관련 담보대출에 대한 리스크관리기준으로 담보인정비율(LTV), 총부채상환비율(DTI), 총부채원리금상환비율(DSR) 등에 관하여 규정하고 있다.

"담보인정비율"(LTV, Loan-To-Value ratio)이라 함은 주택담보대출 취급시 담보가치에 대한 대출취급가능금액의 비율을 말하고, "총부채상환비율"(DTI, Debt-To-Income ratio)이라 함은 차주의 연간 소득에 대한 연간 대출 원리금 상환액의 비율을 말하며, "총부채원리금상환비율(DSR, Debt-Service-Ratio)"이란 차주의 총 금융부채 상환부담을 판단하기 위하여 산정하는 차주의 연간 소득 대비 연간 금융부채 원리금 상환액 비율을 말한다.

(2) 담보인정비율 및 총부채상환비율의 가감조정

금융감독원장은 조합의 경영건전성 등을 감안하여 긴급하다고 인정하는 경우 [별표 2]에서 정한 담보인정비율 및 총부채상환비율을 10% 범위 이내에서 가감조정할 수 있다(상호금융업감독규정16의4② 전단). 이 경우 금융감독원장은 그 내용을 지체 없이 금융위원회에 보고하여야 한다(상호금융업감독규정16의4② 후단).

(3) 세부판단기준

담보인정비율 및 총부채상환비율의 산정방법 및 적용대상의 세부판단기준, 주택담보대출 등의 취급 및 만기연장 제한 등과 관련한 세부적인 사항은 금융감독원장이 정하는 바에 따른다(상호금융업감독규정16의4③).

조치 및 보고는 조합의 감사규정에서 정하는 바에 의한다.

5. 여신업무 기준

(1) 여신심사 및 사후관리

조합은 상당한 주의를 기울여 ⅰ) 차주의 신용위험 및 상환능력 등에 대한 분석을 통한 신용리스크의 평가(제1호), ⅱ) 차주의 차입목적, 차입금 규모, 상환 기간 등에 대한 심사 및 분석(제2호), ⅲ) 차주의 차입목적 이외의 차입금 사용 방지 대책 마련(제3호), ⅳ) 여신실행 이후 차주의 신용상태 및 채무상환능력 변화에 대한 사후 점검 및 그 결과에 따른 적절한 조치(제4호), ⅴ) 산업별, 고객그룹별 여신운용의 다양화를 통한 여신편중 현상의 방지(제5호)를 위한 여신심사 및 사후관리 등 여신업무를 처리하여야 한다(상호금융업감독규정16의6①).

(2) 여신심사기준

금융감독원장은 여신 운용의 건전성을 제고할 수 있도록 여신심사 및 사후 관리 업무에 관한 구체적인 기준을 정할 수 있다(상호금융업감독규정16의6②).23)

6. 금융사고 예방대책

조합은 다음에서 정하는 금융사고 관리 및 예방, 이용자 정보보호 등에 관

---

23) 상호금융업감독업무시행세칙 제8조의4(여신심사기준) ① 조합은 감독규정 제16조의6에 따라 여신 실행 이전 단계에서 신용리스크를 적절히 평가·관리할 수 있는 건전한 여신심사 및 승인업무 시스템("여신심사기준 등")을 운영하여야 하며, 여신심사 기준 등에는 다음의 사항을 포함하여야 한다.
1. 여신심사조직과 영업조직간 역할 정립 및 상호 협조
2. 신용평가시스템 등에 의한 합리적이고 투명한 여신심사 및 승인
3. 적정한 규모의 여신이 취급될 수 있는 차주별 여신한도제도의 운영
4. 담보대출의 취급기준
5. 차주의 신용 평가결과 및 여신 원가 요소 등을 합리적으로 반영한 여신금리 산정체계
② 조합은 제1항에 따라 여신심사업무를 효율적으로 수행할 수 있도록 다음의 사항을 포함하는 내부시스템을 구축하여야 한다.
1. 내부업무처리규정 및 절차 제정
2. 제1호의 규정 및 절차에 따라 업무를 수행할 내부 조직의 지정
3. 대출모집, 대출심사 및 대출 사후관리 조직간의 명확한 직무분장
③ 제1항 제4호의 담보대출 취급기준에는 담보물건별 대출비율을 포함하여야 한다. 이 경우 담보물건별 대출비율은 환가성, 경락률 및 시장상황 등을 고려하여 정하며, 동 대출비율을 초과하여 대출하는 경우에는 초과분에 대한 신용평가 및 전결권 상향 등 처리방법을 정하여야 한다.
④ 제1항 내지 제3항에 불구하고 직장조합은 중앙회장이 정하는 바에 따를 수 있다.

한 대책 등을 마련하고 이를 준수하여야 한다(상호금융업감독규정16의7).

1. 다음의 금융사고 관리에 관한 사항
   가. 조합 임직원의 사기·횡령·배임·절도·금품수수 등 범죄혐의가 있는 행위에 대한 방지 대책
   나. 과거에 발생한 금융사고 또는 이와 유사한 금융사고에 대한 재발 방지 대책
   다. 그 밖에 위법 또는 부당한 업무처리로 조합 이용자의 보호에 지장을 가져오는 행위를 방지하기 위한 대책
2. 금융사고 예방대책 이행상황에 대한 점검·평가 등 본·지점의 업무운영에 관한 자체적인 검사 계획 및 검사 실시 기준
3. 조합 이용자의 정보보호를 위하여 조합상품의 홍보판매 등의 과정에서 소속 임직원이 준수하여야 하는 조합 이용자의 정보이용 기준 및 절차

Ⅵ. 기타 경영건전성

조합 및 중앙회는 경영의 건전성을 유지하고 금융사고를 예방하기 위하여 금융위원회가 정하는 그 밖에 경영의 건전성 확보를 위하여 필요한 사항인 ⅰ) 예탁금, 적금 및 출자금 등에 대한 대출금 보유기준(가목), ⅱ) 업종별 대출등에 대한 한도기준(나목), ⅲ) 유동성 부채에 대한 유동성 자산의 보유기준(다목)을 준수하여야 한다(신용협동조합법83의3①, 신용협동조합법 시행령20의2(5)).

1. 예탁금, 적금 및 출자금 등에 대한 대출금 보유기준

(1) 예대율 유지

조합은 예탁금, 적금 및 출자금에 대한 대출금 비율("예대율")을 ⅰ) 직전 반기 말 주택담보대출의 분할상환비율이 20% 미만의 경우: 80% 이하(가목), ⅱ) 직전 반기 말 주택담보대출의 분할상환비율이 20% 이상 30% 미만인 경우: 90% 이하(나목), ⅲ) 직전 반기 말 주택담보대출의 분할상환비율이 30 이상인 경우: 100% 이하(다목)에 따라 유지하여야 한다(상호금융업감독규정12①(5)).

(2) 예대율 적용 제외 조합

예대율은 직전 분기 중 분기말월 기준 대출금 200억원 미만인 조합의 경우에는 적용하지 아니한다(상호금융업감독규정12① 단서).

(3) 예대율 하락시 기준 적합의무

예대율이 하락하게 되는 경우에는 그 해당 반기말까지 예대율 기준에 적합하도록 하여야 한다(상호금융업감독규정12⑤).

2. 업종별 대출등에 대한 한도기준

조합은 다음에서 정하는 업종별 대출등 한도 기준을 준수하여야 한다(상호금융업감독규정16의8).[24]

1. 한국표준산업분류(통계청 고시) 중 대분류 기준에 따른 업종 중 다음 각 목의 어느 하나에 해당하는 업종: 각 목의 업종별 대출등이 대출등 총액의 30%
   가. 건설업
   나. 부동산업
2. 제1호 각목의 대출등의 합계액: 대출등 총액의 50%

3. 유동성 부채에 대한 유동성 자산의 보유기준

조합은 유동성 부채에 대한 유동성 자산비율("유동성 비율")을 100% 이상 유지하여야 한다(상호금융업감독규정12①(4) 본문). 다만, 직전 사업연도 말 기준 자산총액 300억원 이상 1,000억원 미만 조합의 경우에는 90% 이상, 자산총액 300억원 미만 조합의 경우에는 80% 이상을 유지하여야 한다(상호금융업감독규정12①(4) 단서).[25]

---

24) 부칙<제2022-1호, 2022. 1. 12.> 제1조(시행일) 이 규정은 2024년 12월 29일부터 시행한다.

25) 부칙<제2022-1호, 2022. 1. 12.>
제1조(시행일) 이 규정은 2024년 12월 29일부터 시행한다.
제2조(유동성 비율에 관한 경과조치) 제12조 제1항 제4호의 규정에도 불구하고 직전 사업연도말 기준 자산총액 1,000억원 이상 조합의 경우에는 이 규정 시행일로부터 1년이 경과하기 전까지 유동성 비율은 90% 이상으로 한다.

구조조정 관련 제도

제1절 경영실태평가

Ⅰ. 서설

경영실태평가는 상호금융기관의 경영실적, 경영의 건전성, 경영진의 경영능력, 법규준수 상황 및 리스크 관리실태 등 다양한 평가부문을 종합적이고 통일적인 방식에 따라 일정한 등급으로 평가하여 금융회사의 경영상태를 체계적이고 객관적으로 확인하는 방법의 하나이다.[1]

경영실태평가의 가장 기본적인 목표는 경영실태를 정확히 파악하고 이를 바탕으로 일정기간 후 상호금융기관의 경영상태가 어떻게 변화될 것인가를 판단하는 것이다. 경영실태평가 결과에 따라 부실금융회사에 대해서 적기시정조치를 취하는 한편 감독상 주의 및 관심을 더욱 집중하여 상호금융기관 경영의 건전성 확보와 금융이용자 보호 및 신용질서 유지 등 감독·검사업무의 효율성을 높일 수 있는 장점도 있다.

---

1) 금융감독원(2021), 「금융감독개론」, 금융감독원(2021. 2), 241쪽.

신용협동조합과 새마을금고는 CAMEL 평가이고, 농협, 수협, 산림조합은 CAEL평가를 한다.

지구별수협(법률 제4820호 수산업협동조합법중개정법률 부칙 제5조에 따라 신용사업을 하는 조합을 포함)이 신용사업을 하는 경우에는 신용협동조합법에 따른 신용협동조합으로 본다(신용협동조합법95①(2)). 조합 및 중앙회의 사업에 관하여는 법 제89조 제3항을 적용한다(신용협동조합법95④).

중앙회장은 회원의 경영상태를 평가하고 그 결과에 따라 회원에게 경영 개선을 요구하거나 합병을 권고하는 등 필요한 조치를 할 수 있다(법142② 전단). 이 경우 회원조합장은 그 조치 결과를 조합의 이사회·총회 및 회장에게 보고하여야 한다(법142② 후단).

수협에 대한 경영실태평가는 감독규정상 평가와 수산업협동조합법상 평가로 이원화되어 있다. 따라서 앞에서 살펴본 상호금융업감독규정 제8조 제1항부터 제5항까지의 내용이 그대로 적용된다(상호금융업감독규정3②).

수협에 대하여는 상호금융업감독규정상의 CAMEL 평가와 「수산업협동조합 구조개선업무 감독규정」(해양수산부고시 제2018-183호)상의 경영평가(CAEL)로 이원화되어 있다.

Ⅱ. 상호금융업감독규정상의 경영평가

1. 경영실태 분석

금융감독원장 및 중앙회장은 조합의 경영실태를 분석하여 경영의 건전성 여부를 감독하여야 한다(상호금융업감독규정8①).

2. 경영실태 평가와 그 결과의 감독 및 검사업무 반영

금융감독원장 및 중앙회장은 조합에 대한 검사 등을 통하여 경영실태를 평가하고 그 결과를 감독 및 검사업무에 반영할 수 있다(상호금융업감독규정8②).[2]

---

2) 상호금융업감독업무시행세칙 제12조의5(경영실태평가 내용설명 및 의견 청취) 감독규정 제8조 제2항에 의한 경영실태평가를 실시하는 경우 경영실태평가 내용을 당해 조합에 설명하여야 하며 의견 제출 기회를 부여하여야 한다. 다만, 감독규정 제8조(경영실태분석 및 평가) 제3항 단서에 따라 실시하는 계량지표에 의한 평가시에는 이를 생략할 수 있다.

경영실태평가는 CAMEL방식으로 평가하는데 자본의 적정성(Capital Adequacy), 자산의 건전성(Asset Quality), 경영관리능력(Management), 수익성(Earnings), 유동성(Liquidity)등 5개 부문으로 구성된다.

3. 정기검사시 실시

경영실태평가는 조합에 대한 정기검사시에 실시한다(상호금융업감독규정8③ 본문). 다만, 정기검사 이외의 기간에는 분기별(금융감독원장이 필요하다고 인정하는 경우에는 수시)로 부문별 평가항목 중 계량지표에 의해 평가가 가능한 항목에 대한 평가를 실시할 수 있다(상호금융업감독규정8③ 단서).

4. 경영실태평가 부문별 평가항목 및 평가등급

경영실태평가는 평가대상 조합의 경영실태를 [별표 1]의 자본적정성, 자산건전성, 경영관리능력, 수익성 및 유동성 부문에 대하여 부문별평가와 부문별평가 결과를 감안한 종합평가를 1등급(우수), 2등급(양호), 3등급(보통), 4등급(취약), 5등급(위험) 등 5단계 등급으로 구분하여 실시한다(상호금융업감독규정8④ 전단). 이 경우 경영실태평가 기준일은 검사기준일로 한다(상호금융업감독규정8④ 후단).

5. 구체적 사항의 금융감독원장 제정

경영실태평가를 위한 구체적인 사항은 금융감독원장이 정하는 바에 의한다(상호금융업감독규정8⑤).3)

---

3) 상호금융업감독업무시행세칙 제12조의4(경영실태평가 방법 및 등급) ① 감독규정 제8조(경영실태분석 및 평가) 제4항의 규정에 의한 부문별 평가항목 중 계량지표의 산정기준은 [별표 5-4]와 같다.
② 금융감독원장은 금융시장 상황 및 해당 조합의 특성 등을 고려할 때 [별표 5-3]에 제시된 평가부문별 가중치 적용이 불합리하다고 판단되는 경우에는 동 가중치를 조정하여 적용할 수 있다.
③ 감독규정 제8조 제4항의 규정에 의한 경영실태 평가의 등급별 정의는 [별표 5-5]와 같다.
④ 부문별 평가등급은 감독규정 [별표 1]의 부문별 계량지표와 비계량 평가항목을 평가하여 산정하고 종합평가등급은 부문별 평가결과를 종합한 평가등급에 감독·검사정책의 방향 등을 고려하여 확정한다.
⑤ 제1항 내지 제4항의 규정에 의한 경영실태평가 후 조합이 다음에 해당하는 경우에는 감독규정 [별표 1]의 비계량 평가항목을 감안하여 당해 평가등급의 조정여부를 판단하여야 한다. 다만, 당해 조합에 대해 즉각적인 시정조치가 필요하다고 판단될 경우 비계량 평

Ⅲ. 수협 구조개선업무 감독규정상 경영평가

1. 경영평가의 이원화

「수산업협동조합 구조개선업무 감독규정」은 수산업협동조합의 부실예방 및 구조개선에 관한 법률("수협구조개선법") 및 동법 시행령에 의하여 해양수산부장관이 부실조합 등의 구조개선에 관한 업무를 수행함에 있어 필요한 세부사항을 정함을 목적으로 한다(제1조). 수협구조개선법은 수산업협동조합법에 따라 설립된 조합의 부실예방과 조합의 합병, 부실자산의 정리 등 구조개선에 관한 사항을 규정함으로써 조합원과 예금자 등을 보호하고 조합의 건전한 발전에 이바지함을 목적으로 한다(제1조).

2. 부실조합 등의 결정

관리기관장은 수산업협동조합법 제142조 제2항의 규정에 따라 실시한 조합의 경영상태평가 결과와 수산업협동조합 구조개선업무 감독규정 제3조의2에 따른 순자본비율 및 제6조의 규정에 따른 경영상태 실사 결과 등을 토대로 대상조합을 선정하고 기금관리위원회에 심의를 요청하여야 한다(수산업협동조합 구조개선업무 감독규정7①).

3. 경영실태평가 부문별 평가항목

조합의 경영상태평가는 전년도말 결산 결과를 기준으로 조합의 경영상태를 자본적정성, 자산건전성, 수익성, 유동성 부문별로 평가("부문별 평가")하고 각 부

가항목을 감안하지 아니하고 평가등급을 조정할 수 있다.
1. 감독규정 제8조 제3항 단서에 따라 실시하는 계량지표에 의한 평가("계량평가")등급이 최직근 종합평가등급 산정시의 계량평가등급보다 2단계 이상 악화된 경우
2. 감독규정 제8조 제3항 단서에 따라 실시하는 계량평가 등급이 최직근 종합평가등급 산정시의 계량평가등급보다 2분기 연속해서 낮은 경우
3. 종합평가등급이 3등급 이상이나 감독규정 제8조 제3항 단서에 따라 실시하는 계량평가에 의한 자본적정성 또는 자산건전성 부문의 등급이 4등급 이하인 경우
4. 기타 경영상태가 심각하게 악화되었다고 판단되는 경우
⑥ 기초자료를 제출하지 아니하거나 불충분하여 경영실태평가가 불가능한 경우에는 자료 미제출 항목 또는 불충분한 자료 해당 항목을 5등급으로 평가한다.
⑦ 금융감독원장은 감독규정 [별표 1]의 평가항목 중 계량지표의 산정기준일 및 등급구분 기준은 별도로 정할 수 있다.

문별 평가 결과를 종합하여 평가("종합평가") 한다(수산업협동조합 구조개선업무 감독규정8①).

4. 경영실태평가등급

부문별평가 및 종합평가는 각각 1등급(우수), 2등급(양호), 3등급(보통), 4등급(취약), 5등급(위험)의 5단계 등급으로 구분한다(수산업협동조합 구조개선업무 감독규정8②).

5. 부문별 평가의 계량평가

부문별평가는 객관성과 투명성을 확보하기 위하여 계량화된 지표에 의하여 평가하여야 한다(수산업협동조합 구조개선업무 감독규정8③).

6. 결어

실제로 수산업협동조합법상의 경영평가는 감독규정상의 경영실태평가를 거의 준용하고 있다(계량평가만 실시한다).

제2절 적기시정조치

Ⅰ. 의의

적기시정조치제도(Prompt Corrective Action)란 금융회사의 건전성을 자본충실도, 경영실태평가 결과 등 경영상태를 기준으로 몇 단계의 등급으로 나누어, 경영상태가 악화된 금융회사에 대해 금융감독당국이 단계적으로 시정조치를 부과해 나가는 제도를 의미한다. 적기시정조치는 부실화 징후가 있는 금융회사에 대하여 적기에 경영개선을 유도·강제함으로써 부실화를 예방하고 경영 취약부문의 정상화를 도모하는 건전성감독 수단으로서의 성격을 지닌다. 그러나 적기시정조치는 경영상태가 동 조치의 발동요건에 해당하는 경우 무차별적으로 시정조치를 시행하는 강행규정이므로, 정상화 가능성이 없는 금융회사를 조기에 퇴출시킴으로써 금융소비자의 피해 및 예금보험기금의 고갈 등 금융회사의 부실화에 따른 사회적 비용을 경감시키고 금융시스템의 안정성을 도모하기 위한 행정적 퇴출수단이기도 하다. 적기시정조치는 시장규율의 강화를 통해 금융회사의 부실화 및 도산가능성을 축소시키고 자구노력을 촉발하여 부실금융회사 처리비용을 경감시키는 한편, 재무건전성 위주의 객관적 평가를 통하여 대형 및 소형 금융회사 간의 공정경쟁여건(level playing field)을 조성하는 효과가 있다.4)

중앙회장은 회원의 경영상태를 평가하고 그 결과에 따라 회원에게 경영개선을 요구하거나 합병을 권고하는 등 필요한 조치를 할 수 있다(법142② 전단). 이 경우 회원조합장은 그 조치 결과를 조합의 이사회·총회 및 회장에게 보고하여야 한다(법142② 후단).

해양수산부장관은 적기시정조치의 권고·요구 또는 명령을 하는 경우 부실우려조합이나 그 임원에 대해서는 그 부실우려의 정도에 따라 적기시정조치의 권고 또는 요구를 하고, 부실조합이나 그 임원에 대해서는 적기시정조치의 명령을 하여야 한다(수협구조개선법4의2② 전단). 이 경우 적기시정조치를 하기 위하여 필요한 기준과 내용은 미리 해양수산부장관이 정하여 고시한다(수협구조개선법4의2② 후단).

「적기시정조치의 기준과 내용」(해양수산부고시 제2018-182호)은 수협구조개선법 제4조의2에 따라 부실조합 및 부실우려조합의 구조개선을 위하여 필요한 적기시정조치의 기준과 내용을 정함을 목적으로 한다(제1조).

여기서는 「적기시정조치의 기준과 내용」의 적기시정조치를 살펴본다.

Ⅱ. 경영개선권고

1. 의의

중앙회장이 회원의 경영상태를 평가하고 그 결과에 따라 경영개선, 합병권고 등 필요한 조치를 요구하는 것을 말한다.

---

4) 금융감독원(2021), 251쪽.

2. 요건(기준)

경영개선권고 대상조합(수협구조개선법4①)⁵⁾은 ⅰ) 총자산 대비 순자본비율이 2% 미만인 조합(제1호), ⅱ) 수산업협동조합법 제142조(중앙회의 지도) 제2항의 규정에 따라 조합의 경영상태를 종합 평가한 결과, 4등급으로 판정받은 조합(제2호), ⅲ) 수산업협동조합법 제142조 제2항의 규정에 따라 조합의 경영상태를 종합 평가한 결과, 3등급 이상이나 자본적정성 또는 자산건전성 부문의 평가등급을 4등급 이하로 판정받은 조합(제3호), ⅳ) 금융사고 또는 부실채권의 발생으로 제1호 내지 제3호의 기준에 해당될 것이 명백하다고 판단되는 조합(제4호)에 해당하는 조합을 말한다(적기시정조치의 기준과 내용2①).

3. 조치내용

경영개선권고 대상조합에 대하여 취할 적기시정조치는 ⅰ) 인력 및 조직 운영의 개선(제1호), ⅱ) 경비절감(제2호), ⅲ) 지사무소 운영의 효율화 및 신설제한(제3호), ⅳ) 부실자산 또는 불용자산의 처분(제4호), ⅴ) 고정자산 투자, 신규사업진출 및 신규 외부출자의 제한(제5호), ⅵ) 위험자산의 취득금지(제6호), ⅶ) 자기자본의 증대(제7호), ⅷ) 이익배당의 제한(제8호), ⅸ) 특별대손충당금의 설정(제9호), ⅹ) 예금금리수준의 제한(제10호), ⅺ) 조합에 대한 주의·경고 및 임직원에 대한 주의·경고·견책 또는 감봉(제11호), ⅻ) 그 밖에 제1호 내지 제11호에 준하는 조치로서 조합의 재무건전성을 높이기 위하여 필요하다고 인정되는 조치(제12호)의 일부 또는 전부에 해당하는 조치를 말한다(적기시정조치의 기준과 내용2②).

---

5) 제4조(경영개선명령) ① 법 제4조 제1항의 규정에 따른 명령("경영개선명령") 대상조합은 다음에 해당하는 조합을 말한다.
   1. 총자산 대비 순자본비율이 마이너스 15% 미만인 조합
   2. 예금등채권의 지급 또는 국가·공공단체·중앙회 및 다른 금융기관으로부터의 차입금의 상환이 정지상태에 있는 조합
   3. 외부로부터의 자금지원 또는 차입이 없이는 예금등채권의 지급이나 차입금의 상환이 어렵다고 기금관리위원회의 심의를 거쳐 해양수산부장관이 결정한 조합
   4. 경영상태를 실사한 결과 부채가 자산을 초과하거나 거액의 금융사고 또는 부실채권의 발생으로 제1 호 내지 제3호의 기준에 해당될 것이 명백하다고 판단되는 조합으로서 기금관리위원회의 심의를 거 쳐 해양수산부장관이 결정한 조합
   5. 제3조의 규정에 따른 경영개선요구를 받고 적기시정조치의 주요사항을 이행하지 아니하는 조합

Ⅲ. 경영개선요구

1. 의의

중앙회장이 회원의 경영상태를 평가하고 그 결과에 따라 경영개선, 합병권고 등 필요한 조치를 요구하는 것을 말한다.

2. 요건(기준)

경영개선요구 대상조합은 ⅰ) 총자산 대비 순자본비율이 마이너스 3% 미만인 조합(제1호), ⅱ) 수산업협동조합법 제142조 제2항의 규정에 따라 조합의 경영상태를 종합 평가한 결과, 5등급으로 판정받은 조합(제2호), ⅲ) 금융사고 또는 부실채권의 발생으로 제1호 또는 제2호의 기준에 해당될 것이 명백하다고 판단되는 조합(제3호), ⅳ) 경영개선권고를 받고 적기시정조치를 성실히 이행하지 아니하는 조합(제4호)에 해당하는 조합을 말한다(적기시정조치의 기준과 내용3①).

3. 조치내용

경영개선요구 대상조합에 대하여 취할 적기시정조치는 ⅰ) 임원의 직무정지(제1호), ⅱ) 인력의 감축 및 점포·조직의 축소(제2호), ⅲ) 지사무소의 폐쇄·통합(제3호), ⅳ) 위험자산의 보유제한(제4호), ⅴ) 임원의 교체요구(제5호), ⅵ) 사업의 일부 정지(제6호), ⅶ) 합병요구(제7호), ⅷ) 사업의 전부 또는 일부의 양도, 사업의 전부 또는 일부와 관련된 계약의 이전계획 수립·추진(제8호), ⅸ) 적기시정조치의 기준과 내용 제2조 제2항에서 정하는 사항(경영개선권고의 조치내용)(제9호), ⅹ) 그 밖에 제1호 내지 제9호에 준하는 조치로서 조합의 재무건전성을 높이기 위하여 필요하다고 인정되는 조치(제10호)의 일부 또는 전부에 해당하는 조치를 말한다(적기시정조치의 기준과 내용3②).

Ⅳ. 경영개선명령

1. 의의

해양수산부장관(중앙회장에게 위탁: 수협구조개선법 제35조, 동법 시행령 제19조 제2호)은 부실조합에 대하여 경영개선명령을 할 수 있다.

2. 요건(기준)

경영개선명령 대상조합은 ⅰ) 총자산 대비 순자본비율이 마이너스 15% 미만인 조합(제1호), ⅱ) 예금등채권의 지급 또는 국가·공공단체·중앙회 및 다른 금융기관으로부터의 차입금의 상환이 정지상태에 있는 조합(제2호), ⅲ) 외부로부터의 자금지원 또는 차입이 없이는 예금등채권의 지급이나 차입금의 상환이 어렵다고 기금관리위원회의 심의를 거쳐 해양수산부장관이 결정한 조합(제3호), ⅳ) 경영상태를 실사한 결과 부채가 자산을 초과하거나 거액의 금융사고 또는 부실채권의 발생으로 제1호 내지 제3호의 기준에 해당될 것이 명백하다고 판단되는 조합으로서 기금관리위원회의 심의를 거쳐 해양수산부장관이 결정한 조합(제4호), ⅴ) 경영개선요구를 받고 적기시정조치의 주요사항을 이행하지 아니하는 조합(제5호)에 해당하는 조합을 말한다(적기시정조치의 기준과 내용4①).

3. 조치내용

경영개선명령 대상조합에 대하여 취할 적기시정조치는 ⅰ) 임원의 직무를 대행할 관리인의 선임(제1호), ⅱ) 사업의 전부 또는 일부의 정지(제2호), ⅲ) 합병명령(제3호), ⅳ) 사업의 전부 또는 일부의 양도(제4호), ⅴ) 사업의 전부 또는 일부와 관련된 계약의 이전(제5호), ⅵ) 출자금의 전부 또는 일부의 감액(제6호), ⅶ) 적기시정조치의 기준과 내용 제3조 제2항에서 정하는 사항(경영개선요구의 조치내용)(제7호), ⅷ) 그 밖에 제1호 내지 제7호에 준하는 조치(제8호)의 일부 또는 전부에 해당하는 조치를 말한다(적기시정조치의 기준과 내용4②).

제3절 경영지도

조합이 불법·부실대출 등으로 조합원의 이익을 크게 해할 우려가 있는 등 일정 요건에 해당하는 경우 신용협동조합은 경영관리를 받으며, 농업협동조합, 수산업협동조합, 산림조합, 새마을금고는 경영지도를 받게 된다.

I. 의의

해양수산부장관(중앙회장 위탁)은 조합등이 일정 요건 중 어느 하나의 경우에 해당되어 조합원 보호에 지장을 줄 우려가 있다고 인정하면 해당 조합등에 대하여 경영지도를 한다(법172①).

해양수산부장관은 경영지도업무를 중앙회장에게 위탁한다(법169③, 영62(2)).

II. 경영지도의 요건

경영지도의 요건은 다음 중 어느 하나에 해당되어야 한다(법172① 각호).

1. 부실대출 합계액이 자기자본의 2배를 초과하는 경우

조합에 대한 감사 결과 조합의 부실대출을 합친 금액이 자기자본의 2배를 초과하는 경우로서 단기간 내에 일반적인 방법으로는 회수하기가 곤란하여 자기자본의 전부가 잠식될 우려가 있다고 인정되는 경우이어야 한다(법172①(1)).

2. 임직원의 위법·부당한 행위로 경영정상화 추진이 어려운 경우

조합등의 임직원의 위법·부당한 행위로 인하여 조합등에 재산상의 손실이 발생하여 자력으로 경영정상화를 추진하는 것이 어렵다고 인정되는 경우이어야 한다(법172①(2)).

3. 파산위험이 현저하여 예금 및 적금의 인출이 쇄도하는 경우

조합의 파산위험이 현저하거나 임직원의 위법·부당한 행위로 인하여 조합의 예금 또는 적금의 인출이 쇄도하거나 조합이 예금 또는 적금을 지급할 수 없는 상태에 이른 경우이어야 한다(법172①(3)).

4. 경영지도가 필요하다고 인정하여 중앙회장이 건의하는 경우

경영상태의 평가 또는 감사의 결과 경영지도가 필요하다고 인정하여 중앙회의 회장이 건의하는 경우이어야 한다(법172①(4)).

5. 경영지도가 필요하다고 인정하여 금융위원회 또는 금융감독원장이
   건의하는 경우

신용협동조합법 제95조(농업협동조합 등에 대한 특례) 제4항에 따라 조합에 적용되는 같은 법 제83조(금융위원회의 감독 등) 제1항·제2항에 따른 감독 및 검사의 결과 경영지도가 필요하다고 인정하여 금융위원회 또는 금융감독원장이 건의하는 경우이어야 한다(법172①(5)).

Ⅲ. 경영지도의 방법

1. 원칙: 서면지도

경영지도는 그에 필요한 자료를 제출받아 서면으로 하는 것을 원칙으로 한다(법172①, 영64① 본문).

2. 예외: 현장지도

다음의 경우, 즉 ⅰ) 경영지도를 받고 있는 조합등이 불법경영의 가능성이 큰 경우(제1호), ⅱ) 불법·부실 대출의 회수실적이 모자라고 조합등이 자체적으로 시정할 수 없다고 인정되는 경우(제2호), ⅲ) 불법·부실 대출이 추가로 이루어진 경우(제3호), ⅳ) 그 밖에 제1호 및 제2호에 준하는 경우로서 현지지도를 할 필요가 있다고 인정되는 경우(제4호)에는 직원을 조합등의 사무소에 파견하여 현지지도를 할 수 있다(법172①, 영64① 단서).

Ⅳ. 경영지도의 내용

경영지도란 ⅰ) 1. 불법·부실 대출의 회수 및 채권의 확보, ⅱ) 자금의 수급 및 여신·수신에 관한 업무, ⅲ) 위법·부당한 행위의 시정, ⅳ) 부실한 자산의 정리, ⅴ) 인력 및 조직 운영의 개선에 대하여 지도하는 것을 말한다(법172②, 영64②).

Ⅴ. 채무의 지급정지 또는 임원의 직무정지와 재산실사

해양수산부장관은 경영지도가 시작된 경우에는 6개월 이내의 범위에서 채무의 지급을 정지하거나 임원의 직무를 정지할 수 있다(법172③ 전단). 이 경우 중앙회의 회장에게 지체 없이 조합등의 재산상황을 조사("재산실사")하게 하거나 금융감독원장에게 재산실사를 요청할 수 있다(법172③ 후단).

1. 지급정지 대상 채무

해양수산부장관은 채무의 지급을 정지하는 경우에도 ⅰ) 제세공과금 또는 임차료의 지급채무(제1호), ⅱ) 근로기준법 제38조[6] 제2항에 따라 우선변제권이 인정되는 최종 3개월분의 임금 및 재해보상금에 관한 채무(제2호), ⅲ) 근로자퇴직급여 보장법 제12조 제2항[7]에 따라 우선변제권이 인정되는 최종 3년간의 퇴직금에 관한 채무(제3호), ⅳ) 그 밖에 조합등의 유지·관리를 위하여 필요한 것으로서 해양수산부장관이 정하여 고시하는 채무(제4호)는 지급정지의 대상에서 제외한다(영66).

---

6) 제38조(임금채권의 우선변제) ① 임금, 재해보상금, 그 밖에 근로관계로 인한 채권은 사용자의 총재산에 대하여 질권·저당권 또는 동산채권담보법에 따른 담보권에 따라 담보된 채권 외에는 조세·공과금 및 다른 채권에 우선하여 변제되어야 한다. 다만, 질권·저당권 또는 동산채권담보법에 따른 담보권에 우선하는 조세·공과금에 대하여는 그러하지 아니하다.
② 제1항에도 불구하고 다음의 어느 하나에 해당하는 채권은 사용자의 총재산에 대하여 질권·저당권 또는 동산채권담보법에 따른 담보권에 따라 담보된 채권, 조세·공과금 및 다른 채권에 우선하여 변제되어야 한다.
1. 최종 3개월분의 임금
2. 재해보상금
7) 제12조(퇴직급여등의 우선변제) ① 사용자에게 지급의무가 있는 퇴직금, 제15조에 따른 확정급여형퇴직연금제도의 급여, 제20조 제3항에 따른 확정기여형퇴직연금제도의 부담금 중 미납입 부담금 및 미납입 부담금에 대한 지연이자, 제23조의7 제1항에 따른 중소기업퇴직연금기금제도의 부담금 중 미납입 부담금 및 미납입 부담금에 대한 지연이자, 제25조 제2항 제4호에 따른 개인형퇴직연금제도의 부담금 중 미납입 부담금 및 미납입 부담금에 대한 지연이자("퇴직급여등")는 사용자의 총재산에 대하여 질권 또는 저당권에 의하여 담보된 채권을 제외하고는 조세·공과금 및 다른 채권에 우선하여 변제되어야 한다. 다만, 질권 또는 저당권에 우선하는 조세·공과금에 대하여는 그러하지 아니하다.
② 제1항에도 불구하고 최종 3년간의 퇴직급여등은 사용자의 총재산에 대하여 질권 또는 저당권에 의하여 담보된 채권, 조세·공과금 및 다른 채권에 우선하여 변제되어야 한다.

2. 임원의 직무정지

해양수산부장관은 임원의 직무를 정지하려는 때에는 당사자에게 미리 그 근거와 이유를 서면으로 알려야 한다(영67).

3. 재산실사 등

(1) 재산 조회 등

중앙회장 또는 금융감독원장은 재산실사 결과 위법·부당한 행위로 인하여 조합등에 손실을 끼친 임직원에 대하여는 재산 조회 및 가압류 신청 등 손실금 보전을 위하여 필요한 조치를 하여야 한다(법172④).

(2) 자료 요청 등

해양수산부장관은 재산 조회 및 가압류 신청 등 손실금 보전을 위하여 필요한 조치에 필요한 자료를 중앙행정기관의 장에게 요청할 수 있다(법172⑤ 전단). 이 경우 요청을 받은 중앙행정기관의 장은 특별한 사유가 없으면 요청에 따라야 한다(법172⑤ 후단).

(3) 채무의 지급정지 또는 임원의 직무정지의 철회

해양수산부장관은 재산실사 결과 해당 조합등의 경영정상화가 가능한 경우 등 특별한 사유가 있다고 인정되면 채무의 지급정지 또는 임원의 직무정지의 전부 또는 일부를 철회하여야 한다(법172⑥).

Ⅵ. 경영지도의 기간

경영지도의 기간은 6개월로 한다(영65① 본문). 다만, 해양수산부장관은 조합원을 보호하기 위하여 필요하다고 인정하면 6개월 단위로 경영지도의 기간을 연장할 수 있다(영65① 단서).

해양수산부장관은 경영지도의 기간을 연장하려는 경우에는 그 이유를 구체적으로 밝혀 경영지도 기간의 만료일 15일 전까지 그 사실을 해당 조합등에 서면으로 알려야 한다(영65②).

Ⅶ. 경영지도의 통지

해양수산부장관은 경영지도를 할 때에는 그 사유 및 기간 등을 해당 조합등에 서면으로 알려야 한다(영63).

Ⅷ. 중앙회장 또는 사업전담대표이사의 자산 건전성 제고 조치

중앙회장 또는 사업전담대표이사는 정관으로 정하는 바에 따라 경영적자·자본잠식 등으로 인하여 경영상태가 부실한 조합에 대한 자금결제 및 지급보증의 제한이나 중지, 수표 발행 한도의 설정 또는 신규수표의 발행 중지, 2년 이상 연속 적자조합에 대한 정책자금의 취급 제한 또는 중지, 금융사고가 발생한 조합에 대한 예금 대지급(代支給) 중단 등 자산 건전성 제고를 위하여 필요한 조치를 할 수 있다(법172⑧).

제4절 합병과 분할

Ⅰ. 합병

1. 개념과 종류

(1) 개념

조합의 합병이란 수산업협동조합법의 절차에 따라 2개 이상의 조합이 그 중 1개의 조합을 제외하고 소멸하거나 전부 소멸하되 청산절차를 거치지 아니하고, 소멸하는 조합의 권리·의무를 존속 조합 또는 신설 조합이 포괄적으로 승계하는 수산업협동조합법상의 법률사실이다(법79① 참조).

(2) 종류

(가) 흡수합병

수개의 합병당사 조합 중 1개의 조합만이 존속하고 나머지 조합은 모두 소멸하며, 존속 조합이 소멸 조합의 권리·의무를 포괄적으로 승계하는 방법이다.

(나) 신설합병

당사조합 전부가 소멸하고, 이들에 의해 신설된 조합이 소멸 조합의 권리·의무를 포괄적으로 승계하는 방법이다.

2. 합병의 절차

(1) 합병계약서 작성과 총회 결의

(가) 합병계약서 작성

조합이 다른 조합과 합병할 때에는 합병계약서를 작성하고 각 총회의 의결을 거쳐야 한다(법77①, 법108, 법113).

합병당사 조합의 대표기관에 의해 합병조건과 합병방식 등 합병에 필요한 사항이 합의되어야 한다. 합병계약은 특별한 방식을 요하지 않는다.

(나) 총회 결의 또는 조합원투표

합병은 총회의결사항으로 총회의 의결을 거쳐야 한다(법37①(2), 법108, 법113). 그러나 합병은 조합원의 투표로 총회의 의결을 갈음할 수 있다(법43①, 법108, 법113). 합병에 대한 조합원 투표는 조합원 과반수의 투표와 투표한 조합원 3분의 2 이상의 찬성을 얻어야 한다(법43②).

(다) 위반시 제재

조합등 또는 중앙회의 임원·집행간부·일반간부직원·파산관재인 또는 청산인이 법 제77조 제1항(제108조 또는 제113조에 따라 준용되는 경우를 포함)에 따라 총회·대의원회 또는 이사회의 의결을 거쳐야 하는 사항에 대하여 의결을 거치지 아니하고 집행한 경우에는 3년 이하의 징역 또는 3천만원 이하의 벌금에 처한다(법177(2)).

(2) 해양수산부장관의 인가

(가) 인가의 효력

합병은 해양수산부장관의 인가를 받아야 한다(법77②, 법108, 법113). 합병은 해양수산부장관의 인가를 받지 아니하면 효력이 발생하지 아니한다(법37② 본문, 법108, 법113).

(나) 위반시 제재

조합등 또는 중앙회의 임원·집행간부·일반간부직원·파산관재인 또는 청산인이 법 제77조 제2항(제108조 또는 제113조에 따라 준용되는 경우를 포함)에 따른 감독기관의 인가를 받지 아니한 경우에는 3년 이하의 징역 또는 3천만원 이하의 벌금에 처한다(법177(1)).

(3) 신설합병에서의 설립위원 선출

합병으로 조합을 설립할 때에는 설립위원을 총회에서 선출하여야 한다(법78 ①, 법108, 법113).

(가) 설립위원의 정수

설립위원의 정수는 20명 이상 30명 이하로 하고 합병하려는 각 조합의 조합원 중에서 조합원 수의 비율로 선출한다(법78②, 법108, 법113).

(나) 설립위원의 임무

1) 정관작성과 임원 선임

가) 해양수산부장관의 인가

설립위원은 설립위원회를 개최하여 정관을 작성하고 임원을 선출하여 해양수산부장관의 인가를 받아야 한다(법78③, 법108, 법113).

나) 위반시 제재

조합등 또는 중앙회의 임원·집행간부·일반간부직원·파산관재인 또는 청산인이 법 제78조 제3항(제108조 또는 제113조에 따라 준용되는 경우를 포함)에 따른 감독기관의 인가를 받지 아니한 경우에는 3년 이하의 징역 또는 3천만원 이하의 벌금에 처한다(법177(1)).

2) 임원 선출 정족수

설립위원회에서 임원을 선출할 때에는 설립위원이 추천한 사람 중에서 설립위원 과반수의 출석과 출석 설립위원 과반수의 찬성이 있어야 한다(법78④, 법108, 법113).

3) 준용규정

신설합병에서의 설립위원 선출(법78①②③④) 규정에 따른 조합의 설립에 관하여는 합병설립의 성질에 반하지 아니하는 범위에서 제2장 제2절의 설립에 관한 규정인 제16조(설립인가 등), 제17조(정관 기재사항), 제18조(설립사무의 인계와 출자납입), 제19조(지구별수협의 성립)의 규정을 준용한다(법78⑤, 법108, 법113).

(4) 국가 또는 중앙회의 자금 지원

국가와 중앙회는 조합의 합병을 촉진하기 위하여 필요하다고 인정하면 예산의 범위에서 자금을 지원할 수 있다(법79, 법108, 법113).

(5) 채권자 보호절차: 합병의 공고 및 최고 등

합병에 관해 조합의 채권자도 조합원 못지않게 중대한 이해관계를 갖는다. 합병으로 인해 당사 조합들의 재산은 모두 합일귀속되어 당사 조합들의 총채권자에 대한 책임재산이 되는 까닭에 합병 전의 신용이 그대로 유지된다고 볼 수 없기 때문이다. 따라서 소멸 조합에서는 물론 존속 조합에서도 채권자 보호를 위한 절차를 밟아야 한다.

조합의 합병의 공고, 최고 및 채권자 이의에 관하여는 제74조(출자금액의 감소 의결) 제2항 및 제75조(출자감소 의결에 대한 채권자의 이의)를 준용한다(법82, 법108, 법113).

(가) 이의제기의 공고와 최고

조합은 정관으로 정하는 바에 따라 출자감소의 의결에 대하여 이의가 있는 채권자는 일정한 기일 이내에 이의를 제기하라는 취지를 2개월 이상(2023. 6. 28. 부터 1개월 이상) 공고하고, 이미 알고 있는 채권자에 대하여는 따로 최고하여야 한다(법74②, 법108, 법113).

(나) 출자감소 의결에 대한 채권자의 이의

1) 이의 부제기의 효과

채권자가 공기기간(법74조②) 이내에 출자감소 의결에 대하여 이의를 제기하지 아니하면 이를 승인한 것으로 본다(법75①, 법108, 법113).

2) 이의제기의 효과

채권자가 출자감소 의결에 대하여 이의를 제기한 경우 조합이 이를 변제하거나 감소분에 상당하는 담보를 제공하지 아니하면 그 의결은 효력을 발생하지 아니한다(법75②, 법108, 법113).

(6) 합병등기

위의 합병절차가 끝난 때에는 합병등기를 하여야 한다.

(가) 변경등기, 해산등기 및 설립등기

조합이 합병하였을 때에는 해양수산부장관이 합병인가를 한 날부터 2주 이내에 합병 후 존속하는 조합은 변경등기를, 합병으로 소멸되는 조합은 해산등기를, 합병으로 설립되는 조합은 설립등기를 각각 그 사무소의 소재지에서 하여야 한다(법97①, 법108, 법113).

(나) 등기신청서의 첨부서류

1) 설립등기신청서의 첨부서류

합병으로 인한 조합의 설립등기신청서에는 ⅰ) 설립인가서, 창립총회의사록 및 정관의 사본(제1호), ⅱ) 합병을 공고하거나 최고(법82)한 사실을 증명하는 서류(제2호), ⅲ) 이의를 제기한 채권자에게 변제나 담보를 제공한 사실을 증명하는 서류(제3호)를 첨부하여야 한다(법92⑤, 법108, 법113).

2) 변경등기신청서의 첨부서류

합병으로 인한 변경등기신청서에는 ⅰ) 등기사항의 변경을 증명하는 서류(제1호), ⅱ) 출자감소의 의결에 대하여 공고하거나 최고한 사실을 증명하는 서류(제2호), ⅲ) 이의를 제기한 채권자에게 변제나 담보를 제공한 사실을 증명하는 서류(제3호)를 첨부하여야 한다(법95⑤, 법108, 법113).

(다) 해산등기의 신청인과 첨부서류

합병으로 소멸되는 조합의 조합장이 해산등기의 신청인이 된다(법97②, 법108, 법113). 조합장이 해산등기를 신청할 때에는 해산 사유를 증명하는 서류를 첨부하여야 한다(법97③, 법108, 법113).

(라) 위반시 제재

조합등 또는 중앙회의 임원·집행간부·일반간부직원·파산관재인 또는 청산인이 법 제97조에 따른 등기를 부정하게 한 경우에는 3년 이하의 징역 또는 3천만원 이하의 벌금에 처한다(법177(15)).

(7) 합병의 효력발생시기

조합의 합병은 합병 후 존속하거나 합병으로 설립되는 조합이 그 주된 사무소의 소재지에서 합병등기를 함으로써 그 효력을 가진다(법83, 법108, 법113).

3. 합병의 효과

(1) 권리·의무의 포괄적 승계

합병 후 존속하거나 합병으로 설립되는 조합은 소멸되는 조합의 권리의무를 승계한다(법81①, 법108, 법113).

(2) 등기부 등 명의의 존속조합 또는 신설조합 명의 의제

조합의 합병 후 등기부 및 그 밖의 공적 장부에 표시된 소멸된 조합의 명의는 합병 후 존속하거나 합병으로 설립된 조합의 명의로 본다(법81②, 법108, 법113).

(3) 합병에 따른 임원 임기에 관한 특례

(가) 설립등기일부터 2년

합병으로 설립되는 조합의 설립 당시 조합장·이사 및 감사의 임기는 제1항 (제108조 및 제113조에 따라 준용되는 경우를 포함)에도 불구하고 설립등기일부터 2년으로 한다(법50③ 본문, 법108, 법113). 다만, 합병으로 소멸되는 조합의 조합장이 합병으로 설립되는 조합의 조합장으로 선출되는 경우 설립등기일 현재 조합장의 종전 임기의 남은 임기가 2년을 초과하는 경우에는 그 남은 임기를 그 조합장의 임기로 한다(법50③ 단서, 법108, 법113).

(나) 변경등기일부터 2년

합병 후 존속하는 조합의 변경등기 당시 재임 중인 조합장·이사 및 감사의 남은 임기가 변경등기일 현재 2년 미만인 경우에는 제1항(제108조 및 제113조에 따라 준용되는 경우를 포함)에도 불구하고 그 임기를 변경등기일부터 2년으로 한다 (법50④, 법108, 법113).

4. 합병무효의 소

합병무효에 관하여는 상법 제529조(합병무효의 소)를 준용한다(법77③, 법108, 법113).

(1) 제소권자

합병무효는 각 조합의 조합원·이사·감사·청산인·파산관재인 또는 합병을 승인하지 아니한 채권자에 한하여 소만으로 이를 주장할 수 있다(상법529①).

(2) 제소기간

합병무효의 소는 합병등기가 있은 날로부터 6월 내에 제기하여야 한다(상법529②).

5. 합병권고 등의 기준

중앙회장은 회원의 경영상태를 평가하고 그 결과에 따라 회원에게 경영개선을 요구하거나 합병을 권고하는 등 필요한 조치를 할 수 있다(법142② 전단). 이 경우 회원조합장은 그 조치 결과를 조합의 이사회·총회 및 회장에게 보고하여야 한다(법142② 후단).

Ⅱ. 분할

1. 개념과 종류

(1) 개념

조합의 분할이란 1개의 조합이 수산업협동조합법의 규정에 따라 2개 이상의 조합으로 분리하는 것을 말한다.

(2) 종류

분할의 방법에는 1개의 조합이 해체되어 2개 이상의 조합으로 신설되는 경우, 1개 조합으로부터 분리하여 새로운 조합이 설립되는 경우가 있다.

2. 분할의 절차

(1) 총회 결의 또는 조합원 투표

(가) 총회 결의

분할은 총회의결사항으로 총회의 의결을 거쳐야 한다(법37①(2), 법108, 법113). 조합이 분할할 때에는 분할 후 설립되는 조합이 승계하여야 하는 권리의무의 범위를 총회에서 의결하여야 한다(법80①, 법108, 법113).

(나) 조합원 투표

분할은 조합원의 투표로 총회의 의결을 갈음할 수 있다(법43①, 법108, 법113). 분할에 대한 조합원 투표는 조합원 과반수의 투표와 투표한 조합원 3분의 2 이상의 찬성을 얻어야 한다(법43②, 법108, 법113).

(다) 위반시 제재

조합등 또는 중앙회의 임원·집행간부·일반간부직원·파산관재인 또는 청산인이 법 제80조 제1항(제108조 또는 제113조에 따라 준용되는 경우를 포함)에 따라 총회·대의원회 또는 이사회의 의결을 거쳐야 하는 사항에 대하여 의결을 거치지 아니하고 집행한 경우에는 3년 이하의 징역 또는 3천만원 이하의 벌금에 처한다(법177(2)).

(2) 해양수산부장관의 인가

(가) 인가의 효력

분할은 해양수산부장관의 인가를 받지 아니하면 효력이 발생하지 아니한다(법37② 본문, 법108, 법113)

(나) 위반시 제재

조합등 또는 중앙회의 임원·집행간부·일반간부직원·파산관재인 또는 청산인이 법 제37조 제2항(제108조 또는 제113조에 따라 준용되는 경우를 포함)에 따른 감독기관의 인가를 받지 아니한 경우에는 3년 이하의 징역 또는 3천만원 이하의 벌금에 처한다(법177(2)).

(3) 분할의 공고 및 최고 등

조합의 분할의 공고, 최고 및 채권자 이의에 관하여는 제74조(출자금액의 감소 의결) 제2항 및 제75조(출자감소 의결에 대한 채권자의 이의)를 준용한다(법82, 법108, 법113).

(가) 이의제기의 공고와 최고

조합은 정관으로 정하는 바에 따라 출자감소의 의결에 대하여 이의가 있는 채권자는 일정한 기일 이내에 이의를 제기하라는 취지를 2개월 이상(2023. 6. 28.부터 1개월 이상) 공고하고, 이미 알고 있는 채권자에 대하여는 따로 최고하여야 한다(법74②, 법108, 법113).

(나) 출자감소 의결에 대한 채권자의 이의

1) 이의 부제기의 효과

채권자가 공기기간(법74조②) 이내에 출자감소 의결에 대하여 이의를 제기하지 아니하면 이를 승인한 것으로 본다(법75①, 법108, 법113).

2) 이의제기의 효과

채권자가 출자감소 의결에 대하여 이의를 제기한 경우 조합이 이를 변제하거나 감소분에 상당하는 담보를 제공하지 아니하면 그 의결은 효력을 발생하지 아니한다(법75②, 법108, 법113).

(4) 준용규정

조합의 설립에 관하여는 분할설립의 성질에 반하지 아니하는 범위에서 제16조(설립인가 등), 제17조(정관 기재사항), 제18조(설립사무의 인계와 출자납입), 제19조(지구별수협의 설립)의 설립에 관한 규정을 준용한다(법80②, 법108, 법113).

(5) 분할등기

(가) 설립등기신청서의 첨부서류

분할로 인한 조합의 설립등기신청서에는 ⅰ) 설립인가서, 창립총회의사록 및 정관의 사본(제1호), ⅱ) 합병을 공고하거나 최고(법82)한 사실을 증명하는 서류(제2호), ⅲ) 이의를 제기한 채권자에게 변제나 담보를 제공한 사실을 증명하는 서류(제3호)를 첨부하여야 한다(법92⑤, 법108, 법113).

(나) 변경등기신청서의 첨부서류

분할로 인한 변경등기신청서에는 ⅰ) 등기사항의 변경을 증명하는 서류(제1호), ⅱ) 출자감소의 의결에 대하여 공고하거나 최고한 사실을 증명하는 서류(제2호), ⅲ) 이의를 제기한 채권자에게 변제나 담보를 제공한 사실을 증명하는 서류(제3호)를 첨부하여야 한다(법95⑤, 법108, 법113).

3. 분할의 효과

조합은 분할로 권리·의무를 승계한다(법80①, 법108, 법113).

** 관련 판례: 대법원 1971. 3. 9. 선고 70다2787 판결

어업협동조합의 분할로 인하여 소멸된 조합에 대한 채권은 분할로 인하여 성립된 조합에 대하여 행사할 수 있다: 원판결과 기록에 의하면 소외 청산어업협 동조합은 1965. 12. 31. 피고 완도어업협동조합에서 분할로 인하여 성립된 조합 임이 분명한 본건에서 있어서 청산어업협동조합이 위 완도어업협동조합에서 분 할 성립되므로써 반면 그 분할된 조합은 구조합에서 소멸된 조합이라 볼 수 있 고, 어업협동조합의 분할로 인한 권리의무의 승계에 관하여는 수산업협동조합법 제73조(현행 제80조 제1항)에서 분할로 인하여 성립된 조합은 분할로 인하여 소멸 된 조합의 권리의무를 승계한다고 규정하고 있으므로 소멸된 조합에 대하여 채 권이 있다면 이는 마땅히 분할로 인하여 성립된 조합에 대하여 행사할 수 있을 것이므로 원심이 이와 같은 견해에서 원고들 주장과 같은 손해배상청구권이 인 정된다 하더라도 소외 청산어업협동조합에 대하여 청구권을 행사함은 모르되 피 고 완도조합을 상대로 한 청구는 실당하다는 이유로 원고의 청구를 배척한 조처 는 정당하다.

제5절 해산, 청산 및 파산

I. 해산

1. 의의

조합의 해산은 조합이 본래 목적 달성을 정지한 후 청산절차를 밟는 것을 말한다.

2. 총회결의 또는 조합원투표

(1) 의의

해산은 총회의 의결을 거쳐야 한다(법37①(2), 법108, 법113). 그러나 조합원 의 투표로 총회의 의결을 갈음할 수 있다(법43①(1), 법108, 법113). 이 경우 조합

원 투표는 조합원 과반수의 투표와 투표한 조합원 3분의 2 이상의 찬성을 얻어
야 한다(법43②, 법108, 법113).

(2) 위반시 제재

조합등 또는 중앙회의 임원·집행간부·일반간부직원·파산관재인 또는 청
산인이 법 제37조 제1항(제108조, 제113조 또는 제113조의10에 따라 준용되는 경우를
포함)에 따라 총회의 의결을 거쳐야 하는 사항에 대하여 의결을 거치지 아니하고
집행한 경우에는 3년 이하의 징역 또는 3천만원 이하의 벌금에 처한다(법177(2)).

3. 해양수산부장관의 인가

(1) 인가의 효력

해산은 해양수산부장관의 인가를 받지 아니하면 효력이 발생하지 아니한다
(법37② 본문, 법108, 법113).

(2) 위반시 제재

조합등 또는 중앙회의 임원·집행간부·일반간부직원·파산관재인 또는 청
산인이 법 제37조 제2항(제108조 또는 제113조에 따라 준용되는 경우를 포함)에 따른
감독기관의 인가를 받지 아니한 경우에는 3년 이하의 징역 또는 3천만원 이하의
벌금에 처한다(법177(1)).

4. 해산 사유

(1) 의의

조합은 i) 정관으로 정한 해산 사유의 발생(제1호), ii) 총회의 의결(제2호),
iii) 합병 또는 분할(제3호), iv) 조합원 수가 100인 미만(지구별수협은 100인 미만,
업종별수협은 15인 미만, 수산물가공수협은 7인 미만)인 경우(제4호), v) 설립인가의
취소(제5호)의 어느 하나의 사유로 해산한다(법84, 법108, 법113).

(2) 위반시 제재

조합등 또는 중앙회의 임원·집행간부·일반간부직원·파산관재인 또는 청
산인이 법 제84조 제2호(제108조, 제113조 또는 제113조의10에 따라 준용되는 경우를

포함)에 따라 총회·대의원회 또는 이사회의 의결을 거쳐야 하는 사항에 대하여 의결을 거치지 아니하고 집행한 경우에는 3년 이하의 징역 또는 3천만원 이하의 벌금에 처한다(법177(1)).

5. 해산등기

(1) 등기기간

조합이 해산(합병과 파산으로 인한 경우는 제외)하였을 때에는 주된 사무소의 소재지에서는 2주 이내에, 지사무소의 소재지에서는 3주 이내에 해산등기를 하여야 한다(법98①, 법108, 법113).

(2) 설립인가 취소로 인한 해산등기 이외의 신청인

해양수산부장관이 설립인가를 취소하였을 때에는 지체 없이 해산등기를 촉탁하는 경우(법98④)를 제외하고는 청산인이 해산등기의 신청인이 된다(법98②, 법108, 법113).

(3) 해산 사유 증명서류 첨부

청산인이 해산등기를 신청할 때에는 해산등기신청서에 해산 사유를 증명하는 서류를 첨부하여야 한다(법98③, 법108, 법113).

(4) 설립인가의 취소로 인한 해산등기의 촉탁

해양수산부장관은 설립인가를 취소하였을 때에는 지체 없이 해산등기를 촉탁하여야 한다(법98④, 법108, 법113).

6. 해산의 효과

해산에 의해 조합의 권리능력은 청산의 목적범위 내에서만 권리가 있고 의무를 부담한다. 조합에 있어서는 조합의 재산이 조합 채권자에 대한 유일한 담보이므로 합병 및 파산 이외의 사유에 의하여 해산한 때에는 해산등기와 아울러 채권자 보호절차를 위하여 법정의 청산절차를 밟아야 한다. 청산 중에는 청산인이 조합의 청산사무를 집행하고 조합을 대표하는 기관이 된다.

Ⅱ. 청산

1. 의의

조합이 해산하면 존립 중에 발생한 일체의 대내적·대외적 법률관계를 종국적으로 처리하기 이해 청산을 해야 한다. 다만 합병을 원인으로 해산하는 경우는 그 권리의무가 포괄적으로 신설 또는 존속 조합에 승계되므로 청산을 요구하지 않으며, 파산의 경우에는 채무자회생법의 규정에 따라 처리하므로 수산업협동조합법의 청산절차를 따를 여지가 없다.

조합의 청산은 해산 후에 실시한다(지구별수협정관예82①, 업종별수협정관예81①, 수산물가공수협정관예79①).

2. 청산사무의 감독

해양수산부장관은 조합의 청산 사무를 감독한다(법86④, 법108, 법113).

해양수산부장관은 조합등에 관한 감독 업무의 일부를 대통령령으로 정하는 바에 따라 중앙회의 회장에게 위탁할 수 있다(법169③). 이에 따라 해양수산부장관은 법 제169조 제3항에 따라 법 제86조 제4항(법 제108조 및 제113조에서 준용하는 경우를 포함)에 따른 청산 사무의 감독 권한을 회장에게 위탁한다(영62(1)).

3. 청산인

청산인이란 법정청산절차에 따라 청산사무를 집행하고 법이 정한 바에 따라 청산 중의 조합을 대표하는 자를 말한다. 따라서 해산 전 조합의 조합장에 대응하는 지위라 할 수 있다.

(1) 조합장

조합이 해산(파산으로 인한 경우는 제외)하였을 때에는 조합장이 청산인이 된다(법86① 본문, 법108, 법113). 다만, 총회에서 다른 사람을 청산인으로 선임하였을 때에는 그러하지 아니하다(법86① 단서, 법108, 법113).

(2) 해양수산부장관이 청산인을 임명하는 경우

청산인이 결원 상태인 경우 또는 설립인가의 취소로 인하여 조합이 해산한 경우에는 해양수산부장관이 청산인을 임명한다(법86②, 법108, 법113).

(3) 청산인의 권리·의무

청산인은 그 직무의 범위에서 조합장과 동일한 권리의무를 가진다(법86③, 법108, 법113).

(4) 청산인등기

청산인은 취임한 날부터 2주 이내에 주된 사무소의 소재지에서 그 성명·주민등록번호 및 주소를 등기하여야 한다(법99①, 법108, 법113). 이에 따른 등기를 할 때 조합장이 청산인이 아닌 경우에는 신청인의 자격을 증명하는 서류를 첨부하여야 한다(법99②, 법108, 법113).

4. 청산인의 직무

(1) 재산상태 조사 등과 총회 승인

청산인은 취임 후 지체 없이 재산 상황을 조사하고 재산목록 및 재무상태표를 작성하여 재산 처분 방법을 정한 후 이를 총회에 제출하여 승인을 받아야 한다(법87①, 법108, 법113).

(2) 총회 승인 대체

청산인이 총회의 승인을 받기 위하여 2회 이상 총회를 소집하여도 총회가 구성되지 아니하여 총회의 승인을 받을 수 없을 때에는 해양수산부장관의 승인으로 총회의 승인을 갈음할 수 있다(법87②, 법108, 법113).

(3) 위반시 제재

조합등 또는 중앙회의 임원·집행간부·일반간부직원·파산관재인 또는 청산인이 법 제87조(제108조, 제113조 또는 제113조의10에 따라 준용되는 경우를 포함)를 위반하여 총회 또는 해양수산부장관의 승인을 받지 아니한 경우에는 3년 이하의 징역 또는 3천만원 이하의 벌금에 처한다(법177(12)).

5. 청산인의 재산분배 제한

(1) 의의

청산인은 조합의 채무를 변제하거나 변제에 필요한 금액을 공탁한 후가 아니면 그 재산을 분배할 수 없다(법89, 법108, 법113).

(2) 위반시 제재

조합등 또는 중앙회의 임원·집행간부·일반간부직원·파산관재인 또는 청산인이 법 제89조(제108조, 제113조 또는 제113조의10에 따라 준용되는 경우를 포함)를 위반하여 청산인이 재산을 분배한 경우에는 3년 이하의 징역 또는 3천만원이하의 벌금에 처한다(법177(12)).

6. 청산 잔여재산

해산한 조합의 청산 후 남은 재산은 따로 법률로 정하는 것 외에는 정관으로 정하는 바에 따라 처분한다(법88, 법108, 법113).

7. 결산보고서

(1) 결산보고서 작성 및 총회 승인

청산 사무가 끝나면 청산인은 지체 없이 결산보고서를 작성하고 이를 총회에 제출하여 승인을 받아야 한다(법90 전단, 법108, 법113).

(2) 총회 승인 대체

청산인이 총회의 승인을 받기 위하여 2회 이상 총회를 소집하여도 총회가 구성되지 아니하여 총회의 승인을 받을 수 없을 때에는 해양수산부장관의 승인으로 총회의 승인을 갈음할 수 있다(법90 후단, 법87②, 법108, 법113).

(3) 위반시 제재

조합등 또는 중앙회의 임원·집행간부·일반간부직원·파산관재인 또는 청산인이 법 제90조(제108조, 제113조 또는 제113조의10에 따라 준용되는 경우를 포함)를 위반하여 총회의 승인을 받지 아니한 경우에는 3년 이하의 징역 또는 3천만원 이하의 벌금에 처한다(법177(12)).

8. 청산종결등기

청산이 끝나면 청산인은 주된 사무소의 소재지에서는 2주 이내에, 지사무소의 소재지에서는 3주 이내에 청산종결의 등기를 하여야 한다(법100①, 법108, 법113). 이에 따라 청산인이 청산종결의 등기를 신청할 때에는 등기신청서에 결산보고서의 승인을 증명하는 서류를 첨부하여야 한다(법100②, 법108, 법113).

** 관련 판례: 대법원 1969. 4. 15. 선고 68다1745 제3부판결

설사 어업조합의 조합원이 한 사람도 없게 되었더라도 동 조합에 귀속된 재산관계가 청산된 흔적이 없는 이상 그 재산관계가 정리될 때까지 동 조합은 존속한다. 일정 때의 조선어업령(폐)에 의하여 설립된 광도온망어업조합은 동 조합에 귀속된 재산관계가 청산된 흔적이 없는 이상 설사 조합원이 한 사람도 없다 하더라도 그 재산관계가 정리될 때까지는 동 조합은 존속한다 할 것이고 따라서 본법(62. 1. 20. 법률 제1013호) 부칙 제1조 내지 제4조, 제10조에 따라 동 조합의 명칭과 그 소유재산은 자동적으로 광도온망어업협동조합이란 이름과 그 소유재산으로 되었다 할 것이다.

9. 민법 등의 준용

조합의 해산과 청산에 관하여는 민법 제79조, 제81조, 제87조, 제88조 제1항·제2항, 제89조부터 제92조까지 및 제93조 제1항·제2항과 비송사건절차법 제121조를 준용한다(법91, 법108, 법113). 여기서는 준용 규정을 살펴본다.

(1) 파산신청

조합이 채무를 완제하지 못하게 된 때에는 이사는 지체없이 파산신청을 하여야 한다(민법79).

(2) 청산법인

해산한 조합은 청산의 목적범위 내에서만 권리가 있고 의무를 부담한다(민법81).

(3) 청산인의 직무

청산인의 직무는 ⅰ) 현존사무의 종결(제1호), ⅱ) 채권의 추심 및 채무의 변제(제2호), ⅲ) 잔여재산의 인도(제3호)이다(민법87①).

청산인은 앞의 직무를 행하기 위하여 필요한 모든 행위를 할 수 있다(민법87②).

(4) 채권신고의 공고

청산인은 취임한 날로부터 2월 내에 3회 이상의 공고로 채권자에 대하여 일정한 기간 내에 그 채권을 신고할 것을 최고하여야 한다(민법88① 전단). 그 기간은 2월 이상이어야 한다(민법88① 후단).

채권신고의 공고에는 채권자가 기간 내에 신고하지 아니하면 청산으로부터 제외될 것을 표시하여야 한다(민법88②).

(5) 채권신고의 최고

청산인은 알고 있는 채권자에게 대하여는 각각 그 채권신고를 최고하여야 한다(민법89 전단). 알고 있는 채권자는 청산으로부터 제외하지 못한다(민법89 후단).

(6) 채권신고 기간 내의 변제금지

청산인은 채권신고 기간 내에는 채권자에 대하여 변제하지 못한다. 그러나 법인은 채권자에 대한 지연손해배상의 의무를 면하지 못한다(민법90).

(7) 채권변제의 특례

청산 중의 법인은 변제기에 이르지 아니한 채권에 대하여도 변제할 수 있다(민법91①). 이 경우에는 조건있는 채권, 존속기간의 불확정한 채권 기타 가액의 불확정한 채권에 관하여는 법원이 선임한 감정인의 평가에 의하여 변제하여야 한다(민법91②).

(8) 청산으로부터 제외된 채권

청산으로부터 제외된 채권자는 법인의 채무를 완제한 후 귀속권리자에게 인도하지 아니한 재산에 대하여서만 변제를 청구할 수 있다(민법92).

(9) 청산 중의 파산

청산 중 법인의 재산이 그 채무를 완제하기에 부족한 것이 분명하게 된 때에는 청산인은 지체없이 파산선고를 신청하고 이를 공고하여야 한다(민법93①).

청산인은 파산관재인에게 그 사무를 인계함으로써 그 임무가 종료한다(민법93②).

(10) 청산인의 결격사유

다음의 어느 하나에 해당하는 자, 즉 ⅰ) 미성년자(제1호), ⅱ) 피성년후견인(제2호), ⅲ) 자격이 정지되거나 상실된 자(제3호), ⅳ) 법원에서 해임된 청산인(제4호), ⅴ) 파산선고를 받은 자(제5호)는 청산인으로 선임될 수 없다(비송사건절차법121).

Ⅲ. 파산선고

조합이 그 채무를 다 갚을 수 없게 되었을 때에는 법원은 조합장이나 채권자의 청구에 의하여 또는 직권으로 파산을 선고할 수 있다(법85, 법108, 법113).

제6절 예금자 보호

Ⅰ. 상호금융예금자보호기금의 설치

1. 기금의 설치 및 재원

(1) 기금의 설치

수협구조개선법 제20조에 따라 신용사업이나 공제사업을 하는 조합(공제사업에서는 중앙회를 포함)이 파산 등의 사유로 예금등채권을 지급할 수 없는 상황에 대처하고 조합의 건전한 육성을 도모하기 위하여 중앙회에 상호금융예금자보호기금("기금")을 설치·운용한다(수협구조개선법20①).

(가) 조합

"조합이란 수산업협동조합법에 따라 설립된 지구별 수산업협동조합, 업종별 수산업협동조합 및 수산물가공 수산업협동조합을 말한다(수협구조개선법2(1)).

(나) 예금등

"예금등"이란 ⅰ) 조합이 신용사업에 의하여 수납한 예금 및 적금(제1호), ⅱ) 조합과 중앙회가 공제사업에 의하여 수납한 공제료(제2호)의 어느 하나에 해당하는 것을 말한다(수협구조개선법2(6) 본문). 다만, ⅰ) 정부와 지방자치단체(제1호), ⅱ) 한국은행, 금융감독원 및 예금보험공사(제2호), ⅲ) 예금자보호법에 따른 부보금융회사(제3호), ⅳ) 조합(제4호)으로부터 수납한 것은 제외할 수 있다(수협구조개선법2(6) 단서, 동법 시행령2).

(다) 예금자등

"예금자등"이란 조합 또는 중앙회에 대하여 예금등채권을 가진 자를 말한다(수협구조개선법2(7)).

(라) 예금등채권

"예금등채권"이란 ⅰ) 예금자등이 조합에 대하여 가지는 예금과 적금의 원금·이자 또는 그 밖의 약정된 금전의 채권(가목), ⅱ) 예금자등이 공제계약에 의하여 조합과 중앙회에 대하여 가지는 공제금 또는 그 밖의 약정된 금전의 채권(나목)의 어느 하나에 해당하는 것을 말한다(수협구조개선법2(8)).

(2) 기금의 재원

기금은 ⅰ) 조합이 납부한 보험료(제1호), ⅱ) 정부의 출연금(제2호), ⅲ) 중앙회의 출연금(제3호), ⅳ) 정부, 한국은행, 중앙회, 수협은행 또는 금융기관으로부터의 차입금(제4호), ⅴ) 제7조(자금지원)에 따라 부실조합등(＝부실조합8) 또는

---

8) "부실조합"이란 다음의 어느 하나에 해당하는 조합으로서 제4조에 따라 지정된 조합을 말한다(수협구조개선법2(3).

　가. 경영 상태를 평가한 결과 부채가 자산을 초과한 조합이거나 거액의 금융사고 또는 부실채권의 발생으로 정상적인 경영이 어려울 것이 명백한 조합. 이 경우 경영 상태 평가의 방법, 부채와 자산의 평가 및 산정 기준은 해양수산부령으로 정한다.

　나. 예금등채권의 지급이나 국가, 공공단체, 중앙회 및 다른 금융기관으로부터의 차입금의 상환이 정지된 조합

　다. 외부로부터의 자금지원 또는 차입이 없이는 예금등채권의 지급이나 차입금의 상환이 어려운 조합

부실우려조합⁹))에 지원한 자금을 회수한 자금(제5호), ⅵ) 관리기관(기금을 관리하는 중앙회)이 제13조(예금등채권의 매입) 제1항과 제33조(예금등채권의 취득)에 따라 매입·취득한 예금등채권을 회수한 자금(제6호), ⅶ) 상호금융예금자보호기금채권("기금채")을 발행하여 조성한 자금(제7호), ⅷ) 기금의 운용수익 및 그 밖의 수입금(제8호)의 재원으로 조성한다(수협구조개선법20②).

2. 기금관리위원회

(1) 의의

기금관리위원회란 기금의 운용에 관한 사항을 심의·의결하기 위하여 관리기관(=기금을 관리하는 중앙회)에 설치하는 위원회를 말한다(수협구조개선법2(13)).

(2) 심의·의결 사항

관리기관은 기금 운용에 관한 ⅰ) 기금의 조성 및 운용·관리에 관한 사항(제1호), ⅱ) 기금의 적립액 목표규모의 설정 및 보험금의 지급 등에 관한 사항(제2호), ⅲ) 부실조합등의 지정·지정 해제 및 지원 등에 관한 사항(제3호), ⅳ) 자금차입에 관한 사항(제4호), ⅴ) 기금채 발행에 관한 사항(제5호), ⅵ) 기금 관련 규정의 제정·개정 및 폐지에 관한 사항(제6호), ⅶ) 그 밖에 해양수산부장관이 요구하거나 기금관리위원회가 필요하다고 인정하여 회의에 부치는 사항(제7호)을 심의·의결하기 위하여 기금관리위원회를 둔다(수협구조개선법24①).

(3) 구성 및 위원의 지정과 위촉

기금관리위원회는 위원장 1명과 부위원장 1명을 포함한 ⅰ) 중앙회의 회장이 조합의 조합장 중에서 위촉하는 사람 1명(다만, 부실조합 또는 부실우려조합의 조합장은 제외)(제1호), ⅱ) 중앙회의 임직원 중에서 중앙회의 회장이 지정하는 사람 1명(제2호), ⅲ) 해양수산부장관이 소속 공무원 중에서 지정하는 사람 1명(제3호), ⅳ) 기획재정부장관이 소속 공무원 중에서 지정하는 사람 1명(제4호), ⅴ) 금융위원회의 위원장이 소속 공무원 중에서 지정하는 사람 1명(제5호), ⅵ) 수산업과 조합에 관한 학식과 경험이 풍부한 사람으로서 해양수산부장관이 지정하는

---

9) "부실우려조합"이란 재무 상태가 해양수산부령으로 정하는 기준에 미달하여 부실조합이 될 가능성이 많은 조합으로서 제4조에 따라 지정된 조합을 말한다(수협구조개선법2(4)).

수산업 관련 단체(민법」 제32조에 따라 설립된 비영리법인만 해당)가 위촉하는 사람 2명(제6호), vii) 조합 및 금융·회계에 관한 학식과 경험이 풍부한 사람으로서 국회의 소관 상임위원회가 위촉하는 사람 2명(제7호), viii) 금융·회계에 관한 학식과 경험이 풍부한 사람으로서 해양수산부장관이 위촉하는 사람 1명(제8호)의 위원으로 구성하되, 위원장은 중앙회의 회장이 되고, 부위원장은 수협법 제143조에 따른 조합감사위원회의 위원장이 된다(수협구조개선법24②).

(4) 위촉직 위원의 임기

앞에서 살펴본 제1호 및 제6호부터 제8호까지의 위원의 임기는 3년으로 하되, 연임할 수 있다(수협구조개선법24③).

(5) 운영

앞에서 살펴본 사항 외에 기금관리위원회의 운영에 필요한 사항은 대통령령으로 정한다(수협구조개선법24④).

(가) 회의 소집과 의장

기금관리위원회 위원장은 기금관리위원회의 회의를 소집하며, 그 의장이 된다(수협구조개선법 시행령11①).

(나) 위원장 직무대행

기금관리위원회 위원장이 부득이한 사유로 직무를 수행할 수 없을 때에는 부위원장, 위원 중 기금관리위원회에서 정하는 사람의 순으로 그 직무를 대행한다(수협구조개선법 시행령11②).

(다) 의결정족수

기금관리위원회는 재적위원 과반수의 출석으로 개의하고, 출석위원 과반수의 찬성으로 의결한다(수협구조개선법 시행령11③).

(라) 위원의 제척

기금관리위원회 위원이 ⅰ) 위원 또는 그 배우자나 배우자였던 사람이 해당 안건의 당사자인 경우(제1호), ⅱ) 위원이 해당 안건의 당사자와 친족이거나 친족이었던 경우(제2호), ⅲ) 위원이 해당 안건에 대해 증언, 진술, 연구, 용역, 감정(鑑定) 또는 자문을 한 경우(제3호), ⅳ) 위원이 해당 안건과 관련된 조합, 기업 또는 단체 등에 소속되어 있거나 최근 3년 이내에 소속되어 있었던 경우(제4호)에

는 그 안건에 관한 기금관리위원회의 심의·의결에서 제척(除斥)된다(수협구조개
선법 시행령11④).

(마) 위원의 기피

안건의 당사자는 위원에게 제척사유가 있거나 그 밖에 공정한 심의·의결을
기대하기 어려운 사정이 있는 때에는 기금관리위원회에 그 위원의 기피를 신청
할 수 있고, 기금관리위원회는 의결로 기피 여부를 결정한다(수협구조개선법 시행
령11⑤ 전단). 이 경우 기피 신청의 대상인 위원은 그 의결에 참여하지 못한다(수
협구조개선법 시행령11⑤ 후단).

(바) 위원의 회피

위원이 제척사유에 해당하면 스스로 해당 안건의 심의·의결을 회피해야 한
다(수협구조개선법 시행령11⑥).

(사) 위원의 해촉 또는 지정 철회

위원을 위촉 또는 지정한 자는 위원이 제척사유에 해당함에도 불구하고 회
피하지 않은 경우에는 해당 위원을 해촉하거나 그 지정을 철회할 수 있다(수협구
조개선법 시행령11⑦).

(아) 운영에 필요한 사항

앞에서 규정한 사항 외에 기금관리위원회 운영에 필요한 사항은 기금관리위
원회에서 정한다(수협구조개선법 시행령11⑧).

Ⅱ. 기금의 관리 및 운용

1. 관리기관

(1) 중앙회

기금의 관리기관은 중앙회로 한다(수협구조개선법22①).

(2) 기금 운용 등 보고서의 제출

관리기관은 국회 소관 상임위원회가 요구할 때에는 기금 운용 등에 관한 보
고서를 제출하여야 한다(수협구조개선법22②).

2. 관리기관의 업무

관리기관은 수협구조개선법의 목적을 달성하기 위하여 ⅰ) 손해배상청구권 행사의 요구(법18) 등(제1호), ⅱ) 보험료의 수납(제2호), ⅲ) 보험금의 지급(법30) 등(제3호), ⅳ) 예금자등의 보호를 위하여 정부가 위탁하거나 지정하는 업무(제4호), ⅴ) 앞의 제1호부터 제4호까지의 업무에 부대하는 업무(제5호), ⅵ) 그 밖에 수협구조개선법에 따른 부실조합등의 관리 및 지원에 관한 업무(제6호)를 수행한다(수협구조개선법23).

3. 기금의 용도

기금은 ⅰ) 자금지원(제1호), ⅱ) 예금등채권의 매입(제2호), ⅲ) 정부, 한국은행, 중앙회, 수협은행 또는 금융기관으로부터의 차입금 및 기금채의 원리금 상환(제3호), ⅳ) 보험금의 지급 등(제4호), ⅴ) 그 밖에 기금의 운용·관리에 필요한 경비(제5호)의 용도에만 사용할 수 있다(수협구조개선법24).

4. 여유자금의 운용

관리기관은 기금의 여유자금을 ⅰ) 국채·공채 또는 그 밖에 기금관리위원회가 지정하는 유가증권의 매입(제1호), ⅱ) 기금관리위원회가 지정하는 금융기관에 예치 또는 단기대출(제2호), ⅲ) 그 밖에 기금관리위원회가 정하는 방법(제3호)의 방법으로 운용할 수 있다(수협구조개선법25).

Ⅲ. 기금의 회계 및 기금채의 발행

1. 기금의 회계

(1) 회계연도
기금의 회계연도는 정부의 회계연도에 따른다(수협구조개선법26①).

(2) 기금의 예산과 결산
기금의 예산과 결산은 기금관리위원회의 의결을 거쳐 해양수산부장관의 승인을 받아야 한다(수협구조개선법26②).

(3) 회계의 구분 처리 등

기금과 중앙회의 회계는 구분하여 회계처리하되, 기금은 신용사업부문과 공제사업부문을 각각 별도의 계정으로 구분하여야 한다(수협구조개선법26③).

(4) 계정 간 대출 등

회계의 구분 처리 등에 따른 계정 간의 대출, 자금이체 및 비용의 계산 등에 필요한 사항은 기금관리위원회가 정한다(수협구조개선법26④).

2. 자금의 차입 및 기금채의 발행

(1) 정부 보증

정부는 한국은행, 중앙회, 수협은행 또는 금융기관으로부터 차입(법20②(4))한 자금의 원리금 상환을 보증할 수 있다(수협구조개선법27①).

(2) 기금채의 발행 등

관리기관은 기금관리위원회의 의결을 거쳐 기금의 부담으로 기금채를 발행할 수 있다(수협구조개선법27② 전단). 이 경우 수협법 제156조 제4항·제5항 및 제157조부터 제160조까지의 규정을 준용한다(수협구조개선법27② 후단).

여기서 규정한 사항 외에 기금채의 발행 및 모집 등에 필요한 사항은 대통령령으로 정한다(수협구조개선법27③). 법 제27조 제2항에 따라 관리기관이 기금의 부담으로 발행하는 상호금융예금자보호기금채권("기금채")의 발행 및 모집 등에 관하여는 수산업협동조합법 시행령 제42조, 제43조, 제44조 제1항, 제44조 제2항 제1호부터 제6호까지, 제8호·제9호, 제45조부터 제51조까지, 제54부터 제56조까지, 제58조 및 제59조를 준용한다(수협구조개선법 시행령12 전단). 이 경우 "중앙회"는 "관리기관"으로, "채권"은 "기금채"로, "회장, 사업전담대표이사 또는 수협은행장"은 "관리기관의 장"으로, "이사회"는 "기금관리위원회"로 본다(수협구조개선법 시행령12 후단).

(가) 기금채 발행 등

1) 할인발행 등

관리기관은 기금채를 할인하는 방법으로 발행할 수 있다(법156④). 관리기관은 기금채를 발행할 때마다 그 금액, 조건, 발행 및 상환의 방법을 정하여야 한다(법156⑤).

2) 기금채의 명의변경 요건

기명식 기금채의 명의변경은 그 기금채 취득자의 성명과 주소를 그 기금채 원부에 적고 그 성명을 증권에 적지 아니하면 관리기관 또는 그 밖의 제3자에게 대항하지 못한다(법157).

3) 기금채의 질권설정

기명식 기금채를 질권의 목적으로 할 때에는 질권자의 성명과 주소를 그 기금채 원부에 등록하지 아니하면 관리기관 또는 그 밖의 제3자에게 대항하지 못한다(법158).

4) 상환에 대한 국가 보증

기금채는 그 원리금 상환을 국가가 전액 보증할 수 있다(법159).

5) 소멸시효

기금채의 소멸시효는 원금은 5년, 이자는 2년으로 한다(법160).

(나) 기금채의 발행방법 등

1) 발행방법

관리기관의 장이 기금채를 발행할 때에는 모집, 매출 또는 사모(私募)의 방법에 따른다(영42).

2) 기금채의 형식

관리기관이 발행하는 기금채는 무기명식으로 한다(영43 본문). 다만, 청약인 또는 소유자의 요구에 따라 무기명식을 기명식으로, 기명식을 무기명식으로 할 수 있다(영43 단서).

3) 기금채의 모집

기금채 모집에 응하려는 자는 기금채 청약서 2부에 청약하려는 기금채의 매수(枚數)·금액과 주소를 적고 기명날인하여야 한다(영44①).

4) 기금채 청약서 포함사항

기금채 청약서는 관리기관의 장이 작성하되, ⅰ) 관리기관의 명칭, ⅱ) 기금채의 발행총액, iii) 기금채의 권종(券種)별 액면금액, iv) 기금채의 이율, ⅴ) 원금상환의 방법과 시기 vi) 기금채의 발행가액 또는 그 최저가액, vii) 이미 발행한 기금채의 미상환분이 있는 경우 그 총액, viii) 이자 지급 시기와 방법이 포함되어야 한다(영44②).

5) 계약에 따른 기금채 인수

계약에 따라 기금채의 총액을 인수하는 경우에는 제44조를 적용하지 아니한다(영45 전단). 기금채 모집을 위탁받은 자가 스스로 채권의 일부를 인수할 때에도 또한 같다(영45 후단).

(다) 기금채 발행 총액 등

1) 기금채 발행 총액

관리기관의 장은 기금채를 발행하는 경우로서 실제로 청약된 총액이 기금채 청약서에 적힌 기금채 발행총액에 미치지 못한 경우에도 기금채를 발행한다는 표시를 할 수 있다(영46 전단). 이 경우 기금채 발행총액은 청약총액으로 한다(영46 후단).

2) 모집발행 기금채의 기재사항

기금채 모집의 방법으로 발행할 때에는 관리기관의 명칭, 기금채의 발행총액, 기금채의 권종(券種)별 액면금액, 기금채의 이율, 원금상환의 방법과 시기, 이자 지급 시기와 방법과 기금채 번호를 적어야 한다(영47).

3) 기금채의 납입

기금채의 모집을 마쳤을 때에는 관리기관의 장은 지체 없이 각 기금채 발행가액 전액을 납입시켜야 한다(영48①). 기금채는 매출 발행하는 경우를 제외하고는 전액을 납입한 후가 아니면 그 증권을 발행할 수 없다(영48②).

4) 기금채 모집의 위탁

기금채 모집을 위탁받은 자는 자기명의로 제48조에 따른 행위를 할 수 있다(영49).

5) 기금채의 매출발행

기금채를 매출의 방법으로 발행할 때에는 관리기관의 장은 매출기간, 관리기관의 명칭, 기금채의 발행총액, 기금채의 권종(券種)별 액면금액, 기금채의 이율, 원금상환의 방법과 시기, 기금채의 발행가액 또는 그 최저가액, 이자 지급 시기와 방법을 공고하여야 한다(영50①). 이 경우에는 기금채 청약서가 필요하지 아니하다(영50②).

발행하는 기금채에는 관리기관의 명칭, 기금채의 권종(券種)별 액면금액, 기금채의 이율, 원금상환의 방법과 시기, 이자 지급 시기와 방법, 기금채번호를 적어야 한다(영50③).

6) 매출 기금채의 총액

기금채의 매출기간 중에 매출한 기금채 총액이 공고한 기금채의 총액에 달하지 아니할 때에는 그 매출총액을 기금채의 총액으로 한다(영51).

(라) 기금채 원부 등

1) 기금채 원부

관리기관의 장은 주된 사무소에 기금채 원부를 갖춰 두고 기금채의 권종별 수와 번호. 기금채의 발행일, 기금채의 발행총액, 기금채의 권종(券種)별 액면금액, 기금채의 이율, 원금상환의 방법과 시기, 이자 지급 시기와 방법, 각 채권에 대한 납입금액 및 납입 연월일, 기금채가 기명식인 경우에는 기금채 소유자의 주소·성명 및 취득 연월일을 적어야 한다(영54①).

관리기관원 장은 회원과 채권자가 요구하면 업무시간에는 언제든지 기금채 원부를 열람시켜야 한다(영54②).

2) 기금채의 매입소각

관리기관의 장은 이사회의 의결을 거쳐 기금채를 매입하여 소각할 수 있다(영55).

3) 통지와 최고

기금채 청약인에 대한 통지와 최고는 기금채 청약서에 적힌 청약인의 주소로 하며, 그 청약인이 따로 주소를 관리기관의 장에게 통지한 경우에는 그 주소로 통지와 최고를 하여야 한다(영56①).

기명식 기금채의 채권자에 대한 통지와 최고는 소유자가 따로 그 주소를 관리기관의 장에게 통지한 경우를 제외하고는 기금채 원부에 적힌 주소로 한다(영56②).

무기명식 기금채의 소지자에 대한 통지와 최고는 공고의 방법으로 한다(영56③).

4) 질권설정

기명식 기금채에 질권을 설정한 경우에는 상법 제338조(주식의 입질) 및 제

340조(주식의 등록질)를 준용한다(영58).

5) 이권의 흠결

이권(利權) 있는 무기명식 기금채를 상환하는 경우에 이권이 흠결된 것에 대해서는 그 이권에 상당하는 금액을 상환액에서 공제한다(영59①). 이에 따라 그 이권에 상당하는 금액이 상환액에서 공제된 이권의 소지인은 언제든지 그 이권과의 상환으로 공제된 금액의 지급을 청구할 수 있다(영59②).

Ⅳ. 예금보험

1. 보험관계

관리기관, 조합 및 예금자등 간의 보험관계는 예금자등이 조합에 예금등채권을 가지게 된 때에 성립한다(수협구조개선법28).

2. 보험료 납부 등

(1) 보험료의 납부

조합은 예금등에 대한 보험료를 기금에 납부하여야 한다(수협구조개선법29① 전단). 이 경우 조합별로 경영 및 재무상태, 계정별 적립금액 등을 고려하여 그 비율을 다르게 할 수 있다(수협구조개선법29① 후단).

(가) 보험료의 산출

조합은 매 분기 종료 후 1개월 이내에 다음의 계산식, 즉 ⅰ) 신용사업의 보험료 = 매 분기말 예금 및 적금의 평균잔액 × 1/4 × 1천분의 5 이내에서 해양수산부장관이 정하여 고시하는 비율(제1호), ⅱ) 공제사업의 보험료 = (매 사업연도말 책임준비금의 잔액 + 매 사업연도말 수입공제료의 총액) × 1/2 × 1천분의 5 이내에서 해양수산부장관이 정하여 고시하는 비율(제2호)에 따라 산출된 보험료를 기금에 내야 한다(수협구조개선법 시행령13① 본문). 다만, 공제사업의 경우에는 매 사업연도 종료 후 3개월 이내에 내야 한다(수협구조개선법 시행령13① 단서).

(나) 보험료 산출시 제외 사항

신용사업 및 공제사업의 보험료를 계산할 때에 "정부와 지방자치단체, 한국은행, 금융감독원, 예금보험공사, 예금자보호법에 따른 부보금융회사, 조합"으로부터 수납한 예금등은 제외한다(수협구조개선법 시행령13②).

(2) 연체료 가산

납부기한까지 보험료를 납부하지 아니한 조합은 대통령령으로 정하는 연체료를 가산하여 관리기관에 납부하여야 한다(수협구조개선법29②). 이에 따라 조합이 보험료를 납부기한까지 내지 아니하는 경우에는 그 보험료 납부기한의 다음 날부터 납부일까지의 일수에 조합에 대한 중앙회의 상호금융대출 시의 대출이자율을 기준으로 기금관리위원회가 정하는 이자율을 곱한 금액의 연체료를 가산하여 기금에 내야 한다(수협구조개선법 시행령13③).

(3) 보험료 반환청구 금지

조합은 납부한 보험료의 반환을 청구할 수 없다(수협구조개선법29③).

3. 기금의 적립액 목표규모의 설정 등

(1) 기금의 적립액 목표규모의 설정

관리기관은 기금의 적립액이 적정한 수준을 유지하도록 기금의 적립액 목표규모("목표규모")를 설정하여야 한다(수협구조개선법29의2①).

(2) 조합의 경영 및 재무 상황 등 고려

목표규모는 기금관리위원회의 의결을 거쳐 상호금융예금자보호제도의 효율적인 운영을 저해하지 아니하는 범위에서 조합의 경영 및 재무상태 등을 고려하여 각 계정별로 정한다(수협구조개선법29의2② 전단). 이 경우 목표규모는 상한과 하한을 두어 일정 범위로 정할 수 있다(수협구조개선법29의2② 후단).

(3) 목표규모의 적정성 검토 및 재설정

관리기관은 조합의 경영여건과 상호금융예금자보호제도의 안정성 등을 고려하여 목표규모의 적정성을 주기적으로 검토하고, 필요한 경우에는 기금관리위원회의 의결을 거쳐 목표규모를 재설정할 수 있다(수협구조개선법29의2③).

(4) 보험료의 감면

관리기관은 기금의 적립액이 목표규모에 도달한 경우에는 향후 예상되는 기금의 수입액과 지출액의 규모를 고려하여 조합이 내는 보험료를 감면하여야 한다(수협구조개선법29의2④ 전단). 이 경우 관리기관은 보험료의 감면 결정에 관하여 기금관리위원회의 의결을 거쳐야 한다(수협구조개선법29의2④ 후단).

(가) 보험료 감액

관리기관은 직전 회계연도 말일을 기준으로 기금의 적립액이 설정 또는 재설정된 기금의 적립액 목표규모("목표규모")의 하한 이상이 되는 경우에는 기금관리위원회의 의결을 거쳐 해당 회계연도의 보험료를 감액해야 한다(수협구조개선법 시행령13의2①).

(나) 보험료 면제

관리기관은 직전 회계연도 말일을 기준으로 기금의 적립액이 목표규모의 상한을 넘는 경우에는 기금관리위원회의 의결을 거쳐 해당 회계연도의 보험료를 면제할 수 있다(수협구조개선법 시행령13의2②).

(다) 보험료 감면의 절차와 방법에 관한 세부사항

보험료 감면의 절차와 방법에 관한 세부사항은 기금관리위원회의 의결을 거쳐 관리기관이 정한다(수협구조개선법 시행령13의2③).

4. 보험금의 지급 등

(1) 보험금의 지급과 보험금의 계산

(가) 보험금의 지급

관리기관은 조합에 보험사고가 발생하였을 때에는 그 조합의 예금자등의 청구에 의하여 대통령령으로 정하는 바에 따라 보험금을 지급하여야 한다(수협구조개선법30① 본문). 다만, 관리기관은 제1종 보험사고에 대하여는 통지를 받은 날부터 2개월 이내에 기금관리위원회의 의결에 따라 보험금 지급 여부를 결정하여야 한다(수협구조개선법30① 단서).

(나) 보험금의 계산

관리기관이 예금자등의 청구에 의하여 지급하여야 하는 보험금을 계산할 때 예금등채권의 합계는 ⅰ) 예금등의 금액(제1호), ⅱ) 제1호의 금액에 전체 조합의 예금등에 대한 평균이자율을 고려하여 기금관리위원회가 정하는 이자율을 곱한

금액(제2호)을 합한 금액으로 한다(수협구조개선법 시행령14)

(2) 가지급금의 지급

관리기관은 제1종 보험사고의 경우에는 예금자등의 청구에 의하여 그 예금자등의 예금등채권의 일부를 미리 지급할 수 있다(수협구조개선법30②).

따라서 관리기관은 보험금의 지급한도 내에서 기금관리위원회가 정하는 금액("가지급금")을 예금자등에게 미리 지급할 수 있다(수협구조개선법 시행령15 본문). 다만, 가지급금이 계산한 보험금보다 많은 경우에는 그 보험금을 지급 최고한도금액으로 한다(수협구조개선법 시행령15 단서).

(3) 보험금 지급 절차 등의 공고

관리기관은 보험금이나 가지급금 지급의 개시일·기간·방법 및 그 밖에 필요한 사항을 공고하여야 한다(수협구조개선법30③).

따라서 관리기관은 보험금 및 가지급금의 지급개시일, 지급기간, 지급방법 및 그 밖에 필요한 사항을 해당 조합의 주된 사무소가 있는 지역을 주된 보급지역으로 하여 등록한 일간신문 1개를 포함한 2개 이상의 일간신문에 각 1회 이상 공고하거나 관리기관의 인터넷 홈페이지 등에 게재해야 한다(수협구조개선법 시행령16, 수협구조개선법 시행령6④).

(4) 합병의 경우

합병으로 신설되는 조합 또는 합병 후 존속하는 조합이 합병으로 소멸하는 조합의 업무를 계속하는 경우에는 그 합병 등기일부터 1년까지는 법 제30조 제1항을 적용할 때 합병으로 신설되는 조합, 합병 후 존속하는 조합 및 합병으로 소멸하는 조합이 각각 독립된 조합으로 존재하는 것으로 본다(수협구조개선법30④).

(5) 독립된 보험사고 여부

제1종 보험사고가 발생한 후 제2종 보험사고가 발생한 경우 법 제30조 제1항을 적용할 때에는 제2종 보험사고를 독립된 보험사고로 보지 아니한다(수협구조개선법30⑤).

(6) 보험금의 지급 보류

(가) 보험금의 지급 보류 금액

관리기관은 보험금을 지급할 때 예금자등이 해당 조합에 대하여 가지고 있는 보증채무 등 i) 예금자등이 다른 사람을 위하여 해당 조합에 대하여 담보로 제공하고 있는 예금등채권의 금액(제1호), ii) 예금자등이 해당 조합에 대하여 지고 있는 보증채무의 금액(제2호)에 대하여는 보험금지급공고일부터 6개월의 범위에서 보험금 지급을 보류할 수 있다(수협구조개선법30⑥, 수협구조개선법 시행령17①).

(나) 보험금 지급 보류 사유 등 기재한 서면 등 통지

관리기관이 보험금의 지급 보류 금액에 대하여 보험금 지급을 보류할 때에는 그 보험금 지급을 청구한 예금자등에게 i) 지급을 보류하는 보험금의 금액(제1호), ii) 보험금의 지급 보류 사유(제2호), iii) 보험금의 지급 보류 기간(제3호), iv) 보험금의 지급 보류 사유가 소멸되거나 지급 보류 기간이 만료되어 예금자등이 보류된 보험금의 지급을 청구하는 경우에는 그 절차 및 방법(제4호)을 서면, 정보통신망 또는 휴대전화 문자메시지 등으로 알려야 한다(수협구조개선법 시행령17②).

(7) 보험금 청구권의 행사기간

예금자등의 보험금 청구권은 지급의 개시일부터 5년간 행사하지 아니하면 시효로 인하여 소멸한다(수협구조개선법30⑦).

5. 보험금의 계산 등

(1) 지급 보험금의 계산

예금자등에게 지급하는 보험금은 보험금지급공고일 현재 각 예금자등의 예금등채권을 합한 금액에서 각 예금자등이 해당 조합에 지고 있는 채무(보증채무는 제외)를 합한 금액을 뺀 금액으로 한다(수협구조개선법31①).

이에 따라 관리기관이 예금자등의 청구에 의하여 지급하여야 하는 보험금을 계산할 때 예금등채권의 합계는 i) 예금등의 금액(제1호), ii) 제1호의 금액에 전체 조합의 예금등에 대한 평균이자율을 고려하여 기금관리위원회가 정하는 이자율을 곱한 금액(제2호)을 합한 금액으로 한다(수협구조개선법 시행령14).

(2) 1인당 보호한도(보험금의 지급한도)

예금자등에게 지급하는 보험금은 보호되는 예금등의 규모 등을 고려하여 대통령령으로 정하는 금액을 한도로 한다(수협구조개선법31②). 이에 따른 보험금의 지급한도는 신용사업 및 공제사업별로 각각 5천만원으로 한다(수협구조개선법 시행령18).

(3) 가지급금의 제외

각 예금자등이 미리 받은 가지급금이 있는 경우에 보험금은 법 제31조 제1항과 제2항에 따른 금액에서 가지급금을 뺀 금액으로 한다(수협구조개선법31③).

(4) 초과금액의 반환

각 예금자등에게 지급된 가지급금이 제1항과 제2항에 따른 보험금을 초과할 때에는 각 예금자등은 그 초과하는 금액을 관리기관에 되돌려주어야 한다(수협구조개선법31④).

6. 보험사고 등의 통지

(1) 조합의 보험사고 발생 사실의 통지

조합은 보험사고가 발생하면 지체 없이 그 사실을 관리기관에 통지하여야 한다(수협구조개선법32①).

조합이 법 제32조 제1항에 따른 보험사고가 발생한 사실을 관리기관에 통지하지 아니한 경우에는 2천만원 이하의 과태료를 부과한다(수협구조개선법39①(3)). 조합의 조합장, 상임이사 또는 관리인이 법 제32조 제1항을 위반하였을 때에는 200만원 이하의 과태료를 부과한다(수협구조개선법39③).

(2) 해양수산부장관의 예금등채권의 지급정지 등의 통지

해양수산부장관은 ⅰ) 조합의 예금등채권의 지급정지 또는 제4조의2(적기시정조치) 제1항 제5호,[10] 제10조(행정처분) 제2항,[11] 수협법 제170조(법령 위반에 대

---

10) 5. 사업의 전부 또는 일부의 정지("사업의 정지")
11) ② 해양수산부장관은 부실조합이 다음의 어느 하나에 해당하는 경우에는 기금관리위원회의 의견을 들어 그 부실조합에 대하여 계약이전의 결정, 6개월의 범위에서 일정 기간 사업의 정지, 설립인가의 취소 등 필요한 처분을 할 수 있다. 다만, 제1호의 경우 그 명령

한 조치) 제3항¹²⁾ 및 제172조(경영지도) 제3항¹³⁾에 따라 사업의 정지, 직무 정지 또는 채무지급의 정지를 명한 경우(제1호), ⅱ) 조합의 설립인가 취소나 해산 의 결을 인가한 경우(제2호)의 어느 하나에 해당하는 경우에는 지체 없이 그 사실을 관리기관에 통지하여야 한다(수협구조개선법32②).

7. 예금등채권의 취득

보험금과 가지급금을 지급한 관리기관은 그 지급한 금액의 범위에서 해당 조합에 대한 예금자등의 권리를 취득한다(수협구조개선법33).

불이행 사유가 제4조의2 제5항 및 제6항에 따른 총회·대의원회의 의결 또는 조합원 투표 결과에 따른 것일 때에는 해양수산부장관은 처분에 앞서 대통령령으로 정하는 바에 따라 그 조합에 소명할 기회를 주어야 한다.
1. 제4조의2 제1항에 따른 명령을 이행하지 아니하거나 이행할 수 없게 된 경우
2. 부채가 자산보다 훨씬 많아서 제4조의2 제1항에 따른 명령을 이행하기 어렵다고 판단되는 경우
3. 자금사정의 급격한 악화로 예금등채권의 지급이나 차입금의 상환이 어렵게 되어 예금자등의 권익이나 신용질서를 해칠 것이 명백하다고 인정되는 경우
12) ② 해양수산부장관은 조합등과 중앙회의 업무 또는 회계가 법령, 법령에 따른 처분 또는 정관에 위반된다고 인정할 때에는 그 조합등 또는 중앙회에 대하여 기간을 정하여 시정을 명하고 해당 임직원에 대하여 다음 각 호의 조치를 하게 할 수 있다.
1. 임원에 대하여는 개선(改選), 직무정지, 견책 또는 경고
2. 직원에 대하여는 징계면직, 정직, 감봉 또는 견책
③ 제2항과 제146조(회원에 대한 감사 등) 제3항에 따라 조합등 또는 중앙회가 임직원의 개선, 징계면직의 조치를 요구받은 경우 해당 임직원은 그 날부터 그 조치가 확정되는 날까지 직무가 정지된다.
13) ③ 해양수산부장관은 제1항에 따른 경영지도가 시작된 경우에는 6개월 이내의 범위에서 채무의 지급을 정지하거나 임원의 직무를 정지할 수 있다. 이 경우 중앙회의 회장에게 지체 없이 조합등의 재산상황을 조사("재산실사")하게 하거나 금융감독원장에게 재산실사를 요청할 수 있다.

어촌계

설 립

제1절 서설

Ⅰ. 어촌계의 의의

1. 의의

어촌이란 어민이 생활하는 부락이거나 임해촌락으로서의 어촌공동체이다. 어촌계는 법률적, 형식적으로는 수산업협동조합법에 의거하여 탄생된 조직이며 지구별수협의 조합원에 의하여 구성되는 경제체이다.[1] 즉 어촌계란 우리나라에서 전통적으로 이어져 오는 계(契)의 일종으로서 전통적인 어업인의 협동체를 이어받은 어업공동체이다. 상호부조의 목적으로 출발한 어촌계의 근원은 어업공동체에 있으며, 수산업협동조합법의 탄생은 우리나라 연안 어촌지역에 수많은 어업공동체를 형성하는 계기가 되었다. 그러나 어촌계는 어업이라는 생산활동을 영위하는 사람들만의 조직이라는 점에서 그 지역 내에 거주하는 모든 사람을 포괄하는 촌락공동체인 농어촌마을의 부락조직과는 차이가 있으며, 부락조직과는 별도의 어촌계

---

[1] 임종선(2012), "비법인 사단으로서의 어촌계에 대한 소고", 경희법학 제47권 제3호(2012, 9), 295쪽.

가 존재하는 것이다. 따라서 어촌마을에 거주하더라도 어업활동에 종사하는 자와 그렇지 않는 자를 구별하여 전자만이 어촌계의 계원이 된다고 할 수 있다.[2]

2. 법적 근거

어촌계는 1962. 1. 20. 제정(1962. 4. 1. 시행)된 수산업협동조합법 제16조 제3항에서 "지구별어업협동조합은 정관의 정하는 바에 의하여 필요한 곳에 지소를 둘 수 있고 각령의 정하는 바에 의하여 어촌계를 조직할 수 있다."라고 규정하여 어촌계에 대한 성문법적 근거가 마련되었다.[3]

수협법의 제정으로 법적 근거를 마련하게 된 어촌계는 연안어장에 대한 관리의 주체로 자리잡게 되었다. 수협법 제정 이전의 연안어장은 누구나 이용할 수 있었기에 남획의 문제를 비롯한 어장관리의 소홀이 문제되었지만, 수협법의 제정으로 수협과 어촌계가 조직됨으로써 연안어장에 대한 합리적인 관리가 가능하게 되었다. 특히 공동어업[4]에 대해서는 어촌계에 면허를 줌으로써 남획의 문제나 어장 청소 등 관리의 문제를 어촌계로 하여금 담당하게 하였다.

한편 1995년 12월 30일 개정 수산업법은 공동어장의 효율적인 관리를 위하여 공동어업을 자연산패류등의 채취를 목적으로 하는 마을어업과 양식을 목적으로 하는 협동양식업으로 변경하였다. 여기서 마을어업은 일정한 지역에 거주하는 어업인이 해안에 연접한 일정한 수심 이내의 수면을 구획하여 패류·해조류 또는 정착성 수산동물을 관리·조성하여 포획·채취하는 어업으로서, 일정한 지역에 거주하는 어업인의 공동이익을 증진하기 위하여 어촌계나 지구별수협에만 면허하고 있다.[5]

---

2) 김인유(2018), "어촌계의 재산에 관한 소고", 민사법의 이론과 실무 제21권 제3호(2018. 8), 99-100쪽.

3) 1962. 1. 20. 제정(1962. 4. 1. 시행)된 수산업협동조합법에 의해 어촌계는 지구별 어협과 함께 설립되는 과정을 밟아 1962년 말까지 전국적으로 1,658개 설립되었다.

4) 1953년에 제정된 수산업법은 조선어업령[1929년 1월 26일 조선총독부가 제정하였는데, 이 조선어업령은 수산업법(1953. 9. 9. 제정, 1953. 12. 9. 시행)이 시행될 때까지 그대로 적용됨]과 큰 차이가 없었지만, 전용어업의 명칭을 공동어업으로 변경하였다. 수산업법 제8조 제1항 제6호에서 "공동어업을 일정한 수면을 전용하여 전 각호에 해당하는 이외의 방법에 의하여 영위하는 어업"이라고 규정하였고, 제10조에서 "공동어업은 일정한 지역내에 거주하는 어업자의 어업경영상 공동이익을 증진하기 위하여 필요한 때에 한하여 면허한다."고 규정하여 조선어업령의 내용 그대로이다

5) 김인유(2018), 101-102쪽.

이와 같이 어촌계는 수산업협동조합법에 근거하여 조직되었으며, 마을어업 등의 어업권을 보유하게 되었다.

3. 법적 성질

어촌계의 경우 법인형태와 비법인 형태가 공존하고 있었다. 그러나 2000년 1월의 수산업협동조합법의 일부개정에 의해 법인어촌계가 폐지되었다. 법인어촌계가 폐지된 이유는 첫째, 법인과 비법인에 따른 법률적, 경제적 이익의 차이가 없으며 비법인 사단인 어촌계들을 법인 어촌계로 통합하는 과정에서 주민간의 극심한 대립의 양상을 띠게 되어서이다. 둘째, 법인인 어촌계와 지구별 수산업협동조합간의 사업 중복으로 인한 갈등을 해결하기 위해 법인어촌계제도를 폐지하기로 결정하였다. 따라서 어촌계는 모두 비법인사단의 형태이다. 비법인사단이란 일반적으로 사단으로서의 실체를 가지고 있으면서도 법인격이 없는 단체를 말한다. 비법인사단인 어촌계는 법률상 비출자 제도로서 운영되고 있어, 출자로 구성되는 지구별 수산업협동조합의 유한책임과는 달리 비법인사단의 채무는 구성원이 책임지지 않고 사단재산만으로 책임을 지게 되기 때문에 어업권을 수반하는 특정 수산업의 경영 및 관리에는 한계가 있다.[6]

어촌계의 구성은 어촌이라는 지역에 거주하는 입호제도를 통한 어업인을 구성원으로 하여 마을어업권, 양식어업권 등을 통한 총유재산을 통해 어촌계를 구성하고 있다. 이러한 어촌계는 현재 비법인사단으로 파악하고 있는데 그 이유는 어촌계는 입호제도를 통한 어촌이라는 일정한 행정구역에 거주하는 어업인만이 가입할 수 있는 인적 결합체이며, 영리를 목적으로 하지 않기 때문이다. 이러한 어촌계는 국가 정책적으로 법인화를 시도하다가 좌초되었다. 현재 비법인사단인 어촌계의 경우 영리를 목적으로 하지 아니하는 인적 결합체로만 파악할 수 있는지가 의문시된다. 어촌계의 경우 입호제도에 근간을 두고 있는 지역적 구성원에게만 가입을 인정하고 있으며, 어촌계 가입 시 일정액의 가입비를 지불하게 되어 있으며, 어촌계의 수익에 대해서 정관으로 규정하고 있지 않지만 어촌계의 구성원들에게 일정액의 수익이 분배되고 있기 때문이다. 따라서 현재 대부분의 어촌계의 경우 영리를 목적으로 하면서 일정한 수익의 분배가 이루어지고 있다고 파

---

6) 임종선(2012), 295-297쪽.

악된다.

　　** 관련 판례: 대법원 1967. 1. 24. 선고 66다2184 판결

　　수산업협동조합법 제16조의2(현행 제15조) 및 동법 시행령에 보면 이 법령에
의한 협동어촌계를 조직하려면 규약을 만들어서 관할 도지사의 인가를 받을 것
을 요구하고 있으나, 이 법령의 취지는 이 법령에 의하지 아니하고 관행에 의하
여 성립되어온 어촌계의 존재까지 부인하려는 취지라고는 말할 수 없다. 그리고
원심이 증거로 삼고 있는 자료에 의하면 원고가 비법인사단으로서 대표자가 있
는 조직체임을 알 수 있다. 그렇다면 원심이 원고에게 민사소송법상의 당사자능
력이 있다고 본 것은 정당하다. 수산업법 제51조에 의하면, 피고조합과 같은 공
동어업의 어업권자는 같은법 제8조 제1항 제3호 내지 제5호의 규정에 의한 공동
어업권의 행사 또는 입어하는 자의 어업의 방법, 어업의 시기, 조업통수 기타 어
업질서의 유지에 필요한 규정을 정하여 지방장관의 인가를 받게되어 있는데, 이
러한 규정이 같은 법 제40조에 규정된 입어의 관행까지 좌우할 수 있는 내용의
규정을 마련할 수 있다는 취지로는 보기 어렵다.

Ⅱ. 어촌계의 설립목적

　　어촌계는 구역에 거주하는 지구별수협의 일부 조합원이 설립한 협동조직으
로써 어촌계원("계원")의 어업 생산성을 높이고 생활 향상을 위한 공동사업의 수
행과 경제적·사회적 및 문화적 지위의 향상을 도모함을 목적으로 한다(법15①,
영2).

　　어촌계는 수산업협동조합법에 의하여 수산업협동조합의 최말단 하부조직으
로 역할을 하도록 조직된 어촌주민들의 자치단체이다.[7]

　　1962년 수협법에 의해 탄생한 어촌계는 연안어장 관리의 주체로써 연안어
장 보호 및 운영에 관한 핵심적인 역할을 담당하였으며, 어촌 마을의 발전과 어
민 소득증대 및 복리향상에 많은 기여를 하고 있다. 그러나 오늘날의 어촌계는
어업인구의 지속적인 감소와 고령화로 인하여 많은 문제들이 발생하고 있다.[8]

---

　7) 대법원 1998. 8. 21. 선고 98다21045 판결.
　8) 주의홍(2016), "어촌계에 관한 연구", 전북대학교 대학원 석사학위논문(2016. 2), 1쪽.

** 관련 판례: 서울고등법원 2012. 6. 29. 선고 2011누36083 판결

[1]「어촌·어항법」제42조 제1항, 같은 법 시행령 제37조 제1항 제2호는, "수산업협동조합 및 어촌계가 그 사업의 수행을 위하여 사용하는 경우" 어항시설 사용료 또는 점용료를 면제한다고 규정하고 있다. 한편으로 수산업협동조합법은 지구별수협의 조합원이 어촌계를 조직할 수 있다고 규정하고 있고, 같은 법 시행령은 제2조에서 어촌계는 어촌계원의 어업생산성을 높이고 생활향상을 위한 공동사업의 수행과 경제적·사회적 및 문화적 지위의 향상을 도모함을 목적으로 한다고 규정하면서 제7조 제1항에서 어촌계는 그 목적을 달성하기 위하여 정관으로 정하는 바에 따라 교육·지원 사업(제1호), 어업권의 취득 및 어업의 경영(제2호), 소속 지구별수협이 취득한 어업권의 행사(제3호), 어업인의 생활필수품과 어선 및 어구의 공동구매(제4호), 어촌공동시설의 설치 및 운영(제5호), 수산물의 간이공동 제조 및 가공(제6호), 어업자금의 알선 및 배정(제7호), 어업인의 후생복지사업(제8호), 구매·보관 및 판매사업(제9호) 등 그 목적 달성에 필요한 사업을 수행할 수 있다고 규정하고 있다.

[2] 위와 같은 규정에 의하면 어촌계는 어촌계원들의 어업생산성을 높이고 생활향상을 위한 "공동사업"의 수행과 어촌계원들의 경제적·사회적 및 문화적 지위 향상을 도모하는 목적을 가지고 이러한 목적 달성에 필요한 사업을 수행하는 단체이므로 어촌계가 수행하는 사업은 그 소속 어촌계원들 각자가 수행하는 사업과는 구별된다고 할 것이다. 또한 어촌계에 대하여 어항시설의 사용료를 면제하는 것은 어촌계가 위와 같이 어촌계원들의 어업생산성을 높이고 생활향상을 위한 "공동사업"을 수행함으로써 어촌계원들의 공동이익에 기여하는 성격을 고려한 것이라고 할 것이다.

[3] 그렇다면「어촌·어항법」제42조 제1항, 같은 법 시행령 제37조 제1항 제2호가 "어촌계가 그 사업의 수행을 위하여 사용하는 경우" 어항시설의 사용료를 면제한다고 규정한 것에 있어서, △ "그 사업의 수행을 위하여 사용"한다고 함은 현실적으로 당해 어항시설의 사용용도가 어촌계의 사업 자체에 직접 사용되는 것을 뜻하고, △ "그 사업의 수행을 위하여 사용"하는 범위는 어촌계의 사업목적 등을 고려하여 그 실제의 사용관계를 기준으로 객관적으로 판단되어야 할 것이다.

Ⅲ. 어촌계의 기능

어촌계의 주요 기능으로는 경제적 기능, 연안어장 관리 기능, 사회적 기능이 있다. 경제적 기능은 소득수준이 매우 열악한 어민들의 소득증대를 위한 방법으로 공동어장, 공동체치, 공동분배를 통한 어민들의 수익 창출을 위한 기능이며, 연안어장 관리 기능은 어장의 황폐화를 막고 어족자원의 고갈을 막기 위한 방안으로써 마을어장의 관리를 어촌계에 일임하고, 어민들의 어장보호 및 관리에 주체가 됨으로써 운영하고 있는 기능이며, 사회적 기능은 어업인의 육성에 관한 교육을 담당하며, 풍어, 풍년, 기혼제와 같은 마을단위 행사에 어촌계가 주도함으로써 사회 문화적 부분에 기여하는 기능이다.9)

제2절 주요업무

어촌계는 어촌계의 목적을 달성하기 위하여 다음의 사업의 전부 또는 일부를 수행할 수 있다(영7①, 어촌계정관예5①).

Ⅰ. 교육 · 지원 사업

어촌계는 어촌계의 목적을 달성하기 위하여 교육 · 지원 사업인 ⅰ) 생산 및 생활지도사업(가목), ⅱ) 어업에 관한 기술과 경영의 향상을 위한 지도(나목)의 전부 또는 일부를 수행할 수 있다(영7①, 어촌계정관예5①(1)).

Ⅱ. 어업권 · 양식업권의 취득 및 어업의 경영

어촌계는 어촌계의 목적을 달성하기 위하여 어업권 · 양식업권의 취득 및 어업의 경영의 전부 또는 일부를 수행할 수 있다(영7①, 어촌계정관예5①(2)).

---

9) 주의홍(2016), 9쪽.

여기서 "어업권"이란 수산업법 제8조(면허어업)에 따라 면허를 받아 어업을 경영할 수 있는 권리를 말하고(수산업법2(9)), "어업"이란 수산동식물을 포획·채취하는 사업과 염전에서 바닷물을 자연 증발시켜 소금을 생산하는 사업을 말하며(수산업법2(2)), "양식업"이란 양식산업발전법 제2조 제2호에 따라 수산동식물을 양식하는 사업을 말한다(수산업법2(2의2)).

Ⅲ. 소속 지구별수협이 취득한 어업권·양식업권의 행사

어촌계는 어촌계의 목적을 달성하기 위하여 소속 지구별수협("조합")이 취득한 어업권·양식업권의 행사의 전부 또는 일부를 수행할 수 있다(영7①, 어촌계정관예5①(3)).

Ⅳ. 어업인의 생활필수품과 어선 및 어구의 공동구매

어촌계는 어촌계의 목적을 달성하기 위하여 어업인의 생활필수품과 어선 및 어구의 공동구매의 전부 또는 일부를 수행할 수 있다(영7①, 어촌계정관예5①(4)).

여기서 "어업인"이란 어업자 및 어업종사자를 말하며, 양식산업발전법 제2조 제12호[10]의 양식업자와 같은 조 제13호의 양식업종사자를 포함한다(수산업법2(12)), "어업자"란 어업을 경영하는 자를 말하고(수산업법2(13)), "어업종사자"란 어업자를 위하여 수산동식물을 포획·채취하는 일에 종사하는 자와 염전에서 바닷물을 자연 증발시켜 소금을 생산하는 일에 종사하는 자를 말한다(수산업법2(14)).

Ⅴ. 어촌 공동시설의 설치 및 운영

어촌계는 어촌계의 목적을 달성하기 위하여 어촌 공동시설의 설치 및 운영의 내용인 ⅰ) 선착장, 선류장, 선양장(가목), ⅱ) 공동처리장, 공동창고(나목), ⅲ) 기상신호대(다목), ⅳ) 어부림(라목), ⅴ) 정부, 지방자치단체, 조합의 보조금으로

---

10) 12. "양식업자"란 양식업을 경영하는 자를 말한다.
   13. "양식업종사자"란 양식업자를 위하여 수산동식물을 양식하는 일에 종사하는 자를 말한다.

지원한 시설 및 위탁한 사항(마목), vi) 그 밖에 조합의 조합장("조합장")의 승인을 받은 어촌 공동시설(바목)의 전부 또는 일부를 수행할 수 있다(영7①, 어촌계정관예5①(5)).

Ⅵ. 수산물의 간이공동제조 및 가공 등

1. 수산물의 간이공동제조 및 가공

어촌계는 어촌계의 목적을 달성하기 위하여 수산물의 간이공동제조 및 가공의 전부 또는 일부를 수행할 수 있다(영7①, 어촌계정관예5①(6)).

2. 어업자금의 알선 및 배정

어촌계는 어촌계의 목적을 달성하기 위하여 어업자금의 알선 및 배정의 전부 또는 일부를 수행할 수 있다(영7①, 어촌계정관예5①(7)).

3. 어업인의 후생복지사업

어촌계는 어촌계의 목적을 달성하기 위하여 어업인의 후생복지사업의 전부 또는 일부를 수행할 수 있다(영7①, 어촌계정관예5①(8)).

4. 구매·보관 및 판매사업

어촌계는 어촌계의 목적을 달성하기 위하여 구매·보관 및 판매사업의 전부 또는 일부를 수행할 수 있다(영7①, 어촌계정관예5①(9)).

5. 다른 경제·사회 및 문화단체와의 교류·협력

어촌계는 어촌계의 목적을 달성하기 위하여 다른 경제·사회 및 문화단체와의 교류·협력의 전부 또는 일부를 수행할 수 있다(영7①, 어촌계정관예5①(10)).

6. 국가·지방자치단체 또는 조합의 위탁사업 및 보조에 따른 사업

어촌계는 어촌계의 목적을 달성하기 위하여 국가·지방자치단체 또는 조합의 위탁사업 및 보조에 따른 사업의 전부 또는 일부를 수행할 수 있다(영7①, 어촌계정관예5①(11)).

위탁사업을 할 때에는 정부, 지방자치단체 또는 조합과 사업 위탁계약을 체결한다(어촌계정관예5②).

7. 다른 법령에서 어촌계의 사업으로 정하는 사업

어촌계는 어촌계의 목적을 달성하기 위하여 다른 법령에서 어촌계의 사업으로 정하는 사업의 전부 또는 일부를 수행할 수 있다(영7①, 어촌계정관예5①(12)).

8. 부대사업

어촌계는 어촌계의 목적을 달성하기 위하여 앞의 제1호부터 제12호까지의 사업에 부대하는 사업의 전부 또는 일부를 수행할 수 있다(영7①, 어촌계정관예5① (13)).

9. 그 밖에 어촌계의 목적달성에 필요한 사업

어촌계는 어촌계의 목적을 달성하기 위하여 그 밖에 어촌계의 목적달성에 필요한 사업의 전부 또는 일부를 수행할 수 있다(영7①, 어촌계정관예5①(14)).

제3절 업무구역

I. 내용

지구별수협의 조합원은 행정구역·경제권 등을 중심으로 어촌계를 조직할 수 있으며, 그 구역은 어촌계의 정관으로 정한다(법15①).

어촌계의 구역은 ○○(시·군) ○○(읍·면·동) ○○리 일원으로 한다(어촌계 정관예3). 2 이상의 행정구역 또는 마을을 구역으로 할 경우에는 그 행정구역 또는 마을을 모두 기재한다.

Ⅱ. 관련 판례

① 대법원 2017. 7. 11. 선고 2017다216271 판결

확인의 소에 있어서 확인의 이익은 현재의 권리 또는 법률상 지위에 관하여 당사자 사이에 분쟁이 있고, 그로 인하여 원고의 법적 지위가 불안·위험할 때에 그 불안·위험을 제거함에 확인판결로 판단하는 것이 가장 유효·적절한 수단인 경우에 인정된다(대법원 2010. 2. 25. 선고 2009다93299 판결 등 참조).

원심판결 이유와 기록에 의하면, 완도군수산업협동조합 산하 어촌계인 원고는 동경 126도 31분 16.38388초, 북위 34도 11분 46.04572초 지점과 동경 126도 33분 07.92790초, 북위 34도 16분 41.80780초 지점을 연결하는 직선의 서쪽 수면이 원고의 업무구역이라고 주장하면서 같은 조합 산하의 인근 어촌계인 피고를 상대로 위 업무구역의 확인을 구하고 있음을 알 수 있다.

법령에 의하면 어촌계의 구역은 어촌계의 정관으로 정하고(수산업협동조합법 제15조 제1항), 어촌계는 정관을 작성하여 창립총회의 의결을 거쳐 시장·군수·구청장의 인가를 받아야 하며(수산업협동조합법 시행령 제4조 제1항), 어촌계의 정관에는 구역에 관한 사항이 포함되어야 하고(같은 법 시행령 제5조 제1항 제3호), 어촌계 정관의 변경에 관한 사항은 시장·군수·구청장의 인가를 받아야 한다(같은 법 시행령 제5조 제2항). 설립준비위원회가 어촌계의 설립인가를 받으려는 경우에는 어촌계설립인가 신청서에 정관과 함께 구역 및 어장 약도 등을 첨부하여 시장·군수·구청장에게 제출하여야 한다(수산업협동조합법 시행규칙 제3조 제1항 제1호, 제5호).

한편 어업권이란 수산업법 제8조에 따라 시장·군수·구청장 등으로부터 면허를 받아 어업을 경영할 수 있는 권리를 말하는데(수산업법 제2조 제9호), 위와 같이 면허를 받아 어업을 하는 일정한 수면을 어장이라고 한다(같은 법 제2조 제8호). 어업권은 물권으로 하며, 수산업법에서 정한 것 외에는 민법 중 토지에 관한 규정을 준용하고(같은 법 제16조 제2항), 어업권원부에 등록을 함으로써 취득한다(같은 법 제16조 제1항).

이러한 법령의 내용을 앞서 본 법리에 비추어 살펴보면, 시장·군수·구청장 등으로부터 면허를 받아 어업권을 취득하기 전이라면 법적으로 보호되는 어촌계의 업무구역이 존재한다고 할 수 없으므로, 설사 면허를 받게 될 업무구역의 경

계에 관하여 다른 어촌계와 다툼이 있을 여지가 있다고 하더라도 그러한 사정만으로 원고의 현재의 권리 또는 법률상 지위에 어떠한 구체적인 불안이나 위험이 있다고 할 수 없다.

또한 시장·군수·구청장 등이 다른 어촌계의 업무구역과 중복된다는 등의 이유로 어업면허를 거부하거나 취소하는 등의 처분을 하는 경우에는 행정처분의 효력을 다투는 항고소송의 방법으로 그 처분의 취소 또는 무효확인을 구하는 것이 분쟁을 해결하는 데에 직접적인 수단이 되는 것이므로, 그와 별도로 민사상 다른 어촌계를 상대로 업무구역의 확인을 구하는 것은 원고의 법적 지위에 대한 불안·위험을 제거하는 데 가장 유효·적절한 수단이라고 보기도 어렵다.

결국 원고는 현재의 권리 또는 법적 지위에 대한 불안이나 위험을 제거하기 위하여 피고를 상대로 업무구역의 확인을 구할 이익이 없으므로 이 사건 소는 부적법하다.

② 대법원 1978. 4. 25. 선고 78누42 판결

같은 업무구역안의 중복된 어업면허가 당연무효인지의 여부: 지구별 어업협동조합 및 지구별 어업협동조합 내에 설립된 어촌계의 어장을 엄격히 구획하여 종래 인접한 각 조합이나 어촌계 상호간의 어장한계에 관한 분쟁이나 경업을 규제하므로써 각 조합이나 어촌계로 하여금 각자의 소속 어장을 배타적으로 점유 관리하게 하였음에 비추어 특별한 경우가 아니면 같은 업무구역 안에 중복된 어업면허는 당연무효이다.

제4절 진입규제

Ⅰ. 인가요건

1. 발기인의 수 및 설립준비위원회 구성

어촌계는 구역에 거주하는 지구별수협의 조합원 10명 이상이 발기인이 되

어 설립준비위원회를 구성한다(영4① 본문). 다만, 섬 발전 촉진법 제2조[11])에 따른 섬의 경우에는 조합원 5명 이상이 발기인이 되어 설립준비위원회를 구성한다(영4① 단서).

2. 설립준비위원회 개최

(1) 설립준비위원회 개최

지구별수협의 조합원이 어촌계를 설립하려는 경우에는 발기인이 ⅰ) 명칭(제1호), ⅱ) 구역(제2호), ⅲ) 어촌계원의 자격(제3호), ⅳ) 어촌계원의 권리와 의무(제4호), ⅴ) 그 밖에 어촌계 설립에 필요한 사항(제5호)을 1주일 이상 주된 사무소의 예정지에 공고한 후 설립준비위원회를 개최하여야 한다(시행규칙2①).

(2) 어촌계 설립동의서의 수령

설립준비위원회는 어촌계의 정관안과 사업계획서안을 작성하고 가입 신청에 관한 사항, 창립총회의 일시 및 장소를 정하여 1주일 이상 주된 사무소의 예정지에 공고한 후 어촌계원의 자격이 있는 사람 중 어촌계의 설립에 동의하는 사람으로부터 어촌계 설립동의서를 받아야 한다(시행규칙2②).

3. 정관작성

(1) 정관 포함사항

어촌계 정관에는 ⅰ) 목적(제1호), ⅱ) 명칭(제2호), ⅲ) 구역(제3호), ⅳ) 주된 사무소의 소재지(제4호), ⅴ) 어촌계원의 자격 및 권리·의무에 관한 사항(제5호), ⅵ) 어촌계원의 가입·탈퇴 및 제명에 관한 사항(제6호), ⅶ) 총회 및 그 밖의 의결기관과 임원의 정수·선출 및 해임에 관한 사항(제7호), ⅷ) 사업의 종류와 그 집행에 관한 사항(제8호), ⅸ) 경비 부과, 수수료 및 사용료에 관한 사항(제9호), ⅹ) 적립금의 금액 및 적립방법에 관한 사항(제10호), ⅺ) 잉여금의 처분 및 결손

---

11) 제2조(정의) ① 이 법에서 "섬"이란 만조(滿潮) 시에 바다로 둘러싸인 지역을 말한다. 다만, 다음의 어느 하나에 해당하는 지역은 제외한다.
　　1. 제주특별자치도 본도(本島)
　　2. 방파제 또는 교량 등으로 육지와 연결된 때부터 대통령령으로 정하는 기간이 지난 섬
　　② 제1항 제2호에 해당하는 섬 중 제4조에 따라 지정된 개발대상섬으로서 제6조에 따라 수립된 개발사업이 완료되지 아니한 섬은 예외로 한다.

금의 처리방법에 관한 사항(제11호), ⅻ) 회계연도 및 회계에 관한 사항(제12호), ⅹⅲ) 해산에 관한 사항(제13호)이 포함되어야 한다(영5①).

(2) 정관변경의 인가 여부

어촌계 정관의 변경에 관한 사항은 시장·군수·구청장의 인가를 받아야 한다(영5② 본문). 다만, 해양수산부장관이 정하는 어촌계정관예에 따라 변경하는 경우에는 그러하지 아니하다(영5② 단서).

4. 창립총회의 의결

다음의 사항, 즉 ⅰ) 정관(제1호), ⅱ) 사업계획 및 수지예산(제2호), ⅲ) 그밖에 어촌계 설립에 필요한 사항(제3호)은 창립총회의 의결을 거쳐야 한다(시행규칙2③).

Ⅱ. 인가절차

1. 특별자치도지사·시장·군수·구청장의 인가

어촌계는 구역에 거주하는 지구별수협의 조합원 10명 이상이 발기인이 되어 설립준비위원회를 구성하고, 어촌계 정관을 작성하여 창립총회의 의결을 거쳐 특별자치도지사·시장·군수·구청장(구청장은 자치구의 구청장을 말하며, 이하 "시장·군수·구청장"이라 한다)의 인가를 받아야 한다(영4① 본문). 다만, 섬 발전 촉진법 제2조에 따른 섬의 경우에는 조합원 5명 이상이 발기인이 되어 설립준비위원회를 구성한다(영4① 단서).

2. 인가신청서 제출

설립준비위원회가 어촌계의 설립인가를 받으려는 경우에는 [별지 제1호] 서식의 어촌계설립인가 신청서에 ⅰ) 정관(제1호), ⅱ) 창립총회 의사록(제2호), ⅲ) 사업계획서 및 수지예산서(제3호), ⅳ) 임원 및 어촌계원 명부(제4호), ⅴ) 구역 및 어장 약도(제5호)를 첨부하여 시장(특별자치도의 경우에는 특별자치도지사)·군수·구청장(자치구의 구청장)에게 제출하여야 한다(시행규칙3①).

3. 인가의 통보

시장·군수·구청장은 어촌계의 설립을 인가한 경우에는 그 사실을 관할 지구별수협의 장에게 통보하여야 한다(시행규칙3②).

Ⅲ. 인가취소

1. 취소사유

시장·군수·구청장은 어촌계가 ⅰ) 어촌계의 부채가 그 자산을 초과한 경우(제1호), ⅱ) 어촌계의 사업량으로 보아 어촌계의 운영이 매우 곤란하다고 인정되는 경우(제2호), ⅲ) 수산업법 제8조 제1항 제6호[12])에 따른 마을어업권을 행사할 때 분쟁의 조정상 필요하다고 인정되는 경우(제3호)에는 설립인가를 취소할 수 있다(영9).

2. 인가취소와 해산

설립인가 취소의 경우에는 해산한다(영8①(4)).

---

12) 6. 마을어업: 일정한 지역에 거주하는 어업인이 해안에 연접한 일정한 수심(水深) 이내의 수면을 구획하여 패류·해조류 또는 정착성(定着性) 수산동물을 관리·조성하여 포획·채취하는 어업

제
2
장 /

어촌계원

제1절 서설

어촌계의 구성원으로 가입되어 있는 자를 계원이라 하고, 어촌계원의 자격이 없는 어업인 중 어촌계가 취득한 마을어업권 또는 어촌계의 구역 안에 있는 지구별수협이 소유한 마을어업권의 어장에 수산업법 제2조 제10호의 규정에 따른 입어를 하는 자와 어촌계의 구역 안에 거주하는 자로서 어촌계의 사업을 이용함이 적당하다고 인정되는 자는 총회의 의결을 거쳐 준계원이 될 수 있도록 규정하여 어촌계가 수행하는 사업을 이용할 수 있도록 하였다.[1]

---

1) 노은우(2011), "어촌계의 재산을 둘러싼 법적 분쟁에 관한 연구", 전북대학교 법무대학원 석사학위논문(2011. 8), 10-11쪽.

제2절 자격 등

Ⅰ. 자격

1. 지구별수협의 조합원으로서 구역에 거주하는 자

지구별수협의 조합원으로서 어촌계의 구역에 거주하는 사람은 어촌계에 가입할 수 있다(영6①).

2. 계원 자격을 이양받는 자의 조건부 가입

수산업·어촌 공익기능 증진을 위한 직접지불제도 운영에 관한 법률("수산직불제법") 제14조 제3호[2] 및 같은 법 시행령 제5조 제1항[3]에 따라 어촌계의 계원 자격을 이양받는 사람으로서 해당 어촌계의 구역에 거주하는 사람은 어촌계에 가입한 날부터 1년 이내에 해당 구역의 지구별수협의 조합원으로 가입할 것을 조건으로 어촌계에 가입할 수 있다(영6②).

3. 관련 판례

** 대법원 1995. 8. 22. 선고 94누8129 판결

행정처분에 있어서 불이익처분의 상대방은 직접 개인적 이익의 침해를 받은 자로서 원고적격이 인정되지만 수익처분의 상대방은 그의 권리나 법률상 보호되는 이익이 침해되었다고 볼 수 없으므로 달리 특별한 사정이 없는 한 취소를 구할 이익이 없다고 할 것이고, 또한 행정처분의 직접 상대방이 아닌 제3자라도 당해 행정처분의 취소를 구할 법률상의 이익이 있는 경우에는 원고적격이 인정된다 할 것이나 여기서 말하는 법률상의 이익은 당해 처분의 근거 법률에 의하여 보호되는 직접적이고 구체적인 이익이 있는 경우를 말하는 것이고 다만 간접적

---

2) 3. 제16조에 따른 경영이양 직접지불금 지급에 관한 약정 체결 전날까지 대통령령으로 정하는 바에 따라 어촌계의 계원 자격 이양을 완료할 것

3) ① 법 제14조 제3호에 따른 어촌계의 계원 자격 이양은 소속 어촌계의 총회 의결을 거쳐 신규로 소속 어촌계의 계원 자격을 얻으려는 만 55세 이하의 어업인(이양하려는 사람의 배우자 또는 직계존비속은 제외)에게 어촌계의 계원 자격을 이양하고, 해당 어촌계를 영구적으로 탈퇴하는 방법으로 한다.

이거나 사실적, 경제적 이해관계를 가지는데 불과한 경우는 여기에 포함되지 않는다고 할 것이다.

원심은, 이 사건 허가처분은 소외 해금강어촌계에 대하여 유람선 선착장으로 사용할 부잔교의 설치를 허가하는 것을 그 내용으로 하는 것으로서 위 어촌계에 이익이 되는 행정처분이라고 할 것이므로, 위 어촌계를 대상으로 하는 이 사건 허가처분에 대하여 그 처분대상자인 어촌계가 아닌 그 구성원의 일부에 해당하는 원고들이 위 어촌계와 독립한 제3자로서 별도의 이해관계에 기하여서가 아니라 바로 위 어촌계의 구성원의 자격에서 이 사건 허가처분의 하자를 다툴 적격이 있다고도 할 수 없을 뿐더러(원고들 주장의 연대채무를 부담할 위험이라는 것도 이 사건 허가처분으로부터 막바로 생기는 것은 아니다), 구성원 전체에 이익이 되는 처분을 구성원의 일부가 다툰다는 점에서도 그 법률상 이익을 결한다 할 것이고, 또한 원고 2 외 8명이 위 어촌계와 경업관계에 있는 원고들 보조참가인 회사의 주주라고 하여도 위 회사가 직접 이 사건 허가처분의 하자를 다투는 것은 몰라도 위 회사의 주주라는 자격에서는 이 사건 허가처분에 대하여 법률상 직접적이고 구체적인 이익을 가진다고는 말할 수 없다고 하여 원고들의 이 사건 소는 부적법하다고 판단하였는바, 위와 같은 원심의 판단은 앞서 본 법리에 따른 것으로서 정당하고 거기에 소론과 같은 법리오해의 위법이 있다고 할 수 없다.

II. 가입

1. 가입신청서 또는 확약서 제출

어촌계의 계원으로 가입하고자 하는 사람은 [별표]의 가입신청서에 조합장이 발급한 조합원 원장, 조합원 증명서, 조합원임을 증명하는 그 밖의 서류 중 어느 하나를 첨부하여 어촌계장("계장")에게 제출하여야 한다(어촌계정관예11① 본문). 다만, 계원 자격을 이양받는 자의 조건부 가입에 따라 가입하고자 하는 사람의 경우 어촌계에 가입한 날부터 1년 이내에 해당 구역의 지구별수협의 조합원으로 가입하겠다는 확약서를 제출해야 한다(어촌계정관예11① 단서).

2. 자격유무의 심사와 승낙

계장은 가입신청서를 접수하였을 때에는 총회에 부의하여 계원의 자격유무를 심사하고, 가입 승낙여부를 결정하여야 한다(어촌계정관예11②).

3. 가입 거절 또는 불리한 가입 조건 금지

어촌계는 정당한 사유 없이 계원의 자격을 갖추고 있는 사람의 가입을 거절하거나 다른 계원보다 불리한 가입 조건을 달 수 없다(어촌계정관예11③).

어촌계의 계원은 그들의 총유에 속하는 재산을 정관 또는 기타의 규약에 좇아 사용·수익할 수 있는 권리가 있는 한편 출자의무나 노무제공의 의무 등도 부담하여야 한다.[4] 즉 어촌계의 가입은 어민간의 협동을 촉진하여 그 경제적, 사회적 지위의 향상이라는 목적을 위한 일정의무의 이행을 위해서 입호제도를 통하여 배타적인 권리인 마을어업권에 대한 권리의 행사의 가부를 어촌계 총회를 통해 결정하는 것이 어촌계원의 자격을 취득하는 실질적 요건이라 볼 수 있는 것이다.[5]

4. 가입 승낙의 통지

가입을 승낙할 때에는 서면으로 이를 가입신청자에게 통지하고 계원 명부에 기재하여야 한다(어촌계정관예11⑤).

5. 상속에 따른 가입

사망으로 인하여 탈퇴된 계원의 상속인(공동상속의 경우에는 공동상속인이 선정한 1명의 상속인)이 계원 자격이 있는 경우에는 계원이 될 수 있다(어촌계정관예12①). 이에 따른 상속인에 관하여는 어촌계정관예 제11조를 준용한다(어촌계정관예12②).

6. 관련 판례

① 대법원 1998. 8. 21. 선고 98다21045 판결

[1] 기존 어촌계의 해산 후 그 업무지역 내에 속하였던 부락의 어민들이 새

---

4) 대법원 1994. 9. 13. 선고 94다16250 판결.
5) 임종선(2012), 298-299쪽.

로운 어촌계를 설립한 경우, 당해 부락에 거주하는 기존 어촌계의 계원이 신설 어촌계의 계원의 지위를 당연히 취득하는지 여부(소극): 어촌계는 수산업협동조합법에 의하여 수산업협동조합의 최말단 하부조직으로 역할하도록 조직된 어촌주민들의 자치단체로서, 같은 법 시행령 제18조가 정하는 절차에 따라 분할한 경우라면 특별한 사정이 없는 한 종전의 계원이 분할로 말미암아 설립되는 계의 계원이 되는 것이나, 신설 어촌계가 기존 어촌계의 업무지역에 속하였던 지역에 거주하는 어민들로 구성되었지만 기존 어촌계와는 전혀 별도로 새로이 설립준비위원회를 발족시켜 비법인 어촌계를 설립한 경우에는 기존 어촌계의 계원이라고 하여 당연히 신설 어촌계의 계원으로서의 지위를 가진다고 볼 수는 없다.

　[2] 어촌계에 대한 신규가입의 신청과 어촌계원의 지위를 취득하기 위한 요건: 기존의 사단에 대한 신규가입은 그 단체의 특성에 따라 차이가 있으나 통상적으로는 법인격의 존부에 불문하고 가입희망자의 신청과 사단측의 승낙에 의하여 성립하고 이 때 그 승낙은 사단의 의사결정기관이 이를 하여야 할 것인바, 어촌계는 그 가입이 강제되지 아니할 뿐만 아니라 어촌계의 계원은 그들의 총유에 속하는 재산을 정관 또는 기타의 규약에 좇아 사용·수익할 수 있는 권리가 있는 한편 출자의무나 노무제공의 의무 등도 부담하여야 하는 점에 비추어 볼 때, 수산업협동조합법시행령 제6조가 "계의 구역 내에 거주하는 자로서 지구별 조합의 조합원은 계에 가입할 수 있다."라고 규정하였다고 하여 가입요건을 갖춘 지구별 수산업협동조합의 조합원이 가입신청만으로 곧바로 그 계원의 지위를 취득한다고는 보기 어렵고, 다른 한편 어촌계의 정관에 계장이 신규가입의 신청서를 접수한 때에는 총회에 부의하여 계원으로서의 자격 유무를 심사하고 가입의 가부를 결정한 다음 승낙한 경우 서면으로 그 결과를 통지하고 계원 명부에 기재하도록 규정하고 있는 경우, 비록 가입신청자가 계원이 될 수 있는 실질적 요건을 갖추었다고 하더라도, 총회의 동의 및 계장의 승낙통지라는 계원지위부여절차를 거치거나 그러한 절차를 거쳤다고 볼 만한 객관적 사정이 인정되지 아니하는 한, 어촌계의 계원의 지위를 취득하였다고 볼 수 없다.

　[3] 어촌계의 정관에서 가입신청자가 계원 명부에 기재됨으로써 계원 자격을 취득한다고 규정한 경우, 계원 명부 등재가 계원 자격 취득의 효력발생요건인지 여부(소극): 어촌계의 정관에서 가입신청자가 계원 명부에 기재됨으로써 계원의 자격을 취득한다고 규정하였다고 하더라도 계원 명부에의 등재는 단지 내부적인 후

속처리절차에 불과할 뿐 계원 자격 취득의 효력발생요건이라고는 볼 수 없다.

② 대법원 1994. 9. 13. 선고 94다16250 판결

[1] 원심판결 이유에 의하면, 원심은 원고들이 피고 어촌계에 계원으로서 가입할 자격이 있는 자들인 사실을 인정한 다음, 피고 어촌계의 계원의 지위를 취득하려면 원칙적으로 계원이 될 자격을 가진 자가 일정한 서식에 의한 가입신청서를 계장에게 제출하여야 하며 계장은 이를 총회에 부의하여 총회에서 계원의 가입여부를 결정하여야 하고 가입이 승낙된 경우에 계원명부에 기재되어야 하는데(피고 어촌계 정관 13조), 1989. 7. 중순경 총회결의에 의하여 원고들을 계원으로 하는 의결이 있었다는 원고들의 주장사실은 이를 인정할 증거가 없다 하여 배척하면서도, 그 설시와 같은 인정사실에 의하면 피고 어촌계는 어민의 협동을 촉진하여 그 경제적, 사회적 지위의 향상과 어민들의 생산력의 증강을 도모함을 목적으로 하는 수산업협동조합법 소정에 근거한 비법인사단으로서, 대부분의 면허어장을 사실상 독점적으로 소유 경영하도록 되어 있는 점(수산업법 제9조 참조), 어업권이란 국유인 공유수면을 객체로 하여 국가로부터 배타적으로 부여받는 권리로서 순수한 사권과는 달리 공익적 성질이 강한 재산권이라 할 수 있는 점 등에 비추어, 거주지 부근 해안에서 어업을 영위하는 자로서 위 수산업협동조합의 조합원이면 그 가입신청자격이 있다 할 것이고, 이와 같은 자가 계원가입신청을 하여 온 이상 피고 어촌계로서는 신청자에게 정관 소정의 가입을 승낙하지 아니할 사유 즉, 계의 설립 또는 사업을 방해하였거나 계의 명예 또는 신용을 현저히 손상시켰다는 등의 사유 등 특별한 사정이 없는 한 그 가입을 거부하거나 무작정 보류할 수는 없다 할 것이고, 더구나 피고 어촌계에서는 원고들로부터 1989. 7.경 계원가입신청을 받고는 그 후에 열린 각종 계원총회에서 피고 어촌계의 정관의 규정상 계원만이 누릴 수 있는 계장선거권이라든가 그 밖에 총대선거권을 원고들에게 주고 나아가 총대회원 피선거권까지 주는 등으로 기존의 계원들과 똑같은 대우를 하여 원고들로서는 그때 이미 원고들이 피고 어촌계에 가입되어 있는 것으로 인식하여 왔고 이에 따라 원고들도 위 각 계원총회에 직접 참여하여 선거권을 행사하는 한편 그 중 일부는 총대회원으로 선출되기까지 한 이상 정관소정의 총회의 명시적인 결의 유무에 불구하고 피고 어촌계로서는 이때 벌써 원고들을 피고 어촌계의 계원으로 받아들여 그 계원의 지위를 인정한 것으로

봄이 상당하고, 그뿐 아니라 피고 어촌계나 기존의 그 계원들이 원고들을 피고 어촌계의 계원으로 대우하여오다가 1990. 9.경 그 관할 공동어업구역이 개발지역으로 고시되어 막대한 보상금이 나오게 되자 따지고 보면 피고 어촌계의 기존의 계원들도 정관 소정의 가입결정 등의 엄격한 절차를 거침이 없이 현재 계원으로 지위를 누리고 있으면서, 유독 원고들에게만 정관소정의 절차에 의한 계원가입을 고집하면서 그 계원의 지위를 부인하고 있는 것은 형평에 맞지 않을 뿐 아니라 금반언의 원칙에 비추어 보아도 허용될 수 없다고 하여, 피고 어촌계에 대하여 계원지위의 확인을 구하는 원고들의 이 사건 청구를 인용하였다.

[2] 소론은 피고 어촌계가 이미 청산절차가 완료되어서 사실상의 활동이 종결되었으므로 원고들이 그 결의에 하자가 있거나 청산의 결과에 이의가 있으면 그에 관한 배당을 청구할 수 있음은 별론으로 하고 계원의 지위확인을 구하는 이 사건 소는 소의 이익이 없어 부적법하다는 취지의 주장을 하나, 기록에 의하여 살펴보아도 피고 어촌계에 대하여 청산절차가 완료되었다고 볼만한 자료는 이를 찾아볼 수 없으므로 이를 전제로 한 소론의 주장은 받아들이기 어렵다.

[3] 그러나 피고 어촌계가 원심이 인정한 바와 같이 비법인사단인 이상 피고 어촌계의 계원은 그들의 총유에 속하는 재산을 정관 또는 기타의 규약에 좇아 사용, 수익할 수 있는 권리가 있는 한편 출자의무나 노무제공의 의무 등도 부담하여야 할 것이고 이와 같은 근거에서 피고 어촌계에서는 계원의 가입여부를 결정함에 있어 총회의 결의를 요한다는 규정을 정관에 두었다고 할 것이므로, 1989. 7. 중순경 총회결의에 의하여 원고들을 계원으로 하는 의결이 있었다는 원고들의 주장사실이 인정되지 아니하는 이 사건에 있어서 원고들에 대하여 피고 어촌계의 계원지위를 인정하기 위하여는 비록 명시적인 총회결의에 의한 계원지위부여절차는 없었지만 그와 같이 볼 수 있는 객관적 사정이 인정되어야 할 것이다.

그런데 원심은 피고 어촌계가 원고들을 계원으로 받아들여 그 계원의 지위를 인정한 것으로 봄이 상당하다는 판단의 주된 기초사실로서, 피고 어촌계에서는 원고들로부터 1989. 7.경 계원가입신청을 받고는 그 후에 열린 각종 계원총회에서 피고 어촌계의 정관의 규정상 계원만이 누릴 수 있는 계장선거권이라든가 그 밖에 총대선거권을 원고들에게 주고 나아가 총대회원 피선거권까지 주었으며 이에 따라 원고들도 위 각 계원총회에 직접 참여하여 선거권을 행사하는 한편 그 중 일부는 총대회원으로 선출된 사실을 들고 있으나, 기록에 의하여 살펴보면

1989년에 이르러 피고 어촌계의 계장선출방식이 군수협조합장에 의한 임명방식에서 계원들에 의한 직접선출방식으로 바뀌면서 지역어민의 갈등해소와 어촌민 주화를 꾀한다는 취지 아래 피고 어촌계의 계원뿐만 아니라 피고 어촌계의 지역내에 거주하는 지구별 수협조합원 전부에게 선거권을 주어 총회에서 계장을 선출하기로 하였고 그에 터잡은 일련의 총회 및 총대회에서 원고들이 선거권 및 피선거권을 가지게 되었을 뿐 그것이 계원으로서의 지위를 인정한 것이라고 보기는 어렵고, 더구나 비법인 사단인 피고 어촌계의 계원이 되면 피고 어촌계원들의 총유에 속하는 재산(어업권이 주된 재산일 것임)을 정관 또는 기타의 규약에 좇아 사용, 수익할 수 있는 권리가 있는 한편 출자의무나 노무제공의 의무 등도 부담하게 된다 할 것인데 원심이 피고 어촌계에서 원고들에게 입어권을 줄 것이냐의 문제가 첨예하게 대립되어 있었다고 인정하고 있고, 한편 기록에 의하면 이 문제가 계원으로 가입하려는 주된 목적으로서 원고본인 원고 42 가 원고들은 입어권을 제한한다면 피고 어촌계에 가입할 수 없다는 입장이었다고 진술하고 있음에 비추어(기록 279정 참조), 원심의 위 인정사실만으로는 피고 어촌계가 원고들을 기존의 계원들과 똑같은 대우를 하였다거나 계원의 지위를 인정한 것이라고 보기에는 부족한 것이 아닌가 하는 생각이 든다.

어촌계가 대부분의 면허어장을 사실상 독점적으로 소유 경영하도록 되어 있고(수산업법 제9조 참조), 어업권이 공익적 성질이 강한 재산권이며 피고 어촌계의 정관상 계원자격이 있는 자가 계원가입신청을 하여 온 이상 신청자에게 정관 소정의 가입을 승낙하지 아니할 특별한 사정이 없는 한 그 가입을 거부하거나 무작정 보류할 수는 없다고 규정되어 있다 하여도 마찬가지라 할 것이며, 달리 피고 어촌계가 원고들을 기존의 계원들과 똑같은 대우를 하였다고 볼만한 사정이 없다면 피고 어촌계의 기존의 계원들이 정관 소정의 가입결정 등의 엄격한 절차를 거침이 없이 계원의 지위를 누리고 있으면서 원고들에 대하여는 정관 소정의 절차에 의한 계원가입을 고집하면서 그 계원의 지위를 부인하고 있다 하여 그것이 형평의 원칙이나 금반언의 원칙에 위배된다고 볼 수도 없을 것이다.

피고 어촌계에서 원고들로부터 1989. 7.경 계원가입신청을 받고는 그 후에 열린 각종 계원총회에서 피고 어촌계의 정관의 규정상 계원만이 누릴 수 있는 계장선거권이라든가 그 밖에 총대선거권을 원고들에게 주고 나아가 총대회원 피선거권까지 주었으며 이에 따라 원고들도 위 각 계원총회에 직접 참여하여 선거권을 행사하는 한편 그 중 일부는 총대회원으로 선출되어 원고들이 피고 어촌계의 계원으로서의 지위를 인정받은 것이 아닌가 하는 의심이 드는 사정이 있는 이 사건에 있어서, 원심으로서는 당시 피고 어촌계에서 원고들에게 위와 같은 선거권 및 피선거권을 주게 된 구체적 경위가 어떠한것인지, 당시 피고 어촌계에서 원고들에게 피고 어촌계원들의 총유에 속하는 재산에 대한 사용수익권을 부여하는 한편 출자의무나 노무제공의 의무를 부담케 하였는지 그 여부 등에 관하여 좀 더 심리하였어야 함에도 불구하고, 원심이 이에 이르지 아니한 채 만연히 위와 같은 인정판단 아래 원고들의 청구를 인용하였음은 필경 심리를 미진하였거나 어촌계 및 그 계원의 권리의무에 관한 법리를 오해하여 판결결과에 영향을 미친 위법을 범하였다고 할 것이고, 따라서 이를 지적하는 논지는 이유가 있다.

[4] 그러므로 원심판결을 파기하고 이 사건을 원심법원에 환송하기로 하여 관여 법관의 일치된 의견으로 주문과 같이 판결한다.

Ⅲ. 탈퇴

1. 임의탈퇴

계원은 어촌계에 탈퇴 의사를 서면으로 통지하고 계를 탈퇴할 수 있다(어촌계정관예16①).

2. 당연탈퇴

계원은 ⅰ) 어촌계의 구역에 거주하지 아니하는 경우(제1호), ⅱ) 사망한 경우(제2호), ⅲ) 파산한 경우(제3호), ⅳ) 성년후견개시 심판을 받은 경우(제4호), ⅴ) 조합으로부터 탈퇴(조합원 제명을 포함)되어 조합원 신분을 상실한 경우(제5호), ⅵ) 계원 자격을 이양받는 자의 조건부 가입에 따라 가입하고자 하는 사람의 경우 1년 이내에 해당 지구별수협 조합원으로 가입하지 않은 경우(제6호)에 해당하면 당연히 탈퇴된다(어촌계정관예16②).

3. 당연탈퇴 사유 확인의무

어촌계는 계원의 전부 또는 일부를 대상으로 당연탈퇴 사유의 어느 하나에 해당하는지를 확인하여야 한다(어촌계정관예16③ 전단). 이 경우 어촌계의 구역에 거주하지 아니하는 경우에 해당하는지는 총회 의결로 결정한다(어촌계정관예16③ 후단).

4. 어촌계의 구역에 거주하지 아니하는 경우와 통보

어촌계는 어촌계의 구역에 거주하지 아니하는 경우에 해당하는 사유에 따라 계원에 대하여 당연탈퇴의 결정이 이루어진 경우에는 그 사실을 지체 없이 해당 계원에게 통보하여야 한다(어촌계정관예16④).

Ⅳ. 제명

1. 제명 사유

계원이 ⅰ) 1년 이상 어촌계의 사업을 이용하지 아니한 경우(제1호), ⅱ) 경비의 납입과 그 밖의 어촌계에 대한 의무를 이행하지 아니한 경우(제2호), ⅲ) 법령, 법령에 따른 행정처분, 정관 그 밖의 규약을 위반하거나, 고의 또는 중대한 과실로 어촌계에 손실을 끼치거나 명예 또는 신용을 훼손시킨 경우(제3호)의 어느 하나에 해당하면 총회의 의결을 거쳐 제명할 수 있다(어촌계정관예17①).

어촌계의 계원에 대한 제명은 정관상 제명사유에 해당하는 행위를 하였고, 제명결의 외에 달리 제재할 수 있는 방법이 마련되어 있지 않은 경우이어야 한다.6) 또한 제명으로 인하여 생계의 터전인 권리를 잃게 된다는 사정에 비추어 볼 때 제명은 불법한 행위로 인하여 어촌계의 목적 달성이 어렵게 되거나 공동의 이익을 위하여 최종적인 수단으로서만 인정된다.7)

2. 제명 사유의 통지 및 의견진술 기회 부여

어촌계는 계원이 위의 제명 사유의 어느 하나에 해당하면 총회 개회 10일 전에 그 계원에게 제명의 사유를 알리고 총회에서 진술할 기회를 주어야 한다(어촌계정관예17②).

---

6) 임종선(2012), 299쪽.
7) 대법원 2004. 11. 12. 선고 2003다69942 판결.

3. 관련 판례

** 대법원 2004. 11. 12. 선고 2003다69942 판결

어촌계의 계원이 정관상 제명사유에 해당하는 행위를 하였더라도 그 계원에 대한 제명은 그 행위로 인하여 어촌계의 목적 달성이 어렵게 되거나 공동의 이익을 위하여 불가피한 경우에 최종적인 수단으로서만 인정된다고 한 사례: 원고는 수산업협동조합법 제16조의2(현행 제15조)의 규정에 따라 어촌계원의 생산력 증진, 생활향상을 위한 공동사업의 수행 및 그 경제적·사회적 지위의 향상을 도모함을 목적으로 하여 강원 양양군 강현면 물치리, 정암리 일대의 수산업협동조합원을 계원으로 하여 결성된 어촌계로서, 양양군이나 해양수산부로부터 일정한 어업허가를 받고 있고, 강원도로부터 이 사건 활어장에 대한 무상 사용·수익권을 부여받고 있으며, 계원들은 다시 원고로부터 그 어업권이나 활어장 내 점포의 사용권을 부여받아 생계를 유지하고 있는 사실, 원고의 정관이 제명결의가 있더라도 6개월이 경과하면 다시 계원으로 가입할 수 있는 길을 열어놓고 있기는 하나 원고의 명예 또는 신용을 현저히 손상시킨 자에 대하여는 그 가입을 승낙하지 아니하도록 규정하고 있어 계원이 원고의 명예를 현저히 손상시켰다고 하여 제명된 경우에는 재가입도 제한되고 있는 사정을 알 수 있는바, 비록 원고의 정관상으로는 제명결의 외에 달리 계원의 불법·부당한 행위를 제재할 수 있는 방법이 마련되어 있지 않으나 계원에 대한 제명결의는 계원의 의사에 반하여 그 계원의 지위를 박탈하여 생계의 터전인 이 사건 점포의 점유·사용권을 잃게 되는 것인 점에 비추어 보면, 원고의 정관상 제명사유인 "계원이 고의 또는 중대한 과실로 인하여 원고의 명예를 현저히 손상한 때"에 해당함을 이유로 계원을 제명하는 것은 그 명예훼손으로 인하여 원고의 목적 달성을 어렵게 하거나 공동의 이익을 위하여 제명이 불가피한 경우에 최종적인 수단으로서만 인정되어야 할 것이다(대법원 1994. 5. 10. 선고 93다21750 판결 등 참조).

그런데 기록에 의하면, 피고 1의 위와 같은 명예훼손 행위만으로는 원고의 목적 달성을 어렵게 하거나 공동의 이익을 위하여 제명이 불가피한 경우에 해당한다고 보기 어렵고, 피고 1이 4년여 동안 원고의 임원들의 비리혐의를 문제삼았다는 것도 그 행위가 특정되지 않았을 뿐만 아니라, 원고가 이를 독자적인 제명사유로 삼은 것으로도 보이지 아니하며, 비록 피고1 이 4년여 동안 원고에게 자신의 잘못을 사과하지 아니한 사정이 부가된다고 하여 원고의 제명결의가 최종적인 수단으로서 불가피하였다고 보기는 어렵다 할 것이다.

그럼에도 불구하고, 원심이 그 판시와 같은 사정만을 들어 원고의 피고 1에 대한 이 사건 제명결의가 유효하다고 판단한 것에는 채증법칙을 어겨 사실을 오인하거나 제명에 관한 법리를 오해하여 판결에 영향을 미친 위법이 있다고 할 것이다.

제3절 책임

Ⅰ. 경비부담

1. 경비의 부과

어촌계는 교육·지원 사업, 어촌 공동시설의 설치 및 운영, 수산물의 간이공동제조 및 가공, 어업인의 후생복지 사업과 그 사업에 부대하는 사업에 필요한 경비를 충당하기 위하여 계원(계원가입신청자를 포함)에게 경비를 부과할 수 있다(어촌계정관예18①).

이에 따른 부과금액, 부과방법, 징수시기와 징수방법은 총회에서 정한다(어촌계정관예18②). 부과금에 있어서 계원에 대한 부과금액의 산정기준 사항에 변경이 있어도 이미 부과한 금액은 변경하지 못한다(어촌계정관예18③).

2. 상계 금지

계원은 납입하여야 하는 경비를 어촌계에 대한 채권과 상계할 수 없다(어촌계정관예18④).

3. 사용료 또는 수수료 부과

어촌계는 어촌계의 사업을 이용하는 자에 대하여 사용료나 수수료를 부과할 수 있다(어촌계정관예19①).

어촌계가 계약을 체결함에 있어 계약당사자의 위임에 따라 운송·보관 그 밖의 행위를 대행하는 경우에는 어촌계는 그 대행에 필요한 부대비를 징수할 수 있다(어촌계정관예19②).

사용료나 수수료 납입에 관하여는 어촌계정관예 제18조 제2항부터 제4항까지의 규정을 준용한다(어촌계정관예19③).

Ⅱ. 계원의 신고의무

계원이 제출한 가입신청서의 기재사항에 변경이 있을 때 또는 계원의 자격을 상실하였을 때에는 지체 없이 이를 어촌계에 신고하여야 한다(어촌계정관예13).

제4절 의결권 및 선거권

Ⅰ. 평등한 의결권과 선거권 보유

계원은 평등한 의결권 및 선거권을 가진다(어촌계정관예13).

Ⅱ. 의결권의 대리

1. 의결권의 대리 행사

계원은 대리인에게 의결권을 행사하게 할 수 있다(어촌계정관예30① 전단). 이 경우 그 계원은 출석한 것으로 본다(어촌계정관예30① 후단).

2. 대리인의 자격

대리인은 다른 계원, 본인과 동거하는 가족 또는 본인의 사용인(使用人)이어야 하며, 대리인은 계원 1명만을 대리할 수 있다(어촌계정관예30②).

3. 대리권의 증명

대리인은 대리권을 증명하는 서면을 어촌계에 제출하여야 한다(어촌계정관예 30③).

제5절 준어촌계원

Ⅰ. 자격

다음의 어느 하나에 해당하는 사람, 즉 ⅰ) 어촌계원의 자격이 없는 어업인 중 어촌계가 취득한 마을어업권 또는 어촌계의 구역에 있는 지구별수협이 취득한 마을어업권의 어장(漁場)에서 수산업법 제2조 제10호[8]에 따른 입어(入漁)[9]를 하는 사람(제1호), ⅱ) 어촌계의 구역에 거주하는 사람으로서 어촌계의 사업을 이용하는 것이 적당하다고 인정되는 사람(제2호)은 총회의 의결을 받아 준어촌계원이 될 수 있다(영6③). 다만, 준어촌계원은 어촌계가 수행하는 사업을 이용할 수 있지만 마을어업의 어장에 입어할 수 없다(어촌계정관예10③).

Ⅱ. 가입

1. 가입신청서 제출

어촌계의 준계원으로 가입하고자 하는 자는 정관에서 정한 가입신청서를 어촌계장에게 제출하여야 한다(어촌계정관예10②).

---

8) 10. "어업인"이란 어업자 및 어업종사자를 말하며, 양식산업발전법 제2조 제12호의 양식업자와 같은 조 제13호의 양식업종사자를 포함한다.

9) 10. "입어"란 입어자가 마을어업의 어장(漁場)에서 수산동식물을 포획·채취하는 것을 말한다.

11. "입어자"란 제47조에 따라 어업신고를 한 자로서 마을어업권이 설정되기 전부터 해당 수면에서 계속하여 수산동식물을 포획·채취하여 온 사실이 대다수 사람들에게 인정되는 자 중 대통령령으로 정하는 바에 따라 어업권원부(漁業權原簿)에 등록된 자를 말한다.

2. 자격유무의 심사와 승낙

계장은 가입신청서를 접수하였을 때에는 총회에 부의하여 계원의 자격유무를 심사하고, 가입 승낙여부를 결정하여야 한다(어촌계정관예10④, 어촌계정관예11②).

3. 가입 거절 또는 불리한 가입 조건 금지

어촌계는 정당한 사유 없이 계원의 자격을 갖추고 있는 사람의 가입을 거절하거나 다른 계원보다 불리한 가입 조건을 달 수 없다(어촌계정관예10④, 어촌계정관예11③).

4. 가입 승낙의 통지

가입을 승낙할 때에는 서면으로 이를 가입신청자에게 통지하고 계원 명부에 기재하여야 한다(어촌계정관예10④, 어촌계정관예11⑤).

Ⅲ. 탈퇴 및 제명

탈퇴와 제명에 관하여는 계원에 관한 내용을 준용한다(어촌계정관예10④).

Ⅳ. 권리

준계원은 어촌계가 수행하는 사업을 이용할 수 있다(어촌계정관예10③ 본문). 다만, 어촌계의 구역에 거주하는 사람으로서 어촌계의 사업을 이용하는 것이 적당하다고 인정되는 사람인 준계원의 경우에는 마을어업의 어장에 입어할 수 없다(어촌계정관예10③ 단서).

Ⅳ. 의무

1. 준계원의 신고의무

준계원이 제출한 가입신청서의 기재사항에 변경이 있을 때 또는 준계원의

자격을 상실하였을 때에는 지체 없이 이를 어촌계에 신고하여야 한다(어촌계정관
예10④, 어촌계정관예13).

2. 경비부담

(1) 경비의 부과

어촌계는 교육·지원 사업, 어촌 공동시설의 설치 및 운영, 수산물의 간이공
동제조 및 가공, 어업인의 후생복지 사업과 그 사업에 부대하는 사업에 필요한
경비를 충당하기 위하여 준계원(계원가입신청자를 포함)에게 경비를 부과할 수 있
다(어촌계정관예10④, 어촌계정관예18①).

이에 따른 부과금액, 부과방법, 징수시기와 징수방법은 총회에서 정한다(어
촌계정관예10④, 어촌계정관예18②). 부과금에 있어서 준계원에 대한 부과금액의 산
정기준 사항에 변경이 있어도 이미 부과한 금액은 변경하지 못한다(어촌계정관예
10④, 어촌계정관예18③).

(2) 상계 금지

준계원은 납입하여야 하는 경비를 계에 대한 채권과 상계할 수 없다(어촌계
정관예18④).

제
3
장
/

기 관

인적 결합체인 비법인사단인 어촌계의 기관으로는 어촌계의 의사를 결정하
는 계원총회가 있으며, 계원총회에는 정기총회와 임시총회가 있다. 계원총회를
통해 결정된 의사에 의한 사업을 집행하는 임원에는 계장 1인이 있고, 계장을 감
독하는 감사 1인과 계장의 유고시 직무를 대행하여 수행하는 간사 1인이 있다.

제1절 총회와 대의원회

I. 총회

총회는 계원으로 구성하며, 정기총회와 임시총회로 구분한다(어촌계정관예20
①). 총회의 의장은 계장이 된다(어촌계정관예20②).

1. 정기총회와 임시총회

(1) 정기총회 소집
정기총회는 매년 1회 회계연도 경과 후 3개월 이내에 계장이 소집한다(어촌

계정관예21).

(2) 임시총회 소집

임시총회는 ⅰ) 계장이 필요하다고 인정할 때(제1호), ⅱ) 계원 5분의 1 이상이 회의의 목적으로 하는 사항과 소집의 이유를 기재한 서면을 계장에게 제출하고 소집을 청구한 때(제2호), ⅲ) 감사가 어촌계의 재산상황 또는 업무집행에 관하여 부정한 사실을 발견한 경우에 있어서 이를 신속히 총회에 보고할 목적으로 총회의 소집을 요구한 때(제3호)의 어느 하나에 해당하는 경우에 계장이 소집한다(어촌계정관예22①).

위 ⅱ)에 따른 청구를 받으면 정당한 사유가 없는 한 2주일 이내에, ⅲ)의 경우에는 7일 이내에 총회 소집의 절차를 취하여야 한다(어촌계정관예22②).

2. 총회 의결사항 등

(1) 총회 의결사항

다음의 사항, 즉 ⅰ) 정관의 변경, ⅱ) 계원의 제명, ⅲ) 어촌계의 해산, ⅳ) 간사를 제외한 임원의 선출과 해임, ⅴ) 자금의 차입, ⅵ) 사업계획 수립 및 수지예산의 편성과 그 변경, ⅶ) 결산의 승인, ⅷ) 경비의 부과·수수료 또는 사용료의 요율결정, ⅸ) 어업권·양식업권 또는 부동산과 이에 준하는 재산의 취득 및 처분(다만, 사업계획 및 수지예산으로 정한 행위 및 담보물권의 행사와 관련된 행위는 그러하지 아니하다), ⅹ) 계원 및 준계원의 가입, ⅺ) 사업계획 및 수지예산으로 정한 것 이외에 새로 의무를 부담하거나 권리를 상실하는 행위, ⅻ) 그 밖에 계장이 필요하다고 인정하는 사항은 총회의 의결을 거쳐야 한다(어촌계정관예26①).

(2) 시장·군수의 인가와 효력 발생

다음의 사항, 즉 ⅰ) 정관의 변경, ⅱ) 어촌계의 해산은 총회 의결을 거쳐 시장·군수 또는 자치구의 구청장("시장·군수")의 인가를 받지 아니하면 효력을 발생하지 아니한다(어촌계정관예26② 본문). 다만, 해양수산부장관이 정한 어촌계 정관예(제1조 명칭 및 제3조 구역에 관한 사항을 제외)에 따라 정관을 변경하는 경우에는 그러하지 아니하다(어촌계정관예26② 단서).

(3) 조합장의 승인사항

다음의 사항, 즉 ⅰ) 어업권·양식업권 또는 부동산과 이에 준하는 재산의 취득 및 처분, ⅱ) 사업계획 및 수지예산으로 정한 것 이외에 새로 의무를 부담하거나 권리를 상실하는 행위는 총회 의결을 거쳐 조합장의 승인을 받아야 한다(어촌계정관예26③).

(4) 조합장 보고사항

다음의 사항, 즉 ⅰ) 정관의 변경, ⅱ) 어촌계의 해산, ⅲ) 임원(계장·감사·간사) 선출, ⅳ) 사업계획 수립 및 수지예산의 편성과 그 변경, ⅴ) 결산의 승인은 조합장에게 보고하여야 한다(어촌계정관예26④).

(5) 총회 의결의 특례
(가) 계원의 투표로 총회 결의 갈음

다음의 사항, 즉 ⅰ) 어촌계의 해산, ⅱ) 대의원회에서 총회로의 기관운영방식 변경에 관한 정관의 변경은 계원의 투표로 총회의 의결을 갈음할 수 있다(어촌계정관예33①).

(나) 계원 투표와 결의 정족수

계원 투표는 계원 과반수의 투표와 투표한 계원 3분의 2 이상의 찬성을 얻어야 한다(어촌계정관예33②).

(다) 계원 3분의 2 이상의 기관운영방식 변경 요구

계원 3분의 2 이상이 대의원회에서 총회로의 기관운영방식 변경에 관한 정관의 변경과 관련하여 회의의 목적으로 하는 사항과 소집의 이유를 기재한 서면을 계장에게 제출한 경우 계장은 정당한 사유가 없는 한 3주일 이내에 총회를 개회하거나 계원투표를 실시하여야 한다(어촌계정관예33③).

3. 총회의 개의와 의결

(1) 보통결의

총회는 법령 또는 정관에 다른 규정이 있는 경우를 제외하고는 구성원 과반수의 출석으로 개의하고 출석구성원 과반수의 찬성으로 의결한다(어촌계정관예27 본문).

(2) 특별결의

정관의 변경, 계원의 제명, 어촌계의 해산은 구성원 과반수의 출석과 출석구성원 3분의 2 이상의 찬성으로 의결한다(어촌계정관예27 단서).

(3) 관련 판례

① 대법원 2003. 6. 27. 선고 2002다68034 판결

[1] 법인 아닌 어촌계가 취득한 어업권은 어촌계의 총유이고(수산업법 제15조 제4항), 그 어업권의 소멸로 인한 보상금도 어촌계의 총유에 속하므로 총유물인 손실보상금의 처분은 원칙적으로 계원총회의 결의에 의하여 결정되어야 할 것이지만, 어업권의 소멸로 인한 손실보상금은 어업권의 소멸로 손실을 입은 어촌계 원들에게 공평하고 적정하게 분배되어야 할 것이므로, 어업권의 소멸로 인한 손실보상금의 분배에 관한 어촌계 총회의 결의내용이 각 계원의 어업권 행사 내용, 어업 의존도, 계원이 보유하고 있는 어업 장비나 멸실된 어업 시설 등의 제반 사정을 참작한 손실의 정도에 비추어 볼 때 현저하게 불공정한 경우에는 그 결의는 무효라 할 것이고, 한편 어업권의 소멸로 인한 손실보상금을 어업권 행사자와 비행사자 사이에 균등하게 분배하기로 하는 어촌계의 총회결의가 있는 경우, 그 결의가 현저하게 불공정하여 무효인지 여부를 판단함에 있어서는 그 어촌계 내부의 어업권 행사의 관행과 실태가 가장 중요한 기준이 된다고 할 것이고, 그 밖에 어업권 행사자가 되기 위한 경쟁의 정도, 어촌계원 중에서 어업권 행사자들이 차지하는 비율, 어업권 비행사자들이 어업권 행사자가 되지 못한 이유, 분배방법에 대한 행사자와 비행사자들의 태도, 그 어촌계에서의 과거의 보상금 분배의 선례 등도 판단 자료로서 참작되어야 할 것이다(대법원 1999. 7. 27. 선고 98다46167 판결 등 참조).

또, 어촌계의 계원에게 어촌계가 보유하는 어업권을 행사할 수 있는 잠재적인 권리가 있다고 하더라도 수산업법 제8조, 제9조, 제38조{구 수산업법(1990. 8. 1. 법률 제4252호로 전문 개정되기 전의 것) 제8조, 제10조 및 제51조 등 참조} 규정의 취지에 비추어 현실적으로는 어촌계와의 어업권 행사계약을 체결한 자만이 어업권을 행사할 수 있고, 어업권의 소멸로 인하여 직접 손실을 입게 되는 자는 바로 어업권 행사자들인 점도 충분히 감안되어야 할 것이다(대법원 1996. 12. 10. 선고 95다57159 판결 등 참조).

[2] 그런데 우선, 원심이 인정한 일부 사실 등에 의하더라도, 피고 소유의 제244호 어업권에 대하여도 주로 원고들(1990.부터 1998.까지 사이에 제241호 및 제244호 어업권을 실제로 행사한 사람에는 적지 않은 변동이 있었지만, 특히 제244호의 경우에는 원고들이 다수를 차지하고 있다)이 행사계약을 체결하고 행사비를 지급해왔고, 주로 원고들이 부산시수협에 대한 어업권 행사료와 미역 양식시설의 유지 및 개·보수비용을 갹출하여 지급해 온 점(원고들을 제외한 나머지 피고의 계원들 대부분은 양식시설의 설치 및 관리에 기여한 바가 없다) 등은 부정할 수 없다(나아가, 원고들 외에 종전에 어업권을 행사한 자들이 더 있었던 사정은, 원고들 외의 종전의 다른 어업권 행사자들을 원고들과 같이 또는 그에 준하여 배려해 주어야 할 근거는 될 수 있을 것이나, 이로써 원고들의 어업권 행사자로서의 이익에 대한 보상 내지 배려를 배제하는 근거로 삼을 수는 없을 것이다).

또, 그 양식업을 위하여 상당한 경험이나 기술, 많은 시설비의 투자가 필요한 것은 아니라고 하더라도, 그 수익성에 비하여 실제 어업권 행사자가 그다지 많지 않았던 점에 비추어 보면, 어느 정도의 시설비의 투자나 미역양식에 관한 경험 및 기술, 나아가 상당한 시간과 노력의 투입 등이 필요한 사실 또한 부정하기 어렵다.

또한, 부산광역시에서 거래되는 어업권의 시가(ha당 2,500만 원)에 의하면 제241호 및 제244호 어업권의 교환가치는 6억 원(2,500만 원 × 24ha)이고 이는 부산광역시에서 그 각 어업권 소멸에 대한 보상금으로 산정한 합계 42억 49,368,500원에 비하여 현저히 적은 액수인 점, 제241호 및 제244호 어업권이 소멸함에 따라 양식업자인 원고들은 생업의 터전을 잃게 되는 중대한 손실을 입는 반면, 양식업자가 아닌 일반계원들은 어업권 자체의 교환가치를 상실하는 정도의 손실을 입는 데 그치는 점도 가볍게 볼 수는 없다.

나아가, 원심이 판시한 바와 같은 다른 어촌계들의 손실보상금 분배에 관한 선례들을 보면, 1995. 광안대로 건설에 따른 어업권 행사 제한과 1999. 부산신항 건설사업에 따른 어업권 소멸에 대한 손실보상금과 관련하여, 거의 대부분, 마을어업권에 대한 손실보상금과 달리, 미역양식어업권, 김양식어업권에 대한 손실보상금은 행사계약자들에게만 균등 분배되었음을 알 수 있고, 피고도 1995.경 광안대로 건설에 따른 어업권행사 제한에 대한 손실보상금과 관련하여, 남구 제2호 공동어업권에 대한 손실보상금 중 해녀분을 제외한 어촌계분에 관하여는 총대회의 의결을 거쳐 어촌계 기금으로 6,496,160원을 공제하고 나머지 5,100만 원을 해녀를 제외한 나머지 계원 전원에게 균등 분배하였지만, 제241호 및 제244호 어업권에 대한 손실보상금에 관하여는 총대회의 의결을 거쳐 양식업자 17명에게 균등 분배하였다는 것이다.

[3] 한편, 원심은 "그 동안 원고들을 비롯한 양식계원들이 사실상 제241호와 제244호 어업권을 독점적으로 행사하여 그 경제적 이익을 독차지하고 있었던 점"을 그 판시이유로 들고 있다.

그런데 제1심의 부산시수협에 대한 사실조회 결과(기록 286쪽 참조)에 의하면, "어촌계는 총대회의 회의를 통하여 행사자를 선정한 후 조합과 행사계약을 체결한다."고 되어 있고, 제1심 증인 소외 1의 일부 증언에 의하면, "제241호, 제244호 양식장에 대한 행사계약은 원고들의 동의를 얻은 자만이 체결하였다."는 것이어서(기록 899쪽 참조, 기록 289쪽 이하에 편철된 1997. 9. 11.자 용호어촌계 양식업자 의사록도 이에 부합한다), 그 동안 어업권 행사자를 추천한 총대회 회의나 위와 같은 "양식업자 회의" 과정에서 원고들이 동의 여부를 통해 사실상의 의사결정을 함으로써 주로 원고들이 어업권을 행사하여 온 것으로 보이기도 하나, 한편 부산시수협의 양식어장관리규약 제12조에 의하면 당해어장에서 어업권을 행사한 실적이 있는 자에게 최우선순위를 인정하도록 정하고 있고{기록 455쪽 참조, 기록 784쪽 이하에 편철되어 있는 '어장관리규약(안) 제13조'도 같은 내용이다}, 원심의 판시에 의하더라도 원고들 외에 상당수의 다른 계원들도 어업권을 행사하였다는 것이므로 원고들이 부당하게 다른 계원들의 어업권 행사를 배제하여, 독점적인 경제적 이익을 얻었다고 단정할 수는 없다.

원심은, 또 "제241호 및 제244호 어업권의 소멸에 따른 손실보상금을 원고들을 비롯한 양식업자들이 일반계원보다 더 많이 분배해 달라고 요구하자 일반계원들은 이에 격렬히 반대한 점"도 그 판시 이유로 들고 있으나, 이는 원심이 인정한 협의과정 등에 관한 사실에 비추어, 적절한 판시 이유로 보이지 아니한다.

[4] 그 밖에 원심 감정인 소외 2의 감정 결과에 의하면, 어업권 행사자들인 원고들에게 65~75%를, 비행사자들에게 35~25%의 손실보상금을 귀속시키는 것이 타당하다는 것이고, 원심 판시에 의하더라도 그 협의과정에서 처음에 양식업자인 계원들은 80%를 양식계원에게, 나머지 20%를 일반계원에게 분배하자고 주장하였고, 일반계원들은 20%를 양식계원에게, 나머지 80%를 일반계원에게 분배

하자고 주장하다가, 최종적으로 양식계원들은 65%는 양식계원에게, 나머지 35%는 일반계원에게 분배하자고 주장하였고, 일반계원들은 50%는 양식계원에게, 나머지 50%는 일반계원에게 분배하자고 주장하여, 그 의견차가 상당히 좁혀졌다가 끝내 합의를 이끌어 내지 못하여, 원고들이 1999. 5. 26. 손실보상금을 청구하는 이 사건 소를 제기한 뒤 같은 해 6. 8. 총대회 회의에서도 결의가 이루어지지 아니하고, 같은 해 9. 10. 임시총회에서 이 사건 결의가 이루어졌는바, 일반계원들이 최종적으로 내세웠던 분배안인 '50% : 50% 안'에 따를 경우, 양식계원의 각 분배액은, 17명 기준시 1억 23,529,411원(42억 원 × 50% ÷ 17명)이 되는데, 이 사건 결의에 의할 경우 50,602,409원(42억 원 ÷ 83명)이 되어 그 절반에도 못 미침을 알 수 있다.

그런데 그와 같은 협의단계에서 일반계원들이 내세웠던 최종안을 배제하여야만 할 뚜렷한 사정변경이 있었다고 보이지도 아니한데{을 제2호증(용호어촌계 임시총회 의사록)을 보면, 이 사건 결의 당시 별다른 토론이 진행된 바 없음을 알 수 있다}, 그 최종안에서도 벗어나 원고들의 어업권 행사자로서의 이익을 완전히 배제하는 결의를 한 것은 그 협의과정에서 형성된 원고들의 신뢰 내지 기대를 저버리는 것이라 아니할 수 없고, 이는 그 각 어업권의 소멸로 인하여 피고에게 지급되는 보상금은 계원들의 총유로서 계원들의 지분권이 인정되지 아니하므로 총회의 결의에 의하여 그 처분방법을 정할 수 있는 것이고 이러한 총유재산의 처분에 대한 자율권은 그 결의내용이 현저하게 부당하지 아니하는 한 존중되어야 할 것이라는 점을 고려한다고 하더라도 납득하기 어렵다고 할 것이다.

[5] 요컨대, 원심판결이 든 사정들과 이 사건은 어업권 행사 제한에 대한 손실보상금이 아니라 어업권 소멸에 대한 손실보상금의 분배가 문제된다는 점 등은 대부분 어업권 비행사자들에 대해 분배하지 아니할 수 있는 특별한 사정을 부정하는 사유들이거나(앞에 든 98다46167 판결 등 참조), 어업권 행사자들과 비행사자들 간의 분배비율을 정함에 있어 어업권 비행사자들에 대한 분배비율을 상대적으로 높여 주어야 할 사유들로는 볼 수 있지만, 어업권 행사자들과 비행사자들 간의 분배비율을 완전히 같게 함으로써, 어업권 행사자들이 비행사자들과 비교하여 부가적으로 더 갖고 있는 재산상 이익에 대한 보상 내지 배려를 전적으로 부정할 만한 특별한 사정이나 합리적인 사유라고 보기에는 부족하다고 할 것이고, 따라서 그 결의의 내용은 어업권 행사자들에 대한 관계에서 현저하게 형평

을 잃은 것으로 보지 않을 수 없다.

그럼에도 불구하고, 원심은 그 판시와 같은 이유를 들어 이 사건 결의가 현저하게 불공정한 것으로 볼 수 없다고 판단하였으니, 거기에는 채증법칙을 위배하여 사실을 오인하거나 어업권 소멸로 인한 손실보상금의 분배 또는 어촌계 총회 결의의 무효사유에 관한 법리를 오해한 위법이 있고, 이는 판결에 영향을 미쳤음이 분명하다.

② 대법원 1997. 10. 28. 선고 97다27619 판결

[1] 어업권 소멸로 인한 손실보상금의 분배에 관한 어촌계 총회의 결의가 현저하게 불공정한 경우, 그 결의의 효력(무효): 법인 아닌 어촌계가 취득한 어업권은 어촌계의 총유이고, 그 어업권의 소멸로 인한 손실보상금도 어촌계의 총유에 속하므로, 총유물인 손실보상금의 처분은 원칙적으로 계원총회의 결의에 의하여 결정되어야 할 것이지만(수산업협동조합법시행령 제10조 제1항 제7호, 어촌계 정관 제33조 제1항 제7호), 어업권의 소멸로 인한 손실보상금은 어촌계의 잉여금과는 그 성질이 달라서 어업권의 소멸로 손실을 입게 된 어촌계원에게 공평하고 적정하게 분배되어야 할 것이므로, 어업권의 소멸로 인한 손실보상금의 분배에 관한 어촌계 총회의 결의내용이 각 계원의 어업권 행사 내용, 어업 의존도, 계원이 보유하고 있는 어업 장비나 멸실된 어업 시설 등의 제반 사정을 참작한 손실의 정도에 비추어 볼 때 현저하게 불공정한 경우에는 그 결의는 무효이다.

[2] 어업권 소멸로 인한 손실보상금의 분배에 관한 어촌계 총회의 결의가 현저하게 불공정하여 무효인지 여부의 판단기준: 어업권의 소멸로 인한 손실보상금을 어업권 행사자에게만 분배하고 어업권 비행사자에게는 전혀 분배하지 않기로 하는 결의가 있을 경우, 그 결의가 현저하게 불공정하여 무효인지의 여부를 판단함에 있어서는, 그 어촌계 내부의 어업권 행사의 관행과 실태가 가장 중요한 기준이 된다고 할 것이고, 그 밖에 어업권 행사자가 되기 위한 경쟁의 정도, 어촌계원 중에서 어업권 행사자들이 차지하는 비율, 어업권 비행사자들이 어업권 행사자가 되지 못한 이유, 보상 결의에 대한 비행사자들의 태도, 그 어촌계에서의 과거의 보상금 분배의 선례 등도 판단 자료로서 참작되어야 한다. 그러므로 예컨대 어촌계가 여러 종류의 어업권을 가지고 있고 그 종류별로 어업권의 행사자가 사실상 고정되어 있을 경우 특정 어업권의 행사자에게는 다른 종류의 어업

권의 소멸로 인한 손실보상금을 분배하지 않는다는 내용의 총회 결의와, 또는 어떤 어업권을 행사하기 위하여는 상당한 자력과 기술이 필요한데 비행사자들에게는 그러한 자력과 기술이 부족하고 어장과의 거리 등 환경적인 요인에 비추어 보더라도 장래에 그 어업권을 행사할 가능성이 거의 없다는 등의 특별한 사정이 있어서 어업권 비행사자에게는 일체 손실보상금을 분배하지 않기로 한다는 총회 결의 등은, 이를 현저하게 불공정하여 무효라고 볼 수는 없을 것이지만, 그러한 특별한 사정이 없는 경우에는 모든 어촌계원이 그 행사자가 될 잠재적인 권리를 가지고 있는 어촌계의 총유재산인 어업권이 소멸되었는데도 그 소멸의 대가로 지급된 보상금을 보상기준연도에 어업권을 실제로 행사한 어촌계원에게만 분배하고 비행사자에게는 차등분배조차 불허하기로 하는 결의는 현저하게 불공정하여 무효라고 보아야 할 것이다.

③ 대법원 1997. 10. 14. 선고 97다21277 판결

[1] 법인 어촌계가 갖는 어업권의 상실에 따른 손실보상금은 그 어촌계의 총회의 결의(또는 총회의 결의에 갈음한 총대회의 결의)에 의하여서만 이를 분배할 수 있고, 이러한 총회의 결의가 없는데도 각 계원이 직접 어촌계에 대하여 자기가 분배받을 금액을 청구할 수는 없다고 할 것이므로(당원 1992. 7. 14. 선고 92다534 판결, 1995. 8. 22. 선고 94다31020 판결 등 참조), 이와 반대되는 취지의 논지는 이유가 없다.

[2] 어업권의 상실로 인한 손실보상금의 분배에 관한 어촌계 총회의 결의 내용이 각 계원의 어업권 행사 내용, 어업 의존도, 계원이 보유하고 있는 어업 장비나 멸실된 어업 시설 등의 제반 사정을 참작한 손실 정도에 비추어 볼 때 현저하게 불공정한 경우에는 그 결의가 무효로 된다고 할 것임은 논하는 바와 같다(위 당원 92다534 판결 및 94다31020 판결 참조).

그러나 이 사건에서 문제되고 있는 충남 제1741호 부류식 김양식어장에 대한 채무자의 어장관리규약에 의하면 위 어장에 대한 어업권은 어촌계원 전원이 균등하게 행사할 수 있도록 규정되어 있으므로, 위 어장에 대한 어업권의 상실로 채무자에게 지급되는 손실보상금이 보상기준일 현재 실제로 위 어장에서 김양식을 한 어촌계원에게만 분배되어야 한다는 논지는 받아들일 수 없다 할 것이고, 한편 기록에 의하면 채무자가 채권자를 포함한 어촌계원 647명에게 균등 분배하

기로 한 보상금은 채무자가 가지고 있던 22개의 어업권 전체에 대한 보상금인데 채권자는 위 1741호 어장이 아닌 다른 21개 어장에 대하여는 행사권을 갖지 못하거나 또는 행사권을 가지고 있다고 하더라도 실제로 어업권을 행사한 사실이 없다고 인정되므로, 채무자가 위 22개 어장에 대한 어업권의 보상액을 어촌계원 전원에게 균등하게 분배하기로 결의하였다고 하더라도 그 결의가 채권자에게 현저하게 불공정하여 무효로 될 정도는 아니라고 할 것이다. 따라서 같은 취지의 원심판결은 정당하고 여기에 논하는 바와 같은 채증법칙 위반, 법리오해 등의 위법이 있다고 볼 수 없다. 논지는 모두 이유가 없다.

④ 대법원 1996. 12. 10. 선고, 95다57159 판결

[1] 직권으로 판단한다.

비법인사단인 어촌계가 가지는 어업권의 소멸로 인한 보상금은 어촌계의 총유에 속하는 것으로서 그 분배 방법은 정관의 정함이 있으면 이에 따라, 그렇지 않으면 총회의 결의에 따라 분배할 수 있는 것이고 계원이 이러한 결의 없이 보상금지급청구를 하는 것은 허용되지 아니하며, 다만 그 분배결의에 대하여 이의가 있는 각 계원은 총회의 소집 또는 결의절차에 하자가 있거나 그 결의의 내용이 각 계원의 어업 의존도, 멸실한 어업시설 등 제반 사정을 참작한 손실 정도에 비추어 현저하게 불공정한 경우에 그 결의의 부존재 또는 무효를 소구함으로써 그 권리를 구제받을 수 있는 것이다(당원 1992. 7. 14. 선고 92다534 판결, 1992. 10. 27. 선고 92다12346 판결, 1995. 8. 22. 선고 94다31020 판결 각 참조).

한편 어촌계의 계원과 같은 비법인사단의 구성원은 총유재산에 대하여 특정된 지분을 가지고 있는 것이 아니라 사단의 구성원이라는 지위에서 총유재산의 관리 및 처분에 참여하고 있는 것에 불과하고, 그 신분을 상실하면 총유재산에 대하여 아무런 권리를 주장할 수 없는 것이므로, 비록 그가 어촌계의 계원으로 있을 당시 어촌계가 취득한 보상금이라 하더라도 그 분배결의 당시 계원의 신분을 상실하였다면 그 결의의 효력을 다툴 법률상의 이해관계가 없다고 보아야 할 것이다.

그런데 이 사건 기록에 의하면 피고 어촌계는 충남 당진군 송산면 소재 가곡리 등에 거주하고, 소외 당진군수산업협동조합(이하 소외 조합이라 한다)에 가입한 어민들을 계원으로 하여 구성되어 있는 비법인사단으로서, 그 정관 제11조에

이 계의 구역 내에 거주하는 자로서 조합의 조합원은 계에 가입할 수 있다고 규정하고, 제21조 제2항 제1호에 계원으로서 자격을 상실한 때는 자연탈퇴된다는 취지로 규정하고 있는 사실, 소외 조합은 1994. 2. 25. 원고 유금준을 조합원에서 제명하였고, 소외 조합으로부터 이러한 통보를 받은 피고 어촌계는 같은 해 3. 16. 원고 유금준에게 같은 해 2. 25.자로 소외 조합에서 제명됨에 따라 피고 어촌계에서 자동탈퇴되었다는 통지를 한 사실이 인정되므로, 소외 조합의 제명행위가 당연무효라는 등의 특별한 사정이 엿보이지 않는 이 사건에서 원고 유금준은 같은 해 2. 25.자로 계원의 신분을 상실하였다고 할 것이고, 이 사건 무효확인의 대상이 된 보상금 분배결의는 그 이후인 같은 해 12. 12.자로 이루어진 것이므로, 원고 유금준에게는 이 사건 결의의 무효확인을 구할 법률상의 이익이 없다고 할 것이다.

따라서 원고 유금준의 이 사건 소는 소의 이익 내지 확인의 이익이 없어 부적법함에도 불구하고, 원심은 본안에 나아가 판단하여 원고 유금준의 청구를 기각하였으므로 이 점에서 원심판결은 위법하여 파기를 면할 수 없다 할 것이다.

[2] 원고 유금준을 제외한 나머지 원고들의 상고이유를 판단한다.

제2점에 대하여

이 사건 기록에 의하여 살펴보면 원심이 소론과 같이 피고가 면허번호 1284호의 가무락양식 어업권에 대하여 실제로 어업권을 행사하여 왔던 원고들을 배제하고, 다른 계원들과의 사이에 어업권 행사계약을 체결한 과정 및 위 어업권 행사계약에 대한 당진군수의 인가 내용을 인정함에 있어 채증법칙에 위배하여 사실을 잘못 인정하였다거나 관련사건에서 법원이 판시한 내용을 잘못 인정한 위법이 없으므로, 이 점을 지적하는 논지는 모두 받아들일 수 없다.

제1점에 대하여

원고들 주장의 요지는, 피고 어촌계의 계원들은 누구나 어장에 입어할 잠재적인 권리가 있을 뿐 아니라, 피고 어촌계가 지급받은 보상금은 계원들의 총유재산으로서 계원이라면 누구나 위 보상금에 대하여 동등한 권리를 행사할 수 있으므로, 피고 어촌계가 어업권의 소멸로 인한 보상금을 어업권 소멸 당시의 어업권 행사자에게만 분배하고 어업권 비행사자에게는 전혀 분배하지 아니한 것은 현저히 사회정의 및 공평의 관념에 반하고, 한편 어촌계가 어장을 취득하기 위하여는 상당한 비용이 들뿐 아니라 어장 운영과정에서도 매년 또는 몇 년마다 어업권 행사자들이 바뀌게 되므로, 어업권의 소멸 당시는 어업권 행사자가 아니라 하더라도 그 이전까지 수년간 어업권행사를 해 왔다면 어업 의존도와 어장관리에 대한 공헌도 등을 고려하여 그들에게도 합당한 보상금을 지급하여야 할 것인데, 특히 면허번호 1284호 가무락양식 어업권에 대하여는 그 어업권 소멸 당시의 어업권 행사자들인 소외 방준용 등 143인은 실질적으로 위 어업권의 대상이 된 어장에 입어한 사실이 없고, 오히려 원고들이 어장을 개척하고 수년간 어장에 종패를 뿌리는 등으로 관리해 왔으므로, 이러한 원고들의 어장개척에 대한 공헌도, 어장의 관리운영을 통한 어업 의존도, 어업권의 소멸이 확정될 때까지 종패를 뿌린 사실 등 여러 가지 사정을 종합하면 실질적 어업권 행사자인 원고들에게 다른 계원보다 많은 보상금을 분배하여야 함에도 원고들에게 보상금을 전혀 분배하지 아니한 것은 현저히 사회정의 또는 공평의 관념에 반하는 것이므로, 이 사건 분배결의가 무효임의 확인을 구한다는 것이다.

이에 대하여 원심은 피고 어촌계가 어업권의 소멸로 인하여 지급받은 보상금은 계원들의 총유로서 전적으로 총회의 결의에 의하여 자유로이 그 처분방법을 정할 수 있는 것이고, 이러한 총유재산의 처분에 대한 자율권은 그 결의 내용이 현저히 부당하지 않는 한 최대한 존중되어야 한다는 점, 총유재산에 대하여는 그 구성원들에게 지분이 인정되지 아니하는 점, 이 사건 각 어업권의 소멸 당시 피고 어촌계의 계원은 약 220명인데 면허번호 1291호의 해태양식 어업권에 대한 보상금은 어업권 행사자인 35명에게만, 면허번호 1349호의 해태양식 어업권에 대한 보상금은 어업권 행사자인 20명에게만, 면허번호 1414호의 가무락양식 어업권에 대한 보상금은 어업권 행사자인 85명에게만 분배됨으로써 대다수의 계원들이 분배에서 제외되었음에도 원고들을 제외한 나머지 계원들은 이러한 분배방식을 수긍하고 별다른 이의를 제기하지 않고 있는 것으로 보여지는 점, 피고 어촌계가 종전에 어업면허 1290호의 해태양식 어업권과 어업면허 373호의 제1종 공동어업권의 소멸로 인한 보상금을 어업권 행사자들에게만 분배한 데 대하여 원고들 대부분이 어업권 행사자로서 별다른 이의 없이 그 보상금의 분배에 참가한 사실 등에 비추어 볼 때 피고 어촌계가 이 사건 각 어업권의 소멸로 인한 보상금을 어업권 비행사자인 계원들에게 전혀 분배하지 않기로 결의하였다고 하더라도 계원들 과반수의 찬성으로 그와 같이 결의한 이상 그 결의 내용이 무효로 될 정도로 현저하게 부당하다고 할 수 없다고 판단하고 있는바, 어촌계의 계원에게 어촌계가 보유하는 어업권을 행사할 수 있는 잠재적인 권리가 있다고 하더라도 이 사건에 적용되는 구 수산업법(1990. 8. 1. 법률 제4252호로 전문 개정되기 전의 것) 제8조, 제10조 및 제51조의 규정 취지에 비추어 현실적으로는 어촌계와의 어업권 행사계약과 이에 대한 당국의 인가를 거친 자만이 어업권을 행사할 수 있고, 어업권의 소멸로 인하여 직접 손실을 입게 되는 자는 바로 어업권 행사자들인 점을 감안하면 원심의 위와 같은 판단은 정당한 것으로 수긍이 되고, 거기에 분배결의의 효력에 관한 법리를 오해한 위법이 있다고 할 수 없다.

나아가 원심은 면허번호 1284호의 가무락양식 어업면허에 기한 가무락 양식장에 대하여는 원고 유금준이 1984.경 양식장을 설치하고 종패를 뿌리는 등으로 입어하여 오다가 원고 조영덕, 박재원을 제외한 원고들(이하 원고 유금준 등이라 한다)이 1987. 10.경 피고 어촌계와 어업권 행사계약을 체결하고 종패를 뿌리고, 가무락을 수확하는 등으로 입어한 사실은 인정되지만 원고 유금준 등 어업권 행사자들과 피고 어촌계 사이에 체결된 어업권 행사계약이 1989. 9.경 적법하게 해지된 이상 그들이 면허번호 1284호의 가무락양식 어업권에 대한 실질적인 어업권 행사자라고 볼 수 없고, 이에 앞서 판시한 사정을 덧붙여 보면 역시 그 보상금을 어업권 행사자들인 143명에게 분배하기로 한 결의가 각 계원의 어업 의존도, 멸실한 어업시설 등 제반 사정을 참작한 손실정도에 비추어 현저하게 불공정한 경우에 해당한다고 볼 수 없다고 판단하고 있다.

그러므로 살피건대 이 사건에서 어업권 비행사자들을 제외하고 어업권 행사자들만을 대상으로 보상금을 분배하기로 결의하였다고 하더라도 그것만으로는 결의가 현저히 불공정하다고 볼 수 없다고 함은 앞서 본 바이지만, 면허번호 1284호의 가무락양식 어업권의 경우 기록상 원고 유금준 등 종래의 어업권 행사자들만이 양식장을 운영하여 왔고, 새로 어업권 행사자로 된 143명은 그 어업권의 소멸시까지 양식장을 운영한 사적이 없으므로, 비록 원고 유금준 등에 대한 어업권 행사계약의 해지가 적법하다고 하더라도 그들을 다른 어업권 비행사자들과 같이 취급하여 분배에서 제외하는 것은 불공정하다고 볼 여지가 있다.

그러나 원심이 위 판단에 앞서 확정한 사실관계에 의하면 원고 유금준이 1984.경 피고 어촌계장의 자격으로 당진군으로부터 보조금 및 융자금을 수령하고 개인의 돈을 보태어 양식장을 설치하였다는 것이므로, 원고들 중 앞서 본 바와 같이 이 사건 보상금의 분배에 참가할 자격이 없는 원고 유금준 이외에는 양식장의 설치에 기여한 자가 없는 것으로 보이고, 또한 1987. 10.경 원고 유금준 등과 피고 어촌계 사이에 양식어업권 행사계약이 체결될 당시 피고 어촌계장인 소외 김동준이 어촌계 총회의 결의를 거치지 아니한 채 위와 같은 계약을 체결함으로써 그들만이 양식장을 운영하는 데 대하여 반대의견이 있어 오던 중 피고 어촌계의 1988. 9. 6.자 임시총회와 1989. 9. 11.자 임시총회에서 위 양식어업권 행사계약상 어업권행사기간을 1987. 10.부터 입어상황 변동시까지로 정한 규정에 근거하여 위 양식어업권 행사계약을 종료시키고, 다른 계원들이 공동 입어하기로 잇달아 결의함에 따라 1989. 9. 12.자로 원고 유금준 등에게 위와 같은 총회결의의 취지 및 원고 유금준 등도 신청할 경우 향후 계속하여 다른 계원들과 공동 입어할 수 있다는 취지의 통지를 하였으나, 원고 유금준 등이 이러한 조치에 항의하면서 공동어업권 행사의 신청을 하지 아니하였다는 것이므로, 그들 스스로 어업권 행사자로 참여할 수 있는 기회를 거부한 것으로 볼 수밖에 없다 할 것인바, 여기에 원심 인정의 여러 사정을 덧붙여 보면 원고 유금준 등을 분배에서 배제한 이 사건 결의가 현저히 불공정한 것으로서 무효라고 단정할 수는 없다고 할 것이니 같은 취지로 판단한 원심은 정당하고, 거기에 분배결의의 효력에 관한 법리를 오해한 위법이 있다고 할 수 없다. 논지는 모두 이유 없다.

그러므로 원심판결 중 원고 유금준에 대한 부분을 파기하고, 민사소송법 제407조 제1호에 의하여 자판하기로 하여 원고 유금준의 이 사건 소를 각하하기로 하며, 원고 유금준을 제외한 나머지 원고들의 상고를 모두 기각한다.

4. 총회의 소집

(1) 감사의 총회소집

감사는 ⅰ) 총회를 소집할 사람이 없을 때, ⅱ) 계원 5분의 1 이상이 회의의 목적으로 하는 사항과 소집의 이유를 기재한 서면을 계장에게 제출하고 소집을 청구한 때 또는 감사가 어촌계의 재산상황 또는 업무집행에 관하여 부정한 사실을 발견한 경우에 있어서 이를 신속히 총회에 보고할 목적으로 총회의 소집을 요구한 때로부터 계장이 정당한 이유 없이 2주일 이내 또는 7일 이내에 총회 소집의 절차를 취하지 아니할 때에는 임시총회를 소집하여야 한다(어촌계정관예23①).

이 경우 감사는 총회소집 사유가 발생한 날부터 5일 이내에 총회 소집절차를 취하여야 한다(어촌계정관예23② 전단). 이 경우 감사가 의장의 직무를 수행한다(어촌계정관예23② 후단).

(2) 계원 대표의 총회소집

다음의 어느 하나에 해당하는 경우, 즉 ⅰ) 감사가 정당한 사유 없이 5일 이내에 총회 소집의 절차를 취하지 아니할 때, ⅱ) 임원 전원의 결원으로 총회를 소집할 사람이 없을 때에는 계원 5분의 1 이상의 동의를 받은 계원 대표가 임시 총회를 소집한다(어촌계정관예24①).

이 경우 계원 대표가 의장의 직무를 수행한다(어촌계정관예24②).

(3) 관련 판례

** 대법원 1991. 12. 24. 선고 91다22315 판결

법령, 정관, 변론조서의 기재 등에 비추어 피고 어촌계의 계원수가 20인(현행 10인) 이상으로 추단됨에도 불구하고 계원수, 소집절차의 적법성 등에 대한 심리를 게을리한 채 그 총회결의가 유효하다고 한 원심판결을 심리미진, 이유불비의 위법이 있다 하여 파기한 사례: 수산업협동조합법 시행령 제4조 제1항에 의하면 어촌계는 구역내에 거주하는 지구별 수산업협동조합의 조합원 20인(현행 10인) 이상이 발기인이 되어 설립준비위원회를 구성하고 정관을 작성하여 창립총회의결을 거쳐 시장 또는 군수의 인가를 얻어 설립하게 되어 있고, 같은법 시행령 제22조 제1항 제4호(현행 제8조 제1항 제3호)는 계원수가 20인(현행 10인) 미만이 될 때를 어촌계의 해산사유로 들고 있으며, 피고 어촌계의 정관(을 제4호증)도 그 제71조 제1항 제4호에서 계원수가 20인 미만이 될 때를 해산사유의 하나로 들고 있음을 알 수 있고, 한편 제1심의 12차 변론조서에 의하면 이 사건 어업권 취득 당시 피고어촌계원은 원고를 포함하여 22명인 점을 당사자가 다투지 아니한 것으로 되어 있는바, 그렇다면 피고 어촌계가 존속하고 있는 이상 특별한 사정이 없는 한 그 계원수는 적어도 20인 이상이라고 추단되므로 원심으로서는 그 계원이 17명이라고 인정하려면 그렇게 된 경위와 피고 어촌계가 해산하지 아니한 이유를 먼저 살펴보고, 필요한 경우에는 그 계원이 구체적으로 누구 누구인지를 확정한 후에 피고 어촌계의 총회결의가 적법한지의 여부를 판단하여야 할 것이다.

5. 총회의 소집통지

총회를 소집하려면 총회 개회 7일 전까지 회의목적 등을 적은 총회소집통지서를 계원에게 발송하여야 한다(어촌계정관예25 본문). 다만, 같은 목적으로 총회를 다시 소집할 때에는 개회 전날까지 통지하여야 한다(어촌계정관예25 단서).

6. 의결권의 제한 등

(1) 의결권 제한 사항

총회에서는 미리 통지한 사항에 대하여만 의결할 수 있다(어촌계정관예28① 본문). 다만, 정관의 변경, 계원의 제명, 어촌계의 해산, 간사를 제외한 임원의 선출과 해임을 제외한 긴급한 사항으로서 구성원 과반수의 출석과 출석구성원 3분의 2 이상의 찬성이 있을 때는 그러하지 아니하다(어촌계정관예28① 단서).

(2) 이해상충과 결의 배제

어촌계와 총회 구성원의 이해가 상반되는 의사를 의결할 때에는 해당 구성원은 그 의결에 참여할 수 없다(어촌계정관예28② 전단). 이 경우 의결에 참여하지 못하는 구성원은 총회의 구성원 수에 포함되지 아니한다(어촌계정관예28② 후단).

7. 총회의 회기 연장

총회의 회기(會期)는 총회의 의결에 따라 연장할 수 있다(어촌계정관예29①). 이에 따라 속행된 총회의 경우에는 제25조(총회의 소집통지)를 적용하지 아니한다(어촌계정관예29②).

8. 총회 의사록

(1) 총회 의사록 작성

총회의 의사에 관하여는 의사록을 작성하여야 한다(어촌계정관예32①).

(2) 총회 의사록 기재사항과 기명날인 또는 서명

의사록에는 의사의 진행사항 및 그 결과를 기록하고, 의장과 총회에서 선출한 3명 이상의 계원이 기명날인하거나 서명하여야 한다(어촌계정관예32②).

(3) 총회 의사록의 비치

계장은 의사록을 주된 사무소에 갖춰 두어야 한다(어촌계정관예32③).

Ⅱ. 대의원회

어촌의 계원이 50명을 초과하는 경우에는 대의원회를 둘 수 있되, 대의원회를 두는 경우에는 어촌계정관예 제34조부터 제36조까지를 다음과 같이 규정한다.

1. 대의원회 설치와 구성

(1) 대의원회 설치

어촌계는 어촌계의 해산 및 대의원회에서 총회로의 기관운영방식 변경에 관한 정관의 변경 사항 외의 사항에 대하여 총회에 갈음할 대의원회를 둔다(어촌계정관예34①).

(2) 대의원회 구성

대의원회는 계장과 대의원으로 구성하고, 계장이 그 의장이 된다(어촌계정관예34②).

(3) 준용규정과 대리행사 금지

대의원회는 총회에 관한 규정을 준용(이 경우 "총회"는 "대의원회"로, "계원"은 "대의원"으로 본다)하되, 대의원의 의결권은 대리인이 행사할 수 없다(어촌계정관예34③).

2. 대의원의 자격 및 선거 등

(1) 대의원의 자격

대의원은 계원 중에서 선출하며, 대의원선거에 관하여 필요한 사항은 규정으로 정한다(어촌계정관예35①).

(2) 대의원의 수와 선출구역

어촌계의 대의원의 수는 ○○명으로 하며, 대의원 선출구역은 동·리를 선출구역으로 한다(어촌계정관예35② 본문). 다만, 선출구역별 대의원수는 계원 수에 비례하여 총회에서 정한다(어촌계정관예35② 단서). 계원 수는 대의원 선거일 전 30일을 기준으로 한다(어촌계정관예35⑧).

위의 "○○"에는 계에서 두고자 하는 대의원의 정수를 10명 이상 15명 이내에서 명확하게 규정한다.

(3) 대의원의 임기

대의원의 임기는 2년으로 한다(어촌계정관예35③ 본문). 다만, 임기 중 최종의 결산기의 최종월 이후 그 결산기에 관한 정기총회 전에 임기가 만료된 때에는 그 정기총회가 종료될 때까지 그 임기는 연장된다(어촌계정관예35③ 단서).

(4) 보궐선거와 임기

대의원 중 결원이 생긴 때에는 보궐선거를 하며, 보궐선거로 당선된 대의원의 임기는 전임자의 남은 기간으로 한다(어촌계정관예35④ 본문). 다만, 대의원의 결원 수가 대의원 정수의 5분의 1 이하인 때에는 보궐선거를 하지 아니할 수 있다(어촌계정관예35④ 단서).

(5) 임기만료로 인한 대의원의 선거

임기만료로 인한 대의원의 선거는 대의원의 임기만료 전 40일부터 15일까지의 사이에 실시하여야 한다(어촌계정관예35⑤).

(6) 대의원의 겸직 금지

대의원은 어촌계의 임원 또는 직원과 소속 조합의 임직원 및 대의원이 될 수 없다(어촌계정관예35⑥).

(7) 임원의 결격사유
(가) 임원의 자격 제한

다음의 어느 하나에 해당하는 사람, 즉 i) 대한민국 국민이 아닌 사람, ii) 미성년자·피성년후견인·피한정후견인, iii) 파산선고를 받고 복권되지 아니한 사람, iv) 법원의 판결 또는 다른 법률에 따라 자격이 상실되거나 정지된 사람은 어촌의 임원이 될 수 없다(어촌계정관예35⑦, 어촌계정관예42①).

(나) 당선인 자격

위의 임원의 자격 제한 사유에 해당하는 사람은 당선인이 될 수 없으며, 당선인이 선거일 후 임기 개시 전에 임원의 자격 제한 사유에 해당하게 될 때에는 당선의 효력이 상실된다(어촌계정관예35⑦, 어촌계정관예42②).

(다) 자격 제한 사유 발생과 당연 퇴직

임기 중에 임원의 자격 제한 사유가 발생한 때에는 해당 임원은 당연 퇴직된다(어촌계정관예35⑦, 어촌계정관예42③).

(라) 퇴직 전 행위의 효력 유지

퇴직된 임원이 퇴직 전에 관여한 행위는 그 효력을 상실하지 아니한다(어촌계정관예35⑦, 어촌계정관예42④).

(마) 임원의 자격 제한 사유 발생과 신고

어촌계의 임원은 재임 중 임원의 결격사유에 해당하는 사유가 발생한 때에는 지체 없이 이를 어촌계에 신고하여야 한다(어촌계정관예35⑦, 어촌계정관예42⑤).

3. 대의원의 의무 및 자격상실

(1) 대의원의 의무

대의원은 성실히 대의원회에 출석하고, 그 의결에 참여하여야 한다(어촌계정관예36①).

(2) 대의원의 자격상실

대의원회는 대의원이 ⅰ) 대의원회 소집통지서를 받고 정당한 사유 없이 계속하여 3회 이상 출석하지 아니하거나, 대의원회에 출석하여 같은 안건에 대한 의결에 2회 이상 참가하지 아니한 경우, ⅱ) 부정한 방법으로 대의원회 의사를 방해한 경우, ⅲ) 고의 또는 중대한 과실로 어촌계의 명예 또는 신용을 훼손시킨 경우에는 그 의결로 대의원의 자격을 상실하게 할 수 있다(어촌계정관예36② 전단). 이 경우에는 해당 대의원에게 해임의 이유를 기재한 서면으로 해임의결일 7일 전까지 통지하여 대의원회에서 의견을 진술할 기회를 주어야 한다(어촌계정관예36② 후단, 어촌계정관예49④).

제2절 임원

Ⅰ. 임원의 정수

어촌계에 계장 1명, 간사 1명, 감사 1명의 임원을 둔다(어촌계정관예37).

Ⅱ. 임원의 선출

1. 계장의 선출

계장은 어촌계를 대표하며 그 사무를 집행하고 총회 및 대의원회의 의장이
된다. 따라서 계장의 경우 소송상의 당사자능력을 가질 수 있으며, 어촌계 역시
소송당사자가 될 수 있다.[1]

(1) 제1례: 계장을 총회 외에서 계원이 직접 선출

계장을 총회 외에서 계원이 직접 선출하고자 하는 어촌계의 경우에는 계장
은 계원 중에서 계원이 총회 외에서 직접 선출한다(어촌계정관예38①).

(2) 제2례: 계장을 총회에서 계원이 직접 선출

계장을 총회에서 계원이 직접 선출하고자 하는 어촌계의 경우에는 계장은
계원 중에서 계원이 총회에서 직접 선출한다(어촌계정관예38①).

(3) 제3례: 계장을 대의원회에서 선출

계장을 대의원회에서 선출하고자 하는 어촌계의 경우에는 계장은 계원 중에
서 대의원회에서 선출한다(어촌계정관예38①).

(4) 제4례: 계장을 임명제로 선출

계장을 임명제로 선출하고자 하는 어촌계의 경우에는 계장은 계원 중에서

---

1) 임종선(2012), 300-301쪽.

계원의 과반수 이상 동의를 얻어 시장·군수·구청장이 임명한다(어촌계정관예38①).

2. 감사의 선출

감사는 계원 중에서 총회(대의원회를 두는 경우에는 대의원회)에서 선출한다(어촌계정관예38②).

3. 간사의 임면

간사는 계원 중에서 계장이 임면한다(어촌계정관예38③).

4. 정관부속서임원선거규정

임원의 선출에 관하여 필요한 절차 등은 정관부속서임원선거규정으로 정한다(어촌계정관예38④).

Ⅲ. 임원의 직무

1. 계장의 직무

계장은 어촌계를 대표하고 그 업무를 집행하며, 총회의 의장이 된다(어촌계정관예39①).

2. 간사의 직무

간사는 계장을 보좌하고 계장이 궐위·구금되거나 의료기관에서 30일 이상 계속하여 입원한 경우 등 부득이한 사유로 직무를 수행할 수 없을 때에는 그 직무를 대행한다(어촌계정관예39②).

3. 감사의 직무

(1) 총회 출석·의견진술 및 재산과 업무집행상황 감사

감사는 총회(대의원회 포함)에 출석하여 그 의견을 진술할 수 있으며, 매 회계연도 1회 이상 계의 재산과 업무집행상황을 감사하여 그 결과를 총회에 보고하여야 한다(어촌계정관예39③).

(2) 부정사실 발견과 보고

감사는 어촌계의 재산상황 또는 업무집행에 관하여 부정한 사실을 발견하면 이를 총회와 조합장에게 지체 없이 보고하여야 한다(어촌계정관예39④).

(3) 감사의 대표권

어촌계가 계장 또는 간사와 계약을 할 때에는 감사가 어촌계를 대표한다(어촌계정관예40①). 어촌계와 계장 또는 간사간의 소송에 관하여도 같다(어촌계정관예40②).

IV. 임원의 임기

1. 제1례: 계장의 연임을 제한하지 아니하고자 하는 어촌계

계장의 연임을 제한하지 아니하고자 하는 어촌계의 경우에는 계장과 간사의 임기는 4년으로 하고, 감사의 임기는 3년으로 한다(어촌계정관예41①).

2. 제2례: 계장의 연임을 제한하고자 하는 어촌계

계장의 연임을 제한하고자 하는 계의 경우에는 계장과 간사의 임기는 4년으로 하고, 감사의 임기는 3년으로 하되, 계장은 1회만 연임할 수 있다(어촌계정관예41①).

3. 임원 임기의 기산

임원의 임기는 전임자의 임기만료일 다음날로부터 기산한다(어촌계정관예41② 본문). 다만, 당선일이 전임자의 임기만료일 이후일 때에는 당선공고일로부터 기산한다(어촌계정관예41② 단서).

4. 재선거 및 보궐선거에 따라 취임한 임원의 임기

재선거 및 보궐선거에 따라 취임한 임원의 임기는 당선공고일로부터 새로 기산한다(어촌계정관예41③).

5. 임원 임기의 연장

임기 중 최종의 결산기의 최종월 이후 그 결산기에 관한 정기총회 전에 임기가 만료된 때에는 그 정기총회가 종료될 때까지 그 임기는 연장된다(어촌계정관예41④, 어촌계정관예35③ 단서).

6. 임기만료로 인한 대의원의 선거

임기만료로 인한 대의원의 선거는 대의원의 임기만료 전 40일부터 15일까지의 사이에 실시하여야 한다(어촌계정관예41④, 어촌계정관예35⑤).

V. 임원의 결격사유

1. 임원의 자격 제한

다음의 어느 하나에 해당하는 사람, 즉 ⅰ) 대한민국 국민이 아닌 사람, ⅱ) 미성년자·피성년후견인·피한정후견인, ⅲ) 파산선고를 받고 복권되지 아니한 사람, ⅳ) 법원의 판결 또는 다른 법률에 따라 자격이 상실되거나 정지된 사람, ⅴ) 선거일공고일 현재 어촌계의 계원 신분을 2년 이상 계속 보유하고 있지 아니한 사람, ⅵ) 계장 및 감사의 경우에는 선거일공고일 현재, 간사의 경우에는 임명일 현재 어촌계 또는 소속 조합에 대하여 500만원 이상의 채무(보증채무는 제외)의 상환을 6개월을 초과하여 연체하고 있는 사람은 어촌의 임원이 될 수 없다(어촌계정관예42①).

2. 당선인 자격

위의 임원의 자격 제한 사유에 해당하는 사람은 당선인이 될 수 없으며, 당선인이 선거일 후 임기 개시 전에 임원의 자격 제한 사유에 해당하게 될 때에는 당선의 효력이 상실된다(어촌계정관예42②).

3. 자격 제한 사유 발생과 당연 퇴직

임기 중에 임원의 자격 제한 사유가 발생한 때에는 해당 임원은 당연 퇴직된다(어촌계정관예42③).

4. 퇴직 전 행위의 효력 유지

퇴직된 임원이 퇴직 전에 관여한 행위는 그 효력을 상실하지 아니한다(어촌계정관예42④).

5. 임원의 자격 제한 사유 발생과 신고

어촌계의 임원은 재임 중 임원의 결격사유에 해당하는 사유가 발생한 때에는 지체 없이 이를 어촌계에 신고하여야 한다(어촌계정관예42⑤).

Ⅵ. 임원의 의무와 책임

1. 성실의무

어촌의 임원은 법령, 법령에 따른 명령·처분·정관 및 총회의 의결을 준수하고 그 직무를 성실히 수행하여야 한다(어촌계정관예43①).

2. 어촌계에 대한 손해배상책임

임원이 그 직무를 수행하면서 고의 또는 중대한 과실로 어촌계에 끼친 손해에 대하여는 연대하여 손해배상의 책임을 진다(어촌계정관예43②).

3. 제3자에 대한 손해배상책임

임원이 그 직무를 수행하면서 고의 또는 중대한 과실로 제3자에게 끼친 손해에 대하여는 연대하여 제3자에게 손해배상의 책임을 진다(어촌계정관예43③ 전단).

4. 결산보고서 거짓 기재: 어촌계 또는 제3자에 대한 책임

임원이 결산보고서에 거짓의 사실을 기재하여 어촌계 또는 제3자에게 끼친 손해에 대해서도 또한 같다(어촌계정관예43③ 후단).

5. 손해배상청구권 행사의 청구권자

손해배상청구권의 행사는 계장과 간사에 대하여는 감사가, 임원 전원에 대하여는 계원 5분의 1 이상의 동의를 받아 계원대표가 행한다(어촌계정관예43④).

Ⅶ. 임직원의 겸직금지 등

1. 계장, 간사 및 감사의 상호 겸직금지 등

계장, 간사 및 감사는 상호 겸직할 수 없으며, 어촌계의 임원은 대의원 또는 직원을 겸직할 수 없다(어촌계정관예46①).

2. 임직원의 다른 어촌계 등의 임직원 겸직금지

어촌계의 임원과 직원은 다른 계, 소속조합 또는 다른 조합(다른 법률에 의한 협동조합을 포함)과 중앙회의 임직원을 겸직할 수 없다(어촌계정관예46②).

3. 임직원의 거래 제한

임원 및 직원은 총회의 승인이 없으면 자기 또는 제3자의 계산으로 어촌계의 사업과 실질적으로 경쟁관계에 있는 사업을 경영하거나 이에 종사할 수 없다(어촌계정관예46③ 전단). 이 경우 실질적 경쟁관계에 있는 사업에 해당하는지는 총회의 의결로 결정한다(어촌계정관예46③ 후단).

Ⅷ. 임원의 보수 등

어촌계의 임원에 대한 보수와 여비 그 밖의 실비 등은 총회가 정하는 바에 따라 지급할 수 있다(어촌계정관예47).

IX. 임시계장 임명

1. 임명 사유

조합장은 ⅰ) 계장 및 간사가 모두 궐위된 경우, ⅱ) 계장이 궐위된 경우로서 간사가 계장의 직무를 대행하지 아니하거나 할 수 없는 경우에는 계원이나 이해관계인의 청구에 의하여 또는 직권으로 계원 중에서 임시계장을 임명할 수 있다(어촌계정관예48①).

2. 선출 기한

임시계장은 취임한 날로부터 1개월 이내에 궐위된 계장을 선출하여야 한다(어촌계정관예48②).

3. 임시계장의 직무 행사 기간

임시계장은 1개월 이내에 궐위된 계장을 선출하는데, 선출된 계장이 취임할 때까지 그 직무를 행한다(어촌계정관예48③).

X. 임원의 해임

1. 계원의 해임요구와 의결정족수

(1) 내용

계원이 임원을 해임하고자 할 때에는 계원 3분의 1 이상의 서면동의를 받아 총회에 해임을 요구할 수 있다(어촌계정관예49① 전단). 이 경우 총회는 구성원 과반수의 출석과 출석구성원 3분의 2 이상의 찬성으로 의결한다(어촌계정관예49① 후단).

계장의 해임은 정관의 규정에 의하여야 한다. 시장·군수·구청장 등이 비법인 임의단체인 양식계의 계장을 해임하고 새로 임명한 행위가 행정청이 법규에 의한 공권력의 발동으로서 행한 것이어서 행정처분이라고 볼 수 있다. 그러나 공동어업면허를 받아 그 소득증대를 기하기 위하여 자발적으로 설립한 비법인 임의단체인 양식계의 계장임면에 대한 행정처분은 아무런 법령상의 권한 없이 행한 행정처분이므로 당연무효이다.[2] 시장·군수·구청장은 어촌계의 부채가 그 자산을 초과한 경우, 어촌계의 사업량으로 보아 어촌계의 운영이 매우 곤란하다고 인정되는 경우 마을어업권 행사시 분쟁 조정상 필요하다고 인정되는 경우에 한해 설립인가를 취소할 수 있을 뿐이다.[3]

(2) 관련 판례

** 대법원 1991. 10. 11. 선고 90누9926 판결

피고가 1988.12.31. 원고를 나주호 새마을 양식계의 계장직에서 해임하고, 1989.1.14. 소외 K를 위 양식계의 계장으로 임명한 이 사건처분은 농수산부고시 제2677호 새마을 양식계 조직 및 운영규정 제12조 제2항에 의한 것임이 기록상 뚜렷하고, 위 농수산부고시는 수산업협동조합법 제16조의2(현행 제15조)에 근거한 것이며, 이 사건 처분이 통상의 행정처분의 방식에 의하여 이루어진 점에 비추어 볼 때, 위 처분은 행정청이 법규에 의한 공권력의 발동으로서 행한 것이라 할 것이다.

이 사건 양식계에 관하여 수산업협동조합법 제16조 제1항, 제16조의2(현행 제15조) 제1항, 동 시행령 제1장의 규정 등을 종합하여 보면, 위 법령 소정의 새마을 양식계는 수산업협동조합이 설립되어 존속하고 있음을 전제로 하여야만 그 설립이 가능하다고 할 것인데, 위 양식계가 설립된 1977년도를 전후하여 현재까지 나주호 지역에는 지구별 수산업협동조합이 존재한 바가 없으므로 이 사건 양식계는 위 법령의 규정에 의한 새마을 양식계라고는 볼 수 없고, 단지 나주호 인근 주민들이 내수면 공동어업면허를 받아 그 소득증대를 기하기 위하여 자발적으로 설립한 비법인인 임의단체라고 인정한 다음, 피고가 이 사건 양식계를 위 법령의 적용을 받는 새마을 양식계로 보고 위 농수산부고시 규정을 적용하여 한 피고의 이 사건 행정처분은 아무런 법령상의 권한 없이 행한 행정처분이므로 당연무효이고, 그렇지 않더라도 위 농수산부고시 중 어촌계의 계장임면에 관한 위 규정은 상위법령인 위 시행령의 규정과 달리 양식계장의 임면권자를 소속 지구별 조합장에서 행정관청인 군수로 변경하여 규정하고 있어 이는 상위법령에 위배되는 당연무효의 규정이며 따라서 이와 같이 무효인 위 농수산부고시의 규정

---

2) 대법원 1991. 10. 11. 선고 90누9926 판결.
3) 임종선(2012), 301쪽.

에 기하여 피고가 한 이 사건 처분은 권한 없는 행정청이 행정처분을 한 결과가 되어 당연무효라 할 것이다.

2. 기타 해임 방법

앞의 방법 외에 ⅰ) 대의원회에서 선출된 임원: 대의원 3분의 1 이상의 요구 및 대의원 과반수의 출석과 출석대의원 3분의 2 이상의 찬성으로 대의원회에서 해임결정, ⅱ) 총회 외에서 직접 선출한 계장: 대의원 3분의 1 이상의 요구와 대의원회의 의결을 거쳐 계원 투표로 해임결정(이 경우 대의원회의 의결에 있어서는 제1호에 따른 정족수를 준용하며, 계원 투표에 의한 해임결정은 계원 과반수의 투표와 투표한 계원 과반수의 찬성으로 한다)의 방법으로 임원을 해임할 수 있다(어촌계정관예 49②).

3. 계장의 간사 해임 사유

계장은 간사가 그 직무를 담당하기 곤란하다고 인정하거나 법령, 법령에 따른 행정처분 및 정관에 위반한 때에는 해임할 수 있다(어촌계정관예49③).

4. 해임 이유의 통지와 의견진술 기회 부여

해임 의결을 하는 때에는 해당 임원에게 해임의 이유를 기재한 서면으로 해임의결일 7일 전까지 통지하여 총회 또는 대의원회에서 의견을 진술할 기회를 주어야 한다(어촌계정관예49④).

XI. 직원

어촌계는 필요한 수의 직원을 둘 수 있다(어촌계정관예50).

제
4
장 /

사 업

제1절 기금의 조성 · 운용

어촌계는 사업 목적을 달성하기 위하여 기금을 조성 · 운용할 수 있다(영7②).

제2절 자금차입

어촌계는 사업 목적을 달성하기 위하여 중앙회, 수협은행 또는 지구별수협
으로부터 자금을 차입할 수 있다(영7②).

제3절 비계원의 사업이용

Ⅰ. 사업이용의 허용

어촌계는 계원의 이용에 지장이 없는 범위에서 비계원에게 사업을 이용하게
할 수 있다(어촌계정관예52①).

Ⅱ. 사업이용의 제한

1회계연도에 있어 비계원의 사업이용량은 각 사업별로 그 회계연도 사업량
의 3분의 1을 초과할 수 없다(어촌계정관예52② 본문). 다만, 어업인의 생활필수품
과 어선 및 어구의 공동구매, 수산물의 간이공동제조 및 가공, 구매·보관 및 판
매사업, 국가·지방자치단체 또는 조합의 위탁사업 및 보조에 따른 사업은 그 이
용을 제한하지 아니한다(어촌계정관예52② 단서).

Ⅲ. 간주계원의 사업이용

다음의 어느 하나에 해당하는 자, 즉 ⅰ) 계원과 같은 세대에 속하는 사람,
ⅱ) 준계원, ⅲ) 다른 어촌계 및 다른 어촌계의 계원이 어촌계의 사업을 이용하
는 경우에는 계원이 그 사업을 이용한 것으로 본다(어촌계정관예52③).

제4절 공동판매

공동판매사업은 조합의 위탁판매사업에 지장을 가져오지 아니하는 범위에
서 조합장의 승인을 받아 수행할 수 있다(어촌계정관예53).

제5절 어업권·양식업권의 행사

Ⅰ. 의의

어촌계의 계원은 어촌계가 취득한 어업권·양식업권을 행사할 수 있다(어촌계정관예54①). 어업권의 행사에 관하여 어촌계는 수산업법 제38조에 따른 어장관리규약 및 양식산업발전법 제40조에 따른 양식장관리규약을 정하여야 한다(어촌계정관예54②).

Ⅱ. 어장관리규약

1. 어장관리규약의 제정

어업권을 취득한 어촌계와 지구별수협은 해양수산부령으로 정하는 바에 따라 그 어장에 입어하거나 어업권을 행사할 수 있는 자의 자격, 입어방법과 어업권의 행사방법, 어업의 시기, 어업의 방법, 입어료(入漁料)와 행사료(行使料), 그 밖에 어장관리에 필요한 어장관리규약을 정하여야 한다(수산업법38①).

2. 시장·군수·구청장의 조치

시장·군수·구청장은 어장관리규약이 수산업법, 어장관리법, 양식산업발전법 또는 수산자원관리법을 위반하거나 수산업법, 어장관리법, 양식산업발전법 또는 수산자원관리법에 따른 명령·처분 또는 그 제한이나 조건을 위반한 경우에는 어장관리규약의 변경 등 필요한 조치를 명할 수 있다(수산업법38②).

Ⅲ. 양식장관리규약

1. 양식장관리규약의 제정

양식업권을 취득한 어촌계·내수면어업계와 지구별수협은 해양수산부령으로 정하는 바에 따라 그 양식장에 출입하거나 양식업권을 행사할 수 있는 자의 자격, 양식업권의 행사방법 및 행사료(行使料), 양식업의 시기·방법, 그 밖에 양식장 관리에 필요한 양식장관리규약을 정하여야 한다(양식산업발전법40①).

2. 면허권자의 조치

면허권자는 양식장관리규약이 양식산업발전법, 수산업법, 어장관리법, 내수면어업법 또는 수산자원관리법을 위반하거나 양식산업발전법, 수산업법, 어장관리법, 내수면어업법 또는 수산자원관리법에 따른 명령·처분 또는 그 제한이나 조건을 위반한 경우에는 양식장관리규약의 변경 등 필요한 조치를 명령할 수 있다(양식산업발전법40②).

제6절 여유금의 운용

어촌계는 ⅰ) 국채와 공채의 매입, ⅱ) 중앙회 또는 소속 조합에의 예치의 방법으로만 업무상의 여유금을 운용할 수 있다(어촌계정관예64).

제
5
장
/

재 산

제1절 어업권

Ⅰ. 의의

어업권이란 수산업법 제8조(면허어업)에 따라 면허를 받아 어업을 경영할 수 있는 권리를 말한다(수산업법2(9)). 어업권은 수산업법 제8조에 따라 시장·군수·구청장의 정치망어업, 마을어업 면허를 받은 자와 제19조에 따라 어업권을 이전받거나 분할받은 자가 제17조의 어업권원부에 등록을 함으로써 취득한다(수산업법16①).

정치망어업이란 일정한 수면을 구획하여 대통령령으로 정하는 어구(漁具)를 일정한 장소에 설치하여 수산동물을 포획하는 어업을 말하고(수산업법8①(1)), 마을어업이란 일정한 지역에 거주하는 어업인이 해안에 연접한 일정한 수심(水深) 이내의 수면을 구획하여 패류·해조류 또는 정착성(定着性) 수산동물을 관리·조성하여 포획·채취하는 어업을 말한다(수산업법8①(6)). 마을어업에 부여된 면허를 마을어업권이라고 한다. 마을어업은 일정한 지역에 거주하는 어업인의 공동이익

을 증진하기 위하여 어촌계나 지구별수협에만 면허한다(수산업법9①). 시장·군수
·구청장은 어업인의 공동이익과 일정한 지역의 어업개발을 위하여 필요하다고
인정하면 어촌계, 영어조합법인 또는 지구별수협에 마을어업 외의 어업을 면허
할 수 있다(수산업법9④).

어촌계는 정치망어업, 마을어업 등의 어업권을 보유하고 있으며, 이를 통해
어업활동을 하고 어업소득을 창출한다. 어촌계원을 대상으로 어업권의 이용에
대한 행사계약을 체결하여 어장을 운영하고 있으며, 행사료 수입은 어촌계의 주
된 소득원이 된다.[1]

II. 성질

어업권은 물권으로 하며, 수산업법에서 정한 것 외에는 민법 중 토지에 관
한 규정을 준용한다(수산업법16②). 어업권과 이를 목적으로 하는 권리에 관하여
는 민법 중 질권(質權)에 관한 규정을 적용하지 아니한다(수산업법16③).

어업면허를 취득한 사람은 해당 어업을 영위하는데 방해가 되는 행위를 배
제하고 특정 어업을 독점적·배타적으로 영위할 수 있는 권리를 갖는다.[2]

** 관련 판례: 대법원 1999. 5. 14. 선고 98다14030 판결

어업면허는 면허를 받은 사람에게 장기간에 걸쳐 권리를 설정하여 주는 이
른바 특허로서 그 유효기간이 만료됨으로써 당연히 소멸되고, 면허기간의 갱신
은 실질적으로 권리의 설정과 동일한 점, 구 수산업법(1990. 8. 1. 법률 제4252호로
전문 개정되기 전의 것) 제75조 제1항은 공익상 필요에 의한 면허어업의 제한과 어
업면허의 취소만을 보상사유로서 규정하고 면허기간의 연장이 허가되지 아니하
는 경우는 이를 보상의 대상에서 제외하다가, 1990. 8. 1. 법률 제4252호로 전문
개정된 수산업법 제81조 제1항 제1호에 의하여 비로소 보상의 대상에 포함되었
으나, 그 보상사유를 같은 법 제34조 제1항 제1호 내지 제5호의 사유로 인한 처
분으로 한정하여 규정하고 있는 점, 해당 수면이 다른 법령에 의하여 어업행위가
제한 또는 금지되는 경우는 같은 법 제34조 제1항 제1호 내지 제5호의 사유와는

---

1) 김인유(2018), 108-109쪽.
2) 노은우(2011), 33쪽.

달리 이를 근거로 하여 면허기간 내의 어업을 제한하거나 어업면허를 취소할 수 없도록 하되, 다만 이를 사유로 면허기간의 연장을 허가하지 아니할 수 있도록 하여(같은 법 제14조 제2항, 제4조 제3항) 기존 어업면허의 유효기간을 보장하는 반면, 이를 보상사유에 포함시키지 아니한 점에 비추어 보면, 해당 수면이 다른 법령에 의하여 어업행위가 제한 또는 금지되는 사유로 내수면어업개발촉진법에 의한 어업면허에 대한 면허기간의 갱신이 거절되었다는 사정만으로 같은 법 제81조 제1항 제1호를 준용 또는 유추적용하여 어업면허권자에게 손실보상청구권을 인정할 수는 없다.

III. 어업권의 행사

1. 관련 규정

어촌계가 가지고 있는 어업권은 제38조(어장관리규약)에 따른 어장관리규약으로 정하는 바에 따라 그 어촌계의 계원이 행사한다(수산업법37① 본문). 다만, 마을어업권의 경우에는 계원이 아닌 자도 ⅰ) 해당 어촌계의 관할 구역에 주소를 두고 있을 것(제1호), ⅱ) 마을어업권의 행사에 대한 어촌계 총회의 의결이 있을 것(제2호), ⅲ) 제47조(신고어업)에 따른 어업의 신고를 마쳤을 것(제3호)의 요건을 모두 갖춘 경우에는 마을어업권을 행사할 수 있다(수산업법37① 단서).

2. 관련 판례

** 대법원 2000. 9. 8. 선고 2000다20342 판결

[1] 어업면허권자인 지구별수산업협동조합이 그 지구 내에 있는 일부 조합원들로 구성된 어촌계와 어업권행사계약을 체결하고 그 어촌계원들인 조합원들로 하여금 면허어업권을 행사하도록 한 경우, 어업권의 소멸로 인한 손실보상청구권의 귀속주체(=지구별수산업협동조합) 및 그 손실보상금의 분배 내지 처분시 거쳐야 할 절차: 어업면허권자인 지구별수산업협동조합이 그 지구 내에 있는 일부 조합원들로 구성된 어촌계와 어업권행사계약을 체결하고 그 어촌계원들인 조합원들로 하여금 면허어업권을 행사하도록 한 경우, 그 어업권의 소멸로 인한 손실보상청구권은 어업면허권자인 지구별수산업협동조합에 귀속되는 것이고 어업

권행사계약을 체결한 어촌계에 귀속되는 것은 아니며, 따라서 그 손실보상금의 분배나 처분도 정관에 특별한 규정이 없는 한 지구별수산업협동조합의 총회결의를 거쳐 하여야 하는 것이고 어촌계의 총회결의를 거쳐야 하는 것은 아니지만, 지구별수산업협동조합 총회의 결의내용이 어업권을 행사하는 어촌계원인 조합원들에게 현저히 불공정한 경우에는 그 조합원들이 분배결의의 무효를 소구하여 구제받을 수 있다.

[2] 같은 취지에서 원심이, 어업면허권자인 피고 조합이 그 일부 조합원들로 구성된 소외 눌차어촌계와 어업권행사계약을 체결한 이 사건에 있어서 그 어업권의 소멸로 인한 손실보상금은 어업면허권자인 피고 조합에게 귀속되는 것이므로, 피고 조합이 이를 분배·처분함에 있어 피고 조합 총회의 결의를 거치면서 위 어업권행사계약 체결 당시 위 어촌계가 준수하기로 약속한 피고 조합의 보상금처리요강에 따라 보상금 중 96.5%만 위 어촌계에 지급하고 나머지 3.5%는 피고 조합 공동이익 증진을 위한 자체기금으로 적립하였다고 하더라도 그 자체기금적립분을 피고 조합이 법률상 원인 없이 이득하였다고 볼 수 없다고 판단한 것은 정당하고, 이와 같은 자체기금적립이 법령이나 정관에 근거가 없다고 하여 달리 볼 것은 아니므로, 거기에 상고이유에서 주장하는 바와 같이 판결 결과에 영향을 미친 법리오해나 채증법칙 위배 또는 대법원 판례위반의 잘못이 있다고 할 수 없다.

Ⅳ. 어업권의 임대차

1. 관련 규정

어업권은 임대차의 목적으로 할 수 없다(수산업법33 전단). 이 경우 어촌계의 계원, 지구별수협의 조합원 또는 어촌계의 계원이나 지구별수협의 조합원으로 구성된 영어조합법인이 제38조에 따른 어장관리규약으로 정하는 바에 따라 그 어촌계 또는 지구별수협이 소유하는 어업권을 행사하는 것은 임대차로 보지 아니한다(수산업법33 후단).

2. 관련 판례

① 대법원 2007. 5. 31. 선고 2007다8174 판결

[1] 수산업법 제33조가 어업권의 임대차를 금지하고 있는 취지는, 적격성과 우선순위 등의 판단을 거쳐 자영할 의사가 있는 자에게 해당 수면을 구획·전용하여 어업을 경영하게 하고 그 이익을 제3자로부터 보호함으로써 수산업의 발전을 도모할 목적 아래 마련된 어업면허제도의 근간을 유지함과 아울러, 어업권자가 스스로 어업권을 행사하지 않으면서 이른바 부재지주적 지대를 징수하는 것을 금지하고, 자영하는 어민에게 어장을 이용시키려는 데 있으므로, 어촌계의 계원이 아닌 자로 하여금 어촌계의 사업을 이용시키는 것과 같은 방식으로 어촌계 명의의 어업권을 행사케 하고 그 대가를 징수할 수 있다고 해석하는 것은 어촌계 명의의 어업권에 대한 임대차를 사실상 널리 허용하는 셈이 되고, 이는 곧 어업권의 임대차를 금지하는 수산업법의 근본 취지를 몰각시키는 결과가 되어 부당하다.

[2] 수산업법 제37조 제1항은 마을어업권의 경우 계원이 아닌 자도 동항 각호 소정의 요건을 갖춘 때에는 마을어업권을 행사할 수 있는 것을 제외하고는, 어촌계가 가지고 있는 어업권은 어장관리규약이 정하는 바에 따라 당해 어촌계의 계원이 행사하도록 규정하고 있는바, 이 규정과 어업권의 임대차가 금지되는 수산업법의 근본 취지에 비추어 보면, 어촌계가 마을어업권이 아닌 어업권에 관하여 어촌계원이 아닌 자와 사이에 체결한 어업권행사계약은 무효이다.

② 대법원 1995. 11. 10. 선고 94도2458 판결

[1] 어촌계의 계원이 아닌 자에게 허용할 수 있는 수산업협동조합법시행령 제16조 제4항(현행 제6조 제3항) 소정의 "사업의 이용"이라고 함은 어디까지나 어촌계가 당해 사업의 운영주체임을 전제로 하여 그 사업 운영을 원활히 할 목적 하에 계원의 이용에 방해가 되지 않는 범위 내에서 계원이 아닌 자가 당해 사업이나 시설을 이용함을 의미하고, 더 나아가 계원이 아닌 자가 그 사업의 운영주체가 되는 것까지 이에 포함된다고 볼 수는 없다.

[2] 어촌계가 그 계원이 아닌 자로 하여금 어촌계 명의로 취득한 어업권의 일부를 행사케 하고 그 대가로 일정한 임료를 지급받기로 약정한 것은 어업권의

임대차의 실질을 갖는 것이고, 이와 같은 어업권의 임대차는 어업권자가 아무런 관여를 하지 않는 가운데 임차인의 의사에 따라 어업권이 행사되고 그 어업을 영위함에 의하여 생기는 이익은 차임으로 어업권자에게 지급되는 것 이외에는 모두 임차인에게 귀속된다는 점에서 그 운영주체의 변경을 가져오는 것이므로 이를 수산업협동조합법시행령 제16조 제4항에서 허용하는 "사업의 이용"으로 보기는 어렵다.

　[3] 수산업법이 어업권의 임대차를 금지하고 있는 취지는, 적격성과 우선순위 등의 판단을 거쳐 자영할 의사가 있는 자에게 해당 수면을 구획·전용하여 어업을 경영케 하고 그 이익을 제3자로부터 보호함으로써 수산업의 발전을 도모할 목적 아래 마련된 어업면허제도의 근간을 유지함과 아울러 어업권자가 스스로 어업권을 행사하지 않으면서 이른바 부재지주적 지대를 징수하는 것을 금지하고 자영하는 어민에게 어장을 이용시키려는 데 있으므로, 어촌계의 계원이 아닌 자로 하여금 어촌계의 사업을 이용시키는 것과 같은 방식으로 정관이 정하는 바에 따라 어촌계 명의의 어업권을 행사케 하고 그 대가를 징수할 수 있다고 해석하는 것은 어촌계 명의의 어업권에 대한 임대차를 사실상 널리 허용하는 셈이 되고, 이는 곧 어업권의 임대차를 금지하는 수산업법의 근본 취지를 몰각시키는 결과가 되어 부당하다.

　[4] 수산업법 제37조 제1항, 제38조, 제40조 제1항, 수산업협동조합법시행령 제7조 제1항 제1호, 제2항의 각 규정을 종합하면, 어촌계가 가지고 있는 어업권은 당해 어촌계의 계원이 이를 행사할 수 있고, 계원이 아닌 자는 같은 법 제2조 제7호의 입어자에 해당하거나 수산업협동조합법시행령 제7조 제1항 제1호 소정의 준계원이 된 경우에만 공동어업권의 어장에 입어할 수 있으며, 어촌계의 어장관리규약에서는 위와 같이 계원이 어업권을 행사하거나 계원이 아닌 자가 공동어업권의 어장에 입어함에 있어서 기준이 되는 우선순위 등의 자격, 어업권의 행사방법과 입어방법, 어업의 시기, 어업의 방법, 행사료 및 입어료 기타 어장의 관리에 필요한 사항을 정할 수 있을 뿐이고, 또한 수산업법상 "입어"라고 함은 같은 법 제44조의 규정에 의하여 어업의 신고를 한 자로서 공동어업권이 설정되기 전부터 당해 수면에서 계속적으로 수산동식물을 포획·채취하여 온 사실이 대다수 사람들에게 인정되는 자 중 대통령령이 정하는 바에 의하여 어업권원부에 등록된 자가 공동어업의 어장에서 수산동식물을 포획·채취하는 것을 말하므로(같

은 법 제2조 제7호, 제40조), 이는 공동어업권자의 어업구역에서 공동어업을 하는 경우에만 허용되고 이 사건과 같이 양식어업권자의 어업구역에서 양식어업을 하는 경우에는 허용될 여지가 없는 것이다. 그렇다면 계원이 아닌 자에게 양식어업권의 행사나 양식어업권의 어장에의 입어를 허용하는 어촌계의 어장관리규약은 위와 같은 관계 법령의 규정 내용과 그 취지에 반하는 것으로 무효이므로, 그 어장관리규약에 따라 체결된 어업권 행사 또는 입어 계약은 적법한 어업권의 행사나 입어를 내용으로 하는 계약이라고 볼 수 없다

제2절 어업권의 소멸로 인한 손실보상금

Ⅰ. 총유

법인이 아닌 어촌계가 취득한 어업권은 그 어촌계의 총유로 한다(수산업법16 ④). 어업권의 소멸로 인한 보상금도 판례는 어촌계의 총유에 속한다고 판시3)하여 어업권 소멸로 인한 손실보상금을 어촌계의 재산으로 보고 있다.

Ⅱ. 관련 판례

① 대법원 2000. 5. 12. 선고 99다71931 판결

[1] 어촌계의 어업권 소멸로 인한 보상금의 분배 방법 및 그에 관한 계원의 권리구제 방법: 비법인 사단인 어촌계가 가지는 어업권의 소멸로 인한 보상금은 어촌계의 총유에 속하는 것으로서 그 분배 방법은 정관의 정함이 있으면 이에 따라, 그렇지 않으면 총회의 결의에 따라 분배할 수 있는 것이고 계원이 이러한 결의 없이 보상금지급청구를 하는 것은 허용되지 아니하며, 다만 그 분배결의에 대하여 이의가 있는 각 계원은 총회의 소집 또는 결의절차에 하자가 있거나 그 결의의 내용이 각 계원의 어업 의존도, 멸실한 어업시설 등 제반 사정을 참작한

---

3) 대법원 2003. 6. 27. 선고 2002다68034 판결.

손실 정도에 비추어 현저하게 불공정한 경우에 그 결의의 부존재 또는 무효를 소구함으로써 그 권리를 구제받을 수 있다.

[2] 어촌계가 보상금을 취득할 당시에는 계원이었으나 보상금 분배결의시에는 계원의 신분을 상실한 자에게 그 결의의 효력을 다툴 법률상 이익이 있는지 여부(소극): 비법인 사단인 어촌계의 구성원은 총유재산에 대하여 특정된 지분을 가지고 있는 것이 아니라 사단의 구성원이라는 지위에서 총유재산의 관리 및 처분에 참여하고 있는 것에 불과하고, 그 신분을 상실하면 총유재산에 대하여 아무런 권리를 주장할 수 없는 것이므로, 비록 그가 어촌계의 계원으로 있을 당시 어촌계가 취득한 보상금이라 하더라도 그 분배결의 당시 계원의 신분을 상실하였다면 그 결의의 효력을 다툴 법률상의 이해관계가 없다고 보아야 할 것이다.

② 대법원 2000. 2. 25. 선고 99다22649, 22656, 22663 판결

법인인 어촌계가 어업권의 등록권자인 경우, 어업권 소멸에 따른 손실보상금이나 손해배상청구권의 귀속 주체(=어촌계) 및 그 계원들이 어촌계가 가지는 제3자에 대한 손해배상청구권을 직권 또는 대위행사할 수 있는지 여부(소극): 수산업협동조합법 제16조의2(현행 제15조)의 규정에 따른 법인 어촌계가 어업권의 등록권자인 경우, 그 계원들은 감독청의 승인을 받은 어촌계의 어장관리규약에 따라 행사계약을 체결함으로써 어업권을 행사할 수 있을 뿐이므로, 어업권의 소멸에 따른 손실보상금이나 손해배상청구권 역시 어촌계에 귀속될 뿐 계원들은 어업권 소멸에 따른 손해배상청구권자가 아니라 할 것이고, 계원들로서는 어촌계가 제3자에 대하여 가지는 손해배상청구권을 직접 또는 대위행사할 수 없다.

③ 대법원 1999. 7. 27. 선고 98다46167 판결

[1] 어업권의 소멸로 인한 손실보상금의 분배에 관한 어촌계 총회의 결의 내용이 현저하게 불공정한 경우, 그 결의의 효력(무효): 어업권의 소멸로 인한 손실보상금은 어촌계의 잉여금과는 달리 그 성질이 달라서 어업권의 소멸로 손실을 입게 된 어촌계원에게 공평하고 적정하게 분배되어야 할 것이므로, 어업권의 소멸로 인한 손실보상금의 분배에 관한 어촌계 총회의 결의 내용이 각 계원의 어업권 행사 내용, 어업의존도, 계원이 보유하고 있는 어업장비나 멸실된 어업시설 등의 제반 사정을 참작한 손실의 정도에 비추어 볼 때 현저하게 불공정한 때

에는 그 결의는 무효이다.

　[2] 어업권의 소멸로 인한 손실보상금을 어업권 행사자에게만 분배하고 어업권 비행사자에게는 전혀 분배하지 않기로 하는 어촌계 총회의 결의가 있는 경우, 그 결의가 현저하게 불공정하여 무효인지 여부의 판단 기준: 어업권의 소멸로 인한 손실보상금을 어업권 행사자에게만 분배하고 어업권 비행사자에게는 전혀 분배하지 않기로 하는 어촌계 총회의 결의가 있을 경우, 그 결의가 현저하게 불공정하여 무효인지의 여부를 판단함에 있어서는 그 어촌계 내부의 어업권 행사의 관행과 실태가 가장 중요한 기준이 된다고 할 것이고, 그 밖에 어업권 행사자가 되기 위한 경쟁의 정도, 어촌계원 중에서 어업권 행사자들이 차지하는 비율, 어업권 비행사자들이 어업권 행사자가 되지 못한 이유, 보상 결의에 대한 비행사자들의 태도, 그 어촌계에서의 과거의 보상금 분배의 선례 등도 판단자료로서 참작되어야 하므로, 예컨대 어촌계가 여러 종류의 어업권을 가지고 있고 그 종류별로 어업권의 행사자가 사실상 고정되어 있을 경우 특정 어업권의 행사자에게는 다른 종류의 어업권의 소멸로 인한 손실보상금을 분배하지 않는다는 내용의 결의와 또는 어떤 어업권을 행사하기 위하여는 상당한 자력과 기술이 필요한데 비행사자들에게는 그러한 자력과 기술이 부족하고 어장과의 거리 등 환경적인 요인에 비추어 보더라도 장래에 그 어업권을 행사할 가능성이 거의 없다는 등의 특별한 사정이 있어서 어업권 비행사자에게는 일체 손실보상금을 분배하지 않기로 한다는 결의 등은 이를 현저하게 불공정하여 무효라고 볼 수는 없을 것이지만, 그러한 특별한 사정이 없는 경우에는 모든 어촌계원이 그 행사자가 될 잠재적인 권리를 가지고 있는 어촌계의 총유재산인 어업권이 소멸되었는데도 그 소멸의 대가로 지급된 보상금을 어업권을 실제로 행사한 어촌계원에게만 분배하고 비행사자에게는 차등분배조차 불허하기로 하는 결의는 현저하게 불공정하여 무효라고 보아야 한다.

　④ 대법원 1996. 6. 14. 선고 94다57084 판결
　[1] 기명식 예금의 예금주: 금융기관에 대한 기명식 예금에 있어서는 명의의 여하를 묻지 아니하고 또 금융기관이 누구를 예금주라고 믿었는가에 관계없이 예금을 실질적으로 지배하고 있는 자로서 자기의 출연에 의하여 자기의 예금으로 한다는 의사를 가지고 스스로 또는 사자, 대리인을 통하여 예금계약을 한

자를 예금주로 봄이 상당하다.

[2] 예금에 대한 가집행 후 그 가집행선고가 실효된 경우, 실제 예금주 아닌 예금명의인이 가지급물 반환 또는 손해배상을 구할 수 있는지 여부(소극): 예금 명의인에 대한 가집행선고부 판결에 기하여 예금의 일부에 대하여 채권압류 및 전부명령을 받아 이를 수령하였을지라도, 그 예금이 예금명의인의 재산이 아닌 어촌계에 총유적으로 귀속되는 것이라면 타인의 재산에 대하여 한 가집행에 불 과하므로, 예금명의인이 그 가집행으로 인한 지급물이 민사소송법 제201조 제2 항이 규정한 가집행선고로 인한 지급물에 해당한다고 주장하여 그 반환을 구하 거나 손해의 배상을 구할 수는 없다.

⑤ 대법원 1995. 8. 22. 선고 94다31020 판결
어촌계의 총유인 어업권 상실에 따른 손실보상금의 귀속, 분배 방법 및 불 공정한 분배의 경우 각 계원의 권리구제 방법: 어촌계의 총유인 어업권의 상실에 따른 손실보상금은 특별한 사정이 없는 한 어촌계의 총유에 속하므로 그 계원총 회의 결의에 의하여서만 이를 분배할 수 있고, 이러한 계원총회의 결의가 없는 한 각 계원이 직접 어촌계에 대하여 자기 지분의 분배를 청구할 수는 없으며, 각 계원은 총회의 소집 또는 결의 절차에 하자가 있거나 그 결의의 내용이 각 계원 의 어업의존도, 멸실한 어업시설 등 제반 사정을 참작한 손실 정도에 비추어 현 저하게 불공정한 경우에 그 결의의 부존재 또는 무효 확인을 소구함으로써 그 권리를 구제받을 수 있다.

⑥ 대법원 1992. 7. 14. 선고 92다534 판결
[1] 어촌계의 각 계원이 어촌계 총회의 결의 없이 직접 어촌계에 대하여 어 업권의 소멸에 따른 손실보상금 중 자기 지분의 분배를 청구할 수 있는지 여부 (소극): 어촌계는 계원들이 공동목적을 위하여 조직한 법인 아닌 사단으로서 어 업권은 물론 그 소멸에 따른 손실보상금도 특별한 사정이 없는 한 어촌계의 총 유에 속한다고 할 것이므로, 총유물인 위 손실보상금의 처분은 정관 기타 규약에 서 달리 정하지 않는 한 계원총회의 결의에 의하여야 할 것인바, 수산업협동조합 법시행령 제10조 제1항 제7호 및 어촌계의 정관이 어촌계의 어업권 또는 부동산 기타 재산의 취득 및 처분은 총회의 의결을 얻도록 규정하고 있고 또 위 정관이

어촌계가 해산한 경우에 있어서의 청산 또는 잔여재산의 처분도 총회의 의결사항으로 규정하고 있으므로, 어촌계가 해산된 여부와 관계없이 위 손실보상금은 어촌계 총회의 결의에 의하여서만 이를 분배할 수 있고 이러한 총회의 결의가 없는데도 민법상 조합이 해산된 경우에 있어서의 잔여재산분배에 관한 민법 제724조 제2항을 유추적용하여 각 계원이 직접 어촌계에 대하여 자기 지분의 분배를 청구할 수는 없다고 보아야 한다.

　[2] 위 "[1]"항에 있어 총회의 소집 또는 결의절차에 하자가 있거나, 그 결의의 내용이 현저하게 불공정한 경우 각 계원의 권리구제방법: 위 [1]항에 있어 각 계원은 총회의 소집 또는 결의절차에 하자가 있거나, 그 결의의 내용이 각 계원의 어업 의존도, 멸실한 어업시설 등 제반 사정을 참작한 손실 정도에 비추어 현저하게 불공정한 경우에 그 결의의 부존재 또는 무효확인을 소구함으로써 그 권리를 구제받을 수 있을 것이다.

　⑦ 창원지법 1994. 5. 13. 선고 93노1227 제1형사부판결
　[1] 한국전력공사로부터 화력발전소 건설에 따라 상실되는 해당지역 어촌계의 공동어업권 및 관행어장입어자 등에 대한 손실보상금 225억 원이 보상대상자인 조합원(어촌계원) 255명, 비조합원(비어촌계원) 31명 등 합계 286명에게 지급되게 되자, 조합원들측에서는 업무의 편의를 위하여 보상금분배위원 22명을 선출하여 보상금 분배에 관한 일체의 권한을 위임하였고, 이에 따라 열린 보상금분배위원회에서는 위 보상대상자들의 사전동의 없이 7,000만 원을 한국전력공사측과의 보상금 협상과정에서 지출된 제반 업무추진 경비 및 분배위원들의 수고비조로 지출하기로 하는 내용의 결의를 하였는데, 보상금분배위원 중의 1인으로서 위와 같은 결의에 가담한 피고인의 행위가 업무상 배제에 해당하는지에 관하여 보면, 우선 조합원들에 대한 관계에서 볼 때엔, 보상금분배위원들은 어촌계원들로부터 보상금 분배에 관한 일체의 권한을 위임받아 선출된 자들이라는 점, 위 보상금분배위원회의 결의 후 어촌계 총회를 열어 어촌계원 개인별로 보상금분배를 함에 있어 위와 같은 결의내용을 고지하고 승인을 얻은 점, 보상금분배위원회에서 지출결의된 금원의 액수 등에 비추어 볼 때 피고인의 행위가 조합원들에 대한 신임관계를 저버리는 배임행위라 할 수 없고, 다음 비조합원들에 대한 관계에서 보더라도 한국전력공사로부터 보상금을 수령하기 위한 보상자료 송부, 보

상금액 협상 등의 제반 과정에서 조합원들측에서만 이를 주도하였을 뿐, 비조합원들은 보상금을 타는 데 필요하리라고 인정되는 노력과 경비의 지출을 하지 아니한 채 보상금 지급대상이 되는 혜택을 입게 되었다는 등의 사정에 비추어 비조합원측에서도 보상과정에 지출된 경비와 분배위원들에 배한 보상금 등을 상당 비율 분담하는 것이 사회통념상 당연하다고 인정되므로 피고인의 행위를 비조합원들에 대한 배임행위라고도 할 수 없다.

　　[2] 어촌계 대표인 피고인 갑이 한국전력공사로부터 어촌계의 공동어업권 상실에 따른 피해보상자료 송부를 요청받고, 당해 어촌계의 계원이었으나 수년전 인근 타지로 전출하였다가 다시 당해 어촌계 구역내로 주민등록만을 옮긴 피고인 을을 어촌계원이라고 자료를 송부하여, 그로 하여금 한국전력공사에서 어촌계로 지급된 공동어업권 상실에 따른 보상금을 어촌계원의 일원으로서 균등분배받게 한 경우, 주거를 타지로 옮겼다는 사정만으로는 어촌계 정관에서 어촌계원 자격의 상실사유로 규정하고 있는 자동탈퇴사유 또는 제명에 해당한다고 할 수 없고 달리 어촌계원 자격을 상실하였다고 볼 증거가 없을 뿐만 아니라, 어촌계의 공동어업권 상실에 따른 한국전력공사의 보상액은 수산업법시행령 제62조의 규정에 따라 어촌계 공동어장의 연간어획고를 기준으로 산정된 것이지 어촌계의 계원 수에 영향을 받은 것은 아니어서, 피고인 갑이 피고인 을을 어촌계원이라고 자료송부한 것과 한국전력공사측의 보상액 산정 사이에는 인과관계가 있다고 할 수 없어 한국전력공사측에 재산상 손해를 가하였다고 할 수 없으므로, 피고인 갑, 을의 위 행위가 각 한국전력공사에 대한 업무상 배임 또는 사기죄를 구성한다고 할 수 없다.

　　⑧ 춘천지방법원 강릉지원 2003. 12. 11. 선고 2003나858 판결
　　[1] 인정사실
　　다음의 사실은 당사자 사이에 다툼이 없고, 갑 제1 내지 17호증의 기재에 변론의 전취지를 종합하면 이를 인정할 수 있다.
　　(가) 원고는 수산업협동조합법 제16조의 2의 규정에 따라 어촌계원의 생산력 증진, 생활향상을 위한 공동사업의 수행 및 그 경제적·사회적 지위의 향상을 도모함을 목적으로 하여 강원 양양군 강현면 물치리, 정암리 일대의 수산업협동조합원들을 계원으로 하여 결성된 어촌계이다.

(나) 원고는 강원도지사로부터 사용기간을 1999. 7. 29.부터 2018. 11. 9.까지로 하여 별지 목록 기재 부동산(활어장으로 사용됨)에 관하여 무상 사용·수익권을 부여받은 뒤, 1999. 7. 10. 총회에서 위 활어장을 사용할 수 있는 자격을 원고 어촌계원으로 한정하는 결의를 한 후 그 계원들에게 1개 점포씩을 역시 무상으로 사용할 수 있는 권한을 부여하였으며, 원고 어촌계원인 피고 김명래는 그 중 별지 도면 표시 32호 점포의 사용권을 부여받아 그 처인 피고 장선자와 함께 운영하고 있다.

(다) 원고 어촌계의 정관 제22조는 제1항에서 '계원의 다음 각호의 1의 규정에 해당될 때에는 총회의 의결로서 제명할 수 있다. 다만 총회 개최일 10일 전에 그 계원에게 제명사유를 통지하고 총회에서 변명할 기회를 주어야 한다. 3. 법령, 법령에 의한 행정처분, 정관 기타 제 규약에 위반하거나 고의 또는 중대한 과실로 인하여 이 계의 명예 또는 신용을 현저히 손상한 때'라고 규정하고 있고, 제3항에서는 '제명된 계원은 제명된 날로부터 6월이 경과한 후가 아니면 이 계에 가입할 수 없다'고 규정하고 있으며, 제33조에서는 총회의 의결사항으로 '계원의 제명'을 규정하고 있고, 제34조에서는 '계원의 제명은 계원 2/3 이상의 출석과 출석계원 2/3 이상의 찬성으로 의결한다'고 규정되어 있으며, 제명 이외에 계원에 대한 징계방법은 규정되어 있지 않다.

(라) 피고 김명래는 1999. 4.경 강원 양양군 강현면 물치리 7반 소재 손인섭의 집에서, 사실은 물치리어촌계 임원들이 활어납품업체인 향도수산과 문암수산 업주들로부터 술대접이나 돈을 받은 사실이 없음에도 불구하고, 손인섭에게 물치어촌계 임원 2-3명이 강릉에 위치한 모호텔에서 금품을 수수하고 여자들을 불러 술대접을 받았다고 말하여 공연히 허위사실을 적시하여 물치리어촌계 임원들의 명예를 훼손하고, 2000. 1. 중순경 같은 면 소재 물치항에서 홍성인에게 위와 같은 말을 하여 물치리어촌계 임원들의 명예를 훼손하였으며, 2000. 3. 말경 같은 면 석교리 소재 인천막국수집에서 홍성인에게 위와 같은 말을 하여 물치어촌계 임원들의 명예를 훼손하였다는 이유로 춘천지방법원 속초지원에서 2002. 4. 17. 벌금 70만원을 선고받았고, 피고 김명래는 위 판결에 대하여 항소하였으나 춘천지방법원에서 2002. 9. 18. 항소기각되었으며, 이에 피고 김명래가 다시 상고하였으나 대법원에서 2003. 1. 24. 상고기각됨으로써 확정되었다.

(마) 원고 어촌계는 피고 김명래의 위와 같은 주장에 대하여 2000. 7. 28. 임

시총회를 개최하여 피고 김명래가 참석한 가운데 그 사실여부를 확인하는 과정에서, 비리가 드러나는 임원이 있으면 해당임원을 제명키로 하고, 만일 비리사실이 근거 없는 것으로 밝혀지면 피고 김명래를 제명처분하기로 의결하였다. 그 후 피고 김명래에 대한 형사사건의 제1심 판결이 선고되자 원고 어촌계는 2001. 5. 28. 임시총회를 열고 피고 김명래를 제명하는 결의를 한 후 같은 해 6. 13. 피고 김명래에게 이를 통지하였으나, 위 임시총회 당시 총회개최사실 및 부의안건을 사전에 피고 김명래에게 통지하지 아니하였고 임시총회 당시에도 변명의 기회를 부여하지 않았으므로, 원고 어촌계는 2003. 4. 14. '계원제명의 건'으로 총회를 개최하면서 같은 해 3. 31. 총회개최사실을 공고하고 같은 해 4. 2. 어촌계원 전체에게 총회소집통보를 하였으며 같은 날 피고 김명래에게는 제명사유를 통보하고 변명의 기회를 부여한다는 내용의 통보를 하였고, 위 총회에는 어촌계원 총 34명 중 26명이 참가하여 찬성 20명, 기권 6명으로 피고 김명래가 어촌계의 명예를 현저히 손상시켰음을 이유로 제명결의를 하였다.

(바) 원고 어촌계는 피고 김명래에게 위 형사사건이 진행되는 동안 위 피고가 근거 없는 소문을 퍼뜨린 것에 대하여 사과하고 어촌계의 발전을 위해 합의하자는 제안을 하였으나 피고 김명래는 이를 거절하였고, 반면에 피고 김명래에게 최초 어촌계 임원들의 비리문제를 제기한 이순범은 자신의 주장에 대한 근거를 구하지 못하자 원고 어촌계와 합의하여 원고 어촌계에서도 이순범의 문제는 불문에 부치기로 하였으며, 그 후 이 사건 소가 진행되는 동안 여러 차례에 걸쳐 합의시도가 있었으나 피고 김명래는 어촌계 임원들이 비리를 저지른 근거가 있다고 주장하며 원고 어촌계에 사과할 의사가 없음을 분명히 밝히고 있다.

[2] 판단

(가) 위 인정사실에 의하면, 피고 김명래는 2003. 4. 14. 제명결의에 의하여 원고 어촌계에서 제명됨으로써 원고 어촌계원의 자격을 상실하였다고 할 것이므로, 특별한 사정이 없는 한 피고들은 더 이상 이 사건 점포를 점유·사용할 권한이 없다고 할 것이다.

(나) 피고들의 주장

(1) 제명절차상 하자에 대하여

피고들은, 원고 어촌계가 2001. 5. 28. 임시총회를 개최하여 피고 김명래를 제명함에 있어, 피고 김명래에게 임시총회의 개회일시, 장소, 부의안건 등을 통지하지 않았고, 제명사유 역시 통지하지 않았으며, 그로 인하여 변명할 기회조차 부여하지 않았으므로 징계절차상 하자가 있다고 주장하나, 원고 어촌계는 2003. 4. 14. 총회를 개최하여 피고 김명래의 제명결의를 한 사실 및 위 총회개최에 아무런 절차상 하자가 없음은 당사자 사이에 다툼이 없으므로, 이와 다른 전제에 선 피고들의 주장은 이유 없다.

(2) 제명내용상 하자에 대하여

피고들은, 어촌계의 공익적 성격으로 보아 어촌계 임원들의 비리혐의를 전해듣고 진상규명을 촉구하는 것이 어촌계의 명예를 훼손하는 행위가 아니고, 가사 어촌계의 명예를 훼손하는 행위라고 하여도 이 사건 활어장은 생계유지의 터전이므로 계원의 지위를 박탈하는 제명결의에 의하여 활어장의 사용권한을 빼앗는 것은 제명결의에 내재된 한계를 일탈한 것으로서 부당하다고 주장한다.

살피건대, 피고 김명래가 주장하는 원고 어촌계 임원들의 비리혐의가 아무런 근거가 없고 그로 인하여 피고 김명래가 명예훼손죄로 유죄판결을 받아 확정된 사실은 위에서 본 바와 같고, 위에서 인정한 증거들에 변론의 전취지를 종합하면, 피고 김명래가 최초로 문제를 제기한 1999. 4.경부터 원고 어촌계가 피고 김명래에 대한 제명결의를 한 2003. 4. 14.까지 무려 4년여 동안 피고 김명래는 아무런 근거도 밝히지 못하는 상태에서 끊임없이 원고 어촌계 임원들의 비리혐의를 문제삼았고 그로 인하여 물치항 주변에서는 원고 어촌계를 극도로 불신하게 되었으며, 원고 어촌계의 여러 차례에 걸친 합의시도에도 불구하고 이를 거절한 채 사과할 의사가 없음을 밝히고 있고, 원고 어촌계의 정관상으로는 제명결의 외에 달리 계원의 불법·부당한 행위를 제재할 수 있는 방법이 마련되어 있지 않고, 원고 어촌계에서 제명결의가 있더라도 정관에서는 6개월이 경과하면 다시 계원으로 가입할 수 있는 길을 열어놓고 있는 사실을 인정할 수 있는바, 위 인정사실을 종합하면 원고 어촌계의 이 사건 제명결의가 어촌계원의 생산력의 증진과 생활향상을 위한 공동사업의 수행 및 그 경제적, 사회적 지위의 향상을 도모한다는 어촌계의 설립목적에 필요하고도 합리적인 범위를 벗어나 어촌계원의 어촌계 집행부에 대한 정당하고도 건설적인 감시·비판권한을 억제함으로써 제명결의에 내재된 한계를 일탈하였다고는 볼 수 없으므로, 위 주장도 이유 없다.

[3] 결론

그렇다면 원고 어촌계의 이 사건 청구는 이유 있어 이를 인용할 것인바, 원심판결은 이와 결론을 달리하여 부당하므로 이를 취소하고 위 점포의 명도를 명하기로 하여, 주문과 같이 판결한다.

⑨ 부산지방법원 1987. 5. 22. 선고 85가합3243 제3민사부판결

부산 동부지구 6개 어촌계 소속 미역양식계원들이 각 어촌계별로 균등한 금액을 출자하고 여기에 금산어업협동조합으로부터 보조금을 교부받아 위 어촌계 중 특정어촌계의 명의로 동 조합이 미역종묘배양장으로 사용해 오던 건물을 매수한 경우, 그 소유권은 대외적으로는 매수명의자인 어촌계에 있으나, 내부적으로는 위 각 어촌계 소속 미역양식계원들의 공동소유라 할 것이고, 그 관리운영권은 대외적으로는 매수명의자인 어촌계에 있으나 내부적으로는 위 6개의 어촌계에서 동수로 선출된 미역양식계원들의 대표자들로 구성된 운영위원회에 있다.

제
6
장
/

회 계

제1절 회계연도

어촌계의 회계연도는 매년 1월 1일부터 12월 31일까지로 한다(어촌계정관예 55).

제2절 회계장부 등의 비치

Ⅰ. 장부의 비치

어촌계는 ⅰ) 어촌계의 자산·부채에 관한 사항, ⅱ) 어촌계의 수입·지출에 관한 사항(증빙서 및 거래통장을 포함), ⅲ) 결산에 관한 사항, ⅳ) 보상금 수령 및 분배에 관한 사항, ⅴ) 그 밖에 계의 업무와 관련하여 필요한 사항을 기재한 장부를 주된 사무소에 갖춰 두어야 한다(어촌계정관예56).

Ⅱ. 장부의 공개

장부는 주된 사무소에 갖춰 두어야 하며, 계원에게 공개한다(어촌계정관예 57).

제3절 사업계획과 수지예산

계장은 매 회계연도의 사업계획서 및 수지예산서를 작성하여 그 회계연도가 시작되기 1개월 전에 총회의 의결을 거쳐 조합장에게 보고하여야 한다(어촌계정 관예51①). 사업계획과 수지예산을 변경하고자 할 때에도 또한 같다(어촌계정관예 51②).

제4절 운영의 공개

Ⅰ. 정관 등의 비치

계장은 정관을 각 사무소에 갖춰 두어야 하고, 총회의사록과 성명, 직업, 전화번호, 주소 또는 거소, 가입, 탈퇴의 사유와 그 연월일, 어업의 종류, 경비의 납입과 배당금 기록 사항을 기재한 계원 명부를 주된 사무소에 갖춰 두어야 한다(어촌계정관예44①).

Ⅱ. 서류의 열람 및 사본 발급 청구

계원과 어촌계의 채권자는 위의 비치된 서류를 열람할 수 있으며, 어촌계가 정한 수수료를 내고 서류의 사본의 발급을 청구할 수 있다(어촌계정관예44② 전단). 이 경우 계는 정당한 이유 없이 그 발급을 거부하여서는 아니 된다(어촌계정관예44② 후단).

제5절 결산보고서

Ⅰ. 제출과 비치

계장은 정기총회 1주일 전까지 결산보고서를 작성하여 감사에게 제출하고, 이를 주된 사무소에 갖춰 두어야 한다(어촌계정관예63①).

Ⅱ. 열람 및 서류의 사본 발급 청구

결산보고서의 열람 및 서류의 사본 발급 청구에 관하여는 제44조 제2항을 준용한다(어촌계정관예63②). 따라서 계원과 어촌계의 채권자는 위의 비치된 서류를 열람할 수 있으며, 어촌계가 정한 수수료를 내고 서류의 사본의 발급을 청구할 수 있다(어촌계정관예44② 전단). 이 경우 계는 정당한 이유 없이 그 발급을 거부하여서는 아니 된다(어촌계정관예44② 후단).

Ⅲ. 정기총회 승인

계장은 결산보고서와 감사의 의견서를 정기총회에 제출하여 승인을 받아야 한다(어촌계정관예63③).

제6절 손실보전과 잉여금의 배당

Ⅰ. 손실금의 보전과 이월

어촌계는 매 회계연도의 결산결과 손실금(당기순손실금)이 발생한 때에는 적립금으로 이를 보전하며, 보전한 후에도 부족할 때에는 이를 다음 회계연도로 이월한다(어촌계정관예61①).

Ⅱ. 잉여금의 배당

어촌계는 결손을 보전하고 적립금을 공제한 후가 아니면 잉여금을 배당하지 못한다(어촌계정관예61②).

잉여금의 배당은 해당 회계연도에 있어 물자의 수량·가격 그 밖의 사업의 분량을 참작하여 계원 및 준계원의 사업이용 분량에 따라 행한다(어촌계정관예61③).

제
7
장
/

해산 및 청산

제1절 해산

Ⅰ. 해산 사유

어촌계는 ⅰ) 어촌계 정관으로 정한 해산 사유의 발생(제1호), ⅱ) 총회의 해산 의결(제2호), ⅲ) 어촌계원의 수가 10명 미만이 되는 경우(다만, 섬 발전 촉진법 제2조에 따른 섬의 경우는 어촌계원의 수가 5명 미만이 되는 경우로 한다)(제3호), ⅳ) 설립인가의 취소(제4호)의 어느 하나에 해당하는 경우에 해산한다(영8①).

위 ⅱ)의 경우에는 시장·군수의 인가를 받아야 한다(어촌계정관예65②).

Ⅱ. 해산 사유의 보고

어촌계가 해산하였을 때에는 그 해산 사유가 발생한 날부터 2주일 이내에 소속 지구별수협의 조합장을 거쳐 시장·군수·구청장에게 보고하여야 한다(영8③).

— 365 —

Ⅲ. 해산의 공고 및 통지

어촌계가 해산한 경우에는 2개월 이상 공고하고, 이미 알고 있는 채권자에게는 2회 이상 개별로 통지하여야 한다(어촌계정관예66).

제2절 청산

Ⅰ. 청산인

어촌계가 해산한 때에는 파산으로 인한 경우를 제외하고는 계장이 청산인이 된다(어촌계정관예67 본문). 그러나 총회에서 청산인을 선임하였을 때에는 그러하지 아니하다(어촌계정관예67 단서).

Ⅱ. 청산인의 직무

청산인은 취임 후 지체 없이 계의 재산상황을 조사하고 재산목록과 재무상태표를 작성하여 재산처분의 방법을 정하고 총회에 제출하여 그 승인을 받아야 한다(어촌계정관예68).

Ⅲ. 잔여재산의 처분

청산을 완료하고 잔여재산이 있을 때에는 총회가 정하는 바에 따라 이를 처분한다(어촌계정관예69).

Ⅳ. 재산처분의 금지

청산인은 어촌계의 채무를 변제하거나 변제에 필요한 금액을 공탁한 후가 아니면 그 재산을 분배할 수 없다(어촌계정관예70).

V. 결산보고

청산사무가 종결한 때에는 청산인은 지체 없이 결산보고서를 작성하고 이를 총회에 제출하여 승인을 받아야 한다(어촌계정관예71).

제
8
장
/

지도와 감독

제1절 조합장 또는 지방자치단체의 장의 지도·감독

지구별수협의 조합장은 조합구역의 어촌계의 업무를 지도·감독한다(영10①
본문). 다만, 지방자치단체가 보조한 사업 및 그 관련 업무에 대해서는 해당 지방
자치단체의 장이 지도·감독할 수 있다(영10① 단서).

제2절 조합장 또는 지방자치단체의 장의 감사

지구별수협의 조합장과 지방자치단체의 장은 지도·감독 직무를 수행하기
위하여 필요하다고 인정하면 그 소속 직원 또는 소속 공무원으로 하여금 어촌계
를 감사하게 할 수 있다(영10②).

설 립

제1절 목적과 명칭

Ⅰ. 설립목적

조합공동사업법인은 사업의 공동수행을 통하여 수산물의 판매·유통·가공 등과 관련된 사업을 활성화함으로써 수산업의 경쟁력 강화와 어업인의 이익 증진에 기여하는 것을 목적으로 한다(법113의2). 조합공동사업법인은 주된 사무소의 소재지에서 설립등기를 함으로써 성립한다(법113의10①, 법19①).

Ⅱ. 법인격 및 명칭

1. 법인격

수산업협동조합법에 따라 설립되는 조합공동사업법인은 법인으로 한다(법 113의3①).

2. 명칭

조합공동사업법인은 그 명칭 중에 지역명이나 사업명을 붙인 조합공동사업
법인의 명칭을 사용하여야 한다(법113의3②). 조합공동사업법인이 아니면 그 명칭
중에 지역명이나 사업명을 붙인 조합공동사업법인의 명칭 또는 이와 유사한 명
칭을 사용하지 못한다(법113의3③).

3. 지사무소

조합공동사업법인은 정관으로 정하는 바에 따라 지사무소를 둘 수 있다(법
113의10①, 법14②).

제2절 설립인가 등

Ⅰ. 정관 작성과 창립총회 의결

조합공동사업법인을 설립하려면 회원의 자격을 가진 둘 이상의 조합이나 조
합과 중앙회가 발기인이 되어 정관을 작성하고 창립총회의 의결을 거친 후 해양
수산부장관의 인가를 받아야 한다(법113의5①).

조합공동사업법인의 정관에는 ⅰ) 목적(제1호), ⅱ) 명칭(제2호), ⅲ) 주된 사
무소의 소재지(제3호), ⅳ) 회원의 자격과 가입·탈퇴 및 제명에 관한 사항(제4호),
ⅴ) 출자 및 가입금과 경비에 관한 사항(제5호), ⅵ) 회원의 권리와 의무(제6호),
ⅶ) 임원의 선임 및 해임에 관한 사항(제7호), ⅷ) 사업의 종류와 집행에 관한 사
항(제8호), ⅸ) 적립금의 종류와 적립방법에 관한 사항(제9호), ⅹ) 잉여금의 처분
과 손실금의 처리 방법에 관한 사항(제10호), ⅺ) 그 밖에 이 법에서 정관으로 정
하도록 규정한 사항(제11호)이 포함되어야 한다(법113의6①).

조합공동사업법인이 정관을 변경하려면 해양수산부장관의 인가를 받아야
한다(법113의6② 본문). 다만, 해양수산부장관이 정하여 고시한 정관례에 따라 정
관을 변경하는 경우에는 해양수산부장관의 인가를 받지 아니하여도 된다(법113의

6② 단서).

Ⅱ. 설립인가 기준 및 절차

1. 설립인가 기준

조합공동사업법인의 설립인가에 필요한 기준은 ⅰ) 회원의 자격이 있는 설립동의자(조합 또는 중앙회에 한정)가 2 이상이어야 하고(제1호), ⅱ) 회원의 자격이 있는 설립동의자(조합 또는 중앙회에 한정)의 출자금납입확약총액이 3억원 이상(제2호)이어야 한다(법113의5②, 영23의2①).

2. 설립인가 절차

발기인이 조합공동사업법인의 설립인가를 받으려고 할 때에는 설립인가신청서에 ⅰ) 정관(제1호), ⅱ) 처음 연도 및 다음 연도의 사업계획서와 수지예산서(제2호), ⅲ) 창립총회의 의사록(제3호), ⅳ) 임원 명부(제4호), ⅳ) 해당 조합공동사업법인이 설립인가 기준에 적합함을 증명하는 서류(제5호), ⅴ) 합병 또는 분할을 의결한 총회 의사록 또는 회원 투표록(수산물가공수협의 경우는 제외하며, 의사록 및 투표록에는 신설되는 조합공동사업법인이 승계하여야 할 권리·의무의 범위가 적혀 있어야 한다)(제6호)을 첨부하여 해양수산부장관에게 제출해야 한다(법113의5②, 영23의2② 본문, 영13).

Ⅲ. 조합 설립인가 규정 준용

조합공동사업법인의 설립인가에 관하여는 지구별수협 관련 규정인 제16조(설립인가 등) 제2항부터 제5항까지를 준용한다(법113의5③).

제3절 사업

조합공동사업법인은 그 목적을 달성하기 위하여 ⅰ) 회원을 위한 물자의 공동구매 및 상품의 공동판매와 이에 수반되는 운반·보관 및 가공 사업(제1호), ⅱ) 회원을 위한 상품의 생산·유통 조절 및 기술의 개발·보급(제2호), ⅲ) 회원을 위한 자금 대출의 알선과 공동사업을 위한 국가·공공단체, 중앙회 및 수협은행으로부터의 자금 차입(제3호), ⅳ) 국가·공공단체·조합·중앙회 또는 다른 조합공동사업법인이 위탁하는 사업(제4호), ⅴ) 그 밖에 회원의 공동이익 증진을 위하여 정관으로 정하는 사업(제5호)의 전부 또는 일부를 수행한다(법113의8).

회 원

제1절 자격 등

I. 자격

조합공동사업법인의 회원은 조합, 중앙회, 농어업경영체법 제16조에 따른 영어조합법인, 같은 법 제19조에 따른 어업회사법인으로 한다(법113의4① 전단).

II. 가입

1. 가입 신청과 제출서류

조합공동사업법인의 회원이 되려는 자("가입신청자")는 ⅰ) 회원이 되려는 법인의 명칭·법인등록번호·주된 사무소의 소재지, 대표자의 성명·생년월일 및 주소(제1호), ⅱ) 구성원 수(제2호), ⅲ) 인수하고자 하는 출자계좌 수(제3호), ⅳ) 주된 사업의 종류(제4호), ⅴ) 법인운영 참여 및 사업이용 동의(제5호)를 적은 가입신청서에 정관과 가입을 의결한 총회의사록(이사회의 의결을 필요로 하는 경우에는 이사회의사록), 법인등기부등본, 사업계획서, 재무상태표 및 손익계산서를 붙여 법인에 제출한다(조합공동사업법인 정관예8①).

2. 자격심사와 가입 승낙여부 통지

법인은 가입신청서를 접수하였을 때에는 이사회에 부의하여 회원으로서의 자격유무를 심사하고, 가입 승낙여부를 서면으로 가입신청자에게 알린다(조합공동사업법인 정관예8②).

3. 회원 자격의 취득

가입신청자는 제1회의 출자를 납입함으로써 회원이 되며, 법인은 이를 회원명부에 적는다(조합공동사업법인 정관예8③).

Ⅲ. 탈퇴

1. 임의탈퇴

회원은 조합에 탈퇴 의사를 서면으로 통지하고 조합을 탈퇴할 수 있다(법113의10①, 법31①).

2. 당연탈퇴

회원이 ⅰ) 회원의 자격이 없는 경우(제1호), ⅱ) 사망한 경우(제2호), ⅲ) 파산한 경우(제3호), ⅳ) 성년후견개시의 심판을 받은 경우(제4호), ⅴ) 회원인 법인이 해산한 경우(제5호)의 어느 하나에 해당하면 당연히 탈퇴한다(법113의10①, 법31②).

3. 당연탈퇴 사유 확인의무

조합공동사업법인은 회원의 전부 또는 일부를 대상으로 당연탈퇴 사유 중 어느 하나에 해당하는지를 확인하여야 한다(법113의10①, 법31③ 전단). 이 경우 회원의 자격이 없는 경우에 해당하는지는 이사회 의결로 결정한다(법113의10①, 법31③ 후단).

이 규정은 조합공동사업법인의 목적을 달성하기 위해서 회원의 자격을 상실한 회원은 사망, 파산선고 등 나머지 탈퇴 사유와 마찬가지로 조합공동사업법인에서 당연히 탈퇴되도록 하되, 회원이 회원 자격 요건을 갖추고 있는지 여부를 공식적으로 확인하여 회원 자격의 상실 여부를 명확하게 처리하도록 하는 데 입법취지가 있다.

4. 회원 자격 없는 경우와 탈퇴시 통보의무

조합공동사업법인은 회원의 자격이 없는 경우에 해당하는 사유에 따라 회원에 대하여 당연탈퇴의 결정이 이루어진 경우에는 그 사실을 지체 없이 해당 회원에게 통보하여야 한다(법113의10①, 법31④).

Ⅳ. 제명

1. 제명 사유

조합공동사업법인은 회원이 ⅰ) 1년 이상 조합공동사업법인의 사업을 이용하지 아니한 경우(제1호), ⅱ) 출자 및 경비의 납입과 그 밖의 조합공동사업법인에 대한 의무를 이행하지 아니한 경우(제2호), ⅲ) 정관에서 금지된 행위를 한 경우(제3호)의 어느 하나에 해당하면 총회의 의결을 거쳐 제명할 수 있다(법113의10①, 법32①).

2. 제명 사유의 통지 및 의견진술 기회 부여

조합공동사업법인은 회원이 제명 사유 중 어느 하나에 해당하면 총회 개회 10일 전에 그 회원에게 제명의 사유를 알리고 총회에서 의견을 진술할 기회를 주어야 한다(법113의10①, 법32②).

Ⅴ. 의결 취소의 청구 등

1. 의결 취소 또는 무효확인의 사유

회원은 총회(창립총회를 포함)의 소집절차, 의결 방법, 의결 내용 또는 임원

(대의원을 포함)의 선거가 법령, 법령에 따른 처분 또는 정관을 위반한 것을 사유로 하여 그 의결이나 선거에 따른 당선의 취소 또는 무효 확인을 해양수산부장관에게 청구하거나 이를 청구하는 소를 제기할 수 있다(법113의10①, 법35①).

2. 청구 기간 등

회원은 해양수산부장관에게 의결이나 선거에 따른 당선의 취소 또는 무효 확인을 청구할 때에는 의결일 또는 선거일부터 1개월 이내에 회원 10% 이상의 동의를 받아 청구하여야 한다(법113의10①, 법35② 전단). 이 경우 해양수산부장관은 그 청구서를 받은 날부터 3개월 이내에 처리 결과를 청구인에게 알려야 한다(법113의10①, 법35② 후단).

3. 상법의 준용

소에 관하여는 상법 제376조(결의취소의 소), 제377조(제소주주의 담보제공의무), 제378조(결의취소의 등기), 제379조(법원의 재량에 의한 청구기각), 제380조(결의무효 및 부존재확인의 소), 제381조(부당결의의 취소, 변경의 소)를 준용한다(법113의10①, 법35③).

4. 취소청구서 또는 무효확인청구서 제출

법 제35조 제1항(법 제108조, 제113조, 제113조의10 및 제168조에서 준용하는 경우를 포함)에 따라 총회(창립총회를 포함)의 의결이나 선거에 따른 당선의 취소 또는 무효 확인을 청구하려는 조합원 또는 회원은 청구의 취지·이유 및 위반되었다고 주장하는 규정을 분명히 밝힌 취소청구서 또는 무효확인청구서에 총회의사록 또는 선거록 사본 및 사실관계를 증명할 수 있는 서류를 첨부하여 해양수산부장관에게 제출하여야 한다(시행규칙5).

제2절 책임

I. 회원의 책임

1. 출자액 한도

회원의 책임은 그 출자액을 한도로 한다(법113의10①, 법25①).

2. 운영과정 참여 의무

회원은 조합공동사업법인의 운영 과정에 성실히 참여하여야 하며, 생산한 수산물을 조합공동사업법인을 통하여 출하하는 등 그 사업을 성실히 이용하여야 한다(법113의10①, 법25②).

II. 경비와 과태금

1. 경비와 과태금 부과

조합공동사업법인은 정관으로 정하는 바에 따라 회원에게 경비와 과태금을 부과할 수 있다(법113의10①, 법26①).

2. 사용료 또는 수수료 징수

조합공동사업법인은 정관으로 정하는 바에 따라 사용료나 수수료를 징수할 수 있다(법113의10①, 법26②).

3. 상계 금지

회원은 경비와 과태금 및 사용료 또는 수수료를 납부할 때 조합공동사업법인에 대한 채권과 상계할 수 없다(법113의10①, 법26③).

제3절 의결권

Ⅰ. 출자액 비례

회원은 출자액에 비례하여 의결권을 가진다(법113의4③).

Ⅱ. 의결권의 대리

1. 의결권의 대리 행사

회원은 대리인에게 의결권을 행사하게 할 수 있다(법113의10①, 법28① 전단). 이 경우 그 회원은 출석한 것으로 본다(법113의10①, 법28① 후단).

2. 대리인의 자격

대리인은 회원이어야 하며, 대리인은 회원의 의결권 수에 따라 대리할 수 있다(법113의10①, 법28②).

3. 대리권의 증명

대리인은 대리권을 증명하는 서면을 조합에 제출하여야 한다(법113의10①, 법28③).

제4절 준회원

Ⅰ. 의의

준회원이란 조합공동사업법인에 준회원으로 가입하여 사업이용에 있어서 회원에 준하는 권리·의무를 갖는 자를 말한다.

Ⅱ. 준회원의 자격

다른 조합공동사업법인은 준회원으로 가입할 수 있다(법113의4① 후단).

Ⅲ. 준회원의 가입 · 탈퇴

1. 가입 신청과 제출서류

준회원으로 가입하고자 하는 법인은 ⅰ) 준회원으로 가입하려는 법인의 명칭 · 법인등록번호 · 주된 사무소의 소재지, 대표자의 성명 · 생년월일 및 주소(제1호), ⅱ) 구성원 수(제2호), ⅲ) 납입하고자 하는 가입금(제3호), ⅳ) 주된 사업의 종류(제4호), ⅴ) 다른 조합공동사업법인의 가입 유무(제5호)를 적은 가입신청서에 법인정관을 붙여 법인에 제출한다(조합공동사업법인 정관예14①).

2. 탈퇴와 제명

회원의 탈퇴 및 제명에 관한 규정은 준회원의 경우에 준용한다(조합공동사업법인 정관예14②).

Ⅳ. 준회원의 권리 · 의무

1. 준회원의 권리

준회원은 사업이용권 · 이용고배당청구권 및 가입금환급청구권을 가진다(조합공동사업법인 정관예15①).

2. 준회원의 의무

준회원은 출자를 하지 아니하되, 법인의 규정에서 정하는 바에 따라 가입금 · 경비 및 과태금을 납입한다(법113의4②, 조합공동사업법인 정관예15②).

제
3
장
/

출 자

제1절 종류 및 내용

Ⅰ. 출자금

조합공동사업법인의 회원이 되려는 자는 정관으로 정하는 바에 따라 출자하여야 하며(법113의4② 본문), 다만, 조합이 아닌 회원이 출자한 총액은 조합공동사업법인 출자 총액의 50%(중앙회는 30%) 미만으로 한다(법113의4② 단서).

1. 정관이 정하는 좌수 이상의 출자

조합공동사업법인의 회원은 정관으로 정하는 계좌 수 이상을 출자하여야 한다(법113의10①, 법22①).

2. 출자 1계좌의 금액

출자 1계좌의 금액은 균일하게 정하여야 한다(법113의10①, 법22②). 출자 1계좌의 금액 및 조합원 1인의 출자계좌 수의 한도는 정관으로 정한다(법113의10

①, 법22③).

3. 질권설정 금지

회원의 출자금은 질권의 목적이 될 수 없다(법113의10①, 법22④).

4. 상계 금지

회원은 조합공동사업법인에 대한 채권과 출자금 납입을 상계할 수 없다(법113의10①, 법22⑤).

5. 출자배당금의 출자전환

조합공동사업법인은 정관으로 정하는 바에 따라 회원의 출자액에 대해 배당금액의 전부 또는 일부를 그 회원으로 하여금 출자하게 할 수 있다. 이 경우 그 회원은 배당받은 금액을 조합공동사업법인에 대한 채무와 상계할 수 없다(법113의10①, 법22조의3).

Ⅱ. 우선출자

1. 서설

(1) 의의
우선출자란 우선적 배당을 받을 목적으로 하는 출자로서 회원보다 우선적으로 배당을 받는 출자를 말한다.

(2) 제도적 취지
우선출자제도의 도입은 자본조달 능력이 취약한 조합공동사업법인의 현실을 고려하여 자본금의 확충으로 조합의 경영안정과 사업 활성화를 도모하기 위함이다.

(3) 준용규정
조합공동사업법인의 우선출자에 관하여는 제147조 제1항부터 제5항까지 및

제148조부터 제152조까지의 규정을 준용한다(법113의10②).

2. 우선출자의 발행 등

(1) 우선출자 발행

조합공동사업법인은 자기자본의 확충을 통한 경영의 건전성을 도모하기 위하여 조합공동사업법인에 대하여 정관으로 정하는 바에 따라 회원 또는 임직원 등을 대상으로 잉여금 배당에 관하여 내용이 다른 종류의 우선적 지위를 가지는 우선출자를 하게 할 수 있다(법113의10②, 법147①).

(2) 우선출자 1좌의 금액과 우선출자의 총액

우선출자에 대해서는 정관으로 우선출자의 내용과 계좌 수를 정하여야 한다(법113의10②, 법147②).

우선출자 1계좌의 금액은 출자 1계좌의 금액과 같아야 하며, 우선출자의 총액은 자기자본의 2분의 1을 초과할 수 없다(법113의10②, 법147③ 전단). 다만, 국가와 공공단체의 우선출자금에 대하여는 총 출자계좌 수의 제한을 받지 아니한다(법113의10②, 법147③ 후단).

(3) 의결권과 선거권 불인정

잉여금 배당에 우선적 지위를 가지는 우선출자를 한 자("우선출자자")는 의결권과 선거권을 가지지 아니한다(법113의10②, 법147④).

(4) 우선출자에 대한 배당과 배당률

우선출자의 배당률은 정관으로 정하는 최저 배당률과 최고 배당률 사이에서 정기총회에서 정한다(법113의10②, 법147⑤).

(5) 우선출자 발행사항의 공고

대표이사는 우선출자를 하게 할 때에는 우선출자의 납입일 2주 전까지 발행하려는 우선출자증권의 내용, 좌수, 발행가액, 납입일 및 모집방법을 공고하고 출자자와 우선출자자에게 알려야 한다(영38의2②, 영31 전단). 이 경우 국가가 우선출자자일 때에는 해양수산부장관에게 알려야 한다(영38의2②, 영31 후단).

3. 우선출자의 청약 등

(1) 우선출자의 청약

우선출자의 청약을 하려는 자는 우선출자청약서에 인수하려는 우선출자의 좌수 및 인수가액과 주소를 적고 기명날인하여야 한다(영38의2②, 영32①).

우선출자청약서의 서식은 대표이사가 정하되, ⅰ) 조합공동사업법인의 명칭(제1호), ⅱ) 출자 1좌의 금액 및 총좌수(제2호), ⅲ) 우선출자 총좌수의 최고한도(제3호), ⅳ) 이미 발행한 우선출자의 종류 및 종류별 좌수(제4호), ⅴ) 우선출자를 발행하는 날이 속하는 연도의 전년도 말 현재의 자기자본(제5호), ⅵ) 발행하려는 우선출자의 액면금액·내용 및 좌수(제6호), ⅶ) 발행하려는 우선출자의 발행가액 및 납입일(제7호), ⅷ) 우선출자의 매입소각을 하는 경우에는 그에 관한 사항(제8호), ⅸ) 우선출자 인수금액의 납입을 취급하는 금융기관(제9호)이 포함되어야 한다(영38의2②, 영32②).

(2) 우선출자 금액의 납입 등

우선출자의 청약을 한 자는 조합장이 배정한 우선출자의 좌수에 대하여 우선출자를 인수할 수 있다(영38의2②, 영33①). 이에 따라 우선출자를 인수하려는 자는 납입일까지 우선출자 발행가액 전액을 납입하여야 한다(영38의2②, 영33②).

우선출자를 인수한 자는 우선출자 발행가액의 납입일의 다음 날부터 우선출자자가 된다(영38의2②, 영33③).

(3) 우선출자의 매입소각

조합공동사업법인은 이사회의 의결을 거쳐 우선출자를 매입하여 소각할 수 있다(영38의2②, 영37).

(4) 우선출자증권의 발행

조합공동사업법인은 우선출자의 납입기일 후 지체 없이 우선출자증권을 발행하여야 한다(법113의10②, 법148).

(5) 우선출자자의 책임

우선출자자의 책임은 그가 가진 우선출자의 인수가액을 한도로 한다(법113의10②, 법149).

4. 우선출자의 양도

(1) 양도와 그 효력

우선출자는 이를 양도할 수 있다(법113의10②, 법150① 본문). 다만, 우선출자증권 발행 전의 양도는 조합공동사업법인에 대하여 효력이 없다(법113의10②, 150① 단서).

(2) 양도방법

우선출자자는 우선출자를 양도할 때에는 우선출자증권을 내주어야 한다(법113의10②, 법150②).

(3) 점유자의 소지인 추정

우선출자증권의 점유자는 그 증권의 적법한 소지인으로 추정한다(법113의10②, 법150③).

(4) 증권 명의변경의 대항력

우선출자증권의 명의변경은 그 증권 취득자의 성명과 주소를 우선출자자 명부에 등록하고 그 성명을 증권에 기재하지 아니하면 조합이나 그 밖의 제3자에게 대항하지 못한다(법113의10②, 법150④).

(5) 등록질권의 대항력

우선출자증권을 질권의 목적으로 하는 경우에는 질권자의 성명 및 주소를 우선출자자 명부에 등록하지 아니하면 조합공동사업법인이나 그 밖의 제3자에게 대항하지 못한다(법113의10②, 법150⑤).

5. 우선출자자 총회

(1) 설치

조합공동사업법인에 대한 우선출자자로 구성하는 우선출자자총회를 각각 둔다(법113의10②, 법151①).

(2) 정관변경

조합공동사업법인은 정관의 변경으로 조합공동사업법인의 우선출자자에게 손해를 입히게 될 사항에 관하여는 각각 우선출자자총회의 의결을 거쳐야 한다 (법113의10②, 법151② 전단).

(3) 의결정족수

우선출자자총회는 발행한 우선출자자 총 출자계좌 수의 과반수의 출석과 출석한 우선출자자 출자계좌 수의 3분의 2 이상의 찬성으로 의결한다(법113의10②, 법151② 후단).

(4) 운영사항

우선출자자총회의 운영 등에 필요한 사항은 정관으로 정한다(법113의10②, 법151③).

Ⅲ. 출자배당금의 출자전환

1. 배당금의 출자

조합공동사업법인은 정관으로 정하는 바에 따라 회원의 출자액에 대한 배당 금액의 전부 또는 일부를 그 회원으로 하여금 출자하게 할 수 있다(법113의10①, 법22의3 전단).

2. 상계 금지

출자배당금을 출자하는 회원은 배당받을 금액을 조합에 대한 채무와 상계할 수 없다(법113의10①, 법22의3 후단).

제2절 환급

Ⅰ. 지분환급청구권과 환급정지

1. 지분환급청구권의 행사

탈퇴 회원(제명된 회원 포함)은 탈퇴(제명 포함) 당시 회계연도의 다음 회계연도부터 정관으로 정하는 바에 따라 그 지분의 환급을 청구할 수 있다(법113의10①, 법33①).

2. 지분 산정 시기

지분은 탈퇴(제명 포함)한 회계연도 말의 조합의 자산과 부채에 따라 정한다(법113의10①, 법33②).

3. 지분환급청구권 행사기간

청구권은 2년간 행사하지 아니하면 시효로 인하여 소멸된다(법113의10①, 법33③).

4. 환급정지

조합공동사업법인은 탈퇴 회원(제명된 회원 포함)이 조합공동사업법인에 대한 채무를 다 갚을 때까지는 지분의 환급을 정지할 수 있다(법113의10①, 법33④).

Ⅱ. 탈퇴 회원의 손실액 부담

1. 손실액 납입청구

조합공동사업법인은 조합공동사업법인의 재산으로 그 채무를 다 갚을 수 없는 경우에는 지분의 환급분을 계산할 때 정관으로 정하는 바에 따라 탈퇴 회원 (제명된 회원 포함)이 부담하여야 할 손실액의 납입을 청구할 수 있다(법113의10①, 법34 전단).

2. 행사기간

청구권은 2년간 행사하지 아니하면 시효로 인하여 소멸된다(법113의10①, 법 34 후단).

제3절 지분의 양도

Ⅰ. 지분양도 금지

회원은 이사회의 승인 없이 그 지분을 양도할 수 없다(법113의10①, 법24①).

Ⅱ. 비회원의 지분 양수 조건

회원이 아닌 자가 지분을 양수할 때에는 수산업협동조합법 또는 정관에서 정하고 있는 가입 신청, 자격 심사 등 회원 가입에 관한 규정에 따른다(법113의10 ①, 법24②).

Ⅲ. 양수인의 권리의무 승계

지분의 양수인은 그 지분에 관하여 양도인의 권리·의무를 승계한다(법113의 10①, 법24③).

Ⅳ. 지분공유 금지

회원의 지분은 공유할 수 없다(법113의10①, 법24④).

제
4
장
／

지배구조

제1절 총회

Ⅰ. 정기총회와 임시총회

조합공동사업법인에 총회를 두며(법113의10①, 법36①), 총회는 회원으로 구성한다(법113의10①, 법36②).

1. 정기총회 소집

정기총회는 회계연도 경과 후 3개월 이내에 조합장이 매년 1회 소집한다(법113의10①, 법36③).

2. 임시총회 소집

임시총회는 ⅰ) 대표이사가 필요하다고 인정한 경우(제1호), ⅱ) 이사회가 필요하다고 인정하여 소집을 청구한 경우(제2호), ⅲ) 회원이 의결권 총수 5분의 1 이상에 해당하는 회원의 동의를 얻어 소집의 목적과 이유를 적은 서면을 제출하여 대표이사에게 소집을 청구한 경우(제3호), ⅳ) 감사가 법인의 재산상황이나 업무집행에 부정한 사실이 있는 것을 발견하고 그 내용을 총회에 신속히 보고할 필요가 있다고 인정하여 대표이사에게 소집을 요구한 경우(제4호)에 대표이사가 소집한다(법113의10①, 법36③, 조합공동사업법인 정관예33①).

대표이사는 위의 ⅱ) 및 ⅲ)의 청구를 받으면 정당한 사유가 없는 한 2주일 이내에 총회소집통지서를 발송하여야 하며, ⅳ)의 경우에는 7일 이내에 총회소집통지서를 발송하여야 한다(조합공동사업법인 정관예33①).

Ⅱ. 총회 의결사항 등

1. 총회 의결사항

다음의 사항, 즉 ⅰ) 정관의 변경(제1호), ⅱ) 해산·합병 또는 분할(제2호), ⅲ) 조합원의 제명(제3호), ⅳ) 임원의 선출 및 해임(제4호), ⅴ) 법정적립금의 사용(제5호), ⅵ) 사업계획의 수립, 수지예산의 편성, 사업계획 및 수지예산 중 정관으로 정하는 중요한 사항의 변경(제6호), ⅶ) 차입금의 최고한도(제7호), ⅷ) 사업보고서, 재무상태표 및 손익계산서와 잉여금처분안 또는 손실금처리안(제8호), ⅸ) 사업계획 및 수지예산으로 정한 것 외에 새로 의무를 부담하거나 권리를 상실하는 행위(다만, 정관으로 정하는 행위는 제외)(제9호), ⅹ) 어업권·양식업권의 취득·처분 또는 이에 관한 물권의 설정(다만, 정관으로 정하는 행위는 제외)(제10호), ⅺ) 중앙회의 설립 발기인이 되거나 이에 가입 또는 탈퇴하는 것(제11호), ⅻ) 그 밖에 조합장이나 이사회가 필요하다고 인정하는 사항(제12호)은 총회의 의결을 거쳐야 한다(법113의10①, 법37①).

2. 해양수산부장관의 인가와 효력 발생

위의 ⅰ) 정관의 변경, ⅱ) 해산·합병 또는 분할은 해양수산부장관의 인가를 받지 아니하면 효력이 발생하지 아니한다(법113의10①, 법37② 본문). 다만, ⅰ) 정관의 변경을 해양수산부장관이 정하는 정관예에 따라 변경하는 경우에는 그러하지 아니하다(법113의10①, 법37② 단서)

조합공동사업법인이 정관의 변경 또는 해산·합병·분할의 인가를 받으려는 경우에는 인가신청서에 정관의 변경 또는 해산·합병·분할을 의결한 총회 의사록을 첨부하여 해양수산부장관에게 제출하여야 한다(시행규칙6①).

Ⅲ. 총회의 개의와 의결

1. 보통결의

총회는 수산업협동조합법에 다른 규정이 있는 경우를 제외하고는 의결권 총수의 과반수에 해당하는 회원의 출석으로 개의하고 출석한 회원의 의결권 과반수의 찬성으로 의결한다(법113의10①, 법40 본문).

2. 특별결의

다음의 사항, 즉 ⅰ) 정관의 변경(법37①(1)), ⅱ) 해산 또는 합병(법37①(2)), ⅲ) 조합원의 제명(법37①(3)), ⅳ) 중앙회의 설립 발기인이 되거나 이에 가입 또는 탈퇴하는 것(법37①(11))은 의결권 총수의 과반수에 해당하는 회원의 출석과 출석한 회원의 의결권 3분의 2 이상의 찬성으로 의결한다(법113의10①, 법40 단서).

Ⅳ. 총회의 소집청구

1. 회원의 소집 청구

회원은 조합원 5분의 1 이상의 동의를 받아 소집의 목적과 이유를 서면에 적어 대표이사에게 제출하고 총회의 소집을 청구할 수 있다(법113의10①, 법38①).

대표이사는 청구를 받으면 2주 이내에 총회를 소집하여야 한다(법113의10①, 법38②).

2. 감사의 총회소집

총회를 소집할 사람이 없거나 대표이사의 총회소집 기간(법38②) 이내에 정당한 사유 없이 총회를 소집하지 아니할 때에는 감사가 5일 이내에 총회를 소집하여야 한다(법113의10①, 법38③ 전단). 이 경우 감사가 의장의 직무를 수행한다(법113의10①, 법38③).

3. 회원대표의 총회소집

다음의 경우, 즉 ⅰ) 감사가 정당한 사유없이 총회소집사유가 발생한 날부터 5일 이내에 총회 소집절차를 취하지 아니한 때, ⅱ) 임원 전원의 결원으로 총회를 소집할 사람이 없을 때에는 조합원 5분의 1 이상의 동의를 받은 회원대표가 임시총회를 소집한다(법113의10①, 법38④ 전단). 이 경우 회원대표가 의장의 직무를 수행한다(법113의10①, 법38④ 후단).

Ⅴ. 총회소집의 통지

1. 통지와 최고

조합공동사업법인이 회원에게 통지 또는 최고를 할 때에는 회원 명부에 기재된 회원의 주소 또는 거소나 회원이 조합공동사업법인에 통지한 연락처로 하여야 한다(법113의10①, 법39①).

2. 통지 기간

총회를 소집하려면 총회 개회 7일 전까지 회의 목적 등을 적은 총회소집통지서를 회원에게 발송하여야 한다(법113의10①, 법39② 본문). 다만, 같은 목적으로 총회를 다시 소집할 때에는 개회 전날까지 통지한다(법113의10①, 법39② 단서).

Ⅵ. 의결권의 제한 등

1. 의결권 제한 사항

총회에서는 통지한 사항에 대하여만 의결할 수 있다(법113의10①, 법41① 본문). 다만, ⅰ) 정관의 변경(법37①(1)), ⅱ) 해산 또는 합병(법37①(2)), ⅲ) 회원의 제명(법37①(3)), ⅳ) 임원의 선출 및 해임(법37①(4))을 제외한 긴급한 사항으로서 의결권 총수의 과반수에 해당하는 회원의 출석과 출석한 회원의 의결권 3분의 2 이상의 찬성이 있을 때에는 그러하지 아니하다(법113의10①, 법41① 단서).

2. 이해상충과 결의 배제

조합공동사업법인과 총회 구성원의 이해가 상반되는 의사를 의결할 때에는 해당 구성원은 그 의결에 참여할 수 없다(법113의10①, 법41②).

3. 회원제안

(1) 의의

회원은 회원 10% 이상의 동의를 받아 총회 개회 30일 전까지 대표이사에게 서면으로 일정한 사항을 총회의 목적 사항으로 할 것을 제안("회원제안")할 수 있다(법113의10①, 법41③ 전단).

(2) 설명기회 부여

회원제안 내용이 법령 또는 정관을 위반하는 경우를 제외하고는 이를 총회의 목적 사항으로 하여야 하고, 회원제안을 한 사람이 청구하면 총회에서 그 제안을 설명할 기회를 주어야 한다(법113의10①, 법41③ 후단).

Ⅶ. 총회 의사록

1. 총회 의사록 작성

총회의 의사에 관하여는 의사록을 작성하여야 한다(법113의10①, 법42①).

2. 총회 의사록 기재사항과 기명날인 또는 서명

총회 의사록에는 의사의 진행 상황 및 그 결과를 기록하고 의장과 총회에서 선출한 회원 2인 이상이 기명날인하거나 서명하여야 한다(법113의10①, 법42②).

3. 총회 의사록의 비치

대표이사는 의사록을 주된 사무소에 갖추어 두어야 한다(법113의10①, 법42③).

제2절 이사회

Ⅰ. 이사회의 설치와 구성

1. 이사회의 설치

조합공동사업법인에 이사회를 둔다(법113의10①, 법45①).

2. 이사회의 구성

이사회는 대표이사를 포함한 이사로 구성하며, 이사회 의장은 이사 중에서 호선한다(법113의10①, 법45②, 조합공동사업법인 정관예46②).

Ⅱ. 이사회의 소집 등

1. 이사회의 소집

대표이사는 이사 5분의 1 이상이나 감사가 회의목적 및 부의안건과 소집이유를 적은 서면으로 회의소집을 요구하였을 때에는 지체없이 회의를 소집하여야 한다(조합공동사업법인 정관예46⑥).

2. 이사회 소집 통지 기간

대표이사는 회의개최일 3일 전까지 회의사항을 서면으로 구성원과 감사에게 알린다. 다만, 긴급을 요할 경우에는 그러하지 아니하다(조합공동사업법인 정관예46⑤).

Ⅲ. 이사회의 결의사항 등

1. 이사회의 결의사항

이사회는 ⅰ) 회원과 준회원의 자격심사 및 가입승낙(제1호), ⅱ) 규약의 제정·개정 및 폐지(제2호), ⅲ) 경비의 부과와 징수방법(제3호), ⅳ) 사업계획 및 수

지예산 중 중요한 사항(제37조 제1항 제7호에서 정한 사항) 외의 변경(제4호), ⅴ) 1
억원 이상의 업무용 부동산의 취득과 처분(제5호), ⅵ) 업무규정의 제정·개정 및
폐지와 사업집행방침의 결정(제6호), ⅶ) 임원에 대한 징계 및 변상(제7호), ⅷ)
총회로부터 위임된 사항(제8호), ⅸ) 법령 또는 정관에 규정된 사항(제9호), ⅹ)
법인 자금의 주거래처 선정기준(제10호), ⅺ) 그 밖에 대표이사나 이사 5분의 1
이상이 필요하다고 인정하는 사항(제11호)을 의결한다(법113의10①, 법45③).

2. 이사회의 개의와 결의

(1) 정족수

이사회는 구성원 과반수의 출석으로 개의하고 출석구성원 과반수의 찬성으
로 의결한다(법113의10①, 법45④).

(2) 특별이해관계 있는 이사의 의결권 제한

이사회에서 의결할 때에는 해당 안건과 특별한 이해관계가 있는 이사회의
구성원은 그 안건의 의결에 참여할 수 없다(법113의10①, 법45⑦ 전단). 이 경우 의
결에 참여하지 못하는 이사 등은 이사회의 구성원 수에 포함되지 아니한다(법113
의10①, 법45⑦ 후단).

Ⅳ. 이사회의 업무집행 감독

이사회는 이사회에서 의결된 사항에 대하여 대표이사의 업무집행상황을 감
독한다(조합공동사업법인 정관예46⑨).

제3절 임원

Ⅰ. 임원의 정수 및 선출

1. 임원의 정수

조합공동사업법인에는 임원으로 대표이사 1명을 포함한 2명 이상의 이사와 1명 이상의 감사를 두되, 그 정수와 임기는 정관으로 정한다(법113의7).

2. 대표이사의 선출

대표이사는 회원의 조합장(영어조합법인과 어업회사법인은 대표이사)이 아닌 이사 중에서 회원이 총회에서 선출한다(조합공동사업법인 정관예51① 전단). 이 경우 대표이사 후보는 보직공모 또는 취업정보사 등을 통해 추천받을 수 있다(조합공동사업법인 정관예51① 후단).

3. 대표이사를 제외한 임원의 선출

대표이사를 제외한 임원은 회원이 출자액이나 사업이용실적에 따라 비례하여 추천을 하고, 추천한 자 중에서 총회에서 선출한다(조합공동사업법인 정관예51②).

4. 사외이사의 선출

사외이사는 ○명 이상을 둘 수 있다(조합공동사업법인 정관예51③).

Ⅱ. 임원의 직무

1. 대표이사의 직무

(1) 대표권과 업무집행권

대표이사는 법인을 대표하며 업무를 집행한다(조합공동사업법인 정관예49①).

(2) 직무대행

이사는 대표이사가 궐위·구금되거나 30일 이상의 장기입원 등의 사유로 그 직무를 수행할 수 없는 때에는 이사회가 정하는 순서에 따라 그 직무를 대행한 다(조합공동사업법인 정관예49②).

2. 감사의 직무

(1) 재산과 업무집행상황 감사권

감사는 법인의 재산과 업무집행상황을 감사하고, 전문적인 회계감사가 필요 하다고 인정되면 외부감사인에 의한 회계감사를 의뢰할 수 있으며, 법인의 재산 이나 업무집행에 부정한 사실이 있는 것을 발견하면 총회에 보고한다(조합공동사 업법인 정관예49③).

(2) 자회사에 대한 영업보고 요구

감사는 그 직무를 수행하기 위하여 필요한 때에는 법인의 자회사(상법 제342 조의2의 규정에 의한 자회사)에 대하여 영업의 보고를 요구할 수 있으며 그 회사가 지체없이 보고를 하지 아니할 때 또는 그 보고의 내용을 확인할 필요가 있는 때 에는 그 회사의 업무와 재산상태를 조사할 수 있다(조합공동사업법인 정관예49④).

(3) 총회에서의 의견진술권

감사는 대표이사가 총회에 제출할 의안 및 서류를 조사하여 법령이나 정관 에 위반하거나 현저하게 부당한 사항이 있는지의 여부에 관하여 총회에서 그 의 견을 진술한다(조합공동사업법인 정관예49⑤).

(4) 감사록 작성

감사는 감사의 실시요령과 그 결과를 적은 감사록을 작성하고 감사가 기명 날인한다(조합공동사업법인 정관예49⑥).

(5) 감사의 대표권

조합공동법인이 대표이사를 포함한 이사와 계약을 할 때에는 감사가 조합을 대표한다(법113의10①, 법49①). 조합공동사업법인과 대표이사를 포함한 이사 간의 소송에 관하여도 감사가 조합을 대표한다(법113의10①, 법49②).

Ⅲ. 임원의 임기

1. 이사의 임기

이사의 임기는 2년으로 한다(조합공동사업법인 정관예53①(1)).

2. 감사의 임기

감사의 임기는 3년으로 한다(조합공동사업법인 정관예53①(2)).

3. 임원임기의 기산

임원의 임기는 전임자의 임기만료일의 다음날부터 기산한다(조합공동사업법인 정관예53② 본문). 다만, 임기개시 전에 재임 중인 임원이 궐위된 경우로서 그 궐위시점이 당선자 확정후인 경우에는 사유발생일 다음날을 임기개시일로 한다(조합공동사업법인 정관예53② 단서).

4. 결원으로 선출된 임원의 임기

결원으로 인하여 선출된 임원의 임기는 전임자의 잔임 기간으로 한다(조합공동사업법인 정관예53③).

5. 임기의 연장

임원의 임기만료의 경우 임기만료연도 결산기의 마지막 달부터 그 결산기에 관한 정기총회 전에 임기가 끝난 경우에는 정기총회가 끝날 때까지 그 임기가 연장된다(조합공동사업법인 정관예53③).

6. 퇴임 임원의 권리의무

임원의 수가 그 정수를 결한 경우에는 임기의 만료 또는 사임으로 말미암아 퇴임한 임원은 새로 선임된 임원이 취임할 때까지 그 권리의무가 있다(조합공동사업법인 정관예53⑤).

Ⅳ. 임원의 자격 제한

1. 대표이사의 자격요건

대표이사는 ⅰ) 수산업, 유통업과 관련된 회사로서 자기자본 50억원 이상인 회사에서 수산업 또는 유통업에 5년 이상 종사한 경력이 있는 사람(제1호), ⅱ) 상장법인에서 임원으로 3년 이상 종사한 경력이 있는 사람(제2호), ⅲ) 수산업, 유통업과 관련된 연구기관 또는 교육기관에서 수산업 또는 유통업에 관한 업무에 5년 이상 종사한 경력이 있는 사람(제3호), ⅳ) 수산업, 유통업과 관련된 국가기관·지방자치단체·공공기관에서 상근직으로 5년 이상 종사한 경력이 있는 사람(제4호), ⅴ) 조합, 중앙회 또는 조합공동사업법인에서 상근직으로 5년 이상 종사한 경력이 있는 사람(제5호)으로 한다(조합공동사업법인 정관예54).

2. 임원의 결격사유

다음의 어느 하나에 해당하는 사람, 즉 ⅰ) 대한민국 국민이 아닌 사람(제1호), ⅱ) 미성년자·피성년후견인 또는 피한정후견인(제2호), ⅲ) 파산선고를 받고 복권되지 아니한 사람(제3호), ⅳ) 법원의 판결이나 다른 법률에 따라 자격이 상실되거나 정지된 사람(제4호), ⅴ) 금고 이상의 실형을 선고받고 그 집행이 끝나거나(집행이 끝난 것으로 보는 경우를 포함) 집행이 면제된 날부터 3년이 지나지 아니한 사람(제5호), ⅵ) 수산업협동조합법 제146조 제3항 제1호, 제170조 제2항 제1호 또는 신용협동조합법 제84조에 규정된 개선(改選) 또는 징계면직의 처분을 받은 날 부터 5년이 지나지 아니한 사람(제6호), ⅶ) 형의 집행유예선고를 받고 그 유예기간 중에 있는 사람(제7호)은 조합공동사업법인의 임원이 될 수 없다(조합공동사업법인 정관예55①).

3. 임원 결격사유의 발생과 퇴직

위의 임원 결격사유가 발생하면 해당 임원은 당연히 퇴직된다(조합공동사업법인 정관예55②).

4. 퇴직 전 행위의 효력 유지

퇴직한 임원이 퇴직 전에 관여한 행위는 그 효력을 상실하지 아니한다(조합공동사업법인 정관예55③).

Ⅴ. 임직원의 겸직 금지 등

1. 대표이사와 이사의 감사 겸직 금지

대표이사를 포함한 이사는 그 조합공동사업법인의 감사를 겸직할 수 없다(법113의10①, 법55①).

2. 임원과 직원의 겸직 금지

조합공동사업법인의 임원은 그 조합공동사업법인의 직원을 겸직할 수 없다(법113의10①, 법55②).

3. 임원의 다른 조합공동사업법인 임직원 겸직 금지

조합공동사업법인의 임원은 다른 조합공동사업법인의 임원 또는 직원을 겸직할 수 없다(법113의10①, 법55③).

4. 임직원의 자격 제한

조합공동사업법인의 사업과 실질적인 경쟁관계에 있는 사업을 경영하거나 이에 종사하는 사람은 조합공동사업법인의 임직원이 될 수 없다(법113의10①, 법55④).

여기서 실질적인 경쟁관계에 있는 사업의 범위는 [별표]의 사업으로 하되, 해당 조합공동사업법인이 수행하고 있는 사업에 해당하는 경우로 한정한다(법113의10①, 법55⑤, 영16의2①). 그러나 조합공동사업법인이 사업을 위하여 출자한 법인이 수행하고 있는 사업은 실질적인 경쟁관계에 있는 사업으로 보지 아니한다(법113의10①, 법55⑤, 영16의2②).

5. 대표이사와 이사의 자기거래 제한

대표이사를 포함한 이사는 이사회의 승인을 받지 아니하고는 자기 또는 제3
자의 계산으로 해당 조합공동사업법인과 정관으로 정하는 규모 이상의 거래를
할 수 없다(법113의10①, 법55⑥).

Ⅵ. 임원의 의무와 책임

1. 성실의무

조합공동사업법인의 임원은 수산업협동조합법과 수산업협동조합법에 따른
명령·처분·정관 및 총회 또는 이사회의 의결을 준수하고 그 직무를 성실히 수
행하여야 한다(법113의10①, 법56①).

2. 조합공동사업법인에 대한 손해배상책임

임원이 그 직무를 수행하면서 고의 또는 과실(비상임인 임원의 경우에는 중대
한 과실)로 조합에 끼친 손해에 대하여는 연대하여 손해배상의 책임을 진다(법113
의10①, 법56②).

3. 제3자에 대한 손해배상책임

임원이 그 직무를 수행하면서 고의 또는 중대한 과실로 제3자에게 끼친 손
해에 대하여는 연대하여 손해배상의 책임을 진다(법113의10①, 법56③).

4. 찬성 이사의 손해배상책임

위의 조합공동사업법인 및 제3자에 대한 행위가 이사회의 의결에 따른 것
이면 그 의결에 찬성한 이사도 연대하여 손해배상의 책임을 진다(법113의10①,
법56④ 전단). 이 경우 의결에 참가한 이사 중 이의를 제기한 사실이 의사록에
기록되어 있지 아니한 사람은 그 의결에 찬성한 것으로 추정한다(법113의10①,
법56④ 후단).

Ⅶ. 임원의 해임

1. 회원의 해임요구

회원이 임원을 해임하려면 의결권 총수 3분의 1 이상에 해당하는 회원의 서면동의를 받아 총회에 임원의 해임을 요구할 수 있다(조합공동사업법인 정관예56①전단). 이 경우 총회는 의결권 총수의 과반수에 해당하는 회원의 출석과 출석한 회원의 의결권 3분의 2 이상의 찬성으로 의결한다(조합공동사업법인 정관예56① 후단).

2. 해임 이유의 통지와 의견진술 기회 부여

해임을 의결하려면 해당 임원에게 해임의 이유를 적은 서면으로 해임의결일 7일 전까지 알려 총회에서 의견을 진술할 기회를 주어야 한다(조합공동사업법인 정관예56②).

Ⅷ. 민법 · 상법의 준용

조합공동사업법인의 임원에 관하여는 민법 제35조(법인의 불법행위능력)와 상법 제382조(이사의 선임, 회사와의 관계 및 사외이사) 제2항, 제385조(해임) 제2항·제3항, 제402조부터 제408조까지의 규정을 준용한다(법113의10①, 법58).

이에 관하여는 제2편 조합 부분에서 살펴보았다.

회 계

제1절 회계연도 등

Ⅰ. 회계연도

조합공동사업법인의 회계연도는 매년 1월 1일에 시작하여 12월 31일에 종료한다(법113의10①, 법65, 조합공동사업법인 정관예62).

Ⅱ. 회계의 구분 등

조합공동사업법인의 회계는 일반회계로 한다(조합공동사업법인 정관예63①).

Ⅲ. 회계처리기준

조합공동사업법인의 회계처리기준은 해양수산부장관이 정하여 고시한다(법 113의9).

조합공동사업법인의 회계업무에 관한 기준과 절차를 규정함으로써 회계처리의 투명성과 경영의 합리화를 기함을 목적으로 「조합공동사업법인의 회계처리기준」(해양수산부 고시 제2019-210호)이 시행되고 있다.

제2절 제적립금의 적립

Ⅰ. 법정적립금

1. 적립한도

조합공동사업법인은 매 회계연도의 손실 보전을 하고 남을 때에는 자기자본의 3배가 될 때까지 매 사업연도 잉여금의 10% 이상을 법정적립금으로 적립하여야 한다(법113의10①, 법70①).

2. 사용제한

법정적립금은 조합공동사업법인의 손실금을 보전하는 경우 외에는 사용하지 못한다(법113의10①, 법72(1)).

3. 자기자본

조합공동사업법인의 자기자본은 ⅰ) 납입출자금(제1호), ⅱ) 회전출자금(제2호), ⅲ) 우선출자금(누적되지 아니하는 것만 해당)(제3호), ⅳ) 가입금(제4호), ⅴ) 각종 적립금(제5호), ⅵ) 미처분 이익잉여금(제6호)을 합친 금액으로 한다(법113의10①, 법68 본문). 다만, 이월결손금이 있는 경우에는 그 금액을 공제한다(법113의10①, 법68 단서).

Ⅱ. 이월금

조합공동사업법인은 회원을 위한 교육 및 홍보사업, 상품정보의 수집 및 제공, 상품 기술의 개발·보급 사업에 필요한 경비에 충당하기 위하여 매 회계연도 잉여금의 20% 이상의 금액을 다음 회계연도에 이월한다(조합공동사업법인 정관예25).

Ⅲ. 임의적립금

조합공동사업법인은 i) 매 회계연도의 잉여금에서 법정적립금과 이월금을 빼고 나머지가 있으면 그 나머지 잉여금의 30% 이상을 사업준비금으로 적립하고(제1호), ii) 국고보조금(지방자치단체 또는 중앙회로부터 수령한 보조금을 포함)으로 자산을 취득함에 따라 당해 자산의 내용연수에 걸쳐 상각금액을 국고보조금과 상계함으로써 발생하는 이익금 및 당해 자산 중도처분에 따라 발생하는 국고보조금잔액에 해당하는 처분이익금은 당해 이익금에 대한 법인세비용, 법정적립금, 이월금 및 사업준비금을 빼고 나머지가 있으면 이를 사업활성화 적립금으로 추가 적립하며(제2호), iii) 고정자산처분으로 발생한 이익금에서 당해 자산의 처분에 따른 제비용과 법정적립금, 이월금 및 사업준비금을 빼고 나머지가 있으면 이를 사업활성화 적립금으로 추가 적립한다(제3호)(법113의10①, 법70③, 조합공동사업법인 정관예26).)

Ⅳ. 자본적립금

조합공동사업법인은 i) 감자에 따른 차익(제1호), ii) 자산재평가 차익(제2호), iii) 합병차익(제3호), iv) 그 밖의 자본잉여금(제4호)을 자본적립금으로 적립하여야 한다(법113의10①, 법70④).

자본적립금은 조합공동사업법인의 손실금을 보전하는 경우 외에는 사용하지 못한다(법113의10①, 법72(1)).

Ⅴ. 위반시 제재

조합등 또는 중앙회의 임원·집행간부·일반간부직원·파산관재인 또는 청산인이 법 제70조 제1항·제3항·제4항(제108조, 제113조, 제113조의10 또는 제168조에 따라 준용되는 경우를 포함), 제70조 제2항(제108조 또는 제113조에 따라 준용되는 경우를 포함)을 위반하여 법정적립금 등을 적립하거나 잉여금을 이월한 경우에는 3년 이하의 징역 또는 3천만원 이하의 벌금에 처한다(법177⑺).

조합등 또는 중앙회의 임원·집행간부·일반간부직원·파산관재인 또는 청산인이 법 제72조(제108조, 제113조, 제113조의10 또는 제168조에 따라 준용되는 경우를 포함)를 위반하여 법정적립금 및 자본적립금을 사용한 경우에는 3년 이하의 징역 또는 3천만원 이하의 벌금에 처한다(법177⑺).

제3절 손실금의 보전과 잉여금의 배당

Ⅰ. 손실금의 보전(결손의 보전)

1. 손실금의 보전 순서와 이월

조합공동사업법인은 매 회계연도의 결산 결과 손실금(당기 손실금)이 발생하였을 때에는 미처분이월금·임의적립금·법정적립금·자본적립금의 순으로 보전하고, 보전한 후에도 부족할 때에는 다음 회계연도로 이월한다(법113의10①, 법71①).

2. 잉여금의 배당 제한

조합공동사업법인은 손실을 보전하고 법정적립금 및 임의적립금을 공제한 후가 아니면 잉여금을 배당하지 못한다(법113의10①, 법71②).

Ⅱ. 잉여금의 배당

1. 잉여금의 배당 또는 이월

매 회계연도의 잉여금은 결손을 보전하고, 법정적립금, 이월금과 임의적립금을 빼고 나머지가 있으면 회원 및 준회원에게 배당하거나 다음 회계연도에 이월한다(조합공동사업법인 정관예64①).

2. 잉여금의 배당 순서

잉여금은 ⅰ) 회원의 사업이용실적에 대한 배당(제1호), ⅱ) 회원의 납입출자액에 대한 배당(제2호), ⅲ) 준회원의 사업이용실적에 대한 배당(제3호)의 순서대로 배당한다(조합공동사업법인 정관예64②).

3. 잉여금의 배당방법

(1) 사업이용실적에 대한 배당

사업이용실적에 대한 배당은 그 회계연도에 있어 취급된 물자의 수량·가액 기타 사업의 분량을 참작하여 회원 및 준회원의 사업이용실적에 따라 행하되, 사업이용실적에 대한 배당은 총배당액의 50% 이상으로 정하여야 한다(조합공동사업법인 정관예65① 전단). 이 경우 사업이용실적의 항목, 대상, 배점구성 등 구체적인 사항은 이사회에서 정한다(조합공동사업법인 정관예65① 후단).

(2) 출자에 대한 배당

출자에 대한 배당은 매 회계 연도말에 있어 회원이 납입한 출자액에 따라 행한다(조합공동사업법인 정관예65② 전단). 이 경우 그 율은 신용사업을 행하는 모든 회원의 1년 만기 정기예탁금 결산기준 연 평균금리에 1퍼센트를 더한 범위 내에서 정하되, 최고 연 10%를 초과할 수 없다(조합공동사업법인 정관예65② 후단).

Ⅲ. 위반시 제재

조합등 또는 중앙회의 임원·집행간부·일반간부직원·파산관재인 또는 청산인이 법 제71조(제108조, 제113조, 제113조의10 또는 제168조에 따라 준용되는 경우를 포함)를 위반하여 손실 보전을 하거나 잉여금을 배당한 경우에는 3년 이하의 징역 또는 3천만원 이하의 벌금에 처한다(법177(8)).

제4절 결산보고서

Ⅰ. 제출과 비치

대표이사는 정기총회 1주 전까지 결산보고서(사업보고서, 재무상태표 및 손익계산서와 잉여금처분안 또는 결손금처리안 등)를 감사에게 제출하고, 이를 주된 사무소에 갖추어 두어야 한다(법113의10①, 법73①).

Ⅱ. 열람 또는 사본 발급 청구

회원과 조합공동사업법인의 채권자는 정관, 총회의사록, 조합원 명부 및 결산보고서(사업보고서, 재무상태표 및 손익계산서와 잉여금처분안 또는 결손금처리안 등)를 그 사본의 발급을 청구할 수 있다(법113의10①, 법73② 전단). 이 경우 조합이 정한 수수료를 내야 한다(법73② 후단).

Ⅲ. 결산보고서 및 감사의견서의 정기총회 승인

대표이사는 결산보고서(사업보고서, 재무상태표 및 손익계산서와 잉여금처분안 또는 결손금처리안 등)와 감사의견서를 정기총회에 제출하여 승인을 받은 후 재무상태표를 지체 없이 공고하여야 한다(법113의10①, 법73③).

Ⅳ. 임원의 책임해제

결산보고서 및 감사의견서의 정기총회 승인을 받은 경우 임원의 책임해제에 관하여는 상법 제450조[1]를 준용한다(법113의10①, 법73④).

---

1) 제450조(이사, 감사의 책임해제) 정기총회에서 전조 제1항의 승인을 한 후 2년내에 다른 결의가 없으면 회사는 이사와 감사의 책임을 해제한 것으로 본다. 그러나 이사 또는 감사의 부정행위에 대하여는 그러하지 아니하다.

Ⅴ. 위반시 제재

조합등 또는 중앙회의 임원·집행간부·일반간부직원·파산관재인 또는 청산인이 법 제73조 제1항부터 제3항까지(제108조, 제113조, 제113조의10 또는 제168조에 따라 준용되는 경우를 포함)를 위반한 경우에는 3년 이하의 징역 또는 3천만원 이하의 벌금에 처한다(법177(10)).

제5절 출자감소

Ⅰ. 출자감소의 의결

1. 총회 의결과 재무상태표 작성

조합공동사업법인은 출자 1계좌의 금액 또는 출자계좌 수 감소("출자감소")를 총회에서 의결하였을 때에는 그 의결을 한 날부터 2주 이내에 재무상태표를 작성하여야 하여야 한다(법113의10①, 법74①).

2. 채권자의 이의와 공고 또는 최고

조합공동사업법인은 총회에서 의결을 한 날부터 2주 이내에 채권자에 대하여 이의가 있으면 공고 후 3개월 이내에 조합공동사업법인의 주된 사무소에 서면으로 이의를 제기하라는 취지를 공고하고, 이미 알고 있는 채권자에 대하여는 따로 최고하여야 한다(법113의10①, 법74②, 조합공동사업법인 정관예29②).

3. 공고·최고기간

공고 또는 최고는 총회에서 의결을 한 날부터 2주일 이내에 하여야 하며, 공고기간은 2개월 이상(2023. 6. 28.부터 1개월 이상)으로 하고, 개별최고는 2회 이상으로 한다(법113의10①, 법74③, 조합공동사업법인 정관예29③).

4. 위반시제재

조합등 또는 중앙회의 임원·집행간부·일반간부직원·파산관재인 또는 청산인이 법 제74조 제1항(제108조, 제113조, 제113조의10 또는 제168조에 따라 준용되는 경우를 포함)을 위반하여 조합 및 중앙회가 재무상태표를 작성하지 아니한 경우에는 3년 이하의 징역 또는 3천만원 이하의 벌금에 처한다(법177(11)).

Ⅱ. 출자감소에 대한 채권자의 이의

1. 채권자의 이의 부진술과 승인 의제

채권자가 3개월 이내에 출자감소 의결에 대하여 서면으로 이의를 진술하지 아니하면 이를 승인한 것으로 본다(법113의10①, 법75①, 조합공동사업법인 정관예30①).

2. 채권자의 이의 진술과 변제 또는 담보 제공

채권자가 이의를 진술한 경우에는 법인이 이를 변제하거나 상당한 담보를 제공하지 아니하면 그 출자감소의 의결은 효력을 발생하지 아니한다(법113의10①, 법75②, 조합공동사업법인 정관예30②).

제6절 지분 취득 등의 금지

조합공동사업법인은 회원의 지분을 취득하거나 이에 대하여 질권을 설정하지 못한다(법76, 법108, 법113).

제
5
편

중앙회

설 립

제1절 설립목적

수산업협동조합중앙회는 회원의 공동이익의 증진과 건전한 발전을 도모하는 것을 목적으로 수산업협동조합법에 따라 설립된 법인을 말한다(법116, 법2(5), 법4①). 중앙회가 아니면 수산업협동조합중앙회의 명칭이나 이와 유사한 명칭을 사용하지 못한다(법3).

중앙회는 어업인과 수산물가공업자의 자주적인 협동조직을 바탕으로 어업인과 수산물가공업자의 경제적·사회적·문화적 지위의 향상과 어업 및 수산물가공업의 경쟁력 강화를 도모함으로써 어업인과 수산물가공업자의 삶의 질을 높이고자 수산업협동조합법 따라 설립된 법인으로서, 지구별수협, 업종별수협 및 수산물가공수협을 회원으로 한다.

제2절 주요업무

중앙회는 그 목적을 달성하기 위하여 다음 사업의 전부 또는 일부를 수행한 다(법138①).

Ⅰ. 교육·지원 사업

1. 내용

중앙회는 그 목적을 달성하기 위하여 교육·지원 사업의 전부 또는 일부를 수행하는데, 그 내용에는 ⅰ) 회원의 조직·경영 및 사업에 관한 지도·조정(가 목), ⅱ) 회원의 조합원과 직원에 대한 교육·훈련 및 정보의 제공(나목), ⅲ) 회 원과 그 조합원의 사업에 관한 조사·연구 및 홍보(다목), ⅳ) 회원과 그 조합원 의 사업 및 생활 개선을 위한 정보망의 구축, 정보화 교육 및 보급 등을 위한 사업(라목), ⅴ) 회원과 그 조합원에 대한 보조금의 지급(마목), ⅵ) 수산업 관련 신기술의 개발 등을 위한 사업 및 시설의 운영(바목), ⅶ) 회원에 대한 감사(사 목), ⅷ) 각종 사업을 위한 교육·훈련(아목), ⅸ) 회원과 그 조합원의 권익 증진 을 위한 사업(자목), ⅹ) 명칭사용료(법162의2)의 관리 및 운영(차목)이 있다(법138 ①(1)).

2. 관련 판례

** 대법원 2013. 11. 28. 선고 2013두12645 판결

[1] 비영리내국법인에 대하여는 소득이 있더라도 그 소득이 수익사업으로 인한 것이 아닌 이상 법인세를 부과할 수 없는 점(대법원 2005. 9. 9. 선고 2003두 12455 판결 등 참조), 비영리법인이 고유목적사업에 지출하기 위하여 고유목적사 업준비금을 계상한 경우에 한하여 일정한 범위 안에서만 손금에 산입하도록 하 고 있으나, 고유목적사업준비금을 계상하지 않고 고유목적사업에 지출한 경우 에는 비영리내국법인의 수익사업에 속하는 잉여금 및 자본원입액에서 상계할 수밖에 없는 점, 법인세법 제52조가 정한 부당행위계산부인이란 법인이 특수관

계에 있는 자와의 거래에 있어 정상적인 경제인의 합리적인 방법에 의하지 아니하고 부당한 거래형태를 빙자하여 남용함으로써 조세부담을 부당하게 회피하거나 경감시킨 경우에 과세권자가 이를 부인하고 법령에 정한 방법에 의하여 객관적이고 타당하다고 보이는 소득이 있는 것으로 의제하는 제도인 점(대법원 2010. 10. 28. 선고 2008두15541 판결 등 참조), 법인세법 제28조 제1항 제4호 (나)목이 업무무관 가지급금을 손금에 산입하지 않도록 규정한 입법목적은 차입금을 보유하고 있는 법인이 특수관계자에게 업무와 관련 없이 가지급금 등을 지급한 경우에는 이에 상당하는 차입금의 지급이자를 손금불산입하도록 하는 조세상의 불이익을 주어, 차입금을 생산적인 부분에 사용하지 아니하고 특수관계자에게 대여하는 비정상적인 행위를 제한함으로써 타인자본에 의존한 무리한 기업확장으로 기업의 재무구조가 악화되는 것을 방지하고, 기업자금의 생산적 운용을 통한 기업의 건전한 경제활동을 유도하는 데에 있는 점(대법원 2007. 9. 20. 선고 2006두1647 판결 등 참조) 등을 종합하여 보면, 법인세법 제52조 소정의 부당행위계산부인이나 법인세법 제28조 제1항 제4호 (나)목 소정의 업무무관 가지급금의 손금불산입 관련 규정은 비영리법인의 경우 법인세의 납세의무가 있는 수익사업에 관한 거래에 대하여만 적용되고, 비영리법인이 고유목적사업에 사용하기 위하여 수익사업에 속하는 차입금을 특수관계자에게 무상으로 대여한 경우에는 그것을 수익사업에 관한 거래로 보기 어려우므로 이에 대하여는 부당행위계산부인이나 업무무관 가지급금의 손금불산입 관련 규정을 적용할 수 없다.

　[2] 원심이 인용한 제1심판결 이유에 의하면, ① 원고(수산업협동조합중앙회)는 수산업협동조합법에 의하여 지구별 수산업협동조합 등의 조합원이 출자하여 설립한 비영리내국법인으로서, 2004 내지 2008 사업연도에 소속 조합원인 강진군수산업협동조합 등 44개 조합에 365일 운영되는 현금자동인출기 코너 설치비 37억 원을 무이자로 대여하였고("이 사건 대여거래"), 원고에게는 위 대여금에 상당하는 차입금이 존재하였던 사실, ② 피고는 이 사건 대여거래가 특수관계자에게 업무와 관련 없이 지급한 가지급금에 해당할 뿐만 아니라 조세의 부담을 부당히 감소시키는 무상의 금전대여 거래에 해당한다고 보아, 그 가지급금 인정이자를 익금에 산입하고 지급이자를 손금에 불산입하여 법인세액을 계산하고 여기에 앞서 본 과소신고가산세를 포함하여 원고에게 2005 내지 2008 사업연도의 각

법인세를 증액하는 이 사건 처분을 한 사실 등을 알 수 있다.

구 수산업협동조합법(2010. 4. 12. 법률 제10245호로 개정되기 전의 것) 제138조 제1항 제1호 (라)목은 원고가 그 목적을 달성하기 위한 교육·지원사업의 하나로 "회원과 그 조합원의 사업 및 생활개선을 위한 정보망의 구축, 정보화의 교육 및 보급 등을 위한 사업"을 규정하고, 원고의 정관 제6조 제1항 제1호 (라)목도 원고의 사업에 관하여 같은 내용을 규정하고 있는데, 원고가 소속 조합원들을 위해 365일 운영되는 현금자동인출기 코너 설치를 지원하는 것은 "회원과 그 조합원의 사업 및 생활개선을 위한 정보망의 구축사업"에 해당하므로, 이 사건 대여거래는 원고가 고유목적사업에 사용하기 위하여 수익사업에 속하는 차입금을 무상으로 대여한 경우에 해당한다. 따라서 앞서 본 법리에 비추어 살펴보면, 이 사건 대여거래에 대하여는 법인세법 제52조 소정의 부당행위계산부인이나 법인세법 제28조 제1항 제4호 (나)목 소정의 업무무관 가지급금의 손금불산입 관련 규정을 적용할 수 없다고 할 것이다.

[3] 그런데도 원심은 이와 달리 수익사업의 자산을 고유목적사업에 지출하였더라도 수익사업에 속하는 자산의 감소가 종국적으로 이루어진 것이어서 그 지출행위에 따른 손익은 수익사업의 손익으로 인식하여야 한다는 등의 이유로, 이 사건 처분 중 가지급금 인정이자 익금산입 및 업무무관 가지급금 손금불산입에 관한 부분이 적법하다고 판단하였으니, 이러한 원심판단에는 법인세법상 부당행위계산부인의 대상 및 가지급금 지급이자 손금불산입 규정이 적용되는 범위 등에 관한 법리를 오해하여 판결에 영향을 미친 위법이 있다. 이 점을 지적하는 상고이유 주장은 이유 있다(다만 2005 내지 2008 사업연도 법인세가 파기되면 2005 및 2006 사업연도 가산세에도 영향을 미치므로 상고이유 제3점에 대한 원고의 상고가 이유 없음에도 불구하고 전체를 파기할 수밖에 없다).

Ⅱ. 경제사업

중앙회는 그 목적을 달성하기 위하여 경제사업의 전부 또는 일부를 수행하는데, 그 내용에는 ⅰ) 회원과 그 조합원을 위한 구매·보관·판매·제조 사업 및 그 공동사업과 업무대행(가목), ⅱ) 회원과 그 조합원을 위한 수산물의 처리·가공 및 제조 사업(나목), ⅲ) 회원 및 출자회사(중앙회가 출자한 회사만을 말한다)의

경제사업의 조성 · 지도 및 조정(다목)이 있다(법138①(2)).[1]

Ⅲ. 상호금융사업

중앙회는 그 목적을 달성하기 위하여 상호금융사업의 전부 또는 일부를 수행하는데, 그 내용에는 ⅰ) 대통령령으로 정하는 바에 따라 회원으로부터 예치된 여유자금 및 상환준비금의 운용 · 관리(가목), ⅱ) 회원의 신용사업 지도(나목), ⅲ) 회원의 예금 · 적금의 수납 · 운용(다목), ⅳ) 회원에 대한 자금대출(라목), ⅴ) 국가 · 공공단체 또는 금융기관(은행과 그 외에 금융업무를 취급하는 금융기관을 포함)의 업무의 대리(마목), ⅵ) 회원 및 조합원을 위한 내국환 및 외국환 업무(바목), ⅶ) 회원에 대한 지급보증 및 회원에 대한 어음할인(사목), ⅷ) 자본시장법 제제4조 제3항에 따른 국채증권 및 지방채증권의 인수 · 매출(아목), ⅸ) 전자금융거래법에서 정하는 직불전자지급수단[2]의 발행 · 관리 및 대금의 결제(자목), ⅹ) 전자금융거래법에서 정하는 선불전자지급수단[3]의 발행 · 관리 및 대금의 결제(차목)가 있다(법138①(4)).

---

1) 제3호 삭제 [2016.5.29.]

2) "직불전자지급수단"이라 함은 이용자와 가맹점 간에 전자적 방법에 따라 금융회사의 계좌에서 자금을 이체하는 등의 방법으로 재화 또는 용역의 제공과 그 대가의 지급을 동시에 이행할 수 있도록 금융회사 또는 전자금융업자가 발행한 증표 또는 그 증표에 관한 정보를 말한다(전자금융거래법2(13)). 현재 직불전자지급수단으로는 은행권이 발행하는 직불카드와 증권회사가 발행하는 체크카드가 있다. 이는 이용자가 가맹점에서 재화 또는 용역을 제공받고 직불카드단말기에서 직불전자지급수단을 이용하여 그 대가를 동시에 지급하는 전자지급거래라고 할 수 있다. 직불전자지급수단은 전자식 카드(증표) 형태 이외에도 네트워크(온라인)상에서 사용되는 "그 증표에 관한 정보"까지 확대 적용하고 있다. 직불전자지급수단에는 자금을 융통받을 수 있는 증표가 제외된다(전자금융거래법2(13)). 이에는 현금인출카드, 현금서비스카드, 대출카드 등이 해당한다.

3) "선불전자지급수단"은 이전 가능한 금전적 가치를 전자적 방법으로 저장하여 발행된 증표(카드형) 또는 그 증표에 관한 정보(네트워크형)로서 발행인 외의 제3자로부터 2개 업종 이상의 재화 또는 용역의 구입 대가를 지급하는데 사용되는 전자지급수단이다(전자금융거래법2(14) 본문). 선불전자지급수단은 구입할 수 있는 재화 또는 용역의 범위가 2개 업종 이상의 범용성을 가져야 한다(전자금융거래법2(14) 나목). 따라서 단일한 특정 재화와 용역만 구입할 수 있는 것은 선불전자지급수단이 아닌 상품권에 해당한다. 재화 또는 용역을 구입할 수 있는 업종의 기준은 통계청장이 고시하는 한국표준산업분류의 중분류상의 업종을 적용한다. 다만, 전자화폐를 제외한다(전자금융거래법2(14) 단서).

Ⅳ. 공제사업

중앙회는 그 목적을 달성하기 위하여 공제사업의 전부 또는 일부를 수행한다(법138①(5)).

1. 공제규정 인가

중앙회가 공제사업을 하려면 공제규정을 정하여 해양수산부장관의 인가를 받아야 한다(법168, 법60의2① 전단). 공제규정을 변경하려는 때에도 또한 같다(법168, 법60의2① 후단).

2. 공제규정 기재사항

공제규정에는 공제사업의 실시, 공제계약 및 공제료와 공제사업의 책임준비금, 그 밖에 준비금 적립에 관한 사항 등이 포함되어야 한다(법168, 법60의2②).

(1) 공제규정 필요적 포함사항

공제규정에 포함되어야 하는 사항은 다음과 같다(시행규칙9의2①).

(가) 공제사업의 실시에 관한 사항

공제규정에는 공제사업의 실시에 관한 사항인 ⅰ) 공제사업의 종목(가목), ⅱ) 공제를 모집할 수 있는 자(나목), ⅲ) 공제상품 안내 자료의 기재사항(다목), ⅳ) 통신수단을 이용한 모집 시 준수사항(라목), ⅴ) 공제 모집 시 금지행위(마목), ⅵ) 공제 모집 시 불법행위로 인한 공제계약자 등에 대한 손해배상에 관한 사항(바목)이 포함되어야 한다(시행규칙9의2①(1)).

(나) 공제상품에 관한 사항

공제규정에는 공제상품에 관한 사항인 ⅰ) 공제상품 개발기준(가목), ⅱ) 사업방법서, 약관, 공제료 및 책임준비금 산출방법에 관한 사항(나목)이 포함되어야 한다(시행규칙9의2①(2)).

(다) 공제계약에 관한 사항

공제규정에는 공제계약에 관한 사항인 ⅰ) 공제계약자 및 피공제자(被共濟者)의 범위(가목), ⅱ) 공제계약의 성립 및 책임 개시에 관한 사항(나목), ⅲ) 공제계약의 체결 절차(다목), ⅳ) 공제금의 지급 및 지급 사유에 관한 사항(라목), ⅴ)

공제계약의 무효에 관한 사항(마목), vi) 공제계약의 변경에 관한 사항(바목), vii) 공제료의 수납 및 환급에 관한 사항(사목), viii) 공제계약의 해지·부활·소멸에 관한 사항(아목), ix) 공제자의 의무 범위 및 그 의무 이행의 시기에 관한 사항(자목), x) 공제자의 면책사유에 관한 사항(차목)이 포함되어야 한다(시행규칙9의2①(3)).

(라) 공제자산 운용의 범위 및 방법에 관한 사항

공제규정에는 공제자산 운용의 범위 및 방법에 관한 사항이 포함되어야 한다(시행규칙9의2①(4)).

(마) 공제회계에 관한 사항

공제규정에는 공제회계에 관한 사항인 i) 결산, 재무제표 작성, 사업비 집행 등의 회계처리에 관한 사항(가목), ii) 책임준비금 등의 적립 및 배당에 관한 사항(나목)이 포함되어야 한다(시행규칙9의2①(5)).

(바) 재무건전성 및 공시에 관한 사항

공제규정에는 재무건전성 및 공시에 관한 사항인 i) 지급여력(支給餘力)의 산출 기준 및 방법(가목), ii) 자산건전성 기준 및 위험관리에 관한 사항(나목), iii) 경영공시 및 상품공시의 방법·절차 등에 관한 사항(다목)이 포함되어야 한다(시행규칙9의2①(6)).

(사) 공제 회계처리 및 손해사정에 관한 사항

공제규정에는 공제 회계처리 및 손해사정에 관한 사항이 포함되어야 한다(시행규칙9의2①(7)).

(아) 공제분쟁심의위원회의 설치 및 운영에 관한 사항

공제규정에는 공제분쟁심의위원회의 설치 및 운영에 관한 사항이 포함되어야 한다(시행규칙9의2①(8)).

(자) 조합의 재공제 및 중앙회의 재보험에 관한 사항

공제규정에는 조합의 재공제 및 중앙회의 재보험에 관한 사항이 포함되어야 한다(시행규칙9의2①(9)).

(차) 공제사업 감독기준에서 정한 사항과 그 밖에 공제사업을 위하여 필요한 사항

공제규정에는 공제사업 감독기준에서 정한 사항과 그 밖에 공제사업을 위하여 필요한 사항이 포함되어야 한다(시행규칙9의2①(9)).

해양수산부장관은 조합과 중앙회의 공제사업의 건전한 육성과 계약자의 보호를 위하여 금융위원회 위원장과 협의하여 감독에 필요한 기준을 정하고 이를 고시하여야 한다(법169⑧). 이에 따라 「수산업협동조합 공제사업 감독기준」(해양수산부 고시 제2022-21호)이 시행되고 있다. 공제사업 감독기준은 수산업협동조합법 제169조 제8항에 의하여 공제자가 영위하는 공제사업을 감독하기 위하여 필요한 사항을 정함으로써 어업인의 경제적·사회적 지위향상 및 공제계약자 보호를 통해 공제사업의 건전한 육성을 도모함을 목적으로 한다(제1조).

(2) 기타 포함사항

공제규정에는 위의 포함사항 외에 공제상품의 표준사업방법서 및 표준약관이 공제규정 부속서로 포함되어야 한다(시행규칙9의2②).

3. 책임준비금의 적립기준

책임준비금 등은 해양수산부령으로 정하는 기준에 따라 매 회계연도 말에 공제사업의 종류별로 계산하여 적립하여야 한다(법168, 법60의2③).

(1) 원칙

공제사업을 하는 중앙회는 공제사업의 종류별로 다음의 금액을 책임준비금으로 적립한다(시행규칙9의3①).

1. 매 회계연도 말 현재 지급 사유가 발생하지 아니하였으나 장래에 지급할 공제금 및 환급금에 충당하기 위하여 공제료 및 책임준비금 산출방법서에서 정하는 바에 따라 계산한 공제료 적립금과 미경과(未經過) 공제료
2. 매 회계연도 말 현재 지급 사유가 발생하였으나 신청 지연 또는 지급금액 미확정 등의 사유로 아직 지급하지 아니한 공제금 및 환급금에 대하여 지급하여야 할 것으로 추정되는 금액
3. 공제계약자에게 배당하기 위하여 적립한 계약자배당준비금
4. 공제사업 감독기준에서 정하는 바에 따른 비상위험준비금 및 공제기금

(2) 예외

공제사업을 중앙회에 전액 재공제하는 조합의 경우에는 책임준비금을 적립

하지 아니할 수 있다(시행규칙9의3②).

4. 관련 판례

① 대법원 2004. 3. 26. 선고 2003다13239 판결

수산업협동조합법 제132조 제1항 제6호(현행 제138조 제1항 제5호)의 규정에 의하여 원고가 그 회원을 위하여 행하는 선원공제는 그 가입자가 한정되어 있고 영리를 목적으로 하지 아니한다는 점에서 보험법에 의한 보험과 다르기는 하지만 우연한 사고 발생으로 가입자가 입게 된 손해의 보상을 인수하는 것이라는 점에서 그 실질은 일종의 보험으로서 성질상 상호보험과 유사한 것이므로(대법원 1989. 12. 12. 선고 89다카586 판결, 1998. 3. 13. 선고 97다52622 판결 참조), 상법 제664조를 유추적용하여 보험의 기술적 구조에서 유래된 규정인 보험자대위에 관한 상법 제682조를 준용할 수 있고, 이와 같이 수산업협동조합법에 의한 선원공제에 대하여 보험자대위에 관한 상법 규정을 준용할 수 있는 이상 보험의 기술적 구조에서 유래된 규정이라기보다 산업재해보상보험재정의 확보를 위한 입법정책적 배려 규정으로 보이는 보험자대위에 관한 특별규정인 산업재해보상보험법 제54조 제1항을 명문의 규정도 없이 수산업협동조합법에 의한 선원공제에 준용하거나 유추적용할 수는 없다고 하여, 이 사건 공제금을 지급한 원고는 산업재해보상보험법 제54조 제1항에 의해 피해선원들 등이 피고에 대하여 가지는 손해배상청구권을 대위취득하는 것이 아니라, 상법 제664조의 유추적용과 상법 제682조의 준용에 의하여 그 지급한 금액의 한도에서 피공제자인 선주 K의 피고에 대한 구상권을 취득한다고 판단하였는바, 관계 법리 및 기록에 비추어 살펴보면, 원심의 위와 같은 사실인정과 판단은 옳고, 거기에 상고이유에서 주장하는 바와 같이 현행 산업재해보상보험법과 선원법의 입법취지 및 상법상의 보험자대위권 및 산업재해보상보험법 제54조 제1항(현행 제87조 제1항)의 "근로복지공단의 제3자에 대한 대위권"에 관한 법리 등을 오해한 위법이 있다 할 수 없다.

② 대법원 1998. 3. 13. 선고 97다52622 판결

[1] 수산업협동조합법에 의한 선원보통공제의 법적 성격 및 그 공제금청구권의 소멸시효기간: 수산업협동조합법 제132조 제1항 제6호(현행 제138조 제1항 제5호)의 규정에 의하여 수산업협동조합중앙회가 회원을 위하여 행하는 선원보통

공제는 그 가입자가 한정되어 있고 영리를 목적으로 하지 아니한다는 점에서 보험법에 의한 보험과 다르기는 하지만 그 실체는 일종의 보험으로서 상호보험과 유사한 것이고, 단기소멸시효에 관한 상법 제662조의 규정은 상법 제664조에 의하여 상호보험에도 준용되므로, 공제금청구권의 소멸시효에 관하여도 상법 제664조의 규정을 유추 적용하여 상법 제662조의 보험금 지급청구에 관한 2년의 단기소멸시효에 관한 규정을 준용하여야 한다.

[2] 선원의 행방불명으로 인한 유족들의 공제금지급청구권의 소멸시효 기산점을 공제약관상 규정된 선원이 행방불명된 때로부터 1월이 경과한 시점이 아니라 실종선고 심판이 확정된 때로 본 사례: 수산업협동조합중앙회의 선원보통공제약관상 선원이 공제사고로 해상에서 행방불명된 경우에 최후음신일로부터 1월이 경과하여도 행방을 알 수 없을 때에는 그 때에 사망한 것으로 추정한다는 규정은 사망진단서 등 사망 사실을 확인하는 증명 없이도 유족의 이익을 위하여 피공제자에게 공제금이 신속히 지급될 수 있도록 하기 위한 규정으로 보여지므로, 수산업협동조합중앙회가 위 약관상의 사망에 관한 추정을 부정하여 피공제자의 공제금 지급청구에 불응한 경우에는 소멸시효의 기산점과 관련하여 유족에게 불리하게 위 규정을 적용하여 최후음신일로부터 1월이 되는 때를 공제금청구권의 소멸시효의 기산점으로 삼을 수 없으며, 피공제자는 행방불명된 선원의 사망 사실에 대한 확인 증명을 대신하는 역할을 하는 실종선고 심판이 확정될 때에 비로소 공제금청구권에 대한 권리 행사를 할 수 있게 되었다고 봄이 상당하므로 그 때부터 시효기간이 진행된다.

[3] 유족들의 공제금 지급 문의에 공제사업자가 사고조사 및 관련 서류 구비 후의 지급청구를 요구하였으나 그 외에 달리 시효중단 조치를 방해하는 행동을 하지 않은 경우, 공제사업자의 소멸시효 항변이 신의칙에 반하지 않는다고 본 사례: 선원보통공제의 피공제자인 유족들이 공제금 지급에 관하여 문의하자 공제사업자가 공제사고의 발생 시기 등 정확한 사고조사를 기다려 본 후에 필요한 서류를 갖추어 공제금 지급청구를 하라고 대답하였으나 더 나아가 그 공제금청구권의 단기소멸시효기간이 경과하기 전에 채권자인 유족들로 하여금 소송에 의하지 아니하더라도 분쟁을 해결할 수 있다는 태도를 보여 소제기 등 시효중단 조치를 미루게 하는 유인을 주었거나 유족들의 권리 행사나 소제기 등 시효중단 조치를 불가능 또는 현저하게 곤란하게 하는 행동을 하였다는 등의 특별한 사정

을 찾아볼 수 없는 경우, 유족들이 행방불명된 선원에 대한 실종선고 심판이 확
정된 후 관련 서류를 갖추어 공제사업자에게 공제금 지급청구를 한 때부터 그에
대해 공제사업자가 공제사고가 공제가입일 이후에 발생한 것인지 명백하지 아니
하다는 이유로 공제금의 지급을 거절하는 통지를 한 때까지의 기간을 소멸시효
기간에 포함시켜 소멸시효의 완성을 주장하는 것이 신의성실의 원칙에 반하지
않는다.

③ 대법원 1996. 12. 20. 선고 96다23818 판결
[1] 해상보험에 불이익변경금지원칙의 적용을 배제하는 상법 제663조 단서
의 규정 취지: 상법 제663조 단서가 해상보험에 같은 법조 본문 소정의 보험계약
자 등의 불이익변경금지원칙이 적용되지 아니하도록 규정하고 있는 취지는 해상
보험이 보험계약자와 보험자가 서로 대등한 경제적 지위에서 계약조건을 정하는
이른바 기업보험의 일종으로 보험계약의 체결에 있어서 보험계약자의 이익보호
를 위한 법의 후견적 배려는 필요하지 않고 오히려 어느 정도 당사자 사이의 사
적 자치에 맡겨 특약에 의하여 개별적인 이익조정을 꾀할 수 있도록 할 필요가
있고, 또한 해상보험에 있어서는 그 보험의 성격상 국제적인 유대가 강하고 보험
실무상으로도 영국법 준거조항을 둔 영문 보험약관이 이용되고 있는 실정이므로
불이익변경금지원칙을 일률적으로 적용하여 규제하는 것이 반드시 옳다고 할 수
없다는 고려에서 나온 것이다.
[2] 수산업협동조합중앙회가 실시하는 어선공제사업의 성질 및 상법 제663
조의 불이익변경금지원칙의 적용 배제 여부(소극): 수산업협동조합중앙회에서 실
시하는 어선공제사업은 항해에 수반되는 해상위험으로 인하여 피공제자의 어선
에 생긴 손해를 담보하는 것인 점에서 해상보험에 유사한 것이라고 할 수 있으
나, 그 어선공제는 수산업협동조합중앙회가 실시하는 비영리 공제사업의 하나로
소형 어선을 소유하며 연안어업 또는 근해어업에 종사하는 다수의 영세어민들을
주된 가입대상자로 하고 있어 공제계약 당사자들의 계약교섭력이 대등한 기업보
험적인 성격을 지니고 있다고 보기는 어렵고 오히려 공제가입자들의 경제력이
미약하여 공제계약 체결에 있어서 공제가입자들의 이익보호를 위한 법적 배려가
여전히 요구된다 할 것이므로, 상법 제663조 단서의 입법취지에 비추어 그 어선
공제에는 불이익변경금지원칙의 적용을 배제하지 아니함이 상당하다.

[3] 분납 공제료 체납시 상법 제650조 제2항 소정의 최고 및 해지절차 없이 곧바로 공제계약의 실효를 규정한 어선보통공제약관 조항의 효력(무효): 분납 공제료가 소정의 시기에 납입되지 아니하였음을 이유로 상법 제650조 제2항 소정의 절차를 거치지 아니하고 곧바로 공제계약이 실효됨을 규정한 수산업협동조합 중앙회와 선박 소유자 사이의 어선보통공제약관 조항은 상법 제663조의 규정에 위배되어 무효이다.

④ 대법원 1995. 7. 25. 선고 93다56664 판결

선원법 제90조(현행 제99조), 제98조(현행 제106조), 같은법 시행령 제32조에 의하면, 선박의 소유자는 선원의 재해보상을 완전히 이행할 수 있도록 보험에 가입하여야 하며, 이러한 보험에는 수산업협동조합법에 의한 공제도 포함하는 것으로 되어 있으므로, 해운회사인 피고로서는 선박소유자인 소외 김양근이 피해 선박에 승선할 선원의 재해보상을 위하여 보험에 가입한 사실을 당연히 알고 있었다고 보아야 할 뿐 아니라, 위 김양근과의 사이에 이 사건 최종 면제약정을 체결함에 있어서, 원심의 사실인정과 같이, 피해선박과 관련된 보험업자가 이 사건 선박충돌과 관련하여 이후 피고에게 보상청구하는 일이 없도록 하는 등의 내용의 합의를 하였다면, 피고로서는 소외 김양근측 보험업자가 위 최종 면제약정 이후에도 피고에 대하여 이 사건 사고와 관련하여 보상청구를 할 가능성이 있음을 능히 짐작하고 있었음이 분명하다 할 것이고, 또, 기록에 의하면, 이 사건 최종 면제약정에 이르기까지 해상관계 전문의 국내·외 변호사가 피고측의 위임에 의하여 관여한 사실을 알 수 있으므로, 피고는 위 약정시 원고의 이 사건 구상채권의 존재까지 알 수 있었다고 봄이 상당하다 할 것이다.

가사 피고가 원고("수산업협동조합 중앙회")의 이 사건 구상채권 취득 사실을 몰랐다고 하더라도, 소외 김양근이 위 선박의 선원을 위하여 보험에 가입한 사실을 알고 있는 피고로서는, 소외 김양근이 어떠한 보험에 가입하였는지, 보험업자인 원고("수산업협동조합 중앙회")가 소외 김양근에게 이 사건 사고 이후 공제금을 지급하였는지 등에 관하여 알아보고, 만약 원고("수산업협동조합 중앙회")가 소외 김양근에게 이 사건 공제금을 지급한 사실을 알았다면 소외 김양근이 피고와의 사이에 이 사건 최종 면제약정을 체결할 당시 원고("수산업협동조합 중앙회")의 구상채권에 대하여도 합의를 할 권한을 부여받았는지, 소외 김양근이 이에 대하여

합의를 할 권한을 부여받았다면 이 사건 합의금을 수령할 권한까지 부여받았는지의 여부 등에 대하여 알아보았어야 할 것임에도, 이러한 사정 등을 전혀 알아보지 아니한 채, 위 김양근에게 이 사건 합의금을 지급하여 버린 데에는 과실이 있었다고 봄이 상당하다 할 것이다.

⑤ 대구고법 1984. 11. 22. 선고 84나813 제4민사부판결

수산업협동조합중앙회의 공제규약상 규정되어 있는 공제자대위제도에 대한 상법 제682조 규정의 준용 여부(적극): 공제자대위제도가 비록 수산업협동조합법에 직접 규정된 것이 아니고 수산업협동조합중앙회의 공제규약상 규정되어 있는 것이라 하더라도 위 공제사업 자체는 우연한 사고에 의한 개인의 사고를 동질의 위험에 처한 다수인으로 하여금 공동분담케 함으로써 손실을 경감, 분배하기 위한 일종의 법령상의 제도라 할 것으로서 상법 제682조가 규정한 보험자대위제도를 준용하여 그 손해가 제3자의 행위로 인하여 생긴 경우에 공제금의 지급으로서 그 손해가 완전전보된 경우에 공제자가 그 지급한 공제금의 한도에서 피공제자의 제3자에 대한 권리를 취득함은 물론이고 공제금의 지급으로서 피공제자의 손해가 완전전보됨에 이르지 못할 경우에도 공제자는 피공제자의 권리를 해하지 아니하는 범위내에서 피공제자의 제3자에 대한 권리를 행사할 수 있다고 해석함이 상당하다.

Ⅴ. 의료지원사업

중앙회는 그 목적을 달성하기 위하여 의료지원사업의 전부 또는 일부를 수행한다(법138①(6)).

Ⅵ. 파생상품시장에서의 거래

중앙회는 그 목적을 달성하기 위하여 자본시장법에 따른 파생상품시장에서의 거래의 전부 또는 일부를 수행한다(법138①(7)).

Ⅶ. 국가와 공공단체가 위탁하거나 보조하는 사업

중앙회는 그 목적을 달성하기 위하여 국가와 공공단체가 위탁하거나 보조하는 사업의 전부 또는 일부를 수행한다(법138①(8)).

1. 국가 등의 위탁사업의 계약체결방법

국가나 공공단체는 사업을 위탁하는 경우에는 중앙회와 위탁계약을 체결하여야 하는데(법168, 법60④), 위탁계약을 체결할 때에는 ⅰ) 위탁사업의 대상과 범위(제1호), ⅱ) 위탁기간(제2호), ⅲ) 그 밖에 위탁사업의 수행에 필요한 사항(제3호)을 구체적으로 밝힌 서면으로 하여야 한다(법168, 법60④, 영19).

2. 국가 등의 비용지원

국가나 공공단체는 사업을 하는 과정에서 발생하는 비용을 지원할 수 있다(법168, 법60⑤).

3. 수산물 위탁판매사업 등

중앙회는 수산물 위탁판매사업을 할 수 있다(영20①). 이에 따라 위탁판매사업을 하는 중앙회는 정관에서 정하는 바에 따라 위탁자가 소속한 조합에 위탁판매수수료 중 일부를 위탁판매조성금으로 지급하여야 한다(영20②).

Ⅷ. 대외무역 등

1. 대외무역

중앙회는 그 목적을 달성하기 위하여 앞에서 열거한 제1호, 제2호, 제4호부터 제8호까지의 사업에 관련된 대외무역의 전부 또는 일부를 수행한다(법138①(9)).

2. 다른 경제단체ㆍ사회단체 및 문화단체와의 교류ㆍ협력

중앙회는 그 목적을 달성하기 위하여 다른 경제단체ㆍ사회단체 및 문화단체와의 교류·협력의 전부 또는 일부를 수행한다(법138①(10)).

3. 어업통신사업

중앙회는 그 목적을 달성하기 위하여 어업통신사업의 전부 또는 일부를 수행한다(법138①(11)).

4. 어업협정 등과 관련된 국제 민간어업협력사업

중앙회는 그 목적을 달성하기 위하여 어업협정 등과 관련된 국제 민간어업협력사업의 전부 또는 일부를 수행한다(법138①(12)).

5. 회원과 그 조합원을 위한 공동이용사업 및 운송사업

중앙회는 그 목적을 달성하기 위하여 회원과 그 조합원을 위한 공동이용사업 및 운송사업의 전부 또는 일부를 수행한다(법138①(13)).

6. 어선원 고용 및 복지와 관련된 사업

중앙회는 그 목적을 달성하기 위하여 어선원 및 어선 재해보상보험법 제2조 제1항 제2호⁴)에 따른 어선원 고용 및 복지와 관련된 사업의 전부 또는 일부를 수행한다(법138①(14)).

7. 다른 법령에서 중앙회의 사업으로 정하는 사업

중앙회는 그 목적을 달성하기 위하여 다른 법령에서 중앙회의 사업으로 정하는 사업의 전부 또는 일부를 수행한다(법138①(15)).

8. 부대사업

중앙회는 그 목적을 달성하기 위하여 앞에서 열거한 제1호, 제2호, 제4호부터 제15호까지의 사업에 부대하는 사업의 전부 또는 일부를 수행한다(법138①(16)).

---

4) 2. "어선원"이란 임금을 받을 목적으로 어선에서 근로를 제공하기 위하여 고용된 사람을 말한다.

9. 해양수산부장관의 승인을 받은 사업

중앙회는 그 목적을 달성하기 위하여 그 밖에 중앙회의 목적 달성에 필요한 사업으로서 해양수산부장관의 승인을 받은 사업의 전부 또는 일부를 수행한다 (법138①(17)).

조합등 또는 중앙회의 임원·집행간부·일반간부직원·파산관재인 또는 청산인이 법 제138조 제1항 제17호에 따른 감독기관의 승인을 받지 아니한 경우에는 3년 이하의 징역 또는 3천만원 이하의 벌금에 처한다(법177(4)).

제3절 업무구역

Ⅰ. 전국

중앙회는 전국을 구역으로 한다(법117②).

Ⅱ. 사무소

중앙회는 서울특별시에 주된 사무소를 두고, 정관으로 정하는 바에 따라 지사무소를 둘 수 있다(법117①). 정관에 의하면 지사무소 설치에 관한 사항은 직제규약으로 정하도록 위임하고 있으며(중앙회정관4, 이하 "정관"), 직제규약에서는 연수원, 지역본부 등을 지사무소로 규정하고 있다.

제4절 설립 및 해산 등

Ⅰ. 설립

1. 7개 이상 조합의 발기인

중앙회에 관하여는 법 제16조를 준용한다(법168). 따라서 중앙회를 설립하려면 해당 구역(시·군의 행정구역에 따른다)의 회원 자격을 가진 자 7개 조합 이상이 발기인이 되어 정관을 작성하고 창립총회의 의결을 거친 후 해양수산부장관의 인가를 받아야 한다(법168, 법16①). 이 경우 창립총회의 의사는 개의 전까지 발기인에게 설립동의서를 제출한 자 과반수의 찬성으로 의결한다(법168, 법16②)

2. 준용 규정

중앙회에 관하여는 지구별수협의 설립에 관한 제16조(설립인가 등), 제17조(정관 기재사항) 제17호·제18호,5) 제18조(설립사무의 인계와 출자납입), 제19조(지구별수협의 성립)를 준용한다(법168 전단). 이 경우 "지구별수협"은 "중앙회"로 본다(법168 후단).

3. 위반시 제재

조합등 또는 중앙회의 임원·집행간부·일반간부직원·파산관재인 또는 청산인이 법 제16조 제1항(제80조 제2항, 제108조, 제113조 또는 제168조에 따라 준용되는 경우를 포함)에 따른 감독기관의 인가를 받지 아니한 경우에는 3년 이하의 징역 또는 3천만원 이하의 벌금에 처한다(법177(1)).

---

5) 17. 설립 후 현물출자를 약정한 경우에는 그 출자 재산의 명칭·수량·가격 및 출자자의
성명·주소와 현금출자로의 전환 및 환매특약 조건
18. 설립 후 양수하기로 약정한 재산이 있는 경우에는 그 재산의 명칭·수량·가격과 양도
인의 성명·주소

Ⅱ. 해산

중앙회의 해산에 관하여는 따로 법률로 정한다(법124).

Ⅲ. 정관변경 등

1. 정관 기재사항

중앙회의 정관에는 ⅰ) 목적·조직·명칭 및 구역(제1호), ⅱ) 주된 사무소의 소재지(제2호), ⅲ) 출자에 관한 사항(제3호), ⅳ) 우선출자에 관한 사항(제4호), ⅴ) 회원의 가입 및 탈퇴에 관한 사항(제5호), ⅵ) 회원의 권리의무에 관한 사항(제6호), ⅶ) 총회 및 이사회에 관한 사항(제7호), ⅷ) 임원, 집행간부 및 집행간부 외의 간부직원("일반간부직원")에 관한 사항(제8호), ⅸ) 사업의 종류, 업무집행에 관한 사항(제9호), ⅹ) 경비 및 과태금의 부과·징수에 관한 사항(제10호), ⅺ) 수산금융채권의 발행에 관한 사항(제11호), ⅻ) 회계에 관한 사항(제12호), xiii) 공고의 방법에 관한 사항(제13호)이 포함되어야 한다(법123).

2. 총회 의결과 인가

(1) 총회 의결

정관의 변경은 총회의 의결사항으로 총회의 의결을 거쳐야 한다(법126①(1)).

(2) 해양수산부장관의 인가

정관의 변경은 총회의 의결을 거쳐 해양수산부장관의 인가를 받아야 한다(법126② 전단). 이 경우 해양수산부장관은 제167조 제1항에 따른 신용사업특별회계("신용사업특별회계")에 관한 사항 및 신용사업특별회계 출자자의 권리에 영향을 미치는 사항은 미리 금융위원회와 협의하여야 한다(법126② 후단).

(3) 위반시 제재

조합등 또는 중앙회의 임원·집행간부·일반간부직원·파산관재인 또는 청산인이 법 제126조 제1항에 따라 총회·대의원회 또는 이사회의 의결을 거쳐야 하는 사항에 대하여 의결을 거치지 아니하고 집행한 경우에는 3년 이하의 징역 또는 3천만원 이하의 벌금에 처한다(법177(2)).

조합등 또는 중앙회의 임원·집행간부·일반간부직원·파산관재인 또는 청산인이 법 제126조 제2항에 따른 감독기관의 인가를 받지 아니한 경우에는 3년 이하의 징역 또는 3천만원 이하의 벌금에 처한다(법177(1)).

제
2
장
/

회 원

제1절 자격 등

Ⅰ. 자격

1. 회원의 자격

중앙회는 조합을 회원으로 한다(법118). 조합이란 수산업협동조합법에 따라 설립된 지구별수협, 업종별수협 및 수산물가공수협을 말하므로(법2⑷), 중앙회는 지구별수협, 업종별수협 및 수산물가공수협 회원으로 한다.

2. 회원가입 신청과 승낙

중앙회에 가입하고자 하는 자는 인수하고자 하는 출자계좌 수를 기재한 별표의 가입신청서를 등기부등본, 정관, 중앙회에 가입할 것을 의결한 총회의사록 등본 또는 초본, 재무제표(신설 조합의 경우는 추정재무제표)와 함께 중앙회에 제출하여야 한다(정관13①).

중앙회는 가입신청서를 접수하였을 때에는 이사회에 부의하여 조합의 설립 인가기준에 적합한지 여부를 확인한 후 가입승낙여부를 결정하여야 한다(정관13

②).

Ⅱ. 가입

1. 가입 거절 또는 불리한 가입 조건 금지

중앙회는 정당한 사유 없이 회원 자격을 갖추고 있는 자의 가입을 거절하거나 다른 회원보다 불리한 가입 조건을 달 수 없다(법168, 법29①).

2. 신규 회원의 출자

새로 회원이 되려는 자는 정관으로 정하는 바에 따라 출자하여야 한다(법168, 법29②).

3. 회원수 제한 금지

중앙회는 회원의 수를 제한할 수 없다(법168, 법29③).

Ⅲ. 탈퇴

1. 임의탈퇴

회원은 중앙회에 탈퇴 의사를 서면으로 통지하고 중앙회을 탈퇴할 수 있다(법168, 법31①).

2. 당연탈퇴

회원이 해산하거나 파산한 경우에는 당연히 탈퇴한다(법121).

Ⅳ. 제명

1. 제명 사유

중앙회는 회원이 ⅰ) 1년 이상 중앙회의 사업을 이용하지 아니한 경우(제1호), ⅱ) 출자 및 경비의 납입과 그 밖의 중앙회에 대한 의무를 이행하지 아니한

경우(제2호), iii) 정관에서 금지된 행위를 한 경우(제3호)의 어느 하나에 해당하면
총회의 의결을 거쳐 제명할 수 있다(법168, 법32①).

2. 제명 사유의 통지 및 의견진술 기회 부여

중앙회는 회원이 제명 사유 중 어느 하나에 해당하면 총회 개회 10일 전에
그 회원에게 제명의 사유를 알리고 총회에서 의견을 진술할 기회를 주어야 한다
(법168, 법32②).

V. 의결 취소의 청구 등

1. 의결 취소 또는 무효확인의 사유

회원은 총회(창립총회를 포함)의 소집절차, 의결 방법, 의결 내용 또는 임원
(대의원을 포함)의 선거가 법령, 법령에 따른 처분 또는 정관을 위반한 것을 사유
로 하여 그 의결이나 선거에 따른 당선의 취소 또는 무효 확인을 해양수산부장
관에게 청구하거나 이를 청구하는 소를 제기할 수 있다(법168, 법35①).

2. 청구 기간 등

회원은 해양수산부장관에게 의결이나 선거에 따른 당선의 취소 또는 무효
확인을 청구할 때에는 의결일 또는 선거일부터 1개월 이내에 회원 10% 이상의
동의를 받아 청구하여야 한다(법168, 법35② 전단). 이 경우 해양수산부장관은 그
청구서를 받은 날부터 3개월 이내에 처리 결과를 청구인에게 알려야 한다(법168,
법35② 후단).

3. 상법 준용

소에 관하여는 상법 제376조(결의취소의 소), 제377조(제소주주의 담보제공의
무), 제378조(결의취소의 등기), 제379조(법원의 재량에 의한 청구기각), 제380조(결의
무효 및 부존재확인의 소), 제381조(부당결의의 취소, 변경의 소)를 준용한다(법168, 법
35③).

제2절 책임

Ⅰ. 회원의 책임

1. 출자액 한도

회원의 책임은 그 출자액을 한도로 한다(법122).

2. 운영과정 참여 의무

회원은 중앙회의 운영 과정에 성실히 참여하여야 하며, 생산한 수산물을 중앙회를 통하여 출하하는 등 그 사업을 성실히 이용하여야 한다(법168, 법25②).

Ⅱ. 경비와 과태금

1. 경비와 과태금 부과

중앙회는 정관으로 정하는 바에 따라 회원에게 경비와 과태금을 부과할 수 있다(법168, 법26①).

2. 사용료 또는 수수료 징수

중앙회는 정관으로 정하는 바에 따라 사용료나 수수료를 징수할 수 있다(법168, 법26②).

3. 상계 금지

회원은 경비와 과태금 및 사용료 또는 수수료를 납부할 때 중앙회에 대한 채권과 상계할 수 없다(법168, 법26③).

제3절 의결권 및 선거권

Ⅰ. 평등한 의결권과 선거권 보유

회원은 출자금의 많고 적음과 관계없이 평등한 의결권 및 선거권을 가진다 (법168, 법27 전단).

중앙회는 1인 1표라는 두수주의를 채택하는 점에서 주식 수에 따라 의결권 (상법369①)을 부여하여 주수주의를 채택하는 주식회사와 차이가 있다.

Ⅱ. 선거권 제한

선거권은 임원의 임기 만료일(보궐선거 등의 경우에는 그 선거 실시 사유가 확정된 날) 전 180일까지 해당 중앙회의 회원으로 가입한 자만 행사할 수 있다(법168, 법27 후단).

Ⅲ. 의결권의 대리

1. 의결권의 대리 행사

회은 대리인에게 의결권을 행사하게 할 수 있다(법168, 법28① 전단). 이 경우 그 회원은 출석한 것으로 본다(법168, 법28① 후단).

2. 대리인의 자격

대리인은 ⅰ) 다른 회원(제1호), ⅱ) 본인과 동거하는 가족(제2호), ⅲ) 제20 조 제2항(영어조합법인과 어업회사법인)에 따른 법인의 경우에는 회원·사원 등 그 구성원(제3호)의 어느 하나에 해당하는 자이어야 하고, 대리인은 회원 1인만을 대리할 수 있다(법168, 법28②).

3. 대리권의 증명

대리인은 대리권을 증명하는 서면을 중앙회에 제출하여야 한다(법168, 법28
③).

제4절 준회원

Ⅰ. 의의

준회원이란 중앙회에 준회원으로 가입하여 사업이용에 있어서 회원에 준하
는 권리·의무를 갖는 자를 말한다. 준회원은 정식 구성원인 회원이 아니므로 출
자금을 납입하는 대신에 가입비를 납부하고 또한 총회에서의 의결권이나 선거권
과 같은 공익권이 없는 점에서 회원과 차이가 있으나 사업이용 측면에서는 거의
유사한 지위를 갖고 있다.

Ⅱ. 준회원의 자격

중앙회는 정관으로 정하는 바에 따라 ⅰ) 해양수산 관련 법인 또는 단체(제1
호), ⅱ) 중앙회의 사업을 이용하는 것이 적당하다고 인정되는 자(제2호), ⅲ) 조
합공동사업법인(제3호)에 해당하는 자를 준회원으로 할 수 있다(법119).

Ⅲ. 준회원의 권리

준회원은 정관으로 정하는 바에 따라 중앙회의 사업을 이용할 권리 및 탈퇴
시 가입금의 환급을 청구할 권리를 가진다(법168, 법21③). 이에 따라 준회원은 사
업이용권·이용고배당청구권 및 가입금의 환급청구권을 가진다(정관20①).

Ⅳ. 준회원의 의무

중앙회는 준회원에 대하여 정관으로 정하는 바에 따라 가입금과 경비를 부담하게 할 수 있다(법168, 법21②). 이에 따라 준회원은 출자를 하지 아니하되, 본회가 정하는 바에 따라 가입금·경비 및 과태금을 납입하여야 하며, 그 밖에 권리의무와 관련된 사항은 본회의 결정에 따라야 한다(정관20②).

출 자

제1절 종류 및 내용

Ⅰ. 출자금

1. 정관이 정하는 좌수 이상의 출자

회원은 정관으로 정하는 계좌 수 이상의 출자를 하여야 한다(법120①). 따라서 회원은 출자계좌 1,000계좌 이상을 가져야 한다(정관21① 본문).

2. 출자 1계좌 금액 및 한도

출자 1계좌의 금액은 정관으로 정한다(법120②). 따라서 출자 1계좌의 금액은 1만원으로 한다(정관21②). 회원 1인의 출자계좌 수의 한도는 정관으로 정한다(법168, 법22③). 따라서 회원 1인이 가질 출자계좌 수의 최고한도는 총 출자계좌 수의 10% 이내로 한다(정관21① 단서).

3. 질권설정 금지

회원의 출자금은 질권의 목적이 될 수 없다(법168, 법22④).

4. 상계 금지

회원은 중앙회에 대한 채권과 출자금 납입을 상계할 수 없다(법168, 법22⑤).

Ⅱ. 우선출자

1. 서설

(1) 의의

우선출자란 우선적 배당을 받을 목적으로 하는 출자로서 잉여금 배당에 관하여 다른 종류의 우선적 지위를 가지는 것을 말한다.

(2) 제도적 취지

우선출자제도의 도입은 자본조달 능력이 취약한 조합의 현실을 고려하여 자본금의 확충으로 조합의 경영안정과 사업 활성화를 도모하기 위함이다.

2. 우선출자 발행 등

(1) 우선출자 발행

중앙회는 자기자본의 확충을 통한 경영의 건전성을 도모하기 위하여 제164조 제1항에 따라 구분된 신용사업특별회계 외의 사업 부문 또는 신용사업특별회계에 대하여 정관으로 정하는 바에 따라 회원 또는 임직원 등을 대상으로 잉여금 배당에 관하여 내용이 다른 종류의 우선적 지위를 가지는 우선출자를 하게할 수 있다(법147①).

(2) 우선출자 1좌의 금액 및 우선출자의 총액

우선출자에 대해서는 정관으로 우선출자의 내용과 계좌 수를 정하여야 한다(법147②).

우선출자 1계좌의 금액은 출자 1계좌의 금액과 같아야 하며, 우선출자의 총액은 자기자본의 2분의 1을 초과할 수 없다(법147③ 전단). 다만, 국가와 공공단체의 우선출자금에 대하여는 총 출자계좌 수의 제한을 받지 아니한다(법147③ 후단).

(3) 의결권과 선거권 불인정

잉여금 배당에 우선적 지위를 가지는 우선출자를 한 자("우선출자자")는 의결권과 선거권을 가지지 아니한다(법147④).

(4) 우선출자에 대한 배당률

우선출자의 배당률은 정관으로 정하는 최저 배당률과 최고 배당률 사이에서 정기총회에서 정한다(법147⑤).

(5) 우선출자 발행사항의 공고

지도경제사업대표이사는 우선출자를 하게 할 때에는 우선출자의 납입일 2주 전까지 발행하려는 우선출자증권의 내용, 좌수, 발행가액, 납입일 및 모집방법을 공고하고 출자자와 우선출자자에게 알려야 한다(영31 전단). 이 경우 국가가 우선출자자일 때에는 해양수산부장관에게 알려야 한다(영31 후단).

3. 우선출자의 청약 등

(1) 우선출자의 청약

우선출자의 청약을 하려는 자는 우선출자청약서에 인수하려는 우선출자의 좌수 및 인수가액과 주소를 적고 기명날인하여야 한다(영32①).

우선출자청약서의 서식은 지도경제사업대표이사가 정하되, ⅰ) 중앙회의 명칭(제1호), ⅱ) 출자 1좌의 금액 및 총좌수(제2호), ⅲ) 우선출자 총좌수의 최고한도(제3호), ⅳ) 이미 발행한 우선출자의 종류 및 종류별 좌수(제4호), ⅴ) 우선출자를 발행하는 날이 속하는 연도의 전년도 말 현재의 자기자본(제5호), ⅵ) 발행하려는 우선출자의 액면금액·내용 및 좌수(제6호), ⅶ) 발행하려는 우선출자의 발행가액 및 납입일(제7호), ⅷ) 우선출자의 매입소각을 하는 경우에는 그에 관한 사항(제8호), ⅸ) 우선출자 인수금액의 납입을 취급하는 금융기관(제9호)이 포함되어야 한다(영32②).

(2) 우선출자 금액의 납입 등

우선출자의 청약을 한 자는 지도경제사업대표이사가 배정한 우선출자의 좌수에 대하여 우선출자를 인수할 수 있다(영33①). 이에 따라 우선출자를 인수하려는 자는 납입일까지 우선출자 발행가액 전액을 납입하여야 한다(영33②).

우선출자를 인수한 자는 우선출자 발행가액의 납입일의 다음 날부터 우선출자자가 된다(영33③).

(3) 우선출자의 매입소각

중앙회는 이사회의 의결을 거쳐 우선출자를 매입하여 소각할 수 있다(영37).

(4) 우선출자증권의 발행

중앙회는 우선출자의 납입기일 후 지체 없이 우선출자증권을 발행하여야 한다(법148).

4. 우선출자자의 책임

우선출자자의 책임은 그가 가진 우선출자의 인수가액을 한도로 한다(법149).

5. 우선출자의 양도

(1) 양도와 그 효력

우선출자는 이를 양도할 수 있다(법150① 본문). 다만, 우선출자증권 발행 전의 양도는 중앙회에 대하여 효력이 없다(법150① 단서).

(2) 양도방법

우선출자자는 우선출자를 양도할 때에는 우선출자증권을 내주어야 한다(법150②).

(3) 점유자의 소지인 추정

우선출자증권의 점유자는 그 증권의 적법한 소지인으로 추정한다(법150③).

(4) 증권 명의변경의 대항력

우선출자증권의 명의변경은 그 증권 취득자의 성명과 주소를 우선출자자 명부에 등록하고 그 성명을 증권에 기재하지 아니하면 중앙회나 그 밖의 제3자에게 대항하지 못한다(법150④).

(5) 등록질권의 대항력

우선출자증권을 질권의 목적으로 하는 경우에는 질권자의 성명 및 주소를 우선출자자 명부에 등록하지 아니하면 중앙회나 그 밖의 제3자에게 대항하지 못한다(법150⑤).

6. 우선출자자 총회

(1) 설치

중앙회에 대한 우선출자자로 구성하는 우선출자자총회를 각각 둔다(법151①).

(2) 정관변경

중앙회는 정관의 변경으로 중앙회의 우선출자자에게 손해를 입히게 될 사항에 관하여는 각각 우선출자자총회의 의결을 거쳐야 한다(법151② 전단).

(3) 의결정족수

우선출자자총회는 발행한 우선출자자 총 출자계좌 수의 과반수의 출석과 출석한 우선출자자 출자계좌 수의 3분의 2 이상의 찬성으로 의결한다(법151② 후단).

(4) 운영사항

우선출자자총회의 운영 등에 필요한 사항은 정관으로 정한다(법151③).

Ⅲ. 출자배당금의 출자전환

1. 배당금의 출자

중앙회는 정관으로 정하는 바에 따라 회원의 출자액에 대한 배당 금액의 전부 또는 일부를 그 회원으로 하여금 출자하게 할 수 있다(법168, 법22의3 전단).

2. 상계 금지

출자배당금을 출자하는 회원은 배당받을 금액을 중앙회에 대한 채무와 상계할 수 없다(법168, 법22의3 후단).

Ⅳ. 회전출자

1. 사업이용배당금의 재출자

중앙회는 출자 외에 정관으로 정하는 바에 따라 그 사업의 이용 실적에 따라 회원에게 배당할 금액의 전부 또는 일부를 그 회원에게 출자하게 할 수 있다(법168, 법23 전단).

2. 상계 금지

중앙회는 중앙회에 대한 채권과 출자금 납입을 상계할 수 없다(법168, 법23 후단).

Ⅴ. 국가 등의 출자 지원 등

1. 국가 또는 공공단체의 중앙회와 수협은행에 대한 출자 등

국가나 공공단체는 ⅰ) 수협은행이 계속된 예금인출 등으로 인한 재무구조의 악화로 영업을 지속하기가 어렵다고 인정되는 경우(제1호), ⅱ) 예금자 보호 및 신용질서의 안정을 위하여 수협은행의 재무구조 개선이 필요하다고 인정되는 경우(제2호)에는 중앙회에 대한 출연 또는 출자와 수협은행에 대한 출자 또는 ⅰ) 수협은행이 보유하고 있는 채권 중 국채·지방채와 국가가 원리금의 지급을 보증한 채권(제1호), ⅱ) 수협은행이 발행한 은행법 제33조(금융채의 발행) 제1항 제2호부터 제4호까지의 채권(제2호), ⅲ) 앞의 제1호 또는 제2호의 유가증권에 준하는 것으로서 금융위원회가 인정하는 유가증권(제3호)의 매입을 할 수 있다(법153①).

2. 예금보험공사의 중앙회 출자 또는 유가증권 매입

예금보험공사가 중앙회에 출자하거나 유가증권을 매입한 경우에는 예금자보호법 제38조(부보금융회사에 대한 자금지원)에 따라 자금 지원을 한 것으로 본다(법153②).

제2절 환급

Ⅰ. 지분환급청구권과 환급정지

1. 지분환급청구권의 행사

탈퇴 회원(제명된 회원 포함)은 탈퇴(제명 포함) 당시 회계연도의 다음 회계연도부터 정관으로 정하는 바에 따라 그 지분의 환급을 청구할 수 있다(법168, 법33①).

2. 지분 산정 시기

지분은 탈퇴(제명 포함)한 회계연도 말의 중앙회의 자산과 부채에 따라 정한다(법168, 법33②).

3. 지분환급청구권 행사기간

청구권은 2년간 행사하지 아니하면 시효로 인하여 소멸된다(법168, 법33③).

4. 환급정지

중앙회는 탈퇴 회원(제명된 회원 포함)이 중앙회에 대한 채무를 다 갚을 때까지는 지분의 환급을 정지할 수 있다(법168, 법33④).

Ⅱ. 탈퇴 회원의 손실액 부담

1. 손실액 납입청구

중앙회는 중앙회의 재산으로 그 채무를 다 갚을 수 없는 경우에는 지분의 환급분을 계산할 때 정관으로 정하는 바에 따라 탈퇴 회원(제명된 회원 포함)이 부담하여야 할 손실액의 납입을 청구할 수 있다(법168, 법34 전단).

2. 행사기간

청구권은 2년간 행사하지 아니하면 시효로 인하여 소멸된다(법168, 법34 후단, 법33③).

제3절 지분의 양도

Ⅰ. 지분양도 금지

회원은 이사회의 승인 없이 그 지분을 양도할 수 없다(법168, 법24①).

Ⅱ. 비회원의 지분 양수 조건

회원이 아닌 자가 지분을 양수할 때에는 수산업협동조합법 또는 정관에서 정하고 있는 가입 신청, 자격 심사 등 회원 가입에 관한 규정에 따른다(법168, 법24②).

Ⅲ. 양수인의 권리의무 승계

지분의 양수인은 그 지분에 관하여 양도인의 권리·의무를 승계한다(법168, 법24③).

Ⅳ. 지분공유 금지

회원의 지분은 공유할 수 없다(법168, 법24④).

제
4
장
／

지배구조

제1절 서설

Ⅰ. 의의

수산업협동조합법은 수협중앙회의 기관구성과 관련하여 중앙회의 의사를 결정하는 총회(법125①), 중앙회의 업무집행에 관한 의사결정기관인 이사회(법127①)와 중앙회의 대표기관인 회장(법129①), 중앙회의 재산과 업무집행 상황을 감사하는 감사위원회(법123①)에 대하여 규정하고 있다.

Ⅱ. 구성

1. 총회

총회는 중앙회의 의사를 구성원 다수의 의사에 따라 전체 구성원의 의사를 결정하는 중앙회의 최고의사결정기관이며 필요적 법정기관이다. 총회는 회장과 회원으로 구성되며 회원은 정부의 인가를 받아 설립된 지구별수협, 업종별수협, 수산물가공수협으로 하고 있다. 총회의 의결사항은 정관의 변경, 회원의 제명,

임원의 선출과 해임, 사업계획, 수지예산 및 결산의 승인, 그 밖에 이사회나 회장이 필요하다고 인정하는 사항이다.

2. 이사회와 중앙회장

이사회는 중앙회의 업무집행에 관한 주요사항의 의사결정과 이사회의 의결사항에 대한 회장 및 사업전담대표이사 등의 업무집행상황을 감독하는 회의체 기관이다. 이사회를 둔 취지는 총회 소집의 번잡함을 피함과 함께 회장과 대표이사의 독단을 방지하고 업무집행에 신중을 기하여 합리적인 운영을 도모하려는 것이다. 이사회는 총회에서 결정한 의사 등을 기준으로 하여 집행에 관한 사항을 의결할 뿐이고 전체적인 의사결정 자체를 하는 기관이 아니기 때문에 업무집행 기관으로 해석한다.

중앙회는 이사회 운영의 전문성과 효율성을 도모하기 위하여 인사추천위원회와 교육위원회 등의 위원회를 두고 있다. 이 위원회는 특정한 대표이사 소관업무에 한정하지 않고 중앙회 전체업무와 관련된 사항에 대해서도 의사결정을 할 수 있다.

중앙회장은 회원인 조합원 중에서 총회에서 선출하고 회장의 임기는 4년으로 하며 연임할 수 없다. 회장은 수산업협동조합법 제131조에 따라 사업전담대표이사 등이 대표하는 업무를 제외하고는 중앙회를 대표하는 대표기관이다. 회장은 비상임으로 중앙회의 업무를 처리하되 대부분의 업무를 정관으로 정하는 바에 따라 위원장, 전무이사, 소관 대표이사에게 위임·전결 처리하게 하여야 한다. 이는 중앙회 업무에 대한 전문지식과 경험이 풍부한 자에게 업무의 위임 및 전결처리를 하도록 한 것이다.

3. 감사위원회

중앙회는 재산과 업무집행상황을 감사하기 위하여 감독기관으로 감사위원회를 두고 있다. 감사위원회는 감사위원장을 포함한 3명의 감사위원으로 구성하되, 감사위원 중 2명은 대통령령으로 정하는 요건에 적합한 외부전문가 중에서 선출하여야 한다.

제2절 총회

Ⅰ. 설치

중앙회에 총회를 둔다(법125①). 회장은 총회의 의장이 된다(법125③).

Ⅱ. 구성 및 구분

총회는 회장과 회원으로 구성하고, 회장이 소집한다(법125②). 총회는 정기총회와 임시총회로 구분한다(법125④).

1. 정기총회 소집

정기총회는 회계연도 경과 후 3개월 이내에 회장이 매년 1회 소집한다(법125④ 전단).

2. 임시총회 소집

임시총회는 회장이 필요하다고 인정할 때 수시로 소집한다(법125④ 후단).

중앙회 정관에 의하면 임시총회는 ⅰ) 회장이 필요하다고 인정할 때(제1호), ⅱ) 이사회가 필요하다고 인정하여 소집의 청구를 할 때(제2호), ⅲ) 회원이 회원 5분의 1 이상의 동의를 받아 소집의 목적과 이유를 기재하고 기명날인하거나 서명한 서면을 회장에게 제출하여 소집을 청구한 때(제3호), ⅳ) 감사위원회가 본회의 재산상황 또는 업무집행에 관하여 부정한 사실을 발견한 경우에 있어서 이를 신속히 총회에 보고할 목적으로 총회의 소집을 요구할 때(제4호)의 어느 하나에 해당하는 경우에 회장이 이를 소집한다(정관39①).

회장은 정당한 사유가 없는 한 위 ⅱ) 및 ⅲ)의 청구가 있는 때에는 2주 이내에, ⅳ)의 요구가 있는 때에는 7일 이내에 총회소집의 절차를 취하여야 한다(정관39②).

Ⅲ. 총회의 의결사항 등

1. 의결사항

다음의 사항, 즉 ⅰ) 정관의 변경(제1호), ⅱ) 회원의 제명(제2호), ⅲ) 회장, 사업전담대표이사(중앙회의 사업을 각 사업 부문별로 전담하는 대표이사), 감사위원, 이사의 선출·해임(제3호), ⅳ) 사업계획·수지예산 및 결산의 승인(제4호), ⅴ) 그 밖에 회장이나 이사회가 필요하다고 인정하는 사항(제5호)은 총회의 의결을 거쳐야 한다(법126①).

2. 정관변경과 해양수산부장관의 인가

정관의 변경은 총회의 의결을 거쳐 해양수산부장관의 인가를 받아야 한다(법126③ 전단). 이 경우 해양수산부장관은 제167조 제1항에 따른 신용사업특별회계("신용사업특별회계")에 관한 사항 및 신용사업특별회계 출자자의 권리에 영향을 미치는 사항은 미리 금융위원회와 협의하여야 한다(법126③ 후단).

3. 위반시 제재

조합등 또는 중앙회의 임원·집행간부·일반간부직원·파산관재인 또는 청산인이 법 제126조 제1항에 따라 총회·대의원회 또는 이사회의 의결을 거쳐야 하는 사항에 대하여 의결을 거치지 아니하고 집행한 경우에는 3년 이하의 징역 또는 3천만원 이하의 벌금에 처한다(법177(2)).

조합등 또는 중앙회의 임원·집행간부·일반간부직원·파산관재인 또는 청산인이 법 제126조 제2항에 따른 감독기관의 인가를 받지 아니한 경우에는 3년 이하의 징역 또는 3천만원 이하의 벌금에 처한다(법177(1)).

Ⅳ. 총회의 개의와 의결

1. 보통결의

총회는 수산업협동조합법에 다른 규정이 있는 경우를 제외하고는 구성원 과반수의 출석으로 개의하고 출석구성원 과반수의 찬성으로 의결한다(법168, 법40

전단).

2. 특별결의

다음의 경우, 즉 ⅰ) 정관의 변경(법126①(1)), ⅱ) 회원의 제명(법126①(2))은
구성원 과반수의 출석과 출석구성원 3분의 2 이상의 찬성으로 의결한다(법168,
법40 후단).

Ⅴ. 총회의 소집

1. 회원의 소집청구

회원은 회원 5분의 1 이상의 동의를 받아 소집의 목적과 이유를 서면에 적
어 회장에게 제출하고 총회의 소집을 청구할 수 있다(법168, 법38①).
회장은 청구를 받으면 2주 이내에 총회를 소집하여야 한다(법168, 법38②).

2. 감사위원회의 총회소집

총회를 소집할 사람이 없거나 회장의 총회소집 기간(법38②) 이내에 정당한
사유 없이 총회를 소집하지 아니할 때에는 감사위원회가 5일 이내에 총회를 소
집하여야 한다(법168, 법38③ 전단). 이 경우 감사위원장이 의장의 직무를 수행한
다(법168, 법38③ 후단).

3. 회원대표의 총회소집

다음의 경우, 즉 ⅰ) 감사위원회가 정당한 사유없이 총회소집사유가 발생한
날부터 5일 이내에 총회 소집절차를 취하지 아니한 때, ⅱ) 임원 전원의 결원으
로 총회를 소집할 사람이 없을 때에는 회원 5분의 1 이상의 동의를 받은 회원대
표가 임시총회를 소집한다(법168, 법38④ 전단). 이 경우 회원대표가 의장의 직무
를 수행한다(법168, 법38④ 후단).

Ⅵ. 총회소집의 통지

1. 통지와 최고

중앙회가 회원에게 통지 또는 최고를 할 때에는 회원 명부에 기재된 회원의 주소 또는 거소나 회원이 중앙회에 통지한 연락처로 하여야 한다(법168, 법39①).

2. 통지 기간

총회를 소집하려면 총회 개회 7일 전까지 회의 목적 등을 적은 총회소집통지서를 회원에게 발송하여야 한다(법168, 법39② 본문). 다만, 같은 목적으로 총회를 다시 소집할 때에는 개회 전날까지 통지한다(법168, 법39② 단서).

Ⅶ. 의결권의 제한 등

1. 의결권 제한 사항

총회에서는 미리 통지한 사항에 대해서만 의결할 수 있다(법168, 법41① 본문, 정관45① 본문). 다만, 정관의 변경, 회원의 제명, 또는 회장, 대표이사, 감사위원, 이사의 선출·해임을 제외한 긴급한 사항으로서 구성원 과반수의 출석과 출석구성원 3분의 2 이상의 찬성이 있을 때에는 그러하지 아니하다법168, 법41① 단서, 정관45① 단서).

2. 이해상충과 결의 배제

중앙회와 총회 구성원의 이해가 상반되는 의사를 의결할 때에는 해당 구성원은 그 의결에 참여할 수 없다(법168, 법41②). 이 경우 의결에 참여하지 못하는 구성원은 총회의 구성원 수에 포함되지 아니한다(정관45② 후단).

3. 회원제안

회원은 조합원 10% 이상의 동의를 받아 총회 개회 30일 전까지 회장에게 서면으로 일정한 사항을 총회의 목적 사항으로 할 것을 제안("회원제안")할 수 있다(법168, 법41③ 전단).

이 경우 회원제안 내용이 법령 또는 정관을 위반하는 경우를 제외하고는 이를 총회의 목적 사항으로 하여야 하고, 회원제안을 한 사람이 청구하면 총회에서 그 제안을 설명할 기회를 주어야 한다(법168, 법41③ 후단).

Ⅷ. 총회 의사록

1. 총회 의사록 작성

총회의 의사에 관하여는 의사록을 작성하여야 한다(법168, 법42①).

2. 총회 의사록 기재사항과 기명날인 또는 서명

총회 의사록에는 의사의 진행 상황 및 그 결과를 기록하고 의장과 총회에서 선출한 회원 3인 이상이 기명날인하거나 서명하여야 한다(법168, 법42②).

3. 총회 의사록의 비치

회장은 의사록을 주된 사무소에 갖추어 두어야 한다(법168, 법42③).

제3절 이사회

Ⅰ. 설치

중앙회에 이사회를 두되, 회장이 그 의장이 된다(법127①). 중앙회에 이사회를 두며, 필요한 경우 이사회 내에 위원회 또는 협의회 등을 둘 수 있다(정관51①).

Ⅱ. 구성

이사회는 회장·사업전담대표이사를 포함한 이사로 구성하되, 이사회 구성원의 2분의 1 이상은 회원인 조합의 조합장("회원조합장")이어야 한다(법127②).

Ⅲ. 이사회의 의결사항 등

1. 의결사항

이사회는 ⅰ) 중앙회의 경영목표 설정(제1호), ⅱ) 중앙회의 사업계획 및 자금계획의 종합 조정(제2호), ⅲ) 조직·경영 및 임원에 관한 규약의 제정·개정 및 폐지(제3호), ⅳ) 사업전담대표이사 및 상임이사의 직무와 관련한 업무의 종합 조정 및 소관 업무의 경영평가(제4호), ⅴ) 사업전담대표이사 및 상임이사의 해임요구에 관한 사항(제5호), ⅵ) 인사추천위원회 구성에 관한 사항(제6호), ⅶ) 교육위원회 구성에 관한 사항(제7호), ⅷ) 조합감사위원회 위원 선출(제8호),[1] ⅸ) 업무용 부동산의 취득 및 처분(제10호), ⅹ) 총회로부터 위임된 사항(제11호), ⅺ) 그 밖에 회장 또는 이사 5분의 1 이상이 필요하다고 인정하는 사항(제12호)을 의결한다(법127③).

2. 위반시 제재

조합등 또는 중앙회의 임원·집행간부·일반간부직원·파산관재인 또는 청산인이 법 제127조 제3항에 따라 총회·대의원회 또는 이사회의 의결을 거쳐야하는 사항에 대하여 의결을 거치지 아니하고 집행한 경우에는 3년 이하의 징역 또는 3천만원 이하의 벌금에 처한다(법177(2)).

Ⅳ. 이사회의 소집 등

1. 이사회의 소집

회장은 이사 3명 이상 또는 감사위원회의 요구가 있을 때에는 지체 없이 이사회를 소집하여야 하고, 회장이 필요하다고 인정할 때에는 직접 이사회를 소집할 수 있다(법127④).

2. 의결정족수

이사회는 구성원 과반수의 출석으로 개의하고 출석구성원 과반수의 찬성으

---

1) 제9호는 삭제 [2016.5.29.]

로 의결한다(법127⑤).

3. 집행간부의 이사회 출석과 의견진술

집행간부는 정관으로 정하는 바에 따라 이사회에 출석하여 의견을 진술할 수 있다(법127⑥).

4. 특별이해관계 있는 이사의 이사회 참여 제한

이사회의 의사에 특별한 이해관계가 있는 이사회의 구성원은 그 이사회의 회의에 참여할 수 없다(법127⑦).

5. 운영사항

이사회의 운영에 필요한 사항은 정관으로 정한다(법127⑧).

Ⅴ. 인사추천위원회

1. 설치

중앙회에 ⅰ) 감사위원(제1호), ⅱ) 지도경제사업대표이사(제2호), ⅲ) 상임이사(제2의2호), ⅳ) 비상임이사(제3호), ⅴ) 조합감사위원회 위원 2명(제4호)을 추천하기 위하여 인사추천위원회를 둔다(법127의2①).

2. 구성 및 위원장

인사추천위원회는 ⅰ) 이사회가 위촉하는 회원조합장 3명(제1호), ⅱ) 수산 관련 단체 및 학계 등이 추천하는 학식과 경험이 풍부한 외부전문가(공무원은 제외) 중에서 이사회가 위촉하는 2명(제2호)의 위원으로 구성하고, 위원장은 위원 중에서 호선한다(법127의2②).

3. 수산 관련 단체 또는 법인의 이사후보자 추천

수산 관련 단체 또는 법인은 학식과 경험이 풍부한 외부전문가 중에서 제1항 제2호에 따른 이사후보자를 인사추천위원회에 추천할 수 있다(법127의2③).

4. 운영사항

그 밖에 인사추천위원회 구성과 운영에 필요한 사항은 정관으로 정한다(법 127의2④).

VI. 교육위원회

1. 이사회 소속

회원의 조합원과 직원에 대한 교육(법138①(1) 나목)업무를 지원하기 위하여 이사회 소속으로 교육위원회를 둔다(법127의3①).

2. 구성

교육위원회는 위원장을 포함한 5명 이내의 위원으로 구성하되, 수산 관련 단체·학계의 대표를 포함하여야 한다(법127의3②).

3. 기구의 설치

교육위원회는 교육지원업무를 처리하기 위하여 정관으로 정하는 바에 따라 교육위원회에 필요한 기구를 둘 수 있다(법127의3③).

4. 구성·운영 등의 사항

그 밖에 교육위원회의 구성·운영 등에 필요한 사항은 정관으로 정한다(법 127의3④).

제4절 감사위원회

I. 설치

중앙회는 재산과 업무집행상황을 감사하기 위하여 감사위원회를 둔다(법133

①).

Ⅱ. 선출과 임기

감사위원회는 감사위원장을 포함한 3명의 감사위원으로 구성하되, 그 임기
는 3년으로 하며 감사위원 중 2명은 ⅰ) 중앙회, 조합 또는 금융위원회법 제38
조[2])에 따른 검사대상기관(이에 상응하는 외국금융기관을 포함)에서 10년 이상 종사
한 경력이 있는 사람. 다만, 중앙회 또는 조합에서 최근 2년 이내에 임직원으로
근무한 사람(중앙회 감사위원으로 근무 중이거나 근무한 사람은 제외)은 제외한다(제1
호), ⅱ) 수산업 또는 금융 관계 분야의 석사 이상의 학위소지자로서 연구기관 또
는 대학에서 연구원 또는 조교수 이상의 직에 5년 이상 종사한 경력이 있는 사람
(제2호), ⅲ) 판사·검사·군법무관의 직에 5년 이상 종사하거나 변호사 또는 공
인회계사로서 5년 이상 종사한 경력이 있는 사람(제3호), ⅳ) 주권상장법인에서
법률·재무·감사 또는 회계 관련 업무에 임원으로 5년 이상 또는 임직원으로 10
년 이상 종사한 경력이 있는 사람(제4호), ⅴ) 국가, 지방자치단체, 공공기관 및
금융감독원에서 재무 또는 회계 관련 업무 및 이에 대한 감독업무에 5년 이상 종
사한 경력이 있는 사람(제5호)의 어느 하나에 해당하는 사람 중에서 선출하여야
한다(법133②, 영24의2).

Ⅲ. 위원장과 위원의 선임

감사위원장은 감사위원 중에서 호선한다(법133④). 감사위원은 인사추천위원
회가 추천한 자를 대상으로 총회에서 선출한다(법133③).

---

2) 은행, 금융투자업자, 증권금융회사, 종합금융회사 및 명의개서대행회사, 보험회사, 상호저
축은행과 그 중앙회, 신용협동조합 및 그 중앙회, 여신전문금융회사 및 겸영여신업자, 농
협은행, 수협은행, 다른 법령에서 금융감독원이 검사를 하도록 규정한 기관, 그 밖에 금융
업 및 금융 관련 업무를 하는 자로서 대통령령으로 정하는 자를 말한다.

Ⅳ. 직무와 권한 및 의무

1. 재산 상황 등의 총회 보고 및 소집

감사위원회는 중앙회의 재산 상황 또는 업무집행에 관하여 부정한 사실을 발견하면 총회에 보고하여야 하며, 그 내용을 총회에 신속히 보고하여야 할 필요가 있는 경우에는 정관으로 정하는 바에 따라 기간을 정하여 회장에게 총회의 소집을 요구하고 회장이 그 기간 이내에 총회를 소집하지 아니하면 직접 총회를 소집할 수 있다(법133⑤, 법48②).

조합등 또는 중앙회의 임원·집행간부·일반간부직원·파산관재인 또는 청산인이 법 제48조 제2항(제133조 제5항에 따라 준용되는 경우를 포함)에 따른 감독기관·총회·대의원회 또는 이사회에 대한 보고를 부실하게 하거나 사실을 은폐한 경우에는 3년 이하의 징역 또는 3천만원 이하의 벌금에 처한다(법177(3)).

2. 이사회 소집요구 및 시정권고

감사위원회는 자체감사 또는 외부기관의 감사결과 주요 지적 사항이 발생한 경우에는 회장에게 이사회의 소집을 요구하여 이에 대한 시정권고를 할 수 있다(법133⑤, 법48③).

3. 총회 등 출석 및 의견진술권

감사위원은 총회 또는 이사회에 출석하여 의견을 진술할 수 있다(법133⑤, 법48④).

4. 감사위원회의 이사회 소집청구

감사위원회는 필요하면 회의의 목적사항과 소집이유를 서면에 적어 이사(소집권자가 있는 경우에는 소집권자)에게 제출하여 이사회 소집을 청구할 수 있다(법133⑤, 법48⑤, 상법412의4①).

청구를 하였는데도 이사가 지체 없이 이사회를 소집하지 아니하면 그 청구한 감사위원회가 이사회를 소집할 수 있다(법133⑤, 법48⑤, 상법412의4②).

5. 조사 · 보고의 의무

감사위원회는 이사가 총회에 제출할 의안 및 서류를 조사하여 법령 또는 정관에 위반하거나 현저하게 부당한 사항이 있는지의 여부에 관하여 총회에 그 의견을 진술하여야 한다(법133⑤, 법48⑤, 상법413).

6. 감사록의 작성

감사위원회는 감사에 관하여 감사록을 작성하여야 한다(법133⑤, 법48⑤, 상법413의2①). 감사록에는 감사의 실시요령과 그 결과를 기재하고 감사를 실시한 감사위원회 위원이 기명날인 또는 서명하여야 한다(법133⑤, 법48⑤, 상법413의2②).

7. 감사위원회의 대표권

중앙회가 회장을 포함한 이사와 계약을 할 때에는 감사위원회가 중앙회를 대표한다(법133⑤, 법49①). 중앙회와 회장을 포함한 이사 간의 소송에 관하여도 같다(법133⑤, 법49②).

Ⅴ. 운영사항

감사위원회의 운영 등에 필요한 사항은 정관으로 정한다(법133⑥).

제5절 내부통제기준 등

Ⅰ. 내부통제기준

1. 내부통제기준의 제정

중앙회는 법령과 정관을 준수하고 중앙회의 이용자를 보호하기 위하여 중앙회의 임직원이 그 직무를 수행할 때 따라야 할 기본적인 절차와 기준("내부통제기준")을 정하여야 한다(법127의4①).

2. 내부통제기준의 필요적 포함사항

내부통제기준에는 ⅰ) 업무의 분장 및 조직구조에 관한 사항(제1호), ⅱ) 자산의 운용 또는 업무의 수행 과정에서 발생하는 위험의 관리에 관한 사항(제2호), ⅲ) 임직원이 업무를 수행할 때 준수하여야 하는 절차에 관한 사항(제3호), ⅳ) 경영의사의 결정에 필요한 정보가 효율적으로 전달될 수 있는 체제의 구축에 관한 사항(제4호), ⅴ) 임직원의 내부통제기준 준수 여부를 확인하는 절차·방법 및 내부통제기준을 위반한 임직원에 대한 조치에 관한 사항(제5호), ⅵ) 임직원의 유가증권 거래명세의 보고 등 불공정 거래행위를 방지하기 위한 절차나 기준에 관한 사항(제6호), ⅶ) 내부통제기준의 제정 또는 변경 절차에 관한 사항(제7호), ⅷ) 앞의 제1호부터 제7호까지의 사항에 관한 구체적인 기준으로서 해양수산부장관이 정하는 사항(제8호)이 포함되어야 한다(법127의4④, 영23의3①).

3. 내부통제기준의 제정 또는 변경

중앙회는 내부통제기준을 제정하거나 개정하려면 이사회의 의결을 거쳐야 한다(법127의4④, 영23의3②).

Ⅱ. 준법감시인

1. 준법감시인의 임면

중앙회는 내부통제기준의 준수 여부를 점검하고 위반 여부를 조사하여 감사위원회에 보고하는 사람("준법감시인")을 1명 이상 두어야 한다(법127의4②).

준법감시인은 이사회의 의결을 거쳐 중앙회장이 임면한다(법127의4③).

2. 준법감시인의 자격요건

준법감시인은 ⅰ) 다음의 어느 하나에 해당하는 사람, 즉 ㉠ 중앙회 또는 금융위원회법 제38조에 따른 검사대상기관(이에 상당하는 외국금융기관을 포함)에서

10년 이상 종사한 경력이 있는 사람(가목), ㉡ 수산업 또는 금융 관계 분야의 석
사학위 이상의 학위를 소지하고 연구기관 또는 대학에서 연구원 또는 조교수 이
상의 직에 5년 이상 종사한 경력이 있는 사람(나목), ㉢ 변호사 또는 공인회계사
자격을 가지고 해당 자격과 관련된 업무에 5년 이상 종사한 경력이 있는 사람(다
목), ㉣ 국가·지방자치단체에서 수산업 또는 금융업과 관련된 업무에 5년 이상
종사한 경력이 있는 사람으로서 해당 기관에서 퇴임 또는 퇴직한 후 5년이 지난
사람(라목)이어야 하고(제1호), ⅱ) 법 제51조(임원의 결격사유) 제1항 제1호부터
제10호3)까지의 어느 하나에 해당하지 아니하여야 하며(제2호), ⅲ) 최근 5년간
금융 관련 법령 또는 수산업협동조합 관련 법령을 위반하여 금융위원회, 금융감
독원의 원장 또는 해양수산부장관으로부터 감봉 요구 이상에 해당하는 조치를
받은 사실이 없는 요건(제3호)을 모두 갖춘 사람으로 한다(법127의4④, 영23의4①).

3. 선관주의의무와 금지 업무

준법감시인은 선량한 관리자의 주의로 그 직무를 수행하여야 하며, ⅰ) 자

---

3) 1. 대한민국 국민이 아닌 사람
   2. 미성년자·피성년후견인·피한정후견인
   3. 파산선고를 받고 복권되지 아니한 사람
   4. 법원의 판결 또는 다른 법률에 따라 자격이 상실되거나 정지된 사람
   5. 금고 이상의 형을 선고받고 그 집행이 끝나거나(집행이 끝난 것으로 보는 경우를 포함)
      집행이 면제된 날부터 3년이 지나지 아니한 사람
   6. 제146조(회원에 대한 감사 등) 제3항 제1호(=임원에 대하여는 개선, 직무의 정지, 견
      책 또는 변상), 제170조(법령 위반에 대한 조치) 제2항 제1호(=임원에 대하여는 개선,
      직무정지, 견책 또는 경고) 또는 신용협동조합법 제84조(임직원에 대한 행정처분)에 따
      른 개선 또는 징계면직의 처분을 받은 날부터 5년이 지나지 아니한 사람
   7. 금고 이상의 형의 집행유예를 선고받고 그 유예기간 중에 있는 사람
   8. 삭제 [2020.3.24.]
   8의2. 형법 제303조(업무상위력등에 의한 간음) 또는 성폭력처벌법 제10조(업무상 위력
      등에 의한 추행)에 규정된 죄를 저지른 사람으로서 300만원 이상의 벌금형을 선고받고
      그 형이 확정된 후 2년이 지나지 아니한 사람
   9. 제178조(벌칙) 제1항부터 제4항까지 또는 위탁선거법 제58조(매수 및 이해유도죄)·제
      59조(기부행위의 금지·제한 등 위반죄)·제61조(허위사실 공표죄)부터 제66조(각종 제
      한규정 위반죄)까지에 규정된 죄를 지어 징역 또는 100만원 이상의 벌금형을 선고받고
      4년이 지나지 아니한 사람
   10. 수산업협동조합법에 따른 임원 선거에서 당선되었으나 제179조(선거범죄로 인한 당
      선무효 등) 제1항 제1호 또는 위탁선거법 제70조(위탁선거범죄로 인한 당선무효)제1호
      에 따라 당선이 무효가 된 사람으로서 그 무효가 확정된 날부터 4년이 지나지 아니한
      사람

산운용에 관한 업무(제1호), ⅱ) 중앙회가 수행하는 상호금융사업, 공제사업과 경제사업 및 그와 관련되는 부대업무(제2호)를 담당해서는 아니 된다(법127의4④, 영23의4②).

4. 자료 또는 정보 제출의 요구 등

중앙회는 준법감시인이 그 직무를 독립적으로 수행할 수 있도록 하여야 하며, 준법감시인이 그 직무를 수행할 때 자료나 정보의 제출을 임직원에게 요구하는 경우 이에 성실히 응하도록 하여야 한다(법127의4④, 영23의4③).

제6절 임원

Ⅰ. 임원의 정수 등

1. 임원의 정수

중앙회에 임원으로 회장 1명 및 사업전담대표이사 1명(지도경제사업대표이사)을 포함하여 22명 이내의 이사와 감사위원 3명을 둔다(법129①).

중앙회 정관에 의하면 중앙회의 임원으로서 회장 1명, 대표이사 1명, 이사 20명, 감사위원 3명을 둔다(정관65①).

2. 상임 임원

(1) 대표이사, 상임이사와 감사위원장

임원 중 사업전담대표이사, 경제사업을 담당하는 이사와 감사위원장은 상임으로 한다(법129②).

임원 중 대표이사 1명, 경제사업을 담당하는 이사("상임이사") 1명, 감사위원장 1명은 상임으로 한다(정관65②).

(2) 회원조합장의 상임 임원 선출: 취임 전 사임

회원조합장이 상임 임원으로 선출된 경우에는 취임 전에 회원조합장의 직을 사임하여야 한다(법134⑥).

(3) 다른 직업 종사의 제한

상임 임원은 직무와 관련되는 영리를 목적으로 하는 사업에 종사할 수 없으며, 이사회가 승인하는 경우를 제외하고는 다른 직업에 종사할 수 없다(법137).

Ⅱ. 임원의 선출 및 자격요건

1. 회장의 선출과 자격

회장은 총회에서 선출하되, 회원인 조합의 조합원이어야 한다(법134①).

2. 사업전담대표이사의 선출과 자격

사업전담대표이사는 총회에서 선출하되, 전담사업에 관한 전문지식과 경험이 풍부한 사람으로서 ⅰ) 중앙회에서 10년 이상 종사한 경력이 있는 사람(제1호), ⅱ) 수산업 관련 국가기관·연구기관·교육기관 또는 상사회사에서 종사한 경력이 있는 사람으로서 중앙회 정관에서 제1호의 사람과 같은 수준 이상의 자격이 있다고 인정하는 사람(제2호) 중 인사추천위원회에서 추천한 사람으로 한다(법134②, 영25).

3. 상임이사의 선출과 자격

상임이사는 총회에서 선출하되, 위의 사업전담대표이사의 자격요건에 준하는 자격을 갖춘 자 중에서 인사추천위원회에서 추천한 사람으로 한다(법134③).

4. 비상임이사의 선출과 자격

비상임이사는 총회에서 선출하되, 5명은 회원조합장이 아닌 사람 중에서 인사추천위원회에서 추천한 사람을 선출하고, 나머지 인원은 회원조합장 중에서 선출한다(법134④).

5. 회장 보궐선거의 입후보 자격 제한

중앙회의 회장선거에 입후보하기 위하여 임기 중 그 직을 그만둔 중앙회의 이사·사업전담대표이사 또는 감사위원은 그 사직으로 인하여 공석이 된 이사·사업전담대표이사 또는 감사위원의 보궐선거의 후보자가 될 수 없다(법168, 법46 ⑥).

6. 회장 선출의 중앙선거관리위원회 의무위탁

중앙회는 회장 선출에 대한 선거관리를 정관으로 정하는 바에 따라 선거관리위원회법에 따른 중앙선거관리위원회에 위탁하여야 한다(법134⑦).

7. 정관 규정

임원의 선출과 추천, 인사추천위원회 구성과 운영에 관하여 수산업협동조합법에서 정한 사항 외에 필요한 사항은 정관으로 정한다(법168, 법46⑦).

Ⅲ. 임원의 임기

1. 회장의 임기

회장의 임기는 4년으로 하되, 회장은 연임할 수 없다(법134⑤).

2. 사업전담대표이사 및 이사의 임기

사업전담대표이사 및 이사의 임기는 2년으로 한다(법134⑤).

3. 임원 임기의 연장

임원의 임기가 만료되는 경우에는 임기 만료 연도 결산기의 마지막 달 이후 그 결산기에 관한 정기총회 전에 임기가 만료된 경우에는 정기총회가 끝날 때까지 그 임기가 연장된다(법168, 법50②, 법44③ 단서).

Ⅳ. 임원의 직무

1. 회장의 직무

회장은 중앙회를 대표한다(법130① 본문). 다만, 사업전담대표이사가 대표하는 업무에서는 그러하지 아니하다(법130① 단서).

(1) 전담업무 등

회장은 중앙회의 사업과 관련 ⅰ) 회원에 대한 감사(제1호), ⅱ) 회원과 그 조합원의 사업에 관한 조사·연구 및 홍보 사업과 그 부대사업(제2호), ⅲ) 중앙회의 지도(제3호), ⅳ) 회원과 그 조합원의 권익 증진을 위한 사업과 대외활동(제4호), ⅴ) 의료지원사업, 다른 경제단체·사회단체 및 문화단체와의 교류·협력, 어업협정 등과 관련된 국제 민간어업협력사업과 그 부대사업(제5호), ⅵ) 앞의 제4호 및 제5호의 업무에 관한 사업계획 및 자금계획의 수립(제6호), ⅶ) 그 밖에 사업전담대표이사의 업무에 속하지 아니하는 업무와 총회 및 이사회에서 위임한 사항(제7호)의 업무를 전담하여 처리하되, 정관으로 정하는 바에 따라 제1호의 업무는 조합감사위원회의 위원장에게, 제2호 및 제3호의 업무는 사업전담대표이사에게 위임하여 전결처리하게 하여야 한다(법130②).

(2) 직무대행

회장이 궐위·구금되거나 의료기관에서 30일 이상 계속하여 입원한 경우 등 부득이한 사유로 그 직무를 수행할 수 없을 때에는 이사회가 정하는 순서에 따라 사업전담대표이사 및 이사가 그 직무를 대행한다(법130③).

** 관련 판례: 대법원 1976. 9. 14. 선고 76도1987 판결

수산업협동조합 중앙회장의 지구별 어업협동조합장 임명이 공무원이 취급하는 사무에 속한다고 볼 수 있는지 여부: 일반적으로 공무원이라고 함은 "법령에 의하여 공무에 종사하는 직원"을 의미한다고 할 것인바 수산업협동조합법 제107조(현행 제116조)에 의한 수산업협동조합 중앙회의 목적과 같은 법 제132조(현행 제138조)에 의한 중앙회의 사업내용에 비추어 볼 때 수산업협동조합 중앙회장

이 하는 목적수행 내지는 사업집행행위 모두가 특히 본건에 있어서와 같은 지구
별 어업협동조합장의 임명이 "공무"에 속한다고 단정하기 어려운 점이 없지 않
을 뿐만 아니라 특정범죄가중처벌등에 관한 법률 제4조와 같은 법 시행령 제2조
제3조에 의하여 수산업협동조합 중앙회장이 형법 제129조 내지 제132조의 적용
에 있어서 공무원으로 간주되는 이외에 위와 같은 업무와 관계없이 그가 당연히
공무원의 신분을 보유한다고 볼 근거도 없다.

2. 사업전담대표이사의 직무

(1) 지도경제사업대표이사

사업전담대표이사는 지도경제사업대표이사로 한다(법131①).

(2) 전담업무와 중앙회 대표

지도경제사업대표이사는 ⅰ) 회원의 조직·경영 및 사업에 관한 지도·조정
(법138①(1) 가목), 회원의 조합원과 직원에 대한 교육·훈련 및 정보의 제공(법138
①(1) 나목), 회원과 그 조합원의 사업 및 생활 개선을 위한 정보망의 구축, 정보
화 교육 및 보급 등을 위한 사업(법138①(1) 라목), 회원과 그 조합원에 대한 보조
금의 지급(법138①(1) 마목), 수산업 관련 신기술의 개발 등을 위한 사업 및 시설
의 운영(법138①(1) 바목), 각종 사업을 위한 교육·훈련(법138①(1) 아목), 명칭사
용료의 관리 및 운영(법138①(1) 차목) 및 경제사업(법138①(2)), 상호금융사업(법
138①(4)), 공제사업(법138①(5)), 어업통신사업(법138①(11))의 사업(제1호), ⅱ) 다
른 법령에서 중앙회의 사업으로 정하는 사업(법138①(15)) 중 신용협동조합법 제
95조 제2항4)에 따른 사업과 부대사업(제2호), ⅲ) 자본시장법에 따른 파생상품시
장에서의 거래(법138①(7)), 국가와 공공단체가 위탁하거나 보조하는 사업(법138①
(8)), 교육·지원 사업(법138①(1))에 관련된 대외무역, 경제사업(법138①(2))에 관
련된 대외무역, 상호금융사업(법138①(4))에 관련된 대외무역, 공제사업(법138①

---

4) 제95조(농업협동조합 등에 대한 특례) ① 다음의 법인이 제39조 제1항 제1호(=신용사업)
및 제6호(=국가 또는 공공단체가 위탁하거나 다른 법령에서 조합의 사업으로 정하는 사
업)의 사업을 하는 경우에는 신용협동조합법에 따른 신용협동조합으로 본다.
2. 지구별 수산업협동조합(법률 제4820호 수산업협동조합법중개정법률 부칙 제5조에 따
라 신용사업을 하는 조합을 포함)
② 제1항의 경우 중앙회의 사업은 제1항 제2호에 규정된 법률에 따라 설립된 중앙회가 각
각 수행한다.

(5))에 관련된 대외무역, 의료지원사업(법138①(6))에 관련된 대외무역, 자본시장법에 따른 파생상품시장에서의 거래(법138①(7))에 관련된 대외무역, 국가와 공공단체가 위탁하거나 보조하는 사업(법138①(8))에 관련된 대외무역, 회원과 그 조합원을 위한 공동이용사업 및 운송사업(법138①(13)), 다른 법령에서 중앙회의 사업으로 정하는 사업(법138①(15)) 및 그 밖에 중앙회의 목적 달성에 필요한 사업으로서 해양수산부장관의 승인을 받은 사업(법138①(17)) 중 교육·지원 사업(법138①(1)) 및 경제사업(법138①(2))에 관한 사업과 그 부대사업(제3호), iv) 앞의 제1호부터 제3호까지의 업무에 관한 경영목표의 설정, 조직 및 인사에 관한 사항(제4호), v) 앞의 제1호부터 제3호까지의 업무에 관한 사업계획 및 예산·결산, 자금 조달·운용계획의 수립(제5호), vi) 앞의 제1호부터 제3호까지의 업무의 경영공시 및 부동산등기에 관한 사항(제6호), vii) 신용사업특별회계의 예산·결산, 자금 조달·운용계획의 수립, 우선출자증권의 매입·소각에 관한 계획 수립(제6의2호), viii) 총회·이사회 및 회장이 위임한 사항(제7호)의 업무를 전담하여 처리하며, 그 업무에 관하여 중앙회를 대표한다(법131②).

(3) 경영평가 결과의 이사회 및 총회 보고
(가) 경영평가 결과의 보고
사업전담대표이사는 정관으로 정하는 바에 따라 실시한 경영 상태의 평가 결과를 이사회와 총회에 보고하여야 한다(법131④).

(나) 위반시 제재
조합등 또는 중앙회의 임원·집행간부·일반간부직원·파산관재인 또는 청산인이 법 제131조 제4항에 따른 감독기관·총회·대의원회 또는 이사회에 대한 보고를 부실하게 하거나 사실을 은폐한 경우에는 3년 이하의 징역 또는 3천만원 이하의 벌금에 처한다(법177(3)).

(4) 직무대행
사업전담대표이사가 궐위·구금되거나 의료기관에서 30일 이상 계속하여 입원한 경우 등 부득이한 사유로 그 직무를 수행할 수 없을 때에는 정관으로 정하는 순서에 따라 이사가 그 직무를 대행한다(법131⑤).

Ⅴ. 임원의 결격사유

1. 임원의 자격제한

다음의 어느 하나에 해당하는 사람, 즉 ⅰ) 대한민국 국민이 아닌 사람(제1호), ⅱ) 미성년자·피성년후견인·피한정후견인(제2호), ⅲ) 파산선고를 받고 복권되지 아니한 사람(제3호), ⅳ) 법원의 판결 또는 다른 법률에 따라 자격이 상실되거나 정지된 사람(제4호), ⅴ) 금고 이상의 형을 선고받고 그 집행이 끝나거나(집행이 끝난 것으로 보는 경우를 포함) 집행이 면제된 날부터 3년이 지나지 아니한 사람(제5호), ⅵ) 법 제146조(회원에 대한 감사 등) 제3항 제1호(＝임원에 대하여는 개선, 직무의 정지, 견책 또는 변상), 제170조(법령 위반에 대한 조치) 제2항 제1호(＝임원에 대하여는 개선, 직무정지, 견책 또는 경고) 또는 신용협동조합법 제84조(임직원에 대한 행정처분)에 따른 개선 또는 징계면직의 처분을 받은 날부터 5년이 지나지 아니한 사람(제6호), ⅶ) 금고 이상의 형의 집행유예를 선고받고 그 유예기간 중에 있는 사람(제7호),5) ⅷ) 형법 제303조(업무상위력등에 의한 간음) 또는 성폭력처벌법 제10조(업무상 위력 등에 의한 추행)에 규정된 죄를 저지른 사람으로서 300만원 이상의 벌금형을 선고받고 그 형이 확정된 후 2년이 지나지 아니한 사람(제8의2호), ⅸ) 제178조(벌칙) 제1항부터 제4항까지 또는 위탁선거법 제58조(매수 및 이해유도죄)·제59조(기부행위의 금지·제한 등 위반죄)·제61조(허위사실 공표죄)부터 제66조(각종 제한규정 위반죄)까지에 규정된 죄를 지어 징역 또는 100만원 이상의 벌금형을 선고받고 4년이 지나지 아니한 사람(제9호), ⅹ) 수산업협동조합법에 따른 임원 선거에서 당선되었으나 제179조(선거범죄로 인한 당선무효 등) 제1항 제1호 또는 위탁선거법 제70조(위탁선거범죄로 인한 당선무효) 제1호에 따라 당선이 무효가 된 사람으로서 그 무효가 확정된 날부터 4년이 지나지 아니한 사람(제10호), ⅺ) 수산업협동조합법에 따른 선거일 공고일 현재 해당 지구별수협, 중앙회, 수협은행 또는 ㉠ 은행, ㉡ 한국산업은행, ㉢ 중소기업은행, ㉣ 그 밖에 대통령령으로 정하는 금융기관6)에 대하여 정관으로 정하는 금액과 기간을 초과

---

5) 제8호 삭제 [2020.3.24.]
6) "대통령령으로 정하는 금융기관"이란 다음의 어느 하나에 해당하는 금융기관을 말한다(영 15의3).
   1. 한국수출입은행, 2. 한국주택금융공사, 3. 상호저축은행과 그 중앙회, 4. 농업협동조합과 그 중앙회 및 농협은행, 5. 수산업협동조합, 6. 산림조합과 그 중앙회, 7. 신용협동

하여 채무 상환을 연체하고 있는 사람(제12호)은 중앙회의 임원이 될 수 없다(법 168, 법51① 본문).

2. 임원 결격사유의 발생과 퇴직

위의 임원 결격사유가 발생하였을 때 해당 임원은 당연히 퇴직한다(법168, 법51②).

3. 퇴직 전 행위의 효력 유지

퇴직한 임원이 퇴직 전에 관여한 행위는 그 효력을 상실하지 아니한다(법 168, 법51③).

Ⅵ. 임원의 선거운동 제한

제2편 조합 임원의 선거운동 제한 부분에서 살펴본 바와 같이 중앙회장은 의무위탁 대상이고, 위탁선거법이 우선 적용된다. 다만, 중앙회장이 아닌 임원 등의 경우에는 의무위탁이 아니어서 수협법상 임원선거 제한 규정이 적용된다.

1. 금지행위

누구든지 자기 또는 특정인을 중앙회의 임원이나 대의원으로 당선되게 하거나 당선되지 못하게 할 목적으로 ⅰ) 선거인(선거인 명부 작성 전에는 선거인 명부에 오를 자격이 있는 사람으로서 조합원인 사람 또는 조합장의 직무를 대행하는 사람을 포함)이나 그 가족(선거인의 배우자, 선거인 또는 그 배우자의 직계 존속·비속과 형제자매, 선거인의 직계 존속·비속 및 형제자매의 배우자) 또는 선거인이나 그 가족이 설립·운영하고 있는 기관·단체·시설에 대한 ㉠ 금전·물품·향응이나 그 밖의 재산상의 이익을 제공하는 행위(가목), ㉡ 공사(公私)의 직을 제공하는 행위(나목), ㉢ 금전·물품·향응, 그 밖의 재산상의 이익이나 공사의 직을 제공하겠다는 의사표시 또는 그 제공을 약속하는 행위(다목)(제1호), ⅱ) 후보자가 되지 아니하도

조합과 그 중앙회, 8. 새마을금고와 그 중앙회, 9. 보험회사, 10. 여신전문금융회사, 11. 기술보증기금, 12. 신용보증기금, 13. 벤처투자 촉진에 관한 법률 제2조 제10호 및 제11호에 따른 중소기업창업투자회사 및 벤처투자조합, 14. 중소기업협동조합법에 따른 중소기업협동조합, 15. 지역신용보증재단법에 따른 신용보증재단과 그 중앙회

록 하거나 후보자를 사퇴하게 할 목적으로 후보자가 되려는 사람이나 후보자에게 하는 제1호 각 목의 행위(제2호), iii) 제1호 또는 제2호에 규정된 이익이나 직을 제공받거나 그 제공의 의사 표시를 승낙하는 행위 또는 그 제공을 요구하거나 알선하는 행위(제3호)를 할 수 없다(법168, 법53①).

2. 회원 호별방문 금지 등

임원이나 대의원이 되려는 사람은 선거운동을 위하여 선거일 공고일부터 선거일까지의 기간 중에는 회원을 호별로 방문하거나 특정 장소에 모이게 할 수 없다(법168, 법53②).

3. 거짓의 사실 공표 금지 등

누구든지 중앙회의 임원 선거와 관련하여 연설·벽보 및 그 밖의 방법으로 거짓 사실을 공표하거나 공연히 사실을 구체적으로 제시하여 후보자(후보자가 되려는 사람을 포함)를 비방할 수 없다(법168, 법53③).

4. 거짓의 방법에 의한 선거인명부 등재 금지

누구든지 특정 임원의 선거에 투표하거나 투표하게 할 목적으로 자신이나 타인의 이름을 거짓으로 선거인명부에 올려서는 아니 된다(법168, 법53④).

5. 선거운동 기간의 제한

누구든지 후보자등록마감일의 다음 날부터 선거일 전일까지의 선거운동 기간 외에 선거운동을 할 수 없다(법168, 법53⑤).

6. 포장된 선물 또는 금품 등 운반 금지

누구든지 자기 또는 특정인을 당선되게 하거나 당선되지 못하게 할 목적으로 선거기간 중 포장된 선물 또는 돈봉투 등 다수의 회원(회원의 가족 또는 회원이나 그 가족이 설립·운영하고 있는 기관·단체·시설을 포함)에게 배부하도록 구분된 형태로 되어 있는 금품을 운반하지 못한다(법168, 법53⑥).

7. 중앙회선거관리위원회의 위원·직원 등에 대한 폭행 금지 등

누구든지 ⅰ) 중앙회선거관리위원회 또는 선거의 관리를 위탁받은 구·시·군선거관리위원회의 위원·직원·선거부정감시단원, 그 밖에 선거사무에 종사하는 자를 폭행·협박·유인 또는 체포·감금하는 행위(제1호), ⅱ) 중앙회선거관리위원회 또는 선거의 관리를 위탁받은 구·시·군선거관리위원회의 위원·직원·선거부정감시단원, 그 밖에 선거사무에 종사하는 자에게 폭행이나 협박을 가하여 투표소·개표소 또는 선거관리위원회 사무소를 소요·교란하는 행위(제2호), ⅲ) 투표용지·투표지·투표보조용구·전산조직 등 선거관리 또는 단속사무와 관련한 시설·설비·장비·서류·인장 또는 선거인명부를 은닉·파손·훼손 또는 탈취하는 행위(제3호)를 할 수 없다(법168, 법53⑦).

8. 선거운동의 방법

(1) 선거운동의 방법 제한

누구든지 임원 또는 대의원 선거와 관련하여 ⅰ) 선전벽보의 부착(제1호), ⅱ) 선거공보의 배부(제2호), ⅲ) 도로·시장 등 해양수산부령으로 정하는 다수인이 왕래하거나 집합하는 공개된 장소7)에서의 지지 호소 및 명함의 배부(제3호), ⅳ) 합동연설회 또는 공개토론회의 개최(제4호), ⅴ) 전화(문자메세지 포함)·컴퓨터통신(전자우편 포함)을 이용한 지지 호소(제5호) 외의 행위를 할 수 없다(법168, 법53⑧). 회장을 대의원회에서 선출하는 경우에는 제2호와 제5호, 비상임이사 및 감사선거의 경우에는 제3호와 제5호에 한정한다(법168, 법53⑧).

---

7) "도로·시장 등 해양수산부령으로 정하는 다수인이 왕래하거나 집합하는 공개된 장소"란 도로·도로변·광장·공터·주민회관·시장·점포·공원·운동장·주차장·위판장·선착장·방파제·대기실·경로당 등 누구나 오갈 수 있는 공개된 장소를 말한다(시행규칙8의2 본문). 다만, 다음 각 호의 어느 하나에 해당하는 장소는 제외한다(시행규칙8의2 단서).
  1. 병원·종교시설·극장의 안
  2. 지구별수협(법 제108조에 따라 법 제53조 제8항 제3호가 준용되는 경우에는 업종별 수산업협동조합을 말하고, 법 제113조에 따라 법 제53조 제8항 제3호가 준용되는 경우에는 수산물가공 수산업협동조합을 말하며, 법 제168조에 따라 법 제53조 제8항 제3호가 준용되는 경우에는 중앙회)의 주된 사무소나 지(支)사무소의 건물의 안

(2) 선거운동 방법의 세부사항

선거운동방법에 관한 세부적인 사항은 해양수산부령으로 정한다(법168, 법53⑨). 이에 따른 선거운동방법에 관한 세부적인 사항은 [별표 1의2]와 같다(시행규칙8의3).

9. 임직원의 금지행위

중앙회의 임직원은 ⅰ) 그 지위를 이용하여 선거운동을 하는 행위(제1호), ⅱ) 선거운동의 기획에 참여하거나 그 기획의 실시에 관여하는 행위(제2호), ⅲ) 후보자(후보자가 되려는 사람을 포함)에 대한 회원의 지지도를 조사하거나 이를 발표하는 행위(제3호)를 할 수 없다(법168, 법53⑩).

Ⅶ. 기부행위의 제한

1. 기부행위의 의의와 유형

중앙회의 임원 선거 후보자, 그 배우자 및 후보자가 속한 기관·단체·시설은 해당 임원의 임기 만료일 전 180일(보궐선거 등의 경우에는 그 선거 실시 사유가 확정된 날)부터 해당 선거일까지 선거인(선거인 명부 작성 전에는 선거인 명부에 오를 자격이 있는 사람으로서 이미 조합에 가입한 사람 또는 조합에 가입 신청을 한 사람을 포함)이나, 그 가족 또는 선거인이나 그 가족이 설립·운영하고 있는 기관·단체·시설에 대하여 금전·물품이나 그 밖의 재산상 이익의 제공, 이익 제공의 의사표시 또는 그 제공을 약속하는 행위("기부행위")를 할 수 없다(법168, 법53의2①).

누구든지 기부행위를 약속·지시·권유·알선 또는 요구할 수 없다(법168, 법53의2④).

2. 기부행위로 보지 않는 행위

다음의 어느 하나에 해당하는 행위, 즉 ⅰ) 직무상의 행위, ⅱ) 의례적 행위, ⅲ) 구호적·자선적 행위에 준하는 행위는 기부행위로 보지 아니한다(법168, 법53의2②).

(1) 직무상의 행위

다음의 직무상의 행위, 즉 ⅰ) 후보자가 소속된 기관·단체·시설(나목에 따른 조합은 제외)의 자체 사업계획과 예산으로 하는 의례적인 금전·물품 제공 행위(포상을 포함하되, 화환·화분을 제공하는 행위는 제외)(가목), ⅱ) 법령과 정관에 따른 조합의 사업계획 및 수지예산에 따라 집행하는 금전·물품 제공 행위(포상을 포함하되, 화환·화분을 제공하는 행위는 제외)(나목), ⅲ) 물품 구매, 공사, 서비스 등에 대한 대가의 제공 또는 부담금의 납부 등 채무를 이행하는 행위(다목), ⅳ) 가목부터 다목까지의 규정에 해당하는 행위 외에 법령의 규정에 근거하여 물품 등을 찬조·출연 또는 제공하는 행위(라목)는 기부행위로 보지 아니한다(법168, 법53의2②(1)).

(2) 의례적 행위

다음의 의례적 행위, 즉 ⅰ) 민법 제777조에 따른 친족의 관혼상제 의식이나 그 밖의 경조사에 축의·부의금품을 제공하는 행위(가목), ⅱ) 후보자가 민법 제777조에 따른 친족이 아닌 사람의 관혼상제 의식에 일반적인 범위에서 축의·부의금품(화환·화분은 제외)을 제공하거나 주례를 서는 행위(나목), ⅲ) 후보자의 관혼상제 의식이나 그 밖의 경조사에 참석한 하객이나 조객(弔客) 등에게 일반적인 범위에서 음식물이나 답례품을 제공하는 행위(다목), ⅳ) 후보자가 그 소속 기관·단체·시설(후보자가 임원이 되려는 해당 조합은 제외)의 유급(有給) 사무직원 또는 민법 제777조에 따른 친족에게 연말·설 또는 추석에 의례적인 선물을 제공하는 행위(라목), ⅴ) 친목회·향우회·종친회·동창회 등 각종 사교·친목단체 및 사회단체의 구성원으로서 해당 단체의 정관·규약 또는 운영관례상의 의무에 기초하여 종전의 범위에서 회비를 내는 행위(마목), ⅵ) 후보자가 평소 자신이 다니는 교회·성당·사찰 등에 일반적으로 헌금(물품의 제공을 포함)하는 행위(바목)는 기부행위로 보지 아니한다(법168, 법53의2②(2)).

(3) 구호적·자선적 행위에 준하는 행위

공직선거법 제112조 제2항 제3호에 따른 구호적·자선적 행위에 준하는 행위는 기부행위로 보지 아니한다(법168, 법53의2②(3)). 여기서 공직선거법 제112조 제2항 제3호에 따른 구호적·자선적 행위는 ⅰ) 법령에 의하여 설치된 사회보호시설 중 수용보호시설에 의연금품을 제공하는 행위(가목), ⅱ) 재해구호법의 규

정에 의한 구호기관(전국재해구호협회 포함) 및 대한적십자사 조직법에 의한 대한
적십자사에 천재·지변으로 인한 재해의 구호를 위하여 금품을 제공하는 행위(나
목), iii) 장애인복지법 제58조에 따른 장애인복지시설(유료복지시설 제외)에 의연
금품·구호금품을 제공하는 행위(다목), iv) 국민기초생활 보장법에 의한 수급권
자인 중증장애인에게 자선·구호금품을 제공하는 행위(라목), ⅴ) 자선사업을 주
관·시행하는 국가·지방자치단체·언론기관·사회단체 또는 종교단체 그 밖에
국가기관이나 지방자치단체의 허가를 받아 설립된 법인 또는 단체에 의연금품·
구호금품을 제공하는 행위. 다만, 광범위한 선거구민을 대상으로 하는 경우 제
공하는 개별 물품 또는 그 포장지에 직명·성명 또는 그 소속 정당의 명칭을 표
시하여 제공하는 행위는 제외한다(마목). ⅵ) 자선·구호사업을 주관·시행하는
국가·지방자치단체, 그 밖의 공공기관·법인을 통하여 소년·소녀가장과 후원인
으로 결연을 맺고 정기적으로 제공하여 온 자선·구호금품을 제공하는 행위(바
목), ⅶ) 국가기관·지방자치단체 또는 구호·자선단체가 개최하는 소년·소녀가
장, 장애인, 국가유공자, 무의탁노인, 결식자, 이재민, 국민기초생활 보장법에 따
른 수급자 등을 돕기 위한 후원회 등의 행사에 금품을 제공하는 행위. 다만, 개
별 물품 또는 그 포장지에 직명·성명 또는 그 소속 정당의 명칭을 표시하여 제
공하는 행위는 제외한다(사목). ⅷ) 근로청소년을 대상으로 무료학교(야학 포함)를
운영하거나 그 학교에서 학생들을 가르치는 행위(아목)를 말한다.

3. 축의·부의금품 등의 금액 범위

일반적인 범위에서 1명에게 제공할 수 있는 축의·부의금품, 음식물, 답례품
및 의례적인 선물의 금액 범위는 [별표]8)와 같다(법168, 법53의2③).

---

8) [별표] 일반적인 범위에서 제공할 수 있는 축의·부의금품 등의 금액 범위(제53조의2 제3항
   관련)

관련 조항	구분	일반적인 범위	의례적인 선물의 범위
제53조의2 제2항 제2호 나목	○ 관혼상제 의식에 제공하는 축의 부의금품	○ 5만원 이내	
제53조의2 제2항 제2호 다목	○ 관혼상제 의식 또는 그 밖의 경조사 참석 하객·조객 등에 대한 음식물 제공	○ 3만원 이내	

4. 기부행위 제한 등

누구든지 해당 선거에 관하여 후보자를 위하여 기부행위를 하거나 하게 할 수 없다(법168, 법53의2⑤).

Ⅷ. 임직원의 겸직 금지 등

1. 회장과 이사의 감사 겸직 금지

회장을 포함한 이사는 그 중앙회의 감사위원을 겸직할 수 없다(법168, 법55①).

2. 임원과 직원의 겸직 금지

중앙회의 임원은 그 중앙회의 직원을 겸직할 수 없다(법168, 법55②).

3. 임원의 다른 중앙회 임직원 겸직 금지

중앙회의 임원은 다른 중앙회의 임원 또는 직원을 겸직할 수 없다(법168, 법55③).

4. 임직원의 자격 제한

중앙회의 사업과 실질적인 경쟁관계에 있는 사업을 경영하거나 이에 종사하는 사람은 중앙회의 임직원이 될 수 없다(법168, 법55④).

여기서 실질적인 경쟁관계에 있는 사업의 범위는 [별표]9)의 사업으로 하되,

	○ 관혼상제 의식 또는 그 밖의 경조사 참석 하객·조객 등에 대한 답례품 제공	○ 1만원 이내	
제53조의2 제2항 제2호 라목	○ 연말·설 또는 추석에 제공하는 의례적인 선물		○ 3만원 이내

9) [별표] 실질적인 경쟁관계에 있는 사업의 범위(제16조의2 제1항 관련)
   1. 금융위원회법에 따른 검사대상기관이 수행하는 사업
   2. 농업협동조합법에 따른 지역농업협동조합, 지역축산업협동조합, 품목별·업종별 협동조합, 조합공동사업법인 및 농업협동조합중앙회가 수행하는 사업
   3. 대부업법에 따른 대부업, 대부중개업 및 그 협회가 수행하는 사업
   4. 보험업법에 따른 보험설계사, 보험대리점 및 보험중개사가 수행하는 사업
   5. 비료관리법에 따른 비료업자가 수행하는 사업

해당 조합, 조합공동사업법인 및 중앙회가 수행하고 있는 사업에 해당하는 경우로 한정한다(법168, 법55⑤, 영16의2①). 그러나 조합·조합공동사업법인("조합등") 및 중앙회가 사업을 위하여 출자한 법인이 수행하고 있는 사업은 실질적인 경쟁관계에 있는 사업으로 보지 아니한다(법168, 법55⑤, 영16의2②).

5. 회장과 이사의 자기거래 제한

회장을 포함한 이사는 이사회의 승인을 받지 아니하고는 자기 또는 제3자의 계산으로 해당 중앙회와 정관으로 정하는 규모 이상의 거래를 할 수 없다(법168, 법55⑥).

Ⅸ. 임원의 의무와 책임

1. 성실의무

중앙회의 임원은 수산업협동조합법과 수산업협동조합법에 따른 명령·처분·정관 및 총회 또는 이사회의 의결을 준수하고 그 직무를 성실히 수행하여야 한다(법168, 법56①).

2. 중앙회에 대한 손해배상책임

임원이 그 직무를 수행하면서 고의 또는 과실(비상임인 임원의 경우에는 중대한 과실)로 중앙회에 끼친 손해에 대하여는 연대하여 손해배상의 책임을 진다(법168, 법56②).

---

6. 사료관리법에 따른 사료의 제조업자 및 판매업자가 수행하는 사업
7. 산림조합법에 따른 지역산림조합, 품목별·업종별 산림조합 및 산림조합중앙회가 수행하는 사업
8. 새마을금고법에 따른 새마을금고 및 새마을금고중앙회가 수행하는 사업
9. 석유 및 석유대체연료 사업법에 따른 석유판매업
10. 수산동물질병 관리법에 따른 수산동물관련단체가 수행하는 사업
11. 수산물품질관리법에 따른 수산물가공업을 등록하거나 신고한 자가 수행하는 사업
12. 우체국예금보험법에 따른 체신관서가 수행하는 사업
13. 장사 등에 관한 법률에 따른 장례식장영업자가 수행하는 사업
14. 조세특례제한법에 따라 부가가치세 영세율(零稅率)이 적용되는 어업용 기자재를 어업인에게 직접 공급하는 자가 수행하는 사업
15. 그 밖에 이사회가 조합등 및 중앙회가 수행하는 사업과 실질적인 경쟁관계에 있다고 인정한 자가 수행하는 사업

3. 제3자에 대한 손해배상책임

임원이 그 직무를 수행하면서 고의 또는 중대한 과실로 제3자에게 끼친 손해에 대하여는 연대하여 손해배상의 책임을 진다(법168, 법56③).

4. 찬성 이사의 손해배상책임

위의 2.와 3.의 행위가 이사회의 의결에 따른 것이면 그 의결에 찬성한 이사도 연대하여 손해배상의 책임을 진다(법168, 법56④ 전단). 이 경우 의결에 참가한 이사 중 이의를 제기한 사실이 의사록에 기록되어 있지 아니한 사람은 그 의결에 찬성한 것으로 추정한다(법168, 법56④ 후단).

X. 임원의 해임

1. 회원의 해임요구

회원은 회원 3분의 1 이상의 동의를 받아 총회에 임원의 해임을 요구할 수 있다(법135① 전단). 이 경우 총회는 구성원 과반수의 출석과 출석구성원 3분의 2 이상의 찬성으로 해임을 의결한다(법135① 후단).

2. 이사회의 사업전담대표이사 또는 상임이사 해임요구

이사회는 사업전담대표이사 또는 상임이사의 경영 상태를 평가한 결과 경영 실적이 부실하여 그 직무를 담당하기 곤란하다고 인정되거나, 수산업협동조합법이나 수산업협동조합법에 따른 명령 또는 정관을 위반하는 행위를 한 경우에는 총회에 사업전담대표이사 또는 상임이사의 해임을 요구할 수 있다(법135③ 전단). 이 경우 총회는 구성원 과반수의 출석과 출석구성원 3분의 2 이상의 찬성으로 해임을 의결한다(법135③ 후단, 법135① 후단).

3. 해임 이유의 통지와 의견진술 기회 부여

해임의결을 할 때에는 해당 임원에게 해임 이유를 통지하여 총회에서 의견을 진술할 기회를 주어야 한다(법135④).

4. 위반시 제재

조합등 또는 중앙회의 임원·집행간부·일반간부직원·파산관재인 또는 청산인이 법 제135조 제1항 및 제3항에 따라 총회·대의원회 또는 이사회의 의결을 거쳐야 하는 사항에 대하여 의결을 거치지 아니하고 집행한 경우에는 3년 이하의 징역 또는 3천만원 이하의 벌금에 처한다(법177(2)).

XI. 민법·상법의 준용

중앙회의 임원에 관하여는 민법 제35조(법인의 불법행위능력)와 상법 제382조(이사의 선임, 회사와의 관계 및 사외이사) 제2항, 제385조(해임) 제2항·제3항, 제402조부터 제408조까지의 규정을 준용한다(법168, 법58 전단). 이 경우 상법 제385조 제2항 중 "발행주식의 총수의 100분의 3 이상에 해당하는 주식을 가진 주주" 및 같은 법 제402조 및 제403조 제1항 중 "발행주식의 총수의 100분의 1 이상에 해당하는 주식을 가진 주주"는 각각 "회원 5분의 1 이상의 동의를 받은 회원"으로 본다(법168, 법58 후단).

1. 중앙회의 불법행위책임

중앙회는 임원 기타 대표자가 그 직무에 관하여 타인에게 가한 손해를 배상할 책임이 있다(민법35① 본문). 임원 기타 대표자는 이로 인하여 자기의 손해배상책임을 면하지 못한다(민법35① 단서).

법인의 목적범위 외의 행위로 인하여 타인에게 손해를 가한 때에는 그 사항의 의결에 찬성하거나 그 의결을 집행한 직원, 임원 및 기타 대표자가 연대하여 배상하여야 한다(민법35①).

2. 중앙회와 임원의 관계

중앙회 임원의 관계는 민법의 위임에 관한 규정(민법 제682조 이하)을 준용한다(상법382②).

3. 회원의 법원에 대한 이사 해임청구

이사가 그 직무에 관하여 부정행위 또는 법령이나 정관에 위반한 중대한 사실이 있음에도 불구하고 총회에서 그 해임을 부결한 때에는 회원 100인 또는 3% 이상의 동의를 받은 회원은 총회의 결의가 있은 날부터 1월 내에 그 이사의 해임을 법원에 청구할 수 있다(상법385②). 이사의 해임청구의 소는 본점소재지의 지방법원의 관할에 전속한다(상법385③, 법186).

4. 유지청구권

이사가 법령 또는 정관에 위반한 행위를 하여 이로 인하여 회사에 회복할 수 없는 손해가 생길 염려가 있는 경우에는 감사위원 또는 회원 100인 또는 1% 이상의 동의를 받은 회원은 회사를 위하여 이사에 대하여 그 행위를 유지할 것을 청구할 수 있다(상법402).

5. 회원의 대표소송

상법 제403조부터 제408조까지의 규정을 준용한다(법55 전단). 따라서 제403조(주주의 대표소송), 제404조(대표소송과 소송참가, 소송고지), 제405조(제소주주의 권리의무), 제406조(대표소송과 재심의 소), 제406조의2(다중대표소송), 제407조(직무집행정지, 직무대행자선임), 제408조(직무대행자의 권한)가 준용된다.

XII. 대리인의 선임

1. 회장과 사업전담대표이사의 대리인 선임

회장과 사업전담대표이사는 집행간부 또는 직원 중에서 중앙회의 업무에 관한 재판상 또는 재판 외의 모든 행위를 할 권한을 가지는 대리인을 선임할 수 있다(법136④).

2. 대리인의 선임등기

(1) 등기사항

회장 또는 사업전담대표이사가 대리인을 선임하였을 때에는 2주일 이내에 대리인을 둔 주된 사무소와 해당 지사무소의 소재지에서 ⅰ) 대리인의 성명과 주소(제1호), ⅱ) 대리인을 둔 중앙회 또는 지사무소의 명칭과 주소(제2호), ⅲ) 대리인의 권한을 제한한 경우에는 그 제한 내용(제3호)을 등기하여야 한다(법136④, 영27① 전단). 등기한 사항을 변경하는 경우에도 또한 같다(법136④, 영27① 후단).

(2) 증명 서면의 제출

대리인의 선임에 관한 등기를 신청할 때에는 대리인의 선임을 증명하는 서면과 그 대리인의 권한을 제한한 경우에는 그 사실을 증명하는 서면을 첨부하여야 한다(영27②).

제7절 집행간부 또는 직원의 임면 등

Ⅰ. 집행간부

1. 집행간부의 설치

중앙회에 사업전담대표이사의 업무를 보좌하기 위하여 집행간부를 두되, 그 명칭, 임기 및 직무 등에 관한 사항은 정관으로 정한다(법136①).

2. 집행간부의 임면

집행간부는 사업전담대표이사가 임면한다(법136②).

Ⅱ. 직원의 임면

직원(집행간부는 제외)은 회장이 임면하되, 사업전담대표이사 소속 직원의 승진, 전보 등은 정관으로 정하는 바에 따라 사업전담대표이사가 수행한다(법136③).

Ⅲ. 준용규정

집행간부 및 일반간부직원에 대해서는 상법 제10조, 제11조 제1항·제3항, 제12조, 제13조 및 제17조와 상업등기법 제23조 제1항, 제50조 및 제51조를 준용한다(법136⑤).

이에 관하여는 제2편 조합 간부직원의 임면 부분과 동일한 내용이므로 참조하길 바란다.

Ⅳ. 다른 직업 종사의 제한

집행간부 및 일반간부직원은 직무와 관련되는 영리를 목적으로 하는 사업에 종사할 수 없으며, 이사회가 승인하는 경우를 제외하고는 다른 직업에 종사할 수 없다(법137).

사 업

제1절 비회원의 사업 이용

I. 원칙: 비회원의 사업 이용

중앙회는 회원의 이용에 지장이 없는 범위에서 회원이 아닌 자에게 사업을 이용하게 할 수 있다(법139① 본문).

II. 예외: 비회원의 사업 이용의 제한

중앙회는 회원이 아닌 자가 교육·지원 사업, 다른 경제단체·사회단체 및 문화단체와의 교류·협력, 어업통신사업, 어업협정 등과 관련된 국제 민간어업협력사업, 다른 법령에서 중앙회의 사업으로 정하는 사업, 교육·지원 사업에 부대하는 사업, 경제사업에 부대하는 사업, 법 제138조 제1항 제4호부터 제15호까지의 사업에 부대하는 사업을 이용하는 경우 각 사업별로 그 회계연도 사업량의 3분의 1의 범위에서 그 이용을 제한할 수 있다(법139① 단서, 영20의2④).

Ⅲ. 회원 이용의 의제

회원의 조합원 및 그와 동일한 세대에 속하는 사람, 준회원, 어촌계 또는 단체가 중앙회의 사업을 이용하는 경우에는 회원이 이용한 것으로 본다(법139②).

제2절 수산물등 판매활성화

Ⅰ. 실행계획의 수립

중앙회는 회원 또는 회원의 조합원으로부터 수집하거나 판매위탁을 받은 수산물 및 그 가공품("수산물등")을 효율적으로 판매하기 위하여 매년 ⅰ) 산지 및 소비지의 시설·장비 확보에 관한 사항(제1호), ⅱ) 판매조직의 확보에 관한 사항(제2호), ⅲ) 그 밖에 수산물등의 판매활성화 사업에 필요한 사항(제3호)이 포함된 실행계획을 수립하고 그에 따른 사업을 추진하여야 한다(법139의2①).

Ⅱ. 수산물등의 비축 등 수급 조절의 공동 추진

중앙회는 회원의 조합원이 생산한 수산물의 가격 안정 및 회원의 조합원의 소득 안정을 위하여 수산물등의 비축 등 수급 조절에 필요한 조치를 회원과 공동으로 추진할 수 있다(법139의2①).

Ⅲ. 수산물등 판매활성화 사업 평가

1. 사업의 평가·점검

회장은 중앙회가 수행하는 수산물등의 판매활성화 사업을 매년 1회 이상 평가·점검하여야 한다(법139의3①).

2. 평가협의회의 설치

회장은 ⅰ) 중앙회가 수행하는 수산물등의 판매활성화 사업 점검 및 평가에 관한 사항(제1호), ⅱ) 그 밖에 회장이 필요하다고 인정하는 사항(제2호)에 대한 자문을 위하여 수산업협동조합 경제사업 평가협의회("평가협의회")를 둔다(법139 의3②).

3. 자료제출 등의 요청

회장은 평가협의회의 자문 내용을 고려하여 중앙회, 회원, 중앙회 또는 회원이 출자하거나 출연한 법인 등에 자료제출 등 필요한 조치를 요청할 수 있다(법 139의3③).

4. 평가협의회의 구성

평가협의회는 ⅰ) 회장이 위촉하는 수산 관련 단체 대표 1명(제1호), ⅱ) 회장이 위촉하는 수산물등 유통 및 어업 관련 전문가 2명(제2호), ⅲ) 회장이 소속 임직원 및 조합장 중에서 위촉하는 사람 3명(제3호), ⅳ) 해양수산부장관이 소속 공무원 중에서 지정하는 사람 1명(제4호), ⅴ) 수산업 관련 국가기관, 연구기관, 교육기관 또는 기업에서 종사한 경력이 있는 사람으로서 회장이 위촉하는 사람 1명(제5호), ⅵ) 그 밖에 회장이 필요하다고 인정하여 위촉하는 사람 1명(제6호)의 사람을 포함하여 9명의 위원으로 구성한다(법139의3④).

5. 세부사항의 제정

수산물등 판매활성화 사업의 평가·점검 및 평가협의회의 구성·운영 등에 관한 세부사항은 회장이 정한다(법139의3⑤).

6. 평가 및 점검 결과의 반영

이사회는 평가 및 점검 결과를 경영평가(법127③(4))에 반영하여야 한다(법 139의3⑥).

제3절 유통지원자금의 조성 · 운용

I. 수산물등의 유통지원

중앙회는 회원의 조합원이 생산한 수산물등의 원활한 유통을 지원하기 위하여 유통지원자금을 조성 · 운용할 수 있다(법139의4①).

II. 유통지원자금의 운용

유통지원자금은 ⅰ) 수산물등의 유통 · 가공 사업(제1호), ⅱ) 수산물등의 출하조절사업(제2호), ⅲ) 수산물등의 공동규격 출하촉진사업(제3호), ⅳ) 매취사업(제4호), ⅴ) 그 밖에 중앙회가 필요하다고 인정하는 유통 관련 사업(제5호)에 운용한다(법139의4②).

III. 유통지원자금의 조성

유통지원자금은 명칭사용료(법162의2) 및 임의적립금 등으로 조성한다(법139의4③).

IV. 국가의 유통지원자금의 조성 지원

국가는 예산의 범위에서 유통지원자금의 조성을 지원할 수 있다(법139의4④).

V. 정관규정

유통지원자금의 조성 및 운용에 관한 세부사항은 정관으로 정한다(법139의4⑤).

제4절 국가 보조 또는 융자 사업에 대한 공시정보대상 등

Ⅰ. 공시대상 정보

중앙회는 국가로부터 자금(국가가 관리하는 자금을 포함)이나 사업비의 전부 또는 일부를 보조 또는 융자받아 시행한 직전 연도 사업에 관련된 ⅰ) 사업명(제 1호), ⅱ) 보조 또는 융자받은 금액(제2호), ⅲ) 사업수행주체(제3호), ⅳ) 사업기간(제4호), ⅴ) 자금 사용내용(제5호), ⅵ) 그 밖에 중앙회가 국가 보조 또는 융자 사업에 대하여 공시할 필요가 있다고 판단한 정보(제6호)를 매년 4월 30일까지 공시하여야 한다(법141의2①, 영29의2).

Ⅱ. 공시방법

중앙회는 국가 보조 또는 융자 사업에 대한 자금 사용내용 등에 관하여 중앙회의 인터넷 홈페이지에 공시하여야 한다(법141의2③, 시행규칙10②).

Ⅲ. 자료제출 요청

중앙회는 정보를 공시하기 위하여 필요한 경우에는 정부로부터 보조 또는 융자받은 금액을 배분받거나 위탁받은 정부 사업을 수행하는 조합에 대하여 자료 제출을 요청할 수 있다(법141의2② 전단). 이 경우 요청을 받은 조합은 특별한 사유가 없으면 이에 협조하여야 한다(법141의2② 후단).

Ⅳ. 자금 사용내용 등의 이사회 보고

중앙회의 회장 및 사업전담대표이사는 소관 업무의 범위에서 국가 보조 또는 융자 사업에 대한 자금 사용내용 등을 중앙회의 이사회에 보고하여야 한다(법 141의2③, 시행규칙10①).

제5절 창고증권의 발행

Ⅰ. 보관사업

보관사업(법60①(2) 나목)을 하는 중앙회는 정관으로 정하는 바에 따라 임치물에 관하여 창고증권을 발행할 수 있다(법168, 법63①).

Ⅱ. 명칭 사용의 제한

창고증권을 발행하는 중앙회는 그 중앙회의 명칭으로 된 창고증권이라는 글자를 사용하여야 한다(법168, 법63②).

중앙회가 아닌 자가 발행하는 창고증권에는 중앙회창고증권이라는 글자를 사용하여서는 아니 된다(법168, 법63③).

Ⅲ. 임치물의 보관 기간

중앙회가 창고증권을 발행한 임치물의 보관 기간은 임치일부터 6개월 이내로 한다(법168, 법63④).

임치물의 보관 기간은 갱신할 수 있다(법168, 법63⑤ 본문). 다만, 창고증권의 소지인이 조합원이 아닌 경우에는 조합원의 이용에 지장이 없는 범위에서 갱신한다(법168, 법63⑤ 단서).

제6절 어업의 경영

Ⅰ. 어업 및 그에 부대하는 사업의 경영

중앙회는 회원의 공동이익을 위하여 어업 및 그에 부대하는 사업을 경영할 수 있다(법168, 법64①).

Ⅱ. 총회의결

중앙회가 어업 및 그에 부대하는 사업을 경영하려면 총회의 의결을 거쳐야
한다(법168, 법64②).

제7절 금리인하 요구

중앙회의 사업에 관하여는 신용협동조합법 제45조의3(금리인하 요구)을 적용
한다(신용협동조합법95④). 따라서 금리인하 요구에 관한 신용협동조합법의 내용
은 중앙회에 적용된다.

Ⅰ. 의의

금리인하요구권이란 여신약정 당시와 비교하여 신용상태에 현저한 변동이
있다고 인정되는 채무자가 금리인하를 요청할 수 있는 권리를 말한다.

중앙회와 대출등(대출 및 어음할인)의 계약을 체결한 자는 재산 증가나 신용
등급 또는 개인신용평점 상승 등 신용상태 개선이 나타났다고 인정되는 경우 중
앙회에 금리인하를 요구할 수 있다(신용협동조합법45의3①).

Ⅱ. 금리인하 요구의 요건

중앙회와 대출등의 계약을 체결한 자는 ⅰ) 개인이 대출등의 계약을 체결한
경우: 취업, 승진, 재산 증가 또는 개인신용평점 상승 등 신용상태의 개선이 나타
났을 것(제1호), ⅱ) 개인이 아닌 자(개인사업자를 포함)가 대출등의 계약을 체결한
경우: 재무상태 개선, 신용등급 또는 개인신용평점 상승 등 신용상태의 개선이
나타났을 것(제2호)의 구분에 따른 요건을 갖췄다고 인정되는 경우 조합에 금리

인하를 요구할 수 있다(신용협동조합법45의3③, 신용협동조합법 시행령18의3①).

Ⅲ. 금리인하 요구의 절차

1. 중앙회의 금리인하 요구권의 통지

중앙회는 대출등의 계약을 체결하려는 자에게 금리인하를 요구할 수 있음을 알려야 한다(신용협동조합법45의3②).

2. 요구의 수용 여부 판단시 고려사항

금리인하 요구를 받은 중앙회는 그 요구의 수용 여부를 판단할 때 신용상태의 개선이 금리 산정에 영향을 미치는지 여부 등 금융위원회가 정하여 고시하는 사항을 고려할 수 있다(신용협동조합법45의3③, 신용협동조합법 시행령18의3②).

이에 따라 금리인하 요구를 받은 중앙회의 해당 요구가 ⅰ) 대출 등의 계약을 체결할 때, 계약을 체결한 자의 신용상태가 금리 산정에 영향을 미치지 아니한 경우(제1호), ⅱ) 신용상태의 개선이 경미하여 금리 재산정에 영향을 미치지 아니하는 경우(제2호)의 어느 하나에 해당하는지를 고려하여 수용 여부를 판단할 수 있다(상호금융업감독규정10의2①).

3. 요구의 수용 여부 및 사유의 통지 방법

중앙회는 금리인하 요구를 받은 날부터 10영업일 이내(자료의 보완을 요구하는 경우에는 그 요구하는 날부터 자료가 제출되는 날까지의 기간은 포함하지 않는다)에 금리인하를 요구한 자에게 그 요구의 수용 여부 및 그 사유를 전화, 서면, 문자메시지, 전자우편, 팩스 또는 그 밖에 이와 유사한 방법으로 알려야 한다(신용협동조합법45의3③, 신용협동조합법 시행령18의3③).

4. 자료제출 요구

중앙회는 대출 등의 계약을 체결한 자가 금리인하를 요구하는 때에는 신용상태 개선을 확인하는 데 필요한 자료제출을 요구할 수 있다(신용협동조합법45의3③, 신용협동조합법 시행령18의3④, 상호금융업감독규정10의2②).

5. 인정요건 및 절차 등의 안내

중앙회는 금리인하 요구 인정요건 및 절차 등을 인터넷 홈페이지 등을 이용하여 안내하여야 한다(신용협동조합법45의3③, 신용협동조합법 시행령18의3④, 상호금융업감독규정10의2③).

6. 관련 기록의 보관 · 관리

중앙회는 금리인하를 요구받은 경우 접수, 심사결과 등 관련 기록을 보관 · 관리하여야 한다(신용협동조합법45의3③, 신용협동조합법 시행령18의3④, 상호금융업감독규정10의2④).

Ⅳ. 위반시 제재

조합 또는 중앙회가 신용협동조합법 제45조의3 제2항(제79조의2에 따라 준용되는 경우를 포함)을 위반하여 금리인하를 요구할 수 있음을 알리지 아니한 경우에는 2천만원 이하의 과태료를 부과한다(신용협동조합법101①(1의3).

건전성규제

제1절 자금차입 등

Ⅰ. 자금차입

1. 자금차입 또는 자금운용

(1) 국가 · 공공단체 또는 금융기관

중앙회는 사업을 하기 위하여 국가, 공공단체 또는 금융기관으로부터 자금을 차입하거나 금융기관에 예치하는 방법 등으로 자금을 운용할 수 있다(법138 ②).

(2) 국가 차입자금의 대출
(가) 비조합원인 수산업자에 대한 대출

국가로부터 차입한 자금은 조합원이 아닌 수산업자에게도 대출할 수 있다 (법168, 법60⑥).

(나) 해양수산부장관의 통보 사항

해양수산부장관은 조합원이 아닌 수산업자에 대한 자금의 대출에 관하여 ⅰ) 대출 대상자 및 지원 규모(제1호), ⅱ) 대출 한도 및 조건(제2호), ⅲ) 그 밖에 자금의 대출에 필요한 사항(제3호)을 정하여 조합, 중앙회 및 수협은행 등 관련 기관에 통보하여야 한다(법168, 법60⑥, 시행규칙9).

2. 자금차입 또는 물자와 기술 도입

중앙회는 사업을 하기 위하여 국제기구·외국 또는 외국인으로부터 자금을 차입하거나 물자와 기술을 도입할 수 있다(법138③).

Ⅱ. 독립회계 설치와 구분 관리

경제사업, 상호금융사업, 공제사업에 대하여는 지도경제사업대표이사 소관 업무의 회계 안에서 회계와 손익을 각각 구분하여 관리하여야 한다(법138⑥).

Ⅲ. 사업손실보전자금 등의 조성·운용

중앙회는 사업을 안정적으로 하기 위하여 정관으로 정하는 바에 따라 사업 손실보전자금 및 대손보전자금을 조성·운용할 수 있다(법168, 법60⑨).

제2절 여신자금의 관리 등

Ⅰ. 감사 또는 그 밖의 조치

중앙회는 공급하는 자금이 특별히 정하여진 목적과 계획에 따라 효율적으로 사용되도록 관리하기 위하여 자금을 공급받는 자 등에 대하여 필요한 감사 또는 그 밖의 조치를 할 수 있다(법141①).

Ⅱ. 압류 금지대상 자금

ⅰ) 중앙회가 국가로부터 차입한 자금 중 회원 또는 어업인에 대한 여신자금(제1호), ⅱ) 조합이 중앙회로부터 차입한 자금(제2호)은 압류의 대상이 될 수 없다(법141②).

Ⅲ. 압류 제한

중앙회의 신용사업특별회계와 신용사업특별회계 외의 사업 부문에 속하는 재산은 각각 다른 사업 부문에서의 거래 행위 등으로 인하여 발생한 채권의 보전을 위하여 압류할 수 없다(법141③).

Ⅳ. 소형어선 담보에 대한 조치

조합, 중앙회 또는 수협은행으로부터 자금을 차입하는 자가 담보로 제공한 20톤 미만의 어선에 대한 채권보전을 위하여 필요한 절차에 관한 사항은 다음과 같다(법141④).

1. 자금차입자 등을 기재한 서면 제출

조합, 중앙회 또는 수협은행으로부터 자금을 차입하는 자가 어선법 제13조[1])에 따라 등록된 총톤수 20톤 미만의 어선(총톤수 5톤 미만의 무동력어선은 제외)을

---

1) 제13조(어선의 등기와 등록) ① 어선의 소유자나 해양수산부령으로 정하는 선박의 소유자는 그 어선이나 선박이 주로 입항·출항하는 항구 및 포구("선적항")를 관할하는 시장·군수·구청장에게 해양수산부령으로 정하는 바에 따라 어선원부에 어선의 등록을 하여야 한다. 이 경우 선박등기법 제2조에 해당하는 어선은 선박등기를 한 후에 어선의 등록을 하여야 한다.
② 제1항에 따른 등록을 하지 아니한 어선은 어선으로 사용할 수 없다.
③ 시장·군수·구청장은 제1항에 따른 등록을 한 어선에 대하여 다음의 구분에 따른 증서 등을 발급하여야 한다.
1. 총톤수 20톤 이상인 어선: 선박국적증서
2. 총톤수 20톤 미만인 어선(총톤수 5톤 미만의 무동력어선은 제외): 선적증서
3. 총톤수 5톤 미만인 무동력어선: 등록필증
④ 선적항의 지정과 제한 등에 필요한 사항은 해양수산부령으로 정한다.

담보로 제공하는 경우에는 조합장, 지도경제사업대표이사 또는 수협은행의 은행장("수협은행장")은 ⅰ) 자금차입자의 주소 및 성명(제1호), ⅱ) 자금의 대출기관명(제2호), ⅲ) 자금의 대출액(제3호), ⅳ) 상환기간, 이율 및 그 밖의 대출조건(제4호)을 적은 서면을 시장·군수·구청장에게 제출하여야 한다(법141④, 영29①).

2. 시장·군수·구청장의 어선원부 기입

시장·군수·구청장은 서면을 받았을 때에는 지체 없이 어선원부에 기입하여야 한다(법141④, 영29②).

3. 소유자의 명의변경

시장·군수·구청장은 담보로 제공된 어선에 대하여 소유자 명의변경 신청이 있을 때에는 자금을 대출한 조합장, 지도경제사업대표이사 또는 수협은행장의 동의를 받거나 상환완료증명서를 받은 후 그 명의를 변경하여야 한다(법141④, 영29③).

4. 강제집행 신청 사실 등의 통지

시장·군수·구청장은 담보로 제공된 어선에 대하여 ⅰ) 조합, 중앙회 또는 수협은행 외의 자에 의한 강제집행의 신청(제1호), ⅱ) 어선의 폐기·감축 지원대상으로의 지정(제2호)의 사실이 있음을 알게 되었을 때에는 자금을 대출한 조합, 중앙회 또는 수협은행에 그 사실을 알려야 한다(법141④, 영29④).

5. 관련 판례

** 대법원 1975. 2. 25. 선고 74다1566 제2부판결

선박을 증축하여 20톤 이상이 된 경우 구 선박법(60.2.1 법률 제544호)에 따라 그 등기를 취득하면 적법히 소유권을 취득한다: 선박법 제6조 제36조 및 선박등기법 제2조, 제3조 의 규정에 의하면 총톤수 20톤 이상의 국내 선박에 대한 소유권 저당권 및 임차권의 설정, 보전, 이전, 변경, 처분의 제한 또는 소멸에 관하여는 선박등기로서 공시하도록 되어 있는바 같은 견해 아래 원심이 그 채택한 증거를 종합하여 이 사건 선박의 원소유자이던 소외 P가 1968.9.4.경 피고조합으로부터 이 사건 선박을 담보로 제공하여 돈 500,00원을 대부받을 당시에는 총톤수

가 20톤 미만(19.62톤)으로 여수지방 해운국에 비치된 선적증서 원부에 담보제공 선박이라고만 기재된 것을 같은 P는 1969.9.24.에 이르러 이 사건 선박을 33톤 09로 개축 증톤하여 위 법의 취지의 따라 그 명의의 소유권이 보존등기를 마친 다음 1970.11. 30. 소외 L에게, 같은 L은 1972.11.15. 원고에게 각 매도하여 같은 날자에 그 명의의 소유권이전등기를 경료한 사실을 인정한 다음 위 사실을 전제로 하여 피고가 소외 P에 대한 광주지방검찰청 66공 제293호 집행력 있는 공정증서 정본에 의하여 1973.1.4. 이 사건 선박에 관하여 강제집행을 한 사실이 있었다 할지라도 위 소유권 이전등기를 마친 원고는 1973.1.4.에는 이미 적법하게 이 사건 선박의 소유권을 취득한 자라고 단정하여 원고의 이 사건 청구를 인용한 조치는 정당하고 거기에 논지가 주장하는 바와 같은 이유불비 내지 수산업협동조합법 시행령 제43조의 법리오해의 위법도 없다.

제3절 다른 법인에 대한 출자의 제한 등

I. 출자한도 기준인 자기자본

1. 다른 법인에 대한 출자 한도

중앙회는 사업을 하기 위하여 자기자본(신용사업특별회계의 자기자본은 제외)의 범위에서 다른 법인에 출자할 수 있다(법141의3① 본문).

2. 같은 법인에 대한 출자 한도

같은 법인에 대한 출자한도는 자기자본의 20% 이내에서 정관으로 정한다(법141의3① 단서).

Ⅱ. 의결권 있는 주식 취득

1. 제도적 취지

중앙회는 원칙적으로 다른 법인이 발행한 의결권 있는 주식(출자지분 포함)의 15%를 초과하는 주식을 취득할 수 없다(법141의3② 본문). 이는 중앙회가 가진 막강한 자본력을 이용하여 다른 회사를 자회사 또는 계열회사로 만들어 거대한 기업집단이 되는 것을 방지함에 그 목적이 있다. 그러나 수협법은 중앙회의 사업 수행을 위하여 필요한 경우 등 그 예외사항을 광범위하게 인정함(법141의3② 단서)에 따라 법문상으로는 이 조항에 특별한 의미를 부여하기 어렵다. 다른 법인에 대한 출자제한은 주식회사와는 구별되는 협동조합의 정체성을 지키기 위한 방안으로 이해할 수 있다.

2. 취득 제한

중앙회는 다른 법인이 발행한 의결권 있는 주식(출자지분을 포함)의 15%를 초과하는 주식을 취득할 수 없다(법141의3② 본문).

3. 취득 제한의 예외

중앙회는 ⅰ) 사업 수행을 위하여 필요한 경우(제1호), ⅱ) 주식배당이나 무상증자에 따라 주식을 취득하게 되는 경우(제2호), ⅲ) 기업의 구조조정 등으로 인하여 대출금을 출자로 전환함에 따라 주식을 취득하게 되는 경우(제3호), ⅳ) 담보권의 실행으로 인하여 주식을 취득하게 되는 경우(제4호), ⅴ) 기존 소유지분의 범위에서 유상증자에 참여함에 따라 주식을 취득하게 되는 경우(제5호), ⅵ) 신주인수권부사채 등 주식 관련 채권을 주식으로 전환함에 따라 주식을 취득하게 되는 경우(제6호), ⅶ) 수협은행의 주식을 취득하는 경우(제7호)에는 다른 법인이 발행한 의결권 있는 주식(출자지분을 포함)의 15%를 초과하는 주식을 취득할 수 있다(법141의3② 단서).

Ⅲ. 다른 법인에 대한 출자한도의 예외

중앙회가 수협은행의 주식을 취득하기 위하여 출자하는 경우(법141의3②(7)) 그 출자금은 다른 법인에 대한 출자에 포함되지 아니하는 것으로 본다(법141의3 ③).

Ⅳ. 자기자본 초과 출자와 출자 목적 등의 보고

중앙회가 수협은행의 주식을 취득하기 위하여 출자하는 경우(법141의3②(7)) 에는 자기자본을 초과하여 출자할 수 있다(법141의3④ 전단). 이 경우 사업전담대 표이사는 3개월 이내에 출자의 목적 및 금액 등을 총회에 보고하여야 한다(법141 의3④ 후단).

Ⅴ. 공동출자 운영의 원칙

중앙회는 사업을 수행하기 위하여 다른 법인에 출자하는 경우 회원과 공동 으로 출자하여 운영함을 원칙으로 한다(법141의3⑤).

제4절 여유자금 및 상환준비금의 운용

Ⅰ. 회원의 여유자금의 운용 · 관리

1. 여유자금의 운용 · 관리 방법

중앙회가 회원의 여유자금을 운용 · 관리(법138①(4) 가목)할 때에는 ⅰ) 회원 에 대한 대출(제1호), ⅱ) 한국은행 또는 금융기관(영23③ 각호＝은행, 투자매매업자, 투자중개업자, 집합투자업자, 신탁업자 및 종합금융회사, 한국산업은행, 중소기업은행, 한 국수출입은행, 지구별수협, 신용사업을 하는 업종별수협 및 수산물가공수협, 체신관서)에

의 예치(제2호), iii) 금융기관(영23③ 각호＝은행, 투자매매업자, 투자중개업자, 집합투자업자, 신탁업자 및 종합금융회사, 한국산업은행, 중소기업은행, 한국수출입은행, 지구별수협, 신용사업을 하는 업종별수협 및 수산물가공수협, 체신관서)에 대한 대출(제3호), iv) 공공기관에 대한 대출(제4호), ⅴ) 자본시장법 제3조에 따른 금융투자상품의 매입(제5호), vi) 상호금융예금자보호기금에 대한 자금지원(제6호), vii) 법인에 대한 대출(제7호), viii) 중앙회 내에서 다른 사업 부문으로의 운용(제8호), ix) 그 밖에 해양수산부장관이 금융위원회와 협의하여 정하는 방법에 따른 운용(제9호)의 방법으로 하여야 한다(영27의3①).

2. 법인에 대한 대출

(1) 원칙

법인에 대한 대출(영27의3①(7))은 직전 회계연도 말 여유자금 예치금 잔액의 3분의 1을 초과할 수 없으며, 같은 법인에 대한 대출은 대출 당시 여유자금 예치금 잔액의 5%를 초과할 수 없다(영27의3② 본문).

(2) 예외: 은행 등의 지급보증

은행(영21③(1)), 신용보증기금, 기술보증기금, 주택금융신용보증기금 또는 농림수산업자신용보증기금이 지급보증하는 경우에는 원칙에 대한 예외로 대출한도를 초과할 수 있다(영27의3② 단서).

3. 상호금융업의 부대사업의 범위

중앙회는 상호금융업의 부대사업으로 ⅰ) 유가증권의 대차거래(제1호), ⅱ) 환매조건부 채권의 매매[다만, 매도 거래는 국가, 지방자치단체, 공공기관, 한국은행 또는 금융기관(영21③ 각호)으로 한정]의 사업을 할 수 있다(영27의4 전단). 이 경우 그 사업이 다른 법령에 따라 인가, 허가 등을 받아야 하는 것일 때에는 해당 인가, 허가 등을 받은 범위에서 그 사업을 할 수 있다(영27의4 후단).

4. 여유자금 운용과 이자지급 또는 이익배분

중앙회는 조합으로부터 예치되어 운용하는 여유자금(신용협동조합법78①(5)가목)에 대해서는 조합에 이자를 지급하거나 운용 실적에 따른 이익을 배분할 수 있다(신용협동조합법95④, 신용협동조합법78⑥).

Ⅱ. 회원의 상환준비금의 운용 · 관리

1. 상환준비금의 운용 · 관리 방법

중앙회가 회원의 상환준비금을 운용 · 관리(법138①(4) 가목)할 때에는 ⅰ) 회원에 대한 대출(제1호), ⅱ) 한국은행 또는 금융기관(영23③ 각호＝은행, 투자매매업자, 투자중개업자, 집합투자업자, 신탁업자 및 종합금융회사, 한국산업은행, 중소기업은행, 한국수출입은행, 지구별수협, 신용사업을 하는 업종별수협 및 수산물가공수협, 체신관서)에의 예치(제2호), ⅲ) 앞의 금융기관에 대한 단기대출(제3호), ⅳ) 공공기관에 대한 단기대출(제4호), ⅴ) 자본시장법 제3조에 따른 금융투자상품의 매입(파생상품의 경우 위험회피를 위한 거래로 한정)(제5호), ⅵ) 상호금융예금자보호기금에 대한 자금지원(제6호)의 방법으로 하여야 한다(영27의2).

2. 상호금융업의 부대사업의 범위

중앙회는 상호금융사업의 부대사업으로 ⅰ) 유가증권의 대차거래(제1호), ⅱ) 환매조건부 채권의 매매[다만, 매도 거래는 국가, 지방자치단체, 공공기관, 한국은행 또는 금융기관(영21③ 각호)으로 한정]의 사업을 할 수 있다(영27의4 전단). 이 경우 그 사업이 다른 법령에 따라 인가, 허가 등을 받아야 하는 것일 때에는 해당 인가, 허가 등을 받은 범위에서 그 사업을 할 수 있다(영27의4 후단).

제5절 회계

Ⅰ. 회계연도

중앙회의 회계연도는 매년 1월 1일부터 12월 31일까지로 한다(법168, 법65, 정관93).

II. 회계의 구분 등

1. 회계의 종류

중앙회의 회계는 일반회계와 특별회계로 구분한다(법168, 법66①).

2. 일반회계의 구분

일반회계는 각 사업별 회계로 구분하여 회계처리하여야 한다(법168, 법66②). 일반회계는 특별회계를 제외한 부분으로 하되, 특별회계를 공통적으로 지원하는 부문을 포함한다(정관94②).

3. 특별회계의 설치

특별회계는 ⅰ) 특정 사업을 운영할 경우(제1호), ⅱ) 특정 자금을 보유하여 운영할 경우(제2호), ⅲ) 그 밖에 일반회계와 구분할 필요가 있는 경우(제3호)에 정관으로 정하는 바에 따라 설치한다(법168, 법66③).

4. 재무기준

다음의 어느 하나의 재무관계와 그에 관한 재무기준, 즉 ⅰ) 일반회계와 특별회계 간의 재무관계와 그에 관한 재무기준(제1호), ⅱ) 신용사업 부문과 신용사업 외의 사업 부문 간의 재무관계와 그에 관한 재무기준(제2호), ⅲ) 조합과 조합원 간의 재무관계와 그에 관한 재무기준(제3호)은 해양수산부장관이 정한다(법168, 법66④ 전단). 이에 따라 수산업협동조합법 제66조(법 제108조, 제113조 및 제168조의 규정에 따라 준용하는 경우를 포함)의 규정에 따라 조합과 중앙회의 회계처리절차와 재무운영의 방법을 정함으로써 경영의 합리화와 재무구조의 건전화를 도모함을 목적으로 「수산업협동조합 재무기준」(해양수산부고시 제2019-209)이 시행되고 있다.

이 경우 신용사업 부문과 신용사업 외의 사업 부문 간의 재무관계에 관한 재무기준에 관하여는 금융위원회와 협의하여야 한다(법168, 법66④ 후단).

Ⅲ. 사업계획과 수지예산

1. 총회 의결

중앙회는 매 회계연도의 사업계획서와 수지예산서를 작성하여 해당 회계연도가 시작되기 1개월 전에 총회의 의결을 거쳐야 한다(법162①). 중앙회가 사업계획과 수지예산을 변경하려면 총회의 의결을 거쳐야 한다(법162②).

2. 위반시 제재

조합등 또는 중앙회의 임원·집행간부·일반간부직원·파산관재인 또는 청산인이 법 제162조에 따라 총회·대의원회 또는 이사회의 의결을 거쳐야 하는 사항에 대하여 의결을 거치지 아니하고 집행한 경우에는 3년 이하의 징역 또는 3천만원 이하의 벌금에 처한다(법177(2)).

Ⅳ. 운영의 공개

1. 사업보고서의 송부

회장 및 대표이사는 소관 업무에 대하여 매 회계연도 6월말 기준 사업 전반에 관한 보고서를 작성하여 회원에게 송부하여야 한다(정관84① 전단). 이 경우 회장은 소관 업무에 대한 보고서를 대표이사에게 위임하여 작성하도록 한다(정관84① 후단).

2. 정관 등의 비치

회장은 정관, 총회 의사록 및 회원명부를 주된 사무소에 갖춰 두어야 한다(정관84②).

3. 결산보고서의 비치

결산보고서는 정기총회 1주일 전까지 주된 사무소에 갖춰 두어야 한다(정관84③).

4. 서류의 열람 또는 사본 발급 청구

회원과 중앙회의 채권자는 영업시간 내에 언제든지 정관, 총회 의사록, 회원 명부, 결산보고서를 열람하거나 그 서류의 사본 발급을 청구할 수 있다(정관84④ 전단). 이 경우 본회가 정한 비용을 납부하여야 한다(정관84④ 후단).

5. 서류의 사용 제한

회원은 앞의 제4항에 따라 취득한 사항을 본회의 경영건전화, 부조리 방지 등 정당한 목적을 위하여 사용하여야 하며, 임원선거를 위한 상대방 비방, 경영 기밀 누설, 본회와 경합관계에 있는 사업을 수행하기 위한 목적 등 부당한 목적 으로 사용하여서는 아니 된다(정관84⑤).

Ⅴ. 결산보고서

1. 제출과 비치

회장은 정기총회 1주 전까지 결산보고서(사업보고서, 재무상태표 및 손익계산서 와 잉여금처분안 또는 결손금처리안 등)를 감사위원회에 제출하고, 이를 주된 사무 소에 갖추어 두어야 한다(법168, 법73①).

2. 열람 또는 사본 발급 청구

회원과 채권자는 정관, 총회의사록, 회원 명부 및 결산보고서(사업보고서, 재 무상태표 및 손익계산서와 잉여금처분안 또는 결손금처리안 등)를 열람하거나 그 사본 의 발급을 청구할 수 있다(법168, 법73② 전단). 이 경우 중앙회가 정한 수수료를 내야 한다(법168, 법73② 후단).

3. 정기총회 승인 및 재무상태표 공고

중앙회의 결산보고서에는 회계법인의 회계감사를 받은 의견서를 첨부하여 야 한다(법163①).

회장은 결산보고서(사업보고서, 재무상태표 및 손익계산서와 잉여금처분안 또는 결손금처리안 등)와 감사의견서를 정기총회에 제출하여 승인을 받은 후 재무상태표를 지체 없이 공고하여야 한다(법168, 법73③).

4. 임원의 책임해제

결산보고서 및 감사의견서의 정기총회 승인을 받은 경우 임원의 책임해제에 관하여는 상법 제450조를 준용한다(법168, 법73④). 따라서 정기총회에서 승인을 한 후 2년 내에 다른 결의가 없으면 중앙회는 이사와 감사위원의 책임을 해제한 것으로 본다(상법450 전단). 그러나 이사 또는 감사위원의 부정행위에 대하여는 그러하지 아니하다(상법450 후단).

5. 결산보고서의 해양수산부 제출

중앙회는 매 회계연도가 지난 후 3개월 이내에 그 결산보고서를 해양수산부장관에게 제출하여야 한다(법163②).

6. 위반시 제재

조합등 또는 중앙회의 임원·집행간부·일반간부직원·파산관재인 또는 청산인이 법 제163조를 위반한 경우에는 3년 이하의 징역 또는 3천만원 이하의 벌금에 처한다(법177(10)).

조합등 또는 중앙회의 임원·집행간부·일반간부직원·파산관재인 또는 청산인이 법 제73조 제1항부터 제3항까지(제108조, 제113조, 제113조의10 또는 제168조에 따라 준용되는 경우를 포함)를 위반한 경우에는 3년 이하의 징역 또는 3천만원 이하의 벌금에 처한다(법177(10)).

Ⅵ. 제적립금의 적립

1. 법정적립금

(1) 적립한도

중앙회는 매 회계연도의 손실보전을 하고 남을 때에는 자기자본의 3배가 될 때까지 매 사업연도 잉여금의 10% 이상을 법정적립금으로 적립하여야 한다(법

168, 법70①).

(2) 사용 제한

법정적립금은 중앙회의 손실금을 보전하는 경우 외에는 사용하지 못한다(법 168, 법72).

2. 이월금

중앙회는 법정적립금·임의적립금 및 지도사업이월금을 정관으로 정하는 바에 따라 각 사업 부문별로 적립하고 이월할 수 있다(법165①).

중앙회는 정관으로 정하는 바에 따라 교육·지원 사업 등 지도사업에 드는 비용에 충당하기 위하여 잉여금의 20% 이상을 지도사업이월금으로 다음 회계연도로 이월하여야 한다(법165②).

3. 임의적립금

중앙회는 정관으로 정하는 바에 따라 사업준비금 등을 임의적립금으로 적립할 수 있다(법168, 법70③).

4. 자본적립금

중앙회는 ⅰ) 감자에 따른 차익(제1호), ⅱ) 자산재평가 차익(제2호), ⅲ) 합병차익(제3호), ⅳ) 그 밖의 자본잉여금(제4호)을 자본적립금으로 적립하여야 한다(법168, 법70④).

자본적립금은 중앙회의 손실금을 보전하는 경우 외에는 사용하지 못한다(법 168, 법72).

5. 위반시 제재

조합등 또는 중앙회의 임원·집행간부·일반간부직원·파산관재인 또는 청산인이 법 제70조 제1항·제3항·제4항(제108조, 제113조, 제113조의10 또는 제168조에 따라 준용되는 경우를 포함), 제70조 제2항(제108조 또는 제113조에 따라 준용되는 경우를 포함)을 위반하여 법정적립금 등을 적립하거나 잉여금을 이월한 경우에는 3년 이하의 징역 또는 3천만원 이하의 벌금에 처한다(법177(7)).

조합등 또는 중앙회의 임원·집행간부·일반간부직원·파산관재인 또는 청산인이 법 제72조(제108조, 제113조, 제113조의10 또는 제168조에 따라 준용되는 경우를 포함)를 위반하여 법정적립금 및 자본적립금을 사용한 경우에는 3년 이하의 징역 또는 3천만원 이하의 벌금에 처한다(법177(9)).

조합등 또는 중앙회의 임원·집행간부·일반간부직원·파산관재인 또는 청산인이 법 제165조를 위반하여 법정적립금 등을 적립하거나 잉여금을 이월한 경우에는 3년 이하의 징역 또는 3천만원 이하의 벌금에 처한다(법177(7)).

VII. 손실금의 보전과 이익금(잉여금)의 배당

1. 손실금의 보전 순서와 이월

중앙회는 매 회계연도의 결산 결과 손실금(당기 손실금)이 발생하였을 때에는 미처분 이월금·임의적립금·법정적립금·자본적립금의 순으로 보전하고, 보전한 후에도 부족할 때에는 다음 회계연도로 이월한다(법168, 법71①).

2. 잉여금의 배당 제한

중앙회는 손실을 보전하고 법정적립금, 지도사업이월금 및 임의적립금을 공제한 후가 아니면 잉여금을 배당하지 못한다(법168, 법71②).

3. 잉여금의 배당 순서

잉여금은 정관으로 정하는 바에 따라 ⅰ) 조합원의 사업이용실적에 대한 배당(제1호), ⅱ) 조합원의 납입출자액에 대한 배당(제2호), ⅲ) 준조합원의 사업이용실적에 대한 배당(제3호)의 순서대로 배당한다((법168, 법71③).

4. 위반시 제재

조합등 또는 중앙회의 임원·집행간부·일반간부직원·파산관재인 또는 청산인이 법 제71조(제108조, 제113조, 제113조의10 또는 제168조에 따라 준용되는 경우를 포함)를 위반하여 손실 보전을 하거나 잉여금을 배당한 경우에는 3년 이하의 징역 또는 3천만원 이하의 벌금에 처한다(법177(8)).

Ⅷ. 출자감소

1. 출자감소의 의결

(1) 총회 의결과 재무상태표 작성

중앙회는 출자 1계좌의 금액 또는 출자계좌 수 감소("출자감소")를 총회에서 의결하였을 때에는 그 의결을 한 날부터 2주 이내에 재무상태표를 작성하여야 한다(법168, 법74①).

(2) 채권자의 이의와 공고 또는 최고

중앙회는 정관으로 정하는 바에 따라 제1항에 따른 감소 의결에 대하여 이의가 있는 채권자는 일정한 기일 이내에 이의를 제기하라는 취지를 2개월 이상 공고하고, 이미 알고 있는 채권자에 대하여는 따로 최고하여야 한다(법168, 법74②).

(3) 공고 · 최고기간

공고 또는 최고는 총회에서 의결을 한 날부터 2주 이내에 하여야 한다(법168, 법74③).

(4) 위반시 제재

조합등 또는 중앙회의 임원 · 집행간부 · 일반간부직원 · 파산관재인 또는 청산인이 법 제74조 제1항(제108조, 제113조, 제113조의10 또는 제168조에 따라 준용되는 경우를 포함)을 위반하여 조합 및 중앙회가 재무상태표를 작성하지 아니한 경우에는 3년 이하의 징역 또는 3천만원 이하의 벌금에 처한다(법177(11)).

2. 출자감소에 대한 채권자의 이의

(1) 채권자의 이의 부진술과 승인 의제

채권자가 3개월 이내에 출자감소 의결에 대하여 이의를 제기하지 아니하면 이를 승인한 것으로 본다(법168, 법75①).

(2) 채권자의 이의 진술과 변제 또는 담보 제공

채권자가 출자감소 의결에 대하여 이의를 제기한 경우 지구별수협이 이를 변제하거나 감소분에 상당하는 담보를 제공하지 아니하면 그 의결은 효력을 발생하지 아니한다(법168, 법75②).

Ⅸ. 지분 취득 등의 금지

중앙회는 회원의 지분을 취득하거나 이에 대하여 질권을 설정하지 못한다(법168, 법76).

Ⅹ. 명칭사용료 등

1. 명칭사용료 부과

중앙회는 수산물 판매·유통 활성화와 회원과 조합원에 대한 교육·지원 사업 등의 수행에 필요한 재원을 안정적으로 조달하기 위하여 수산업협동조합의 명칭(영문 명칭 및 한글·영문 약칭 등 정관으로 정하는 문자 또는 표식을 포함)을 사용하는 법인(영리법인에 한정)에 대하여 영업수익 또는 매출액의 1천분의 25 범위에서 정관으로 정하는 기준에 따라 총회에서 정하는 부과율을 곱하여 산정하는 금액을 명칭사용료로 부과할 수 있다(법162의2① 본문). 다만, 조합만이 출자한 법인 및 정관으로 정하는 법인에 대해서는 명칭사용료를 부과하지 아니한다(법162의2① 단서).

2. 구분 관리와 총회 승인

명칭사용료는 다른 수입과 구분하여 관리하여야 하며, 그 수입과 지출은 총회의 승인을 받아야 한다(법162의2②).

제

6

편

수협은행

설 립

제1절 설립

Ⅰ. 신용사업 분리와 은행 설립

중앙회는 어업인과 조합에 필요한 금융을 제공함으로써 어업인과 조합의 자율적인 경제활동을 지원하고 그 경제적 지위의 향상을 촉진하기 위하여 신용사업을 분리하여 그 사업을 하는 법인으로서 수협은행을 설립한다(법141의4① 전단).

Ⅱ. 은행 의제

수협은행은 은행법에 따른 은행(은행법2①(2))으로 본다(법141의4②). 여기서 "은행"이란 은행업을 규칙적·조직적으로 경영하는 한국은행 외의 모든 법인을 말한다(은행법2①(2)).

Ⅲ. 은행법 등 적용

수협은행에 대해서는 수산업협동조합법에 특별한 규정이 없으면 상법 중 주식회사에 관한 규정, 은행법 및 금융회사지배구조법을 적용한다(법141의4③ 본문). 다만, 은행법 제8조, 제53조 제2항 제1호·제2호, 제56조, 제66조 제2항, 금융회사지배구조법 제6조, 제12조, 제16조 및 제17조는 적용하지 아니하며, 금융위원회가 은행법 제53조 제2항 제3호부터 제6호까지의 규정에 따라 제재를 하거나 같은 법 제55조 제1항에 따라 인가를 하려는 경우에는 해양수산부장관과 미리 협의하여야 한다(법141의4③ 단서).

Ⅳ. 중앙회의 수협은행 주식보유와 적용 제외 은행법 규정

중앙회가 수협은행의 주식을 보유하는 경우에는 은행법 제15조, 제16조, 제16조의2부터 제16조의4까지의 규정을 적용하지 아니한다(법141의4④).

제2절 정관

Ⅰ. 정관 포함사항

수협은행의 정관에는 ⅰ) 목적(제1호), ⅱ) 명칭(제2호), ⅲ) 본점, 지점, 출장소와 대리점에 관한 사항(제3호), ⅳ) 자본금 및 주식에 관한 사항(제4호), ⅴ) 임원과 직원에 관한 사항(제5호), ⅵ) 주주총회에 관한 사항(제6호), ⅶ) 이사회에 관한 사항(제7호), ⅷ) 업무와 그 집행에 관한 사항(제8호), ⅸ) 수산금융채권에 관한 사항(제9호), ⅹ) 회계에 관한 사항(제10호), ⅺ) 공고의 방법(제11호)이 포함되어야 한다(법141의5①).

Ⅱ. 정관 작성 또는 변경의 인가

수협은행의 정관을 작성하거나 변경할 때에는 해양수산부장관의 인가를 받아야 한다(법141의5② 전단). 이 경우 해양수산부장관은 미리 금융위원회와 협의하여야 한다(법141의5② 후단).

제3절 등기

Ⅰ. 성립요건

수협은행은 본점의 소재지에서 설립등기를 함으로써 설립된다(법141의6②).

Ⅱ. 대항력

등기하여야 할 사항은 등기한 후가 아니면 제3자에게 대항하지 못한다(법141의6③).

Ⅲ. 등기사항

1. 설립등기시 등기사항

수협은행은 설립등기를 할 때에는 ⅰ) 목적(제1호), ⅱ) 명칭(제2호), ⅲ) 본점의 소재지(제3호), ⅳ) 지점의 소재지(제4호), ⅴ) 자본금, 발행할 주식의 총수 및 1주의 금액(제5호), ⅵ) 발행한 주식의 총수 및 종류와 종류별 내용 및 수(제6호), ⅶ) 수협은행장의 성명·주민등록번호 및 주소(제7호), ⅷ) 이사 및 감사의 성명 및 주민등록번호(제8호), ⅸ) 공고의 방법(제9호)을 등기하여야 같다(법141의6①, 영29의3①).

2. 지점 소재지에서의 등기사항

수협은행은 설립등기를 한 후 3주일 이내에 지점의 소재지에서 위의 설립등기시 등기사항을 모두 등기하여야 한다(법141의6①, 영29의3②).

3. 지점 설치시의 등기사항

수협은행이 지점을 설치하였을 때에는 ⅰ) 본점의 소재지에서는 지점을 설치한 날부터 2주일 이내에 지점의 소재지와 설치일(제1호), ⅱ) 해당 지점의 소재지에서는 지점을 설치한 날부터 3주일 이내에 목적, 명칭, 본점의 소재지, 지점의 소재지, 수협은행장의 성명·주민등록번호 및 주소, 공고의 방법(제2호)을 각각 등기하여야 한다(법141의6①, 영29의3③).

4. 본점 이전시 등기사항

수협은행이 본점을 이전하였을 때에는 2주일 이내에 종전의 소재지에서는 새로운 소재지와 이전한 날을 등기하고, 새로운 소재지에서는 제1항 각 호의 사항(설립등기시 등기사항)을 등기하여야 한다(법141의6①, 영29의3④).

5. 지점 이전시 등기사항

수협은행이 지점을 이전하였을 때에는 2주일 이내에 본점과 종전의 지점 소재지에서는 새로운 지점의 소재지와 이전한 날을 등기하고, 새로운 지점의 소재지에서는 목적, 명칭, 본점의 소재지, 지점의 소재지, 수협은행장의 성명·주민등록번호 및 주소, 공고의 방법을 등기하여야 한다(법141의6①, 영29의3⑤).

6. 변경등기

설립등기시의 등기사항에 변경이 있을 때에는 본점의 소재지에서 2주일 이내에 변경등기를 하여야 한다(법141의6①, 영29의3⑥ 전단). 이 경우 목적, 명칭, 본점의 소재지, 지점의 소재지, 수협은행장의 성명·주민등록번호 및 주소, 공고의 방법이 변경된 경우에는 지점의 소재지에서도 3주일 이내에 그 변경된 사항을 등기하여야 한다(법141의6①, 영29의3⑥ 후단).

7. 대리인 등기

수협은행장은 정관이 정하는 바에 따라 이사 또는 직원 중에서 수협은행의 업무에 관한 재판상 또는 재판 외의 모든 행위를 할 권한을 가진 대리인을 선임한 경우 해당 대리인의 선임등기에 관하여는 제27조를 준용한다(법141의6①, 영29의3⑦ 전단).

(1) 등기사항

수협은행장이 대리인을 선임하였을 때에는 2주일 이내에 대리인을 둔 본점과 지점의 소재지에서 ⅰ) 대리인의 성명과 주소(제1호), ⅱ) 대리인을 둔 중앙회 또는 지사무소의 명칭과 주소(제2호), ⅲ) 대리인의 권한을 제한한 경우에는 그 제한 내용(제3호)을 사항을 등기하여야 한다(영27① 전단). 등기한 사항을 변경하는 경우에도 또한 같다(영27① 후단).

(2) 증명 서면의 제출

대리인의 선임에 관한 등기를 신청할 때에는 대리인의 선임을 증명하는 서면과 그 대리인의 권한을 제한한 경우에는 그 사실을 증명하는 서면을 첨부하여야 한다(영27②).

제
2
장
/

임원 및 이사회

제1절 임원

I. 임원의 설치

수협은행에 임원으로 은행장, 이사 및 감사를 둔다(법141의7①).

II. 은행장의 선출

은행장은 주주총회에서 선출하되, 정관으로 정하는 추천위원회에서 추천한 사람으로 한다(법141의7②).

III. 이사와 감사 선출

이사 및 감사는 정관으로 정하는 바에 따라 주주총회에서 선출한다(법141의7 ③ 본문). 다만, 예금보험공사가 신용사업특별회계에 출자한 우선출자금이 있는 경우에는 우선출자금이 전액 상환될 때까지 예금보험공사가 추천하는 사람 1명 이상을 이사에 포함하여 선임하여야 한다(법141의7③ 단서).

Ⅳ. 임원의 임기

임원의 임기는 3년 이내의 범위에서 정관으로 정한다(법141의7④).

제2절 이사회

Ⅰ. 이사회의 구성 및 의결사항

이사회는 은행장과 이사로 구성하고, 수협은행의 업무에 관한 중요 사항을 의결한다(법141의8①).

Ⅱ. 이사회 소집 및 의장

은행장은 이사회를 소집하고 그 의장이 된다(법141의8②).

Ⅲ. 개의 및 의결 정족수

이사회는 구성원 과반수의 출석으로 개의하고 출석구성원 과반수의 찬성으로 의결한다(법141의8③).

Ⅳ. 감사의 이사회 출석 및 의견진술권

감사는 이사회에 출석하여 의견을 진술할 수 있다(법141의8④).

업무 등

제1절 업무 내용

수협은행은 어업인과 조합에 필요한 금융을 제공함으로써 어업인과 조합의 자율적인 경제활동을 지원하고 그 경제적 지위의 향상을 촉진하기 위하여 ⅰ) 수산자금 등 어업인 및 조합에서 필요한 자금의 대출(제1호), ⅱ) 조합 및 중앙회의 사업자금의 대출(제2호), ⅲ) 국가나 공공단체의 업무 대리(제3호), ⅳ) 국가, 공공단체, 중앙회 및 조합이 위탁하거나 보조하는 업무(제4호), ⅴ) 은행법 제27조에 따른 은행업무, 같은 법 제27조의2에 따른 부수업무 및 같은 법 제28조에 따른 겸영업무(제5호), ⅵ) 중앙회가 위탁하는 제138조 제1항 제5호의 업무에 따른 공제상품의 판매 및 그 부수업무(제6호), ⅶ) 중앙회 및 조합 전산시스템의 위탁운영 및 관리(제7호) 업무를 수행한다(법141의9①).

Ⅰ. 공제상품의 판매 및 그 부수업무와 보험업법 적용 배제

수협은행이 중앙회가 위탁하는 공제사업 업무(법138①(5))에 따른 공제상품의 판매 및 그 부수업무(법141의9①(6))를 수행하는 경우에는 보험업법 제4장 모집에 관한 규정을 적용하지 아니한다(법141의9②).

II. 위탁계약의 체결

수협은행은 i) 국가, 공공단체, 중앙회 및 조합이 위탁하거나 보조하는 업무(법141의9①(4)), ii) 중앙회가 위탁하는 공제사업 업무에 따른 공제상품의 판매 및 그 부수업무(법141의9①(6)), iii) 중앙회 및 조합 전산시스템의 위탁운영 및 관리(법141의9①(7)) 업무를 수행하는 경우에는 국가, 공공단체, 중앙회 또는 조합과 위탁받은 해당 업무에 관한 위탁계약을 서면으로 체결하여야 한다(법141의9③, 영29의4①).

III. 위탁 또는 보조업무 수행과 협의

수협은행은 중앙회가 위탁하거나 보조하는 업무(법141의9①(4))를 수행하는 경우 금융 관계 법령과의 상충 여부를 판단하기 위하여 필요한 경우에는 해양수산부장관 및 금융위원회위원장과 협의하여야 한다(법141의9③, 영29의4②).

IV. 공제상품의 판매 및 그 부수업무와 수탁 업무

수협은행은 중앙회가 위탁하는 공제사업 업무(법138①(5))에 따른 공제상품의 판매 및 그 부수업무(법141의9①(6))에 따라 중앙회로부터 다음의 업무를 위탁받아 수행할 수 있다(법141의9③, 영29의4③).

1. 공제모집, 공제계약의 유지 및 관리 업무

수협은행은 중앙회로부터 공제모집, 공제계약의 유지 및 관리 업무인 i) 공제계약의 체결을 중개하거나 대리하는 업무(가목), ii) 공제증권, 공제료 납입증명서 등 각종 증명서의 발행 업무(나목), iii) 공제료 수납 업무(다목), iv) 사고 공제금 청구 접수 업무(라목), v) 공제계약 관계자의 정보 등록, 변경 등 관리 업무(마목)를 위탁받아 수행할 수 있다(영29의4③(1)).

2. 각종 지급금 및 사고공제금 지급 업무

수협은행은 중앙회로부터 각종 지급금 및 사고공제금 지급 업무인 ⅰ) 만기
공제금, 해지환급금 등 각종 지급금 지급 업무(가목), ⅱ) 사고공제금 지급 업무
(나목)를 위탁받아 수행할 수 있다(영29의4③(2)).

3. 공제계약의 해지와 청약철회 업무 등

수협은행은 중앙회로부터 공제계약의 해지, 청약철회 및 부활 관련 업무인
ⅰ) 공제계약의 해지 및 청약철회 업무(가목), ⅱ) 공제계약 부활 청약서 접수 업
무(나목)를 위탁받아 수행할 수 있다(영29의4③(3)).

4. 공제계약 대출 관련 업무

수협은행은 중앙회로부터 공제계약 대출 관련 업무인 ⅰ) 공제계약 대출 신
청 접수 업무(가목), ⅱ) 대출실행 및 상환 업무(나목)를 위탁받아 수행할 수 있다
(영29의4③(4)).

Ⅴ. 전산시스템의 개발, 운영 및 정보처리 업무와 수탁 수행

수협은행은 중앙회 및 조합 전산시스템의 위탁운영 및 관리(법141의9①(7))
에 업무에 중앙회 또는 조합으로부터 ⅰ) 조합의 신용사업(제1호), ⅱ) 중앙회의
상호금융사업(제2호), ⅲ) 그 밖에 중앙회 및 조합이 위탁하거나 보조하는 업무
(제3호)와 관련한 전산시스템의 개발, 운영 및 정보처리 업무를 위탁받아 수행할
수 있다(법141의9③, 영29의4④).

제2절 조합 및 중앙회의 사업자금 우선 공급

수협은행은 조합 및 중앙회의 사업 수행에 필요한 자금이 ⅰ) 수산물의 생
산·유통·가공·판매를 위하여 어업인이 필요하다고 하는 자금(제1호), ⅱ) 조합

및 중앙회의 경제사업 활성화에 필요한 자금(제2호)의 어느 하나에 해당하는 경우에는 우선적으로 자금을 공급할 수 있다(법141의9④).

제3절 부당우대 금지

수협은행은 중앙회의 신용사업특별회계 외의 부문 및 조합에 대하여 자금을 지원하는 경우 대통령령으로 정하는 사업을 제외하고는 다른 신용업무에 비하여 금리 등 거래 조건을 부당하게 우대해서는 아니 된다(법141의9⑤).

제4절 자금차입 및 자금운용

수협은행은 업무를 수행하기 위하여 필요한 경우에는 국가·공공단체 또는 금융기관으로부터 자금을 차입하거나 금융기관에 예치하는 등의 방법으로 자금을 운용할 수 있다(법141의9⑥).

제5절 국가 차입과 변제 후순위

수협은행이 수산업에 관한 자금을 국가로부터 차입하여 생긴 채무는 수협은행이 업무상 부담하는 다른 채무보다 변제 순위에서 후순위로 한다(법141의9⑦).

제6절 경영지도기준 제정과 특수성 고려

수협은행에 대하여 금융위원회가 은행법 제34조 제2항1)에 따른 경영지도기
준을 정할 때에는 국제결제은행이 권고하는 금융기관의 건전성 감독에 관한 원
칙과 법 제141조의9 제1항 제1호 및 제4항의 사업수행에 따른 수협은행의 특수
성을 고려하여야 한다(법141의9⑧).

---

1) ② 은행은 경영의 건전성을 유지하기 위하여 다음의 사항에 관하여 대통령령으로 정하는
   바에 따라 금융위원회가 정하는 경영지도기준을 지켜야 한다.
   1. 자본의 적정성에 관한 사항
   2. 자산의 건전성에 관한 사항
   3. 유동성에 관한 사항
   4. 그 밖에 경영의 건전성 확보를 위하여 필요한 사항

제 7 편

감독, 검사 및 제재

제
1
장
/

감독 및 처분 등

제1절 감독

Ⅰ. 정부의 감독

지구별수협(법률 제4820호 수산업협동조합법중개정법률 부칙 제5조에 따라 신용사업을 하는 조합 포함) 및 수산업협동조합중앙회의 신용사업에 관하여는 신용협동조합법상의 신용협동조합 및 신용협동조합중앙회의 신용사업에 대한 검사·감독(신용협동조합법95④, 신용협동조합법78①(3)) 규정을 적용한다(신용협동조합법95④).

1. 금융위원회의 감독

금융위원회는 수산업협동조합과 수산업협동조합중앙회의 업무(신용사업에 한함)를 감독하고 감독상 필요한 명령을 할 수 있다(신용협동조합법83①).

(1) 금융감독원장 위탁

금융위원회는 조합과 중앙회의 업무 감독을 위한 경영실태 분석 및 평가에 관한 권한을 금융감독원장에게 위탁한다(신용협동조합법96①, 신용협동조합법 시행령24①(4의2)).

(2) 중앙회장 위탁

금융위원회는 조합의 신용사업과 관련하여 예탁금·적금 또는 대출등에 관한 업무방법을 고시할 수 있는데(신용협동조합법39③), 이에 따른 업무방법의 고시에 관한 권한을 중앙회장에게 위탁한다(신용협동조합법96①, 신용협동조합법 시행령24②).

2. 해양수산부장관의 감독

해양수산부장관은 수산업협동조합법에서 정하는 바에 따라 조합등·중앙회·수협은행 및 조합협의회의 업무를 감독하며, 감독을 위하여 필요한 명령과 조치를 할 수 있다(법169① 전단). 이 경우 수협은행에 대하여는 금융위원회와 협의하여야 한다(법169① 후단).

3. 해양수산부장관의 조합등에 대한 감독권 일부 중앙회장 위탁

해양수산부장관은 수산업협동조합법에 따른 조합등에 관한 감독 업무의 일부를 중앙회의 회장에게 위탁할 수 있다(법169③).

이에 따라 해양수산부장관은 ⅰ) 청산사무의 감독(제1호), ⅱ) 경영지도 업무(경영지도에 필요한 세부사항의 제정·고시에 관한 업무 포함)(제2호), ⅲ) 조합에 대한 감사 중 일상적인 업무에 대한 감사와 그 결과에 따른 필요한 조치(제3호)의 권한을 회장에게 위탁한다(영62).

4. 지방자치단체의 장의 조합등 감독

지방자치단체의 장은 지방자치단체가 보조한 사업과 관련된 업무에 대하여 조합등을 감독하여 필요한 조치를 할 수 있다(법169④).

5. 금융위원회의 조합의 신용사업 감독

금융위원회는 조합의 신용사업과 수협은행에 대하여 그 경영의 건전성 확보를 위한 감독을 하고, 그에 필요한 명령을 할 수 있다(법169⑤).

6. 감독의 수행을 위한 절차 및 방법 고시

(1) 개요

해양수산부장관은 감독(법169①)을 효과적으로 수행하기 위하여 필요한 절차 및 방법 등 세부사항을 정하여 고시하여야 한다(영61②).

이에 따라 감독을 효과적으로 수행하기 위하여 필요한 절차 및 방법 등 세부사항을 정함을 목적으로 「수산업협동조합법에 따른 조합등과 중앙회 감독규정」(해양수산부 고시 제2019-211호, 이하 "감독규정")이 시행되고 있다(감독규정1)

이 고시는 지구별·업종별·수산물가공협동조합("조합")과 수산업협동조합중앙회("중앙회")에 적용한다(감독규정2①). 조합공동사업법인과 수산업협동조합협의회("조합협의회")에 관하여는 해양수산부장관이 별도로 정한 지침이 있는 경우를 제외하고는 이 고시에서 정한 조합에 관한 조항을 준용한다(감독규정2②).

(2) 감독기관 및 감독대상

(가) 감독기관의 의의

감독기관이란 해양수산부와 중앙회를 말한다(감독규정3①).

(나) 감독기관의 구분

조합 및 중앙회("감독대상")를 감독할 감독기관은 감독대상에 따라 다음과 같이 구분한다(감독규정3②). 즉 ⅰ) 조합 및 중앙회, 조합공동사업법인, 조합협의회에 대한 지도·감독: 해양수산부(제2호), ⅱ) 중앙회 회원과 조합공동사업법인에 대한 지도·감독: 중앙회(제2호)로 구분한다(감독규정3②).

(다) 지도·감독 소관부서

감독대상에 대한 지도·감독을 실시할 해양수산부 소관부서는 업무에 따라 ⅰ) 법 준수 관련 총괄 감독: 수산정책과(제1호), ⅱ) 감사에 관한 사항: 감사담당관실(제2호), ⅲ) 정부 위탁사업에 관한 감독: 사업 담당부서(제3호)로 한다(감독규정3③).

(라) 중앙회장 및 조합감사위원회의 업무 범위 등

중앙회장은 위탁받은 감독상 필요한 규정이나 지침, 자체 부서별 업무범위 등을 정할 수 있다(감독규정3④ 본문). 다만, 조합에 대한 감사는 중앙회 조합감사위원회에서 총괄한다(감독규정3④ 단서).

(마) 감사위원회 등의 독립성 보장

중앙회장은 감사위원회, 조합감사위원회, 준법감시인의 독립적인 업무수행이 가능하도록 보장하여야 하며, 해양수산부장관은 중앙회를 감독할 때 이에 대한 부분을 확인한다(감독규정3⑤).

(3) 감독방법

(가) 협동조합의 특성 고려

감독기관은 지도·감독에 있어 법 제1조, 제5조, 제6조, 제9조 등에서 정하는 협동조합의 특성을 고려해야 하며, 감독대상과의 소통을 통해 지도·감독을 실시하여야 한다(감독규정4①).

(나) 지도·감독 시 중점 고려사항

감독기관의 지도·감독은 이용자 중심의 경영원칙 등 [별표 1]의 중점 고려사항을 원칙에 두고 실시한다(감독규정4②).

[별표 1] 지도·감독 시 중점 고려사항

1. 이용자 중심의 경영원칙 확인

   가. 법 제61조(법 제108조 및 제113조에서 준용하는 경우 포함)와 제139조에 따라 조합과 중앙회의 비조합원(비회원)에 대한 사업 이용 제한 규정 준수 여부 확인

   나. 법 제71조(법 제108조, 제113조, 제168조에서 준용하는 경우 포함)에 따라 조합과 중앙 회가 조합원(회원) 사업이용실적에 대한 배당을 우선시하는지 여부와 감독대상 기관의 정관 중 배당에 관한 사항의 운용 적정성을 확인

   다. 조합이 법에 따라 실시하는 조합원의 자격 실태조사 결과를 확인하고 조사결과 및 방법의 적정성 여부 등을 감독

2. 수산물 판매활성화 의무 확인

가. 법 제60조의4(법 제108조 및 제113조에서 준용하는 경우 포함) 및 제 139조의2에 규정된 중앙회 및 조합의 수산물 판매활성화 의무를 준수하 는지 확인

3. 조합원에 대한 교육 의무 확인

가. 법 제60조3(법 제108조 및 제113조에서 준용하는 경우 포함)에 따라 조 합이 실시해야 할 조합원을 대상으로 한 협동조합의 운영원칙과 방법에 관한 교육 실시 여부 확인

나. 가목에서 말하는 협동조합의 운영원칙에는 국제협동조합연맹(ICA) 등에 서 규정하고 있는 "원가경영"과 "공동행동" 등의 원칙이 포함되어야 하 며, 법 제138조 제1항 제1호에 따라 가목의 교육에 필요한 사항을 중앙 회가 조합에게 지원하는지 여부 확인

다. 법 제127조의3에 따른 중앙회 교육위원회 운영의 적정성 확인

4. 이사회 중심의 투명한 의사결정 구조 확립 여부

가. 법 제45조(법 제108조 및 제113조에서 준용하는 경우 포함)와 제127조 에 따라 조합장(또는 상임이사)이나 중앙회장 및 사업전담대표이사등의 업무집행상황을 감독하고, 그 성과를 평가해야 하는 이사회의 의무 확인

나. 이사회의 의사결정 과정과 그 이행의 관리, 경영진 감독 역할 등을 적 절하게 수행하는지를 확인

5. 조합과 중앙회 운영의 공개

가. 법 제73조(법 제108조, 제113조, 제168조에서 준용하는 경우 포함)에 따 라 조합과 중앙 회의 기관 운영에 대한 정보의 충실한 제공 및 조합원 (회원)이 쉽게 접근할 수 있도록 보장하는지 여부

(다) 내부규정

지도·감독 사항 중 감독대상에 대한 감사는 감독기관별 감사수행방법 등 자체 내부규정을 따른다(감독규정4③).

(4) 조합에 대한 감독

(가) 조합에 대한 지도·감독 시 고려사항

감독기관이 조합에 대한 지도·감독을 실시할 때 고려해야 할 사항은 [별표 2]와 같다(감독규정5① 본문). 단, 근거규정은 법 제108조 및 제113조에서 준용하

는 경우를 포함한다(감독규정5① 단서).

(나) 고려사항의 확인

감독기관은 필요시 [별표 2]의 고려사항을 전부 또는 일부를 확인할 수 있으며, [별표 2]에서 명시하지 않은 사항들도 감독기관이 필요할 경우 관련 규정을 준수하는지 확인할 수 있다(감독규정5②).

[별표 2] 조합에 대한 지도 · 감독 시 고려사항

1. 조직운영부문

구 분	근거규정
가. 조합 설립	
☐ 설립인가 기준 준수 여부 확인 　○ 지구별수협(200명, 출자금 3억) 　○ 업종별 및 수산물가공수협(조합원 자격있는 설립동의자의 수가 구역에 거주하는 조합원 자격자의 과반수, 출자금 2억)	법 제16조 영 제12조
나. 조합원 관련	
☐ 조합원의 자격 실태조사 확인 　○ 조합원의 자격 확인체계의 적정성 확인 　－ (조합원) 구역에 주소, 거소(居所)나 사업장이 있는 어업인, 농어업경영체 육성 및 지원에 관한 법률 제16조 및 제19조에 따른 영어조합법인과 어업회사법인 　－ (준조합원) 구역에 주소나 거소를 둔 자 　○ 조합의 자체적인 조합원자격 실태조사 확인 　－ 매년 1회 이상 조합원 전부를 대상으로 실태조사 실시 여부, 조사방법의 적정성 등	법 제20조, 제21조, 제106조, 제111조 영 제14조, 제22조, 제23조
☐ 출자 관련 규정 준수 여부 　○ 조합원 출자 좌수 등 규정 　○ 우선출자 관련 규정 　○ 출자배당금의 (회전)출자전환 등	(조합원 출자) 법 제22조 (우선출자) 법 제22조의2, 제147~제152조, 영 제31조~제38조의2 (출자배당금 출자전환) 법 제22조의3, 제23조
☐ 조합원 가입 관련 규정 준수 여부 　○ 가입신청자에 대한 무단거절 · 신규가입자에 대한 불리한 조건부과 · 조합원 수 제한 금지 　○ 조합원 가입 시 이사회의 자격 심사 및 승낙 여부 　○ 정관 관련규정 준수 여부 확인	법 제29조, 제45조
☐ 조합원 탈퇴 · 제명 규정 준수 여부	법 제31조, 제32조, 제

○ 임의탈퇴 및 당연탈퇴에 관한 규정 – 탈퇴 의사, 당연탈퇴에 관한 규정 준수 ＊ 이사회는 전조합원 대상 연 1회 이상 당연탈퇴 해당여부 확인 필요 – 실태조사 시 조사방법의 적성성 – 탈퇴 의결을 위한 이사회 개최 여부(이사회회의록 확인) ○ 제명(총회의결 필요) 규정 – 1년 이상 조합사업 미이용, 조합에 대한 의무 미이행, 고의·중과실로 조합에 손실, 신용을 잃게 한 경우 ＊ 제명사유 고지(총회 10일 전까지), 의견진술기회 부여 필요	45조
다. 총회 및 이사회	
□ 총회 ○ 개최에 대한 절차 준수 여부 – 조합원의 소집청구권 및 통지·최고 절차, 개의 및 의결에 관한 절차 등 ○ 의결사항의 자체 정관 및 규정(의결방법 등) 준수 여부 – 조합원 과반수 출석 개의·출석조합원 과반수 찬성 의결, 안건의 사전통지 원칙 – 특별이해관계가 있는 조합원의 의결 참여제한	법 제36조~제43조
□ 대의원회(총회 규정 준용) ○ 대의원 정수 및 임기 규정 준수 여부 ○ 해임에 관한 규정 ○ 대의원 겸직금지 규정 준수 여부 – 해당 지구별수협 조합장 외 임직원과 다른 조합 임직원 겸직금지	법 제44조
□ 이사회 ○ 의사 결정과정 및 경영진 감독 역할 수행 여부 – 의결사항의 합당성, 개의·의결방법에 대한 규정 준수 여부, 조합장·상임이사 업무집행상황 감독 여부 등	법 제45조
라. 임직원	
□ 임원의 정수 및 선출 ○ 임원의 정수 및 임기에 관한 규정 준수 여부 – 조합장 및 이사의 임기 규정, 여성조합원 배분(1/5 이상) 여부 등 ○ 인사추천위원회의 적합 운영여부 ○ 임원에 대해서는 결격사유 적합 여부 – 출자좌수 2년 보유 및 사업이용실적은 조합원 임원에게만 적용, 결격사유 발생 시 당연 퇴직 등 ○ 임원 해임의 경우 규정 준수 여부	법 제46조, 제50조, 제51조, 제57조 규칙 제8조
□ 임원 직무수행의 규정 적합 여부 ○ 조합장(조합대표, 업무집행, 총회·이사회 의장)의 업무 수행 적합 여부	법 제47조, 제48조, 제49조 상법 제413조의4, 제413

− 상임 조합장으로 상임이사를 두는 경우: 업무의 일부를 상임 이사에게 위임 − 비상임 조합장인 경우: 상임이사가 업무집행 * 조합 신용사업 외 사업집행 가능(정관에 규정) ○ 감사(조합의 재산과 업무에 대해 감사)	조, 제413조의2
□ 임직원의 겸직 및 경업 금지 ○ 임원의 겸직금지 − 조합장과 이사: 해당 조합 감사 겸직 불가 − 조합 임원: 해당 조합 직원, 타 조합 임직원 겸직 불가 ○ 조합 임직원 및 대의원의 경업금지 − 조합 사업과 실질적 경쟁관계에 있는 사업 경영·종사 금지 ○ 조합장·이사의 자기거래제한 준수 − 이사회 승인없이 자기 또는 제3자의 계산*으로 해당 조합과 정관으로 정하는 규모 이상 거래 제한 * 제3자의 계산: 제3자와 조합간 거래 중개·대리·위탁 등	법 제55조 시행령 제16조의2(별표)
□ 직원의 임면에 관한 사항 ○ 직원 임면 규정 − 조합장이 임면하나, 조합장이 비상임일 경우에는 상임이사 의 제청에 의해 조합장이 임면 − 간부직원의 경우 대통령령으로 정하는 자격을 가진 사람 중 이사회의 의결을 거쳐 조합장이 임면 ○ 조합 간부직원 관련 규정(조합정관례 근거) − 상임조합장/상임이사를 두지 않는 경우: 전무1, 필요한 수의 상무 − 그 외 조합: 필요한 수의 상무	법 제59조 시행령 17조

2. 경영관리부문

구 분	근거규정
가. 조합 운영원칙	
□ 조합사업의 중장기계획 수립 여부(조합 설립목적 연계) ○ 경제사업, 신용사업 등 조합원을 위한 기여 여부 − 조합원의 의향 반영, 지역 실정 고려 등 ○ 각 사업부문별 이익의 배분 및 경영 건전성 확인(적자사업 보존 적절성 여부 포함)	법 제13조, 제60조
□ 수산물 판매활성화 의무 ○ 다른 조합 및 중앙회와의 공동사업 시행 여부(별도사업 추 진 시 타당한 사유) ○ 수산물의 유통, 판매 및 수출 등에 관한 규정 수립 및 시행 여부 등	법 제60조의4
□ 조합원에 대한 교육 의무	법 제60조의3

○ 조합 실정에 맞는 협동조합의 운영원칙과 방법 정립과 시행 여부 ○ 조합원을 대상으로 적극적인 전문기술교육과 경영상담 시행 여부 등	
□ 조합 운영의 공개 　○ 조합원에게 조합 운영에 대한 정보의 공개원칙 　○ 결산에 관한 사항 　− 정기총회 1주일 전 감사에게 결산보고서 제출 및 주된 사무소 배치, 총회 1주일 내 결산보고서 공고 　○ 운영에 관한 사항 　− 정관, 총회 의사록, 조합원 명부 주된 사무소에 비치 　− 조합원의 영업시간 내 서류 열람 및 사본발급 청구권	법 제73조
나. 회계	
□ 회계의 구분 원칙 　○ 일반회계와 특별회계로 구분 　− 일반회계는 신용사업과 신용사업 외의 사업 구분	법 제66조
□ 사업 계획과 수지 예산 수립 과정의 규정 준수 　○ 사업계획서, 수지예산서의 이사회의 심의와 총회의 의결 (회계연도 개시 1개월 전까지) 　○ 사업 계획과 수지 예산 변경 사항의 이사회 또는 총회 의결 준수 여부	법 제67조, 제37조 제1항 제6호
□ 외부감사인의 회계 감사 　○ 직전 회계연도 말 자산총액이 일정 기준액 이상인 조합에 대한 회계 감사 시행 여부	법 제169조 제7항 영 제61조 제5항
□ 여유자금의 운용 　○ 조합 여유자금 운용에 대한 규정 준수 여부 　− 여유자금 운용 시 유가증권 매입의 적정 여부 등	법 제69조 영 제21조
□ 법정적립금, 이월금, 임의적립금 등의 적립 및 사용처에 대해 관련 규정 준수 여부	법 제70조, 제72조
□ 출자감소에 관한 규정 준수 여부	법 제74~76조
다. 배당에 관한 사항	
□ 손실의 보전에 대한 규정 준수 　○ 조합 손실금 발생 시 보전순서 　− 미처분이월금, 임의적립금, 법정적립금, 자본적립금 순 　* 보전 후 부족 시 다음 회계연도로 이월 　○ 손실 보전 후 법정적립금, 이월금 및 임의적립금 공제 후 잉여금 배당 가능	법 제71조
□ 조합원에 대한 배당 　○ 이용고배당, 출자금 배당, 준조합원 이용고배당 순 　○ 조합 정관에서 정한 배당 방법의 적정성 확인 　* 평가항목, 배점 등 이사회에서 정함	법 제71조

– 조합 경영상황을 고려해 출자배당율을 정했는지 여부 등	
라. 조합 경영실태	

□ 조합 자본적정성 평가
  ○ 자본 변동 요인 적정성, 경영지도기준 충족 여부 확인
  ○ 경영진의 적정 자본 유지정책 확인 등
	법 제172조

□ 조합 자산건전성 평가
  ○ 자산건전성 분류의 적정성, 자기자본 대비 부실채권 보유
    규모 등
	법 제172조

□ 내부통제제도 및 운용실태
  ○ 감사의 업무수행 독립성 확인
  ○ 중앙회 규정 등에 의한 자체감사조직 운영 적정 여부
  – 자체 실시간 전산감사 실시 및 관리 적정 여부
  ○ 자점감사(일일, 수시, 특명감사) 업무 적정 여부
	법 제47조, 제48조

□ 출자 법인에 대한 관리
  ○ 조합공동사업법인 등 출자지분에 의한 연말 손익 적용 적
    정 여부
  ○ 다른 법인에 대한 출자한도 규정 준수 여부
  – 자기자본 범위 내 출자 및 동일법인 출자한도 초과여부 등
	법 제60조

3. 사업수행부분

구 분	근거규정
가. 공통사항	

□ 수행사업의 수협법 적합 여부 등 확인
  ○ 수협법 제60조(업종별수협 제107조, 수산물가공수협 제
    112조)에 따른 사업 범위 합치성 확인
  ○ 수협의 목적달성 수단으로서의 적합성 확인
  ○ 다른 협동조합과의 상호협력 및 공동사업 개발 노력여부
	법 제60조, 제107조, 제
	112조, 제10조

□ 각 사업부문별 공통 적용원칙
  ○ 조합원 이익 기여 최우선 원칙
  ○ 조합원을 위한 최대봉사 원칙
  ○ 수협자체의 영리 및 투기목적의 업무금지 원칙
	법 제5조, 제13조

□ 비조합원의 사업이용 제한 규정 준수 여부
  ○ 비조합원의 사업이용은 1/3 범위 이내 이용제한(조합정관
    례 근거)
	법 제61조

나. 교육지원사업(복지사업 포함)	

□ 교육지원사업의 운영 원칙 확인
  ○ 조합 실정 및 지역 현황을 반영한 교육지원사업의 운영
  ○ 비수익사업 적절한 원가관리 대책 필요(권장)
  ○ 관련 부문(경제, 신용 등)과의 연계성 여부(권장)
	법 제60조

ㅁ 교육지원사업 운영체계의 적절성 　○ 총회 및 이사회의 적절한 지도·감독 여부 　○ 조합 임직원의 적절한 영농지도 등의 교육지원 활동 여부	법 제45조, 제60조
ㅁ 사업손실보전자금의 조성 및 운용확인 　○ 손실보전자금 조성 과정의 관련 규정 준수 확인 　○ 손실보전자금 운용범위의 적정성 확인 등	법 제60조
다. 경제사업	
ㅁ 각 사업별 중장기 계획 및 조합원의 사업 이용에 대한 기본 원칙 확인 　○ 사업경영을 위한 구체적 실천계획 확인(권장) 　○ 조합과 조합원 사이에 명확한 계약원칙 체결	법 제60조
ㅁ 관련 자체 경제사업규정 준수 여부 　○ 조합 자체 규정 및 중앙회 경제사업 관련 규정 준수 여부 　○ 재고조사 실시의 적정성 여부 등	법 제142조 * 내부규정 준수 확인
ㅁ 정부 위탁 및 보조사업 수행 확인 　○ 사업 수행 시 해양수산사업시행지침(또는 각 사업별 시행지침)에 따른 사업 수행 여부 　○ 위탁사업의 계획 수립, 사후관리 체계, 정산 여부 등	법 제60조 * 관련 법 및 사업시행지침
ㅁ 판매사업에 대한 확인 　○ 수탁판매 시 조합과 거래관계자와의 관련 규정 준수 여부, 수탁판매대금 정산 과정의 관련 규정 준수 여부 등 　○ 매취판매 시 매취판매 대상의 적정성 사전검토 여부, 매입·판매가격의 적정수준 확인, 매입대금의 지급 및 판매대금의 관리에 있어 관련 규정 준수 여부 등 　○ 위탁수수료 및 사업장려금, 수산물선급금의 적정성 확인 　○ 기타 관련 규정 준수 여부 확인	법 제142조 * 내부규정 준수 확인
ㅁ 구매사업에 대한 확인 　○ 구매사업 방식의 적정성 사전검토 여부 확인(매취, 수탁 또는 대행방식) 　○ 구매방법의 계통구매 원칙 확인(중앙회로부터 구매하는 것보다 계약조건이 유리할 경우 자체구매 가능) 　- 자체구매 시 관련규정 준수 확인 　○ 공급가격 결정에 있어 의사결정과정의 적정성 확인(주변시세확인, 이사회 검토 등) 　○ 기타 관련 규정 준수 여부 확인	법 제142조 * 내부규정 준수 확인
ㅁ 가공사업에 대한 확인 　○ 제품 생산 전 관련 법령에 따른 인·허가를 득하였는지 여부 확인 　○ 수탁가공시 계약 관련 규정을 준수하였는지 여부 　○ 제품의 품질검사 관련 법령 준수 여부 확인 　○ 재고관리 및 재고조사 관련 규정 준수 여부 확인	법 제142조 * 내부규정 준수 확인

○ 기타 관련 규정 준수 여부 확인	
□ 유통지원자금의 조성·운용에 관한 규정 준수 여부	법 제62조
라. 신용사업	
□ 상호금융 관련 지도·감독 규정 준수 여부 　○ 신용협동조합법, 상호금융업감독규정 등 금융위원회의 규정 준수 여부 확인 　○ 여신업무방법 등 중앙회 상호금융사업 규정 준수 여부	* 관련 법 및 규정 준수 확인

(5) 중앙회에 대한 감독

(가) 중앙회에 대한 지도·감독 시 고려사항

해양수산부장관이 중앙회에 대한 지도·감독을 실시할 때 고려해야 할 사항은 [별표 3]과 같다(감독규정6① 본문). 단, [별표 3]에서 명시하지 않은 사항 중 법 제168조에서 준용하는 조항은 별표 2의 고려사항을 준용할 수 있다(감독규정6① 단서).

(나) 고려사항의 확인

해양수산부장관은 필요시 [별표 3]의 고려사항을 전부 또는 일부를 확인할 수 있으며, [별표 3]에서 명시하지 않은 사항들도 필요할 경우 관련 규정을 준수하는지 확인할 수 있다(감독규정6②).

[별표 3] 중앙회에 대한 지도·감독 시 고려사항
1. 경영부문

구 분	근거규정
가. 기관 운영	
□ 중앙회의 중장기 사업계획 수립에 관한 사항 　○ 회원 및 회원의 조합원에 대한 이익증진 등에 대한 계획 및 중앙회 사업과의 연관성 확인	법 제6조, 제116조
□ 이사회 운영에 관한 부분 　○ 이사회의 회장 및 사업전담대표이사등에 대한 업무집행상황 감독 여부 　○ 이사회 운영에 대한 정관 규정 준수 여부 확인	법 제127조
□ 인사추천위원회 및 교육위원회에 관한 부분 　○ 인사추천위원회 및 교육위원회의 실질적인 운영, 원활한 업무수행 여부 등 확인 　○ 인사추천위원회 운영 시 위원 구성의 적절성 여부 등	법 제127조의2, 제127조의3

☐ 내부통제기준 확인 　○ 적절한 내부통제기준 마련 및 준수 여부 　○ 준법감시인의 활동 및 독립성 보장	법 제127조의4
☐ 감사위원회에 관한 부분 　○ 감사위원회의 독립성 및 업무사항 감독 　○ 부여된 권한에 따른 재산의 상황 및 회장 등의 업무집행상 　　황 검사 여부	법 제133조
☐ 중앙회 운영의 공개(조합 운영의 공개 준용) 　○ 회원에게 중앙회 운영에 대한 정보의 선제적 제공 및 공개 　　원칙 　○ 결산 및 운영에 공개에 관한 정관 규정 준수 여부	법 제168조, 제169조
나. 임직원 관련	
☐ 임원의 직무범위 준수 여부 　○ 회장 및 사업전담대표이사의 직무범위 준수 확인 　－ 각 조직운영, 사업집행에 관한 사항, 임직원 인사 운영에 관 　　한 사항 등	법 제130조, 제131조, 제136조
☐ 임직원의 겸직 및 경업 금지 준수 여부	법 제168조

2. 사업부문

구 분	근거규정
☐ 수협법 범위 내에서의 사업 추진 여부 확인 　○ 중앙회가 수행하는 사업의 수협법 제138조 범위 내 포함 여 　　부(자회사 사업 포함)	법 제138조
☐ 정부 위탁 및 보조사업 수행 확인 　○ 사업 수행 시 사업별 시행지침에 따른 사업 수행 여부 　○ 위탁 및 보조사업의 계획 수립, 사후관리 체계, 정산 여부 등	법 제138조 * 관련 법 및 사업시행 　지침
☐ 유통지원자금의 조성·운용에 관한 사항 　○ 유통지원자금의 조성 과정의 관련 규정 준수 여부 　○ 유통지원자금의 지원대상, 지원절차 등 운용 과정에서의 규 　　정 준수 여부	법 제139조의4
☐ 명칭사용료 부과 및 사용에 관한 사항 　○ 명칭사용료의 구분 관리 등 관련 규정 준수 여부 　○ 명칭사용료를 재원으로 하는 유통지원자금 및 교육지원사업 　　사용 적정성 여부 검토	법 제162조의2
☐ 사업부문별 사업계획 및 자금계획의 수립에 관한 사항 　○ 회원에 대한 이익 기여 등 협동조합 원칙 및 농정 여건 등을 　　반영한 사업계획 수립 여부 확인 　○ 각 사업별 원가절감 대책 등 중장기 수익 향상 방안	법 제6조
☐ 각 사업별 자체 사업규정 준수 여부	법 제138조

○ 중앙회 관련 규정 준수 여부
○ 상호금융의 경우, 신용협동조합법, 상호금융업감독규정 등 금융위원회 규정 준수 여부 확인

3. 중앙회의 자회사 · 조합 감독사무

구 분	근거규정
가. 자회사 지독·감독 업무	
☐ 사업부문별 소관 자회사 간에 체결된 협약내용의 이행상황 확인 ○ 협약내용의 이행을 확인하기 위한 중앙회 조치내역 등 ○ 소관 자회사의 경영 또는 사업내용이 회원(조합원 포함)의 이익 침해 여부 등 확인	법 제142조의2
☐ 자회사에 대한 시정 및 경영개선 등 조치의 확인 ○ 지도·감독 결과에 따른 조치요구, 조치결과에 따른 중앙회 조치사항 확인	법 제142조의2
나. 조합감사위원회 업무	
☐ 조합에 대한 감사방향 및 감사계획 확인 ○ 감사계획 수립과정의 적정성 여부 확인 ○ 조합감사의 독립성 확보 여부(대상조합 선정과정 등)	법 제145조
☐ 감사결과에 따른 조치의 확인 ○ 감사결과에 따른 조치요구, 조치결과에 따른 중앙회 조치사항 확인	법 제146조
다. 조합 지도·감독 업무	
☐ 사업부문별 조합에 대한 경영지도 사항 확인 ○ 수협법 경영지도에 관한 규정 준수 여부	법 제142조, 제172조

(6) 정부 위탁 및 보조 사업

(가) 위탁 및 보조 사업의 적정성 확인

감독기관은 법 제60조 제1항 제8호, 제107조 제1항 제6호, 제112조 제1항 제6호, 제138조 제1항 제8호에 따라 감독대상이 수행하는 정부 위탁 및 보조 사업의 적정성을 확인할 수 있다(감독규정7①).

(나) 위탁 및 보조 사업의 종류

중앙회 및 조합 등이 수행하는 해양수산부 주요 위탁 및 보조 사업의 종류는 [별표 4]와 같다(감독규정7② 전단). [별표 4]에 명시하지 않은 위탁 및 보조 사업도 제1항에 따른 확인 대상에 포함한다(감독규정7② 후단).

[별표 4] 정부 위탁 및 보조 사업의 종류

사업명(내역사업)	사업명(내역사업)
1. 어선원 및 어선재해보상보험사업	19. 어업경영통계조사사업
2. 노량진 수산시장 건립사업	20. 수산물 편의식품 개발 및 보급
3. 수산금융자금 이차보전사업	21. 어업인 교육훈련 및 기술지원
4. 양식수산물 재해보험사업	22. 어업인복지포털시스템 운영
5. 어업정보통신 지원사업	23. 수산물 소비촉진사업
6. 어업용 면세유 공급시설 개선사업	24. 단위수협 경영개선사업
7. 선대구조개선사업(연안선박현대화) 이차보전사업	25. 자율관리어업 공동체육성 교육사업
8. 단위수협 통합전산망 구축사업	26. 어촌지역 개발리더 육성사업
9. 수산물 해외시장 개척지원사업	27. 수산생물질병관리사업(방역비)
10. 춘천 수산물 종합유통센터 건립사업	28. 소비지 분산물류센터 건립사업
11. 어업인 재해공제사업	29. 전국 어업인정보화 능력경진대회
12. 조합 감사업무 수행비 지원사업	30. 여성어업인 육성사업
13. 수산방송 수신시설 확대 및 운영사업	31. 취약어가 인력지원사업
14. 수산물 전자직거래 활성화사업	
15. 도시-어촌 교류촉진사업	
16. 수산물 물류표준화 지원사업	
17. 유류피해 관련 대부금 지원 이차보전사업	
18. 귀어귀촌 박람회사업	

(다) 위반사항에 대한 조치

정부 위탁사업을 수행하는 기관에 대한 감독기관은 위탁 및 보조 사업의 적정성 여부를 확인하기 위해서는 각 위탁사업별 사업시행지침(해양수산사업시행지침서 포함), 해당 위탁 및 보조 사업과 관련된 규정 등을 확인해야 하며, 위반사항이 있을 경우 보조금 관리에 관한 법률 등 관련 규정 및 감독규정 제9조에 따른 조치를 하여야 한다(감독규정7③).

(7) 자료제출 등의 요청 등

(가) 자료제출 요청

해양수산부장관은 감독대상에 대하여 필요하다고 인정할 때에는 ⅰ) 관계서류·장부 및 물품 등의 제출(제1호), ⅱ) 관계직원의 진술서·경위서 또는 확인서의 제출(제2호), ⅲ) 기타 감독을 효율적으로 실시하기 위하여 필요하다고 인정되는 사항 등(제3호)을 요청할 수 있다(감독규정8①).

(나) 자료제출 협조의무

자료 등의 요청을 받은 자는 정당한 사유가 없는 한 그 요청사항에 협조하여야 한다(감독규정8②).

(다) 감독결과 보고의무

중앙회는 감독대상에 대한 감독결과를 해양수산부에 서면 또는 대면으로 보고할 의무를 가지며, 감독결과 중 사회적으로 물의를 일으킨 사항, 자체적으로 중요하다고 판단한 사항 등의 중요한 사항은 해양수산부 소관부서장에게 보고하고 해양수산부 수산정책과장에게는 분기 1회(해당 분기 익월말까지) 정기적으로 보고해야 한다(감독규정8③).

(8) 감독결과에 대한 조치

(가) 행정처분

해양수산부장관은 감독결과에 따라 법 제170조, 제172조, 제173조 등에 따른 행정처분을 할 수 있다(감독규정9①).

(나) 감독대상의 의견제시

감독대상은 이 고시에 따른 감독기관의 감독결과에 대해 충분한 의견을 제시할 수 있다(감독규정9②).

(다) 감독기관의 의견 존중

감독기관은 감독대상의 의견 제시가 있으면, 그 의견을 존중하여 감독을 해야 한다(감독규정9③).

Ⅱ. 중앙회의 감독

1. 자료의 분석·평가 결과 공시

중앙회장은 조합으로부터 제출받은 자료를 금융위원회가 정하는 바에 따라 분석·평가하여 그 결과를 조합으로 하여금 공시하도록 할 수 있다(신용협동조합법95④, 신용협동조합법89③).

2. 중앙회의 지도

(1) 회원 지도와 규약 등 제정

회장은 수산업협동조합법에서 정하는 바에 따라 회원을 지도하며 이에 필요한 규약·규정 또는 예규 등을 정할 수 있다(법142①).

(2) 회원의 경영상태 등 평가

(가) 경영개선요구 등 조치

회장은 회원의 경영상태를 평가하고 그 결과에 따라 회원에게 경영개선을 요구하거나 합병을 권고하는 등 필요한 조치를 할 수 있다(법142② 전단).

(나) 조치결과의 이사회와 총회 보고

회원조합장은 그 조치 결과를 조합의 이사회·총회 및 회장에게 보고하여야 한다(법142② 후단).

조합등 또는 중앙회의 임원·집행간부·일반간부직원·파산관재인 또는 청산인이 법 제142조 제2항에 따른 감독기관·총회·대의원회 또는 이사회에 대한 보고를 부실하게 하거나 사실을 은폐한 경우에는 3년 이하의 징역 또는 3천만원 이하의 벌금에 처한다(법177(3)).

(3) 해양수산부장관에 대한 처분 요청

회장은 회원의 건전한 업무 운영과 회원의 조합원 또는 제3자의 보호를 위하여 필요하다고 인정할 때에는 해당 업무에 관하여 해양수산부장관에게 ⅰ) 정관 또는 규약의 변경(제1호), ⅱ) 업무의 전부 또는 일부의 정지(제2호), ⅲ) 재산의 공탁·처분의 금지(제3호), ⅳ) 그 밖에 필요한 처분(제4호)을 하여 줄 것을 요청할 수 있다(법142③).

3. 중앙회의 자회사에 대한 감독

(1) 지도·감독

중앙회는 중앙회의 자회사가 그 업무수행 시 중앙회의 회원 및 회원의 조합원의 이익에 기여할 수 있도록 정관으로 정하는 바에 따라 지도·감독하여야 한다(법142의2①).

(2) 경영개선 등의 조치요구

중앙회는 지도·감독 결과에 따라 해당 자회사에 대하여 경영개선 등 필요한 조치를 요구할 수 있다(법142의2②).

제2절 검사(감사)

Ⅰ. 정부의 검사

1. 금융감독원의 신용사업에 대한 검사

지구별수협(법률 제4820호 수산업협동조합법중개정법률 부칙 제5조에 따라 신용사업을 하는 조합 포함) 및 중앙회의 신용사업에 대하여는 검사·감독(신용협동조합법78①(3), 신용협동조합법83) 규정을 적용한다(신용협동조합법95④).

(1) 업무와 재산 검사

금융감독원장은 그 소속 직원으로 하여금 조합 또는 중앙회의 업무와 재산에 관하여 검사를 하게 할 수 있다(신용협동조합법83②).

금융감독원장은 중앙회장에게 조합의 업무와 재산에 관한 검사 권한을 위탁할 수 있다(신용협동조합법96②, 신용협동조합법 시행령24③(1)).

(2) 자료제출 및 의견진술 요구 등

금융감독원장은 검사를 할 때 필요하다고 인정하는 경우에는 조합과 중앙회에 대하여 업무 또는 재산에 관한 보고, 자료의 제출, 관계자의 출석 및 의견의 진술을 요구할 수 있다(신용협동조합법83③).

금융감독원장은 중앙회장에게 조합의 업무 또는 재산에 관한 보고, 자료의 제출, 관계자의 출석 및 의견의 진술요구 권한을 위탁할 수 있다(신용협동조합법96②, 신용협동조합법 시행령24③(2)).

(3) 증표제시

검사를 하는 사람은 그 권한을 표시하는 증표를 관계자에게 보여 주어야 한다(신용협동조합법83④).

(4) 분담금 납부

금융감독원의 검사를 받는 조합 또는 중앙회는 검사 비용에 충당하기 위한 분담금을 금융감독원에 내야 한다(신용협동조합법83⑤).

이에 따른 분담금의 분담요율·한도 기타 분담금의 납부에 관하여는 금융위원회의 설치 등에 관한 법률 시행령 제12조(분담금)의 규정에 의한다(신용협동조합법83⑥, 신용협동조합법 시행령20).

(5) 위반시 제재

조합 또는 중앙회가 감독기관의 검사를 거부·방해·기피한 경우에는 2천만원 이하의 과태료를 부과한다(신용협동조합법101①(7)).

2. 해양수산부장관의 금융위원회에 대한 검사 요청

해양수산부장관은 직무를 수행하기 위하여 필요하다고 인정할 때에는 금융위원회에 조합, 중앙회 또는 수협은행에 대한 검사를 요청할 수 있다(법169②).

조합등 또는 중앙회의 임원·집행간부·일반간부직원·파산관재인 또는 청산인이 감독기관의 검사 또는 중앙회의 감사를 거부·방해 또는 기피한 경우에는 3년 이하의 징역 또는 3천만원 이하의 벌금에 처한다(법177(16)).

3. 해양수산부장관의 업무 또는 재산 상황 감사 지시

해양수산부장관은 감독을 위하여 필요할 때에는 조합등, 중앙회, 수협은행 및 수산업협동조합협의회("조합협의회")에 대하여 소속 공무원으로 하여금 업무 및 재산 상황을 감사하게 할 수 있으며, 그 결과에 따라 필요한 조치를 할 수 있다(영61①).

4. 해양수산부장관 또는 금융위원회의 업무 또는 재산 상황의 보고 수령권

해양수산부장관 또는 금융위원회는 조합, 중앙회 또는 수협은행에 대하여 필요하다고 인정할 때에는 조합, 중앙회 또는 수협은행으로부터 그 업무 또는 재산 상황에 관한 보고를 받을 수 있다(법169⑥).

조합등 또는 중앙회의 임원·집행간부·일반간부직원·파산관재인 또는 청산인이 법 제169조 제6항에 따른 감독기관·총회·대의원회 또는 이사회에 대한 보고를 부실하게 하거나 사실을 은폐한 경우에는 3년 이하의 징역 또는 3천만원 이하의 벌금에 처한다(법177(3)).

** 관련 판례: 대법원 1968. 10. 22. 선고 68누155 판결
행정처분에 관한 법리를 오해한 위법이 있는 실례: 주무관청이 어업협동조합장 선출인가신청을 무시하고 다시 조합장선거를 실시하라는 지시를 한 것은 결국 제출한 조합장 선출인가신청을 거부하는 뜻도 내포된 것이라 볼 것이며 이와 같은 주무관청의 처분으로 인하여 조합장으로 선출된 자는 조합장으로 취임할 권리가 침해되었다 할 것이니 이는 행정소송의 대상이 되는 행정처분에 해당된다.

5. 지방자치단체의 장의 업무 또는 재산에 관한 자료제출 요구

지방자치단체의 장은 감독에 필요하다고 인정할 때에는 조합등에 대하여 지방자치단체가 보조한 사업과 관련된 업무에 관한 자료의 제출을 요구할 수 있다(영61③ 전단). 이 경우 해당 조합등은 정당한 사유가 없으면 그 요구에 따라야 한다(영61③ 후단).

6. 금융위원회의 업무 또는 재산에 관한 자료제출 요구

금융위원회는 감독에 필요하다고 인정할 때에는 조합(신용사업에 한정) 및 수협은행에 대하여 그 업무 또는 재산에 관한 자료의 제출을 요구할 수 있다(영61④ 전단). 이 경우 해당 조합 및 수협은행은 정당한 사유가 없으면 그 요구에 따라야 한다(영61④ 후단).

7. 조합에 대한 외부회계감사

조합 중 직전 회계연도 말 자산총액이 300억원(2015회계연도까지는 3천억원) 이상인 조합은 제146조 제1항에 따른 감사를 받지 아니한 회계연도에는 외부감사법 제2조 제7호 및 제9조에 따른 감사인의 감사를 받아야 한다(법169⑦ 본문, 영61⑤). 다만, 최근 5년 이내에 ⅰ) 형법 제355조(횡령, 배임) 또는 제356조(업무상의 횡령과 배임)에 해당하는 행위(제1호), ⅱ) 특정경제범죄법 제5조(수재 등의 죄) 또는 제7조(알선수재의 죄)에 해당하는 행위(제2호), ⅲ) 특정경제범죄법 제8조(사금융 알선 등의 죄)에 해당하는 행위(제3호), ⅳ) 조합자금의 편취·유용 또는 예산의 부당전용·초과사용 등의 회계부정(제4호)과 수협구조개선법 제2조 제3호 및 제4호에 따른 부실조합 및 부실우려조합은 외부감사법 제2조 제7호 및 제9조에 따른 감사인의 감사를 매년 받아야 한다(법169⑦ 단서, 시행규칙10의2).

8. 해양수산부장관의 공제사업 감독기준 고시

해양수산부장관은 조합과 중앙회의 공제사업의 건전한 육성과 계약자의 보호를 위하여 금융위원회 위원장과 협의하여 감독에 필요한 기준을 정하고 이를 고시하여야 한다(법169⑧).

이에 따라 공제자가 영위하는 공제사업을 감독하기 위하여 필요한 사항을 정함으로써 어업인의 경제적·사회적 지위 향상 및 공제계약자 보호를 통해 공제사업의 건전한 육성을 도모함을 목적으로 「수산업협동조합 공제사업 감독기준」(해양수산부 고시 제2022-21호)이 시행되고 있다.

Ⅱ. 중앙회의 감사

1. 조합감사위원회의 설치

회원의 건전한 발전을 도모하기 위하여 회장 소속으로 회원의 업무를 지도·감사할 수 있는 조합감사위원회("위원회")를 둔다(법143①).

2. 조합감사위원회의 구성

위원회는 위원장을 포함하여 5명의 위원으로 구성하되, 위원장은 상임으로 한다(법143②).

(1) 위원장의 선출 등

위원회는 ⅰ) 인사추천위원회가 추천하여 이사회에서 선출하는 사람 2명(제 1호), ⅱ) 기획재정부장관이 위촉하는 사람 1명(제2호), ⅲ) 해양수산부장관이 위촉하는 사람 1명(제3호), ⅳ) 금융위원회 위원장이 위촉하는 사람 1명(제4호)의 위원으로 구성하며, 위원장은 위원 중에서 호선으로 선출하고 회장이 임명한다(법 144① 본문). 다만, 회원의 조합장과 조합원은 위원이 될 수 없다(법144① 단서).

(2) 위원장 및 위원의 자격요건

위원장과 위원은 감사 또는 회계 업무에 관한 전문지식과 경험이 풍부한 사람으로서 ⅰ) 조합 또는 중앙회의 감사·회계 또는 수산 관련 부문에서 상근직으로 10년 이상 종사한 경력이 있는 사람(다만, 조합에서 최근 2년 이내에 임직원으로 근무한 사람은 제외)(제1호), ⅱ) 은행의 감사 또는 회계 부문에서 상근직으로 10년 이상 종사한 경력이 있는 사람(제2호), ⅲ) 수산업 또는 금융업 관련 국가기관·연구기관·교육기관 또는 상사회사에서 상근직으로 10년 이상 종사한 경력이 있는 사람(제3호), ⅳ) 판사·검사·군법무관의 직에 5년 이상 종사하거나 변호사 또는 공인회계사로서 5년 이상 종사한 경력이 있는 사람(제4호)의 요건을 충족하여야 한다(법144②, 영30).

(3) 위원장과 위원의 임기

위원장과 위원의 임기는 3년으로 한다(법144③).

3. 조합감사위원회의 의결사항

위원회는 ⅰ) 회원에 대한 감사 방향 및 감사계획(제1호), ⅱ) 감사결과에 따른 회원의 임직원에 대한 징계 및 문책의 요구 등(제2호), ⅲ) 감사결과에 따른 회원의 임직원에 대한 변상책임의 판정(제3호), ⅳ) 회원에 대한 시정 및 개선 요구 등(제4호), v) 감사 관계 규정의 제정·개정 및 폐지(제5호), vi) 회장이 요청하는 사항(제6호), vii) 그 밖에 위원장이 필요하다고 인정하는 사항(제7호)을 의결한다(법145).

4. 회원에 대한 감사 등

(1) 재산 및 업무집행상황 감사

위원회는 회원의 재산 및 업무집행상황에 대하여 2년마다 1회 이상 회원을 감사하여야 한다(법146①).

(2) 회계감사 요청

위원회는 회원의 건전한 발전을 도모하기 위하여 필요하다고 인정하면 회원의 부담으로 외부감사법 제2조 제7호 및 제9조에 따른 감사인에게 회계감사를 요청할 수 있다(법146②).

(3) 감사결과의 통지 및 조치요구

회장은 감사결과를 해당 회원의 조합장과 감사에게 알려야 하며 감사결과에 따라 해당 회원에게 시정 또는 업무의 정지, 관련 임직원에 대한 i) 임원에 대하여는 개선, 직무의 정지, 견책 또는 변상(제1호), ii) 직원에 대하여는 징계면직, 정직, 감봉, 견책 또는 변상(제2호)의 조치를 할 것을 요구할 수 있다(법146③).

(4) 회원의 조치 결과 통지

회원은 소속 임직원에 대한 조치 요구를 받으면 2개월 이내에 필요한 조치를 하고 그 결과를 회장에게 알려야 한다(법146④).

(5) 회장의 해양수산부장관에 대한 조치 요청

회장은 회원이 2개월의 기간 내에 필요한 조치를 하지 아니하면 1개월 이내에 조치를 할 것을 다시 요구하고, 그 기간에도 이행하지 아니하면 필요한 조치를 하여 줄 것을 해양수산부장관에게 요청할 수 있다(법146⑤).

5. 기구의 설치

위원회의 감사 사무를 처리하기 위하여 정관으로 정하는 바에 따라 위원회에 필요한 기구를 둔다(법143③).

Ⅲ. 조합원 또는 회원의 검사청구

1. 조합원의 조합에 대한 검사청구

해양수산부장관은 조합원이 조합원 10% 이상의 동의를 받아 소속 조합의 업무집행상황이 법령 또는 조합의 정관에 위반된다는 사유로 검사를 청구하면 중앙회의 회장에게 그 조합의 업무 상황을 검사하게 할 수 있다(법174①).

조합원이 검사를 청구할 때에는 청구의 취지·이유 및 위반되었다고 주장하는 규정을 분명히 밝힌 검사청구서를 해양수산부장관에게 제출하여야 한다(시행규칙11).

2. 회원의 중앙회에 대한 검사청구

해양수산부장관은 중앙회의 회원이 회원 10% 이상의 동의를 받아 중앙회의 업무집행상황이 법령 또는 중앙회의 정관에 위반된다는 사유로 검사를 청구하면 금융감독원장에게 중앙회에 대한 검사를 요청할 수 있다(법174②).

제3절 제재

지구별수협 및 중앙회의 사업에 관하여는 신용협동조합법 제84조(임직원에 대한 행정처분)를 적용한다(신용협동조합법95④).

Ⅰ. 임직원에 대한 제재

1. 제재의 종류와 사유

(1) 금융위원회(상호금융)의 조치

금융위원회는 조합 또는 중앙회의 임직원이 신용협동조합법 또는 신용협동조합법에 따른 명령·정관·규정에서 정한 절차·의무를 이행하지 아니한 경우에는 조합 또는 중앙회로 하여금 관련 임직원에 대하여 ⅰ) 임원에 대해서는 개선, 직무의 정지 또는 견책(제1호), ⅱ) 직원에 대해서는 징계면직, 정직, 감봉 또는 견책(제2호), ⅲ) 임직원에 대한 주의·경고(제3호)의 조치를 하게 할 수 있다(신용협동조합법84①).

(2) 금융감독원장(상호금융)에 대한 위탁

앞의 ⅱ) 및 ⅲ)에 따른 임직원에 대한 조치요구 권한은 금융감독원장에게 위탁되어 있다(신용협동조합법96①, 신용협동조합법 시행령24①(6)).

2. 직무정지와 그 사유

조합 또는 중앙회가 임직원의 개선, 징계면직의 조치를 요구받은 경우 해당 임직원은 그 날부터 그 조치가 확정되는 날까지 직무가 정지된다(신용협동조합법84②).

3. 임시임원의 선임

금융위원회는 조합 또는 중앙회의 업무를 집행할 임원이 없는 경우에는 임시임원을 선임할 수 있다(신용협동조합법84③). 임시임원의 선임은 금융감독원장에게 위탁되어 있다(신용협동조합법96①, 신용협동조합법 시행령24①(7)).

4. 임시임원의 선임 등기

임시임원이 선임되었을 때에는 조합 또는 중앙회는 지체 없이 이를 등기하여야 한다(신용협동조합법84④ 본문). 다만, 조합 또는 중앙회가 그 등기를 해태하는 경우에는 금융위원회는 조합 또는 중앙회의 주된 사무소를 관할하는 등기소에 그 등기를 촉탁할 수 있다(신용협동조합법84④ 단서). 등기촉탁은 금융감독원장에게 위탁되어 있다(신용협동조합법96①, 신용협동조합법 시행령24①(7)).

Ⅱ. 조합 및 중앙회에 대한 제재

1. 총회나 이사회의 위법 또는 부당 의결사항의 취소 또는 집행정지

해양수산부장관은 조합등과 중앙회의 총회·대의원회 또는 이사회의 소집절차, 의결 방법, 의결 내용이나 선거가 법령, 법령에 따른 처분 또는 정관에 위반된다고 인정할 때에는 그 의결에 따른 집행의 정지 또는 선거에 따른 당선의 취소를 할 수 있다(법170①).

** 관련 판례: 대법원 2007. 7. 13.자 2005무85 결정(효력정지기각결정에 대한 재항고)

[1] 행정처분의 효력정지나 집행정지사건에서 그 자체로 신청인의 본안 청구가 이유 없음이 명백하지 않아야 한다는 점이 효력정지나 집행정지의 요건인지 여부(적극): 행정처분의 효력정지나 집행정지제도는 신청인이 본안 소송에서 승소판결을 받을 때까지 그 지위를 보호함과 동시에 후에 받을 승소판결을 무의미하게 하는 것을 방지하려는 것이어서 본안 소송에서 처분의 취소가능성이 없음에도 처분의 효력이나 집행의 정지를 인정한다는 것은 제도의 취지에 반하므로 효력정지나 집행정지사건 자체에 의하여도 신청인의 본안 청구가 이유 없음이 명백하지 않아야 한다는 것도 효력정지나 집행정지의 요건에 포함시켜야 한다(대법원 1992. 6. 8.자 92두14 결정 , 2004. 5. 17.자 2004무6 결정 등 참조).

[2] 수산업협동조합중앙회의 임원 선거에서 구 수산업협동조합법 제154조 제1항(현행 제170조 제1항)에 정한 "선거가 법령, 법령에 의한 행정처분, 정관이나 규약에 위반"된 경우에 해당하기 위한 요건: 구 수산업협동조합법(2004. 12. 31. 법률 제7311호로 전문 개정되기 전의 것, 이하 "법"이라 한다) 제154조 제1항(현행 제170조 제1항)에 "해양수산부장관은 조합의 총회·대의원회 또는 이사회의 소집절차·의결방법·의결내용이나 선거가 법령, 법령에 의한 행정처분, 정관이나 규약에 위반되었다고 인정한 때에는 그 의결·선거에 따른 당선을 취소하거나 그 집

행을 정지하게 할 수 있다."고 규정하고 있는바, 수산업협동조합중앙회의 임원선거에 출마한 후보자가 법령, 법령에 의한 행정처분, 정관이나 규약("법령 등")이 정한 선거운동의 제한사항에 위반한 사유가 있는 경우 그 사유만으로 곧바로 당해 선거가 법령 등에 위반되었다고 할 수는 없지만, 이와 같은 법령 등에 위반된 선거운동으로 선거인들의 자유로운 판단에 의한 투표를 방해하여 선거의 기본이념인 선거의 자유와 공정을 현저히 침해하고 그로 인하여 선거의 결과에 영향을 미쳤다고 인정될 때에는, 당해 선거가 법령 등에 위반된 경우에 해당한다고 보아야 할 것이다.

　　[3] 원심은 기록에 의하여, 수산업협동조합중앙회정관 제70조 제6항에 회장, 대표이사, 이사, 감사의 선거 및 추천은 부속서 임원선거규정의 정하는 바에 의한다고 규정하고 있고, 수산업협동조합중앙회정관 부속서 임원선거규정("임원선거규정") 제3조에 회장, 대표이사, 비상임 이사 및 감사 선거의 선거인은 회장과 선거공고일 현재 회원명부에 등재된 회원의 조합장으로 한다고 규정하고 있으며, 임원선거규정 제13조 제2항(제30조에 의하여 감사 선거에 준용됨)에 누구든지 자기 또는 특정인을 회장으로 당선되거나 당선되도록 또는 당선되지 아니하도록 할 목적으로 위 조항 각 호에 규정된 행위를 할 수 없도록 하면서 제1호에 "선거인 (선거인명부 작성 전에는 그 선거인명부에 오를 자격이 있는 자를 포함한다)에게 금전·물품·향응 기타 재산상의 이익이나 공사의 직을 제공, 그 제공의 의사표시 또는 그 제공을 약속하는 행위"를 규정하고 있는 사실, 한편 이 사건 상임감사 선거는 2004. 2. 9. 선거일 공고가 되어 2004. 2. 25. 실시되었는데, 위 선거에 출마한 재항고인은 2003. 11. 초순경부터 2004. 1. 하순경까지 사이에 선거인명부에 오를 자격이 있는 전국의 수산업협동조합장 39명에게 금품 등을 제공한 사실, 그 후 재항고인으로부터 금품 등을 제공받은 위 조합장들은 모두 선거인이 되어 위 선거에 참여하였고, 재항고인은 결선투표까지 가는 접전 끝에 총 선거인 99명 가운데 53표를 얻어 차순위 후보자에 비해 7표라는 근소한 차이로 당선된 사실, 이에 상대방은 재항고인이 임원선거규정 제13조 등을 위반하였다는 이유로, 2004. 6. 14. 법 제154조 제1항에 따라 재항고인의 상임감사 당선을 취소하는 이 사건 처분을 한 사실을 인정한 다음, 재항고인으로부터 금품 등을 제공받은 위 조합장들의 수와 지역분포도, 그 금액, 근소한 차이의 표결 결과 등에 비추어 보면, 재항고인이 수산업협동조합중앙회정관 및 임원선거규정 제13조 제2항에 위반하여 한

선거운동이 선거의 결과에 영향을 미쳐 재항고인이 당선되었다고 봄이 상당하므로 이 사건 상임감사 선거는 법 제154조 제1항(현행 제170조 제1항)의 정관 등에 위반된 경우에 해당하고, 이 사건 처분에 재량권을 일탈·남용한 위법도 없으며, 따라서 재항고인의 이 사건 신청이 효력정지 등의 요건을 갖추지 못하였다고 판단하였다.

위 법리 및 기록에 비추어 보면, 원심의 이러한 조치는 정당하고, 거기에 재항고이유와 같은 집행정지, 법 제154조 제1항(현행 제170조 제1항) 등에 관한 법리오해, 채증법칙 위배 등의 위법이 없다.

** 관련 판례: 대법원 2007. 7. 13. 선고 2005두13797 판결(당선취소처분 취소)

[1] 수산업협동조합중앙회의 임원선거에 출마한 후보자의 위법한 선거운동이 구 수산업협동조합법 제154조 제1항(현행 제170조 제1항)에 의하여 당선을 취소할 사유에 해당하기 위한 요건: 구 수산업협동조합법(2004. 12. 31. 법률 제7311호로 전문 개정되기 전의 것, 이하 "법") 제154조 제1항(현행 제170조 제1항)에 "해양수산부장관은 조합의 총회·대의원회 또는 이사회의 소집절차·의결방법·의결내용이나 선거가 법령, 법령에 의한 행정처분, 정관이나 규약에 위반되었다고 인정한 때에는 그 의결·선거에 따른 당선을 취소하거나 그 집행을 정지하게 할 수 있다."고 규정하고 있는바, 수산업협동조합중앙회의 임원선거에 출마한 후보자가 법령, 법령에 의한 행정처분, 정관이나 규약(이하 "법령 등")이 정한 선거운동의 제한사항에 위반한 사유가 있는 경우 그 사유만으로 곧바로 당해 선거가 법령 등에 위반되었다고 할 수는 없지만, 이와 같은 법령 등에 위반된 선거운동으로 선거인들의 자유로운 판단에 의한 투표를 방해하여 선거의 기본이념인 선거의 자유와 공정을 현저히 침해하고 그로 인하여 선거의 결과에 영향을 미쳤다고 인정될 때에는, 당해 선거가 법령 등에 위반된 경우에 해당한다고 보아야 할 것이다.

[2] 원심은 채택 증거를 종합하여, 수산업협동조합중앙회정관 제70조 제6항에 회장, 대표이사, 이사, 감사의 선거 및 추천은 부속서 임원선거규정의 정하는 바에 의한다고 규정하고 있고, 수산업협동조합중앙회정관 부속서 임원선거규정("임원선거규정") 제3조에 회장, 대표이사, 비상임 이사 및 감사 선거의 선거인은 회장과 선거공고일 현재 회원명부에 등재된 회원의 조합장으로 한다고 규정하고 있으며, 임원선거규정 제13조 제2항(제30조에 의하여 감사 선거에 준용됨)에 누구든

지 자기 또는 특정인을 회장으로 당선되거나 당선되도록 또는 당선되지 아니하도록 할 목적으로 위 조항 각 호에 규정된 행위를 할 수 없도록 하면서 제1호에 "선거인(선거인명부 작성 전에는 그 선거인명부에 오를 자격이 있는 자를 포함한다)에게 금전·물품·향응 기타 재산상의 이익이나 공사의 직을 제공, 그 제공의 의사표시 또는 그 제공을 약속하는 행위"를 규정하고 있는 사실, 한편 이 사건 상임감사 선거는 2004. 2. 9. 선거일 공고가 되어 2004. 2. 25. 실시되었는데, 위 선거에 출마한 원고는 2003. 11. 초순경부터 2004. 1. 하순경까지 사이에 선거인명부에 오를 자격이 있는 전국의 수산업협동조합장 39명에게 금품 등을 제공한 사실, 그 후 원고로부터 금품 등을 제공받은 위 조합장들은 모두 선거인이 되어 위 선거에 참여하였고, 원고는 결선투표까지 가는 접전 끝에 총 선거인 99명 가운데 53표를 얻어 차순위 후보자에 비해 7표라는 근소한 차이로 당선된 사실, 이에 피고는 원고가 임원선거규정 제13조 등을 위반하였다는 이유로, 2004. 6. 14. 법 제154조 제1항(현행 제170조 제1항)에 따라 원고의 상임감사 당선을 취소하는 이 사건 처분을 한 사실을 인정한 다음, 원고로부터 금품 등을 제공받은 위 조합장들의 수와 지역분포도, 그 금액, 근소한 차이의 표결 결과 등에 비추어 보면, 원고가 수산업협동조합중앙회정관 및 임원선거규정 제13조 제2항에 위반하여 한 선거운동이 선거의 결과에 영향을 미쳐 원고가 당선되었다고 봄이 상당하므로 이 사건 상임감사 선거는 법 제154조 제1항(현행 제170조 제1항)의 정관 등에 위반된 경우에 해당하며, 또한 피고의 이 사건 처분에 재량권을 일탈·남용한 위법도 없다고 판단하였다. 위 법리 및 기록에 비추어 보면, 원심의 이러한 조치는 정당하고, 거기에 상고이유와 같은 법 제154조 제1항(현행 제170조 제1항) 등에 관한 법리오해, 채증법칙 위배 등의 위법이 없다.

** 관련 판례: 서울고등법원 2005. 9. 27. 선고 2004누22369 판결(당선취소처분취소)

[1] 이 사건 처분의 경위

가. 원고는 2004. 2. 25. 수산업협동조합중앙회("수협중앙회") 임시총회 때 실시된 상임감사 선출을 위한 선거에서 상임감사로 당선되었다.

나. 피고(해양수산부장관)는, 원고가 위 선거에 앞서 2003. 11. 초순경부터 2004. 1. 13.까지 사이에 선거인인 전국 수협의 조합장들에게 금전 및 물품을 제

공하고, 선거직전일인 2004. 2. 24. 수협조합장 7명이 모여 있는 숙소를 방문함으로써, 수협중앙회 정관 부속서 임원선거규정("임원선거규정") 제13조 및 수산업협동조합법("법") 제55조의4(현행 제53조)를 위반하였다는 이유로, 2004. 6. 14. 법 제154조(현행 제170조) 제1항의 규정에 근거하여 원고의 상임감사 당선을 취소하는 이 사건 처분을 하였다.

[2] 이 사건 처분의 적법 여부

가. 원고의 주장

원고는 법령 및 임원선거규정에 위배된 선거운동을 한 사실이 없으며, 가사 원고가 그와 같은 선거운동을 하였다고 하더라도 법 제154조(현행 제170조) 제1항은 "선거가 법령, 정관에 위반된 경우"라고만 규정하고 있을 뿐 "후보자가 법령, 정관에 위반하여 선거운동을 한 경우"라고 명시하고 있지 않으므로 후보자의 개별적인 선거운동이 위법한 데 그치는 이 사건과 같은 경우는 법 제154조(현행 제170조) 제1항의 "선거가 법령, … 정관이나 규약에 위반된 경우"에 해당된다고 볼 수 없으므로 이 사건 처분은 위법하고, 또 이 사건 선거가 법령에 위반된 경우라고 하더라도 법 제154조(현행 제170조) 제1항에서 "후보자가 위반행위를 하였을 경우"를 명시적으로 규정하고 있지는 아니한 점 등을 고려한다면 이 사건 처분은 재량권을 일탈, 남용한 것으로서 위법하다.

나. 인정사실

① 원고는 2004. 2. 25. 실시된 수협중앙회 상임감사 선거에서 당선될 목적으로 2003. 11. 초순경 인천 연수구 연수3동 577-5 소재 인천수협조합 사무실에서 위 조합장 공소외 1에게 홍삼 1박스 시가 80,000원 상당을 제공한 것을 비롯하여 2003. 11. 초순경부터 2004. 1. 하순경까지 모두 39회에 걸쳐 선거인명부에 오를 자격이 있는 자들인 인천, 수원, 충남, 전북, 경북, 경남, 울산, 부산, 전북, 전남, 광주 등지의 수협 조합장 39명에게 홍삼과 곶감 등 3,060,000원 상당을 제공하였고, 또 2003. 12. 20. 16:30경 나로도 수협 조합장 공소외 2에게 200만 원을, 2004. 1. 7. 10:00경 통영의 멍게수하식수산업협동조합장 공소외 3에게 500만 원을, 2004. 1. 13. 21:00경 충남 태안의 서산수협조합장 공소외 4에게 300만 원을 각 제공하고, 2004. 1. 7. 11:00경 통영의 기선권현망수산업협동조합장 공소외 5 에게 50만 원을 주려고 하여 금전을 제공하려는 의사표시를 하였다.

② 임원선거규정 제3조에 "선거인은 회장과 선거공고일 현재 회원명부에 등

재된 회원의 조합장으로 한다"고 규정되어 있고 위 상임감사 선거는 2004. 2. 9.
선거일 공고가 되었는데 원고로부터 금품 등을 수령한 위 조합장들은 모두 선거
인이 되었다.

③ 원고는 선거직전일인 2004. 2. 24. 21:00경 원덕수협조합장인 선거인 공
소외 6 등 강원도 지역 수협조합장 7명이 모여 있는 서울 송파구 방이동에 있는
닷컴호텔 901호실을 방문하여 자신에 대한 지지를 부탁하였다.

④ 원고는 위 상임감사 선거에서 결선투표까지 치르는 접전을 벌인 끝에 총
선거인 99명 가운데 53표를 얻어 46표를 얻은 상대방에 비하여 7표라는 근소한
표차로 당선되었다.

⑤ 원고는 앞서와 같은 금품 제공 등 및 숙소방문 행위에 관하여 수산업협
동조합법위반죄로 기소되었으나 금품 제공 등의 행위에 관하여는 "유추해석을
금지하는 죄형법정주의의 원칙에 비추어 선거인이 아니라 장차 선거인 명부에
오를 자격이 있을 뿐인 자에 대하여는 법 제55조의4(현행 제53조) 제1항 제1호의
선거운동의 제한규정이 적용될 수 없다"라는 취지에서 무죄의 판결을 받았고, 숙
소방문행위에 관하여는 제1심에서는 유죄의 판단을 받았으나 항소심에서 "확대
해석과 유추해석을 금지하는 죄형법정주의의 원칙에 비추어 원고의 숙소방문 행
위는 법 제55조의4 제4항에서 금지하고 있는 선거운동이 아니고 같은 조 2항에
서 규정하고 있는 호별방문에도 해당하지 아니한다"는 취지에서 무죄의 판결을
받았으며 이는 대법원에서 그대로 확정되었다.

⑥ 수협중앙회 정관 제70조 제6항은 "제1항 내지 제5항의 선거 및 추천은
부속서 임원선거규정의 정하는 바에 의한다"고 규정하고 있으며, 부속서 임원선
거규정 제13조 제2항(제30조에 의하여 감사선거에 준용됨)은 "누구든지 자기 또는
특정인을 회장으로 당선되거나 당선되도록 또는 당선되지 아니하도록 할 목적으
로 다음 각호의 1에 해당하는 행위를 할 수 없다"고 규정하고, 제1호로 "선거인
(선거인명부 작성 전에는 그 선거인명부에 오를 자격이 있는 자를 포함한다)에게 금전·
물품·향응 기타 재산상의 이익이나 공사의 직을 제공, 그 제공의 의사표시 또는
그 제공을 약속하는 행위"를 들고 있다.

[인정 근거] 갑제4호증의 1, 2, 갑제5 내지 8호증의 각 기재, 변론 전체의 취지
다. 판단

① 원고가 법령 및 정관 등을 위반한 선거운동을 하였는지 여부

원고의 위 금품 제공 등 및 숙소방문 행위는 앞서 본 바와 같이 모두 법 제 54조의4(현행 제53조)를 위반한 것은 아니라 할 것이나, 원고의 금품 제공 등 행위만큼은 수협중앙회 정관 및 임원선거규정 제13조 제5항에 위반되는 행위에 해당하고 이러한 경우에도 피고는 원고의 상임감사 당선을 취소할 수 있다 할 것이므로 이 점에서 이 사건 처분은 적법하다 할 것이다.

② 선거가 법령 등에 위반한 경우에 해당하는지 여부

원고는, 법 제154조(현행 제170조) 제1항의 "선거가 법령, 정관에 위반된 경우"라 함은 투표방법의 위반, 투표권에 차별을 두는 경우, 이사의 총수 중 조합원이 차지하는 비율위반의 경우 등을 가리키고, 이 사건과 같이 원고가 법령 및 임원선거규정에 위반하여 선거운동을 한 경우까지를 포함하지는 않는다고 주장한다.

살피건대, 선거에 출마한 후보자가 당선을 목적으로 금품을 제공하는 등 선거의 절차에서 정관에 위반한 사유가 있는 경우 그 사정만으로 당해 선거가 정관에 위반된 경우가 되는 것은 아니겠지만, 이와 같은 정관 위반의 선거운동으로 조합원들의 자유로운 판단에 의한 투표를 방해하여 선거의 기본이념인 선거의 자유와 공정을 현저히 침해하고 그로 인하여 선거의 결과에 영향을 미쳤다고 인정된다면 이러한 경우는 당해 선거에서의 선거관리위원회의 책임에 돌릴 만한 사유가 있는지를 따질 필요 없이 선거에 법령에 위반한 사유가 있는 경우라고 보아야 할 것인데(대법원 2003. 12. 26. 선고 2003다11837 판결 참조), 앞서 본 바와 같은 원고가 금품 등을 제공한 조합장들의 수와 지역분포도, 그 금액, 근소한 표차이의 표결결과 등에 비추어 볼 때 원고가 위 임원선거규정에 위반하여 한 선거운동이 선거의 결과에 영향을 미쳐 원고가 당선되었다고 넉넉히 추인되므로, 결국 이 사건 수협중앙회의 상임감사 선거는 정관 등에 위배된 경우라고 할 것이다.

③ 이 사건 처분이 재량권을 일탈, 남용한 것인지 여부

위 인정사실에 의하면 알 수 있는 다음과 같은 점들 즉, 원고가 금품을 제공한 수협 조합장들은 모두 선거인이 된 점, 원고가 임원선거규정을 위반하는 사전선거운동을 한 기간이 선거공고일 석 달여 전부터 한 달여 전까지로 선거에 충분히 영향을 미칠 수 있는 기간인 점, 원고가 금품을 제공한 수협조합장들의 지역분포를 살펴보면 원고는 강원도 지역만 빠진 셈인데 원고가 선거 직전일에 강

원도 지역의 수협조합장 7명이 모여 있는 숙소를 방문한 점, 원고가 금품 등을 제공한 조합장들의 수가 39명에 이르러 총 선거인 99명의 40%에 육박하는 인원수인 점, 원고가 3명의 조합장에게 제공한 돈이 적지 아니한 금액인 점, 최종 표결결과는 원고가 상대 후보보다 7표를 더 얻은 박빙의 승부였던 점 등에 비추어 볼 때 피고의 이 사건 처분이 재량권을 일탈, 남용하여 위법하다고 할 수 없다 할 것이다.

　　** 관련 판례: 대법원 2007. 4. 27. 선고 2007도1038 판결

　　[1] 특정 목적을 위하여 조성된 자금을 지원한도를 초과하여 대출하는 행위로 인하여 자금운용 주체에게 업무상배임죄의 재산상 손해가 발생할 수 있는지 여부(적극): 정부의 "1999. 12. 15. 어가부채경감대책"에 따라 수산업협동조합중앙회가 조성하여 해수어류수산업협동조합("해수어류수협")이 차입한 "수산업 경영개선자금"은 그 지원대상이 각종 수산업 자금을 5,000만 원 이상 대출받은 수산업경영체로, 지원한도가 기존의 고금리대출자금의 원리금 범위 내로 각 한정되어 있으므로, 위 경영개선자금을 부적격자에게 대출하거나 적격자에게 대출하더라도 그 지원한도를 초과하여 대출하는 행위는, 비록 충분한 담보가 제공되어 대출금의 회수가 보장된다고 하더라도, 결국 특정 목적을 위하여 조성된 위 경영개선자금의 감소를 초래하여 위 자금이 본래의 목적을 위하여 사용됨을 저해하는 것이므로, 해수어류수협은 위와 같은 경영개선자금의 부당대출로 인하여 재산상의 손해를 입었다고 보아야 할 것이다(대법원 1997. 10. 24. 선고 97도2042 판결 참조).

　　원심이 같은 취지에서, 피고인과 공모한 공소외 1이, 해수어류수협으로부터 6억 원의 판매선급금을 대출받아 수산업 경영개선자금도 6억 원의 한도 내에서만 지원받을 수 있는 피고인의 처 공소외 2에게, 동인 명의의 허위의 차용금신청서 및 판매선급금 원장을 작성케 하는 등의 방법으로, 그 지원한도를 초과하여 9억 원을 지원하여 준 행위는 그 자체로서 해수어류수협에게 재산상의 손해를 가한 것에 해당하고 따라서 업무상 배임죄가 성립한다고 판단한 것은 옳고, 거기에 상고이유에서 주장하는 바와 같은 업무상 배임에 관한 법리오해 등의 위법이 없다.

　　[2] 특정범죄 가중처벌 등에 관한 법률 시행령 제2조 제50호(현행 제43호)가 수산업협동조합중앙회와 그 회원조합을 같은 법 제4조 제1항의 정부관리기업체의 하나로 규정한 것이 위임입법의 한계를 벗어난 위헌·위법한 규정인지 여부

(소극): 구 수산업협동조합법(1997. 12. 13. 법률 제5453호로 개정되기 전의 것, 이하 "법"이라고 한다)은 어업인과 수산업제조업자의 협동조직을 촉진하여 그 경제적·사회적 지위의 향상과 수산업의 생산력의 증강을 도모함으로써 국민경제의 균형있는 발전을 기하고자(법 제1조) 지구별 수산업협동조합, 업종별 수산업협동조합, 수산물제조수산업협동조합과 수산업협동조합중앙회("수협중앙회")의 각 설립 및 해산, 그 조합원의 자격과 권리의무, 조합의 기관과 임원, 사업 및 회계 등에 관한 자세한 규정을 두면서, 이와 아울러 수협중앙회를 포함한 수산업협동조합의 사업과 활동이 국민경제에 미치는 영향을 고려하여, ① 수산업협동조합("조합")은 해양수산부장관이 감독하되, 신용사업에 대하여는 재경부장관과 사전에 합의하여야 하고(법 제10조), ② 해양수산부장관은 조합에 대하여 법령에 의한 행정처분, 정관이나 제규약을 준수하게 하기 위하여 필요하다고 인정할 때에는 조합으로부터 그 업무 또는 재산상황에 관하여 보고를 받을 수 있고(법 제151조 제1항), ③ 해양수산부장관은 조합의 업무 또는 회계가 법령, 법령에 의한 행정처분, 정관이나 제규약에 위반할 우려가 있거나 특히 검사를 할 필요가 있다고 인정될 때에는 당해 조합의 업무 또는 회계상황을 검사할 수 있고(법 제152조 제2항), ④ 조합이 정부로부터 보조금을 받았을 때에는 당해 보조목적 부분에 대하여 감사원의 검사를 받고(법 제153조), ⑤ 해양수산부장관은 조합의 총회·대의원회 또는 이사회의 소집절차·의결방법·의결내용이나 선거가 법령, 법령에 의한 행정처분, 정관이나 규약에 위반되었다고 인정한 때에는 그 의결·선거 또는 당선을 취소하거나 그 집행을 정지하게 할 수 있고(법 제154조 제1항), ⑥ 해양수산부장관은 조합의 업무 또는 회계가 법령, 법령에 의한 행정처분, 정관이나 규약에 위반되었다고 인정한 때에는 당해 조합에 대하여 그 시정을 명하거나 관계 임·직원에 대하여 필요한 조치를 명할 수 있고(같은 조 제2항), ⑦ 해양수산부장관은 조합이 정당한 이유 없이 제1항 및 제2항의 명령을 이행하지 아니한 때에는 기간을 정하여 업무의 전부 또는 일부를 정지시키거나 관계임원을 해임하거나 직권의 정지를 명할 수 있다(같은 조 제3항)고 각 규정하고 있다. 이와 같은 제반 규정에 비추어 보면, 수협중앙회와 그 회원조합은 특정범죄 가중처벌 등에 관한 법률("특가법"다) 제4조 제1항 제2호가 규정하고 있는 정부관리기업체의 범주에 포함될 수 있어 특가법 제4조 제2항의 위임을 받은 특가법 시행령 제2조 제50호(현행 제43호)가 수협중앙회와 그 회원조합을 특가법 제4조 제1항 소정의 정부관리기업

체의 하나로 규정한 것이 위임입법의 한계를 벗어난 위헌·위법한 규정이라고 할 수 없다(대법원 2000. 9. 8. 선고 2000도926 판결, 2001. 10. 30. 선고 2000도733 판결 등 참조).

같은 취지의 원심의 판단은 정당하고, 거기에 상고이유에서 주장하는 바와 같이 특가법 제4조 제1항 소정의 정부관리기업체에 관한 법리를 오해하는 등의 위법이 없다.

** 관련 판례: 서울고등법원 2005. 9. 27. 선고 2004누22369 판결

원고는, 법 제154조 제1항(현행 제170조 제1항)의 "선거가 법령, 정관에 위반된 경우"라 함은 투표방법의 위반, 투표권에 차별을 두는 경우, 이사의 총수 중 조합원이 차지하는 비율위반의 경우 등을 가리키고, 이 사건과 같이 원고가 법령 및 임원선거규정에 위반하여 선거운동을 한 경우까지를 포함하지는 않는다고 주장한다. 살피건대, 선거에 출마한 후보자가 당선을 목적으로 금품을 제공하는 등 선거의 절차에서 정관에 위반한 사유가 있는 경우 그 사정만으로 당해 선거가 정관에 위반된 경우가 되는 것은 아니겠지만, 이와 같은 정관 위반의 선거운동으로 조합원들의 자유로운 판단에 의한 투표를 방해하여 선거의 기본이념인 선거의 자유와 공정을 현저히 침해하고 그로 인하여 선거의 결과에 영향을 미쳤다고 인정된다면 이러한 경우는 당해 선거에서의 선거관리위원회의 책임에 돌릴 만한 사유가 있는지를 따질 필요 없이 선거에 법령에 위반한 사유가 있는 경우라고 보아야 할 것인데(대법원 2003. 12. 26. 선고 2003다11837 판결 참조), 앞서 본 바와 같은 원고가 금품 등을 제공한 조합장들의 수와 지역분포도, 그 금액, 근소한 표차이의 표결결과 등에 비추어 볼 때 원고가 위 임원선거규정에 위반하여 한 선거운동이 선거의 결과에 영향을 미쳐 원고가 당선되었다고 넉넉히 추인되므로, 결국 이 사건 수협중앙회의 상임감사 선거는 정관 등에 위배된 경우라고 할 것이다.

2. 제재의 종류와 사유

해양수산부장관은 조합등과 중앙회의 업무 또는 회계가 법령, 법령에 따른 처분 또는 정관에 위반된다고 인정할 때에는 그 조합등 또는 중앙회에 대하여 기간을 정하여 시정을 명하고 해당 임직원에 대하여 ⅰ) 임원에 대하여는 개선, 직무정지, 견책 또는 경고(제1호), ⅱ) 직원에 대하여는 징계면직, 정직, 감봉 또

는 견책(제2호)의 조치를 하게 할 수 있다(법170②).

3. 업무의 전부 또는 일부 정지

조합등 또는 중앙회가 임직원의 개선, 징계면직의 조치를 요구받은 경우 해당 임직원은 그 날부터 그 조치가 확정되는 날까지 직무가 정지된다(법170③).

4. 임직원의 직무정지

해양수산부장관은 조합등 또는 중앙회가 시정명령 또는 임직원에 대한 조치를 이행하지 아니하면 6개월 이내의 기간을 정하여 해당 업무의 전부 또는 일부를 정지시킬 수 있다(법170④).

5. 업무정지의 세부기준

업무정지의 세부기준 및 그 밖에 필요한 사항은 해양수산부령으로 정한다(법170⑤). 따른 조합등 또는 중앙회에 대한 업무정지의 세부기준은 [별표 2]와 같다(시행규칙10의3).

[별표 2] 업무정지의 세부기준(제10조의3 관련)

1. 일반기준

　가. 위반행위가 둘 이상인 경우에는 무거운 처분기준의 2분의 1의 범위에서 가중할 수 있되, 각 처분기준을 합산한 기간을 초과할 수 없다.

　나. 위반행위의 횟수에 따른 행정처분 기준은 최근 1년간 같은 위반행위로 업무정지 처분을 받은 경우에 적용한다. 이 경우 위반 횟수별 처분기준의 적용일은 위반행위에 대하여 처분을 한 날과 다시 같은 위반행위(처분 후의 위반행위만 해당한다)를 적발한 날로 한다.

　다. 처분권자는 다음 각 목의 어느 하나에 해당하는 경우에는 업무정지 처분의 2분의 1의 범위에서 감경할 수 있다.

　　1) 위반행위가 고의나 중대한 과실이 아닌 사소한 부주의나 오류로 인한 것으로 인정되는 경우

　　2) 위반상태를 시정하거나 해소한 경우

　　3) 그 밖에 위반행위의 정도, 위반행위의 동기와 그 결과 등을 고려하여 업무정지 기간을 줄일 필요가 있다고 인정되는 경우

라. 제2호에 따른 업무정지 처분은 위반행위 관련 분야 업무에 한정한다.

2. 개별기준

위반행위	근거 법조문	업무정지의 내용	
		1차 위반	2차 이상 위반
1. 법 제170조 제2항 각 호 외의 부분에 따른 시정명령을 이행하지 않은 경우	법 제170조 제4항	업무정지 3개월	업무정지 6개월
2. 법 제170조 제2항 제1호에 따른 다음 각 목의 조치 요구를 이행하지 않은 경우			
가. 임원에 대한 개선(改選) 요구를 이행하지 않은 경우	법 제170조 제4항	업무정지 3개월	업무정지 6개월
나. 임원에 대한 직무정지 요구를 이행하지 않은 경우	법 제170조 제4항	업무정지 2개월	업무정지 4개월
다. 임원에 대한 견책 또는 경고 요구를 이행하지 않은 경우	법 제170조 제4항	업무정지 1개월	업무정지 2개월
3. 법 제170조 제2항 제2호에 따른 다음 각 목의 조치 요구를 이행하지 않은 경우			
가. 직원에 대한 징계면직 요구를 이행하지 않은 경우	법 제170조 제4항	업무정지 2개월	업무정지 4개월
나. 직원에 대한 정직 요구를 이행하지 않은 경우	법 제170조 제4항	경고	업무정지 2개월
다. 직원에 대한 감봉 또는 견책요구를 이행하지 않은 경우	법 제170조 제4항	경고	업무정지 1개월

제4절 과태료

Ⅰ. 개요

수산업협동조합법 제180조는 일정한 위반행위에 대하여 200만원 이하의 과태료를 부과하는 경우(법180①②), 제공받은 금액 또는 가액의 10배 이상 50배 이하에 상당하는 금액의 과태료를 부과(상한액은 3천만원)하는 경우(법180③)를 규정

하고 있다. 과태료는 대통령령으로 정하는 바에 따라 해양수산부장관 또는 중앙
선거관리위원회가 부과·징수한다(법180⑤). 구·시·군선거관리위원회가 법 제
180조 제5항에 따라 과태료를 부과·징수하는 경우 그 성질에 어긋나지 아니하
는 범위에서 「공직선거관리규칙」 제143조를 준용한다(영70).

Ⅱ. 200만원 이하의 과태료

법 제3조(명칭) 제2항, 제113조의3(법인격 및 명칭) 제3항 또는 제114조(수산
업협동조합협의회) 제3항을 위반하여 명칭을 사용한 자에게는 200만원 이하의 과
태료를 부과한다(법180①).

조합등 또는 중앙회의 임원·집행간부·일반간부직원·파산관재인 또는 청
산인이 공고하거나 최고하여야 할 사항에 대하여 공고 또는 최고를 게을리하거
나 부정한 공고 또는 최고를 한 경우에는 200만원 이하의 과태료를 부과한다(법
180②).

Ⅲ. 제공받은 금액 또는 가액의 10배 이상 50배 이하에 상당하는 금액의 과태료

법 제53조의2(기부행위의 제한)(제108조, 제113조 또는 제168조에 따라 준용하는
경우를 포함)를 위반하여 금전·물품이나 그 밖의 재산상의 이익을 제공받은 사람
에게는 그 제공받은 금액 또는 가액의 10배 이상 50배 이하에 상당하는 금액의
과태료를 부과하되, 그 상한액은 3천만원으로 한다(법180③).

Ⅳ. 과태료 부과기준

과태료는 해양수산부장관 또는 중앙선거관리위원회가 부과·징수한다(법180
⑤). 이에 따라 구·시·군선거관리위원회가 과태료를 부과·징수하는 경우 그 성
질에 어긋나지 아니하는 범위에서 「공직선거관리규칙」 제143조를 준용한다(영70).

제5절 형사제재

I. 벌칙

1. 10년 이하의 징역 또는 1억원 이하의 벌금

조합등 또는 중앙회의 임직원이 ⅰ) 조합등 또는 중앙회의 사업 목적 외의 용도로 자금을 사용하거나 대출하는 행위(제1호), ⅱ) 투기의 목적으로 조합등 또는 중앙회의 재산을 처분하거나 이용하는 행위(제2호)로 조합등 또는 중앙회에 손실을 끼쳤을 때에는 10년 이하의 징역 또는 1억원 이하의 벌금에 처한다(법176 ①). 징역형과 벌금형은 병과할 수 있다(법176②).

2. 3년 이하의 징역 또는 3천만원 이하의 벌금

조합등 또는 중앙회의 임원·집행간부·일반간부직원·파산관재인 또는 청산인이 다음의 어느 하나에 해당하면 3년 이하의 징역 또는 3천만원 이하의 벌금에 처한다(법177).

1. 제14조 제1항 단서, 제16조 제1항(제80조 제2항, 제108조, 제113조 또는 제 168조에 따라 준용되는 경우를 포함), 제37조 제2항(제108조 또는 제113조 에 따라 준용되는 경우를 포함), 제77조 제2항(제108조 또는 제113조에 따 라 준용되는 경우를 포함), 제78조 제3항(제108조 또는 제113조에 따라 준 용되는 경우를 포함), 제113조의5 제1항, 제113조의6 제2항, 제126조 제2항 에 따른 감독기관의 인가를 받지 아니한 경우
2. 제16조 제1항(제80조 제2항, 제108조, 제113조 또는 제168조에 따라 준용되 는 경우를 포함), 제32조 제1항(제108조, 제113조, 제113조의10 또는 제168 조에 따라 준용되는 경우를 포함), 제37조 제1항(제108조, 제113조 또는 제 113조의10에 따라 준용되는 경우를 포함), 제57조 제1항부터 제3항까지(제 108조 또는 제113조에 따라 준용되는 경우를 포함), 제67조(제108조 또는 제113조에 따라 준용되는 경우를 포함), 제77조 제1항(제108조 또는 제113 조에 따라 준용되는 경우를 포함), 제80조 제1항(제108조 또는 제113조에 따라 준용되는 경우를 포함), 제84조 제2호(제108조, 제113조 또는 제113조

의10에 따라 준용되는 경우를 포함), 제126조 제1항, 제127조 제3항, 제135
조 제1항 및 제3항 또는 제162조에 따라 총회·대의원회 또는 이사회의 의결
을 거쳐야 하는 사항에 대하여 의결을 거치지 아니하고 집행한 경우

3. 제48조 제1항(제108조 또는 제113조에 따라 준용되는 경우를 포함), 제48조
   제2항(제108조, 제113조 또는 제133조 제5항에 따라 준용되는 경우를 포함),
   제131조 제4항, 제142 조 제2항 또는 제169조 제6항에 따른 감독기관·총회·
   대의원회 또는 이사회에 대한 보고를 부실하게 하거나 사실을 은폐한 경우

4. 제60조 제1항 제15호, 제107조 제1항 제13호, 제112조 제1항 제13호 또는
   제138조 제1항 제17호에 따른 감독기관의 승인을 받지 아니한 경우

5. 제64조 제2항(제108조 또는 제168조에 따라 준용되는 경우를 포함)에 따른
   의결을 거치지 아니한 경우

6. 제69조(제108조 또는 제113조에 따라 준용되는 경우를 포함)를 위반하여 조
   합이 여유자금을 사용한 경우

7. 제70조 제1항·제3항·제4항(제108조, 제113조, 제113조의10 또는 제168조
   에 따라 준용되는 경우를 포함), 제70조 제2항(제108조 또는 제113조에 따
   라 준용되는 경우를 포함) 또는 제165조를 위반하여 법정적립금 등을 적립
   하거나 잉여금을 이월한 경우

8. 제71조(제108조, 제113조, 제113조의10 또는 제168조에 따라 준용되는 경우
   를 포함) 또는 제166조 제1항·제2항을 위반하여 손실 보전을 하거나 잉여금
   을 배당한 경우

9. 제72조(제108조, 제113조, 제113조의10 또는 제168조에 따라 준용되는 경우
   를 포함)를 위반하여 법정적립금 및 자본적립금을 사용한 경우

10. 제73조 제1항부터 제3항까지(제108조, 제113조, 제113조의10 또는 제168조
    에 따라 준용되는 경우를 포함) 또는 제163조를 위반한 경우

11. 제74조 제1항(제108조, 제113조, 제113조의10 또는 제168조에 따라 준용되
    는 경우를 포함)을 위반하여 조합 및 중앙회가 재무상태표를 작성하지 아니
    한 경우

12. 제87조(제108조, 제113조 또는 제113조의10에 따라 준용되는 경우를 포함)
    를 위반하여 총회 또는 해양수산부장관의 승인을 받지 아니한 경우

13. 제89조(제108조, 제113조 또는 제113조의10에 따라 준용되는 경우를 포함)
    를 위반하여 청산인이 재산을 분배한 경우

14. 제90조(제108조, 제113조 또는 제113조의10에 따라 준용되는 경우를 포함)
    를 위반하여 총회의 승인을 받지 아니한 경우

15. 제92조(제78조 제5항, 제80조 제2항, 제108조, 제113조, 제113조의10 또는 제168조에 따라 준용되는 경우를 포함), 제93조부터 제95조까지(제108조, 제113조, 제113조의10 또는 제168조에 따라 준용되는 경우를 포함), 제97조부터 제100조까지(제108조, 제113조 또는 제113조의10에 따라 준용되는 경우를 포함) 또는 제103조(제108조, 제113조, 제113조의10 또는 제168조에 따라 준용되는 경우를 포함에 따른 등기를 부정하게 한 경우

16. 감독기관의 검사 또는 중앙회의 감사를 거부·방해 또는 기피한 경우

3. 2년 이하의 징역 또는 2천만원 이하의 벌금

다음의 어느 하나에 해당하는 자는 2년 이하의 징역 또는 2천만원 이하의 벌금에 처한다(법178①).

1. 제7조(공직선거 관여 금지) 제2항을 위반하여 공직선거에 관여한 자
2. 제53조(선거운동의 제한) 제1항(제108조, 제113조 또는 제168조에 따라 준용되는 경우를 포함)을 위반하여 선거운동을 한 자
3. 제53조(선거운동의 제한) 제10항(제108조, 제113조 또는 제168조에 따라 준용하는 경우를 포함)을 위반하여 선거운동을 한 자
4. 제53조의3(조합장의 축의·부의금품 제공 제한)(제108조 또는 제113조에 따라 준용하는 경우를 포함)을 위반하여 축의·부의금품을 제공한 자

제1항에 규정된 죄의 공소시효는 해당 선거일 후 6개월(선거일 후에 지은 죄는 그 행위가 있었던 날부터 6개월)이 지남으로써 완성된다(법178⑤ 본문). 다만, 범인이 도피하였거나 범인이 공범 또는 범인의 증명에 필요한 참고인을 도피시킨 경우에는 그 기간을 3년으로 한다(법178⑤ 단서).

4. 1년 이하의 징역 또는 1천만원 이하의 벌금

다음의 어느 하나에 해당하는 자(제108조, 제113조 또는 제168조에 따라 준용되는 자를 포함)는 1년 이하의 징역 또는 1천만원 이하의 벌금에 처한다(법178②).

1. 제53조(선거운동의 제한) 제2항을 위반하여 호별 방문을 하거나 특정 장소에 모이게 한 자

2. 제53조(선거운동의 제한) 제8항을 위반하여 선전벽보 부착 등의 금지된 행위
   를 한 자
3. 제53조(선거운동의 제한) 제4항부터 제7항까지의 규정을 위반한 자
4. 제53조의2(기부행위의 제한)를 위반한 자

제2항에 규정된 죄의 공소시효는 해당 선거일 후 6개월(선거일 후에 지은 죄
는 그 행위가 있었던 날부터 6개월)이 지남으로써 완성된다(법178⑤ 본문). 다만, 범
인이 도피하였거나 범인이 공범 또는 범인의 증명에 필요한 참고인을 도피시킨
경우에는 그 기간을 3년으로 한다(법178⑤ 단서).

5. 500만원 이상 3천만원 이하의 벌금

법 제53조(선거운동의 제한) 제3항(제108조, 제113조 또는 제168조에 따라 준용되
는 자를 포함)을 위반하여 거짓 사실을 공표하는 등 후보자를 비방한 자는 500만
원 이상 3천만원 이하의 벌금에 처한다(법178④).

제4항에 규정된 죄의 공소시효는 "해당 선거일" 후 6개월(선거일 후에 지은
죄는 그 행위가 있었던 날부터 6개월)이 지남으로써 완성된다(법178⑤ 본문). 다만,
범인이 도피하였거나 범인이 공범 또는 범인의 증명에 필요한 참고인을 도피시
킨 경우에는 그 기간을 3년으로 한다(법178⑤ 단서).

공소시효 조항은 지역농협의 임원선거와 관련된 범죄에 대하여 짧은 공소시
효를 정함으로써 사건을 조속히 처리하여 선거로 인한 법적 불안정 상태를 신속
히 해소하고, 특히 선거에 의하여 선출된 지역농협의 임원들이 안정적으로 업무
를 수행할 수 있도록 하기 위한 것이다.[1]

여기서 "해당 선거일"은 그 선거범죄와 직접 관련된 선거의 투표일을 의미
하는 것이므로, 그 선거범죄를 당해 선거일 전에 행하여진 것으로 보고 그에 대
한 단기 공소시효의 기산일을 당해 선거일로 할 것인지 아니면 그 선거범죄를
당해 선거일 후에 행하여진 것으로 보고 그에 대한 단기 공소시효의 기산일을
행위가 있는 날로 할 것인지의 여부는 그 선거범죄가 범행 전후의 어느 선거와
관련하여 행하여진 것인지에 따라 결정된다.[2]

---

1) 헌법재판소 2012. 2. 23. 선고 2011헌바154 전원재판부.
2) 대법원 2006. 8. 25. 선고 2006도3026 판결.

** 관련 판례: 대법원 2012. 10. 11. 선고 2011도17404 판결

[1] 구 수산업협동조합법(2010. 4. 12. 법률 제10245호로 개정되기 전의 것) 제178조 제5항 본문("이 사건 조항")은 "제1항 내지 제4항에 규정된 죄의 공소시효는 해당 선거일 후 6월(선거일 후에 행하여진 죄는 그 행위가 있는 날부터 6월)을 경과함으로써 완성한다."고 규정함으로써, 위 수산업협동조합법에 규정된 선거범죄 중 선거일까지 발생한 범죄에 대하여는 "선거일 후"부터, 선거일 후에 발생한 범죄에 대하여는 "그 행위가 있었던 날" 즉, 범죄행위 종료일부터 각 공소시효가 진행되도록 하고 있다. 여기서 선거일까지 발생한 범죄의 공소시효 기산일인 "선거일 후"는 "선거일 당일"이 아니라 "선거일 다음 날"을 의미한다고 해석하는 것이 우선 이 사건 조항의 문언에 부합한다.

또한 이 사건 조항의 입법 취지도 수산업협동조합법에 규정된 선거범죄에 대하여 형사소송법이 규정하고 있는 원칙적인 공소시효기간보다 짧은 공소시효를 정함으로써 사건을 조속히 처리하여 선거로 인한 법적 불안정 상태를 신속히 해소하고, 특히 선거에 의하여 선출된 수산업협동조합의 임원들이 안정적으로 업무를 수행할 수 있도록 하기 위하여 당해 선거와 관련하여 선거일까지 발생한 선거범죄에 대하여는 그 범행일이 언제인지를 묻지 아니하고 선거일까지는 공소시효가 진행되지 않도록 하였다가 선거일 다음 날부터 그 공소시효가 일괄하여 진행되도록 하려는 데 있다 할 것이다.

나아가 이 사건 조항 중 괄호 안의 "선거일 후"가 "선거일 다음 날 이후"를 의미하는 것임은 의문의 여지가 없는데, 만약 이 사건 조항 중 선거일까지 발생한 선거범죄에 대한 공소시효 기산일인 괄호 밖의 "선거일 후"를 "선거일 다음 날"이 아니라 "선거일 당일"로 해석한다면 동일한 법률조항에서 사용된 "선거일 후"의 의미를 서로 달리 해석하는 모순이 생기게 된다. 따라서 이 사건 조항 중 선거일까지 발생한 선거범죄의 공소시효 기산일인 "선거일 후"는 "선거일 당일"이 아니라 "선거일 다음 날"로 봄이 상당하다 .

[2] 원심은, 2010. 9. 15. 실시된 이 사건 ○○수산업협동조합장 보궐선거와 관련하여 위 선거일까지 발생한 선거범죄에 해당하는 이 사건 각 공소사실에 대한 공소시효는 선거일 다음 날인 2010. 9. 16.부터 기산하여 6개월의 단기 공소시효기간이 경과하는 2011. 3. 16. 00:00에 완성된다고 전제한 다음, 기록에 의하면 이 사건 공소제기일이 공소시효 완성 전인 2011. 3. 15.임이 명백하므로, 이와

달리 위 선거일 당일을 공소시효 기산일로 보아 이 사건 공소가 공소시효 완성 후에 제기되었음을 이유로 피고인들에게 면소를 선고한 제1심판결을 취소하고, 그 채택 증거들을 종합하여 이 사건 각 공소사실을 모두 유죄로 인정하였다.

원심판결 이유를 앞서 본 법리와 원심이 적법하게 채택한 증거들에 비추어 살펴보면, 원심의 위와 같은 판단은 정당하고 수산업협동조합법상 선거범죄의 공소시효 기산일에 관한 법리를 오해한 잘못이 없다.

Ⅱ. 선거범죄로 인한 당선무효 등

1. 당선무효 사유

조합이나 중앙회의 임원 선거와 관련하여 다음의 어느 하나에 해당하는 경우에는 해당 선거의 당선을 무효로 한다(법179①).

1. 당선인이 그 선거에서 제178조에 따라 징역형 또는 100만원 이상의 벌금형을 선고받은 경우
2. 당선인의 직계 존속·비속이나 배우자가 해당 선거에서 제53조(선거운동의 제한) 제1항이나 제53조의2(기부행위의 제한)를 위반하여 징역형 또는 300만원 이상의 벌금형을 선고받은 경우. 다만, 다른 사람의 유도 또는 도발에 의하여 해당 당선인의 당선을 무효로 되게 하기 위하여 죄를 저지른 때에는 그러하지 아니하다.

2. 재선거 입후보 제한

다음의 어느 하나에 해당하는 사람은 당선인의 당선무효로 실시사유가 확정된 재선거(당선인이 그 기소 후 확정판결 전에 사직함으로 인하여 실시사유가 확정된 보궐선거를 포함)의 후보자가 될 수 없다(법179②).

1. 제1항 제2호 또는 위탁선거법 제70조(위탁선거범죄로 인한 당선무효) 제2호에 따라 당선이 무효로 된 사람(그 기소 후 확정판결 전에 사직한 사람을 포함)
2. 당선되지 아니한 사람(후보자가 되려던 사람을 포함)으로서 제1항 제2호 또는 위탁선거법 제70조(위탁선거범죄로 인한 당선무효) 제2호에 따른 직계 존속·비속이나 배우자의 죄로 당선무효에 해당하는 형이 확정된 사람

Ⅲ. 선거범죄 신고자 등의 보호

법 제178조에 규정된 죄(제180조 제3항의 과태료에 해당하는 죄를 포함)의 신고자 등의 보호에 관하여는 공직선거법 제262조의2를 준용한다(법181).

Ⅳ. 선거범죄 신고자에 대한 포상금 지급

조합은 제178조에 규정된 죄(제180조 제3항의 과태료에 해당하는 죄를 포함)에 대하여 해당 조합 또는 조합선거관리위원회가 인지하기 전에 그 범죄행위를 신고한 사람에게 정관으로 정하는 바에 따라 포상금을 지급할 수 있다(법182).

Ⅴ. 자수자에 대한 특례

1. 형 또는 과태료의 필요적 감면

법 제53조(선거운동의 제한)(제108조, 제113조 또는 제168조에 따라 준용하는 경우를 포함) 및 제53조의2(선거운동의 제한)(제108조, 제113조 또는 제168조에 따라 준용하는 경우를 포함)를 위반한 자 중 금전·물품·향응, 그 밖의 재산상의 이익 또는 공사의 직을 제공받거나 받기로 승낙한 자가 자수한 때에는 그 형 또는 과태료를 감경 또는 면제한다(법183①).

2. 자수 의제 시기

법 제183조 제1항에 규정된 자가 수산업협동조합법에 따른 선거관리위원회에 자신의 선거범죄 사실을 신고하여 선거관리위원회가 관계 수사기관에 이를 통보한 때에는 선거관리위원회에 신고한 때를 자수한 때로 본다(법183②).

감 사

「회원조합 감사규정」("감사규정")은 수산업협동조합법이 정하는 바에 의하여 중앙회장("회장")이 회원조합의 건전한 발전을 도모하기 위하여 회원의 재산 및 업무집행상황을 감사하는데 필요한 사항을 규정함을 목적으로 한다(감사규정1).

여기서는 감사규정의 내용을 살펴본다.

제1절 총칙

I. 적용원칙

회원조합("조합")에 대한 감사는 법령, 정관, 규약 및 다른 규정에 정하는 것을 제외하고는 이 규정에 의한다(감사규정2).

Ⅱ. 감사 방향 및 범위

1. 감사 방향

감사는 경영감사를 원칙으로 한다(감사규정3①). 여기서 경영감사라 함은 조합의 경영상 제반 문제점을 발굴, 적절한 개선대책을 제시하고 제반 업무처리의 적정성 여부를 검토하여 시정·개선토록 지도하는 감사를 말한다(감사규정3②).

2. 감사 범위

감사의 범위는 ⅰ) 회계와 재산 및 업무집행에 관한 사항(제1호), ⅱ) 경영에 관한 사항(제2호), ⅲ) 임·직원의 부정과 비위 및 기강에 관한 사항(제3호), ⅳ) 중앙회 및 외부감사 지적사항의 처리결과에 대한 사항(제4호), ⅴ) 외부 감독기관 또는 회장이 감사요청한 사항(제5호), ⅵ) 사고예방을 위하여 조합감사위원장이 필요하다고 인정하는 사항(제6호), ⅶ) 조합경영실태종합평가(제7호), ⅷ) 해양수산부장관의 위탁 및 회장의 위임에 의한 조합의 일상적인 업무에 대한 감사(제8호), ⅸ) 자금세탁방지 업무에 관한 사항(제9호), ⅹ) 기타 관계법령과 정관 및 제 규정이 정하는 사항(제10호)이다(감사규정4).

Ⅲ. 감사의 구분

감사는 정기감사, 수시감사, 전산상시감사로 구분한다(감사규정5①).

1. 정기감사

정기감사는 감사대상사무소(본소 및 지사무소를 포함한다. 이하 "피감사기관"이라 한다)의 업무와 회계처리 전반에 대하여 순기에 따라 정기적으로 실시하는 감사를 말하며, 조합감사위원장이 필요하다고 인정하는 감사사항에 대하여는 표본을 추출하여 감사를 실시할 수 있다(감사규정5②).

2. 수시감사

수시감사는 ⅰ) 민원사항, 정보사항 등에 대한 조사(제1호), ⅱ) 기강확립 및 사고예방을 위한 점검(제2호), iii) 특정한 사항에 대하여 감독기관의 장의 감사요구가 있거나 회장이 특히 필요하다고 인정하는 사항에 대한 조사 및 점검(제3호), iv) 상호금융담당 부서장이 요청한 상각대상채권 책임심의에 관한 사항(제4호)에 대하여 감사대상 범위와 감사시기를 정하여 실시하는 감사를 말한다(감사규정5③).

3. 전산상시감사

전산상시감사는 전산상시감사시스템에 의하여 신용사업, 경제사업부문에서 발생하는 거래를 검토, 분석하여 사고의 개연성과 위규내용 등 이상징후를 분석, 식별하는 방법으로 수행하며, 전산상시감사에 필요한 구체적인 사항은 요령으로 정한다(감사규정5④).

제2절 감사인

I. 감사인의 정의와 지명

1. 감사인의 정의

감사인이라 함은 조합감사위원장의 명령과 지시에 의하여 감사업무를 수행하는 사람을 말한다(감사규정6).

2. 감사인의 지명

감사인은 조합감사실의 감사업무담당직원 중에서 조합감사위원장이 지명한다(감사규정7 본문). 다만, 필요하다고 인정될 때에는 다른 부서 및 지사무소의 직원 중에서 지명할 수 있다(감사규정7 단서).

II. 감사인의 자격

감사인은 원칙적으로 i) 본회 또는 계통기관에서 5년 이상 근속한 사람(제1

호), ⅱ) 회계 또는 감사업무(감사에 필요한 기술부문 포함)에 2년 이상 경험이 있는 사람(제2호), ⅲ) 창의력이 있고 청렴도가 높은 사람으로서 지도경제사업대표이사가 감사인으로 적당하다고 인정하는 사람(제3호), ⅳ) 비정규직운용요령에 따라 체결한 계약직 검사역(제4호)으로 한다(감사규정8①).

본회 또는 계통기관에서 견책 이상의 징계를 받은 날로부터 2년이 경과하지 않은 사람은 감사인으로 할 수 없다(감사규정8②).

Ⅲ. 감사인의 의무와 권한

1. 감사인의 의무

감사인은 감사업무를 수행함에 있어 ⅰ) 법령·정관 및 제 규정의 준수(제1호), ⅱ) 직무상 알게 된 기밀의 부당한 공개 및 목적 외 사용금지(제2호), ⅲ) 겸손하고 친절한 감사자세와 함께 언행에 신중을 기하는 등 감사인으로서의 품위를 유지(제3호), ⅳ) 수감사무소의 업무상의 창의와 활동기능을 위축 또는 침체시키지 않도록 노력(제4호), ⅴ) [별표 제1호]에서 정하는 「감사인의 수칙」 준수(제5호)의 사항을 성실히 이행하여야 한다(감사규정9).

2. 감사인의 책임

지도경제사업대표이사는 감사인이 ⅰ) 부정사실을 고의로 은폐·묵인하거나 중대한 과실로 발견하지 못한 때(제1호), ⅱ) 직무수행중 법령, 정관 및 제 규정에 위반하는 행위를 한 때(제2호)에는 문책할 수 있다(감사규정10①).

3. 감사인의 권한

감사인은 직무를 수행함에 있어 ⅰ) 제장부, 증빙서, 물품 및 관계서류의 제출 요구(제1호), ⅱ) 관계자의 출석, 답변, 입회 및 확인서, 질문서 등 조서작성의 요구(제2호), ⅲ) 창고, 금고, 장부, 물품 등의 봉인(제3호), ⅳ) 회계관계, 사업관계, 예금 및 융자관계의 거래처에 대한 조사와 자료 요구(제4호), ⅴ) 형사범죄 혐의사항의 고발, 고소 및 고지 건의(제5호), ⅵ) 업무 및 제도개선을 위한 제안 및 건의(제6호), ⅶ) 감사상 필요한 협조와 장비의 지원 및 소속 직원의 차출 요구(제7호), viii) 감사결과 위법·부당행위를 한 임·직원에 대한 징계 및 변상요구(제8호), ix) 기타 직무수행에 필요한 사항의 요구(제9호)의 권한을 갖는다(감사규정11①).

앞의 요구를 받은 사람은 특별한 사유가 없는 한 이에 응하여야 한다(감사규정11②).

IV. 감사인의 신분보장 등

1. 감사인의 신분보장

감사인은 형의 선고, 징계처분, 기타 정당한 사유에 의하지 아니하고는 그 의사에 반하여 인사상 또는 신분상 불리한 처분을 받지 아니한다(감사규정12①).

감사인에 대한 신분상의 처분을 행하고자 할 때에는 조합감사위원장의 의견을 참조하여야 한다(감사규정12②). 감사인은 5년 내 이동을 제한함을 원칙으로 한다(감사규정12③).

2. 감사인에 대한 우대

감사인에 대하여는 i) 직무수행 실적평가에 따른 승진, 포상 및 전보의 우대(제1호), ii) 감사수당 또는 감사활동비 지급(제2호)의 처우를 할 수 있다(감사규정13).

제3절 감사계획과 실시

I. 감사계획 수립과 감사자료징구

1. 감사계획 수립

(1) 감사계획서 작성과 의결

조합감사위원장은 연도개시 1개월 전에 다음연도의 감사계획서를 작성하여 조합감사위원회의 의결을 거쳐야 한다(감사규정14①).

(2) 감사계획 포함사항

감사계획에는 감사방향, 중점감사사항, 피감사기관, 감사의 종류, 감사실시시기 등이 포함되어야 한다(감사규정14② 본문). 다만, 수시감사의 경우에는 감사대상기관, 감사실시시기 등을 미리 정하지 아니할 수 있다(감사규정14② 단서).

(3) 감사계획의 변경 또는 조정

조합감사위원장은 해당연도 중 감독기관의 감사계획에 의거 감사계획을 변경 또는 조정하여 시행할 수 있다(감사규정14③).

(4) 감사실시

감사는 조합감사위원장의 명에 의하여 실시한다(감사규정14④).

(5) 조합 지사무소에 대한 감사의 위임

조합 자체적으로 감사조직을 보유하고 조합감사위원장이 따로 정하는 일정 기준 이상의 조합에 대하여는 중앙회에서 실시하는 조합 지사무소에 대한 감사를 해당 조합에 위임할 수 있다(감사규정14⑤).

2. 감사자료징구

감사담당 부서장은 피감사기관 및 관련 부서 등에 대하여 감사상 필요한 자료를 받는다(감사규정15①). 감사자료는 필요한 최소한의 자료에 한하여 제출토록 요구하며 자료의 종류, 서식 및 제출시기 등은 감사담당 부서장이 정한다(감사규정15②).

Ⅱ. 감사실시계획

1. 감사실시계획 포함사항

감사담당 부서장은 감사를 실시코자 할 때에는 ⅰ) 감사종류(제1호), ⅱ) 피감사기관(제2호), ⅲ) 감사범위(제3호), ⅳ) 감사대상기간(제4호), ⅴ) 감사기준일

(제5호), vi) 감사일정(제6호), vii) 감사인 명단 및 분장업무(단, 분장업무는 현지에서 감사반장이 부여할 수 있다)(제7호), viii) 감사착안사항(예비감사 결과보고로 갈음할수 있다)(제8호), ix) 특별한 감사목적이 있을 때는 그 사항(제9호), ⅹ) 기타 필요한 사항(제10호) 중 필요한 사항이 포함된 감사실시계획을 수립하여야 한다(감사규정16①).

2. 감사실시계획의 확정

감사실시계획이 확정된 때에는 그 감사인에 대하여 복무규정 제56조에 의거 출장명령된 것으로 본다(감사규정16②).

Ⅲ. 감사기준일 등

1. 감사기준일

감사기준일은 감사실시 전날을 기준으로 한다(감사규정17 본문). 다만, 필요하다고 인정할 때에는 그 기준일을 따로 정할 수 있다(감사규정17 단서).

2. 감사대상기간

(1) 정기감사

정기감사의 감사대상기간은 전번 정기감사기준일 다음 날로부터 금번 감사기준일까지로 한다(감사규정18① 본문). 다만, 상호금융 채권관리업무방법(예)에서 규정한 부실채권 또는 특수채권의 조사나 사고 관련 조사, 기타 감사업무수행에 필요한 경우로써 조합감사위원장이 인정하는 경우에는 감사대상기간을 따로 정할 수 있다(감사규정18① 단서).

감사대상기간이 2년을 초과할 때에는 이번 감사기준일로부터 과거 2년간으로 할 수 있다(감사규정18②).

(2) 수시감사

수시감사의 감사대상기간은 감사사항에 따라 별도로 정한다(감사규정18③).

(3) 상시감사

상시감사는 상시 또는 일정거래기간을 정한다(감사규정18④).

3. 감사방법

감사는 현지감사 또는 서면감사에 의하여 실시한다(감사규정19①).

(1) 현지감사

현지감사는 피감사기관에 대하여 감사실시에 앞서 감사일정, 감사범위 및 감사실시에 필요한 준비사항 등을 피감사기관의 장에게 통보함을 원칙으로 한다 (감사규정19② 본문). 다만, 조합감사위원장이 필요하다고 인정할 때에는 사전통보 없이 현지감사를 실시할 수 있다(감사규정19② 단서).

(2) 서면감사

서면감사는 피감사기관에 현지방문 없이 전산출력자료 또는 기타 피감사기관으로부터 받은 제서류에 의하여 감사한다(감사규정19③).

4. 감사반 편성과 감사반장

(1) 감사반 편성

감사를 실시하고자 할 때에는 그 감사를 효율적으로 수행할 수 있는 감사인으로 감사반을 편성하여야 한다(감사규정20①).

(2) 감사반장의 지명

감사반원을 2명 이상으로 편성할 경우에는 그 중 상위직급자 또는 선임자를 반장으로 지명한다(감사규정20②).

(3) 감사반장의 임무

감사반장의 임무는 ⅰ) 감사인 및 감사업무의 통할과 보고(제1호), ⅱ) 감사실시에 필요한 자료 및 정보의 수집(제2호), ⅲ) 감사인의 일일감사사항 확인점검 및 감사진행방향 설정(제3호), ⅳ) 감사 진행상 필요한 감사인의 업무 분담 및 조정(제4호)이다(감사규정20③).

5. 감사착수

감사인이 현지감사에 임할 때에는 조합감사위원장이 발행하는 감사실시통지서를 종합감사정보시스템을 통하여 피감사기관의 장에게 송부하여야 한다(감사규정21 본문). 다만, 수시감사의 경우에는 조합감사위원장이 발행하는 감사실시명령서의 제시로 이를 갈음할 수 있다(감사규정21 단서).

6. 시재감사 등

(1) 관리 직원의 입회

감사인이 현금, 유가증권, 담보물, 보관품, 재고품 기타 중요증서류 및 물품 등에 대한 대사를 할 때에는 이를 관리하는 직원을 입회하게 하여야 한다(감사규정22①).

(2) 감사대상기관의 장 등 입회와 봉인

감사반장은 금고, 창고, 서류 및 물품 등을 봉인할 때에는 감사대상기관의 장 또는 관리책임자에게 감사상 봉인을 필요로 하는 이유를 설명한 후 그의 입회하에 봉인하여야 하며, 봉인기간은 감사업무의 수행에 필요한 최소한에 그쳐야 한다(감사규정22②).

Ⅳ. 감사결과 입증자료의 징구 등

1. 감사결과 입증자료의 징구

감사인은 감사결과 처분을 요하는 사항에 대하여는 다음 각호에 의한 입증자료를 징구 또는 확보한다(감사규정23①).

(1) 문서 및 장표의 사본 등(제1호)

사실의 객관적 입증을 위한 자료로서 감사인의 판단에 따라 필요서류를 징구하며 원본대조자의 소속 및 직위 성명을 기입하고 날인하게 한다(가목).

물건이나 상태를 증거의 대상으로 할 경우에는 현품채집 또는 사진 촬영 등의 방법에 의하여 증거를 확보한다(나목).

증거서류로서의 등본 또는 사본을 요하는 원본의 분량이 많아서 필요한 부분을 발췌하거나 일정한 서식으로 정리 이기하는 경우에는 그 출처를 명시하고 작성자의 소속 및 직위, 성명을 기입 날인하게 한다(다목).

(2) 확인서(제2호)

사안에 관련된 근거 규정과 사실관계를 육하원칙에 따라 기술하고 취급관련자를 기재하도록 한다.

(3) 문답서(제3호)

중요한 사안에 관련된 관계자의 책임소재를 규명하고 행위의 동기, 배경 또는 변명을 듣기 위하여 필요한 때에 문답식으로 작성한다(가목). 문답서는 감사반장이 작성한다(나목 본문). 다만, 문답의 효율을 기하기 위하여 필요한 때에는 직접 감사한 감사인으로 하여금 작성하게 할 수 있다(나목 단서).

(4) 질문서(답변서)(제4호)

위법 부당하다고 인정되는 사항 및 업무처리내용에 의문이 있거나 취급 경위가 복잡하고 책임소재가 불분명한 사항에 대하여 변명 또는 설명을 요구할 때에는 질문서를 발부하여 답변서를 징구하며 취급관련자를 명시하도록 한다(가목).

질문서는 감사반장 명의로 발부한다(나목 본문). 다만, 답변자가 임원인 때에는 감사담당 부서장이 발부하되 현지감사시에는 감사반장이 발부한다(나목 단서).

(5) 의견서(제5호)

위법 부당하다고 인정되는 사항 중에서 그 내용이 명백하여 다툼이 없고 경미한 사항에 대하여 그 처리방향에 대한 의견을 구하거나 피감사자 또는 피감사기관의 장이 의견진술을 원하는 경우 또는 사실관계에 대한 정황파악이 필요한 경우에 징구한다.

2. 수령대상자

입증자료는 답변자가 특정되어 있는 경우를 제외하고는 피감사기관의 장으로부터 받는다(감사규정23② 본문). 다만, 필요한 경우 취급관련자로부터 직접 받을 수 있다(감사규정23② 단서).

3. 관계자의 출석, 증언 등

감사인이 관계 임직원에게 출석 등을 요구하여 진술을 들을 경우에 그 실행방법은 다음과 같다(감사규정24).

(1) 관계자의 출석(제1호)

출석자의 소속장에게 출석을 의뢰하여야 하며, 인격을 존중하고 명예를 훼손하지 아니하도록 하여야 한다.

(2) 참고인의 출석(제2호)

자진 협조하도록 하되 정중한 방법을 사용하여야 한다.

(3) 임의출석(제3호)

제1호 및 제2호의 경우에 일정한 장소에 출석을 요구할 때에는 관계 임직원 또는 참고인의 승낙을 받아야 한다.

(4) 임의진술(제4호)

피감사자로 하여금 임의로 사실을 진술하도록 하고 본인의 의사에 반하여 진술을 강요하여서는 안 된다.

(5) 진술보전(제5호)

비위행위자, 관련자, 피해자, 목격자 등을 반드시 조사하여 비위사실의 유무와 경위 및 책임소재를 증명함에 충분한 진술을 확보하고, 이를 육하원칙에 따라 조서에 기록하여 보전하여야 한다.

4. 연계감사

감사반장은 감사업무 수행과정에서 ⅰ) 비위사실에 대한 증거인멸의 우려가 있는 경우(제1호), ⅱ) 사고의 규모가 급속히 확대될 우려가 있는 경우(제2호), ⅲ)

타기관 또는 부서 등의 취급내용을 확인함으로써 피감사기관의 위규내용을 종합적으로 파악할 수 있다고 인정되는 경우(제3호)에 해당되어 타기관 또는 부서 등에 대하여 감사할 필요가 있을 때에는 조합감사위원장에게 보고하고 그 지시를 받아 이를 감사할 수 있다(감사규정25).

5. 현지조치사항

(1) 시정 또는 주의조치

감사인은 감사중 단순하고 경미한 사항으로서 현지에서 조치가 용이한 사항에 대하여는 감사현장에서 시정토록 하거나 주의조치할 수 있다(감사규정26①).

(2) 감사결과보고서 및 감사결과 처분요구서 기재

시정 또는 주의조치 처분을 하였을 때에는 동 처분내용과 조치결과를 감사결과보고서 및 감사결과 처분요구서에 기재하여야 한다(감사규정26②).

V. 감사결과 강평 등

1. 감사결과 강평

감사반장은 감사종료 후 피감사기관의 임·직원에게 업적, 경영관리 상태와 사무처리상의 시정 등이 필요한 사항에 대하여 강평하여야 한다(감사규정27 본문). 다만, 수시감사의 경우와 기타 강평을 실시할 수 없는 부득이한 사정이 있는 경우에는 이를 생략할 수 있다(감사규정27 단서).

2. 긴급보고

감사반장은 긴급조치를 요하는 중대한 사고가 발견되었을 때 및 감사의 착수 또는 계속 진행이 곤란한 경우에는 필요한 조치를 취하고 지체 없이 조합감사위원장에게 보고한 후 ⅰ) 채권 확보와 손해 최소화 등에 관한 조치 지도방법(제1호), ⅱ) 사고관련자의 도주 우려시 신병확보에 필요한 조치 지도방법 등(제2호), ⅲ) 기타 긴급을 요하는 중대한 사항(제3호)에 대한 처리지시를 받아야 한다(감사규정28).

제4절 제재의 기준 등

I. 제재의 종류 및 기준

1. 기관제재

(1) 제재의 종류 및 사유

조합에 대하여 취할 수 있는 제재의 종류 및 사유는 다음 각호와 같다(감사규정29①).

(가) 업무의 정지

업무의 정지는 ⅰ) 관련법규를 계속적으로 위반하여 해당 조합의 공신력을 현저히 훼손하거나 수협의 신용질서를 크게 문란시킨 경우(가목), ⅱ) 조합의 건전한 영업 또는 업무를 크게 저해하는 행위를 함으로써 경영을 심히 위태롭게 하거나 해당 조합 또는 조합거래자 등에게 중대한 재산상 손해를 초래케 한 경우(나목), ⅲ) 위법·부당한 행위의 시정 또는 업무방법개선 요구를 받고도 정당한 이유 없이 해당 행위를 시정하지 않거나 개선요구사항을 이행하지 않는 경우(다만, 통상적인 업무의 시정 및 업무방법개선 요구사항은 제외)(다목)이다(감사규정29①(1)).

(나) 업무의 일부정지

업무의 일부정지는 위법·부당행위가 제1호 각목에 해당되나 그 행위가 특정업무 분야 또는 특정영업점에만 국한된 경우로서 위법·부당행위의 경중을 가려 처분할 필요가 있는 경우이다(감사규정29①(1-1)).

(다) 시정

법령·정관·제규정 및 지시사항 등을 위반하여 추징, 회수, 보전 등의 방법으로 시정 또는 원상회복시킬 필요가 있는 경우이다(감사규정29①(2)).

(라) 업무방법개선

업무방법개선은 조합의 업무처리가 불합리하여 그 처리기준, 절차 등에 관한 제도상·운영상 수정·보완이 필요한 경우이다(감사규정29①(3)).

(마) 기관경고

기관경고는 조합의 건전한 영업 또는 업무를 저해하는 행위를 함으로써 건전경영을 훼손하거나 해당 조합 또는 조합거래자 등에게 재산상 손해를 초래한 경우로서 그 위법의 정도가 비교적 가벼운 경우이다(감사규정29①(4)).

(2) 경영유의사항 통지와 조치 요구

조합감사위원장은 조합에 대한 감사결과 경영상 취약성이 있는 것으로 나타나 경영자의 주의 또는 경영상 제도보완이 필요하다고 인정되는 경우에는 경영유의사항으로 통지하여 필요한 조치를 취하도록 요구할 수 있다(감사규정29②).

2. 임원제재

(1) 구분

임원에 대한 징계는 ⅰ) 중징계: 개선, 직무의 정지(제1호), ⅱ) 경징계: 견책(제2호)으로 구분한다(감사규정30①).

(2) 신분상 제재조치

조합의 임원에 대하여 취할 수 있는 신분상 제재조치는 개선, 직무의 정지, 견책, 경고로 한다(감사규정30②).

(가) 개선

개선은 ⅰ) 고의 또는 중과실로 중대한 위법·부당행위를 함으로써 조합의 업무 또는 회계질서를 크게 문란케 하거나 조합의 공신력을 크게 훼손한 경우(가목), ⅱ) 고의 또는 중과실로 조합의 건전한 운영을 크게 저해하는 행위를 함으로써 해당 조합의 경영을 심히 위태롭게 하거나 해당 조합 또는 금융거래자 등에게 중대한 재산상의 손해를 초래한 경우(나목), ⅲ) 고의 또는 중과실로 재무제표 등에 허위의 사실을 기재하거나 중요한 사실을 기재하지 아니하여 금융거래자등에게 중대한 재산상의 손해를 초래하거나 초래할 우려가 있는 경우(다목), ⅳ) 기타 금융관계 법규에서 정한 해임권고 사유에 해당하거나 이에 준하는 행위를 한 때(라목)이다(감사규정30②(1)).

징계변상규정에서 "고의"라 함은 위규부당행위임을 인식하고도 이를 적극적으로 행하거나 은폐한 것을 말하고(징계변상규정3(6)), "중과실"이라 함은 위규부당행위로서 이를 방치하거나 선량한 관리자의 주의의무를 현저하게 게을리 한 경우를 말하며(징계변상규정3(7)), "경과실"이라 함은 위규부당행위로서 선량한 관리자의 주의의무를 게을리 한 경우를 말한다(징계변상규정3(8)), "선량한 관리자의 주의의무"라 함은 통상의 사고력과 경험이 있는 사람이라면 가지고 있을 것이라고 생각되는 정도의 주의로서 본인의 주의력에 의하여 판정되는 것이 아니고 객관적인 표준에 의하여 통상인의 판단력으로 결정되어야 하는 것을 말한다(징계변상규정3(9)).

(나) 직무의 정지

직무의 정지는 ⅰ) 위법·부당행위가 제1호 각목의 1에 해당되나 정상참작의 사유가 있는 경우(가목), ⅱ) 고의 또는 중과실로 조합에 상당한 손해를 끼치거나 질서를 문란케 하였으나, 개선조치에 이르지 않는 경우(나목)이다(감사규정30②(2)).

(다) 견책

견책은 ⅰ) 경과실로 인하여 관련법규를 위반하거나 그 이행을 태만히 한 경우(가목), ⅱ) 경과실로 인하여 해당 조합의 정관에 위반되는 행위를 하여 신용질서를 문란시킨 경우(나목), ⅲ) 경과실로 인하여 회장 또는 외부감독기관이 관계법령 등에 의하여 요구하는 보고서를 부실하게 작성하거나 그 제출을 태만히 한 경우(다목), ⅳ) 경과실로 인하여 조합의 건전한 운영을 저해하는 행위를 한 경우(바목), ⅴ) 1년에 2회의 기관경고를 받는 경우로서 1회차 기관경고를 받은 때로부터 1년 이내에 2회차 기관경고를 받는 경우(2회차 기관경고를 받았을 때 처분하며 관련 상임임원에 한함)(사목)이다(감사규정30②(3)).

(라) 경고

경고는 제3호 각목의 1에 해당되나 정상참작의 사유가 있거나 위법·부당행위의 정도가 비교적 가벼운 경우이다(감사규정30②(4)).

(3) 신분상 제재조치 요구와 보고

중앙회 또는 외부감독기관으로부터 조합 임원에 대하여 제2항에 해당하는 조치를 요구받은 때에는 해당 조합은 지체 없이 필요한 조치를 취하고 그 결과를 조합감사위원장에게 보고하여야 한다(감사규정30③).

(4) 직무의 정지기간

신분상 제재조치 중 직무의 정지기간은 6개월 이내에서 월 단위로 한다(감사규정30④). 직무의 정지기간을 경감하는 경우에는 월 단위 경감으로 한다(감사규정30⑤).

(5) 연임된 현 임원에 대한 징계처분

연임된 현(現) 임원에 대하여 전(前) 임기 도중 행한 위규사실을 이유로 징계처분(실제 징계집행 포함)할 수 있다(감사규정30⑥).

3. 직원제재

(1) 구분

조합 직원에 대한 징계는 ⅰ) 중징계: 징계면직, 정직, 감봉(제1호), ⅱ) 경징계: 견책(제2호)으로 구분한다(감사규정31①).

(2) 신분상 제재조치

조합 직원에 대하여 취할 수 있는 신분상 제재조치는 징계면직, 정직, 감봉, 견책, 경고로 한다(감사규정31②).

(가) 징계면직

징계면직은 ⅰ) 횡령, 배임, 절도 및 금품수수 행위 등 범죄행위를 한 경우(가목), ⅱ) 고의 또는 중과실로 조합에 중대한 손해를 끼치게 하거나 질서를 심히 문란케 한 경우(나목), ⅲ) 변칙적, 비정상적 업무처리 등으로 자금세탁행위에 관여하여 금융질서를 심히 문란케 하는 경우(다목), ⅳ) 사고의 유형에 불구하고 동 사고로 사회에 중대한 물의를 일으킨 경우(라목), ⅴ) 동일 직급에서 2회의 정직처분을 받은 사람 또는 1년에 2회의 감봉 이상의 처분을 받는 사람으로서 계속적인 업무수행이 부적당하다고 인정되는 경우(마목)이다(감사규정31②(1)).

(나) 정직

정직은 ⅰ) 징계면직에 해당되는 행위를 한 사람으로서 개전의 정이 있고 정상을 참작할 여지가 있는 경우(가목), ⅱ) 1년에 2회의 감봉 처분을 받는 경우(2회차 감봉을 받았을 때 처분)(나목), ⅲ) 고의 또는 중과실로 조합에 상당한 손해를 끼치거나 질서를 문란케 한 경우(다목)이다(감사규정31②(2)).

(다) 감봉

감봉은 ⅰ) 과실로 인하여 조합에 상당한 손해를 끼치게 하거나 질서를 문란케 한 경우(가목), ⅱ) 범죄행위를 한 사람으로서 사안이 경미하여 사회적 물의를 일으키지 않고 조합의 손해를 전액 보전한 경우(나목), ⅲ) 자금세탁 행위에 관여한 사람으로서 사안이 경미한 경우(다목)이다(감사규정31②(3)).

(라) 견책

견책은 ⅰ) 경과실로 인하여 조합에 손해를 끼치게 하거나 질서를 문란케 한 경우(가목), ⅱ) 감봉 해당 행위를 한 사람으로서 정상을 참작할 여지가 있는 경우(다만, 금융관련 범죄행위 및 자금세탁 관련 행위는 제외)(나목), ⅲ) 1년에 3회의 경고를 받는 경우로서 1회차 경고를 받은 때로부터 1년 이내에 3회차 경고를 받게 되는 경우(3회차 경고를 받았을 때 처분)(다목)이다(감사규정31②(4)).

(마) 경고

경고는 제4호 각목의 1에 해당하나 정상참작의 사유가 있거나 위법·부당행위의 정도가 비교적 가벼운 경우이다(감사규정31②(5)).

(3) 신분상 제재조치 요구와 보고

중앙회 또는 외부감독기관으로부터 조합 직원에 대하여 제2항에 해당하는 조치를 요구받은 때에는 해당 조합은 지체 없이 필요한 조치를 취하고 그 결과를 조합감사위원장에게 보고하여야 한다(감사규정31③).

(4) 정직, 감봉의 징계기간

정직, 감봉의 징계기간은 각 6월, 3월, 1월을 한 단계로 적용하되 변경 등에 관하여는 인사규정(모범안) 제69조 제2항을 준용한다(감사규정31④).

4. 기타 조치

(1) 변상요구와 각서징구

조합감사위원장은 조합 또는 그 임직원이 위법·부당한 행위를 한 경우에 ⅰ) 해당 조합에 재산상의 손해를 초래하여 이를 변상할 책임이 있다고 인정되는 경우 변상요구(제1호), ⅱ) 해당 조합의 장 또는 관련 임직원으로부터 재발 방지의 약속 등을 받을 필요가 있는 경우 각서징구(제2호)의 조치를 취할 수 있다(감사규정32①).

(2) 주의 또는 주의조치요구

조합감사위원장은 조합 및 그 임직원의 위법·부당행위의 정도가 가볍거나 시정이 완료된 경우로서 해당조합 및 그 관련자에 대하여 앞으로 유의케 할 필요가 있는 경우에는 주의 또는 주의조치요구를 할 수 있다(감사규정32②).

(3) 감사보고서상 시정조치

조합감사위원장은 조합 임직원에게 고의 또는 중과실책임을 물을 수 없는 단순 과실 사고에 있어서 사고금액이 소액인 경우에는 감사보고서상에 시정조치토록 하고 조합 자체적으로 징계·변상 조치를 하도록 할 수 있다(감사규정32③).

(4) 퇴직 임직원과 인사기록카드 기재·관리

감사결과 통보 및 조치요구를 할 때 이미 퇴직한 임직원이 징계·변상에 해당할 때에는 조합장은 「회원조합징계·변상업무처리규정(예)」에서 규정하고 있는 징계·변상의결 절차에 따라 처리한 후 인사기록카드에 기재·관리토록 하여야 한다(감사규정32④ 본문). 다만, 감봉 이상의 중징계에 해당할 때에는 비위 통보하여야 한다(감사규정32④ 단서).

(5) 형사상 고발 등

조합감사위원장은 회원조합 임직원의 위법 부당행위에 대하여 형사상 고발 등의 조치가 필요한 경우 「회원조합 임직원 범죄행위에 대한 고발 요령(예)」에 따라 처리한다(감사규정32⑤).

5. 사전통지 및 의견진술 등

회원조합의 임·직원에 대하여 징계(변상) 처분조치를 요구하고자 하는 때에는 해당 징계(변상) 대상자에게 책임소재를 사전에 통지하고 그 통지서를 접수한 날로부터 10일 이내에 서면 또는 구술에 의하여 소명할 수 있도록 기회를 부여하여야 한다(감사규정32의2).

Ⅱ. 제재의 가중 및 감면

1. 기관 및 임원 제재의 감면

기관에 대한 제재와 부실채권 발생 책임으로 인한 임원에 대한 신분상 제재 조치시 ⅰ) 전반적인 금융·경제여건의 악화에서 비롯된 경우(제1호), ⅱ) 정부의 국가산업정책상 필요에 따라 지원된 경우(제2호), ⅲ) 여신취급시 충분한 신용조사 및 사업성 검토가 이루어졌다고 판단되는 경우(제3호), ⅳ) 자산건전성 분류기준의 변경에 의한 경우(제4호), ⅴ) 우수한 경영 등으로 경영실태의 종합평가등급이 전기대비 1등급 이상 향상된 경우(제5호), ⅵ) 기타 대내외의 불가피한 사정에서 비롯되었다고 인정되는 경우(제6호)에 해당하는 등 부득이한 사정에 의한 경우에는 제재를 감경 또는 면제할 수 있다(감사규정33).

2. 임원제재의 가중

(1) 주된 행위자로서 제재를 받은 후 다시 주된 행위자로서 제재를 받게 되는 경우

임원이 주된 행위자로서 제재를 받은 후 다시 주된 행위자로서 제재를 받게 되는 경우에는 그 제재를 ⅰ) 직무의 정지조치를 받고도 동일 또는 유사한 위법·부당 행위를 반복하는 경우에는 개선(제1호), ⅱ) 견책조치를 받고도 동일 또는 유사한 위법·부당행위를 반복한 경우에는 직무의 정지(제2호), ⅲ) 경고조치를 받고도 동일 또는 유사한 위법·부당행위를 반복한 경우에는 견책(제3호)과 같이 가중할 수 있다(감사규정34①).

(2) 위법·부당행위가 동일 감사에서 2개 이상 경합되는 경우

임원이 서로 관련 없는 위법·부당행위가 동일 감사에서 2개 이상 경합되는 경우에는 병합 양정시 ⅰ) 견책 + 견책 = 직무의 정지(제1호), ⅱ) 견책 + 직무의 정지 = 직무의 정지 또는 개선(제2호), ⅲ) 직무의 정지 + 직무의 정지 = 직무의 정지 또는 개선(제3호)의 기준에 따라 그 징계양정을 가중할 수 있다(감사규정34② 본문). 다만, 경합되는 위법·부당행위가 목적과 수단의 관계에 있는 경우 또는 실질적으로 1개의 위법·부당행위로 인정되는 경우에는 그러하지 아니하다

(감사규정34② 단서).

3. 직원제재의 가중 및 감면

(1) 가중 사유

직원에 대하여 제재하는 경우에 위법·부당행위가 반복되거나, 다수의 위법·부당행위와 관련되어 있는 경우에는 제재를 가중할 수 있다(감사규정35①).

(2) 감면 또는 면제 사유

직원에 대하여 제재하는 경우에는 공적 기타 정상을 참작하여 제재를 감경하거나 면제할 수 있다(감사규정35②).

Ⅲ. 기타 감독기관 조치의 반영

금융위원회 또는 금융감독원장 등 외부 감독기관이 금융관련법규에 따라 제재대상자에 취한 조치가 있는 경우에는 이를 고려하여 제재의 종류를 정하거나 제재를 가중·감면할 수 있다(감사규정35의2).

Ⅳ. 여신취급관련자 등에 대한 제재운영

조합의 여신이 부실화되거나 유가증권 운용 관련 투자손실이 발생하더라도 관련 임직원이 관계규정이 정하는 바에 따라 정당하게 취급하는 등 선량한 관리자로서의 주의의무를 다했을 때에는 이를 면책한다(감사규정36).

제5절 감사결과의 보고 및 처리

Ⅰ. 감사결과의 보고

1. 중요지적사항 등의 보고

감사반장은 귀임후 감사결과 감사개황과 중요지적사항을 조합감사위원장에게 보고하여야 한다(감사규정37①).

2. 감사결과보고서 작성과 보고

감사반장은 특별한 사정이 없는 한 감사종료 후 15일 이내에 ⅰ) 감사개황(제1호), ⅱ) 일반현황(제2호), ⅲ) 종합평가 및 분야별 문제점(제3호), ⅳ) 지적사항(제4호), ⅴ) 현지조치사항(제5호), ⅵ) 기타 필요한 사항(제6호)이 포함된 감사결과보고서를 작성하여 조합감사위원장에게 보고하여야 한다(감사규정37② 본문). 다만, 감사의 성격에 따라 제2호 사항의 작성을 생략하거나 이에 의하지 아니할 수 있다(감사규정37② 단서).

Ⅱ. 지적사항 심사

1. 지적구분과 지적내용

감사결과 보고시 지적사항은 다음과 같이 구분한다(감사규정38①).

(1) 문책

문책은 ⅰ) 직원이 법령, 규정, 지시사항 등을 위반함으로써 인사위원회에 부의하여 신분상 책임을 물어야 할 사항(가목), ⅱ) 직원이 고의 또는 과실로 법령, 규정, 지시사항 등을 위반함으로써 조합에 손해를 끼쳐 인사위원회에 부의하여 변상책임을 물어야 할 사항(나목), ⅲ) 임원이 가목 및 나목에 해당하는 신분상 또는 변상책임이 발생하여 법령 및 정관에서 정하는 절차에 의하여 책임을 물어야 할 사항(다목)이다(감사규정38①(1)).

(2) 경고

경고는 위규·부당취급 등 비위사실에 대한 관련임직원의 비위정도가 경미하고 정상을 참작할 필요가 있는 사항이다(감사규정38①(2)).

(3) 시정

시정은 법령, 규정, 지시사항 등을 위반하여 추징, 회수, 보전 기타 방법 등으로 시정 또는 원상태로 환원시킬 필요가 있는 사항이다(감사규정38①(3) 본문). 다만, 변상사항에 해당되나 기일이 경과되면 원상태로 회복될 소지가 있고 절차 미필 등의 사유로 손해금액이 불확정 상태에 있는 사항에 대하여는 조건이나 기한을 붙여 시정사항으로 운용할 수 있다(감사규정38①(3) 단서).

(4) 주의

주의는 법령, 규정, 또는 지시사항 등을 위반하였으나 시정 또는 원상태로 환원이 불가능하거나 원상 환원의 실익이 없고 주의 및 반성을 요하는 사항이다(감사규정38①(4)).

(5) 업무방법개선

업무방법개선은 경영 및 업무전반의 규정, 제도 또는 업무운영상 불합리하다고 인정되어 그 개선이 필요한 사항이다(감사규정38①(5)).

(6) 경영유의

경영유의는 감사결과 취약성이 있는 것으로 나타나 경영자의 주의 또는 경영상의 제도보완이 필요하다고 인정되는 사항이다(감사규정38①(6)).

(7) 현지조치(시정·주의)

현지조치(시정·주의)는 앞의 제1호 내지 제6호 외의 경미한 사항으로서 현지감사시 조치가 완료된 사항이다(감사규정38①(7)).

2. 심사협의회 부의와 심사

지적구분, 지적내용 및 처리방향 등에 대하여는 「감사지적사항심사협의회」

("심사협의회")에 부의하여 ⅰ) 사전심사: 제32조의2의 사전통지를 위한 심사(제1
호), ⅱ) 본심사: 사전통지에 따른 징계(변상)대상자의 의견진술 검토 후 징계수준
결정을 위한 심사(제2호)를 받아야 한다(감사규정38② 본문). 다만, 현지조치사항에
대하여는 심의를 생략 할 수 있다(감사규정38② 단서).

Ⅲ. 조합감사위원회 의결

1. 문책사항의 부의와 의결

조합감사위원장은 감사결과 처리에 있어서 조합감사위원회의 의결을 받아
야 하는 문책사항에 대하여는 감사종료 후 3개월 이내에 조합감사위원회에 부의
하여 그 의결을 받아 처리함을 원칙으로 한다(감사규정39①).

2. 운영규정

조합감사위원회의 의결을 받아야 하는 사항은 조합감사위원회운영규정이
정하는 바에 의한다(감사규정39②).

Ⅳ. 감사결과 통보 및 조치요구

1. 감사결과처분요구서 작성과 통지

조합감사위원장은 감사결과에 따른 감사결과처분요구서(별표 제4호 서식)를
작성하여 이를 해당 회원의 조합장과 감사에게 통지하여 필요한 조치를 요구한
다(감사규정40①).

2. 관계부서 통보와 조치요구

조합감사위원장은 제1항의 감사결과 처분요구시 필요하다고 인정하는 사항
에 대하여는 관계부서에 통보하여 필요한 조치를 취하게 할 수 있다(감사규정40
②).

3. 문책사항의 심사 및 의결

문책사항에 대하여는 감사결과 통지 전에 별도로 제38조 및 제39조의 규정에 의한 심사 및 의결절차를 취하여야 한다(감사규정40③).

4. 처분요구와 준수의무

조합감사위원장이 감사결과에 따라 처분요구한 경우 조합은 이를 준수하여야 한다(감사규정40④).

V. 제재내용 공시 등

1. 제재내용 공시

중앙회는 회원조합의 상호금융업무에 대한 감사결과 감사조치요구 내용을 중앙회 홈페이지를 통해 공시하며 공시대상, 내용, 방법, 시기 등은 별표 제9호에 따른다(감사규정40의2).

2. 이의신청 및 처리

(1) 이의신청

조합 또는 해당 임·직원은 감사결과 조치요구에 대하여 이의가 있을 때에는 감사결과 처분요구서를 접수한 날로부터 30일 이내에 조합감사위원장에게 이의신청을 할 수 있다(감사규정41①).

이의신청을 할 때에는 이의신청서를 제출하여야 하며, 이의신청의 취지와 그 이유를 명백히 기술하고 증빙서류 등을 첨부하여야 한다(감사규정41②).

(2) 처리기간과 처리결과 통보

조합감사위원장은 제1항의 이의신청서가 접수되었을 때에는 특별한 사유가 없는 한 접수한 날로부터 60일 이내에 ⅰ) 이의신청이 이유 없다고 인정한 경우 이를 기각한다(제1호), ⅱ) 이의신청이 이유 있다고 인정한 경우 원처분요구를 취소 또는 변경한다(제2호), ⅲ) 이의신청 기간의 경과, 기타 이의신청의 요건을 구

비하지 못하였다고 판단될 경우에는 위원장 직권으로 각하 한다(제3호)와 같이 처리하고 그 결과를 통보하여야 한다(감사규정41③ 본문). 다만, 현지조사 및 보정에 소요된 기간은 처리기간에 산입하지 아니한다(감사규정41③ 단서).

(3) 문책에 관한 이의신청과 진술기회 부여

조합감사위원장은 문책에 관한 이의신청건을 심의할 때에는 그 대상자에게 통지하여 구두 또는 서면에 의한 진술기회를 부여할 수 있다(감사규정41④).

(4) 직권 취소 또는 변경

조합감사위원장은 조치요구를 한 날로부터 1년 이내에 증거서류 등의 오류, 누락 등으로 그 처분이 위법 부당함을 발견하였을 경우 직권으로 제3항 제2호의 조치를 취할 수 있다(감사규정41⑤).

(5) 재이의신청의 제한

조합 또는 해당 임·직원은 이의신청 결과에 대하여 다시 이의신청을 할 수 없다(감사규정41⑥).

제6절 심사협의회

Ⅰ. 설치 등

1. 설치와 구성

감사결과 처분요구 등의 적정성을 높이기 위하여 조합감사실에 심사협의회를 설치하며, 심사협의회는 ⅰ) 심사협의회 의장: 실장(제1호), ⅱ) 심사원: 실장이 지명하는 검사인 4명 이상(제2호)으로 구성한다(감사규정42①).

2. 심사원의 지명과 구성

심사협의회 의장은 심사협의회 안건에 정통한 직원을 심사원으로 지명하되, 직접 감사를 실시한 감사인, 문책 대상자의 친족(친족의 범위는 민법 제777조에 따름) 또는 동 안건 중 문책사유와 관계있는 사람 등은 심사원으로 지명할 수 없다(감사규정42② 전단).

또한, 이의신청 및 「회원조합징계·변상업무처리규정(예)」 제18조 제3항에 의한 징계양정의 경감협의와 제23조 제4항의 단서에 따라 변상감면 협의에 대한 심사원으로는 부득이한 경우를 제외하고는 당초 원심에 참석한 심사원의 2분의 1 이상을 교체하여 구성한다(감사규정42② 후단).

3. 감사인 등의 의견 참조

심사협의회 의장은 지적사항에 대하여 직접 감사를 실시한 감사인 또는 그 분야에 정통한 전문역 등의 의견을 참조하여 심의할 수 있다(감사규정42③).

4. 간사

간사는 감사반장을 포함한 감사반 소속 감사인 중에서 의장이 지명하되, 해당 심사안건의 징계 또는 변상사유와 관련이 있는 사람 등은 간사로 지명할 수 없다(감사규정42④).

5. 직무대행

심사협의회 의장이 사고 또는 그 밖의 사유로 인하여 직무를 수행할 수 없을 때에는 조합감사위원장이 지명하는 직하위자로 하여금 직무를 대행하게 할 수 있다(감사규정42⑤).

Ⅱ. 임무 등

1. 임무

심사협의회 구성원 및 간사의 임무는 ⅰ) 의장은 심사협의회 운영을 총괄하

고(제1호), ⅱ) 심사원은 지적내용 및 처분요구 등의 적정 여부에 대한 의견을 제
시하고 의결에 참여하며(제2호), ⅲ) 간사는 "감사결과 처분요구서(별표 제4호 서
식)"를 작성하여 감사반장의 승인을 받은 후 심사협의회에 심사안건을 제출하고
그 내용을 설명하며 "감사지적사항 심사의결서"(별표 제3호 서식)에 의하여 심사
결과를 작성한다(제3호)(감사규정42의2).

2. 소집과 의결

심사협의회는 의장이 소집하며 구성원 과반수의 출석과 출석 구성원 과반수
의 찬성으로 의결한다(감사규정43).

3. 심의사항

심사협의회는 ⅰ) 지적사항의 내용 및 지적구분의 적정성(제1호), ⅱ) 현지
실정과 지적의 실효성(제2호), ⅲ) 입증자료의 확보 상태(제3호), ⅳ) 변상감면 협
의사항(제4호), ⅴ) 심사협의회 의장이 필요하다고 인정하는 사항(제5호)을 심의
한다(감사규정44).

Ⅲ. 심의결과의 처리

1. 지적사항의 심의의결서 기재

심사 의결된 지적사항에 대하여는 그 내용을 심사의결서에 기재하고 참석구
성원의 기명날인 또는 서명을 받아 감사결과 보고서에 첨부한다(감사규정45①).

2. 심사의견의 감사결과 보고서 반영

감사반장은 심사의견을 감사결과 보고서에 반영하여야 한다(감사규정45② 본
문). 다만, 심사의견과 달리 처리하고자 할 경우에는 상위자의 재정절차를 거쳐
야 한다(감사규정45② 단서).

Ⅳ. 준용 규정

외부감사 결과 처분요구 사항 중 징계양정기준 또는 변상금액을 정하지 아니한 경우의 심사는 제42조 내지 제45조를 준용한다(감사규정46).

제7절 지적사항처분 및 사후관리

Ⅰ. 지적사항 관리대장 등

1. 지적사항 관리대장

피감사기관(감사기관 포함)은 감사결과 처분요구된 지적사항에 대하여 감사기관별, 지적번호별로 "감사지적사항 사후관리대장"(별표 제5호 서식)에 등재하고 그 추진상황 등을 완결시까지 기록·관리하여야 한다(감사규정47).

2. 사후관리 주관부서

지적사항에 대한 사후관리는 감사기관별로 ⅰ) 조합감사실: 외부감독기관 또는 조합감사실이 조합을 감사한 사항(제1호), ⅱ) 조합: 외부 감독기관 또는 조합이 자체 감사한 사항(제2호)을 주관한다(감사규정48).

Ⅱ. 정리기한

1. 정리기한 내 정리

조합장은 처분요구된 지적사항에 대하여 특별한 사유가 없는 한 제2항에서 규정한 기산일로부터 ⅰ) 경영유의사항: 6개월 이내(제1호), ⅱ) 문책(경고 포함)사항: 2개월 이내(제2호), ⅲ) 업무방법개선사항: 3개월 이내(제3호), ⅳ) 시정사항: 3개월 이내(제4호), ⅴ) 기관경고사항: 3개월 이내(제5호), ⅵ) 기관주의사항: 3개월 이내(제6호)에 정리하여야 한다(감사규정49① 본문). 다만, 외부감사 사항에 대하여는 외부감사 기관의 장이 정하는 바에 의한다(감사규정49① 단서).

2. 정리기한의 시기

정리기한의 시기(始期)는 감사결과처분요구서가 피감사기관에 접수된 날로부터 기산한다(감사규정49② 본문). 다만, 이의신청이 제기된 경우에는 해당 사항에 대한 결정문서 접수일로부터 기산한다(감사규정49② 단서).

3. 정리기한이 별도 명시된 경우

감사결과처분요구서에 정리기한이 별도로 명시된 경우에는 그에 따른다(감사규정49③).

4. 조건 또는 기한부 시정사항

피감사기관의 장은 제38조 제1항 제3호의 시정사항 중 조건 또는 기한부 시정사항에 대하여는 조건성취 또는 정리기한 경과 1개월 이내에 회원조합징계·변상업무처리규정에 의거 필요한 조치를 취하여야 한다(감사규정49④).

Ⅲ. 지적사항 정리방침 등

1. 지적사항 정리방침

지적사항 처리내용이 ⅰ) 경영유의사항은 경영상 조치가 완료되었을 때(제1호), ⅱ) 문책사항은 징계 및 변상처분을 시행하였을 때(제2호), ⅲ) 경고사항은 경고장을 발부하였을 때(제3호), ⅳ) 업무방법개선사항은 ㉠ 개선완결 조치되었을 때, ㉡ 유사한 업무개선으로 당초 개선요구 사항에 부합되었을 때(제4호), ⅴ) 시정사항은 ㉠ 시정 완료되었을 때, ㉡ 채권이 정상화 되었을 때, ㉢ 채권회수를 위한 법적 절차(가집행선고)가 이행되었을 때, ㉣ 요구조건에 부합되는 조치를 이행 하였을 때(제5호), ⅵ) 주의사항은 지적사항 통보와 동시 완결처리(제6호), ⅶ) 현지조치사항은 지적사항 통보와 동시 완결처리(제7호), ⅷ) 기관경고사항은 이사회에 보고하였을 때(제8호), ⅸ) 기관주의사항은 이사회에 보고 하였을 때(제9호)의 기준에 부합한 때에는 완결 처리한다(감사규정50① 본문). 다만, 지적사항의 요구 문언에 부합되지 않더라도 그 취지에 맞는 조치를 취함으로서 동일한 효과가 있거나 정상화되었다고 판단될 때에는 종결처리한다(감사규정50① 단서).

2. 지적사항 정리보고

(1) 감사지적사항 정리보고(미정리사유)서 제출

조합장은 지적사항에 대한 정리현황에 관하여 기한종료일로부터 10일 이내에 각 지적사항의 정리현황 등을 첨부한 "감사지적사항 정리보고(미정리사유)서"(별표 제7호 서식)를 조합감사위원장에게 제출하여야 하며, 미정리사항에 대하여는 기한종료일 이전에 재정리기일을 새로이 부여받아야 한다(감사규정51①).

(2) 조합감사위원장이 요구한 징계 및 변상사항의 보고

조합장은 조합감사위원장이 요구한 징계 및 변상사항에 대하여는 특별한 사유가 없는 한 감사결과처분요구서를 접수한 날로부터 1개월 이내에 이사회 또는 인사위원회를 개최하고 즉시 그 결과를 보고하여야 한다(감사규정51② 본문). 다만, 이의신청이 제기된 경우에는 그에 대한 결정문서 접수일로부터 1개월 이내에 처리한다(감사규정51② 단서).

(3) 관할 지사무소의 정리보고서 취합 보고

조합장은 관할 지사무소의 정리보고서를 취합하여 보고하여야 하며, 이때 정리내용을 증명할 수 있는 관련 증빙을 첨부하여야 한다(감사규정51③).

3. 정리보고서의 처리

(1) 재정리 요구

조합감사위원장은 정리보고서의 정리내용이 미흡하거나 미정리된 사항에 대하여 그 사유 및 정리계획의 타당성을 검토하고 필요한 경우 정리기한을 정하여 재정리 요구한다(감사규정52①).

(2) 재심사 촉구 및 조치

조합감사위원장은 결과보고를 검토하여 그 조치가 부적정하다고 인정되는 경우에는 재심사를 촉구하거나, 위규·부당하게 결정된 경우에는 수협법 제146조

(회원에 대한 감사 등) 제5항에 의한 필요한 조치를 할 수 있다(감사규정52②).

4. 장기 미정리사항의 종결처리

(1) 종결처리 사유

조합감사위원장은 지적사항이 감사결과처분요구서 통지일로부터 2년 이상 경과한 장기 미정리 처분요구사항에 대하여 정리부진 사유를 재검토하여 ⅰ) 정리절차가 진행 중에 있으나 처분요구사항의 취지에 일치되는 조치를 취한 경우로서 완결되기까지는 장기간을 요하고 계속적인 사후관리의 실익이 없는 경우(제1호), ⅱ) 정리 가능한 사항이었으나 추후 불가능한 상태로 된 경우(제2호), ⅲ) 정리의 선행조건으로서 법령 및 외규 또는 정관의 개정 등 정책적 조치가 필요한 경우(제3호), ⅳ) 기타 제반 여건에 비추어 정리가 불가능하거나 정리의 실익이 없다고 인정되는 경우(제4호)에는 종결 처리한다(감사규정53①).

(2) 정기감사와 미정리사항 재지적에 의한 종결처리

정기감사시 해당 조합의 미정리 처분요구사항에 대하여 감사를 실시하는 경우, 제1항 또는 미정리사항 재지적에 의하여 종결 처리할 수 있다(감사규정53②).

(3) 2년 이상 미정리된 업무방법개선사항 또는 시정사항

중앙회 지적사항 중 감사결과처분요구서 통지일로부터 2년 이상 미정리된 업무방법개선사항 또는 시정사항에 대하여는 세부적인 정리계획을 수립하여 조합 이사회의 의결을 받으면 중앙회는 사후관리를 종결하고 조합 자체에서 관리하는 것으로 한다(감사규정53③).

5. 정리부진 귀책자에 대한 조치

감사지적사항에 대한 정리부진 사유가 직원의 직무태만 또는 사후관리 불철저에 기인한 것으로 판단되는 경우에는 미정리의 책임이 있는 사람에 대하여 관련 규정에 의거 문책할 수 있다(감사규정54).

6. 준용 규정

감사규정 제46조, 제51조, 제52조, 제54조는 외부감사 결과 지적사항의 사후관리에도 이를 준용한다(감사규정55①).

Ⅳ. 사고 등의 보고 등

1. 사고 등의 보고

(1) 조합감사위원장에 대한 사고보고요령에 의한 보고 사유

조합장은 조합 자체 및 관내 어촌계에 사고가 발생하였거나 수사기관의 수사가 착수된 때에는 그 경위를 밝혀 지체 없이 조합감사위원장에게 사고보고요령에 의거 보고하여야 한다(감사규정56①).

(2) 중앙회의 감사실시 사유

제1항의 사고 보고 사항 중 ⅰ) 3억원 이상의 손실발생(예상) 사고(제1호), ⅱ) 임원이 행위자이거나 고의 또는 중과실 책임이 있는 사고(제2호), ⅲ) 분식결산에 해당하는 사고(제3호), ⅳ) 수협법 제8장 벌칙에 관한 사고(제4호), ⅴ) 그 밖에 위원장이 중앙회가 직접 감사를 실시할 필요가 있다고 인정하는 사고(제5호)의 어느 하나에 해당하는 조합자체 사고로서 조합감사위원장이 필요하다고 인정하는 경우에는 중앙회가 감사를 실시할 수 있다(감사규정56②).

(3) 외부감사 착수 보고

외부감사가 착수된 때에도 제1항에 따라 그 내용을 외부감사 착수보고를 하여야 한다(감사규정56③).

2. 감사결과 종합보고

해당연도 감사결과 종합보고서를 작성하여 다음연도 6월 말까지 조합감사위원장에게 보고하여야 한다(감사규정57).

3. 표창 추천

감사반장은 감사결과 수범사례가 있을 때에는 피감사기관 또는 관련 직원에 대하여 회장에게 표창을 추천할 수 있다(감사규정58).

4. 다른 규정의 적용

(1) 징계 · 변상처리에 관한 세부사항

징계 · 변상처리에 관한 세부사항은 회원조합징계 · 변상업무처리 규정(예)이 정하는 바에 의한다(감사규정59①).

(2) 사고보고요령

사고보고의 대상, 범위, 절차 등에 관한 세부사항은 사고보고요령이 정하는 바에 의한다(감사규정59②).

(3) 고소 · 고발

임 · 직원의 직무관련 범죄행위에 대한 고소 · 고발 등에 관한 세부사항은 "회원조합 임직원 범죄행위에 대한 고발요령"이 정하는 바에 의한다(감사규정59 ③).

징계변상

여기서는 「회원조합징계·변상업무처리규정(예)」("징계변상규정")의 내용을 살펴본다.

제1절 총칙

Ⅰ. 목적과 적용범위

1. 목적

「회원조합징계·변상업무처리규정(예)」("징계변상규정")은 수산업협동조합법 및 동법 시행령과 정관이 정하는 바에 따라 중앙회장, 조합감사위원장과 외부감독·감사기관의 장이 회원조합을 감사하거나 조합장 또는 감사가 자체 감사한 결과 임직원에 대한 징계·변상 사유가 발생한 경우 그 처리절차와 방법 등에 관한 세부사항을 규정함으로써 합리적이고 공정한 업무처리를 기함을 목적으로 한다(징계변상규정1).

2. 적용범위

회원조합("조합") 임직원의 징계·변상업무에 관하여는 법령, 정관이 정하는 것 외에는 이 규정을 적용한다(징계변상규정2①).

촉탁직원(파트타이머 포함) 및 전문직 연구원에 대하여는 다른 규정에 정한 것을 제외하고는 이 규정을 적용한다(징계변상규정2②).

Ⅱ. 변상과 징계의 병합 등

1. 변상과 징계의 병합

변상사항과 징계사항이 병합될 경우에는 일괄하여 처리함을 원칙으로 한다 (징계변상규정4 본문). 다만, 필요시는 분리하여 의결할 수 있다(징계변상규정4 단서).

2. 타기관 조사와의 관계

(1) 조합장의 징계조치 제한

조합장은 징계조치하여야 할 "사고"가 중앙회 및 감독기관 등에서 조사중인 경우에는 회장이나 감독기관장의 제재요구가 있기 전에 임의로 임직원에 대한 징계조치를 하여서는 아니 된다(징계변상규정5① 본문). 다만, 중앙회 검사담당 부서에서 승인하는 경우에는 예외로 한다(징계변상규정5① 단서).

징계변상규정에서 "사고"라 함은 업무와 관련하여 스스로 또는 타인으로부터 기망, 권유, 청탁 등을 받아 위규부당한 행위를 함으로써 수협에 손해를 초래하거나 업무질서를 문란케 한 경우와 수협의 공신력을 훼손하거나, 사회적으로 물의를 일으킨 경우를 말한다(징계변상규정3(1)).

(2) 결과 참작과 징계의결

검찰 등 수사기관이 수사 또는 조사 진행 중이거나 재판 등 법적절차(경매 포함)가 진행 중인 때에는 그 종료 후 결과를 참작하여 징계의결 할 수 있다(징계 변상규정5②).

Ⅲ. 징계 및 변상판정의 시효

1. 징계의 시효

(1) 징계시효기간

징계의결의 요구는 "징계사유가 발생한 날"부터 "5년을 경과한 때"에는 이를 행하지 못한다(징계변상규정6① 본문). 다만, 징계사유가 ⅰ) 횡령행위에 해당하는 경우(제1호), ⅱ) 수재 또는 알선수재에 해당하는 경우(제2호), ⅲ) 금품수수 등 부당한 위규행위를 수반한 범죄를 저질러 본인 또는 제3자에게 이익을 가져다준 경우(제3호)에는 10년으로 한다(징계변상규정6① 단서).

위에서 "징계사유가 발생한 날"이라 함은 사고발생일(사고의 연속인 경우 최종사고일)을 말하며 "5년을 경과한 때"라 함은 사고 적출일을 기준으로 소급하여 사고발생일까지의 기간을 말한다(징계변상규정6②).

(2) 징계시효의 연장

조사 또는 수사(재판 포함) 등으로 인하여 징계시효가 만료되거나, 잔여기간이 1월 미만인 경우에는 조사 또는 수사 등의 종료일로부터 2월간 연장한다(징계변상규정6③).

(3) 법원 등의 징계처분 무효 등 판결과 징계 의결

법원 또는 노동위원회에서 징계처분의 무효 또는 취소의 판결(판정)을 한 때에는 제1항의 규정에 불구하고 다시 징계의결할 수 있다(징계변상규정6④).

2. 변상청구권의 시효

(1) 소멸시효기간

변상책임이 있는 사람에 대한 변상청구권은 사고발견일(사고 및 행위자를 안 날)부터 3년간 행사하지 아니하거나 사고발생일로부터 10년이 경과한 때에는 시효로 인하여 소멸한다(징계변상규정7①).

징계변상규정에서 "행위자"라 함은 사고행위를 직접 행한 사람을 말한다(징계변상규정3(2) 본문). 다만, 자기의 지휘·감독을 받는 사람을 교사 또는 위력을 행사한 경우에는 그 사람을 행위자로 본다(징계변상규정3(2) 단서).

(2) 소멸시효기간의 연장

조사 또는 수사 등으로 인하여 변상청구권의 시효가 완료되거나 잔여기간이 1월 미만일 경우에는 조사 또는 수사 등의 종료일부터 2월간 연장한다(징계변상규정7②).

(3) 소멸시효 중단조치

조합은 변상청구권의 시효가 완성되기 전에 변상채무확인서(별지 제7호 서식) 징구, 재산 가압류(가처분), 소 제기 등 적법한 소멸시효 중단조치를 취하여 변상청구권을 보전하여야 한다(징계변상규정7③).

(4) 법원 등의 변상처분 무효 등 판결과 징계 의결

법원 또는 노동위원회에서 변상처분의 무효 또는 취소의 판결(판정)을 한 때에는 제1항의 규정에 불구하고 다시 변상의결할 수 있다(징계변상규정7④).

Ⅳ. 징계 · 변상판정의 부의 등

1. 징계 · 변상판정의 부의

(1) 조합장의 자체 발각한 사고와 이사회 등 부의

조합장은 자체 발각한 사고와 관련하여 사고 관련자들을 문책할 필요가 인정되거나 외부 감독기관, 회장으로부터 임직원에 대한 징계·변상조치를 요구받은 경우에는 검사담당부서장으로 하여금 관련자별 책임소재를 명확히 한 후 이사회 또는 인사위원회(임원→이사회, 직원→인사위원회)에 부의하게 하여야 한다(징계변상규정8① 본문). 다만, 제척사유로 이사회 개의정족수에 미달될 경우에는 그 의결을 총회에 의뢰한다(징계변상규정8① 단서).

(2) 감사의 문책 요구와 이사회 등 부의

조합장은 감사로부터 업무취급자들의 문책을 요구받은 경우에는 검사담당

부서장으로 하여금 관련자별 책임소재를 명확히 한 후 부의조서를 작성하여 이
사회 또는 인사위원회에 부의하게 하여야 한다(징계변상규정8②).

(3) 사직서 제출과 부의 기한

사고관련자가 사직원을 제출하였을 경우에는 1개월 이내에 징계·변상판정
이 종결될 수 있도록 조속히 부의하여야 한다(징계변상규정8③).

(4) 사고관련자가 사망하였을 경우

사고관련자가 사망하였을 경우 징계·변상 대상에서 제외한다(징계변상규정8
④ 본문). 다만, 횡령·배임 등 중대한 범죄행위로 인하여 조합에 손실을 초래한
경우에는 변상책임을 물을 수 있다(징계변상규정8④ 단서).

2. 징계·변상의결의 기본원칙

중앙회를 포함한 외부감독기관의 징계 및 변상요구사항은 준수하여야 한다
(징계변상규정8의2).

3. 징계·변상처분에 대한 재의결 요구

(1) 재의결 요구 사유

조합감사위원장은 제18조 제3항 및 제23조 제4항에 의한 징계경감 및 변상
감면 절차를 이행하지 않고 조합감사위원회의 처분요구보다 징계량(변상판정액)
이 현저하게 하향의결되었다고 판단되거나 징계·변상 내용 및 절차가 부당하다
고 인정될 때에는 그 사유를 기재하여 조합장에게 해당 관련자들에 대한 징계양
정(변상판정)을 재의결하도록 요구할 수 있다(징계변상규정8의3① 본문). 다만, 징
계·변상경감에 대한 특별한 사유가 인정될 경우에는 그러하지 아니한다(징계변상
규정8의3① 단서).

(2) 재의결 이행 기한

재의결 요구를 받은 조합장은 특별한 사유가 없는 한 요구서가 접수된 날부
터 1개월 이내에 조합 이사회 또는 인사위원회를 소집, 재의결을 이행할 수 있도
록 필요한 조치를 하여야 한다(징계변상규정8의3②).

4. 소명기회 부여

이사회 또는 인사위원회에서 징계·변상사항을 심의할 때에는 해당 대상자에게 통지하여 구두 또는 서면에 의한 소명기회를 부여하여야 한다(별지 제1호 서식)(징계변상규정9 본문). 다만, 대상자가 진술을 포기하는 경우에는 그러하지 아니한다(징계변상규정9 단서).

5. 경고

(1) 경고장 발부

임직원의 행위가 징계사유에 해당되는 경우라도 비위의 정도 및 정상을 감안하여 경고처분할 수 있다(징계변상규정10① 전단). 이 경우 지체없이 조합장의 결재를 받아 경고장(별지 제8호 서식)을 발부한다(징계변상규정10① 후단).

(2) 주의 또는 주의조치의 경고 운용

감사원장, 금융감독원장의 처분요구사항 중 관련자에 대한 주의 또는 주의조치요구는 경고로 운용한다(징계변상규정10②).

(3) 인사기록카드 및 경고 대장 기록과 징계의결 요구

검사담당부서장은 제1항 및 제2항의 처분사항을 인사기록카드 및 경고 대장에 기록 유지하여야 하며, 1년에 3회의 경고처분을 받는 경우로서 1회차 경고처분을 받은 때로부터 1년 이내에 3회차 경고처분을 받게 되는 임직원에 대하여는 3회차에 이사회 또는 인사위원회에 징계의결을 요구하여야 한다(1년 이내에 2회의 기관경고 처분을 받는 경우 2회차 기관경고 처분 시 관련 상임임원의 징계의결 요구 포함)(징계변상규정10③).

제3항에 의거한 징계처분 수준은 "견책"을 원칙으로 한다(징계변상규정10④).

6. 사고관련자의 면직처리

(1) 사직원 수리 여부

사고관련자가 사직원을 제출하였을 때에는 징계·변상 확정시까지 동 처리를 보류하였다가 그 확정 내용에 따라 수리 여부를 결정하여야 한다. 다만, 정직

(직무정지) 이상 징계처분이 예상되는 임직원을 제외하고는 피해예상액을 예치하거나 채권보전 조치를 한 경우에는 사직원을 수리할 수 있다(징계변상규정11①).

(2) 징계조치 및 사고금 보전 등 조치

사직원을 제출한 임직원에 대해서는 그 제출경위를 조사하여 비위사실이 있다고 인정되는 때에는 민법 제660조에 의한 의원면직의 효력이 발생되기 전에 징계조치 및 사고금 보전 등 필요한 조치를 취하여야 한다(징계변상규정11②).

제2절 징계양정기준 등

Ⅰ. 징계양정 기준 및 운용

1. 징계양정기준

(1) 징계양정 기준표

징계양정은 별표 "징계양정 기준표"에 의한다(징계변상규정12①).

(2) 고소 및 변상조치의 병행

징계양정에 있어서는 사안에 따라 고소 및 변상조치를 병행할 수 있다(징계변상규정12②).

2. 징계양정 운용

징계양정은 ⅰ) 징계대상자의 사고관련 행위의 고의, 중과실, 경과실 해당 여부(제1호), ⅱ) 사고금의 크기, 손해의 변상 여부(제2호), ⅲ) 사고발생 후 사고수습 및 손해경감을 위한 노력 여부(제3호), ⅳ) 사고 발생요인 중 불가항력적 요소 유무(제4호), ⅴ) 사회적으로 중대한 물의를 야기하여 조합의 명예를 훼손하였거나 수협 전체의 공신력을 실추시킨 유무(제5호), ⅵ) 징계대상자의 평소 근무태도, 공적, 개전의 정 및 과거 징계 사실의 유무(제6호), ⅶ) 위법부당행위의 동기,

외적요인 등(제7호)의 사유를 감안하여 별표에서 정한 "징계양정 기준표"에 따라
운용한다(징계변상규정13).

3. 과실의 정도 측정기준

과실정도의 측정기준은 ⅰ) 사고에 대한 인식 또는 결과의 예견 및 회피(사
고방지)가 용이할수록 과실이 큰 것으로 보고(제1호), ⅱ) 근속연수, 직위, 담당업
무를 참작한 주의능력이 클수록 과실이 큰 것으로 보며(제2호), ⅲ) 기타 주의의
무의 준수를 용이하게 기대할 수 있을 때일수록 과실이 큰 것으로 본다(제3호)(징
계변상규정14).

Ⅱ. 사고관련자에 대한 징계

1. 일일, 특명감사자 및 감사통할책임자 등

다음의 사고관련자, 즉 ⅰ) 일일, 특명감사자 및 감사통할책임자(제1호), ⅱ)
행위자에 대한 감독업무를 소홀히 한 사람(직상, 차상감독자 및 최상위 관리책임자)
(제2호), ⅲ) 사고보고를 지연하거나 은폐한 사람(제3호)에 대하여는 관련 행위별
책임소재를 규명하여 소정 절차에 따라 지체 없이 징계하되, 사안이 경미한 경우
경고처분 할 수 있다(징계변상규정15①).

2. 위규취급 행위의 실질적 원인을 조성하게 한 임직원

행위자의 위규취급 행위를 인지하지 않았으나 업무취급 소홀로 위규취급 행
위의 실질적 원인을 조성하게 한 임직원에 대하여도 징계하여야 한다(징계변상규
정15②).

3. 행위자의 사고행위를 방조하거나 추종한 사람

행위자의 위규 행위를 인지하고 행위자의 사고행위를 방조하거나 추종한 사
람은 원칙적으로 행위자에 준하여 징계하여야 한다(징계변상규정15③).

4. 위규부당한 행위를 지시한 사람

위규부당한 행위를 지시한 사람에게는 직접 행위자와 동일한 징계량을 부여하거나 그 이상으로 할 수 있다(징계변상규정15④).

5. 행위자에 대한 관리 · 감독자

앞의 제1항 제2호에 따른 관리 · 감독자에 대하여 ⅰ) 전산 입 · 출력자료 확인, 직책별 책임자 필수확인사항 확인, 직원 순환보직 실시, 취약직원 관리, 일일감사, 특명감사 등 관리 · 감독자가 통상의 주의의무 이행을 소홀히 하여 사고를 미연에 방지하거나 조기에 발견하지 못한 경우(제1호), ⅱ) 직상위 관리 · 감독자가 책임자 ID(비밀번호 포함) 및 각종 금고열쇠 등의 관리와 동 사용내역의 적정여부 확인을 게을리 하는 등 중대한 과실로 부하직원의 사고를 예방하지 못한 경우(행위자에 준함)(제2호), ⅲ) 결재권자가 결재권 행사를 하지 않거나 소홀히 함으로써 업무취급상 하자, 미비사항 및 사고내용을 발견하지 못하였거나 사고를 미연에 방지하지 못한 경우(취급자 및 취급자의 직상위 감독자에 준함)(제3호)의 책임사유가 발견된 경우에는 지체 없이 징계하되, 사안이 경미한 경우 경고처분 할 수 있다(징계변상규정15⑤).

Ⅲ. 병합심의 가중원칙

1. 임원인 징계대상자

임원인 징계대상자가 수개의 사고와 관련하여 이사회에 징계 회부되었을 때에는 병합 심의함을 원칙으로 하되, ⅰ) 견책 + 견책 = 직무의 정지(제1호), ⅱ) 견책 + 직무의 정지 = 직무의 정지 또는 개선(제2호), ⅲ) 직무의 정 + 직무의 정지 = 직무의 정지 또는 개선(제3호)의 기준에 따라서 그 징계양정을 가중할 수 있다(징계변상규정16①).

2. 직원인 징계대상자

직원인 징계대상자가 수개의 사고와 관련하여 인사위원회에 징계 회부되었을 때에는 병합 심의함을 원칙으로 하되, ⅰ) 견책 + 견책 = 감봉(제1호), ⅱ) 견책 + 감봉 = 감봉 또는 정직(제2호), ⅲ) 견책 + 정직 = 정직 또는 징계면직(제3호), ⅳ) 감봉 + 감봉 = 정직 또는 징계면직(제4호), ⅴ) 감봉 + 정직 = 정직 또는 징계면직(제5호), ⅵ) 정직 + 정직 = 징계면직(제6호)의 기준에 의하여 그 징계양정을 가중할 수 있다(징계변상규정16②).

Ⅳ. 징계양정의 가중, 경감의 순서

1. 가중 또는 경감 사유의 경합시 가감 순서

징계양정 결정시 가중 또는 경감할 사유가 경합된 때에는 ⅰ) 병합 심의의 가중(제1호), ⅱ) 과거 징계사실에 대한 가중(제2호), ⅲ) 과거 표창사실에 대한 경감(제3호), ⅳ) 사고 자진신고자 및 변상자에 대한 경감(제4호)의 순서에 의한다 (징계변상규정17①).

2. 사유의 경합과 거듭 가감

가중 및 경감사유가 경합될 경우에는 거듭하여 가감할 수 있다(징계변상규정 17②).

Ⅴ. 징계양정의 경감

1. 징계경감 사유의 기준

인사규정(모범안) 제78조 제2항 등의 규정에 의한 사고관련자에 대한 징계경감 사유의 기준은 다음과 같다(징계변상규정18①).

즉 ⅰ) 사고관련 직원이 사고발생일로부터 30일 이내에 사고 사실을 검사담당부서장에게 자진 신고한 경우 신고자(감독자 포함)에 대하여는 사고내용에 따라 징계량을 경감할 수 있고(제1호), ⅱ) 임직원이 과실로 조합에 손해를 초래한 경우 관련자가 징계확정 전에 사고금 또는 손해액을 전액 변상한 때에는 해당 임직원에 대한 징계량을 경감 또는 면제할 수 있으며(제2호), ⅲ) 비위사실을 그 사무실에서 발견하여 계통 보고한 경우에는 이를 보고한 감독자의 징계량을 경감 또는 면제할 수 있으며(제3호), iv) 평소에 성실 청렴한 임직원으로서 소신 있는 업무처리 과정(징계처분 관련업무에 한함)에서의 과실로 인한 사고관련자에 대하여는 징계량을 경감 또는 면제할 수 있으며(제5호),[1] ⅴ) 사고조사에 필요한 중요 정보제공 등 감사업무에 적극 협조한 관련자에 대하여는 징계량을 경감 또는 면제할 수 있다(제6호).

2. 징계경감의 제외

다음의 어느 하나에 해당하는 경우, 즉 ⅰ) 횡령행위를 한 사람, 수재 또는 알선수재에 해당하는 행위를 한 사람, 금품수수 등 부당한 위규행위를 수반한 범죄를 저질러 본인 또는 제3자에게 이익을 가져다 준 사람(제1호), ⅱ) 성폭력범죄 (제2호), ⅲ) 성매매(제3호), ⅳ) 성희롱 및 음주운전(제4호), ⅴ) 채용 비리 연루자 (제5호)에는 징계를 경감할 수 없다(징계변상규정18②).

3. 징계경감 협의 요청서 작성과 조합감사위원회와의 협의

조합 이사회 또는 인사위원회에서 조합감사위원회의 처분요구보다 징계양정을 경감하여 의결하고자 하는 경우에는 조합감사위원회의 징계 처분요구 시 정상참작하지 아니한 중대한 경감 사유 등을 첨부한 "징계경감 협의 요청서"(별지 제9호 서식)를 작성하여 징계 의결 전에 조합감사위원회와 협의하여야 한다(징계변상규정18③ 본문). 다만, 징계경감 협의 요청은 조합감사위원회의 감사결과 처분요구서를 접수한 날로부터 또는 이의신청 심의결과를 접수한 날로부터 1개월 이내에 하여야 한다(징계변상규정18③ 단서).

징계경감 협의 신청에 따른 심의는 「회원조합 감사규정」 제42조부터 제45조까지를 준용한다(징계변상규정18④ 본문). 다만, 제규정에서 정한 감경사유에 해당되지 않는 것이 명백하거나 조합감사위원회의 징계 의결 시 이미 제출하여 반영된 사유일 경우에는 위원장 직권으로 각하할 수 있다(징계변상규정18④ 단서).

4. 협의 결과의 통보와 조합 인사위원회의 보고

조합감사위원회와 협의하여 그 결과를 통보받은 경우 조합 인사위원회는 이

---

1) 제4호 삭제.

를 준수하여 지체없이 의결하고 그 결과를 조합감사위원회에 보고하여야 한다
(징계변상규정18⑤).

제3절 변상판정

Ⅰ. 변상책임자의 범위 등

1. 변상책임의 발생요건

변상책임은 임직원이 업무취급상 고의 또는 중대한 과실로 조합에 재산상
손해를 끼쳤을 때에 발생한다(징계변상규정19① 본문). 다만, 상임임원인 경우 경
과실을 포함한다(징계변상규정19① 단서).

과실정도의 측정기준은 제14조를 적용한다(징계변상규정19②).

2. 변상책임자의 범위

(1) 사고가 임직원의 단독행위로 발생한 경우

사고가 임직원의 단독행위로 발생하였을 때에는 단독으로 변상책임을 진다
(징계변상규정20① 본문). 다만, 행위자의 위규취급 행위를 인지하지 못하였으나
업무취급 소홀로 위규취급 행위의 실질적 원인을 조성하게 한 임직원은 그 책임
한계에 따라 변상책임을 진다(징계변상규정20① 단서).

(2) 사고가 수인의 공동행위로 발생한 경우

사고가 수인의 공동행위로 발생하였을 때에는 수인이 공동으로 변상책임을
지며, 교사자, 방조자는 공동행위자로 본다(징계변상규정20②).

징계변상규정에서 "교사자"라 함은 타인으로 하여금 사고행위를 하도록 선
동하거나 조종하는 사람을 말하고(징계변상규정3(3)), "방조자"라 함은 사고행위를
알면서 도와주는 사람을 말하며 추종자를 포함한다(징계변상규정3(4)).

(3) 책임한계

변상책임자의 범위를 정함에 있어서는 변상건별로 당초 취급자와 사후관리자의 책임한계를 명확히 하여야 한다(징계변상규정20③).

Ⅱ. 변상책임액의 산정

1. 사고발행 당시의 손해액

변상책임액은 사고발생 당시의 손해액을 한도로 하되 제20조의 변상책임자별로 ⅰ) 특정인(사고관련자 본인 또는 제3자)에게 부당이득을 발생하게 할 목적이 있거나 부당이득이 발생할 것이라고 인식한 상태 하에서 일어난 사고의 경우: 손해액 전액(제1호), ⅱ) 중과실로 일어난 사고로서 특정인에게 부당이득이 발생한 경우: 손해액 이내(제2호), ⅲ) 각종 자산의 피사취, 분실, 과오불 등 사고의 경우: 손해액 이내(제3호), ⅳ) 선심성 예산집행 관련 사고의 경우: 손해액 이내(제4호)에 따라 그 범위를 정한다(징계변상규정21① 본문). 다만, 고의에 의한 사고로써 행위자가 금리차액, 시세차액 등을 목적으로 한 경우에는 실제 취득한 이득액을 손해액에 포함하여 변상케 할 수 있다(징계변상규정21① 단서).

징계양정규정에서 "손해액"이라 함은 사고로 인하여 발생하였거나 발생할 것이 확실시되는 조합의 재산상 손해를 말하며, 채권의 경우는 원금과 제비용을 포함한 금액을 말한다(징계변상규정3(10)).

2. 손해가 2인 이상의 공동행위로 발생한 경우

손해가 2인 이상의 공동행위로 인하여 발생하였을 때에는 각자의 행위가 손해발생에 미친 정도의 한계에 따라 변상책임을 분담하며, 책임의 정도가 분명치 아니한 때에는 균등분담을 원칙으로 한다(징계변상규정21② 본문). 다만, 고의로 조합에 손해를 끼쳤을 때에는 연대하여 변상책임을 물을 수 있다(징계변상규정21② 단서).

3. 현물변상과 금전변상

금전 이외의 현물사고시는 현물변상을 원칙으로 한다(징계변상규정21③ 본문). 다만, 현물변상이 어려운 경우에는 변상시점의 시가에 의한 금전으로 변상하게 할 수 있다(징계변상규정21③ 단서).

4. 변상요구의 제한

천재지변 또는 불가항력으로 인한 사고와 책임소재가 불분명한 사고인 경우에는 변상을 요구할 수 없다(징계변상규정21④).

Ⅲ. 정상참작

1. 참작사유

변상책임액의 산정 또는 변상판정을 함에 있어서는 ⅰ) 고의 및 중과실 여부(제1호), ⅱ) 행위자의 직무 및 업무분장, 직급 및 직위에 상응하는 주의의무 정도(제2호), ⅲ) 사고의 성격, 사고의 원인 및 행위의 동기(제3호), ⅳ) 행위자의 사고 관련도 및 정당 행위에 대한 기대 가능성(제4호), ⅴ) 제도상의 문제점 및 기관 자체의 과실의 정도(제5호), ⅵ) 취급관련자가 조합에 기여한 정도(제6호), ⅶ) 기타 정상참작 사유(제7호)를 참작하여야 한다(징계변상규정22①).

2. 변상책임액의 감액

변상책임자가 ⅰ) 해당 사고와 관련하여 징계처분을 받은 경우(제1호), ⅱ) 사고피해금의 회수를 위하여 현저한 노력을 하고 상당한 회수실적이 있거나 채권 보전한 경우(제2호), ⅲ) 사고내용을 자진신고하거나 계통보고함으로써 조기에 사고를 수습하거나 피해를 축소하게 한 경우(제3호)에는 변상책임액의 전부 또는 일부를 감면할 수 있다(징계변상규정22②).

3. 직급별 신원보증보험 가입한도금액 이내 산정

정상참작에 의거 손해액 이내의 변상책임액을 산정하고자 할 때에는 변상책임자별로 복무규정에 의한 직급별 신원보증보험 가입한도금액 이내로 할 수 있다(징계변상규정22③).

Ⅳ. 변상판정 의결

1. 변상의결서 기재사항

이사회 또는 인사위원회에서 변상판정 의결 시에는 변상책임의 유무, 변상책임이 있는 사람, 변상책임액 및 이에 대한 이유, 변상기한 등을 변상의결서에 명확히 기술하여야 한다(징계변상규정23① 본문). 다만 변상기한은 변상판정 대상자별로 변상판정통지서(별지 제3호 서식)가 도달된 때를 기산일로 하여 1년 이내의 범위 내에서 월 단위로 정한다(징계변상규정23① 단서).

징계변상규정에서 "인사위원회"라 함은 인사규정상 운용되는 인사위원회를 지칭하며, 임원이 대상자인 경우에는 이사회규약상 운용되는 이사회를 말한다(징계변상규정3(11)).

2. 주관부서의 의견 참조

변상판정을 심의 의결할 때에는 사고발생 업무와 관련 있는 주관부서의 의견을 참조할 수 있다(징계변상규정23②).

3. 감면의결과 감면금액의 제한

변상판정의결을 할 경우 조합감사위원회의 변상 처분시 정상참작하지 아니한 특별한 감면사유가 객관적으로 인정되는 경우 감면의결이 가능하되, 감면금액이 조합감사위원회 변상요구액의 20%를 초과하지 아니하여야 한다(징계변상규정23③).

4. 20% 초과 감면의결과 이사회의 감면승인

조합감사위원회의 변상처분시 정상참작하지 아니한 중대한 감면사유가 있어 20%를 초과하여 감면의결하고자 할 경우에는 이사회의 사전 감면승인을 얻은 후 의결하여야 한다(징계변상규정23④ 본문). 다만, 50% 이상 감면의결하고자 할 때에는 "변상감면 협의 요청서"(별지 제5호 서식)를 작성하여 사전에 조합감사위원회와 협의하여야 한다(징계변상규정23④ 단서).

5. 감면의결 시행과 조합감사위원장에 대한 보고

감면의결을 한 후 이를 시행하였을 때에는 조합장은 감액사유, 근거자료, 의사록 및 이사회승인내용 등을 첨부하여 지체 없이 조합감사위원장에게 보고하여야 한다(징계변상규정23⑤).

6. 퇴직자에 대한 전액 이내 감면

변상책임자가 퇴직자인 경우에는 채권관리업무방법상의 재산조사 결과 재산이 없는 것으로 판정되고 징계양정이 견책 이하에 해당되면 변상책임액의 전액이내에서 감면할 수 있다(징계변상규정23⑥).

Ⅴ. 긴급조치

1. 조합장의 채권보전조치

조합장은 소속직원에 대하여 변상책임이 있다고 인정할 때에는 위원회의 판정전 또는 외부 감독·감사기관의 요구 전이라도 신속하게 채권보전조치를 취하여야 한다(징계변상규정24①).

2. 소속장의 재산가압류 등 채권보전조치

소속장은 변상판정에 의한 대상손해금으로서 변상판정 후 채권 확보가 곤란하거나 사고관련자(신원보증인을 포함)의 재산도피 등이 우려될 때에는 변상판정절차 개시전이라도 재산가압류 등 채권보전조치를 취하여야 한다(징계변상규정24②).

징계변상규정에서 "소속장"이라 함은 사고발생 조합장 또는 지사무소의 장을 말한다(징계변상규정3(5)).

3. 변상금 환급과 채권보전조치의 해제

제1항 및 제2항의 경우에 있어서 위원회 또는 외부 감독기관이 그 직원에 대하여 변상의 책임이 없다고 판정하였을 때에는 기납의 변상금을 환급하고 재

산가압류등의 채권보전 조치를 해제하여야 하며, 변상판정금액을 초과하는 부분에 대하여도 또한 같다(징계변상규정24③).

제4절 시행

Ⅰ. 징계·변상의 시행

1. 징계처분장 또는 변상판정통지서의 송부

징계·변상은 조합장 또는 조합장의 지시에 따른 검사담당부서장이 의결일로부터 10일 이내에 사고관련자별로 징계처분장(별지 제2호 서식) 또는 변상판정통지서(별지 제3호 서식)를 소속부서(지사무소)장과 당사자에게 송부함으로써 시행한다(징계변상규정25① 본문). 다만, 조합장이 문책대상자이거나, 문책대상자의 친족(친족의 범위는 민법 제777조에 의함)이거나, 문책사유와 관련이 있어 의결일로부터 10일 이내에 시행을 하지 아니하거나 시행이 어려운 경우에는 검사담당부서장이 직제규약에서 정한 조합장 직하위자의 결재를 받아 조합장 명의로 시행한다(징계변상규정25① 단서).

2. 징계·변상의 완료

징계·변상의 시행은 징계처분장 또는 변상판정통지서를 당사자(변상책임자의 신원보증인에게는 그 사본)에게 내용증명 우편으로 발송하거나 본인의 수령인을 받음으로써 완료된다(징계변상규정25②).

3. 변상기한의 기산일

변상기한은 제2항의 송달절차가 완료되었을 때를 기산일로 하여 시행한다(징계변상규정25③).

4. 징계 및 변상사항 확정 내용의 통보

징계 및 변상사항이 확정되면 검사담당부서장은 그 내용을 관련 부서장(인사, 급여, 채권관리담당 부서장 등)에게 통보한다(징계변상규정25④).

5. 징계·변상사항의 인사기록카드 기록유지

소속장 및 제4항의 관련 부서장은 징계·변상사항을 인사기록카드에 기록유지 및 채권보전조치를 하는 등 내용에 따라 그 이행에 철저를 기하여야 한다(징계변상규정25⑤).

Ⅱ. 처분의 효력발생 및 징계기간 산정

1. 징계 또는 변상처분의 효력발생일

징계 또는 변상처분의 효력은 시행일에 발생한다(징계변상규정25의2①).

2. 임원의 직무정지 등의 기간 산정

징계처분 중 임원의 직무정지, 직원의 정직, 감봉의 기간 산정은 시행일을 기산일로 하여 산정한다(징계변상규정25의2②).

3. 기간 산정의 예외

ⅰ) 상임임원 전원이 직무정지 처분을 받은 경우(제1호), ⅱ) 직원 대다수가 정직 처분을 받아 사고발생이 우려되는 경우(제2호), ⅲ) 수산업협동조합법 제170조 제3항 개선처분요구 또는 징계면직처분요구에 따라 직무가 정지된 기간을 추후 징계처분(직무정지 또는 정직) 기간에 반영하는 경우(제3호)의 어느 하나에 해당하며 조합의 경영활동에 어려움이 예상되는 경우 조합감사위원장의 승인을 받아 징계처분 기간의 기산일을 달리 정할 수 있다(징계변상규정25의2③).

Ⅲ. 공시송달

1. 공시송달 사유

변상책임자가 ⅰ) 변상책임자가 변상판정통지서 등의 수령을 거부하였을 때 (제1호), ⅱ) 변상책임자의 주소, 거소가 분명하지 아니하거나 국내에 있지 아니할 때(제2호)에 소속장은 조합 게시판이나 기타 적당한 장소에 변상판정통지서 등의 내용을 게시한다(징계변상규정26①).

2. 신문 공고

소속장은 필요하다고 인정하는 경우에는 제1항의 내용을 신문지상에 공고할 수 있다(징계변상규정26②).

3. 변상판정통지서의 도달 의제 기간

앞의 제1항 및 제2항의 경우 공고한 날로 부터 10일이 경과함으로써 변상판정통지서가 도달된 것으로 본다(징계변상규정26③).

제5절 재심

Ⅰ. 청구에 의한 재심

징계처분 또는 변상판정통지를 받은 사람이 그 처분이 과중하거나 절차상 부당하다고 판단되어 재심을 청구할 때에는 징계처분장 또는 변상판정통지서를 수령한 날로 부터 15일 이내에 재심청구서(별지 제4호 서식)에 청구의 취지와 그 이유를 명백히 한 증빙서류 등을 첨부하여 이사회의장 또는 인사위원회위원장 (임원→이사회의장, 직원→인사위원회위원장)에게 재심을 청구할 수 있다(징계변상규정27).

Ⅱ. 판결 등에 의한 재심

징계처분 또는 변상판정통지를 받은 사람이 법원(노동위원회)에서 징계(변상)처분의 무효 또는 취소의 판결(판정)을 받아 재심을 청구할 때에는 기존 징계(변상)처분을 취소하고 판결(판정)서의 취지에 부합하게 재의결하여야 한다(징계변상규정27의2).

Ⅲ. 재심청구의 각하 등

1. 재심청구의 각하

(1) 각하 사유

이사회의장 또는 인사위원회위원장은 재심청구 서류를 심사한 결과 ⅰ) 재심청구 기일의 경과(제1호), ⅱ) 서류 미비 또는 입증자료 불비(제2호), ⅲ) 재심부의 이전에 청구인의 서면에 의한 재심취하 요청(제3호), ⅳ) 기타 재심청구 요건을 결한 절차상 하자 발견(제4호)에 해당하는 경우에는 직권으로 각하할 수 있다(징계변상규정28①).

(2) 청구인에 대한 통지

각하를 한 때에는 청구인에게 그 뜻을 지체 없이 서면으로 통보하여야 한다(징계변상규정28②).

2. 재심의 처리

(1) 보정기간과 보정요구

이사회의장 또는 인사위원회위원장은 재심청구가 필요한 요건을 갖추지 못하였을 때에는 10일간의 보정기간을 정하여 그 요건의 결함을 보정토록 요구할 수 있다(징계변상규정29① 본문). 다만, 보정기간은 재심의 기간에 이를 산입하지 아니한다(징계변상규정29① 단서).

(2) 재심의 기간과 결과의 통지

이사회의장 또는 인사위원회위원장은 재심청구를 수리하였을 때에는 특별한 이유가 없는 한 재심청구서의 접수일로부터 30일 이내에 재심의하고 그 결과를 서면으로 본인에게 통보하여야 한다(징계변상규정29② 본문). 다만, 부득이한 사유가 있을 때에는 15일에 한하여 그 기간을 연장할 수 있다(징계변상규정29② 단서).

(3) 재심청구의 기각과 인용

이사회 또는 인사위원회는 재심청구가 이유 없다고 인정될 때에는 이를 기각처리하고, 이유가 있다고 인정될 때에는 원심판정을 취소하거나 그 내용을 변경한다(징계변상규정29③).

재심판정결과 원심판정의 요구를 취소하거나 그 내용을 변경할 때에는 동일한 징계·변상사유에 관련된 타 직원에 대한 원심판정도 취소하거나 그 내용을 변경할 수 있다(징계변상규정29④).

(4) 원심판정 취소 또는 내용변경의 소급

재심판정에 의하여 원심판정이 취소 또는 그 내용이 변경되었을 때에는 그 판정은 원심판정 처분일에 소급한다(징계변상규정29⑤).

(5) 재심판정 등의 절차

기타 재심의 판정, 확정, 시행 등 필요한 사항은 원심판정의 절차에 의한다(징계변상규정29⑥).

Ⅳ. 직권 재심

조합장은 원심판정이 중대하고도 명백한 하자가 있다고 인정할 때에는 그 입증자료를 붙여 이사회 또는 인사위원회에 재심을 요구할 수 있다(징계변상규정30).

Ⅴ. 재심의 효력

1. 가중 의결 여부

재심판정은 원심판정보다 가중하게 할 수 없다(징계변상규정31① 본문). 다만, 직권에 의한 재심 판정인 경우에는 원 처분보다 가중 의결할 수 있다(징계변상규정31① 단서).

2. 재심청구의 효력

재심청구는 원심판정의 집행에 영향을 미치지 아니한다(징계변상규정31②).

3. 재심청구 여부

청구에 의하여 재심한 사항에 대하여는 또 다시 재심을 청구할 수 없다(징계변상규정31③ 본문). 다만, 직권으로 재심한 사항에 대하여는 재심을 청구할 수 있다(징계변상규정31③ 단서).

4. 재심과 분리한 원심판정절차 개시

재심의 처리 중 새로이 발견된 징계·변상사유에 대하여는 재심과 분리하여 원심판정 절차를 개시하여야 한다(징계변상규정31④).

제6절 사후관리

Ⅰ. 변상전말 등의 보고 등

1. 변상전말 등의 보고

(1) 변상 이행의 보고

소속장은 변상이 이행되었을 때에는 조합장에게 그 내용을 보고하여야 한다(징계변상규정32①).

(2) 변상 미이행의 보고

소속장 또는 채권관리담당부서장은 변상기한 내에 전부 또는 일부가 변상에 이르지 아니하였을 때에는 그 전말 및 변상책임자의 재산상황과 재산 소재지 등을 조합장에게 보고하여야 한다(징계변상규정32②).

(3) 변상이행현황의 등록 · 관리

조합장은 변상대상자의 변상이행현황(자체감사 등 모든 변상 건을 포함)을 종합감사정보시스템에 상시적으로 등록 · 관리하여야 한다(징계변상규정32③).

2. 변상기한의 연장 등

변상책임자는 변상기한 내에 변상책임 이행을 완료하지 아니하였으나 변상책임 이행을 위한 최선의 노력을 다하여 상당한 이행실적이 있고 기타 부득이한 사유로 변상 이행이 지연되고 있는 경우에 당초 변상기한 내에 변상금액의 분할 정리 또는 정리기한의 유예, 연장을 조합장에게 신청할 수 있다(징계변상규정33①).

변상기한의 연장 등의 신청이 타당한 경우에 조합장은 인사위원회 의결을 얻어 허용할 수 있다(징계변상규정33②).

Ⅱ. 변상책임자 전보시의 조치 등

1. 변상책임자 전보시의 조치

(1) 전임지 소속장의 변상명령서 등 사본의 송부

변상책임자가 조합의 타부서로 전보되었을 경우에는 전임지 소속장은 제25조의 규정에 의한 변상명령서 등의 사본을 신임지 소속장에게 송부하여야 한다(징계변상규정34①).

(2) 신임지 소속장의 변상판정사항의 이행

신임지 소속장은 변상판정통지서 등의 내용에 의거 변상판정사항의 이행에 철저를 기하고 제32조의 보고의무를 준수하여야 한다(징계변상규정34②).

2. 변상 불이행시의 조치

(1) 직원에 대한 면직절차 요구 등

조합장은 소속직원 중 변상책임자가 변상기일까지 변상의무를 이행하지 아니할 경우에는 변상기한 종료일로부터 1개월 이내에 인사위원회에 부의, 면직절차를 요구하여야 하며, 관련부서장으로 하여금 변상액 회수를 위한 채권확보조치, 제소, 기타 필요한 법적 절차를 취하게 하여야 한다(징계변상규정35①).

(2) 임원에 대한 변상 독촉과 이사회 보고 등

조합의 임원 중 변상책임자가 변상기일까지 변상의무를 이행하지 아니할 경우에는 조합의 감사가 해당 임원에게 기일을 정하여 변상을 독촉한 후 그 기일까지 미정리시에는 변상액 회수를 위한 채권확보조치, 제소, 기타 필요한 법적 절차를 취하여야 하며, 이 경우에는 지체없이 이사회에 보고하거나 임시총회를 소집·보고하여야 한다(징계변상규정35②).

(3) 변상책임자의 신변 변화 등과 조치

소속장 또는 채권관리담당 부서장은 변상책임자가 변상기한 이전이라도 신변에 중대한 변화가 발생하거나 변상의무를 이행하지 아니할 우려가 현저한 것으로 인정될 경우에는 조합장에게 보고하고 법적 절차 등 필요한 조치를 취하여야 한다(징계변상규정35③).

(4) 퇴직자의 변상액 감면 등

변상책임자가 퇴직자이고 매년 1회 이상의 국토교통부 지적전산자료 조회 및 자체 재산조사 결과 재산이 없는 것으로 판정된 경우에는 변상판정 의결일로부터 5년이 경과하였을 때 이사회의 승인을 얻어 변상액을 감면할 수 있다(징계변상규정35④ 본문). 다만, 변상액을 감면한 경우에는 "변상액 감면 보고서"(별지 제10호 서식)를 작성하여 지체없이 조합감사위원장에게 보고하여야 한다(징계변상규정35④ 단서).

Ⅲ. 변호사등에 의한 소송 등 수행

1. 조합의 사후관리

조합은 조합감사위원회 처분요구에 따른 징계·변상처분에 관하여 사후관리를 철저히 하여야 하며, 이와 관련하여 소송, 노동위원회 구제신청 등 분쟁이 발생한 경우 조합감사위원회와 협의하여 적극 대응하여야 한다(징계변상규정35의2①).

2. 소송의 변호사 위임 여부

조합감사위원회 처분요구에 따른 징계·변상처분 관련 소송은 변호사에게 위임하여 수행하여야 한다(징계변상규정35의2② 본문). 다만, 조합감사위원장의 승인을 받은 경우에는 그러하지 아니한다(징계변상규정35의2② 단서).

3. 노동위원회 구제신청의 변호사등 위임 여부

조합감사위원회 처분요구에 따른 징계·변상처분 관련 노동위원회 구제신청 사건은 변호사 또는 노무사("변호사등")에게 위임하여 수행하여야 한다(징계변상규정35의2③ 본문). 다만, 조합감사위원장의 승인을 받은 경우에는 그러하지 아니한다(징계변상규정35의2③ 단서).

4. 조합의 변호사등 선임 지원 요청

조합은 정당한 사유로 인하여 변호사등을 선임하기 어려운 경우에는 조합감사위원회에 변호사등 선임 지원을 요청할 수 있다(징계변상규정35의2④).

5. 징계·변상처분 대상자의 변호사등 선임 지원 요청

조합감사위원회 처분요구에 따른 징계·변상처분 대상자가 ⅰ) 조합장(제1호), ⅱ) 조합장 이외 상임임원(제2호), ⅲ) 조합 정관에서 정하는 간부직원(제3호), ⅳ) 그 밖에 제반 사정에 따라 조합감사위원장이 정하는 임직원(제4호)의 어느 하나에 해당하는 경우에는 변호사등을 선임할 때 조합감사위원회에 변호사등 선임 지원을 요청하여야 한다(징계변상규정35의2⑤ 본문). 다만, 조합감사위원장의 승인을 받은 경우에는 그러하지 아니한다(징계변상규정35의2⑤ 단서).

6. 조합감사위원회의 변호사등 선정 등

조합감사위원회는 변호사등 선임 지원 요청을 받은 경우 조합감사위원회와 업무협약을 체결한 변호사등 가운데 1인을 선정하여 위임계약 체결을 지원한다(징계변상규정35의2⑥).

7. 조합의 소송 등 진행상황 등의 보고

조합은 소송(또는 노동위원회 구제신청 사건)에 관하여 진행상황 및 관계서류를 조합감사위원회에 즉시 보고 및 제출하여야 하며, 이와 관련한 조합감사위원회의 지시사항을 준수하여야 한다(징계변상규정35의2⑦).

8. 조합감사위원장의 조치 요구

조합감사위원장은 조합이 정당한 사유 없이 본 조에서 정한 의무를 위반하는 등으로 징계 및 변상처분에 대한 사후관리를 게을리하는 경우 관련 임직원에 대하여 징계 등 엄중한 조치를 요구할 수 있다(징계변상규정35의2⑧).

Ⅳ. 사고금액의 손해처리 등

1. 사고금액의 손해처리

사고금으로써 ⅰ) 제19조에 해당되지 아니하여 변상판정에서 제외된 사고금액(제1호), ⅱ) 제21조의 제1항 제2호 및 제3호 또는 제4항에 해당되어 변상판정에서 제외된 사고금액(제2호), ⅲ) 제22조에 의거 감면 조치된 사고금액(제3호), ⅳ) 제35조에 따른 법적절차이행 등 제반조치를 완료하고도 미회수된 사고금액(제4호)에 해당되어 조합의 손해로 처리될 것이 확정되었거나 회수불능으로 추정되는 경우에는 채권관리규정이 정하는 바에 따라 상각 처리할 수 있다(징계변상규정36).

2. 징계 · 변상기록의 말소

징계기록의 말소는 인사규정(모범안) 제79조를 적용하고, 변상기록의 말소는 변상이 완료되었을 때 동 기록을 말소한다(징계변상규정37).

3. 정관 및 인사규정 적용 등

이 규정에 정하지 아니한 사항은 정관 및 인사규정을 적용하고, 기타 필요한 사항에 대해서는 대상자가 직원인 경우 인사위원회, 임원인 경우에는 이사회에서 결정한다(징계변상규정38).

4. 민사소송과의 관계

이 규정은 민사소송의 청구절차에 영향을 미치지 아니한다(징계변상규정39).

참고문헌

금융감독원(2021), 「금융감독개론」, 금융감독원(2021. 2).

김규호(2016), "신용협동조합 지배구조의 문제점과 개선방안", 한밭대학교 창업경영대학원 석사학위논문(2016. 2).

김인유(2018), "어촌계의 재산에 관한 소고", 민사법의 이론과 실무 제21권 제3호(2018. 8).

김정연(2019), "새마을금고의 법적성격과 지배구조", 선진상사법률연구 통권 제87호(2019. 7).

노은우(2011), "어촌계의 재산을 둘러싼 법적 분쟁에 관한 연구", 전북대학교 법무대학원 석사학위논문(2011. 8).

박경환·정래용(2020), "협동조합 과세제도에 관한 연구: 과세특례 규정을 중심으로", 홍익법학 제21권 제2호 (2020. 6).

백주현(2021), "수산업협동조합 및 어업인 관련 조세특례 제도개선에 관한 연구", 건국대학교 행정대학원 석사학위논문(2021. 8).

수산업협동조합중앙회(2022), 수협 60년사.

수산업협동조합중앙회 상호금융본부(2023), 「상호금융 여신업무방법」(2023. 2. 28).

신협중앙연수원(2021), 「2021 연수교재 신협법」.

이영종(2014), "주식회사 외부감사의 법적지위와 직무수행에 관한 고찰: 기관과 기관담당자의 구별에 기초를 둔 이해를 위한 시론", 증권법연구 제15권 제3호(2014. 12).

임종선(2012), "비법인 사단으로서의 어촌계에 대한 소고", 경희법학 제47권 제3호(2012, 9).

정영기·조현우·박연희(2008), "자산규모에 의한 외부감사 대상 기준이 적절한가?", 회계저널 제17권 제3호(2008. 9).

주의홍(2016), "어촌계에 관한 연구", 전북대학교 대학원 석사학위논문(2016. 2).

최홍은(2014), "농업협동조합법 연구", 대진대학교 대학원 박사학위논문(2014. 1).

찾아보기

저자소개

이상복

서강대학교 법학전문대학원 교수. 서울고등학교와 연세대학교 경제학과를 졸업하고, 고려대학교에서 법학 석사와 박사학위를 받았다. 사법연수원 28기로 변호사 일을 하기도 했다. 미국 스탠퍼드 로스쿨 방문학자, 숭실대학교 법과대학 교수를 거쳐 서강대학교에 자리 잡았다. 서강대학교 금융법센터장, 서강대학교 법학부 학장 및 법학전문대학원 원장을 역임하고, 재정경제부 금융발전심의회 위원, 기획재정부 국유재산정책 심의위원, 관세청 정부업무 자체평가위원, 한국공항공사 비상임이사, 금융감독원 분쟁조정위원, 한국거래소 시장감시위원회 비상임위원, 한국증권법학회 부회장, 한국법학교수회 부회장, 금융위원회 증권선물위원회 비상임위원으로 활동했다.

저서로는 〈농업협동조합법〉(2023), 〈신용협동조합법〉(2023), 〈경제학입문: 돈의 작동원리〉(2023), 〈금융법입문〉(2023), 〈외부감사법〉(2021), 〈상호저축은행법〉(2021), 〈외국환거래법〉(개정판)(2023), 〈금융소비자보호법〉(2021), 〈자본시장법〉(2021), 〈여신전문금융업법〉(2021), 〈금융법강의 1: 금융행정〉(2020), 〈금융법강의 2: 금융상품〉(2020), 〈금융법강의 3: 금융기관〉(2020), 〈금융법강의 4: 금융시장〉(2020), 〈경제민주주의, 책임자본주의〉(2019), 〈기업공시〉(2012), 〈내부자거래〉(2010), 〈헤지펀드와 프라임 브로커: 역서〉(2009), 〈기업범죄와 내부통제〉(2005), 〈증권범죄와 집단소송〉(2004), 〈증권집단소송론〉(2004) 등 법학 관련 저술과 철학에 관심을 갖고 쓴 〈행복을 지키는 法〉(2017), 〈자유·평등·정의〉(2013)가 있다. 연구 논문으로는 '기업의 컴플라이언스와 책임에 관한 미국의 논의와 법적 시사점'(2017), '외국의 공매도규제와 법적시사점'(2009), '기업지배구조와 기관투자자의 역할'(2008) 등이 있다. 문학에도 관심이 많아 장편소설 〈모래무지와 두우쟁이〉(2005), 〈우리는 다시 강에서 만난다〉(2021)와 에세이 〈방황도 힘이 된다〉(2014)를 쓰기도 했다.

수산업협동조합법

초판발행	2023년 6월 5일
지은이	이상복
펴낸이	안종만·안상준
편 집	김선민
기획/마케팅	최동인
표지디자인	벤스토리
제 작	우인도·고철민·조영환
펴낸곳	(주) **박영사**
	서울특별시 금천구 가산디지털2로 53, 210호(가산동, 한라시그마밸리)
	등록 1959. 3. 11. 제300-1959-1호(倫)
전 화	02)733-6771
f a x	02)736-4818
e-mail	pys@pybook.co.kr
homepage	www.pybook.co.kr
ISBN	979-11-303-4471-3 93360

정 가   38,000원